하나님의 백성 아브라함

하나님의 백성 1
아브라함

지은이 · 김홍전
펴낸이 · 김명순
초판 1쇄 · 1998년 9월 25일
초판 5쇄 · 2014년 2월 28일

펴낸곳 · 성약출판사
등록 · 제3-607호
주소 · 서울특별시 용산구 동자동 38-3
전화 · 02-754-8319
팩스 · 02-775-4063
홈페이지 · http://sybook.org

값 16,000원
잘못된 책은 바꾸어 드립니다

ISBN 89-7040-041-9 04230
ISBN 89-7040-907-6 (전3권)

The People of God (3 Volumed)
I. Abraham
by Hong Chun Kim

ⓒ Rev. Hong Chun Kim's heirs 1998
Printed in Korea

성약 출판사는 역사적인 개혁 신앙과 그 신학을 오늘날 이어받고 전파하며 전수하는 일에 작은 도움이라도 되기 위하여 서적을 출판하고 있습니다.

하나님의 백성 아브라함 1

신학박사 김홍전 지음

성약

서문

    어느 나라 백성이든지 백성은 백성으로서 제 나라에 대하여 의무를 지고 있다. 하나님의 백성도 그 나라의 백성으로서 당연히 어떤 의무를 지고 있다. 일찍이 인류 역사상에 나타난 하나님의 백성이 자기네 의무를 충실히 수행했던가 그러지 못했던가를 살펴서 오늘날 우리의 거울로 삼는 것이 대단히 좋은 일로 여겨서 이 책을 펴낸다.

    이 책의 내용은 1978년 12월 17일 주일부터 1979년 6월 24일까지 주일 오전 또는 오후에 행한 강설들이다.

    하나님의 은혜가 독자들 위에 임하기를 빈다.

1998년 8월 13일
저자

일러두기

1. 이 책에서 한글 성경 말씀을 인용할 때에는 주로 "개역 한글판 성경전서"(1956년 대한 성서공회 발행)를 사용하였습니다. 그러나 설명의 편의를 위해서는 구역(舊譯)을 인용하기도 하고, 낱말이나 구절을 다시 번역하거나 설명을 더하는 일을 제한하지 않았습니다.

2. 특히 성삼위의 한 위(位)의 성호(聖號) '성령'은 1930년 이전에 한국에서 신·구약을 통하여 널리 쓰이던 '성신(聖神)'이라는 성호를 주로 사용하였습니다. 이 성호가 신·구약의 성구나 설명문에 나올 때에 그 낱말을 '성령'이라고 고쳐 읽으시는 것은 독자의 자유입니다. 어느 음(音)으로 읽으시든지 주께로부터 더욱 은혜 받으시기를 원합니다.

3. 목차에 각 강설에서 다루어진 문제들을 요약하여 수록하였습니다.

목차

서문
일러두기

제1강 아브람을 부르심(1)

성경에 나오는 계보 · 19
아브람의 계보를 볼 때 주의할 점 · 22
성경 사가의 서술 방식 · 24
아브람의 여정 · 25
데라가 70세에 아브람과 나홀과 하란을 낳았다는 문제 · 27
갈대아 우르 · 29
아브람은 어떻게 계시를 받았는가 · 30
기도 · 34

제2강 아브람을 부르심(2)

갈대아 우르에서 하란으로 · 37
베두인의 생활 · 39
최초 하나님의 백성의 사회 · 41
그리스도의 나라와 아브람의 복 · 44
아브람을 통해 하나님 나라의 역사 성격을 비춰 나가심 · 47
기도 · 50

제3강 우르에서 아브람에게 내리신 계시

데라의 세 아들 · 53
목적지까지 이르지 못한 데라 · 55
아브람이 받은 계시의 명료성 · 57
아브람에게 임한 계시의 형식에 대한 그릇된 이해 · 59
위대한 부르심의 계시가 있기 전까지의 아브람의 생활 · 62
계시 내용을 바르게 터득하려면 · 65
기도 · 68

제4강 아브람의 애굽행(1)

　　아브람이 이동하던 당시의 시대 상황 · 73
　　아브람의 통치의 독특한 성격 · 75
　　아브람의 사상의 성숙 · 78
　　시대 풍속에 따라 움직인 아브람의 부부관 · 80
　　아브람의 그릇된 부부관에 대한 바른 접근 · 85
　　부부관에 대해서 생각해야 할 기본적인 세 가지 · 87
　　기도 · 91

제5강 아브람의 애굽행(2)

　　아브람이 아내를 빼앗김 · 95
　　혼인 제도의 큰 원칙 · 97
　　애굽에 들어가는 이유 · 100
　　아브람이 자신이 죽을 수 없다고 생각하는 이유 · 102
　　아내를 정당하게 생각할 수 없었던 사회 습속 · 103
　　시대의 사조에서 벗어나기 어려운 인간 · 106
　　애굽행을 통해 아브람을 가르치심 · 109
　　기도 · 113

제6강 아브람과 롯이 나뉨(1)
　　　　- 롯의 세속적 신앙

　　아브람의 애굽행에 대한 해석 문제 · 118
　　롯과 나뉠 때 나타난 아브람의 덕 · 121
　　롯의 선택 · 123
　　롯이 지닌 두 가지 특성 · 125
　　주류(主流)의 신앙을 깨닫지 못한 롯 · 129
　　하나님 나라의 백성의 의무 · 132
　　기도 · 135

제7강 아브람과 롯이 나뉨(2)
– 아브람의 덕의 근원

아브람의 덕행을 하나님께서 승인하심 · 139
일반적 덕행의 근원인 양심 · 141
부패한 양심 · 143
아브람의 덕에 대한 평가 · 145
하나님의 경영을 전적으로 믿고 맡기는 생활의 중요성 · 148
아브람이 바라본 더 나은 본향 · 151
아브람이 가진 참된 믿음의 지적 내용 · 154
참된 덕행의 근원 · 157
기도 · 159

제8강 아브람의 추격과 용기의 근원

아브람이 헤브론에 거함 · 163
동방의 원정군 · 165
동방 원정군의 재정벌 · 167
아브람의 추격 · 170
아브람이 추격 전에 한 생각 · 172
아브람의 추격의 의의 · 176
기도 · 180

제9강 지극히 높으신 하나님

하나님 나라를 역사 위에 세워 나가심 · 185
세상의 주권과 하나님의 통치 대권 · 187
지극히 높으신 하나님의 제사장 멜기세덱 · 189
만인 제사장 · 191
살렘 왕 멜기세덱 · 193
멜기세덱의 축복을 통해 하나님 나라의 사상이 더 명확해짐 · 195
출격에 임한 아브람의 태도 · 197

하나님의 나라는 역사의 현실로 존재함 · 198
기도 · 202

제10강 하나님 나라의 현실성

원정군에 대한 하나님의 심판 · 207
하나님의 경륜을 위한 초석을 놓음 · 208
아브람의 믿음의 위대성 · 211
원정군에 대한 아브람의 태도 · 214
멜기세덱의 축복과 아브람의 헌상 · 218
타인의 권리나 자유를 존중한 아브람 · 220
하나님의 나라가 인류 사회에 구현되는 양태 · 222
기도 · 225

제11강 아브람에게 내리신 계시(1)

거룩한 본향을 향해 가는 생활 · 229
아브람에게 내리신 계시의 특성 · 232
계시를 받을 수 있는 자격 · 236
거룩한 보장만을 믿고 사는 태도 · 239
후사에 대한 아브람의 생각 · 241
가족과 혈통의 중요성 · 243
기도 · 246

제12강 아브람에게 내리신 계시(2)

하나님 나라 전체와 관계되는 계시 · 249
계시의 그릇 · 252
땅과 자손에 대한 아브람의 이해 · 254
아브람의 신관 · 256
계시에 대한 아브람의 이해 · 259
계시 받은 자의 신성한 의무 · 261

하나님 나라의 양면성 · 263
기도 · 266

제13강 계시와 언약의 징표

하나님의 크신 경영과 사람의 믿음 · 271
당위를 각성한 아브람 · 274
아브람이 큰 확증을 얻음 · 275
사회적인 형태로 드러나는 하나님의 나라 · 277
행위 계시로서의 제사 의식의 발전 · 278
희생 제사의 의미 · 281
희생 제물에 대한 아브람의 생각 · 283
여호와의 이름을 증거하는 제사 · 285
기도 · 287

제14강 아브람 자손의 이방 생활

400년과 4대의 문제 · 291
복에 따른 사명을 생각한 아브람 · 293
사명을 이룰 방법과 능력을 주심 · 296
위대한 사명을 이루기 위해 구비해야 할 자격 · 300
참된 의미의 문명 사회 · 303
애굽 생활의 의미 · 307
기도 · 311

제15강 사람의 깨달음과 하나님의 뜻

신앙의 높은 봉우리에 섰던 아브람 · 315
아브람의 퇴보 · 319
시대의 도덕 수준에서 벗어나지 못한 아브람 · 323
사람의 인식의 한계 · 325
기도 · 328

제16강 하나님 나라의 그릇인 사래

창세기 16장에 나타난 네 가지 문제 · 333
아브람에게 있어서 자식의 중요성 · 336
일반 법칙을 존중한 아브람 · 339
사래를 아브람의 사명에 실질상으로 참여시키심 · 343
혼인 제도와 문화 명령 · 344
하나님의 크신 경영과 가정의 존엄성 · 349
자녀를 사명의 계승자로 가르치는 것이 중요함 · 351
기도 · 353

제17강 하나님 나라와 아브람의 가정

하나님 나라를 드러내야 하는 가정 · 358
가정이 드러내야 할 하나님 나라의 모습 · 360
부부 사랑의 독특성과 하나님 나라의 질서 · 364
부모와 자식 관계의 독특성 · 366
하나님 나라의 역사를 이어가는 가정 · 368
기도 · 370

제18강 하갈의 문제에서 아브람이 얻은 교훈

여종의 신분인 하갈 · 376
통치자 아브람이 구비하고 있어야 할 사상 · 379
종과 상전에 대한 성경의 가르침 · 381
실질보다 형식을 중시한 아브람 · 384
사래의 항의와 아브람의 깨달음 · 388
가정 형성의 원리를 깨달은 아브람 · 390
기도 · 393

제19강 하갈의 신앙

도덕적 빈곤을 드러낸 하갈 · 397
불쌍한 처지에서 건짐을 받음 · 399
하갈이 가진 여호와에 대한 신앙 · 402
하나님의 현현과 신 지식 · 405
하갈이 받은 계시의 내용 · 409
아브람의 씨와는 다른 성격을 갖는 이스마엘 · 411
하나님에 대한 실제의 지식이 중요함 · 412
기도 · 414

제20강 언약의 징표로서의 할례

13년 동안 아브람에게 있었던 한 가지 문제 · 419
고요히 기다리는 신앙 · 421
하나님의 언약에 대한 아브라함의 태도 · 424
언약의 표징으로서의 할례 · 428
기도 · 432

제21강 아브라함의 신관

창세기 17장에 나오는 중요한 계시들 · 437
신앙의 중심을 어디에 두어야 하는가 · 441
야훼라는 이름이 지닌 역사성 · 443
지극히 높으신 하나님과 주님 · 445
전능하신 하나님 · 446
하나님의 언약과 새로운 신 개념 · 449
기도 · 452

제22강 아브라함이 믿음으로 세 손님을 접대함

아브라함이 손님을 맞아 접대함 · 455
손님 대접에 대한 옛날의 풍속들 · 456

인간에 대한 따뜻한 심정 · 459
세 손님을 존귀한 존재로 인식함 · 461
하나님의 현현을 알아본 아브라함 · 464
참된 겸허의 덕 · 466
기도 · 470

제23강 사라의 무신(無信)(1)

아브라함의 믿음의 덕 · 473
손님들에게서 존엄성을 느낌 · 474
사람이 볼 수 있는 형태로 나타나심 · 478
하나님이 현현하신 중요한 이유 · 483
현실적인 무신론 · 488
기도 · 492

제24강 사라의 무신(無信)(2)

사라에게 믿음이 요구되는 시기 · 495
귀신의 신앙보다 못한 신앙 · 497
하나님의 선의 속성 · 499
현실상 능력 있는 신앙이 발휘되지 않는 까닭 · 502
여호와의 현시가 가져다주는 효과 · 505
하나님이 구원하신 크신 목적을 알아야 함 · 509
기도 · 512

제25강 소돔 · 고모라 멸망 예고(1)

하나님의 현현 · 517
아브라함을 친구로 높이신 하나님 · 520
아브라함에게 하나님의 공의를 가르치심 · 522
하나님의 의와 사랑에 대한 오해 · 525
소돔 · 고모라의 교훈을 망각한 이스라엘 백성 · 528

　　　　　공의로 심판하시는 하나님 · 530
　　　　　기도 · 533

제26강　소돔 · 고모라 멸망 예고(2)
　　　　　깊어져 가는 아브라함의 신 인식 · 538
　　　　　완전하신 사랑과 엄위로운 의를 겸전하신 하나님 · 541
　　　　　소돔의 죄악상 · 545
　　　　　가정의 본질을 파괴하는 소돔의 사회악 · 546
　　　　　기도 · 550

제27강　거룩한 나라를 사모한 아브라함의 생애
　　　　　하나님의 백성 아브라함 · 555
　　　　　아브라함의 지성 · 557
　　　　　문명 비평가 아브라함 · 559
　　　　　믿음으로 행동한 아브라함 · 561
　　　　　소명에 충실한 아브라함의 생활 태도 · 564
　　　　　기도 · 567

부록
성구색인

아브람을 부르심(1)

제1강

창세기 11:27-32
데라의 후예는 이러하니라 데라는 아브람과 나홀과 하란을 낳았고 하란은 롯을 낳았으며 하란은 그 아비 데라보다 먼저 본토 갈대아 우르에서 죽었더라 아브람과 나홀이 장가들었으니 아브람의 아내 이름은 사래며 나홀의 아내 이름은 밀가니 하란의 딸이요 하란은 밀가의 아비며 또 이스가의 아비더라 사래는 잉태하지 못하므로 자식이 없었더라 데라가 그 아들 아브람과 하란의 아들 그 손자 롯과 그 자부 아브람의 아내 사래를 데리고 갈대아 우르에서 떠나 가나안 땅으로 가고자 하더니 하란에 이르러 거기 거하였으며 데라는 이백오 세를 향수하고 하란에서 죽었더라.

아브람을 부르심(1)
제1강

 창세기에 나오는 족장들의 역사를 통해 하나님 말씀의 가르침을 배우는 것은 대단히 유익한 일일 것입니다. 하나님의 백성이 어떻게 역사를 지어서 어디로 갔는가 하는 사실을 깊이 생각해 볼 수 있기 때문입니다. 이야기의 시작을 '하나님의 백성'이라는 제목으로 하기로 하면 아담부터의 역사가 될 수도 있습니다만, 특별히 역사상의 어떤 크고 현저한 사회와 경륜(經綸) 즉 오이코노미아(οἰκονομία)라는 것을 들어서 하나님께서 신정 정치(神政政治)를 해 나가신다 하는 명료한 사실들을 공부해 보려고 할 때는 최초의 인류로부터 시작하는 것보다 특별히 아브라함으로부터 시작해서 히브리 민족을 구성하시고 그들을 뽑아 내시사 하나님의 큰 경륜의 내용으로 세우신 데서부터 보는 것이 대단히 좋습니다. 그런 까닭에 아담으로부터 시작해서 노아에 이르기까지 즉 홍수 이전의 이야기는 다른 기회에 생각해 보기로 하고 좀더 현저하고 생생하고 또한 자세히 기록되어 있는 역사, 하나님의 백성으로서 최초의 중요한 전형인 아브라함의 생애와 역사에서부터 생각하고자 합니다.

성경에 나오는 계보

 오늘 읽은 본문의 이전 부분인 창세기 11:10-26까지는 아브람의 족보인데, 아브람이 노아의 계통에서 나온 셈계라는 것을 보여 주고 있습니다. 그 족보가 셈으로부터 시작해서 차례차례 그 다음 사람으로 이어져 아브람까지 10대쯤 기록되었습니다. 셈은 홍수 후 2년 즉 100세에 아들을 낳아 그 이름을 아르박삿이라고 하였고 그 후 500세를 더 살았으며 그 동안에 자녀를 낳았습니다. 또 아르박삿은 35세에 셸라를 낳고 그 후에 403년을 살면서 자녀를 낳았고(11:11-13), 그 다음은 에벨, 벨렉, 르우, 스룩, 나홀, 데라이며 데라는 아브람과 나홀과 하란을 낳았습니다. 이러한 족보가 창세기만이 아니라 구약 다른 부분에도 나오는 일이 있는데, 이 가보(家譜) 혹은 세계(世系), 족보(族譜)라는 말은 히브리어로 톨레도트(תולדות)입니다. 이 말은 "여호와 하나님이 천지를 창조하신 때에 천지의 창조된 대략이 이러하니라"(창 2:4) 하는 말씀에서 '대략'이라는 말도 그와 똑같은 단어입니다. 영어로는 제너레이션(generation)이라는 말인데 '발생하고 계승해서 나왔다' 하는 뜻입니다. 신약에서 아주 대표적인 것이 마태복음과 누가복음에 나오는 예수님의 족보입니다.

  계보가 성경에 이렇게 자세히 기록되어 있는 것을 볼 때 그것을 하나님의 말씀으로 우리에게 주시는 바 큰 뜻이 있으셔서 계시하신 것임을 알고 주의해서 받아야 합니다. 계보를 읽을 때 우선 떠오르는 것은 맛이 없다는 사실입니다. 서투른 이름들만 자꾸 계속해서 나열되는데 그 계보에 나오는 이름을 하나씩 하나씩 따져 보아도 무슨 호방한 역사를 보이는 그런 것도 아닙니다. 혹시는 그렇게 생각할 수도 있을 것입니다. 그리고 사실 어떤 신학 유파에서는 계보에 있는 히브리 말이나 아람 말들을 계속 해석해 가지고 그것이 논리적으로 깊은 연관이 있다든지, 그렇지 않으면 거기에 어떤 은어(隱語)로 표시한 특별한 무엇이 담겨 있다고 생각하려는 경향이 없는 것도 아닙니다.

  우리네 이름을 생각할 때 이름이라는 것이 같은 성씨 아래 선조 대대로 어느 한 대도 빼지 않고 두 자씩 죽 한문 글자로 나열해 놓고서 보면 특별히 나의 이름에까지 어떤 역사적 연관성이 있는 서술을 해나가고 있다고 생각하기 어려운 것입니다. 그때그때 이름을 지을 때 부모가 그 자식에게 바라는 희망이 있다든지 해서 그때의 다양한 정형이나 동기 가운데 작명을 하는 것입니다. 특별히 어떤 일정한 표준을 가지고 꼭 이름을 지어야 한다는 법은 없습니다. 우리 나라에서는 그 대(代)를 명시하기 위해서 금(金) 목(木) 수(水) 화(火) 토(土)를 따로따로 따져 가면서 자꾸 대를 물려나가는데, 가운데 자나 끝 자에다 돌림자를 집어넣습니다. 그렇더라도 그 글자 자체가 굉장한 의미를 가지는 것은 아닙니다. 다만 금목수화토의 성격을 가지는 글자로서 적당히 좋은 발음을 택해서 집어넣습니다. 서양에서 이름 짓는 것을 보아도 허다히 많은 이름을 뽑아서 그 가운데 부르기 좋고 자기네가 '이렇게 불렀으면 좋겠다' 하는 것들을 붙입니다. 어떤 사람은 소설을 읽다가 그 소설에 나오는 사람 이름이 재미있으면 그것을 가져다가 자녀의 이름으로 붙여 주기도 합니다. 이름을 짓는 동기나 상황을 근동 사회에 들어가서 연구해 보더라도 굉장하게 특별한 의미를 갖고서 작명하는 것이 아님을 알 수 있습니다. 그런 까닭에 어떤 이름이 가지고 있는 단어의 의미에 지나치게 매달려서 무엇을 해석하려고 할 필요는 없습니다.

창세기 11:10-26에 이름이 죽 나열되는데 우리는 '왜 그 계보가 나열되었는가' 하는 뜻을 찾는 것이 옳습니다. 하나님은 왜 계보를 거기에다 쓰셨나? 간단하게 이야기하자면 하나님의 백성의 계승자들이 어떤 사람들인가를 뽑아서 쓴 것입니다. 셈의 계보가 11장 말고 10장에도 있습니다만, 여기서는 지금 우리가 이야기하려는 주인공 아브람이 셈의 아들 가운데에도 아르박삿의 후손이라는 것을 보이고 있습니다. 아브람의 족보를 쓰려니까 아브람의 위의 계승자들을 쓴 것인데, 그 계승자들을 부조(父祖) 증조 고조 그 다음에는 그 윗대를 차례로 올라가면서 혹은 그렇게 차례차례 내려오면서 정확하게 쓴 것이라고 할 수는 없습니다. 성경에서 계보를 나타낼 때는 때때로 생략을 합니다. 요컨대 족보를 자세히 써서 누구의 집 가승(家乘)을 세워 주려는 것이 아니고 모든 사람이 읽어서 대개 그 의미를 알게 하시려는 것이 큰 뜻입니다. 지금 말씀드린 대로 성경의 계보에는 먼저 하나님을 믿고

의지한 사람들이 대표적으로 뽑혀서 쓰였고, 가령 아브람이 주인공이
면 주인공의 바로 선대, 혹은 몇 대는 그가 선인이든 악인이든 따질
것 없이 좌우간 누구의 아들이다 하는 것을 명백하게 하기 위해서 써
놓는 경우가 많습니다. 그리고 어느 때는 그 계보 가운데서 하나님이
어떻게 인류를 구속해 가시는가 하는 것을 그 다음 역사에서 명백히
깨닫도록 하시기 위해서 즉 대우적(對偶的)으로 사용하여 서로 상대
되고 상조(相照)되는 명제로 내거는 수가 있습니다. 즉 이렇게 악하고
볼품없고 이렇게까지 어찌할 수 없는 자이지만 하나님이 건지시려고
하면 그런 것 다 관계치 않고 이렇게 건져내신다 하는 것을 보이시는
경우가 있습니다. 이런 경우 하나님의 구속이 얼마나 자비롭고 위대하
며, 우리 인간의 조건이라는 것을 일일이 따지지 않고 불쌍히 여기시
고 은혜를 주시되 믿을 마음을 주시고 의지하게 하시고 그리하여 건져
내시는가 하는 큰 사실들을 보이시는 데 계보의 의미가 있는 것입니
다.

결국 계보 자체에서 우리가 보는 것은 선조의 계보를 가지고 뽐내는
것이 별로 의미가 없다는 것입니다. 우리 주님의 탄생에 관계된 예수
님의 계보를 볼 때도 마태복음 1장에 14대, 14대, 14대씩 끊어서 썼는
데 물론 14대만으로 끝나지 않습니다. 역대기에 있는 계보를 읽어보더
라도 그것보다 훨씬 많은 대수가 있지만 14대로 끊어 버렸습니다. 그
렇게 해서 아마 기억하기에도 좋게 한 것 같습니다. 또 거기 보면 이
방 여인도 다 섞여 있는데 그 여인들의 이름도 썼습니다. 기생 라합도
있고 룻도 있습니다. 그렇게 여러 사람을 보이는 것으로, 사람의 계보
라는 것을 가지고 뽐내거나 자랑하거나 그것으로 영광을 삼는 것이 도
무지 일이 아니다 하는 뜻도 깨우치시는 것입니다. 우리 주님의 계보
가운데서도 벌써 이런 사실을 볼 수가 있습니다.

아브람의 계보를 볼 때 주의할 점

이런 점에 비추어 보면 아브람의 계보 즉 셈의 계통을 죽 내려다볼

때에도 거기에 잘못된 추리를 하기 쉬운 것이 몇 가지 있습니다. 첫째로 셈의 계통이라고 해서 모두 다 경건하고 훌륭한 사람만 모인 것이 아니라는 사실입니다. 여기에 뽑힌 사람이 대표적인 현저한 인물들이지만 셈의 계통 가운데도, 가령 데라 같은 사람은 비록 아브람의 아버지일지라도 성경 여러 군데서 그를 가리켜 '강 건너에서 우상을 섬기던 사람'이라고 했습니다. 저 유브라데스 강 건너편 메소포타미아에서 살면서 우상 숭배자로 지내던 사람이라고 하였습니다. 그런 사람이라고 해서 족보에서 제하여 안 쓰는 것이 아닙니다. 오히려 그런 이가 얼마만한 신앙을 가지고 어떻게 그 아들 아브람과 함께 하나님의 계시에 따라서 움직이는 아브람의 여행대(旅行隊)에 참가해서 같이 나오다가 목적지인 가나안 땅까지 가지 못하고 도중에 하란 땅에서 어떻게 죽었다 하는 것을 거기 쓰고 있습니다.

둘째로 중요한 것은 계보의 연대라는 것입니다. 만일 중간에 생략이 없이 그대로라 하면 아브람이 태어났을 때 셈은 390세밖에 안 됐을 것입니다. 그 계산대로만 하면 셈이 390세였는데 그때 데라가 아브람을 낳았다는 이야기가 되어 아브람은 셈과 더불어 산 것이 됩니다. 셈은 600세까지 살았는데, 아브람 출생 후 210년을 더 살았다는 이야기가 됩니다. 아브람은 175세에 죽었는데 그보다 더 오래 살았다는 이야기가 되지요. 이 계보의 계산대로만 한다면 셈은 그 동안 어디서 무엇을 하고 살았는가? 그는 홍수 이전 시대의 악한 모습을 보았고 홍수의 무서운 심판을 다 직접 경험하였습니다. 결국 셈은 하나님의 의와 거룩한 자비를 증거할 수 있는 증언자로서 살 수 있는 위치에 있었는데 그렇게 오래 살면서 어디서 무엇을 했는가 우리는 그 족적을 알 수가 없습니다. 그렇다면 아브람도 셈에게 무엇을 자세히 배울 수 있었겠지요? 아마 그랬는지도 모르지만, 대체 아브람 시대에 셈이 과연 살아 있었던 것인가, 이미 그 이전에 작고했는가? 우리가 그것을 정할 수는 없는 것입니다. 여기 계보대로 누가 누구를 낳고 누구를 낳고 한 그것만을 가지고 따져서 계산한다면 셈은 이렇게 아브람보다 더 오래 산 사람이 됩니다. 이런 것을 가지고 성경이 틀렸다 하는 소리를 한 적이 과거에도 여러 번 있었습니다.

성경 사가의 서술 방식

그러나 그렇게 유치하게 생각할 것이 아닙니다. 성경의 기록 방식을 보자면, 성경의 기자들이 무엇을 선택하고 그것을 표시하는 방식이 분명히 있었는데 항상 어떤 목적 가운데 그것을 기록하였습니다. 이제 앞으로 우리는 아브람의 역사를 배워 가겠지만 성경에서는 역사를 기록하더라도 세상 사람이 역사를 쓰듯이 쓰지 않는다는 것입니다. 세상 사람이 역사를 쓸 때에는 역사상 중대한 사건, 그들의 눈에 비치는 대로 큰 사건이라고 할 만한 것을 한 골격으로 하고 혹은 그것을 정점으로 해서 그 사건에 오르내리는 좌우의 이야기를 서로 연결을 지어서 쓰는 것이 보통입니다. 가령 그것이 정치사면 정치적 사건을 가지고, 문화사면 문화상의 위대한 사건들을 엮어서 그렇게 쓰는 것인데 여기 성경의 역사를 기록하는 이들의 기술 방법이나 재료를 모아서 나열하는 방법은 그와는 아주 다릅니다. 당장에 모세부터도 아브람의 역사를 기록할 때 보통 세상의 역사 서술 방식대로 하지 않고 별다른 관점에서 보고 기록합니다. 이 세상의 사가들 같으면 별로 거용(擧用)할 만한 이야기가 아닌 것을 중요하게 다루어서 많은 지면을 내어줍니다. 어느 때는 이 세상 사가가 여러 지면을 주어서 중요한 일이라고 다루어야 할 큰 사건들을 간단하게 몇 줄로 끝내 버리는 일이 많다는 것입니다. 하나님은 역사라는 형식을 취해서 우리에게 하나님의 거룩하신 뜻과 경영을 계시하는 까닭에 하나님의 거룩한 뜻과 경영을 우리에게 계시하는 데 필요한 재료이면 야사(野史)와 같이 자자한 이야기일지라도 세세하게 쓰는 것입니다. 어떤 개인의 사소한 이야기까지라도 거기다 자꾸 집어넣는 것입니다.

반면에 그 스토리 자체가 아무리 길어도 하나님의 계시의 내용에서 볼 때 결국 간단한 사실일 것 같으면 간단한 한 마디로 기술해 버리는 것입니다. 가령 전쟁을 한 이야기나 나라가 망한 큰 이야기라도 간단하게 추려서 이야기해 버립니다. 오히려 거기서 중점적으로 우리에게 강조해 나가는 바는 '하나님께서는 우리 인생에게 무엇을 원하시고 무엇을 경영해 가시며 결국은 어떻게 하려고 하시는가' 하는 하나님의 크신 뜻과 크신 계획을 우리에게 일러 주시는 것이고, 또 '하나님은 어떤 분이신가' 하는 하나님의 위대한 속성을 우리에게 가르쳐 주시는 것입니다. 그런고로 여러분께서 이 창세기를 읽으실 때에도 왜 여기에 이런 이야기가 이렇게 나왔는가 할 때 결국 그 이야기가 다 목적이 있어서 쓰인 것임을 알아야 할 것입니다. 단지 재미있으라고 한 것이 아닐 뿐더러 또한 그것만 알고 있으라는 것이 아니라, '그것을 보는 데서 너는 무엇을 간취하고 무엇을 받아들여서 깨달아야 하겠다' 고 요구하시는 것입니다. 이런 점들을 우리가 주의해서 보아 나가십시다.

아브람의 여정

데라는 70세 때에 아브람과 나홀과 하란을 낳았고(창 11:26) 205세로 하란에서 죽었습니다(창 11:32). 데라는 아브람과 함께 갈대아 우르, 지금 이라크의 바그다드에서 멀지 않은 곳인데, 우르를 떠나서 서북쪽을 향해 메소포타미아 땅을 쭉 올라가다가 하란에서 죽고 거기서 아브람은 다시 남하를 했습니다. 이렇게 해서 아브람이 세겜까지 가는 동안 총 1,000마일, 그러니까 4,000리를 여행하게 되는데 하란까지는 600마일쯤 됩니다. 먼저 2,400리(960km) 길을 하란까지 올라간 것입니다. 물론 길을 그렇게 취한 것은 갈 바를 알지 못하고 나간 것입니다. 아브람은 많은 사람과 우양을 데리고 갔는데 큰 여행대를 만들어서 우르를 떠났습니다. 갈대아 우르를 떠나 양과 소에게 꼴을 먹여 가면서 가다 자고 일어나서 또 가고 한 것입니다. 그와 방불한 현상이 오늘날 아랍 지대에 있는 베두인들의 생활입니다.

오늘날은 아랍도 너무 세속화하고 개화해서 순박한, 땅에 붙은 베두인족을 만나 보기가 그렇게 쉽지 않습니다. 그렇다고는 해도 만일 옛날 하갈이 방황하던 바란 광야 일대 즉 오늘날 이스라엘의 네게브라는 데를 가보면 훤한 사막에서 낙타를 몰고 돌아다니는 사람들이 있습니다. 거기서 자고 먹고 또 일어나서 꼴을 먹일 데로 자꾸 들어가는 사람들을 볼 수가 있습니다. 그 지대는 일 년이 우기와 건기 두 계절로 나뉘는데 우기는 대개 12월 1월 2월이 제일 심한 때로서 그때 비가 한 목 쏟아집니다. 그러나 4월부터는 하늘이 맑게 개이고 비 한 방울 떨어지지 않으나 밤이면 이슬로 겨우 초목이 해갈을 하는 때입니다. 이렇게 10월까지 가다가 11월부터 다소 구름이 끼면서 비가 오다가 또 조금 갠 상태가 되풀이되다 12월 들어가면서부터 우기인 장마철이 됩니다. 이 우기 동안에 환한 광야에 풀이 무성히 나게 되는데 우기가 막 끝나 봄이 될 것 같으면 베두인들이 낙타를 몰고 들어옵니다. 진짜 베두인들은 낙타를 몰고 다니지만 반(半) 베두인 생활을 하는 사람들은 양을 몰고 나갑니다. 양은 멀리 못 가니까 사람 사는 동네 가까운 데서 왔다갔다하다가 다시 돌아오는 식이지만 낙타는 큰 사막이라도 풀만 있으면 그냥 그 안으로 들어갈 수가 있습니다. 이렇게 긴 여행을 하는 베두인들은 일 년에 한 500마일 정도 이리저리 돌아다닙니다. 그렇게 풀이 난 곳으로 들어가서 풀을 먹이며 거기서 자는 생활을 계속합니다. 그러다가 우기가 지나 건기가 차츰 심해지면 풀이 점점 말라서 없어지니까 자꾸 사람 사는 동네 가까운 곳으로 들어가는 것입니다. 사막 혹은 황야 한가운데 있다가는 먹을 것이 없어서 나중에는 굶어 죽게 되기 때문입니다.

아브람이 소나 양 혹은 낙타를 이끌고 많은 수의 사람과 함께 나올 때 중요한 문제는 식량이었습니다. 성경에서는 간단히 갈대아 우르를 떠나 하란까지 갔다고 한 줄에 끝나는 정도로 서술했지만 그 내용은 결코 간단한 것이 아닙니다. 그 간단한 기술에 들어 있는 이야기의 정형(情形)을 생각해 보십시오. 그 많은 수를 데리고 우르라는 대도시에서 떠나서 차츰차츰 황막한 메소포타미아의 들로 들어갈 때, 밥 안 먹고는 살 수 없으니까 먹을 것이 있어야 했을 것입니다. 그래서 얼마

동안 먹을 것을 예산하고 특별히 짐승들이 먹을 게 있는 지대 곧 비옥한 지대를 지나가야 합니다. 오늘날도 그곳을 지리상 비옥한 초생달형 지대(Fertile Crescent)라고 말합니다. 바그다드 근방에서부터 하란 즉 밧단아람 쪽으로 해서 남쪽 팔레스타인으로 내려오는 둥그스름한 지대인데 그것을 가리켜 비옥한 초생달형 지대라고 합니다. 1,000마일을 그렇게 천천히 돌아서 내려오는 것입니다. 그런데 처음에는 한 600마일 올라갔습니다. 우르에서부터 계산해서 하란까지 가면 600마일이고 하란에서 남쪽으로 세겜까지 내려오면 한 400마일 됩니다. 그렇게 긴 거리를 아브람이 가게 됩니다.

데라가 70세에 아브람과 나홀과 하란을 낳았다는 문제

데라의 나이 70세 때에 세 아들을 낳았다는 기록이 있는데(11:26), 아브람이 하란을 떠나라는 하나님의 명령을 받고 떠났을 때에는 아브람의 나이 75세 때입니다(12:4). 그러니까 데라가 70세에 아브람을 낳았다면 데라의 나이 145세 때 아브람이 남쪽으로 갔다는 이야기가 되고, 데라는 205세에 하란에서 죽었다는 말이 32절에 있으니까 데라는 아들을 따라가지 않고 60년 더 하란에서 그냥 살다가 죽었다 하는 이야기가 됩니다. 거기에 왜 그랬는가 하는 이유가 있겠지만 먼저 대체 그러한 연대 계산이 우리에게 정확한 것인가 하는 문제가 또 있습니다. 사도행전 7장에 보면 스데반이 연설할 때 그 역사 기록을 언급한 데가 있습니다. "우리 조상 아브람이 하란에 있기 전 메소보다미아에 있을 때에 영광의 하나님이 그에게 보여 가라사대 네 고향과 친척을 떠나 내가 네게 보일 땅으로 가라 하시니 아브람이 갈대아 사람의 땅을 떠나 하란에 거하다가 그 아비가 죽으매 하나님이 그를 거기서 너희 시방 거하는 이 땅으로 옮기셨느니라"(2-4절). 거기에 분명히 무슨 말을 했는고 하니 아브람이 하란에서 자기 아버지와 사별한 다음에 떠나 왔다는 이야기를 했습니다. 즉 데라가 205세로 죽은 다음에 아브람은 75세가 되어서 남쪽으로 내려왔다는 이야기입니다. 그렇다면 성경의 기록 가운데 어떤 것 하나가 틀린 것이라고 해야 할 것입니다. 즉 창세기 11:26에 데라 나이 70세 때 아브람과 나홀과 하란을 낳았더라 하는 말이 틀렸거나, 사도행전 7:4에 나온 스데반의 연설의 말이 틀렸거나 둘 중 하나일 텐데 그런 것을 가지고 따져 볼 때 우리가 주의해야 할 문제가 있습니다.

　창세기 11:26에 "데라가 나이 70세 때에 아브람과 나홀과 하란을 낳았다" 하면 1년에 아들 셋을 낳았다는 즉 세 쌍둥이를 낳았다는 말밖에 안 됩니다. 그 기록의 표현법에 대해서 부주의하고 번역한 것만 읽고 있으면 그런 문제가 생길 수 있습니다. 이 기록 내용에 데라가 나이 70세 때에 누구를 낳고 그 다음에 살면서 자녀를 낳았다는 스타일로 기록했으면 문제가 없는데 그러지를 않고 데라의 아들 셋을 한꺼번에 쓰면서 데라는 이러이런 아들들을 낳았는데 70세 때에 낳았다고 하였습니다. 그렇다면 70세 때부터 생산을 시작했다는 의미입니다. 결국 데라가 나이 70에 세 아들 가운데 큰아들을 낳았을 것입니다. 아브람 나이 75세 때 하란을 떠나는데 그때는 자기 아버지가 205세로 죽은 때입니다. 죽은 후에 하란을 떠났다고 했습니다. 그러면 데라 205세 때 아브람의 나이가 75세라면 분명히 데라가 130세 때에 아브람을 낳았다 하는 말이 됩니다. 70세 때에 세 아들 가운데 맏아들을 낳고 그 다음에 또 하나를 낳았을 것이고 아브람은 130세에 낳았다는 것입니다.

　그래서 사가들은 여러 가지로 생각하는데, 세 아들 가운데 하란은 일찍이 메소포타미아에서 죽어서 이 여행대에 참가하지 못한 것을 우리도 알고 있습니다. 하란은 아들 롯과 딸로는 밀가와 이스가를 남겼는데 밀가는 나홀 즉 하란의 형제이며 데라의 또 하나의 아들인 나홀의 아내가 되었습니다. 말하자면 조카딸이 숙부의 아내가 되었는데 이런 문제는 그때 시대에 있던 혼인의 문제로서 가족을 형성하는 스타일입니다. 그런 문제는 우리가 나중에 배우겠지만 어찌 됐든지 그렇게 혼인할 수 있을 만한 나이의 딸을 일찍 낳은 것을 생각할 수 있습니다. 결국 하란은 그런 큰 자녀를 둘 만큼 일찍 혼인을 한 사람입니다.

그렇다면 그가 제일 먼저 태어난 아들이었을 것입니다. 그렇게 생각하는 것이 아마 마땅할 것입니다. 말하자면 하란이 맏아들이었고 그 다음이 나홀이었든지 그렇지 않으면 아브람이었을 터인데 여러 가지로 보아서 짐작컨대 나홀이 먼저가 아니었겠는가 하는 생각이 듭니다. 나홀은 브두엘을 낳고 브두엘은 또 라반을 낳았습니다. 나중에 이삭의 아내 리브가를 얻을 때 나홀의 성(城)이라는 하란 옆에까지 가서 얻었고, 야곱도 혼인하려고 거기 가서 브두엘의 아들 라반의 집에 머물렀습니다. 그러니까 라반의 아버지가 브두엘이고 브두엘의 아버지가 나홀입니다. 브두엘은 밀가라는 하란의 딸이 자기 숙부 되는 나홀에게 시집가서 낳은 자식입니다. 우리는 성경 본문상의 문제들을 평이하게 얼른 보지 말고 주의해서 보아 나가는 자세가 필요합니다.

갈대아 우르

그 다음에 하나 더 주의해야 할 문제가 있습니다. 창세기 12:1 이하를 보면 하란에서 아브람이 하나님께로부터 "본토와 친척과 아비 집을 떠나서 내가 네게 지시할 땅으로 가라" 하는 말을 들은 것으로 기록되어 있는데, 그러면 그것이 처음 계시냐 하면 그렇지 않습니다. 느헤미야 9:7을 보든지 창세기 15:7을 볼 것 같으면 이미 갈대아 우르에 있을 때 하나님의 계시를 받았다 하는 것이 분명하고 사도행전 7:2에도 그 말을 썼습니다. 느헤미야 9:7을 읽어보면 "주는 하나님 여호와시라 옛적에 아브람을 택하시고 갈대아 우르에서 인도하여 내시고 아브라함이라는 이름을 주셨다"고 하였습니다. 또 창세기 15:7도 보면 하나님께서 아브람을 불러서 "아브람아 나는 네게 이 땅을 주려고 너를 갈대아 우르에서 불러낸 하나님이다" 하고 일러준 사실이 나와 있는데, 아브람이 갈대아 우르에서 떠난 것은 자기의 자의로 한 것이 아니라 확실히 하나님의 부르심을 입고 그 계시에 의해서 거기를 떠났다는 것입니다. 그러면 아브람이 어떻게 해서 그런 신앙을 가졌는지 우리는 그 경위를 잘 알 수가 없습니다. 아브람의 아버지는 데라인데 여호수아

24:2과 15절에 따르면 그는 우상 숭배자였습니다. 데라가 살던 곳은 갈대아 우르인데 찬란했던 수메르(Sumer) 사람들의 문화가 한때 있었고, 이제 고대 바벨론이 서려고 하는 과도기 시대에 아브람이 거기서 거했던 것입니다.

그런고로 갈대아 우르는 벌써 문화가 찬란히 발달한 상태로서 이미 서책(書冊)도 가지고 있었습니다. 주로 토판에다 기록해서 그것을 굽든지 햇빛에 말리든지 해서 쌓아 두고 그 글들을 읽었습니다. 쐐기 모양의 설형 문자로 기록되었겠지요. 그만큼 벌써 문화가 발달한 때이고 그 사람들이 가지고 있던 종교 의식은 제정일치(祭政一致)의 형식을 취했습니다. 고고학적인 발굴 결과에 따르면 도시 중앙에 쌓아 올린 등성이 위에 신사(神祠)를 두었는데 그것은 씬(Sin)이라고 하는 신의 사당이었습니다. 씬이란 월신(月神)으로서 말하자면 달의 귀신인데 그 씬의 제전을 중심으로 국가의 여러 가지 문화 형태가 발전되어 나갔습니다. 어떤 나라가 어떤 종교를 취하면 그 색채가 강한 문화적 유물을 남기듯이 우르도 씬이라는 귀신 제전으로부터 여러 가지 영향을 받았고 거기서 파생된 문화 형태가 크게 팽배하던 도시였습니다. 월신을 섬기던 문화 형태는 그곳에서뿐만 아니라 나중에 아브람이 머문 하란 땅, 그러니까 거기서부터 무릇 960킬로미터나 떨어져 있는 땅에도 퍽 성행했던 것을 고고학적인 발견을 통해 오늘날 우리가 알 수 있는 것입니다. 그러한 도시에서 자기 아버지 데라도 살았고 아브람도 살았습니다. 아버지가 거기서 살면서 자식을 낳고 또 키운 까닭에 아브람은 하란으로 옮길 때까지 거기서 크고 장성한 사람입니다. 아브람이 하란에서 75세에 떠났으니까 대략 우르에서 70세쯤 떠났다고 가정한다면 그는 거기서 나서 70년 동안이나 생활한 사람입니다.

아브람은 어떻게 계시를 받았는가

여기에 두 가지 큰 문제가 있습니다. 하나는 어떻게 해서 아브람이 하나님의 계시에 접촉할 수가 있었겠느냐 하는 것입니다. 물론 그것은 선조를 통해서입니다. 데라는 우상 숭배자였지만 그래도 그 선조를 통해 구전해 내려오는 하나님 나라의 내용 즉 홍수로 세상이 망한 사실 속에서 하나님의 의로우심과 심판, 하나님께서 자비로 노아와 그 가족들을 건져내셨다는 것을 알고 있었을 것입니다. 다시 아브람은 건져내심을 받은 자들의 계통에서 자기들이 나왔다는, 전승해 내려오는 신앙의 거룩한 도리를 열심히 탐구하고 공부해서 깨달았을 것입니다. 그것은 그냥 어디서 누구한테 한두 마디 들어서 안 정도는 아니었을 것입니다. 아무런 의식이 없는 사람이 아닌 이상 자기 집안의 내력에 대해서나 자기와 제일 가까운 사회의 형성과 발전해 나온 경위를 충분히 조사해서 알았을 것입니다.

옛날 우리 나라의 젊은 사람들이 학문을 하면서 진실하게 살려고 할 것 같으면 넓은 다른 사회의 내용보다 먼저 자기네 집안 대대로 내려오는 유풍(遺風)이나 제도나 가르침을 공부하려고 하였습니다. 유교 입국 시대에는 유교의 도리 같은 것을 잘 배워서 문호(門戶)를 일으키려고 하였던 것이고 또 웃어른에 대해서 책임을 다하려고 하였습니다. 아브람 같은 사람도 자기네 선조로부터 구전으로 내려오든지 그렇지 않으면 어떤 형식의 기록으로 내려온 것이 있었다면 그것을 열심히 조사했을 것입니다. 그리고 그때는 자기 아버지하고만 같이 산 것이 아니고 자기 조부나 증조부와도 같이 살 나이였던 것으로 보입니다. 이렇게 집안에서 누군지 하나님의 말씀을 전하는 사람에 의해서 그것을 전승을 받았다고 생각하는 것이 아마 제일 근리(近理)한 생각일 것입니다. 깜깜한 시대이지만 오직 이 셈 계통으로 구원의 빛이 차례차례 흘러 내려온 것입니다. 그것이 비록 가는 실과 같이 세류(細流)로 흘러왔을지라도 좌우간 흘러왔다는 것입니다. 그냥 아무것도 없는 평지에서 샘솟듯이 아브람이 쑥하니 솟아난 것이 아니라 가늘게라도 흘러 내려오는 물을 받았다는 것입니다. 그가 받은 정신은 하나님 당신과의 교통에서 점점 연마되어 하나님에 대한 단순하고 철저한 신뢰로 변모했던 것입니다. 그것이 얼마만큼 위대한 모습으로 드러났느냐

하면 그의 전 생활의 양태, 전 생활의 습속, 그에게 익어 있던 모든 생활의 편의를 다 포기할 만큼 되었던 것입니다.

여러분 한번 생각해 보세요. 오늘날 우리가 서울에서 태어나 서울에서 자라 가지고 긴 세월을 서울에서 보낸 도시인으로서 모든 것을 버리고 등에다 괴나리봇짐이라도 짊어지고 일생 이리저리 방황하는 방랑인의 생활을 시작하라고 하면 누가 그러려고 하겠습니까? 그것은 참으로 어려운 생활입니다. 더군다나 도시 문화에 접촉했던 사람이 그 생활을 다 포기하고 가장 원시적인 베두인 생활로 쑥 들어간다는 것은 그저 단순히 비상한 각오 정도로 되는 것이 아닙니다. 큰 희생인 것입니다. 물론 모든 것을 다 버려야겠다는 이것이 희생이라는 말로 정당하게 표현될는지는 모르겠습니다. 그러나 보통 사람이 생각하기를 자기에게 있는 것을 다 버린다는 것, 이제 희생의 제물로 하나님 앞에 자기를 드리는 것입니다. 아브람은 그의 전 생활을 하나님께 드렸습니다. 자기의 목숨을 포함한 전 존재를 드리려니까 동시에 가지고 있던 생활도 드리지 않을 수 없었습니다. 찬란한 도시 문화와 그것이 가져다 주는 여러 가지 편의, 그리고 사교 숭배의 문화로부터 완전히 떠나야겠다고 생각한 것입니다. 그리하여 베두인의 생활로 들어가면서부터는 밤이 되면 텐트를 치고 사는 생활 가운데 하늘의 별을 바라보며 하나님을 찾아 나갔던 것입니다. 전에는 저 높은 언덕 위에 있던 씬의 신당에서 흐르는 불빛이 늘 사람들에게 비추어서 그 도시의 정신에 영향을 주는 것들을 숙연히 생각했지만 이제 그곳을 떠난 다음에는 밤이 되면 맑은 하늘의 별을 바라보면서 나가게 된 것입니다. 밤하늘의 별빛에서 모든 우주의 찬란한 아름다운 것을 지으신 하나님, 창조의 대주재로서 자기를 불러내시사 경영하시는 하나님의 경륜을 찾아 나갔을 것입니다. 그렇게 하나님과 접촉하고 살기를 원했던 것입니다.

그러나 무엇보다도 하나님께서 성신으로 그의 마음에 비추시고 그의 마음을 열어 주셔서 깨닫게 하신 것이 가장 중요한 일입니다. 그래서 그가 깨달았을 때에는 준순(逡巡) 방황치 아니하고 주저함 없이 자기에게 있는 모든 것을 다 포기하고 베두인이라는 원시 생활을 시작했습니다. 지금까지 도시 문화에 아주 철저하게 물들어 있던 그가 모든 것을 완전히 투척(投擲)해 버리고 아주 생소한 베두인이라는 원시적인 흙의 사람으로서의 생활을 시작한 것입니다. 그리고 나서 일생 그는 베두인의 생활 곧 방랑의 생활을 바꾸지 않았습니다. 히브리서의 저자는 아브람의 신앙을 가리켜서 그는 일생 장막에서 살고 방랑자로 자처했으며 자기가 본 고향으로 돌아가려고 했으면 돌아갈 기회가 있었지만 더 좋은 본향을 바라는 까닭에 그는 일생 나그네의 길을 살았다고 가르쳤습니다. 아브람은 일생을 나그네로 자처하는 정신을 가지고 시작한 것입니다. 도시에서 안정하고 붙박이로 살던 사람이 그것을 포기한 것입니다. 누리던 도시 문화의 편의라는 것을 포기하고 가장 불편한 베두인의 생활 상태로 들어갔던 것입니다.

이것이 하나님의 백성으로서 시작하는 맨 처음 출발에서 발생한 중요한 신앙의 증거입니다. 무릇 하나님의 백성이라면 아브람이 가지고 있는 신앙을 하나의 전형으로 삼고 나가야 한다 해서 그는 모든 믿는 자의 아비로서 늘 일컬음을 받게 되었고, 그뿐더러 아브람을 가리켜 하나님의 친구라는 말을 쓸 만큼 그를 높이 여기게 됐습니다. 이런 것들은 요컨대 아브람이 어떻게 자기에게 있는 모든 것을 버리고 오직 참된 믿음을 가지고 살려고 했는가에서 비롯합니다. 이러한 아브람의 생활은 가장 기초적인 그의 덕으로서 하나님의 백성의 조상다운 그의 신앙과 인격을 형성하는 토대였던 것입니다. 이것은 물론 하나님께서 그에게 주신 신앙이지만 그가 한 생활인으로서 사람을 대하고 또 하나님을 대할 때는 하나의 덕성으로 나타납니다. 하나님께 전부를 맡기고 의지하고 주의 명령을 따라 사는 자가 아무것도 집착할 것이 없는 것으로 여기는 그런 심정으로 나타납니다.

여기서부터 시작하여 하나님께서는 그가 가지고 있는 시대적인 사상이나 습관이나 도덕 관념 들을 차례차례 시정해 주십니다. 처음 시작할 때는 이런 위대한 신앙으로 출발한 그가 끝마칠 때는 단순히 신앙만이 아니라 위대한 사상의 소유자로 그리고 그것을 후대에 전승할 수 있는 위대한 지도자로서 서게 된 것입니다. 그는 역사의 한 유례(類例), 패턴을 만든 사람이고 그것을 전해 준 사람입니다. 우리가 아브람의 역사를 볼 때 이런 점들을 항상 간과치 않고 주의해서 보아야 합니다.

기도

  거룩하신 아버지, 옛적에 찬란한 도시 문명에 깊이 익어 있던 아브람을 갈대아 우르라는 사회에서 불러내사 모든 것을 포기하게 하시고, 그 생활이 가장 원시적이고 가장 불편하고 그러면서 정향이 없는 길로 가게 하셨지만 조금도 개의치 아니하고 아브람은 오직 아버님만을 믿고 의지하고 끝까지 순종하는 길을 계속하였사옵나이다. 그가 가는 길에서 일을 당할 때마다 당시의 시대적인 색채 가운데서 얻은 그의 사상이나 지식을 바로 고쳐 주시면서 그를 더욱 연마하여 거룩한 하나님의 백성의 효시로서, 귀한 그릇으로서 세우신 것을 이제 우리가 생각하고 있사오니 저희들로 하여금 이런 고귀한 주님의 계시와 가르침에 대해서 정신을 차려서 잘 깨달아 알 수 있도록 지혜를 주시고 그리하여 하나님의 백성으로서 확실한 열매를 나타내게 하시옵소서.
  주 예수님 이름으로 기도하옵나이다. 아멘.

아브람을 부르심(2)

제2강

창세기 12:1-6

여호와께서 아브람에게 이르시되 너는 너의 본토 친척 아비 집을 떠나 내가 네게 지시할 땅으로 가라 내가 너로 큰 민족을 이루고 네게 복을 주어 네 이름을 창대 케 하리니 너는 복의 근원이 될지라 너를 축복하는 자에게는 내가 복을 내리고 너 를 저주하는 자에게는 내가 저주하리니 땅의 모든 족속이 너를 인하여 복을 얻을 것이니라 하신지라 이에 아브람이 여호와의 말씀을 좇아 갔고 롯도 그와 함께 갔 으며 아브람이 하란을 떠날 때에 그 나이 칠십오 세였더라 아브람이 그 아내 사래 와 조카 롯과 하란에서 모은 모든 소유와 얻은 사람들을 이끌고 가나안 땅으로 가 려고 떠나서 마침내 가나안 땅에 들어갔더라 아브람이 그 땅을 통과하여 세겜 땅 모레 상수리나무에 이르니 그때에 가나안 사람이 그 땅에 거하였더라

아브람을 부르심(2)
제2강

하나님 나라의 백성으로서 그 나라의 열매를 맺기 위해서는 정당한 의식과 각성이 있어야 합니다. 하나님 나라의 백성의 의미, 그 백성이 가진 속성, 또 그 상태가 무엇인가에 대해서 바로 더 많이 아는 것이 심히 중요한 일입니다. 그래서 우리는 하나님께서 특별히 만백성 가운데서 그 백성을 선택하시고 세우신 획기적인 시작이라 할 수 있는 아브람을 부르신 사실에 대해 생각해 나가고 있습니다.

갈대아 우르에서 하란으로

아브람을 갈대아 우르에서 불러내셨다고 했는데 방금 우리가 읽은 1-4절의 말씀은 아브람이 하란에서 떠났다는 기록입니다. 전 시간에 이야기한 것처럼 갈대아 우르에서 떠나 적어도 600마일이나 떨어져 있는 하란에 도착했는데 그곳은 갈대아 우르에서 북서쪽에 있는 곳입니다. 갈대아 우르와 마찬가지로 이 하란 역시 두 강 사이의 땅이라는 말뜻을 가진 메소포타미아에 속합니다. 하란 땅의 서쪽 일대가 밧단아람인데 거기서 멀지 아니한 곳에 후일에 등장하게 되는 나홀의 성이라고 하는 곳이 있습니다. 이 땅은 후에도 아브라함의 집안과 중요한 관계가 있습니다. 창세기 24장에 가면 아브라함의 아들 이삭이 리브가를 아내로 선택하는 장면이 나옵니다. 아브라함의 형제로서 나홀의 성에 있는 나홀과 그의 부인 밀가에게서 낳은 브두엘의 딸 리브가가 아브라함의 며느리가 됩니다. 나중에 다시 이삭의 두 아들 가운데 야곱이 동방의 밧단아람으로 가서 그 어머니의 오라비 되는 라반, 그러니까 브두엘의 아들인 라반의 두 딸 레아와 라헬을 아내로 맞이하여 아이를 낳고 또 그 몸종들한테서 아이를 낳아 이스라엘의 열두 지파가 일어나는데, 이들이 이스라엘이라는 한 민족을 형성하는 조상들이 됩니다. 이와 같이 그 지대는 아브라함과 깊은 연고를 가집니다.

그러나 하란은 하나님께서 아브람을 쓰셔서 무슨 경륜과 계획을 이루어 나가시고 경영하시고자 지시한 땅이 아니었습니다. 그래서 다시 거기서 떠나가라고 하신 까닭에 아브람은 정처 없이 갔다고 했습니다. 갈 바를 알지 못하고 갔다고 했는데, 그때그때마다 일정한 목적을 두고 어디까지 가서 무엇을 한다는 것이 명확히 세워져 있지는 아니했지만 갈 길에 대한 지시를 받아서 나갔습니다. 우르에서는 하란을 향해서 메소포타미아의 비옥한 지대로 올라갔고, 하란에서는 다시 지시를 받아서 비옥한 초생달형 지대를 그대로 돌아서 남방으로 내려갔습니다. 남방으로는 한 400마일 내려가서 가나안 땅으로 들어갔습니다.

우리가 여기서 보아야 할 중요한 문제가 있습니다. 이미 생각한 것이기도 합니다만 다시 볼 필요가 있습니다. 우르는 대단한 정도의 이교 문화와 사교(邪敎)의 풍속, 또 찬란한 이 세상적인 영화가 있는 그런 곳이었습니다. 고대의 도시였지만 오늘날의 문화 형태로 말하면 도시 문명이 찬란한 땅입니다. 아브람은 그런 곳에서 나서 장성한 사람입니다. 그러나 그는 하나님께서 그에게 어떻게 지시를 내리셨든지간에 하나님의 뜻이 어디 있다는 것을 알았을 때 그 뜻을 따라가기 위하여 지금까지 70년 동안이나 몸에 배고 익은 문화 형태나 문명 세계를 완전히 포기하고 떠났던 것입니다. 그의 출발은 하란처럼 집단적으로 취집(聚集)하여 세워진 도시형 문명 생활로 들어간 것은 물론 아니었고 정착 농민의 생활도 아니었습니다. 옛날이나 오늘날이나 가장 원시적인 문화 형태인 베두인 생활이라는 유목 방랑 생활을 시작했습니다. 주로 약대, 소를 끌고 다녔는데 만일 양도 끌고 다녔다면 우르에서 하란으로, 다시 하란에서 가나안으로 들어갈 때 과연 끌고 다녔는지 그것은 확언할 수가 없습니다.

　원래 멀리 방랑하는 한 집단으로서 베두인 생활을 하려면 상당한 수가 있어야 합니다. 적의 불의의 습격에 대비하여 필요하면 무력도 행사해야 하고 동시에 가지고 있는 축생(畜生)들을 잘 기를 수 있어야 하기 때문입니다. 그러므로 그 생활이라는 것이 간단하지 않습니다. 일정한 치안 질서의 상태가 유지되는 테두리 안에서도 생활을 하기가 어려운 일인데 하물며 완전히 자위(自衛)해 가면서 살아가야 하는 그런 생활이 얼마나 어려울 것인지 짐작할 수가 있는 것입니다. 스스로 방위를 해 가면서 살아가야 하는 까닭에 집단 자체가 하나의 튼튼한 조직 사회였습니다. 그 조직 사회는 자치의 행정만 하는 것이 아니라 자기의 방비도 해야 했던 것입니다. 만일 방랑하는 다른 부대의 습격을 받을 때에는 항상 거기에 상응하는 자기 방어력을 갖추고 있어야 했고 또 그런 방어 태세를 늘 견지하면서 전진해야 하는 것입니다. 그러니까 그것이 쉬운 일이 아닙니다. 아브람이 도시에 있다면 그런 것은 전혀 필요 없습니다. 우르에 살면 자기가 그렇게 애를 써야 할 이유가 없는 것입니다. 우르라는 큰 집단 도시에서 치안의 혜택을 받으며 그냥 자기 생활만을 경영하면 되는 것입니다. 그러나 일단 그곳을 떠나면 자기 스스로 자변(自辨)해야 할 일이 많은데 경제적인 문제뿐 아니라 자기를 방어할 자위의 수단까지도 다 스스로 부담해야 합니다.

베두인의 생활

　그 시대라도 여러 다른 종족들이 여기저기 살고 있어서 그 당시에 무엇이 가장 우수했는지 지금의 우리가 제대로 알아내기 어려우나 적어도 수메르라는 큰 문화가 한번 일어나서 이미 융성한 시기를 보냈습니다. 수메르 문화로 인한 도성이 여기저기 섰던 자취가 고고학적 발굴로 확인되었습니다. 그러나 이때 당시는 그 문화가 거의 다 쇠해 가는 때로서 고대 바벨론이라는 새로운 세력이 흥기(興起)해 나가던 시기였습니다. 이런 시대는 으레 정복자나 강한 세력의 종족들이 있어서 이합집산(離合集散)하기가 쉬운데 그러한 때에 아브람이 하나님 뜻을 따라 갈 바를 모르나 매양 지시하는 대로 가겠다고 하였을 때는 그런 모든 정치적인 고려 아래 방랑의 집단으로서 능히 그 일을 이루어 나갈 수 있는 하나의 단위를 만들어야 하는 것입니다. 영어로 말하면 '원더링 유닛'(wandering unit)인데 방랑하는 이동 단위를 만들어 내야 하는 것입니다. 이 원더링 유닛이란 사람 수가 너무 많아도 식량 문제 때문에 늘 곤란을 당할 수 있으므로 그 수를 될 수 있는 대로 줄이려고 합니다. 그렇지만 어떤 일정한 정도의 수보다도 적으면 그 일대에서는 자위를 할 수 없기에 또 그것 때문에 큰 곤란을 볼 수밖에 없습니다.

　여러분이 성경의 이 부분을 읽으실 때에 가만히 눈을 감고 생각해 보세요. 아브람은 지금까지 도시에서 편리하게 생활하며 도시인으로 성장해서 그 도시 문명이 딱 몸에 배고 젖은 사람이었습니다. 또 당연히 생활 수단이나 기반도 거기 있었을 것입니다. 이렇게 생활 양태 자체가 완전히 도시인이므로 그것을 포기하고 베두인이 된다는 것이 결코 쉬운 일이 아닙니다. 더욱이 베두인으로 이제는 황막한 들, 넓은 대지를 향해서 전전하며 방랑해 나가려 할 때에는 자기와 자기 집단 그리고 짐승이 먹을 식량 준비도 해야 하고 또 안전을 유지하기 위한 자위의 수단도 다 마련해야 합니다. 그런데 하나님께서는 다시 하란에서 더 남쪽을 향해서 가도록 지시하신 것입니다. 5절 말씀 "하란에서 모은 모든 소유와 얻은 사람들을 이끌고 가나안 땅으로 가려고 떠나서 마침내 가나안 땅에 들어갔더라" 한 것을 보면, 그가 가나안 땅으로 가고자 한 것도 자의로 한 것이 아니고 하나님의 어떠한 지시가 있어서 한 걸음씩 인도를 받아 나아가는 것은 분명한데 이 한 걸음을 갈 때에도 그 한 걸음을 갈 수 있는 모든 태세가 정비되어 있어야 합니다. 여기 하란에서 다시 얻은 소유라고 하면 방랑 단위 그룹인 까닭에 다른 것을 많이 가졌다기보다는 주로 가축들을 얻었을 것입니다. 가축으로 생업을 하면서 그것을 양식으로 의지하고 살아가는 까닭에 그렇습니다. 이것이 소위 베두인의 생활인데 가축을 데리고 다니면서 그들을 먹이는 목자 겸 일단 유사시에는 자위를 하는 인원들로서 구성원을 삼아 내려갔습니다.

그 규모가 얼마나 컸는지 우리가 지금 다 짐작할 수 없지만, 14장에 가서 보면 롯이 동방에서 온 네 왕에게 재물과 양식을 전부 찬탈당하여 급기야 북쪽으로 붙들려 간 사실이 나옵니다. 그때 아브람이 자기 조카 롯이 사로잡혀 갔다는 소식을 듣고 북쪽 단까지 뒤쫓아가서 도리어 원정군을 습격하였지요? 저 다메섹 가는 길까지 뒤쫓으면서 그 네 왕의 원정군을 공격할 때 자기가 낸 병력 318인과 또 동맹한 마므레 형제들의 병력도 합해 가지고 올라가서 적들을 치고 빼앗겼던 재물과 사람들을 되찾아옵니다. 그때 베두인 생활에서 적을 공격하기 위해 이 정도 수의 사람을 뽑아낼 수 있었다면 그들의 배경에 있는 식구들과 또 본부를 수비하기 위해 남아 있는 부대를 상상하게 되는 것인데, 당시 사람들의 풍속과 가족 구성으로 유추할 때 적어도 2천 명 이상 되는 수가 아브람을 중심으로 해서 집단으로 함께 움직였다고 할 수 있습니다. 오늘날이야 2천 명이 얼마 안 되는 것처럼 생각되지만 인구가 그렇게 조밀하지 않던 근 4천 년 전에는 큰 인원이었던 것입니다. 그렇게 큰 인원을 늘 통솔하여 끌고 다니는 아브람은 필연적으로 무리들을 질서 있게 보존하고 통솔해 가기 위해서 통치력이 우수했어야 합니다. 그렇지 않으면 그 사회를 유지하지 못하는 것입니다. 뿔뿔이 다 헤어지든지 다른 주인을 찾아가든지 하는 것입니다. 그런 점에서 오늘날 베두인족의 수장(首長)인 쉐익(sheik)이라고 하는 이들보다도 훨씬 더 강력한 통솔자였습니다. 말하자면 작은 규모의 군주였던 것입니다.

최초 하나님의 백성의 사회

옛날 고대 희랍에 폴리스라는 도시 국가 형태가 있었는데 아브람의 단위 조직이 그런 폴리스와 같은 제도는 아니었습니다. 그것은 아브람만이 가진 독특한 단위였습니다. 이후에 보면 그가 가나안 땅에 들어

가서 여러 다른 그룹들과 상대하게 되지만 언제든지 우리가 늘 기억할 것은 아브람이 어디 가든지 자기가 하나님의 종으로, 하나님의 백성으로 하나님을 공경하고 의지하고 살아간다는 신앙 태도와 생활 자세를 명백하게 하고 다녔다는 것입니다. 그가 이르는 곳에서 필요에 따라 하나님 앞에 제사를 드리되 예배를 드리기 위해서 제단을 쌓음으로써 그 사실을 기념했습니다. 여러분이 미리 알아두실 사실은 아브람이 거느리고 있는 이 대가족은 아브람이라는 인물을 정점으로 하여 완전히 통솔되는 통일된 조직이지 민주주의네 무엇이네 해서 이 사람 저 사람 중구난방으로 떠드는 사회가 아니었다는 것입니다.

그러므로 신분에 있어서도 아브람은 주인이고 아브람에게서 난 직계 자식인 이스마엘과 이삭 이외에는 모두 종이었습니다. 그들은 돈을 주고 고용한 사람들이 아니라 완전히 그와 운명을 같이하는 사람들이었습니다. 이것이 소위 고대 근동 사회의 종입니다. 여기서 제일 먼저 명백하게 보이는 사실은 종과 주인이라고 하는 관계입니다. 요새 말하는 노예 제도를 생각하기보다는 고대 동방에 있었던 주종의 관계, 즉 주군(主君)과 그의 부하들인 호위자(護衛者)의 관계입니다. 그러나 이런 관계는 상하가 아주 깍듯하여서 서로 대단히 친근히 지내는 사이입니다. 그러하기에 아브람에게 후사가 없었을 때 그들 중에서 가장 신임할 만하고 제일 통솔력 있는 다메섹의 엘리에셀을 후계자로 세우려고까지 했던 것입니다. 말하자면 노예와 같은 종의 관계가 아니라 자기의 상속자로 세울 만큼의 종이었다는 말씀입니다.

여기서 주의할 것이 있습니다. 아브람이 가지고 있던 그 통솔이란 과연 무엇을 위한 것이었느냐 하는 것입니다. 아브람은 하나님의 명령을 따라서 지금 방랑의 생활을 하는 까닭에 그의 통솔을 받는 모든 자는 반드시 하나님에 대한 존경 혹은 경외의 태도를 전제적으로 가졌어야만 할 것입니다. 그 사람들이 다 구원을 받았다든지 아니라든지의 여부를 떠나서 적어도 아브람이 믿고 있는 거룩한 하나님의 제도나 가르침이나 지시에 대해서는 절대 복종해 나가던 사람들이었습니다. 그런 의미에서 아브람은 그들에게 절대의 군주였습니다. 하나님이 아브람에게 가자고 하신다 하면 아무도 거기에 대하여 이의를 댈 수가 없었습니다. 이의를 말하려면 당초부터 거기에 붙어 있을 이유가 없었을 것입니다. 여기서 우리는 최초 하나님의 백성의 형태를 보게 됩니다. 아브람을 뽑아서 최초로 이런 형태의 하나님의 백성의 사회를 형성하게 하신 것입니다.

여기서부터 출발해서 하나님의 백성은 이제 큰 역사적 전진을 하게 될 것입니다. 이렇게 하나님의 백성들로서 나타난 사회의 성격에는 누구보다도 아브람 자신의 성격과 하나님에 대한 아브람의 신앙이 강하게 반영돼 있는 것입니다. 하나님께서 아브람에게 명령을 하시고 오늘 읽은 것과 같이 분부를 내리셨을 때 그 의미를 아브람이 투철하게 다 깨달았는지 그렇지 못했는지 우리가 그것을 알 길은 없습니다. 어느 정도만큼 알고 있었는지 우리로서는 알 방도가 없습니다. 그러나 충분히 다 깨닫지 못했다고 생각하더라도 큰 상관이 없습니다. 분명한 사실은 아브람이 한 개인으로서 처음에 부르심을 받아 하나님의 쓰임을 받게 되었을 때 그는 하나님께서 크신 경영을 이루어 나가신다는 사실을 믿었고, 또 자기를 거기에 부응하는 사람으로 만드시는 하나님의 훈련을 받아 나갔다는 것입니다. 그리하여 그의 도덕적인 성격, 그가 가지고 있는 계시에 대한 인식의 내용, 또 하나님과 하나님의 크신 경영에 대한 그의 지식은 점점 장성해 나갔던 것입니다. 그러한 자태를 보이는 것이 창세기에 나오는 아브람의 이야기입니다.

여러분, 그 동안 창세기를 주의해서 읽으시라고 했는데 집에 돌아가셔서 스스로를 한번 시험해 보세요. 아브람에 대한 이야기는 11:10부터 시작됩니다. 먼저 셈의 족보가 나오고 아브람이 10대손으로 나오는데 그것이 정확한 10대라고는 말할 수 없다고 하였습니다. 그러면 얼마나 더 됐는가 할 때 정확히 알 수는 없으나 대표적으로 중요한 자손들을 뽑아 만들어 낸 계보라는 것입니다. 실제로 히브리 사람들의 말 가운데 아들이라든지 자손이라는 뜻으로 쓰는 말은 '벤'(בֵּן)인데, 이 말이 직계 1대와 2대 사이의 관계만을 말하지 않고 어느 때는 몇 대를 뚝 떼어서 1대와 3대 혹은 1대와 4대의 관계로도 씁니다. 그런데 아브람 이야기가 주류가 되어 가지고 흐르는 이야기가 11:10부터 시작해 가지고 25:10에 가면 끝납니다. 그러니까 12장부터 24장까지 열세 장이 있고, 11장의 한 부분 또 25장의 한 부분이 아브람의 이야기입니다. 우리의 공부를 위해서 돌아가셔서 책을 보지 말고 12장의 큰 제목과 내용은 무엇이고, 13장은 무슨 이야기이고 14장은 무슨 이야기이다 하고 스스로 답하는 식으로 25장까지 한번 해 보십시오. 그렇게 아브람의 이야기를 환히 잘 알고 계시면 자유롭게 여기저기서 끄집어내서 이야기하기도 편하고 또 듣기도 편할 것입니다. 지금 우리가 치중해서 보려고 하는 것은 성경에 있는 역사 이야기 자체가 아닙니다. 아브람이 어떻게 했다는 것을 다시 반복하려는 것이 아니라 그보다는 그것이 우리에게 주는 의미나 또 거기서 배워야 할 것들을 자꾸 끄집어내어 이야기하게 될 것입니다.

그리스도의 나라와 아브람의 복

12장으로 들어가면 맨 처음에 두 가지 큰 사실이 나옵니다. 하란에서 계시를 받고 떠나서 가나안에 들어갔다는 사실과 거기서 흉년이 들어서 애굽에 들어갔다가 나오는 사실이 있습니다. 지금은 하란에서 계시를 받고 가나안을 향해서 들어가는 부분에 대해서 이야기하는 중입니다. 그 계시의 내용이 무엇인지를 다시 한 번 읽어보지요. "본토와 친척과 아비의 집을 떠나서 내가 네게 지시할 땅으로 가라"(1절). 이것이 하란에서 다시 주신 계시인지 아니면 우르와 하란에서 다 같이 보이신 것을 종합해서 한 말로 쓴 것인지 정확하게 말할 수가 없습니다. 왜냐하면 하란은 아브람의 본토가 아니고 다만 지금은 하란에 가서 우거하고 있었을 뿐이기 때문입니다. 아브람의 본토는 우르 땅입니다. 원래 데라의 선조 대대로 살고 있던 고향은 우르입니다. 그곳을 떠나라는 말씀대로 과연 아브람은 우르를 떠났습니다. 아버지 데라가 비록 훌륭한 신앙을 가지지 못하고 우상을 숭배하고 살았을지라도 그 아들 아브람을 사랑했던 모양인지 아브람과 함께 그곳을 같이 떠났던 것입니다.

"여호와께서 아브람에게 이르시되 너는 너의 본토 친척 아비 집을 떠나 내가 네게 지시할 땅으로 가라" 했는데 여기서 약속은 '내가 너에게 지시를 하마' 하는 것이었습니다. 너는 그렇게 지시할 땅으로 가거라 하는 것이었습니다. 그러면 "내가 너로 큰 민족을 이루고 네게 복을 주어서 네 이름을 창대하게 하리니 너는 복의 근원이 될지라. 너를 축복하는 자에게는 내가 복을 내리고 너를 저주하는 자에게는 내가 저주하리니 땅의 모든 족속이 너로 인하여 복을 얻을 것이니라"(2-3절). 지금 내리신 이 내용으로 보아서는 아브람 개인에게 어떤 큰 복을 주실 것이라는 이야기입니다. 그리고 또한 큰 민족을 이룰 것이라 해서 아브람을 불러내어 한 민족을 이룰 하나님의 뜻을 아브람에게 보이신 것입니다. 그 민족은 하나님이 특별히 다루시는 민족이 되어서 그 민족을 축복하는 백성은 하나님이 복을 주시고 그 민족에 대해서 저주하는 백성은 하나님께서 저주를 하실 것이고, 그리고 그 민족은 세계 만방에 대해서 복의 근원이 될 것이요 복의 기관이 될 것이라고 하셨습니다. 이것만큼은 아주 명백합니다. 그 후 역사의 진전과 더불어 아브람에 대한 이 약속의 내용이 점점 부연되고 또한 풍요하고 심오한 내용이 계시되어 오늘날 우리는 그것이 역사상의 어떠한 사실로만 생각할 수 없는 훨씬 깊은 내용을 가진 것임을 알게 되었습니다. 무엇보다도 어떠한 의미의 복의 근원이 되겠느냐 할 때 예수 그리스도로 말미암은 세계 만민의 구원의 복이 거기에 포함되어 있는 것이었지만 아브람이 대체 그것을 얼마만큼이나 알았겠느냐 하는 것은 또 다른 문제입니다.

아브람에게 큰 복을 주실 뿐더러 그를 통하여 큰 민족을 이루겠다고 하셨습니다. 하나님의 백성으로 그를 땅 위에서 뽑아 내되 그에게서 비롯된 민족이 세상 열국 가운데 하나의 창대한 국민으로서 번영하고 살 것이라고 한 것입니다. 세계 역사 가운데 어떤 시대에 한번 찬란하고 장대하게 산 국민이 없었던 것은 아닙니다. 옛날 로마 제국 시대에 로마는 세계에서 관절(冠絶)한 찬란한 국민으로서 강력한 국가를 조직해 가지고 살았습니다. 근대에 들어와서도 어떤 나라들은 넓은 영토와 풍성한 자원을 개발하여 강력하고 부요로운 나라를 이룩하기도 하였습니다. 그러면 이런 정도의 나라이면 축복의 나라라고 할 수 있겠습니까?

이스라엘에 가서 유대의 학자들과 이야기하는 가운데 이 아브람의 축복의 내용에 대해서 이야기가 나왔을 때 서로 토론한 것들이 아직도 마음에 깊이 새겨져 있습니다. 저들은 대체로 '글쎄, 이 아브람의 축복을 문자 그대로 생각한다면 오늘날 미국 같은 나라가 차라리 그러한 축복을 받은 나라가 아니겠느냐? 미국처럼 그렇게 부요롭고 지하 자원도 많고 생산 가동력도 크고 또 군사적인 힘도 강력해서 세계의 막강한 강국이 된 정도라면 다 된 것이지 거기서 그 이상 다른 무엇을 보겠느냐'고 했습니다. 유대교인들 같으면 그러한 생각을 하게 됩니다. 왜냐하면 아브람의 축복의 내용 속에 있는 가장 핵심적인 중요한 의미 즉 예수 그리스도를 승인하지 않으려 하기 때문입니다. 복의 내용으로 승인하지 않는다 말입니다. 물론 그러면서도 예수 그리스도의 존재 즉 그리스도의 거룩한 사업 혹은 그가 역사상 끼친 큰 영향과 세력의 사실 자체를 그냥 무시할 수는 없는 까닭에, 그것은 그것대로 하나의 의미를 가진다고는 하지만 그것은 이것과는 상관이 없다는 태도였습니다. 예수 그리스도의 역사가 심히 중요하고 너무도 현저한 사실인 까닭에 그것을 무시하지는 않지만 그것이 아브람의 복과는 상관이 있겠는가 하는 태도를 취하는 것을 보았습니다. 지금도 그때의 토론과 이야기가 아주 명료하게 인상에 남아 있습니다. 그런 점에 비추어 아브람 자신이 하나님의 나라와 그 나라의 중심이요 왕이신 예수 그리스도와 또 그리스도의 속죄와 부활과 영화라는 구원의 모든 프로그램의 내용이 세계 만방에 더욱 퍼져 나간다는 사실들을 얼마만큼 알았겠는가. 아브람은 대체 무엇을 바라고 나갔겠는가 하는 생각이 들기도 하였습니다.

그런데 여기서 우리가 주의해야 할 것은 유대 사람들, 유대교인들이 생각하는 식으로 모든 것을 물질적으로 또 현상 세계에서 전부를 다 그렇게 완성할 것으로 생각하는 정도로 아브람에게 내리신 복을 생각할 수 없다는 것입니다. 그렇게 해서는 안 된다는 것입니다. 만일 그렇게 생각하면서 아브람의 역사를 연구해 나간다면 우리는 아브람의 역사가 가지고 있는 의미의 절반도 알 수 없게 되는 것입니다. 우리는 단순히 예수 그리스도께서 오셔서 죽으심으로 만민을 구원하셨다는 간단한 몇 마디로 막연하게 추상적으로 생각할 수가 없습니다. 그리스도께서는 오셔서 속죄하실 뿐 아니라 부활로써 영화의 위치, 영광의 위치에 올라가셨습니다. 부활과 승천과 하나님의 우편에 앉아 계신다는 사실과 천하 만방을 심판하기 위하여 다시 오신다는 사실은 예수 그리스도의 수욕(羞辱) 다음에 오는 큰 영광의 몇 가지 중요한 것들인데, 그는 심판자로, 왕으로, 통치자로 오셔서 그 크신 왕권에 대해서 승복지 아니하고 저항하면서 제 길을 걷는 암흑의 세계에 대해서 심판을 하시지만 그 왕권에 열복하면서 그것을 높이고 땅 위에 그것을 증시하고 나가는 자에게 상을 주신다 하는 사실이 거기에 분명히 있습니다. 그와 같은 큰 사실은 땅 위에서 그리스도께서 지금도 여전히 왕으로 군림하셔서 통치하시는 그 나라를 그대로 경영하시는 역사적 사실로 아브람에게 내리신 이 복의 내용을 또한 만들어 내는 것입니다.

아브람을 통해 하나님 나라의 역사 성격을 비춰 나가심

하나님께서 아브람의 생애를 인도해 나가실 때 물론 하나님의 백성의 효시로 불러내신 사람의 정도에 해당한 높이와 무게를 가지게 하시는 사실도 있었습니다. 즉 그의 도덕적인 성격이나 가지고 있는 지식이나 하나님에 대한 믿음 이런 것들을 축복의 기관으로서 그 위치에 합당한 정도로 이끌어 올려 주셨던 것입니다. 하지만 그보다 더 중요한 것이 있습니다. 그것은 아브람이라는 한 개인으로서만 끝나지 않고 하나님의 백성의 전형이 되어서 서서 나가게 하셨다는 사실입니다. 하나님께서 아브람에게 계시하시고 그를 이끌어 내사 인도하시고 교정하시며 그에게 새로운 사상을 부여하시고 또 지금까지 잘못된 것을 고치면서 바른 것을 바라보게 하셨을 때에는, 단순히 그 개인을 어떤 목적을 위해서 합목적적으로 고쳐 나가겠다 하는 데서 끝나는 것이 아닙니다. 그것은 하나의 중요한 패턴으로서 하나님의 백성은 마땅히 그렇게 정당한 사상에 공감하고 같은 대열 위에 서서 나아가야 한다는 중요한 사실이 깃들여 있는 것입니다. 즉 하나님 나라 전체의 역사 성격을 그를 통해서 비춰 나가시는 중요한 점이 거기에 들어 있습니다.

간단한 예를 들어 보지요. 아브람 자신이 가지고 있는 가정관이나 여성관은 당시의 시대적인 색채를 강렬하게 띠고 있었습니다. 그런 까닭에 애굽에 갔을 때도 자기 아내를 누이라 하였습니다. 만일 부득이한 경우에는 아내를 버리고라도 자기는 살아 나와야겠다는 생각을 했던 것입니다. 그것을 보고 오늘날 사람들은 '아브라함이 범죄를 했다. 그는 비겁한 사람이다' 하는 소리들을 하지만 그것에 대한 평가는 그 장면에 이르러서 좀더 자세히 생각을 하겠습니다. 어찌 됐든 문제는 하나님께서 경영하시는 그 나라가 지니는 거룩한 영광의 내용과 그 영광 가운데 비추시는 사상, 사람이 마땅히 포회해야 할 바른 정신과 관념은 아브람이 가지고 있던 그 시대적인 색채의 사상과는 현저히 달랐다는 것입니다. 아브람의 사상은 그렇게 심히 미흡하고 부족한 까닭에 그것을 철저히 고쳐 주신 것입니다. 그래서 마지막에 아브라함은 빛나는 사람이 되었고, 사라도 영광과 권위가 담긴 이름으로 칭해 주시지 않았습니까? 그 이름이 대표하고 있는 영광과 권위를 아브라함에게만 주신 게 아니라 사라에게도 준다고 하셔서 사래를 사라 곧 여주인이라고 칭해 주셨습니다. 프린세스(princess), 여왕이라는 의미로 불린 것입니다. 지금까지는 아브람이 절대의 군주로 앉아 있었기에 모두가, 심지어 사래까지도 그의 소속이요 부속이었지만 이제 하나님께서 사래를 높이 올리셔서 귀한 위치에 두시사 여주인이요 여왕이 되게 하셨습니다. 그때도 사라는 아브라함을 주(主)라고 불렀다고 사도 베드로는 사라의 덕을 인용할 때 높이 평가를 했습니다. 사라가 덕이 있는 것은 당연히 그래야 할 사회 제도 안에 있었던 그런 덕이 아니라, 하나님께서 그를 높이 올리사 여왕이 되게 하셨는데도 그는 여전히 아브라함에 대해서는 주, '아도나이'라는 말로 늘 불렀으니 그것이 덕이 아니냐 하는 이야기입니다. 이러한 것도 그렇게 고쳐 주셨습니다.

　이런 것은 아주 현저한 예이겠지만 또 아주 알쏭달쏭하고 어려운 예도 있습니다. 그러나 거기서도 하나님께서는 철저히 고쳐 주십니다. 예컨대 자식에 대한 아브라함의 생각입니다. 이삭을 모리아 산에서 드릴 때의 이야기를 보면 "네 사랑하는 독자 이삭을 데리고 모리아 땅으로 가서 내가 네게 지시하는 한 산 거기서 그를 번제로 드리라"(22:2) 하였습니다. 그는 그 말씀에 순종하여 이삭을 데리고 가서 번제를 드리려고 자기 마음대로 이삭을 잡으려고 했습니다. 여기에 붙어다니는 여러 가지 문제가 있습니다. 이삭은 아브라함이 성자(聖者) 되기 위해서, 그의 순종을 위해서 처음부터 희생을 위해 태어난 사람인가? 개인의 인권을 생각할 때 이삭은 그렇게 아무 의미도 없는 존재이냐 하는 문제가 생기는 것입니다. 만일 그러면 그것이 하나님 나라의 사상입니까? 남을 이용해서 자기가 성자 되는 것이 하나님 나라의 사상입니까? 아닙니다. 아브라함이 드린 것만큼은 마땅히 다 칭찬하는 것이지만 거기에 따라다니는 문제에 대해서도 주의를 기울여야 합니다. 아브라함이 가지고 있는 그릇된 관념에 대해서는 하나님이 다시 시정을 해 주시고 철저히 고쳐 주시는 것입니다. 이렇게 해서 아브라함 자신은 차츰차츰 빛나는 위대한 사상을 포회한 지도자로서 서게 되는 것입니다. 그 자신이 위대한 지도자로 서게 되는 것만이 아니라, 그의 깨달음은 또한 우리에게 주시는 바 하나님의 계시의 내용으로서 하나의 중요한 모범입니다. 그런즉 우리로서는 그것을 깨닫는 것이 더 중요한 일입니다. 그저 단순히 아브라함을 훌륭하다고 하는 데 그치지 말고 아브라함에게 하나님께서 주신 바 여러 가지 사상의 내용, 바른 관념, 시정하신 것, 지혜, 도덕적인 생활의 기준 등을 올바로 보아야 할 것입니다. 그런 것들은 오늘날도 우리에게 직접 내리시는 명령이 되는 것입니다. 하나님 나라의 백성은 혼연히 다 그러한 표준과 목표를 향해서 늘 살아가는 것이 중요합니다.

하나님께서 아브람에게 주신 거룩한 계시의 내용을 그가 얼마만큼 이해했겠는가를 우리가 잘 알기는 어렵지만, 주의해서 보아야 할 것은 그의 생애가 자꾸 진전되면서 교육을 받아 나간다는 사실입니다. 아브람이 하란을 떠날 때 75세였고 175세까지 살았으니까 앞으로 백 년 동안 계속해서 하나님과 교통하며 계시와 은혜를 받으며 살아 갈 것입니다. 그 가운데서 특히 창세기에 기록된 중요한 내용은 후반의 이야기보다도 대체로 앞으로 올 백 년 가운데 전반의 이야기입니다. 그때 필요한 것들을 다 주신 것입니다.

기도

거룩하신 아버지, 아버님께서 옛적에 아브람을 불러내시고 그를 쓸만한 그릇으로 닦으시사 하나님 나라의 거룩한 백성으로서 하나의 큰 산과 같은 높은 정점을 삼으셨는데 그에게 주신 여러 가지 계시는 아브람 개인의 것만이 아니라 동시에 그와 동일한 믿음의 선 위에서 주께 봉사하며 하나님의 백성으로 살 모든 사람들, 오늘날의 저희에게까지도 생생하고 명료하게 주시는 하나님의 거룩한 명령인 것을 믿사옵나이다. 그것들은 또한 저희가 알고 있고 갖고 있기를 원하시는 거룩하신 하나님의 생각이요 뜻인 줄 아옵나이다. 이런 거룩한 뜻이 역사 위에 나타나서 저희로 하여금 읽고 깨닫게 하신 것을 생각할 때 아버님의 기묘하신 여러 가지 방법과 저희를 교육하시는 그 크신 사랑을 만만 감사하오며, 저희들이 참으로 진리의 교훈을 바로 깊이 깨닫고 배우게 하여 주시옵소서.

주 예수님 이름으로 기도하옵나이다. 아멘.

우르에서 아브람에게 내리신 계시

제3강

사도행전 7:1-4
대제사장이 가로되 이것이 사실이냐 스데반이 가로되 여러분 부형들이여 들으소서
우리 조상 아브라함이 하란에 있기 전 메소보다미아에 있을 때에 영광의 하나님이
그에게 보여 가라사대 네 고향과 친척을 떠나 내가 네게 보일 땅으로 가라 하시니
아브라함이 갈대아 사람의 땅을 떠나 하란에 거하다가 그 아비가 죽으매 하나님이
그를 거기서 너희 시방 거하는 이 땅으로 옮기셨느니라.

우르에서 아브람에게 내리신 계시
제3강

데라의 세 아들

 우리는 그 동안 아브람의 계보에 대한 내용을 잠깐 이야기했고, 그 다음에는 하나님께서 아브람을 갈대아 우르에서 불러내신 이야기를 했습니다. 그러나 기록 자체로 보면 아브람이 중심이라기보다 오히려 데라가 자기 아들 아브람과 자부(子婦) 사래, 그리고 손자 롯을 이끌고 갈대아 우르에서 가나안 땅으로 가고자 하다가 하란에 이르러 거기서 수(壽)가 다하여 205세로 죽었다고 나옵니다(창 11:31-32). 그리고 아브람이 갈대아 우르에서 하나님의 부르심을 받고 나왔다는 이야기가 창세기 12장에는 직접 명확히 기록되어 있지 않습니다. 그러나 창세기 15:7에 보면 하나님께서 아브람을 불러서 "내가 이 땅을 네게 주려고 갈대아 우르에서 너를 인도하여 냈느니라"고 하신 말씀이 있고, 느헤미야 9:7에도 아브람을 갈대아 우르에서 불러내셨다는 사실이 있으며, 그 밖에 스데반의 연설을 보면 "우리 조상 아브라함이 하란에 있기 전 메소보다미아에 있을 때에 영광의 하나님이 그에게 보여 … 내가 네게 지시할 땅으로 가라"(행 7:2-3)고 하신 기록이 있습니다.

 아브람이 갈대아 우르를 떠나라는 지시를 받고 떠날 때 그의 아버지 데라도 동행을 했습니다. 그의 아버지 데라는 기록대로 보면 이미 두 아들이 있었는데, 생각건대 맏아들은 하란 땅으로 오기 전에 이미 갈대아 우르에서 죽었고 자녀 셋만 남겼습니다. 즉 맏아들 하란은 밀가와 이스가라는 딸, 그리고 롯이라는 아들까지 세 자녀를 남겼습니다.

밀가는 자기의 숙부(叔父) 되는 아브라함의 형제 나홀에게 시집을 갔습니다. 이런 사실을 보면 아마 하란이 큰아들인 것으로 짐작됩니다. 왜냐하면 하란의 딸이 하란의 형제인 나홀에게 시집을 갈 만큼 장성했다면 아무래도 그 아버지 된 하란은 자기 형제 나홀보다는 훨씬 연상이었을 것으로 생각되기 때문입니다. 그런데 창세기 11장의 기록을 보면 "아브람과 나홀과 하란"(27절)이라고 나열했는데 그것은 아브람이 주인공이 되는 까닭에 그렇고, 또 나홀은 그 후에 하란 근방의 나홀의 성이라는 곳으로 이주해서 그곳에 자기의 도성을 만들고 아브람의 집과는 다시 인척 관계를 맺게 되는 까닭에 그렇게 쓴 것 같습니다. 이처럼 여호와 하나님을 섬기는 중요한 사람들을 먼저 나열하고 마지막으로 하란을 나열한 것은 그가 갈대아 우르에서 일찍 죽었기 때문에 그런 것 같습니다. 순서상 아브람이 먼저 있다 해서 반드시 아브람이 장자라고 할 수는 없습니다.

 아브람을 장자라고 우겨대야 할 아무런 조건이 없습니다. 다만 데라가 아브람을 따라갔으니 그가 장자일 것이다 하는 것은 너무나 형식적인 생각입니다. 하란은 이미 죽었으나 그가 장자이니까 우리 나라 식으로 보면 큰집안이므로 하란의 자식 롯이 계승해서 그 집안의 큰집 노릇을 해야 하겠지만 롯은 그렇게 하지 않고 아브람을 따랐던 것 같습니다. 데라는 아브람을 사랑하고 신뢰해서 그를 따라 하란으로 갔던 것입니다. 여호수아 24:2, 15을 보면 데라는 저 갈대아 우르, 메소포타미아 땅에서 우상을 섬기던 사람이지 여호와 하나님을 섬기고 산 사람은 아니었습니다. 그런 까닭에 여호수아서에도 나홀의 아비 데라가 강 저편에 거하며 섬기던 그런 선조의 신을 너희들이 섬기겠느냐, 아니면 여호와 하나님을 섬기겠느냐고 하며 둘 중 하나를 택하라고 하는 연설 장면이 나옵니다. 이처럼 데라는 분명히 우상을 섬기던 사람인데 그러한 환경에서 아브람이 계시를 받고 떠난 것입니다.

목적지까지 이르지 못한 데라

데라는 아브람이 받은 계시에 의해서 지금까지 지내오던 도시 문화 생활을 다 뒤로하고 서툴고 대단히 고생스러운 유목민의 방랑 생활, 흙을 상대로 하고 사는 생활로 들어갔습니다. 힘들고 어려운 길인데도 불구하고 나홀과 함께 갈대아 우르에서 내쳐 살지 않고 자신도 아브람에게 동의하고 같이 거기를 떠나는 것을 보면, 데라에게도 어떤 새로운 세계에 대한 동경만이 아니라 아브람이 가진 신앙을 존중하고 그의 인격에 대해 신뢰하는 마음이 그만큼 있었던 것 같습니다. 그러니까 자식인 아브람의 의견에 대해서도 그렇게 동의한 듯합니다. 그러나 역시 데라는 직접 계시를 받은 아브람처럼 큰 확신이 있었던 것은 아닙니다. 그래서 어려운 일이 있든지 기력이 다 진하고 소망을 잃는다든지 여타의 무슨 문제가 있게 되면 그만 힘이 뚝 떨어지는 것입니다. 그러나 하나님의 계시를 받은 하나님의 사람은 큰 확신이 있고, 확실한 계시에 대한 요지부동하는 신앙을 가진 까닭에 '하나님께서 내게 이 일을 분부하신 이상 이것을 이루기 전에 하나님께서 나를 데려가신다는 것은 생각할 수 없는 일이다' 하고 어떠한 역경이 있을지라도 늘 소망을 가지고 분투하면서 나가는 것입니다. 하나님께서는 그런 사람을 쓰시려고 믿음을 주실 뿐만 아니라 동시에 성신님으로 그의 주위에서 함께 역사하셔서 어려움을 헤쳐 나갈 수 있게 하시는 것입니다. 즉 감당치 못할 시험을 당하지 않게 하시고 시험 당할 즈음에는 피할 길을 내사 반드시 감당하게 하신다는 약속을 그에게 이루어 나가시는 것입니다.

그러니까 아브람은 만난(萬難)을 배제하고라도 그렇게 나갔지만, 데라는 자기 자신이 직접 계시를 받은 사람도 아니고 또 사실 얼마만한 신앙을 가졌는지도 모르며 혹은 물질적이고 현세적인 어떤 신세계에 대한 동경이 더 커서 떠났을 수도 있기에 목적지에 이르지 못하고 도중에 빗가고 만 것입니다. 우리가 어디로든지 가고 오고 움직이는 모든 일에 있어서 하나님에 대한 소망과 하나님 나라의 거룩한 일을 이루어 나가기 위해서 나를 이렇게 쓰신다는 확신을 갖고서 움직이는 것이 신자의 도리이지, 세상 사람 식으로 '나는 어디가 좋으니까 그리로 이민 가겠다. 어디가 좋으니 그리로 가겠다'고 생각하지 않아야 합니다. 데라의 신앙을 보면 그가 전연 무신(無信)의 사람이라거나 아브람에 대해서 반대하는 정신을 가진 사람은 아니어서 감연히 베두인의 생활에까지는 들어갔지만, 그러나 목적지까지는 가지 못하고 중간에서 넘어지고 말았습니다.

이 사실이 하나의 심벌로 우리에게 가르치는 것이 있습니다. 항상 참된 신앙에는 확신과 동시에 안전에 대한 보장감이 뒤따르는 것입니다. 하나님이 내게 일을 시키셨다고 믿으면 거기에 대해서 안전을 느끼는 것입니다. '어떤 일이 있든지 하나님은 이 일을 이루신다. 그리고 나는 그 일을 이루도록 택함을 받아서 나왔으니 힘써 이 일에 대해서 낙심하지 않고 해야겠다' 하고 나가야 하는 것입니다. 이것이 신앙입니다. 신앙이란 현실 생활에서 이렇게 하는 것입니다. 그 일이라는 것은 꼭 종교적 일만이 아닙니다. 그 사람이 어떤 생활을 하든지 그것이 하나님의 영광을 위한 생활이 되어야 하고 그러한 목적을 가져야지, 목적 없이 이 세상 사람들이 사는 식으로 살면서 '하나님이 나를 돌아보신다'고 하는 것은 하나님을 수호신의 하나로 삼는 것밖에 되지 않는 것입니다. 하나님이 주가 되시고 명령자이시므로 그분이 나에게 일을 분부하시고 이끌고 나가신다는 확실한 신앙 가운데 밀고 나가야 하는 것입니다. 그렇지 않고 자기 마음대로 선택하고 스스로 좋게 생각되니까 시작해 놓고 '하나님이 보호하실 것이다' 한다면 하나님을 이용해서라도 자기 일의 번성을 요구하는 공리주의(功利主義)적인 신앙이 되고 마는 것입니다. 일반적인 종교가 다 그렇습니다. 그러나 계시의 종교는 그러한 공리주의에 터를 두고서 움직이지 않습니다.

처음에 예수를 믿을 때는 비록 공리적인 요구에서 시작을 했다 할지라도, 그가 참으로 신앙 속으로 들어갔으면 그런 정신을 포기하는 것이고 그래야 믿는 사람으로서 장성하는 것입니다. 처음에는 천당에 가고 싶어서 예수를 믿었을지라도 일단 교회에 들어와서 믿음의 도리를 받고 속죄의 도리를 깨닫게 되면 변해야 하는 것입니다. 주께서 나를 속하시고 노예의 시장에서 나를 사 내오신 것은 덮어놓고 나에게 행복을 주시려는 것이 아니라 나로 하여금 주를 위하여 살게 하시려는 것이라는 것을 바로 알아야 합니다. '나의 죄를 속하시려고 예수님께서 십자가에 달려 돌아가신 것은 자든지 깨든지 나로 하여금 주와 함께 살게 하려 하심이다' 하는 속죄의 목적에 대해서 정신을 차리는 것입니다. 언제까지든지 종교를 자기의 공리적인 요구의 이용물로 삼고 살면서도 잘 믿는 것같이 생각하고, 기도도 언제든지 공리적인 목적 아래 환난이 있고 어려운 일이 있으면 열심히 그것을 모면하려고만 기도한다면 참으로 불쌍한 노릇이 아닐 수 없습니다. 그러다가 평안해질 것 같으면 하나님에 대한 열정이 거의 없어집니다. 그렇다면 그것은 참 대단히 공리적인 신앙입니다. 이런 신앙은 언제든지 유치한 상태, 저급한 위치를 벗어나지 못한 것이므로 우리는 더욱 그런 점에 대하여 반성을 해야 합니다. 그런 뜻에서 우리는 데라가 가지고 있는 상태를 살피는 것이고 그것을 통해서 오늘날 하나님께서 우리에게 가르치시는 것이 무엇인가를 깨닫는 것이 대단히 중요한 일입니다.

아브람이 받은 계시의 명료성

여기서 우리가 또 하나 중요히 생각할 것이 있습니다. 아브람은 갈대아 우르에서 하나님의 지시하심을 받아서 떠났습니다. 그런데 창세기 12:1 말씀은 하나님께서 지시하시사 가라고 하신 말씀을 다시 구체적으로 기록하고 여행의 기록은 하란에서 떠난 이야기부터 썼습니다. 그렇다고 해서 하란에서 이 계시를 내렸다고 얼른 단정하기는 조금 어렵다는 말씀입니다. 왜냐하면 1절에 "너의 본토 친척 아비 집을 떠나"라고 하셨는데 하란은 자기의 본토가 아니기 때문입니다. 그러니까 갈대아 우르에 있을 때 받은 계시를 여기서 다시 한 번 확실히 쓴 것으로 보입니다. 아마 그것이 모세의 기술법인 것 같습니다. 하란에서 자기 아버지 데라가 죽으니까 '여기 하란이 좋다고 그냥 주저앉았을 이유가 없다'고 생각한 것입니다. 하란의 도시 상황이 갈대아 우르와 비슷했기 때문입니다. 우르와 마찬가지로 '씬'이라는 신을 섬기기 위해 신사(神祠)를 건설하고 그것을 중심으로 제전을 늘 행하던 도시였습니다. 씬이란 월신(月神) 즉 달의 귀신이라고 했습니다. 하란에는 주로 아모리 사람이 많이 와서 산 듯한데 거기는 수메르 문화권에서 성장한 도시입니다. 그런 하란에서 자기 아버지는 기력이 쇠진하여 더 갈 수가 없었는데 하나님께서 그에게 기운을 더 주셔서 가나안 땅까지 들어가도록 허락지 아니하신 까닭입니다. 그러니 아브람도 자기로서 거기서 더 어떻게 고집을 하지 못하고, 아버지가 작고하시는 것을 기다렸다가 '여기서 더 주저할 이유가 없다' 하고 떠나서 가나안으로 내려간 것입니다.

아브람이 자기와 자기의 전 씨족 그리고 자기에 속한 모든 짐승을 끌고 이렇게 어려운 여행 길, 일생 안착하지 않는 힘든 길을 떠나게 되는 것은 물론 위대한 계시가 그를 움직인 까닭입니다. 그가 그러한 위대한 계시에 의해서 나가려면 계시의 내용이 그만큼 구체적이고 명료해야 하는 것입니다. 그는 위대하고 명백한 계시 속에서 움직였습니다. 계시치고 위대하지 않는 것이 없겠지만 스케일 면에서 그 계시의 내용이 큰 까닭에 위대하다는 말을 지금 쓰고 있습니다. 물론 계시가 크고 작은 것이 따로 있는 것은 아닙니다. 하나님께서 내리시는 분부란 다 하나님의 크신 경륜과 연관이 되어서 내려지는 것이니까 다 훌륭한 것이지만, 아브람을 불러내신 사실에서 하나님의 호방한 경륜의 내용, 아주 특이한 것이 거기 있음을 우리가 발견하는 것입니다. 하나님의 나라를 이 세상의 인류사 위에서 경영해 나가실 때 쓰신 방법이 바로 그것입니다. 이렇게 한 사람을 뽑아서 그에게서 나오는 한 민족을 단위로 하여 그 나라가 형성되지만, 민족이라는 혈통 관계를 중요시한 것이 아니라 그들이 가지고 있는 하나님의 계시의 내용과 거기에 부합한 제도를 가지고 살면서 그들의 사회 생활과 국민 생활에 의해서 세계 만방에 하나님 나라가 어떤 것인가 하는 것을 증시하게 하신 것입니다. 이것이 하나님의 큰 경륜인데 그것은 거기서 멈추지 않고 오늘날에 와서는 신약의 교회 안에서 하나님 나라의 형태를 훨씬 더 분명히 나타나게 하신 것입니다. 아브람으로부터 시작한 하나님 나라가 선구가 되어서 오늘날에 이른 것입니다. 이러한 큰 계시를 받게 된 아브람이었습니다. 그런 까닭에 아브람이 그 의미를 한꺼번에 다는 몰랐다고 할지라도, 적어도 그 의미에서 벗어나지 않는 방향을 향해서 감연히 전진할 수 있을 만큼의 명백한 부르심이 거기에 있었던 것입니다.

아브람에게 임한 계시의 형식에 대한 그릇된 이해

이와 같은 큰 계시가 그에게 어떤 형식으로 임했겠는가 하는 것을 주의해야 합니다. 그냥 '아브람은 하나님이 불러서 갔습니다' 하는 식으로 막연하게 생각하지 않아야 할 것입니다. 또 마치 신화의 장면처럼 간단한 상상으로 끝내서도 안 됩니다. 예컨대 어느 날 아브람이 앉아 있는데 갑자기 '아브람아' 하니까 '예, 제가 여기 있습니다' 대답하자, '너는 네 본토와 친척과 아비 집을 떠나서 내가 지시할 땅으로 가거라' 했다는 식으로 간단히 생각지 않는 것이 좋습니다. 그러한 식 생각이란 결국 한 사람 대 한 사람이 대화하는 식으로 계시를 받았다 하는 생각입니다. 물론 그런 식으로 아브람이 계시를 받은 경우도 있습니다. 18장에 가면 그런 장면을 볼 수 있습니다. 세 사람이 아브람을 찾아왔는데 세 사람 중 둘은 천사이고 한 분은 여호와 하나님이라는 것을 알고, 나중에 그 앞에 엎디어 주 여호와 하나님께 그가 소돔·고모라를 위해서 도고(禱告)한 일이 있음을 잘 아실 것입니다. 하나님께서 직접 사람의 모양으로 명료하게 나타나셔서 서로 대화하는 형식을 취하셨습니다. 그러나 이런 형식의 하나님의 현현(theophany 혹은 epiphany)이 참으로 계시로서 모든 필요한 것을 다 포함하는 것은 아닙니다. 다른 말로 하면 하나님께서 사람의 형상을 입으시고 나타나시면 그것을 보통 구약에서는 '주의 사자' 혹은 '그 사자'라고 명백하게 지시하는 정관사를 붙여서 쓰는데, 그게 무슨 모양이냐 하면 사람의 모양입니다. 보통으로 보았을 때 형언하기 어려울 만큼 훌륭한, 아주 숭고한 높은 인물로 나타나니까 아브람 같은 위대한 인물도 그 앞에 가서 엎드려 고(告)한 정도입니다.

그러나 그러한 식으로 무슨 계시를 했을 때 그것이 계시로서 필요한 모든 것을 다 포함하고 있다고 생각하지 않는 것입니다. 무슨 말이냐 하면 이렇게 직접 나타내시는 형식이라는 것은 늘 하나님께서 내리시는 계시의 결론 부분이라는 뜻입니다. 전체적인 과정은 그렇지 않습니다. 왜냐하면 계시를 받는 사람이 준비 없이 어떤 인물이 나타나서 '아무개야' 한다고 해서 얼른 그를 하나님이라고 인정하거나 그렇게 알 까닭이 없기 때문입니다. 그냥 가만히 있어도 '아, 그분이 하나님이시로구나' 하고 저절로 아는 것이라고 말하는 사람들도 많이 있는데, 그 경우 거기에는 신비한 정신 작용이 발생해서 그렇게 되는 것이라고 합니다. 그러나 그것을 받는 사람의 마음 가운데 어떤 이상한 정신 작용이 일어나서 상대를 안다 할 것 같으면, 하필 꼭 어떤 모양으로 안 나타나더라도 마찬가지일 것입니다. 소리만 들려도 '아, 그것이 하나님의 소리이다'고 알았다고 할 수 있을 것입니다.

대개 그렇게 생각하는 사람들은 변화산에서 예수님이 변화하실 때 모세와 엘리야가 나타난 것을 세 제자가 보았다는 데서 착안하는 것 같습니다. 세 제자는 모세를 본 일도 없고 엘리야를 본 일도 없는 사람들입니다. 베드로와 요한이 아무리 신앙이 깊다 해도 모세와 엘리야를 직접 본 일은 없습니다. 그런데 거기에 모세와 엘리야가 썩 나타날 때 그들이 어떻게 알았겠습니까? 이런 때 저절로 아는 것이라고 말하는 사람들은 하나님이 그 마음 가운데 '아, 이이는 모세이고 저이는 엘리야이구나' 하고 알게 했다는 것입니다. 말하자면 눈으로 보고 직관에 의해서 알게 했다는 식인데 그것은 대단히 신비한 이야기입니다. 눈으로 보아서 모세와 엘리야라는 것을 알 수 있으려면 그럴 만한 다른 여러 가지 조건들이 있어야 할 것입니다. 그때 모세와 엘리야가 나타나서 우리 주님의 속죄의 문제 즉 돌아가시는 문제에 대해서 이야기했던 것입니다(눅 9:28-31). 그렇게 이야기한 내용이 바로 모세가 하던 이야기요 엘리야가 하던 이야기였습니다. 평소 엘리야가 어떻게 이야기했다는 것을 알고 있고, 또 모세가 무엇을 이야기했다는 것을 잘 알고 있는 이 사람들에게는 '아 저렇게 이야기하는 이가 분명히 모세이다. 그리고 저이는 엘리야이다' 하고 알 만한 증거가 거기에 나타났다는 것입니다. 말하자면 건전한 정상적인 이성에 의해서 그렇다고 확인하고 결론을 지을 수 있는 과정에 의해서 모세와 엘리야라고 한 것이지, 그런 모든 것을 훌쩍 건너뛰어서 멍한 공백 상태에서 갑자기 '아, 이게 아무개다. 저게 아무개다' 했다는 식은 너무도 기이한 생각입니다. 말하자면 그것은 사람의 이성 작용이라기보다는 굉장하고 이상한 심리 작용인 것입니다.

하나님께서 사람에게 주시는 계시의 풍부한 내용을 가장 건전하고 틀림없이 파악하게 하시는 방법은 사람의 이성에 의해서 판단해서 그것이 틀림이 없다는 것을 확인할 수 있게 하는 방식입니다. 즉 그의 인식 작용을 조금이라도 누르지 않고서 확인하게 한다는 것입니다. 그의 인식 능력을 뛰어넘어서 이상하게 압도해 버리는 일이 없이 깨닫고 알게 해서 파악하게 만드는 것입니다. 성경 대부분이 그렇게 쓰였습니다. 성경 대부분이 자기도 모르는 사이에 '아, 이것이다' 하면서 마치 경풍 난 사람이 무엇을 쓰듯이 전부를 쓴 것이 아니라는 것입니다. 그런데도 항상 무엇이 이상하게 나타났다는 식으로 생각한다면 그것은 많은 성경의 내용을 마치 신화와 같은 이야기로 돌리는 것입니다. 이것은 사실상 성경을 자꾸 신화로 돌리려는 경향이라 하지 않을 수 없습니다. 신화라 하면 당장에 펄쩍 뛰면서 반대하는 사람들이 사실상은 신화와 같이 다룬다는 것입니다. 이렇게 다루는 것은 심히 부정당합니다. 아브람이 받은 계시는 단순히 한두 마디로 끝나는 것이 아니라 큰 내용을 가지고 있습니다. 적어도 그것은 큰 내용들을 포함한 말들입니다. 그리고 그것은 아브람의 일생의 역사 가운데 상당히 발전했고, 아 브람 이후에도 대대로 발전해 나간 중요한 하나님 나라의 계승과 발전의 내용인 것입니다. 그러니까 앞으로의 계승과 발전을 약속하고 그것을 포함한 내용으로 계시하신 것입니다.

위대한 부르심의 계시가 있기 전까지의 아브람의 생활

이런 계시에 대해서 아브람 자신이 일시에 전부를 알 수 없는 것입니다. 이것은 아브람 자신이 하나님의 계시의 가장 간결하고 미세한 부분 혹은 원형적인 기초 부분에서부터 차례차례 배워 갔다는 것을 표시합니다. 결국 아브람은 이미 오래 전부터 계시를 받고 살고 하나님과 교통하며 사는 생활에서 상당한 장성이 있었던 것입니다. 그러한 상당한 성숙성이 있은 다음에야 갈대아 우르를 떠나라는 분부가 내려졌다고 보아야 합니다. 그렇지 아니하고 그냥 단순하게 하나님을 알았던 사람에게 갑자기 이런 큰 사실이 우 하니 임했다고 생각한다거나 신비한 신화와 같은 이상한 형식으로 계시가 왔다고 생각하지 않아야 합니다.

그러니까 성경의 이런 부분을 읽으실 때, 그때의 현실은 어떠했으며 아브람은 대체 어떤 위치에 서 있던 사람인가, 그는 얼마만큼의 깊이를 가지고 하나님에 대해서 알고 있던 사람인가 하는 것을 알아야 하는 것입니다. 하나님께서 아브람에게 허락하신 내용을 보면, 아브람이 하나님에 대해 그냥 보통으로 알았다든지 무성의하게 어느 정도만큼 들어서 아는 정도였다고 생각할 수가 없습니다. 단순히 하나님을 공경하는 진실한 사람이었다는 정도가 아니라는 것입니다. 다른 어떤 사람보다도 하나님에 대한 깊은 사념(思念)과 인식과 또 하나님에 대한 공경과 그와의 거룩한 교통이 묵상과 기도 가운데 늘 있던 사람으로 생각할 수밖에 없습니다. 이후의 역사를 자꾸 읽어 가면 갈수록 아브람은 위대한 인물이다 하는 것을 느끼는 것입니다.

사실상 표면으로 보아서 아브람은 크게 한 일이 없습니다. 아브람의 기록을 다 읽어 보시라고 숙제를 드렸습니다. 창세기 12-24장까지 각 장에 무엇이 있는가를 스스로 말해 보시라고 했는데, 아브람 기록을 다 읽어 보아도 소위 사업이라고 뭐 하나 벌여 놓은 것이 없는 사람입니다. 한 것은 두 가지뿐입니다. 하나는 이리저리 방랑하고 돌아다닌 것이고, 다른 하나는 아들을 낳은 것입니다. 세상 다른 사람도 다 그렇게 하는 것입니다. 아들을 낳고 사는 것이고, 또 방랑하고 다니는 것도 하기 싫어서 그렇지 하려면 할 수 있는 것입니다. 그런데 아브람이 방랑하고 다닌 생활은 독특한 생활이었습니다. 그는 그런 나그네의 생활을 했습니다. 히브리서 저자도 그의 믿음을 이야기할 때, 아브람의 믿음은 특별히 방랑하는 것이 믿음으로서 의미를 갖는 것이라고 가르쳤습니다. 자기의 참된 본향을 향해서 끊임없이 나가는 생활을 했다고 했습니다. 안정하는 안착의 생활을 하지 않고 장막에서 늘 살았다 말입니다. 그러나 아브람이 원래부터 장막에서 사는 생활을 하던 사람이 아닙니다. 이미 본 것이지만 그는 아주 어떤 특색 있는 문화를 난숙하게 나타내 보이는 도시에 정착해서 산 도시인이지 방랑의 원시인이 아니었습니다.

아브람이 방랑하는 생활을 일생 했다는 것과 아들을 낳은 것이 아브람의 사업이라면 하나의 큰 사업입니다. 왜냐하면 그것이 그 다음 역사를 준비해 준 것이기 때문입니다. 단순히 아들을 낳은 것이 전부가 아니라 그것은 필연 하나님의 약속 가운데서 하나님이 경영하시는 큰 나라의 역사를 계승해 발전시키는 중요한 인물 즉 역사의 주인공을 낳은 것이기 때문입니다. 이것은 아주 큰 일입니다. 원래 동양에서도 왕가나 황제의 집안이라면 태자가 있어야 하는 것 아닙니까? 태자라는 존재는 그 나라의 운명에 중요한 역할을 했던 것입니다. 보통 집안에서 아들 낳는 것도 중요하지만 왕가에서 태자가 태어난다면 그것은 나라의 운명과 관계가 되는 것이라 말입니다. 하물며 하나님 나라를 땅에서 사람의 역사 위에 건설해 나가시려고 할 때 아브람에게서 아들이 났다는 것은 대단히 중요한 일의 하나인 것입니다. 무슨 큰 전장(田

庄)을 꾸며 가지고 농사를 잘 지었다는 이야기하고는 다른 것입니다. 아주 참 의미가 깊습니다.

  그럴지라도 우리가 중요히 보아야 할 것은 아브람의 신앙이 어떻게 현실적으로 고귀하고 높은 것이었느냐 하는 것입니다. 그의 인격이 순결하고 고결한 것은 말할 것도 없습니다. 이렇게 그의 인격이 고결하다고 말하면 댓바람에 하갈 얻은 것을 들어서 반박할 수도 있겠지만 나중에 배워 가노라면 그것이 어떻게 된 것인가 하는 것을 알게 될 것입니다. 그것은 아브람의 도덕상 문제와 큰 상관이 없는 일이었습니다. 또 아브람이 애굽 왕 바로나 아비멜렉한테 자기의 아내를 누이라고 한 것을 가리켜 비겁하다 하겠지만, 그때의 아브람으로서는 비겁한 것이 아닙니다. 왜냐하면 아브람이 가지고 있던 지식이나 그때 사람들이 살고 있는 사회의 도덕의 내용이 그랬기 때문입니다. 그러나 하나님께서는 하나님 나라의 거룩한 도덕과 이치를 보여 주시고 자꾸 잘못된 것을 시정해 주셨습니다. 세상 인간들은 다 그렇게 하지만 하나님 나라 백성은 그런 일을 않는 것이라고 가르치기 시작하신 것입니다. 그래서 그가 참으로 위대한 사상을 포회하는 데까지 발전할 수가 있었습니다. 그렇게 위대한 사상을 지닌 고귀한 위치 또 새로운 세계를 대표하고 나타낼 수 있는 도덕적인 상태에 도달시키시려고 먼저 그를 부르시는 계시를 보이신 것인데, 그 계시가 얼마나 명료하고 위대했기에 그렇게 됐겠나 하는 점을 또한 생각지 않을 수 없습니다. 그러나 그렇게 명료하고 위대한 계시가 단번에 확 하니 떨어진 것은 아니었습니다. 아브람이라는 사람의 신앙과 속사람의 장성과 더불어 계시의 내용도 컸던 것입니다. 원래 계시라는 것이 종자(種子)의 형식으로 들어가서 그것이 커 나가는 것이지 한 번에 싹 쏟아지지 않는 것입니다. 그러니까 어떤 말이 많이 왔든지 적게 왔든지간에 그 말이 종자의 형식(seed form)으로 와서 시작하는 것입니다. 그 내용이 많으니까 종자의 형식이 아니라고 할 수는 없습니다.

  사람은 어떤 역사 시기 동안 자꾸 장성하고 발전하는 것입니다. 우리가 일생을 사는 것이니까 그 사는 동안은 한 역사 시기인 것이고 그런 의미에서 발전할 수 있는 하나의 기회입니다. 그러면 그 기회 동안에 발전을 해야 합니다. 계시가 젊어서 왔을 것 같으면 차례차례 발전해서 성숙한 데로 올라가는 것입니다. 그러니까 주님을 믿고 살되 젊어서 믿는 것이 좋습니다. "네가 젊었을 때 조물주를 기억하라"(전 12:1) 하는 말씀과 같이 말입니다. 다 늙어서 호호백발(皜皜白髮) 되어 가지고 그때사 예수 믿었다고 한다면 하나님 앞에 쓰일 수가 없는 것입니다. 그런즉 쓰일 만한 사람이 되려면 젊어서부터 시작해야 하는 것입니다. 젊었을 때부터 하나님 말씀에 들어가서 잘 훈도를 받고 교육을 받아서 커야 합니다.

아브람이 신앙의 위대한 결행을 할 때는 나이 70이 넘은 때입니다. 적어도 70년 동안은 갈대아 우르에서 살았을 것인데, 그 동안에 그냥 산 것이 아니라 계시의 은혜 가운데 하나님과 교통하면서 차례차례 그의 사상이 성숙하고 그가 가지고 있는 세계가 커간 것입니다. 위대한 그 나라의 큰 사실을 그를 출발점으로 해서 시작하시려고 할 때 하나님께서는 그것을 시작할 수 있는 인물로 그를 키우신 것입니다. 그는 이미 갈대아 우르에서 상당 부분 장성한 것으로 알아야 합니다. 그런 의미에서 그가 항상 하나님과의 거룩한 교통 가운데 있었다는 것입니다. 거룩한 교통이라고 할 때 주의할 것이 있습니다. 거룩한 말씀 계시의 내용이 그에게 왔다는 것은 그가 밤낮 꿈꾸다가 무엇을 들었다든지 항상 환상에서 무엇을 보았다는 것이 전부가 아닙니다. 어떤 현상이 자기에게 묵시로 나타나서 보는 것이 다가 아니라 그의 사색의 생활, 이성의 작용을 통한 그의 사상의 발전 이런 것들이 훨씬 풍부하게 그의 안에서 점점 장성해 나갔다는 것입니다.

계시 내용을 바르게 터득하려면

하나님의 계시가 그 사람에게 임한 한 단면을 놓고 볼 때 어떠한 현상으로 오느냐 하는 것을 가리켜 소위 유기적인 영감(organic inspiration)이라고 하는 것입니다. 유기적인 영감이라는 말은 사람의 영혼의 기능과 활동을 제한하거나 억압해 놓고서 그 위에서 자꾸 계시를 내리는 것이 아니라 그의 영혼으로 하여금 자유롭게 충분히 자기의 모든 기능을 발휘하게 한다는 것입니다. 생각하는 것, 노력하는 것, 연구하는 것, 논리하는 것, 그리고 어떤 것을 좋아하기도 하고 때때로 피곤하기도 한 이런 모든 것이 다 영혼의 기능의 활동입니다. 이런 그의 지식의 능력이나 그의 정의(情意)의 활동이 다 있는 것인데, 그런 것들은 보조적인 것으로서 미미하니까 가만히 있으라고 그냥 꽉 눌러 놓고서 위에서 쏟아 준다는 식으로 생각하면 안 됩니다. 물론 어느 때는 하나님께서 전권으로 하실 때가 있습니다. 묵시로 보일 때도 있고 혹은 소리로 들려줄 때도 있습니다. 그러나 그런 것은 다 분별력이 있어서 방황하지 않고 의심하지 않고 분별할 수 있는 사람이라야 비로소 받는 것입니다. 뭐 무슨 소리가 났는데 이것이 하나님의 소리인지 세상의 소리인지 도무지 분별을 하지 못하는 사람한테 '아무개야' 부른다고 해서 그것이 하나님의 소리가 될 턱이 없는 것입니다.

그러니까 일반적인 생활을 하는 것 같지만 그가 모든 지적인 활동에서 변함없이 바른 방향으로 노력을 하고 나아갈 때, 그것을 조장해 주시고 힘을 주어서 바르게 생각하게 하시고 암매 속으로 타락하거나 곁길로 들어가지 않도록 통재하시는 일이 성신께서 주장하시는 일인 것입니다. 성신님은 또한 그에게 빛을 비추어 주십니다. 빛을 비춘다는 것은 사람의 이성적 노력만으로 하나님의 그 오묘한 세계를 알아내지는 못한다는 것을 의미합니다. 그런고로 아무리 생각한다 해도 생각해서 다 알아내는 것이 아닙니다. 그에게 일단 빛이 비춰어야 그것을 잡아 가지고 정당하게 사고의 형식에 의해서 자꾸 사색을 해 나가는 것입니다. 그러니까 이렇게 원형을 하나님께서 주셔야 하는 것입니다. 이것은 씨를 심어 주시는 것과 같은 것입니다. 이런 씨가 그의 사색 가운데 차츰차츰 발전해서 열매와 같은 어떤 결론을 얻게 되는 것입니다. 물론 이런 결론을 얻게 되는 사색의 활동이라는 것은 단순히 정신 활동으로만 끝나는 것이 아닙니다.

　학문을 연구하는 경우도 그렇지만 특별히 하나님의 거룩한 계시가 그에게 임해서 그로 하여금 큰 뜻을 깨닫게 하시는 일이 정신 작용으로 다 끝나는 것이 아닙니다. 즉 말씀이 종자와 같은 형태에서 싹이 나고 그 다음에 근간(根幹)이 생긴 다음에 가지가 나고 잎이 나고 꽃이 피고 열매를 맺는 발전의 형태로 어떤 사람에게 나타날 때 그것은 그 사람의 정신 작용에서 모든 게 다 되는 것이 아닙니다. 사람은 날마다 먹고 자고 일하고 노는 인생 생활을 합니다. 인간 생활을 한다고 할 때는 또한 사람과 사람의 관계 속에서 하는 것입니다. 이런 정상적인 생활 속에서 계시에 대한 어떠한 문제를 해결하거나 어떤 논리를 전진시켜야 할 여러 가지 재료를 얻기도 합니다. 생활상 문제가 빡빡한 경우도 생기는데 '이 문제는 왜 이럴까' 하다가 거기서 곧 거룩한 도리 연구에 적용이 되어 가지고 집중해서 연구해 나가기도 하는 것입니다.

　특별히 하나님의 말씀 즉 하나님께서 사람에게 주신 거룩한 계시의 내용에 대한 바른 터득이라는 것은 생활을 떠나서 정신적인 작용과 묵상만으로는 절대로 오지 않습니다. 그것은 자신의 생활을 건강하게 하고 건전하게 하고 구별되이 하고 거룩되이 할 때 오는 것입니다. 정욕이 올 때 그 정욕에 대해서 맹렬하게 공격을 하고, 또 성신을 의지해서 옛사람의 작용이 진압되는 데서 비로소 계시의 거룩한 의미를 터득하는 것이고 그 정당한 터득이 자꾸 증가하는 것입니다. 그런데 그러한 신령한 생활이 없이 그냥 생각만 해 가지고 무엇을 얻으려고 하면 되지 않는 것입니다. 이 세상의 과학을 하듯이 그렇게만 한다면 하나님의 거룩한 계시가 오지 않는 것입니다. 계시란 원래 그렇게 사색해서 얻을 수가 없습니다. 왜 그러냐 하면 하나님의 말씀의 계시라는 것은 이 세상 사람의 생각과 같이 인간의 논식에 의해서 규명될 수 있는 것이 아니기 때문입니다. 하나님께서 같이하셔서 빛을 비추셔야 하는데 비추시려면 그가 그럴 조건 가운데 들어가야 합니다. 그가 정욕과 불의와 어둠에 잠겨 있다거나 그것들의 포로가 되어 있어서는 안 되는 것입니다. 그것들을 안 놓고 쥐고 있으면서도 하나님께서 무엇을 비추시는 일을 계속하실 것이라 생각한다면 그것은 하나님을 만홀히 여기는 것이 됩니다.

하나님의 말씀에 "너희 허물이 좋은 일들을 물리쳤고 너희 죄가 너희에게 오는 좋은 것을 다 막았느니라"(렘 5:25)고 했고, 또 "그 마음에 죄를 품으면 주께서 듣지 아니하시리라"(시 66:18)고 했습니다. 아무리 '주님 나에게 거룩한 뜻을 가르쳐 주십시오' 해도 내 마음에 죄를 품고 있을 때는 안 들으시는 것입니다. 그러니까 죄를 품고 있다든지 정욕을 붙들고 있으면서도 거기서 계시가 정상적으로 발전하리라고 생각해서는 안 되는 것입니다. 먼저 그것을 받을 수 있는 순결한 마음자리에 서야 하는 것입니다. 오직 집중해서 그것만을 사모하는 마음자리로 다시 들어와야지 이 세상을 사랑하고 허영을 쫓으면서 이것도 해야 하겠다고 한다면 도무지 가당한 일이 아닙니다. 이 세상 영화의 끈을 끝끝내 놓지 못하고서 계시나 무슨 큰 도리를 터득하기를 바라서는 안 될 것입니다. 그런 까닭에 하나님의 거룩한 도리는 가만히 앉아서 듣기만 하고 강의만 받아 가지고는 모르는 것입니다. 늘 신령한 생활을 함으로써 비로소 터득하는 것입니다. 신령한 생활을 한다고 해서 반드시 다 터득이 되는 것은 아니고 또한 말씀에 집중을 해야 합니다. 주야로 그 말씀을 즐거워할 뿐 아니라 묵상해야 하는 것입니다. 아브람도 그렇게 해서 거룩한 계시를 얻었다는 것을 생각해야 합니다. 아브람이 거룩한 계시를 얻은 중요한 일에 대해서는 우리가 좀더 배워야 할 것입니다.

기도

거룩하신 아버지, 주께서 저희에게 거룩한 말씀을 주셨고 그 말씀을 저희가 받았으므로 그 말씀을 통하여 저희에게 들려주시는 아버지의 거룩한 가르치심과 지시를 받기를 늘 원하지만, 저희가 우준하고 또 거기에 마음을 집중하지도 않고 정욕과 어둠에 그냥 사로잡혀서 잘 깨닫지 못하는 일이 너무나 많사옵나이다. 아버님께서 아브람과 같은 인물을 들어서 쓰시려고 할 때 먼저 쓸 만한 인물로 길러 내시되 하나님 나라의 거룩한 표준과 정당한 상태를 보이시기 위하여 쓰실 그릇으로 충분히 활동할 수 있도록 미리 다 준비해 놓으시고 장성케 하셨나이다. 그런 다음에 거룩한 나라의 역사를 현실적으로 지어 나가실 때 직접 그가 거기에 나가서 활동하고 봉사하도록 불러내신 일을 생각하면, 저희도 다 아버님 나라의 거룩한 도리를 더 터득하고 깨달아서 참으로 깨달은 자로서 주님 앞에 쓰이는 그릇이 되어야 하겠사옵나이다. 저희가 그러기를 원하오나 주님 앞에 쓰일 그릇으로 모든 준비와 연마하는 일을 하기 전에 먼저 순결하게 간절히 주를 사모하고 사랑하는 위치로 들어가야 할 것이지만 그것조차 부족한 일이 많사옵나이다. 그러면서도 덮어놓고 하나님 앞에 그냥 쓰이는 것인 줄로 그릇 생각하기가 심히 쉬운 일이오니 불쌍히 여기시고 주께서 저희의 마음을 비추어 주셔서 깨닫게 하시사 진정으로 주를 사모하고, 주의 거룩한 말씀의 큰 뜻을 늘 묵상하며 그것을 깨닫기를 원하고, 또한 우리 생활 현실 가운데서 역력히 저희에게 가르쳐 주시는 주님의 크신 자태를 바로 보면서 살아가게 하시옵소서. 주님, 이런 거룩한 도리를 통하여 오늘 저희에게 알려 주시는 거룩한 교훈과 큰 뜻을 확실히 터득할 수 있게 저희 마음을 열어 주시옵소서.

　우리 주 예수님 이름으로 기도하옵나이다. 아멘.

아브람의 애굽행(1)

제4강

창세기 12:10-20

그 땅에 기근이 있으므로 아브람이 애굽에 우거하려 하여 그리로 내려갔으니 이는 그 땅에 기근이 심하였음이라 그가 애굽에 가까이 이를 때에 그 아내 사래더러 말하되 나 알기에 그대는 아리따운 여인이라 애굽 사람이 그대를 볼 때에 이르기를 이는 그의 아내라 하고 나는 죽이고 그대는 살리리니 원컨대 그대는 나의 누이라 하라 그리하면 내가 그대로 인하여 안전하고 내 목숨이 그대로 인하여 보존하겠노라 하니라 아브람이 애굽에 이르렀을 때에 애굽 사람들이 그 여인의 심히 아리따움을 보았고 바로의 대신들도 그를 보고 바로 앞에 칭찬하므로 그 여인을 바로의 궁으로 취하여 들인지라 이에 바로가 그를 인하여 아브람을 후대하므로 아브람이 양과 소와 노비와 암수 나귀와 약대를 얻었더라 여호와께서 아브람의 아내 사래의 연고로 바로와 그 집에 큰 재앙을 내리신지라 바로가 아브람을 불러서 이르되 네가 어찌하여 나를 이렇게 대접하였느냐 네가 어찌하여 그를 네 아내라고 내게 고하지 아니하였느냐 네가 어찌 그를 누이라 하여 나로 그를 취하여 아내를 삼게 하였느냐 네 아내가 여기 있으니 이제 데려가라 하고 바로가 사람들에게 그의 일을 명하매 그들이 그 아내와 그 모든 소유를 보내었더라.

아브람의 애굽행(1)
제4강

 아브람이 하란을 떠나서 하나님께서 인도하시는 대로 가나안 땅에 들어와서 세겜에 이르러 단을 쌓고, 거기서 남쪽으로 한 20마일 그러니까 80리쯤 내려가면 벧엘과 아이 사이인데 그 벧엘 동편 산으로 옮겨 거기서 다시 단을 쌓고 여호와의 이름을 불렀습니다. 그는 그 높은 산 위에서 동쪽과 서쪽을 바라보면서 다시 거기서부터 남방으로 이전해 나가려고 하는데 그만 그 땅에 크게 흉년이 들어서 거기를 떠나서 애굽으로 갔다 하는 데서부터 오늘 본문의 이야기가 시작됩니다.

아브람이 이동하던 당시의 시대 상황
 그 땅을 떠난 것에 대해서 가부를 논하는 학자도 있지만 그 문제는 우리가 차후로 미루겠습니다. 사실상 모든 환경은 그 땅을 떠나지 아니할 수 없게 되어 있었습니다. 하나님께서 그 땅을 아브람과 그 자손에게 주시리라 했을지라도 그가 세겜에 와서도 보았고 벧엘 동편 산에 올라가서도 바라보았지만 그 일대는 벌써 가나안 사람들이 자리를 잡고 정주하고 있는 땅이었습니다. 그러나 자기는 그 당시 아직 나그네요 체류자였을 뿐입니다. 자기가 그곳의 원래 주인으로서 오랜 세월 어디 바깥에 나가 있다가 돌아오는 것처럼 주장할 만한 아무것도 없었던 것입니다. 하나님께서 그에게 그 땅의 주인으로서 모든 권위와 거기에 부응할 만한 역사적 사실이 발생하게 해 주시기까지 그는 하나의 과객과 같은 존재였습니다. 그렇지만 그가 원래 그 땅으로 들어갈 때에 그의 일행은 소수가 아니고 큰 수였습니다. 그 시대에 더러 있던 예와 같이 새로운 지역을 찾아서 지금 대부대가 이동을 하고 있는 것입니다. 아브람도 수하에 굉장히 많은 사람을 거느리고 있던 인물이었습니다. 14장에 들어가면 자연히 그런 장면을 볼 수 있게 될 것입니다. 그런데 당시는 여기저기서 영웅들이 자기의 부족들을 데리고 할거(割據)하면서 아직 확실히 주인이 정해지지 아니한 땅들을 점령하면서 세력을 차츰차츰 펴 나가던 그런 시대였습니다.

아브람은 가나안 땅에 들어가서 주로 선주민인 아모리 사람들과 교섭하며 살아야 했습니다. 아모리 사람들도 혈통을 따지고 올라가면 결국은 아브람과 동계(同系)의 사람들입니다. 아브람과 같은 계통의 사람들이 많이 거기로 이민해 와서 살고 있었던 것입니다. 그런 까닭에 아브람이 거기서 다른 사람들과 무슨 교섭을 한다든지 할 때 특별히 언어 때문에 큰 장애를 받았다는 기록이 별로 없습니다. 또 그런 유사한 장애를 받은 것 같은 현실을 써 놓은 것도 없습니다. 마치 동일한 언어를 쓰는 사람들끼리 이야기하는 것처럼 내용 전개가 모두 자연스럽게 서술되어 있습니다. 그런 것을 보면 선주민인 아모리 사람들은 메소포타미아 일대에서 살던 사람들로서 그쪽으로 미리 이주해 와서 살고 있었던 것이 아닌가 싶습니다. 어쨌든지 아브람은 지금 적어도 천 명에서 이천 명 사이, 대략 일천오백 명 가량의 큰 부대를 거느리고 이동해 가는 처지입니다. 그렇게 이동해서 가나안 땅으로 들어왔던 것인데 그들은 지금 사람만이 아니라 짐승들도 끌고 다니는 형편입니다. 주로 낙타와 소와 나귀 같은 큰 짐승들이었겠지만 아마 양들도 있은 듯합니다. 그런 큰 무리를 건사하고 살리려면 첫째 문제가 식량의 문제입니다. 언제든지 그 많은 수의 인축(人畜)의 식량을 적절히 얻어야 하는데 만일 그것이 여의치 못하면 아브람 개인의 생활 문제뿐 아니라 전 부족의 생존이 위태로운 것입니다. 항상 이런 문제가 있던 시대 상황인 까닭에 인축의 식량 확보를 위해서 아브람은 최고 책임자로서 또 결정권자로서 책임을 지고 일을 해 나가지 않을 수 없었던 것입니다.

아브람의 통치의 독특한 성격

아브람의 생애에서 중요한 일이 무엇이었습니까? 여행을 했다는 것도 하나의 특수한 일입니다. 다른 사람들과 같이 안정한 사회에서 좌정(坐定)하고 살지 않고 여행을 하게 된 것은 아브람이 가지고 있는 특수한 처지와 하나님과의 관계 때문에 발생한 사실이었습니다. 그의 여행은 갈대아 우르에서 하란까지 약 600마일, 다시 하란에서 세겜까지 한 400마일, 합해서 약 1,000마일이나 되는 4,000리 길이었습니다.

그 다음에 애굽에 갔다 온 것은 특별히 아브람의 어떠한 독특한 사명 때문에 다른 사람이 가지 않는 길을 걸었다는 것이 아니었고 어떤 특수한 환경의 문제가 있어서 불가부득이 내려갔다가 온 것입니다. 그런고로 그의 독특한 여행이라는 것은 갈대아 우르를 떠나 하란을 지나서 가나안으로 들어온 것을 말합니다. 이것이 그에게는 하나의 특색 있는 일이고 그 외에 무슨 특별한 일을 한 것이 없습니다. 자녀를 생산했다는 것은 누구든지 하는 일입니다. 그렇다면 아브람에게 무슨 볼 만한 다른 업적이 있느냐 하고 물어 볼 밖에 없습니다. 아브람의 직업에 대해서 만일 오늘날의 개념을 가지고 말한다면 그는 통치자입니다. 최고의 책임자요 권위자였습니다.

그런 점에 있어서 그는 어떠한 인물이었던가 하는 상(像)을 우리가 이 창세기를 읽으면서, 특별히 아브람의 이야기를 생각해 가면서 잘 그려 보는 것이 좋습니다. 어떻게 통치를 했나 하는 문제입니다. 그는 통치자로서 통치 대상인 자기의 백성을 일정한 땅에 안주시키고 잘살도록 만들었다는 것보다는 항상 방랑의 단위로서 자체의 독특한 성격을 완전히 포기하지 않고 있었다는 사실이 중요합니다. 히브리서 11장에 아브람에 관해서 이야기할 때 그런 점을 지적하였습니다. 그가 믿음을 가지고 갈대아 우르를 떠난 후에 가나안 복지에 들어와서도 허락을 받은 자기의 자식 즉 이삭과 함께 장막에 살고 또 야곱과 더불어 장막에 살았다고 하였습니다(9절). 그리고 돌아갈 본향이 어디냐 할 때 자기가 나온 그곳이 자기의 본향이 아니라 하나님께서 예비하신 한

성이었는데 그 성을 향해서 간 것입니다. 그들은 특별히 하나님이 예비하신 그 본향을 향해서 갔습니다. 만일 그들이 떠나온 곳으로 가려고 했더면 갈 수도 있을 뻔했지만 결코 그렇게 하질 않고 나그네로 자처하고 살았다는 것이 그들의 독특한 성격입니다.

이러한 성격을 가진 사람이 통치자로서 자기의 임무를 다한다고 할 때 보통 이 세상의 통치자와 같이 판도를 확정하고 국방을 튼튼히 하며 민생을 잘 규율하여 부를 축적하고 안거(安居)하게 한다는 식 통치가 전부는 아니었습니다. 조금 별다른 특성들을 가지고 임했다는 것을 우리는 아브람의 역사 전체를 통해서 볼 수 있는 것입니다. 성경을 읽어 가실 때에 이 점을 주의해서 보시기 바랍니다. 그의 통치 전체를 상고할 때 그는 절대권을 가지고 있었다는 것이 드러납니다. 종교적으로도 이론이 없이 모두 한 하나님을 섬기고 그 하나님을 섬기는 점에서 도무지 어그러짐이 없었습니다. 그의 휘하에 있는 사람들이 딴소리를 하거나 딴 짓을 한 그런 기록을 절대로 못 만들게 한 사실이 분명히 있습니다. 이런 것을 두고 '어떻게 보면 그가 종교를 강제한 것이 아니냐' 할 수도 있을 것입니다. 그러나 아브람의 출발을 생각할 때 호화 찬란한 우르 같은 도시의 잡다하고 그릇된, 크게 타락한 이교적인 분위기와 정신, 그런 사회 생활 속에서 그들이 뽑혀 나간 이상 그를 따라간 사람들은 확실한 정신으로 훈도를 받아 나갔던 점을 생각하지 않을 수 없습니다. 무리들이 무슨 종교를 하든지 노동력만 조건대로 받아들이면 그만이다 하는 식으로 놓아 둔 것이 아닙니다. 자기 휘하의 사람은 아내나 자기 식구가 아니면 엄격한 주종 관계하에서의 종이었던 것입니다. 물론 여기서 종이라고 할 때는 서양에서 말하는 의미의 노예는 아닙니다. 아브람은 단순히 큰 부족의 수장(首長)일 뿐 아니라 또한 한 집안으로 볼 때 그는 주인이고 휘하 사람들은 종이었습니다. 말하자면 그가 지배하고 있는 전체 사회라는 것은 한집안과 같은 강렬한 유대를 가진 것이었는데 그 가운데서 아브람은 가장이요 주인이었습니다. 아도나이 곧 주(主)라는 말씀입니다. 사라조차도 아브라함에 대해서는 주라고 칭했습니다. 이것은 사도 베드로가 특별히 사라를 지칭할 때 한 말입니다만(벧전 3:6), 이러한 위치에 있으면서 한 하나님을 섬기고 그 하나님께로부터 받은 바 거룩한 허락과 언약의 내용을 이루어 나아갈 인물로서 아브람은 자기 휘하에서 이론(異論)을 베풀거나 딴 짓을 하여 거룩한 하나님의 언약과 전체의 은혜의 움직임에 방해를 일으키지 않도록 통치를 해 나간 것입니다.

이것이 아브람이 가지고 있는 통치 단위의 한 중요한 특색이었습니다. 그 특색의 유지를 위하여 아브람은 늘 절대의 군주의 위치에 있었던 것입니다. 절대의 군주가 어떻게 결정하고 어떻게 나가든지 그 아래서 이의(異意)를 베풀지 못하게 한 것을 우리가 주의해야 할 것입니다. 그와 동시에 그들의 전 생활의 면에서 보자면 그들은 완전한 공동의 운명체였습니다. 그들의 운명은 하나의 덩어리로서 유기적으로 연결이 되어 있어서 아브람의 이해 휴척(利害休戚)이라는 것은 곧 전체 부족에게 그대로 나타나고 마는 것입니다. 아브람이 만일 어떤 불행을 당하면 그것은 전체의 부족이 당하는 것이 됩니다. 그렇게 혼연(渾然)히 일가(一家)를 이룬 한 형태 그것은 형상으로 보아서 퍽 특색 있는 한 단체로서 거의 유기적인 성격을 띤 집단입니다. 이것은 후일에 예수 그리스도를 머리로 한 거룩한 교회가 가지고 있는 가장 유기적이고 또 혼연히 한 생명으로서 연결되어 있는 특성을 생각하게 하는 부분이 분명히 있습니다. 그러나 그것이 장차 올 신약의 교회의 모형이라고 단정할 수는 없습니다. 모형(模型)을 좋아하는 사람들은 모형이란 소리를 잘 쓰지만 특별히 그런 모형이 거기 있어야 할 것인지는 의문입니다. 다만 적어도 하나님의 백성으로서 큰 사명과 계시를 받아서 움직이는 아브람이 통치자의 위치에서 지금 가지고 있는 그런 단위 형태 즉 거룩한 교회를 방불케 하는 형태를 지향하고 늘 그러한 방향을 취하고 자라 나아가는 하나의 사회를 형성했던 것을 우리가 여기서 볼 수 있습니다.

아브람의 사상의 성숙

다음에 우리가 여기서 중요히 보아야 할 문제는 아브람의 사상의 성숙 혹은 성장이라는 점입니다. 아브람이 갈대아 우르에서 처음 출발해 나올 때 자기 인생에 대한 명확한 이해와 결심이 있었습니다. 그것이 무엇이었겠는가? '사람은 자기 마음대로 자기 일생을 결정해서는 안 된다. 오직 하나님께서 나를 어디로 보내시든지 무엇을 하려고 하시든지 그 일을 좇아가는 것이 나의 의무이다'고 생각한 것입니다. 또한 아브람이 자신에 대해서만 그렇게 생각하고 다른 사람은 하나님을 배반하고 마음대로 살아도 좋다고 생각했다고는 도저히 생각할 수가 없습니다. 자기가 가장 선하고 참되다고 하는 생활이라면 다른 사람도 그렇게 살아야 할 것이라고 당연히 생각하는 것입니다. 그런 의미에서 그가 사명을 받았다는 사실은 자기가 어떻게 한다는 것뿐만 아니라 동시에 인생은 이래야 한다는 한 인생관을 분명히 형성한 것입니다. 그와 같은 그의 확실한 태도, 분명한 사상을 통해 결국 하나님 나라의 백성은 무엇을 어떻게 보아야 하느냐 하는 것을 그 자신의 생활에서 예시해 가는 것입니다.

그런고로 우리가 아브람의 생애에서 보아야 할 것이 하나 더 있습니다. 아브람이 인생을 어떻게 보았느냐 그리고 하나님이 그것을 어떻게 열납하시고 재가하셨느냐에 따라서 '아, 결국은 우리에게 인생을 이렇게 보고 인생의 길을 그렇게 생각하고 믿으라고 하시는구나' 하는 것을 반드시 거기서 배워야 하는 것입니다. 아브람의 사상의 기저라고 할 때는 먼저 '사람이란 왜 사느냐? 사람은 하나님께서 그를 어디로 보내시고 인도하시든지 주께서 경영하시고 계획하신 그 일을 따라가기 위해서 사는 것이다' 하는 것이었습니다. 아브람이 맨 처음 출발할 때 가장 기저적인 사상이 이것인데 이 사상은 그의 인생관이라는 데다 터를 둔 것입니다.

그가 왜 그런 인생관을 가졌느냐 하면 그를 불러내신 하나님이 천지의 대주재이시니까 그렇습니다. 여러분께서 아브람의 이야기를 12-24

장을 죽 보아 나가시는 동안에 아브람이 어떠한 신관을 가졌는가를 차례차례 터득해 나가실 것입니다. 그는 하나님을 어떻게 생각했는가? '천지를 공의로 다스리시는 하나님'이라는 말도 있고(창 18:25), 어느 때는 '나는 전능한 하나님이다'라는 말로 '엘 샤다이'(אֵל שַׁדַּי)로 계시하신 곳도 있습니다(창 17:1). 그리고 지극히 높으신 하나님의 대제사장이라는 말로써 하나님을 '지극히 높으신 분', '엘 엘욘'(אֵל עֶלְיוֹן)이라는 신관을 보인 곳(창 14:18)을 포함하여 기본적인 내용들을 다 가지고 있었습니다. 그런데 이런 말들은 다만 신관을 형성하는 신학적인 용어로 끝나는 것이 아니라 아브람이 그 하나하나에 대해서 늘 확신을 가지고 있었다는 사실이 중요합니다. 그런 말씀이 계시될 때 거기에 관련된 아브람의 신앙이 분명히 표시되었고 또한 거기에 따른 행동이 나타난 것입니다. 이런 까닭에 그가 하나님의 벗이라고까지 일컬음을 받을 만한 표준적인 신앙인이 된 것입니다. 이런 신관에 의해 명확하게 추출되어 나온 것이 그의 인생관입니다.

그리고 인생의 긴 역사 가운데에서 자신이 어떤 부분을 담당하고 살아가야 할 것인가의 문제와 더불어 자기 이후에 올 긴 역사의 문제에 대해서도 계시에 의하여 큰 사상을 품었던 것입니다. 그것은 무엇입니까? '하나님이 약속하신 사실은 내 당대(當代)에서 완성하고 끝나는 것이 아니라 자손이 계계승승(繼繼承承) 그 일을 이루어 나갈 것이다' 하는 것이었습니다. 이 말을 뒤집어 놓고 보면 역사 위에서 하나님이 특별히 경영하시는 백성이 있는데 그것은 역사적인 현실로 명확하게 나타날 것이다 하는 것입니다. 아브람은 그런 점에 대해서도 분명히 알고 있던 사람이었습니다. 이렇게 그는 인생관이나 역사에 대한 관찰에 있어서 바른 신관에 터를 둔 확호한 사상을 가지고 있었던 인물입니다. 이렇게 그에게 분명히 서 있던 사상이 그로 하여금 움직이게 했던 것입니다. 하나님의 뜻대로 움직여야 한다는 것도 있었고, 큰 역사를 짓기 위해서 나는 움직여 나간다는 것도 있었습니다. 이와 같이 그의 신관 인생관 그리고 사관이 명확하고 숭고하였다는 것을 우리가 깊이 느끼는 것입니다.

시대 풍속에 따라 움직인 아브람의 부부관

그리고 여타의 문제로 자기와 다른 사람의 관계에 있어서 그는 어떻게 사회를 보고 또 사회에서 사람들의 관계를 어떻게 생각했는가 하는 문제에 대해서 여기서 우리에게 가르쳐 주시는 것이 있습니다. 사회 가운데 가장 단위 사회로서 자기에게 가장 접근한 사회는 물론 가정입니다. 자기가 항상 그 안에 있어서 호흡을 해야 할 핵심이 되는 사회입니다. 그리고 가정에서도 부부가 중심인 것입니다. 내외가 합해서 하나의 사회를 형성할 때 그것은 가장 기초 단위의 사회로서 또한 가장 긴밀한 관계의 사회입니다. 그런데 아브람에게 있어서 그런 부부관(夫婦觀) 혹은 가정관이 어떠했나 하는 것입니다. 매우 고매(高邁)하고 숭고한 인생관이나 사관을 가지고 새로운 역사를 지어 나가는 아브람이 자기의 아내를 어떻게 보았는가 하는 문제가 댓바람에 여기 대두됩니다. 이런 가장 기본적인 문제 하나를 들어 그를 가르치시는 것입니다.

기근이 들자 그는 애굽을 향해 내려갔습니다. 사가들의 연구로는 이때가 대체로 애굽의 중왕국 시대인 제12왕조의 시기라고 합니다. 이 왕조는 아직까지 전제적이고 잘 통제된 하나의 국가는 아니었던 듯합니다. 그러니까 애굽의 국왕이 백성들의 생활 가운데 있는 여러 가지 풍속에 대해서 전체적으로 정신을 완전히 통제해서 강압하는 식은 아니었던 것입니다. 그런 까닭에 그들이 가지고 있는 어떤 풍속이 만풍(蠻風)에서 왔든지 조상 전래의 그릇된 우상 숭배에서 왔든지간에 그대로 유지되던 사회였습니다. 오늘날의 도덕적인 안목으로 볼 때 그릇됐을지라도 그것을 그냥 유지하고 나아가는 형태라는 것은 하필 애굽 사람들만이 아니라 인류 역사 어디서든지 우리가 볼 수 있는 것입니다.

그것이 큰 사회이든 작은 사회이든 한 단위가 되어 사람들끼리 관계를 맺고 살아갈 때 거기에는 필연적으로 무슨 풍속이나 제도가 생겨 나고 사람들이 살아가기 위한 표준적인 규범이 형성되는 것입니다. 표준적이라고 해서 반드시 그것이 도덕적으로 가장 우수하다는 말은 아니고 다만 많은 사람들이 자연히 그렇게 따라가면서 살아가게 되는 기준이 생긴다는 것입니다. 그런 것이 불기이기(不期而起)로 사회상 제도로서 발달하는 것입니다. 그리고 그런 데 맞춰서 일을 그르치지 않고 비교적 온건하게 해 나가야겠다고 생각하는 사람들의 생각들이 필연적으로 사회 도덕이라는 것을 형성해 나갑니다.

그러므로 사회 도덕은 어떤 성자가 나타나서 '이것이 옳다. 저것은 틀렸다' 하고 담벼락에 방(榜)을 붙여 놓으면 사람들이 '아, 그리로 가야 하겠습니다' 하고 모든 사람이 마치 교실의 생도들같이 배우는 것은 아닙니다. 전체 사회의 움직임이 무엇보다 중요한 열쇠입니다. 자기들의 편의를 위해서 혹은 자기들이 지내온 습속에 의해서 그래야만 자기 마음이 풀리는 어떤 습관들을 유지해 나가면서, 거기서 그것이 파괴되지 않고 파탄하지 않고 가급적 원활하게 움직여 나가도록 하려 할 때 소위 도덕이라는 것이 발생하는 것입니다. 이 도덕이라는 말 자체는 사람들의 습관 혹은 습속과 분리되어 따로 서 있지 못합니다. 다만 계시의 큰 표준 아래서만 사람의 습성과 전통 여하를 불구하고 '이것이 정당한 표준이다'고 말할 수 있는데 그렇게 하려면 거기에는 분명한 종교적인 권위가 필요합니다.

이제 아브람이 그때의 사회 도덕에 대해서 어떠한 생각과 어떤 해석을 가지고 있었느냐 하는 것을 우리가 여기서 규지(窺知)할 수가 있습니다. 가령 남편이 아내에 대해서 혹은 남자가 여자에 대해서 어떻게 보느냐 하는 것은 그때 시대 사람들의 관점이 다 있습니다. 아브람은 그런 관점에서 얼마나 떠나 있는가, 아니면 얼마나 가까이 있는가 하는 것이 우리가 보아야 할 중요한 문제입니다.

당시 애굽 사람들이 가지고 있던 여러 가지 풍속들을 보면 흔히 나그네를 건드려 보고 박해하고 좋은 것이 있으면 빼앗는 등의 일이 아주 항다반사(恒茶飯事)였습니다. 그것은 비단 옛날 애굽만 그랬던 것이 아닙니다. 우리 나라 역사를 보더라도 고대까지 올라가지 않고 몇 세기만 올라가더라도 그런 일이 있었습니다. 심지어 어떤 촌에서는 주인 없는 나그네가 그곳을 지나갈 때 그냥 거기를 자유롭게 지나가게 하질 않았습니다. 길을 딱 막아 놓고 돈을 뺏는다든지 하는 일도 있었습니다. 또 일정한 성(姓)받이로 형성된 부락에 딴 성받이가 와서 우거하고 살려면 여러 가지 제한을 받았습니다. 인척이 되면 상관이 없었지만 인척도 아니고 아무 관계도 없는 딴 성씨가 그 동네 한 귀퉁이서라도 살려고 하면 큰 설움을 받는 것입니다. 타관(他官)의 설움이라는 것이 그런 것입니다. 이런 것이 우리 민속 가운데 있던 이야기인데, 아브람의 역사는 지금부터 4,000년이나 되는 먼 옛날 애굽의 이야기입니다. 당시 애굽의 풍속이나 현실을 생각할 때 그 사람들은 여기저기에 세력을 만들어 그 세력을 중심 삼아 웅거하면서 살았으므로 치안의 능력이라든지 법치의 범위가 방방곡곡 구석구석까지 잘 미치는 정돈된 사회가 아니었습니다. 그것은 오늘날 현대의 법치 국가에서도 그리 쉬운 일이 아닙니다. 만일 그러려면 국민의 민도(民度)가 있고 그 민도에 따라서 그만큼의 경찰력을 가져야 할 것입니다. 그렇지 아니하면서 사람들이 자제하고 절제해 가면서 서로 피차 살기 좋은 사회를 건설한다는 것은 도덕적으로 상당히 훈련이 된 문화 민족이라야만 할 수가 있을 것입니다.

고대로 올라갈수록 그런 것을 기대하기는 어렵습니다. 부족들이 단위를 이루어 세력을 형성하고 대립하면서 살아가던 상태 가운데 유지되는 치안력의 정도가 이방인에게까지 충분히 미치기를 기대할 수가 없습니다. 아브람이 그러한 상태에 있는 애굽을 향해서 들어갈 때에는 필연적으로 예상할 수 있는 여러 가지의 위험이 있었습니다. 아브람이 애굽에 가까이 이르면서 거기서 나오는 사람들에게 다소 무엇을 물어 보기도 하였을 것이고 그렇지 않더라도 사전에 어떤 정보를 가지고 갔을 터이므로 그 위험이 무엇인가를 잘 알았을 것입니다. 특별히 남녀 관계에 있어서 여인이 아름다우면 그 아름다운 여자를 세력 있는 호가(豪家)나 세가(勢家)가 차지한다는 것이 문제였습니다. 그런데 애굽에서 가장 큰 집이 바로의 집이었습니다. 파르오(פַּרְעֹה)라는 말은 큰 집이라는 말뜻입니다. 왕의 위치에서 여인이 아름답고 귀하게 생겼으면 자기의 소유를 삼는 것입니다. 꼭 자기가 데리고 한집에서 안 산다고 하더라도 명의를 자기 명의로 붙여 놓고 '아무개의 아내이다' 하는 것입니다. 이것이 지금도 베두인 사회에서는 있는 일들입니다.

지금 사우디아라비아에 우리 나라 사람들이 많이 가 있지만 사우디아라비아의 쉐익(sheik)이 아내를 하나만 데리고 살면 대단히 부도덕한 것입니다. 과부들이나 외로운 사람들이 있을 것 같으면 자기 이름으로 이름을 딱 지어 주고 자기 세력을 가지고 누가 와서 함부로 건드리거나 박해를 하지 못하게 보호를 해 주어야 하는데, 그렇게 않고서 '나는 모른다' 한다거나 문명 사회의 일부일부(一夫一婦)의 규율대로 산다고 하면 그 사람은 몹시 인색해서 쉐익은 그만두고 저 미말(尾末)에도 붙어다닐 수가 없는 것입니다. 거기는 그런 사회이니까 그렇습니다. 오늘날 20세기 사회도 그렇게 생겼다면 고대의 근동 사회 혹은 유사한 문화권 안에 있는 애굽 사회에서는 두말할 것도 없다는 말씀입니다. 아름다운 여인이면 자기가 마음속으로 취하고 싶으면 그냥 취하는 것입니다. 그렇게 취할 때 남편이 있으면 그냥 빼앗아 가지는 못하지요. 아무래도 남편이 문제를 일으키니까요. 보통은 여자를 되찾아야 하겠다는 것보다 빼앗겼다는 사실 자체 때문에 더욱 세력을 만회해 가지고 와서 공격을 하는 것입니다. 그러면 그 일로 밤낮 시끄럽고 하니까 아예 자기가 세력이 있을 때 남편을 죽이고 여자를 빼앗아 가는 그런 악습들이 횡행하고 있었습니다. 더군다나 나그네 같으면 바로가 보호해 주어야 할 이유가 없는 것입니다.

이러한 현실 속에서 그가 하나님을 두려워하고 참으로 하나님의 법을 존중한다면 다른 방식을 취했겠지만 그렇게 하지 않았습니다. 이제 참으로 위험하구나 하는 생각을 가진 아브람은 자기 아내를 볼 때 아름다운 여인인지라 자기 나름의 방책을 생각한 것입니다. 사래는 아브람 보기에만 미인이 아니라 바로의 신하들이나 애굽 사람들이 보아도 아름다운 여자였습니다. 그의 나이가 지금 몇 살이 되었겠습니까? 아브람이 하란을 떠날 때 75세였고 사래는 아브람보다 10년 젊었으니까 대략 65세쯤으로 생각할 수 있습니다. 이것이 그 해 일어난 일이라면 65세일 것이지만 좌우간 많이 먹었다 해도 66세는 되었을 것입니다. 요새 나이 같으면 할머니라고 하겠지만 그때는 수명이 길었고 또 사래가 아이를 낳지 못하고 그냥 지낸 까닭에 젊음의 미를 충분히 유지했던 모양입니다. 이후에 블레셋 지경 그랄에 가서 아비멜렉 앞에서도 아브람은 사래를 자기 누이라고 해 가지고 죽음을 면하려고 하는 장면이 20장에 나옵니다. 그때 아비멜렉이 사래를 취해서 궁으로 맞아들인 이야기가 또 나옵니다.

아브람은 애굽에 들어가서 자기 목숨을 유지하려고 아내를 누이라고 했던 것입니다. 아내와 둘이 그렇게 이야기하자고 의논을 했습니다. 사래보고 '당신을 내 누이라 하고 내가 오라비 노릇을 하면 사람들이 나를 그대 때문에 죽이지는 않을 것이다' 하는 작정을 했습니다. 사래도 그것이 좋겠다고 했습니다. 그리고 20:12 볼 것 같으면 실제로 사래는 자기 이복 누이로서 아내가 된 까닭에 그것이 전적인 거짓말은 아니었습니다. 그러나 지금은 거짓말을 한다든지 않는다든지의 문제가 아니고 자기 목숨을 잘 유지하기 위해서 꾀를 하나 낸 것입니다. 말하자면 권도(權道)를 쓴 것입니다. 그래서 과연 바로의 신하들이 사래의 출중한 아름다움을 바로 앞에서 칭찬하니까 바로가 사람을 보내어 그를 궁에 취해 들였습니다. 궁에는 비빈(妃嬪)이 있지요? 우리 나라의 이조(李朝) 식으로 볼 것 같으면 자국을 번방(藩邦)으로 자처했으니까 황후(皇后)라고 하지 못하고 왕비(王妃)라고 하고, 그 다음에 다른 여인들을 빈(嬪)이라고 했습니다. 왕비 다음에는 빈으로서 차례차례 여러 가지 이름을 많이 붙였지요? 그것이 무엇이 됐든지간에 보편적으로 말하면 아내가 되는 것입니다. 지금 이때는 애굽 왕이 먼저 사래를 취한 것뿐이지 아직 무슨 성대한 예식을 하고 취한 것은 아닙니다. 이렇게 해서 사래는 바로에게 들어가게 되었고, 아브람은 자기 아내 사래를 다시 찾을 수 없이 완전히 빼앗긴 것입니다. 실제로 찾을 것을 기대했다고 할 수가 없습니다. 그렇게 해서 자기는 살고, 사래는 완전히 자기한테서 떠나서 누가 그를 데려가든지 기운 센 사람이 가져가는 식으로 생각한 것입니다.

아브람의 그릇된 부부관에 대한 바른 접근

이런 것을 생각할 때 아마 이상한 생각이 들기 쉬울 것입니다. 아브람과 같이 큰 계시를 받고 위대한 인생관과 숭고한 사관을 가지고 이제 결연히 움직이는 인물, 높은 통치자의 위치에 있는 고결한 사람이 어찌 이런 비겁한 일을 했을까? 어떻게 그런 음모를 해서라도 구구하게 자기만 살아 나오려고 했겠는가? 아브람의 전체 인격에 대한 평가와 존경심을 가지고서 바라볼 때 도무지 안 그럼직한데 참, 그런 짓을 했다 하는 이상한 생각이 들기도 하는 것입니다. 여기서 우리가 주의해야 할 한두 가지 사실이 있습니다. 당시의 아브람이 가령 그의 인생 문제 앞에서 무엇을 어떻게 한다고 할 때 자기 스스로 그냥 어떤 공부를 해 가지고 했던 것은 아닙니다. 그는 오히려 계시에 의해서 차례차례 각성이 높아지고 성숙해 감으로써 분명한 사상을 포회하게 되었습니다. 따라서 역사에 대한 새로운 해석과 생각하는 방식도 하나님이 내리신 풍성한 계시 가운데서 가능했던 것입니다. 이렇게 해서 그는 보통 사람이 생각지 못한 독특한 사상 가운데 들어갔던 것입니다. 하지만 그가 전체적인 사상의 기저 위에서 발생할 세세한 모든 문제에 대해서까지 훈도(訓導)를 받아서 사상적으로 성숙한 정립을 하게 되려면 긴 세월이 필요한 것입니다. 모든 사상이 하루 아침에 후닥닥 변해서 사회에 대한 모든 문제, 사람과 사람의 관계에 대한 세세한 문제에 대해서까지 충분히 깨닫게 되는 것은 아닙니다. 가장 빈천한 사상 가운데 있다가 어느 날 갑자기 모든 사상이 변해서 고귀한 데로 쑥 들어간다거나 시대적인 때가 묻었다고 그릇된 것을 전부 탈탈 털어 버리는 일이란 세상에 없습니다.

마찬가지로 예수 그리스도를 믿고 나오는 사람들이 교회에 왔다고 해서 그 이튿날로 완전히 모든 것이 다 변한 새로운 사람이 되는 것은 아닙니다. 하나님께서 그를 새로운 사람으로 다시 지어 주셨다는 것이 가장 고귀한 사실이긴 하지만 그가 가지고 있는 사상이나 지식은 하나님 앞에서 차츰차츰 훈도를 받고 교육을 받아서 성숙해져야 하는 것입니다. 그리고 그것은 반드시 있어야 할 일입니다. 예수님을 10년이나 20년이나 30년 믿었어도 그의 인생관이나 사관이 변하지 않고 또 사회관이나 그 여타의 문화를 보는 방법이 특별히 이 세상 안 믿는 사람과 아무것도 다른 것이 없다는 것은 하나님의 백성으로서 있어서는 안 될 일입니다.

그러므로 하나님께서는 아브람이 당시에 가지고 있던 시대적이고 보편적인 대인 관계, 사회관, 부부관, 가정관까지 이제부터 세세하게 고쳐 주시는 것입니다. 그것을 고쳐 주시는 시초에 아브람은 어떤 문제(crisis) 앞에 부딪치게 되었고 그 문제 앞에서 그는 이제 결정을 해야 합니다. 이런 분기점에 서서 그가 무엇을 취했을 때 나중에 하나님께서 그가 당한 여러 가지 경험을 가지고 교훈하심으로 그는 새로운 것을 깨닫게 되었습니다. 우리가 아브람을 생각할 때 아브람 자신도 아마 그런 생각을 차츰차츰 하게 됐을 것으로 생각합니다. 가령 내외 관계에 있어서도 그리스도인들은 마땅히 생각해야 할 기본적인 큰 주제라고 할 것이 있습니다. 그 주제에 관해서 흔히 우리는 명확하게 생각지 않고 그저 일반적인 생각과 어떤 추상적인 관념에 붙어 있는 지적 감정으로 턱 바라보고 '아, 그것 비겁한 일이다' '무엇이 어쨌다' 하고 그냥 속단을 해 버리는 일이 많습니다. 그러나 만일 아브람을 바르게 판단하려고 할 것 같으면 과연 아브람은 어떻게 했어야 하느냐 하는 것을 우리가 알아야 하는 것입니다. 또 그런 경우에 일반 사회 사상은 전혀 그렇지 아니한데 홀로 그 사회 사상에서 벗어나서 고고하게 서려고 할 것 같으면, 그에게는 무엇이 필요했으며 그는 어떻게 했어야 하느냐 하는 것들을 생각해 보아야 합니다. 그런 것을 전혀 생각하지 않고 아브람도 오늘날 성경 66권을 다 가진 20세기 사람이 마땅히 생각해야 할 그런 식으로 다 생각했어야만 했다고 주장한다면 어떻습니까? 그것은 참으로 무리한 요구로서 어려운 얘기입니다. 왜 그렇습니까? 계시 시대에 아브람은 이제 생활 가운데서 가면서 가면서 자꾸 계시를 받아 나가기 때문입니다. 그렇게 해서 비로소 자기의 때묻은 사상을 씻어내고 결핍을 보충하기도 하고 서지 않은 것을 세워 놓기도 하면서 가는 것입니다.

부부관에 대해서 생각해야 할 기본적인 세 가지

우리가 내외 문제, 부부간의 문제에 대해서 생각할 때 기본적으로 먼저 생각할 것이 있습니다. 첫째는 두 남녀가 혼인을 해서 부부가 되려고 할 것 같으면 하나님의 거룩하신 목적과 계획 가운데서 왜 부부를 만들어 내셨는가 하는 일에 대해서 바로 알고서 시작을 해야 한다는 것입니다. 그것을 모르고 덮어놓고 사람이란 나이 먹을 것 같으면 시집 가고 장가 가는 것이니까 한다고 한다면 도무지 칭찬할 것이 없습니다. 안 믿는 사람도 다 그런 식으로 허다히 내외가 되니까 할 수 있다고는 하겠지만 하나님의 백성은 하나님의 백성다운 생각을 늘 해야 하는 것입니다. 그러면 알아야 할 것이 무엇이냐? 하나님에 대해서 어떤 의무를 지라고 가정 즉 내외간을 만들어 주셨다는 사실입니다. 지금까지는 혼자였는데 이제부터는 혼자가 아니고 최소한도로 두 사람이 함께 하나의 몸을 이루어서 무엇을 어떻게 하라는 것인지에 대해서 바로 알아야 한다는 것입니다. 내외가 된다면 그들은 하나님에 대해서 가정으로서 어떠한 신성한 의무를 지는 것인가를 먼저 알아야 합니다.

둘째로 중요한 문제는 내외가 되면 상대방에 대해서 어떤 도덕적 의무를 늘 지고 살아가야 한다는 것입니다. 자기 배우자에 대해서 나는 어떤 의리를 지켜야 하고 어떤 도덕적 의무를 가지고 살아가야 한다는 것을 늘 생각해야 합니다. 우리가 아브람의 일에 대해서 가부를 논할 때도 어떤 표준이 있어야 할 것이고 그 표준은 하나님의 계시에 의해서 마땅히 세워야 할 것인데 결국 아브람도 장차 그러한 표준에 따라 차츰차츰 올려 주시려고 하는 것이 하나님의 뜻이었던 것입니다.

그러나 중요한 셋째의 문제가 또 있습니다. 그것은 사랑이라는 문제입니다. 애정이라는 문제입니다. 만약 애정이 없을 경우라도 의리와 도덕은 남는 것입니다. 자기 배우자에게 자기 마음을 다 들여서 사랑하지 못한다고 하더라도 의리와 도덕은 자기 앞에 남아 있으므로 그것을 신성한 의무로 알고 행해야 하는 것입니다. 그리고 더 나아가 자기의 아내에 대해서 의리와 도덕을 다 지키지 못하는 사람이라고 하더라도 부부로 남아 있는 이상 하나님에 대한 자기의 의무는 늘 남아 있는 것입니다. 왜 부부가 됐느냐고 물으시는 것입니다. 그러니까 부부가 된 사실을 가지고 부부가 안 됐을 때와는 달리 마땅히 해야 할 일들을 하나님이 요구하시는 것입니다. 그런데 그런 것들 다 무시하고 자기가 좋아서 부부가 된다고 한다면 되지 않을 소리입니다. 그런 일은 없는 것입니다. 자기가 사랑하니까 혼인한다고 그러지만 사랑한다는 사람들이 도중에 가서 서로 미워하고 나중에 갈라서는 일들이 많습니다. 그런 일들은 항상 자기를 본위로 하고 자기의 감정을 본위로 해서 하기 때문입니다. 당시는 여러 가지로 따진다고 하지만 별로 대단치 않은 것들, 쉽게 변할 것들을 마치 큰 조건인 것같이 따집니다. 나중에 5년만 지나면 없어질 수 있는 것들을 가지고 큰 조건인 것같이 자꾸 따지다가 5년이 지나고 10년이 지나 그 조건이 해소될 것 같으면 다 잊어버리고 거기 대해서는 흥미조차 느끼지 않습니다. 그리고 귀하게 여기지 않음은 물론 아주 그냥 그것을 폄하(貶下)해 버리고 그 다음에는 갈라선다 말입니다.

여러분, 해마다 얼마만한 쌍이 혼인을 하는데 그 중 4분의 3이 갈라서서 살게 된다는 미국의 통계 이야기를 들으셨을 것입니다. 4분의 3이나 갈라서서 같이 못 산다는 것입니다. 그리고 또 이상한 것은 많은 수가 나이를 먹어 가지고 서로 이혼을 하거나 아니면 별거를 한다는 것입니다. 젊었을 때는 젊은 기분으로 중간에 이혼하는 수도 많습니다. 하지만 늙은 다음에야 뭐 늙어서 이러구저러구 별로 새로울 것 없을 터인데 서로 갈라설 것이 있겠나 싶지만 그렇지를 않다 말씀입니다. 그때는 갈라서 보아도 제가 다른 사람하고 재결합할 수도 없고, 혼자라면 더 외롭기도 하고 하니까 그대로 지팡이 삼아서 서로 의지하고 살지 하겠지만 그렇지를 않고 따로 산다 말입니다. 자꾸 사상이 충돌하니까 '에이 이럴 바에는 혼자 사는 것이 편하다'고 해서 많은 사람들이 그냥 혼자 산다는 것입니다. 아파트 같은 데서 살면 혼자 사는 사람들을 매일 수도 없이 만나 보는 것입니다. 더러 친해져서 물어 볼 것 같으면 혼인은 했었지만 이혼을 하고 혼자 이렇게 산다는 부인들도 있고, 그리고 혼인은 했지만 별로 재미가 없어서 이렇게 따로 산다고 하는 남자도 있습니다. 혼자 사는 것이 편하다는 것입니다.

왜 이런 현상이 심화되느냐? 적령(適齡)이 되면 그저 막연하게 해야겠다는 생각에 사로잡혀 하나님에 대한 신성한 자기 의무에 대한 바른 생각이 없이 그냥 혼인을 해 버리는 데서 문제가 생기는 것입니다. 시간이 흐르고 환경이 바뀌어 처음에 내세우던 조건들이 없어지는 때가 되면 흥미를 잃고 나중에 애정을 잃고 마는 것입니다. 그러나 이런 문제는 기본적으로 중요한 문제입니다. 하나님께서 이 세상에 부부라는 관계를 두셨을 때는 거기에 하나님의 의도가 있었기 때문입니다. "사람이 독처하는 것이 좋지 못하니 저를 위하여 돕는 배필을 지으리라"(창 2:18). 혼자 사는 것이 좋지 못해서 저를 위하여 돕는 배필을 내겠다 하는 하나님의 거룩하신 뜻이 자재해서 내외가 생기는 것입니다. 하나님께서는 그냥 어떤 원칙 하나만 세워 놓으시고 그 다음에는 그 원칙대로 세상은 그대로 굴러가서 생육하고 번성하는 것이 아니라고 누누이 말씀드렸습니다. 우리에게 보이신 하나님의 그 크신 역사는 이신론(理神論)이 보이는 것하고 다릅니다. 하나님은 이치를 내놓고 그 이치대로 세상이 굴러가고 우주가 운행되게 하실 뿐, 하나님은 팔

짱 끼고 앉아서 쳐다만 보고 계신다는 것이 아닙니다. 하나님은 특히 당신의 백성들에 대하여 사사(事事)에 친히 주재하시고 친히 관여하십니다. 혼인 생활도 그렇습니다. 하나님께서 친히 주장하시고 친히 관여하시는 것입니다. 그런 까닭에 잠시라도 하나님에 대한 신성한 의무를 우리가 잊어버릴 수 없는 것입니다. 부부가 아니라면 이룰 수 없는 독특한 의무, 신성한 의무라는 것을 늘 생각해야 하는 것입니다. 그것은 별다른 데서 날아오는 것이 아닙니다. 자기 인생에 대하여 바르게 생각을 한 터 위에서 시작하는 것입니다. 신성한 사명감을 가질 때 하는 것입니다. 그리고 이 사명감을 끝까지 바로 가지고 그것을 이루어 나가기 위해서 하나님은 돕는 사람을 내게 주셨다고 믿고 나가는 것입니다.

부부가 가지고 있는 인간 대 인간으로서의 도덕적인 관계는 세상의 다른 무엇보다도 강하고 항구적인 것입니다. 그런 까닭에 혼인할 때 주례하는 목사가 "그대는 아무개를 남편 혹은 아내로 맞아 하나님 나라를 위하여 사는 생활 태도를 가지고 기쁠 때나 슬플 때나 건강하거나 혹 병들거나 살림이 넉넉하거나 혹 가난하거나 배우자를 사랑하고 귀히 여기며 부부의 도리와 정조를 굳게 지키기로 서약하십니까" 하고 묻는 것이고, 거기에 대하여 "그렇습니다" 하고 대답을 하는 것입니다. '적당한 시기가 지나서 다시 한 번 생각해 보고 계속해서 살까 어쩔까 결정하겠습니다' 하는 대답을 않는다 말입니다. 그러나 대답을 똑바로 다 한 사람들이 중간에서 해소(解消)한다는 것입니다. 왜 그렇습니까? 그것은 말은 그랬어도 실제로 '내 마음은 내게 따로 있다'는 까닭에 그렇습니다. 하지만 혼인 서약은 덮어놓고 만든 것이 아니고 성경에 있는 혼인에 대한 거룩한 도리에 의해서 만든 것입니다.

아브람에게 문제가 있어서 그 문제에 대하여 우리가 바로 평가하고 생각을 하자면 하나님께서 우리에게 가르치신 바 큰 원칙들을 분명히 해야 할 것입니다. 거기에 의해서 아브람의 문제를 보아야 합니다. 물론 아브람은 그때의 사회 사상과 풍속에 의해서 자기 아내에 대한 관념이라든지 가정에 대한 관념을 가지고 있었습니다. 그런 사상에 물들어 있었기에 아직 우수하다거나 훌륭한 정신을 소유하지 못했던 것입니다. 그러나 그는 시대가 감에 따라서 생활 경험이 풍부해짐에 따라서 점점점 높은 정신으로 올라갔습니다. 그리고 그때그때마다 하나님께서는 당신의 백성의 한 전형을 보여 주시기 위해서 아브람을 건져내 주셨습니다. 아브람이 파탄에 빠질 수 있는 위험에 들어가더라도 하나님은 거기서 그를 건져내 주신 것입니다. 실제로 그는 애굽에서 영락없이 파탄될 판이었습니다. 그런데 하나님께서 친히 간섭하시고 주재하셔서 건져내 주셨고 또한 거기서 '아브람아, 배워라' 하셨습니다. '너는 네 아내에 대한 한 인간으로서의 의무가 무엇인가를 이제부터는 바로 알아야겠다. 아내에 대한 사랑이 무엇인가를 알아야겠다.' 아마 그러셨을 것입니다. '네가 사랑했다면 마음속에 고통이 있었을 것이다. 만약 그렇지 않았으면 너는 처음부터 잘못됐다.' 사랑이라는 것은 참으로 중요한 것입니다. 하지만 그것은 하나님에 대한 신성한 의무를 늘 바로 생각하고 나가는 사람에게 지속되는 것이지 자기의 낭만적인 열정에 의해서 일시적으로 불타오르는 것으로 꾸려 갈 수가 없는 것입니다. 그런 로맨티시즘의 사랑은 불과 3년 내에 다 식고 마는 것입니다.

기도

  거룩하신 아버지, 아버님께서 아브람을 선택하시고 크신 정신과 사상을 주시며 거룩한 길을 향하여 전진하게 하시는 도중에 그가 마땅히 버려야 할 이 세상에 속한 그릇된 생각이나 일반의 풍속에 의한 생각을 당시의 한 사회인으로, 그 시대의 인물로서 일조일석(一朝一夕)에 다 버리지 못했을지라도 그를 파탄과 고통의 구렁 가운데서 다시 건져 주시고 그에게 생활 경험을 통하여 깨우쳐 주심으로 그는 차츰차츰 거룩하고 숭고한 하나님 나라의 사상과 생각 가운데 들어가게 하셨나이다. 이런 하나님의 백성다운 거룩한 전형을 보여 주셨사오니 이런 사실을 볼 때마다 저희에게 주시는 교훈을 거기서 분명히 받고 또한 하나님의 신성한 명령을 거기서 깨닫게 하여 주셔서 저희들도 이 세상에서 살면서 인생을 바로 보고 역사를 바로 보며 동시에 사회나 가정이나 자기 배우자를 바로 보고 살며 또 바른 태도를 취하고 살게 하시옵소서. 주께로부터 오는 교훈을 잘 배워서 깨닫고 그 바른 사상에 따라 기도하고 또 성신님을 의지하고 살아가게 하시옵소서.

우리 주 예수님 이름으로 기도하옵나이다. 아멘.

아브람의 애굽행(2)

제5강

히브리서 11:8-16
믿음으로 아브라함은 부르심을 받았을 때에 순종하여 장래 기업으로 받을 땅에 나
갈새 갈 바를 알지 못하고 나갔으며 믿음으로 저가 외방에 있는 것같이 약속하신
땅에 우거하여 동일한 약속을 유업으로 함께 받은 이삭과 야곱으로 더불어 장막에
거하였으니 이는 하나님의 경영하시고 지으실 터가 있는 성을 바랐음이니라 믿음
으로 사라 자신도 나이 늙어 단산하였으나 잉태하는 힘을 얻었으니 이는 약속하신
이를 미쁘신 줄 앎이라 이러므로 죽은 자와 방불한 한 사람으로 말미암아 하늘에
허다한 별과 또 해변의 무수한 모래와 같이 많이 생육하였느니라 이 사람들은 다
믿음을 따라 죽었으며 약속을 받지 못하였으되 그것들을 멀리서 보고 환영하며 또
땅에서는 외국인과 나그네로라 증거하였으니 이같이 말하는 자들은 본향 찾는 것
을 나타냄이라 저희가 나온 바 본향을 생각하였더면 돌아갈 기회가 있었으려니와
저희가 이제는 더 나은 본향을 사모하니 곧 하늘에 있는 것이라 그러므로 하나님
이 저희 하나님이라 일컬음 받으심을 부끄러워 아니하시고 저희를 위하여 한 성을
예비하셨느니라.

아브람의 애굽행(2)
제5강

아브람이 아내를 빼앗김

 우리가 상고하던 아브람의 역사에 관하여, 특별히 그가 가나안 땅으로 들어간 지 얼마 안 되어서 애굽으로 갔다가 온 일에 대하여서 몇 가지를 더 생각하겠습니다. 지난번까지 주로 아브람이 특정 기간 여행한 것 외에 다른 사람과 비교할 때 특별히 두드러지게 한 일은 없을지라도, 그가 매일매일 행한 직무는 통치자의 직무로서 전체적으로 볼 때 그가 어떠한 통치자였던가 하는 특성들을 보였다는 사실을 생각하였고, 그리고 그가 다스리고 있는 부족이 어떠한 성격을 띠었어야만 했는가 하는 문제를 잠깐 보았습니다. 그 다음 아브람의 역사에서 우리가 보아야 할 것은 그에게 있어서 하나님 나라의 사상이 어떻게 발전해 나갔느냐 하는 양상입니다. 갈대아 우르에서 그가 떠날 때는 '두 말할 것 없이 인생은 이와 같이 살아야 한다. 하나님의 뜻을 따라서 그가 명령하시고 인도하시는 대로 순종하고 앞으로 나아가야 한다'는 것을 믿고 그대로 나간 사실에서 아브람 자신만이 아니라 사람은 마땅히 이래야 한다는 큰 새로운 사상적인 기저 위에서 살게 된 것을 보았습니다. 그리고 하나님께서 계시하셔서 그에게 큰 민족을 이루게 하고 복의 기관이 되게 하리라고 하신 말씀은 결국 이 세계에 대하여 자기네가 무엇을 할 것인가, 그리고 인류 역사에 대해서 자기 혼자뿐 아니라 자손 대대로 역사 위에서 무엇을 어떻게 해야 할 것인가 하는 것을 충분히 생각할 만한 내용과 재료로 주신 것이고, 그런 까닭에 그는 필연적으로 한 사관을 형성하게 되었습니다. 이런 것은 하나님 나라의 백성이 오늘날도 중요히 늘 가지고 생각하고 배워야 할 문제인 것을 살펴보았습니다.

또한 우리가 살펴본 것은 당시 그는 아내에 대하여 어떤 생각을 가지고 있었던가 하는 점이었습니다. 그가 애굽에 가까이 가면서 여러 가지 위험을 느끼고 생각한 결과 아름다운 아내가 문제였습니다. 물론 그 생각은 예상대로 적중했습니다. 자기가 보기에도 아름다운 여인인 사래를 애굽 사람들이 취하려고 할 때 그가 남편인 줄 알면 죽이고라도 늑탈을 하는 것이 당시의 풍속이었습니다. 그런 만행을 예상하고 아내도 빼앗기고 자기도 죽는 위험에 빠져들지 않기 위해서 아내 된 사래를 누이라고 칭하자고 그들 부부는 약속을 하고 애굽에 들어갔습니다. 과연 바로의 신하들이 사래의 아름다움을 극구 칭찬을 하는 까닭에 바로가 그를 불러들여 궁중에 유하게 하고 자기의 비빈(妃嬪)들 가운데 한 사람으로 만들고자 했습니다. 아브람은 오라비라 해서 대신 후한 예물을 받았습니다. 아마 당시 풍속대로 아내로 말미암아 대금(代金)이라고 할 만한 것을 받아서 오히려 치부하게 되었습니다. 자기 소유보다도 훨씬 많은 것을 갑자기 받았다고는 할 수 없겠지만 아무튼 그는 아내로 말미암아 소와 양과 나귀와 낙타 그리고 노복이 퍽 많이 불었다 하는 것을 창세기 12장에서 보았습니다.

이렇게 그는 자기 아내를 빼앗기는 대가로 여러 가지 것을 선물이라는 형식으로 받았던 것입니다. 그러나 하나님께서 직접 간섭하심으로 마침내 바로도 사래가 아브람의 아내라는 것을 확실히 느끼게 되는 큰 재앙을 받게 되었지요. 원문대로는 '하나님이 큰 매(נְגָעִים גְּדֹלִים)로 때리시니라(נגע)'는 말로 번역을 해야 하는데 '재앙을 내리셨다' 하는 말로 의역을 했습니다. 이렇게 큰 매로 바로의 집을 치신 까닭에 그만 그들도 큰일났다는 생각을 하게 된 것입니다. '이게 필시 무엇인지 잘못되어서 그렇다'고 생각한 것입니다. 마침내 궁리 끝에 '지금 새로 들어온 여인 때문이리라. 이 여인이 아무래도 연고가 있는 여자일 것

이다' 추측하고 마침내 그가 아브람의 아내라는 것을 알았습니다. 그
래 아브람을 불러다가 '어찌 이렇게 했는가? 우리 온 집안과 애굽을
큰 재앙과 고통 속에다 몰아넣으려고 그랬는가'고 힐책을 했습니다.
그렇지만 그런 재앙이 없었더라면 아무 말도 않고 그냥 빼앗아 갔을
것입니다. 오히려 아브람이 남편인 줄 알았다면 죽이고서 빼앗아 갔을
수도 있었습니다. 그런 사람들이 하나님께로부터 이제 무서운 형벌을
받게 되니까 그만 두려워서 오히려 아브람보고 '왜 아내라고 않고 누
이라고 해 가지고 우리로 하여금 이런 무서운 재앙 가운데 빠지게 했
느냐' 하고 책임을 전가해 가면서 황급히 돌려보낸 것입니다. 이미 예
물로 준 것을 되찾을 경황도 없고 또 지금 그럴 경우도 아니어서 이미
준 것은 그대로 가지고 떠나라고 한 것입니다.

혼인 제도의 큰 원칙

이런 아브람의 일에 대해서 비판을 하든지 혹은 옹호하든지간에 과
연 그가 어떻게 했어야 하느냐 하는 것과 무엇이 표준인가 하는 것을
바로 생각해야 한다고 했습니다. 아브람이 어떻게 했어야 할 것인가
하는 문제는 둘째 문제입니다. 먼저 하나님 나라의 백성은 어떤 표준
에서 그런 문제를 바라보고 여타의 다른 부조리한 문제를 생각해야 하
겠는가 하는 것이 중요합니다. 혼인이나 혹은 가정 생활에 있어서 부
조리라는 것을 생각할 때 적어도 세 가지 중요한 원칙 아래 생각해 나
가야 한다고 말씀드렸습니다. 이것을 특별히 잘 기억해 두시고 후일에
라도 생각의 자료로 쓰시기 바랍니다.

오늘날 이 세계에 있는 여러 가지 혼인의 풍조와 특별히 타락해 가
는 현실에 대해서 하나님 나라의 백성은 끝까지 무엇을 견지해야 할
것인가를 늘 마음에 새겨야만 할 것입니다. 우리가 하나님 나라 백성
으로 이 세상에서 살아갈 때 우리는 마땅히 세상의 풍습을 좇지 아니
하고 거기서 떠나서 하나님의 백성다운 확호한 규례와 생활 태도와 마
음자리를 늘 가지고 살아야 할 것입니다. 그렇지 아니하고서는 하나님

나라의 영광을 나타내는 그릇으로서 자인할 수가 없는 것입니다. 이것은 어떤 몇 가지의 조목을 계율적으로 지키고 살라는 문제가 결코 아닙니다. 큰 원칙들을 명심하고 행동에 있어서 늘 주의해서 견지하고 나가야 할 것입니다.

첫째 원칙이란 무엇입니까? 부부는 두말할 것 없이 하나님 앞에서 부부가 된 때부터 끝까지 어떤 신성한 의무를 지고 하나님의 법에 의해서 살아가야 한다는 사실, 즉 하나님이 부부를 내신 거룩한 뜻에 따라서 살아가야 할 의무를 지고 있다는 것입니다. 둘째로 부부는 서로가 한 인간 대 인간의 관계로서 피차 어떠한 도덕적인 규율 즉 의무라는 것이 있습니다. 그래서 하나님께서 부부로 만들어 주셨다는 것을 믿지 아니할지라도 부부가 서로에 대한 자기의 의무와 규약을 지켜야 한다는 것입니다. 이것은 달리 말하면 의리라는 것입니다. 셋째는 사랑이라는 문제입니다. 사람이 하나님께서 베푸신 혼인 제도의 크신 뜻을 희미하게나마 받아들여 살기는 하지만 그것이 그에게는 알려지지도 않고 또 잘 깨닫지도 못해서 모른다고 할지라도 부부애라는 사랑의 현상이 중요하다는 것입니다. 예를 들면 어떤 사람이 하나님과의 관계에 대해서 잘 모르는 사람이고 별로 관심도 안 가지고 있고 또 상대에 대한 규약이라는 것도 그렇게 마음 가운데 분명히 느끼지 못한다 할지라도 사람들 속에 자연스럽게 발생하는 사랑이라는 문제는 늘 있는 것입니다. 부부에게 있는 부부애라는 것은 인간이 가지고 있는 가장 기본적인 관계 아래 발생하는 사랑의 한 중요한 현상입니다. 부부애만이 아니라 친족애라든지 혹은 부자간의 사랑이라는 것, 그렇지 아니하면 친구끼리 가지는 사랑이라는 것은 사람의 사랑의 능력이 어떤 관계 가운데 구체적으로 나타날 때 발생하는 기본적이고 중요한 내용인 것입니다.

그런데 사람에게는 많은 사람을 사랑한다든지 동포를 사랑한다든지 인류를 사랑한다든지 또 그렇지 않으면 원수를 사랑한다든지 하는 여러 가지 고도적인 사랑에 관한 교훈이 있습니다만 그런 것을 이야기하기 이전에 먼저 중요한 것은 기본적인 사랑입니다. 혈통에 의한 사랑, 서로 가까운 신자간의 사랑, 또 사람 사회에서 가장 신비하고 신성하게 하나님이 맺어 주시는 부부간의 사랑, 또 사람이 자원해서 맺어지는 동지 혹은 지기지우(知己之友) 사이에 가지는 의리와 사랑이 기본적인 사랑일 것입니다. 서로의 행복을 위해서 힘껏 노력해 주는 이런 사랑은 인간이 가지는 기본적인 사랑의 형태로서 이런 것들은 믿는 사람이든 안 믿는 사람이든 가리지 않고 사람인 이상 다 가지는 것이고 또 가져야 할 것으로 가르쳤습니다. 그러니까 부부의 사랑이라는 것은 사람이 하나님을 안다든지 모른다든지 하는 문제 이전에 자연스럽게 그 마음 가운데 가질 수 있도록 피조된 것입니다. 친구끼리의 사랑으로 문경지교(刎頸之交)를 아실 것입니다. 목을 베어 줄 수 있을 정도의 사귐이라는 말로 우정이 깊어서 생사고락을 함께하는 친구를 말합니다. 그런 사랑까지 다 이르지는 않는다고 하더라도 친구에 대해서 마음으로 기뻐하고 그의 행복을 위해서 노력해 주고 생각하고 힘써 주고 하는 것은 세리나 죄인들도 하는 것이라고 주님은 말씀하셨습니다. "너희가 자기를 찾는 사람만 찾고 문안하는 사람을 문안하고 사랑하는 사람을 사랑하면 무엇이 세리나 이방인보다 나을 것이 있겠느냐"(마 5:46-47) 해서 사람에게는 그런 기본적인 것들이 있다는 것을 가르치셨습니다.

이런 기본적인 것 가운데 하나가 부부간의 사랑입니다. 그것이 막연하게는 남녀간의 사랑이라는 것으로 싹트지만 귀결점이 있습니다. 남녀간에 그저 무한하게 덮어놓고 사랑만 한다는 것이 아니라 결국은 그것이 점점점 나아가는 궁극적인 지향을 볼 것 같으면 이상적으로 말할 때에 남녀가 부부가 되어 서로 붙들고 사랑하며 살아가는 데 그 사랑의 아주 높고 명백한 표현이 있는 것입니다. 그러니까 결국 부부애라는 것은 훨씬 더 성숙하고 아름답고 그리고 본격적인 사랑일 것입니다. 이런 것들이 항상 기본적인 원칙이 되어서 부부간의 관계라든지 다른 어떤 독특한 형태의 관계를 바라보면서 평가도 하고 평론도 할 수 있는 것입니다. 소위 이런 표준(criteria)이 없이 덮어놓고 '아브람은 비겁하다. 아브람이 잘못했다' 하는 것은 썩 좋은 것이 아닙니다. 반면에 또 덮어놓고 '아브람은 참으로 훌륭하다. 뭐 그런 것이 그렇게 큰 상관이 있느냐' 하는 것도 좋은 것이 아닙니다. 이것은 그리스도인으로서 아주 기본적인 중요한 생각이 되어야 합니다.

부부간에는 마땅히 사랑을 가져야 하는 것이고 그것은 그리스도인이 아닌 사람에게도 요구되는 것입니다. "서로 사랑하고 살아가십시오" 하는 이 말은 안 믿는 사람이 혼인하더라도 붙여 주는 것입니다. "부부의 신성한 사랑이 이제부터 더욱 잘 발휘되어서 유종(有終)의 미를 거두시기 바랍니다" 모두 이렇게들 이야기하는 것입니다. 이런 기본적인 것은 어떠한 부부 관계를 보든지 항상 중요한 조건으로 생각해야 할 것입니다.

애굽에 들어가는 이유

지금 아브람은 하나님의 거룩한 사명, 그 신성한 사명을 이루고자 부르심을 받아서 갈대아 우르로부터 먼 길을 떠나 가나안 땅, 전연 의지할 데가 없는 사고무친(四顧無親)한 땅에 와서 살다가 기근이라는 재액을 만나서 애굽에 잠깐 들어가서 피신을 하려고 하는 중입니다. 그런 그로서는 남다른 생각을 하지 않을 수 없는 것입니다. '만풍이 횡행하는 애굽 같은 나라에 들어갔다가 아내도 빼앗기고 자기도 죽으면 둘 다 잃는 것이다. 내 한 몸 죽고 사는 문제가 그리 간단하지 않다. 나는 지금 휘하에 천 명 이상의 사람을 어떻게든지 지지해서 유지하고 살도록 해야 한다. 이 많은 사람들은 나의 운명 여하에 따라서 이리도 되고 저리도 되는 사람들이다. 내가 지금 막중한 위치에 있는 사람으로서 저들을 위해서 할 일을 않는다든지 단순히 한 여인을 위해서 수많은 생명을 돌아보지 않고 그냥 사라져 버린다는 것은 일이 아니다' 하고 일의 경중을 필연코 생각했을 것입니다.

아브람을 아무리 비난하려고 하더라도 그로서는 그때 당면한 자기의 신성한 의무가 있었습니다. 하나님께서 나를 이 땅으로 오게 하시고 여기 와서 살게 하시고 그리고 기근을 만나서 그 땅을 떠나 애굽 땅으로 향해 가더라도 결국은 자기가 올 때부터 동행하던 여행대(旅行隊)의 존재는 그대로 남아 있는 것입니다. 이 큰 부대는 항상 자기의 존재를 위해서, 자위(自衛)를 위해서, 또 자기의 모든 행동을 위해서 그 시대 상황 가운데서는 불가부득 없어서는 안 될 것이었습니다. 그리고 그것 없이 아브람 혼자 돌아다니면서 무엇을 하라는 것이 아닙니다. 하나님께서 아브람을 불러내셔서 그 먼 길을 여행하게 하실 때 당시의 여행에 적응한 모든 마련을 당연히 다 생각하셨던 것입니다.

오늘날 같으면 여행하기 위해서 우선 타고 갈 것을 생각할 것입니다. 버스를 타든지 기차를 타든지 비행기를 타든지 하겠지만, 아브람으로서는 그것이 문제가 아니라 어떻게 자위를 하고 살아가느냐, 어떻게 도중에 변을 만나지 않고 살겠느냐, 또 그 다음에 어떻게 장도(長途)의 여행을 하면서 먹고 살아가겠는가 하는 문제가 늘 붙어다니는 것입니다. 먹는 문제야 오늘날도 언제든지 붙어다니지만 간단히 혼자 여행하든지 두세 사람이 여행하면 문제는 간단합니다. 그러나 몇 천 명을 끌고 다니려면 우선 식량 문제의 어려움이 없어야 하고 질서 정연하게, 문란하지 않은 가운데 목표를 향해서 명령일하(命令一下)에 항상 손발과 같이 움직여야 한다는 것이 다 중요한 것들입니다. 그런즉 명령을 하는 그로서는 명령을 받는 사람들의 생존과 안전을 보장하고 지지하고 나갈 의무를 지는 것입니다. 이런 장도의 여행을 계속하다가 애굽에 들어가는 것도 그런 까닭입니다. 그만한 식솔과 짐승을 데리고 있는 그로서는 기근 앞에서 안 들어갈 수가 없는 것입니다. 애굽 같은 나라는 주로 나일 강의 범람을 이용해서 농사를 짓지만 그가 지금 머무는 주변 일대는 하늘에서 비가 오지 않으면 아주 심각한 문제가 일어나는 곳입니다. 메소포타미아도 그렇지만 애굽은 비가 내리면 먼 상류에서부터 물이 막 흘러 내려와서 하류가 범람하게 되고 그러면 나중에 거기에다 씨를 뿌리고 농사 짓고 살았습니다. 그렇게 나일 강의 큰 혜택을 입고 일찍부터 정착 농민 생활을 시작하여 문화가 매우 발달한 사회가 되었습니다. 아브람이 그런 사회로 들어가게 된 것은 물론 기근 때문인데, 들어가서 양식을 얻으려고 했으면 아마 짐승을 주든지 다른 무엇을 주고 양식을 사려고 했을 것입니다. 그냥 구걸을 하고 다니는 처지는 아니었습니다. 어떻게 됐든지 정정당당하게 양식을 사려고 그가 간 것이므로 그것을 가지고 이 땅을 비워 놓고 거기에 갔다고 자꾸 나무랄 수가 없는 것입니다.

아브람 자신이 죽을 수 없다고 생각하는 이유

일단 거기 들어가면 사회적 문제에 부딪치게 됩니다. 사람을 어떻게 대접하느냐 하는 문제가 생기는 것입니다. 심지어 남편이 있는 여자라도 탐이 날 것 같으면 남편을 죽이고 빼앗아 가는 만풍(蠻風)이 있는 사회에 모험을 하면서라도 지금 들어가는 것입니다. 그래도 지도자인 자기는 죽으면 안 되겠다는 것이 중요한 조건이었습니다. 더욱이 하나님의 크신 언약 가운데서 그가 해야 할 여러 가지 가운데 첫째는 자식을 낳는 일입니다. 그래서 대대손손 하나님께서 언약하신 바 큰 사실이 이루어져야 할 것이었습니다. 혹시는 직접 자식을 못 낳게 된다고 하더라도 그를 계승해야 할 계승자들이 있어야 합니다. 이제 겨우 허락하신 땅에 들어와서 아직 이것저것에 손을 대지 못하고 한숨을 돌리고 있는 판에 이런 기근을 당하였습니다. 거기서 안착(安着)을 하려면 우선 자기네가 생존해야 하겠기에 기근을 피해서 잠시 애굽으로 들어간 것입니다. 아브람이 실컷 살고자 들어갔는데 그가 턱 죽어 버린다면 다른 것은 더 이상 이야기할 것이 없는 것입니다. 자기 수하의 생명들은 풍전(風前)의 등화(燈火) 같은 상태입니다. 모두들 애굽에 붙들려서 필시 노예가 되는 것입니다. 물론 그들은 아브람에게도 종이지만 그것은 전혀 다른 상태입니다. 아브람과의 주종 관계는 지금 신성한 목적을 두고 이 사람들을 끌고 나오는 까닭에 이 세상의 주종 관계와는 다른 것들이 늘 개재(介在)되어 있는 것입니다. 애굽에 들어가서 아브람이 가령 죽는다고 하면 애굽 사람들이 그 사람들을 하나하나 다 잡아다가 제멋대로 부려먹을 것입니다. 그렇게 않는다 하더라도 그 사람들이 어디로 도망가서 살 길이 없게 됩니다.

그러니까 참으로 아브람은 그들의 운명이 어떻게 될지 알지 못하는 수많은 사람들의 희망이었습니다. 그들의 운명의 이해(利害)는 아브람 손에 달려 있었습니다. 그러한 아브람으로서는 쉽게 자기가 죽을 수 있는 처지로 들어갈 수 없었습니다. 그 많은 사람들에 대한 자기의 신성한 의무라는 것을 생각하지 않을 수 없는 것입니다. 그 사람들을 질서 정연히 유지하고 먹이고 기르면서, 또한 하나님께서 내려주신 거룩한 계시의 내용으로써 그들을 훈도하고 교육하는 것이 아브람의 중요한 과업이었습니다. 그런고로 과연 아브람의 휘하에서는 반란이 났다든지 도주자가 생겨서 별다른 짓을 했다든지 하는 기록이 없이 그들을 잘 보존하고 나갔던 것입니다. 그리고 아브람에 대해 수하 사람들은 우리가 오늘날 여기서 생각하더라도 십분 큰 존경으로 대했을 듯합니다. 그런데 이제 사래 하나 때문에 자기가 죽을 수밖에 없다 할 때 통치자 아브람으로서는 불가부득 결단을 하지 않을 수 없는 것입니다. 차라리 아내인 사래를 빼앗기더라도 이 큰 무리를 그대로 방치하거나 무주천하(無主天下)에 그냥 내던져서 불쌍하게 만들 수 없다는 것이 그의 중요한 정신이었을 것입니다. 더군다나 그 당시로 보아서 '천하보다도 자기 아내가 더욱 귀하다'는 생각을 한다는 것이 쉬운 일이 아닙니다. 오늘날 아무리 환하게 밝은 문명 세상이라고 할지라도 천하보다도 아내가 더 귀하고 중하다고 생각하기가 쉬운 것입니까? 그것은 쉬운 것이 아닙니다. 무슨 굉장한 가치가 있는 인물이라서 천하보다도 존중히 여겨야겠는가 하는 의문이 먼저 올 것입니다.

아내를 정당하게 생각할 수 없었던 사회 습속

아브람의 시대는 일부일처라는 확실한 제도를 사회 도덕으로 채용한 시대가 아닌 것은 분명합니다. 근동 사회에서 현대에 이르기까지라도 가정의 유형(family pattern)의 전형이 되는 것은 부가장 제도(父家長制度)입니다. 그리고 부계의 어른이 있는 곳을 중심으로 늘 살고 또 부계의 집안에서 흐르는 사람이 집안을 이어 나갑니다. 이것이 기본적인 세 가지 요소이고 넷째는 일부다처제, 다섯째는 확대 가족주의(擴大家族主義)라는 것입니다. 이 다섯 가지가 근동 사회 가정에서 아주 전형적인 조건들입니다. 영어로 말하면 patriarchal, patrilocal, patrilineal, polygamy, extended family라는 조건으로 그 유형이 형성되는 것입니다. 이것은 오늘날도 그렇습니다. 말하자면 아버지 계통이 항상 어른이고, 아버지 계통이 계승자이고, 아버지 계통을 중심 삼아 사람들이 모여서 한 공동체를 조성하고 살고, 거기다가 확대 가족이어서 촌수가 자꾸 멀어지더라도 많은 촌수가 될 수 있는 대로 하나의 사회를 조직해서 서로 같이 도와 가면서 살고, 그리고 소위 일부다처제에 의해서 자손을 많이 불리려고 합니다.

특히 일부다처제라는 것은 고대에 있던 형태입니다. 아브람 시대에도 분명히 그런 형적(形迹)들이 있습니다. 부부의 관계가 남편 하나에 아내가 여럿이었는데 그 의미가 사회적으로 점점 더 확대되었습니다. 그리하여 그 사회에서는 과부나 또 독신으로 지내는 여인에 대하여 관후장자(寬厚長者)나 사람들에게 인기를 얻어서 남들에게 추대를 받기 원하는 사람들은 덕을 베풀어야 했습니다. 그 덕이라는 것은 다른 게 아니라 자기가 남편이라는 이름을 여인에게 주는 것입니다. 그래서 그 사람이 누구의 아내이다 하는 명목이 붙어다녀야 했습니다. 그러므로 제일 불쌍한 사람은 아무 명목이 없는 과부인 것입니다. 구약을 읽을 때 보면 특별히 과부와 고아들을 위하여 신원(伸寃)해 주고 불쌍히 여기라는 말씀이 많이 나옵니다. 그렇게 아무에게도 의존할 수가 없고 어떤 울타리 안에도 살 수 없는 사람들이 가장 외롭고 불쌍한 사람인 것입니다. 사회에서 제일 아래에 있고 가장 의지가 없어서 긍휼히 여김을 받아야만 할 사람이라고 할 때는 먼저 과부와 고아를 쳤고 그리고 다음이 나그네였습니다.

구약의 히브리 사회에서도 그런 것이 중요한 지표였습니다. 아브람 시대의 가나안 땅 역시 그 사회에서 일부일부(一夫一婦) 제도를 엄격하게 지켜야 한다는 아무런 규율이나 시대적 요구가 없던 때였습니다. 넓은 땅에서 인구는 희소한 시대인 까닭에 인구가 증식되기 위해서라도 일부다처를 오히려 권장한 것이고 그것이 소위 엄격한 부가장 제도의 단절 없는 계승을 위해서도 필요했던 것입니다. 이런 단절이 없는 계승을 위한 고려가 우리 나라의 개화기 이전까지도 그냥 계속 있지 않았습니까? 이조 시대의 어떤 집안에 장손 된 사람이 아내를 얻었는데 자식을 못 낳으면 자식을 낳기 위해서 다른 여인을 데려오기도 하였고, 또 부인을 자기 집에서 내쫓아 아주 이연(離緣)을 하는 일도 있었습니다. 소위 아이를 생산하지 못하는 것을 칠거지악(七去之惡)의 하나라 해서 내쫓았던 것입니다. 나을 수 없는 끊임없는 신병(身病)을 가졌어도 그렇게 할 수 있는 악의 하나요, 또 시부모에게 불손하게 하더라도 그렇게 할 수 있다고 했습니다. 그러니 내쫓지 않는 것만이라도 너한테 자비를 베푸는 것인 줄 알아라 해 놓고 다른 여인을 데려다가 자기 씨를 받으려고 한 것입니다. 이것이 불과 일 세기 전에 한국에서 횡행해 오던 일입니다.

그런데 하물며 지금부터 4,000년 전 아브람이 살던 시대의 동양적인 습속 안에서 아내의 위치라는 것은 더 말할 것이 없습니다. 아내를 바꾼다 하는 정도의 생각은 그렇게 어렵거나 부도덕한 생각이 아니었다는 말입니다. 그런즉 아브람은 당시 사람들의 안목으로 볼 때 조금도 비도덕적인 생각을 한 일이 없습니다. 아브람이 족장이요 또한 어른 가운데서도 어른의 위치에 있었는데 사래를 자기의 누이라고 해서 어떤 큰 화를 면하겠다고 한 것이 큰 흠이 되겠습니까? 족장 가운데서도 족장인 그가 일개 여자 때문에 죽어야만 한다고 생각하는 것이 그때로서는 통할 수가 없는 생각입니다. 만일 그 사회에서 사는 다른 사람이 아브람이 자기 아내 사래를 위하여 목숨을 내놓는 지경에까지 갔다는 것을 알았다면 그때 시대의 안목으로 '그것 참 어리석은 일을 했다.

자기의 신성한 의무를 망각하고 자기의 위치도 망각하고 그래 한 여성 때문에 목숨을 버리고 죽는다는 말인가? 최소한 자기의 막중한 책임에 비추어 권도(權道)를 써서 슬쩍 그 위액(危厄)을 모면할 수도 있는데 그러지를 않고 아내라는 말을 끝까지 고집해서 일을 당했다니 한심한 사람이로다' 하고 평가했을 것입니다. 대단히 어리석은 사람이요 부조리한 일로 여겼을 것입니다. 오늘날 우리 눈으로 볼 때에는 그를 일컬어 비겁했다고 하겠지만 그 시대의 안목으로 볼 때에는 오히려 그렇게 않는 것이 우스운 일이 됐을 것입니다. 아브람은 그 시대의 사상에서 하루 아침에 벗어날 수가 없었습니다. 그의 사회관이라는 것이 어느 날 갑자기 고도적인 위치로 올라가지 아니한 것입니다. 아브람의 심정을 볼 때 그는 이러한 데서부터 시작을 한 것입니다. 이러한 데서부터 시작했지만 하나님은 그가 가지고 있는 인간적인 생각과 사상의 암매한 부분, 그런 어두운 결핍 때문에 파생하는 큰 위기와 구렁텅이에서 건져내 주신 것입니다. 하나님께서 아브람을 긍휼히 여기셨다는 말입니다.

시대의 사조에서 벗어나기 어려운 인간

이것은 오늘날도 꼭 마찬가지입니다. 우리가 이 세상에 사노라면 현대 세계의 여러 가지 제도와 사조와 관습의 한계를 완전히 벗어날 수가 없습니다. 사람이 예수를 믿는다고 해서 그런 현대 세계의 여러 풍조로부터 홀로 쑥 벗어나서 사는 수가 없습니다. 어쩔 수 없이 그런 영향을 다 받고 사는 것입니다. 내가 아무리 바르게 생각해 본다고 하지만 생각하는 테두리 자체가 벌써 현대 세계의 큰 사조나 제도 안에서 발생한 것이기 때문입니다. 그 테두리를 벗어나는 일이 용이한 것이 아닙니다. 예를 들면 영국이 왕성한 국력으로 제국주의적인 수탈을 아주 한참 하던 시대가 있었습니다. 특별히 빅토리아 여왕 시대, 그러니까 19세기 중엽을 놓고 보면 세계 사방에서 부를 빨아들여다가 영국을 풍요롭게 하였던 것입니다. 그때 영국에 살고 있는 그리스도인 사상가가 '영국의 제국주의는 옳지 않다. 각각 생존권과 자결권을 가진 어떤 민족이나 어떤 종족의 사회를 덮어놓고 군대로 점령해서 수탈한다는 것은 불의한 일이다' 하고 얼마나 주장했습니까? 인도에 들어가서 그렇게 수탈을 하고 작물을 심어서 거기서 나오는 생산물을 가지고 장사하는 행위가 옳지 않다고 지적한 사람들이 거의 없었던 것입니다. 그러나 그런 압박과 착취를 당하는 사람들은 일어나서 그것이 비위(非違)라고 맹렬하게 타매를 했습니다.

1908년 일본의 동양척식 주식회사가 한국에 들어와 땅을 수탈을 하되 불과 이삼십 년 내에 한국 땅의 근 8할을 자기 것으로 만들어 버렸습니다. 정당한 방법으로 했습니까? 사방에다 금융 조합을 세워 가지고 수탈하는 전초(前哨), 마수 노릇을 시킨 것입니다. 그것이 농민의 생활을 지원하는 현재의 농협 같은 제도가 아닙니다. 그런 몹쓸 짓을 하더라도 당하는 우리 백성들은 뒤에서는 왕왕거렸어도 말도 크게 하지 못했습니다. 그 비위를 꼬집어 가지고 일일이 말했다가는 어디로 사라지는지도 모르게 되는 형편이니까 아무도 나서서 말하는 사람이 없었습니다. 그리고 정신 못 차린 사람들은 금융 조합에 가서 논 잡혀서 빚을 내다가 노름이나 하고 술이나 먹으며 허랑방탕하다 제 기간에 못 갚으면 홀떡 다 빼앗겼던 것입니다. 이렇게 동양척식 주식회사 직원이 돌아다니면 얼마 안 있어서 거기 땅의 반절은 벌써 그쪽으로 먹혀 버렸던 것입니다. 그리고 관습법에 의해서 항상 소유권을 주장하고 나오던 전래의 풍속 가운데 사는 농촌의 노인들에게 갑자기 성문법(成文法)을 들이밀었습니다. 그게 무엇인지 잘 알지도 못하는 고로(古老)들에게 법을 내보여도 '내가 선조 대대로 지어먹던 터전이고 이웃이 다 알고 있는 전답이 내 땅이지 누구의 땅이라 말이냐' 하고서 버티고 등기를 하지 않았습니다. 그러자 얼마 있지 않아서 등기하지 않은 땅은 다 몰수한다고 해서 국가에서 수용해 버렸다 말입니다. 이런 일이 한국에서도 일어났던 것입니다.

영국에서는 그보다 훨씬 교묘한 식민지 착취 정책을 썼습니다. 일본은 영국으로 수많은 사람을 보내서 공부를 시켰습니다. 공부해 가지고 돌아오면 그 사람들이 소위 대정시대(大正時代), 다이쇼 데모크라시(Taisho Democracy)라는 괴상한 이름을 붙여 가지고 서로 겨끔내기로 정치를 했습니다. 일본의 경제적 근대화가 추진되는 때였던 셈입니다. 영국은 빅토리아 여왕 시대에 교묘하게 정치를 해 가면서 약소 민족을 꽉 눌러서 부를 축적하였습니다. 특별히 보수당에서 뛰어난 영걸이라고 일컬을 만한 디즈레일리(B. Disraeli, 1804-81) 같은 사람은 정정당당하게 의회에서 스스로 위악가(僞惡家)로 자처하고 나섰습니다. '나야말로 악을 정당한 것으로 생각하고 한다' 하면서 자유당 정치가인 글래드스톤(W. E. Gladstone, 1809-98)을 공격할 때마다 '당신 같은 선한 사람은 착해서 차마 하지 못한다고 하지만 대영제국의 이익을 위해서라면 나는 악이라도 행한다' 하고서 적극적인 정책을 세워 나갔던 것입니다. 침략과 수탈에 대해서 주저함이 없이 밀고 나갔던 것입니다. 그런 때에 교회는 어떠했습니까? 교회는 거기 대해서 '안 된다. 그래서는 안 된다' 하고 얼마나 공격하면서 소리를 냈습니까? 사방에서 오는 부를 움켜쥐고 하나님의 은혜라 하고 그 부를 누리며 살았던 것입니다. 큰 문제 없이 살았습니다.

어느 한 시대를 살면서 시대적인 독특한 현실과 어떤 사조 앞에서 그것을 초월해서 자기 혼자 성자 노릇하기도 어려운 것이고, 그렇게 홀로 고고하게 참된 양심과 참된 계시에 접촉한 사람답게 살아간다는 것이 쉬운 일이 아닙니다. 그 시대의 사상을 뛰어넘어서 산다는 것은 매우 어려운 일입니다. 우리가 바른 표준이라든지 대안을 모를 때에는 현실을 아무리 부인해 보아도 별수없습니다. 그러면 어떻게 하자는 말이냐 할 때 달리 어떻게 할 길이 없는 것입니다. 수많은 영국의 신자들이 식민지 착취를 어떻게 보았는지 잘 아실 것입니다. 특별히 저 사우디아라비아 남쪽 하드라마우트(Hadramaut)나 예멘(Yemen)을 점령할 때 어떻게 한 줄 아십니까? 군함을 끌고 가서 상륙하여 먼저 산에 올라가서 바라본 다음에 무인지경 같은 베두인 사회를 대포와 총으로 점령해 버렸습니다. 영국의 식민사를 배워 갈 때 그런 것이 나옵니다. 물론 그런 것에 대해서 '아, 그래서는 안 되겠다' 하고 마음 가운데 고심한 사람이 없었다고 말할 수는 없겠지요. 그러나 그것은 한 개인이 자기 스스로 하는 고민에 불과할 뿐이었습니다. 전체의 큰 움직임에 대해서는 한 개인이 책임질 수 없다고 다 발뺌을 하였고, 교회도 그것을 가지고 아무 말도 하지 않았습니다.

그리고 사실 '그렇게 하지 않겠다'고 하면 '네가 어떤 대안을 내놓겠느냐? 영국의 이러한 세계적인 발전과 웅비에 대해서 어떤 대안을 제시하겠느냐?' 할 때 별로 대안도 없는 것입니다. 왜냐하면 그때는 전 세계가 그런 방향으로 움직이던 시대였기 때문입니다. 특별히 서구라파 국가들이 식민 정책을 펴던 시대였습니다. 나중에는 그 힘이 근동으로 뻗고 동양으로 와서는 중국을 분할해 보자고 야단을 내던 그런 시대였습니다. 우리 바로 앞 세대의 부형들이 다 지내오던 시대입니다. 이런 때 자기들이 큰 경륜과 포부를 품은 사람들도 아니고 거기에 다른 대안을 낼 만큼 유식하지도 현명하지도 않은 사람들이니까 어떻게 할 수가 없다는 것입니다. 이러한 처지에 우리가 사는 것입니다. 그러므로 시대적인 사조나 전체의 기풍 안에서 자기 혼자 벗어나기가 어려운 것이고, 대안이 그렇게 쉽게 나오지를 않습니다. 특별히 경제 제도에서는 더욱 그렇습니다. 하필 꼭 식민 정책이라는 큰 국가 정책만 논할 것이 아닙니다. 가령 고도자본주의, 독점자본주의로 흘러가는 일에 대해서 너는 어떻게 생각하고 있느냐 할 때 그 대답이 쉽지 않습니다. 오히려 믿지 않는 정치가들은 현명하게 과잉 축적된 자본을 세금으로 회수하여 국가에서 다시 일반에게 환원하는 방법을 취해 나가는데 이 것이 소위 복지 정책이라는 것입니다. 지금 그런 정책을 써나가는 것입니다.

애굽행을 통해 아브람을 가르치심

아브람은 일정한 사회적인 기풍과 제도와 습관 속에서 자라온 사람인데 일조일석에 자기가 가지고 있던 생각들을 떨쳐 버리고 그보다 더 우수하고 훨씬 빛나는 무엇을 세웠어야 했다고 말할 수가 없는 것이고 또 실제로 그렇게 하지도 못했습니다. 그러나 하나님께서는 그냥 그대로 방치하시지도 않았습니다. 아브람을 위대한 지도자, 위대한 조상으로 만들어서 높은 신앙의 자리에 세우시려는 하나님의 큰 사랑과 경륜은 아브람이 그릇된 사상이나 시대적인 사조나 구습 속에 얽매여서 헤어나지 못하고 있는 상태대로 버려 두시지 않고 분명한 깨달음 가운데로 인도해 내셨습니다. 그는 비록 기근 때문에 애굽으로 갔지만 그것은 일방 하나님께서 그에게 사상적인 새로운 훈련을 시키기 위한 방편이 된 것입니다. 아내나 자식에 대해서 아직 옅은 정도의 사상 가운데 있던 그를 깨우치셔서 이후로는 그렇게 생각할 수 없다는 것을 가르치시기 시작합니다. 그리고 '너에게만 아브라함이라고 하는 새로운 이름을 주는 것이 아니다. 이제부터는 네 아내 사래를 사라라고 하여라' 하신 것입니다. 이렇게 해서 아브람만이 하나님의 언약 가운데서 선택을 받은 그릇이 아니라 자기 아내 사래도 선택받은 그릇임을 분명히 가르쳐 주셨습니다.

하나님 앞에서 받은 신성한 의무와 언약의 축복에 있어서 사래도 아브람과 동등한 위치에 놓아 주셨습니다. 이것은 아브람의 역사를 계속 연구해 나갈 때 보게 되는 중요한 부분입니다. '아, 하나님께서는 사래를 또한 축복하셨구나.' 우리가 아브람을 믿음의 조상이라고 할 때 사래도 믿음의 어머니라고 이야기할 만큼 되는 것입니다. 특별히 여성 신도들에게 베드로 사도도 말했습니다. "너희 단장은 머리를 꾸미고 금을 차고 아름다운 옷을 입는 외모로 하지 말고 정결한 행실과 온유한 마음과 경건한 신앙으로 너희 몸을 단장하라. 그리하면 사라의 딸들이 된 것이니라"(벧전 3:3-6). 그렇게 사라를 명예로운 위치에다 놓았습니다. 사라란 이름은 여주인, 여왕(princess)이라는 말뜻입니다. 아브라함 너만 왕이 아니라 네 아내 사라도 여왕이다 하신 것입니다.

그리고 창세기 22장에 가면 이삭을 모리아 산에서 드리는 장면이 나옵니다. 그것으로 인하여 아브라함은 자식에 대한 시대적인 관념, 자기의 갇혀 있던 생각을 다시 고치게 됩니다. 거기서도 '아들을 네 소유물과 같이 여겨서 네 자신의 거룩한 결행을 위해서라면 그 목숨에 대한 아무런 고려 없이 척척 죽여도 좋은 것이 아니다' 하는 것을 가르쳐 주십니다. '이삭은 이삭대로 하나님 앞에서 너만큼 존귀한 생명이요 인격이다' 하는 것을 배우게 하시는 것입니다.

그런고로 지금 아브람이 자기 아내와 함께 애굽으로 내려가면서 겪는 이 경험이라는 것은 내부적으로는 하나님께로부터 받는 훈련의 의미가 더 큰 것입니다. 아내에 대해서 어떻게 생각해야 하는가? 생각건대 아브람이 자기 아내를 빼앗기고 그 대신 많은 재물을 얻었을 때 만일 그에게 좀더 깊은 심정이 있어서 사래에 대해서 깊은 애정을 가졌더라면 그 재물이 도무지 반갑지 않았을 것입니다. 오히려 그것이 자기를 비웃는 것같이 느꼈을 것입니다. 만일 그가 아내를 진실로 사랑했다면 말입니다. 어두운 제도와 관습 아래서 자기 목숨을 유지하기 위하여 '아내를 포기하고 다시 보충하는 수밖에 없지' 했다고 하더라도 우선적으로 훨씬 강렬하게 그 사람의 마음을 지배할 수 있는 것은 사실상 사랑입니다. 사랑이 있다면 제도가 어떻든 또 풍속이 어떻든 아픈 것은 아픈 것입니다. 사랑이 없을 때는 구실이나 제도를 붙여서 자꾸 움직이는 것입니다. 사람은 사랑이 없을 때는 괜히 자기를 얽는 그물만 피하면 되겠다 하는 것입니다. 깊은 사랑이 있으면 제도가 무어라고 하든지 사랑하는 이를 자기 손에서 빼앗겼을 때 참으로 슬픈 것입니다. 그리고 아마 모르기는 몰라도 그는 밤새도록 부르짖었을지도 모릅니다. 사랑이 그에게 있었더라면 항상 남는 문제가 있습니다. 부부가 어떠한 제도 아래 산다고 하더라도 그 부부의 유대를 가장 강하게 하는 것은 사랑인 것입니다. 사랑은 모든 것을 매는 띠입니다. 가정을 매는 띠가 바로 사랑인 것입니다.

하나님께서는 가정으로 세우신 부부에게 서로를 사랑할 수 있는 힘을 주십니다. 하나님을 늘 의지하고 나갈 때 비록 한때 마음이 해이해져도 하나님께서 그에게 힘 주시면 필연적으로 사랑하는 마음이 다시 그 마음 가운데 강하게 움직이는 것입니다. 부부애라는 것은 자기 스스로 판단하고 따져 가지고 사랑을 유지해 보려고 한다고 해서 되는 것이 아닙니다. 만일 그렇게 한다고 하더라도 사랑이 점점 식고 낭만적인 열정이 사라지고 말면 아무리 그것을 곱게 꾸며서 '아 그래도 훌륭한데' 하고 애를 써 보아도 불씨가 살아나지를 않습니다. 사랑의 불이라는 것은 그냥 타오르는 것이 아니라 말입니다. 자기가 참으로 끝없이 사랑을 하려면 하나님께서 그를 떠받쳐 주셔야 하는 것입니다. 보통 때는 그것이 눈감고 있다가 위기에 이른다든지 큰 환난 앞에 이를 때 지금까지 잠자고 있던 자기 눈이 개안되어 가지고 열렬하게 상대의 생명을 위해서, 상대의 행복을 위해서 불타올라 여러 가지로 노력하는 일도 많습니다. 그것은 뭐냐 하면 하나님께서 '네가 그렇게 귀찮아하고 시끄러워할 것 같으면 어디 한번 네 손에서 빼앗아 보자' 하시고 그의 눈을 여셔서 환경이 반대의 길로 가고 있음을 보이실 때, 비로소 정신이 화닥닥 들어서 '아이구 어디 그럴 수가 있느냐'고 힘을 다해서 자기가 가지고 있던 사랑을 발휘하기 시작하는 수도 있습니다.

아브람도 평소에는 몰랐지만 자기 아내 사래가 바로의 궁으로 끌려가 버린 다음에는 마음 가운데 어떤 큰 반응이 일어났을 듯합니다. 그래서 아마 밤에 잠을 못 자고 부르짖고 기도하였을 것입니다. 또 아내를 빼앗아간 대가로 보낸 예물이 자기를 조소하고 자기의 비겁을 증명하는 것 같아서 몹시 보기 싫었을지도 모릅니다. 신부를 사 오던 옛날의 유풍(流風)대로 자기에게 보내진 예물이 기쁨을 주기는커녕 큰 슬픔과 아픔을 더해 주었을 것입니다. 만일 그가 아내를 향한 열렬한 사랑을 가졌더면 분명 그랬을 것입니다. 그런 데서 그는 중대한 교훈을 받았을 것입니다. 하나님이 간섭하심으로 결국 사래가 다시 돌아왔을 때 마음 가운데 얼마나 큰 기쁨을 얻었는지 아마 말로 표현할 수 없었을 것입니다. 이렇게 해서 그는 아내의 존재를 그냥 일정한 제도 아래 함께 사는 인물로 인정하는 데 머물지 않고 실질상 사랑해야 할 대상으로 깨달았을 것입니다. 아브람은 이제 비로소 아내가 참으로 높이고 사랑해야 할 대상임을 배웠던 것입니다.

하나님의 백성은 마땅히 하나님께서 평안함을 주시는 평소에도 아내에 대해 마음을 바로 가져야 합니다. 베드로 사도는 이렇게 말씀했습니다. "남편들아 이와 같이 그 아내를 더 약한 그릇같이 여겨 지식을 따라 동거하고 또 생명의 은혜를 함께 이어받을 자로 알아 귀히 여기라. 이는 너희 기도가 막히지 아니하게 하려 함이라"(벧전 3:7). 아내와 함께 살고 귀히 대접할 것은 여인이 너보다도 연약한 그릇이요 또 영생의 소망을 함께 누릴 사람이기 때문이라 했습니다. 그렇게 하면 네 기도가 막히지 아니하리라는 것입니다. 이런 데서 우리는 큰 원칙을 다시 보아야 할 것입니다. 하나님 앞에 신성한 의무가 있어서 배우자로 짝지어 주신 것입니다. 즉 하나님이 덮어놓고 하신 것이 아니라 나의 생애에 있어서 거룩하신 뜻을 이루시려고 짝지어 주셨습니다. 그러면 서로 사랑으로 온전히 연결할 수 있도록 하나님께서 결합시켜 주신 것을 믿어야 합니다. 또한 동시에 그에게 지켜야 할 나의 도덕적인 의무가 있다는 것을 알아야 합니다. 아무렇게라도 사는 것이 아니라 질서 있게 자기의 도덕과 예의를 잘 지켜 가면서 사는 것입니다. 이것은 항상 기본적으로 중요한 내용입니다. 그런 기본 아래서 아마 아브람은 차례차례 훈도를 받아 가지고 확호한 인물이 됐을 것으로 믿습니다.

기도

거룩하신 아버님, 저희에게 주신 큰 은혜로 저희가 이 세상을 살면서 가장 기본적인 단위로서의 가족인 부부로서 하나님을 경외하며 주께서 맡기신 일을 행하며 살게 하셨나이다. 그리스도와 교회의 관계의 어떤 부분을 표시하도록 세워 놓으신 이 부부간의 관계를 하나님께서 왜 맺어 주시며 또한 복을 주시는가에 대하여 바로 알고 감사하게 하시고, 항상 피차 공경하면서 어떻게 참된 사랑으로 언제든지 연결되어서 살아가야 할 것인지를 깊이 생각할 수 있게 하여 주시옵소서. 사람은 연약하고 해이하기 쉽고 또 잘못되기 쉬울지라도 아버님께서 일을 맡기셨으니 불쌍히 여기심을 받고 아버님께서 주시는 힘으로 살게 하시고, 아버님께서 이끄시는 그 길에서 더욱 거룩한 가정으로 살면서 맡기신 바 하나님 나라의 큰일, 영광의 일을 충실하게 감당할 수 있게 하여 주시옵소서.

우리 주 예수님 이름으로 기도하옵나이다. 아멘.

아브람과 롯이 나뉨(1)
롯의 세속적 신앙

제6강

창세기 13:1-13

아브람이 애굽에서 나올새 그와 그 아내와 모든 소유며 롯도 함께하여 남방으로 올라가니 아브람에게 육축과 은금이 풍부하였더라 그가 남방에서부터 발행하여 벧엘에 이르며 벧엘과 아이 사이 전에 장막쳤던 곳에 이르니 그가 처음으로 단을 쌓은 곳이라 그가 거기서 여호와의 이름을 불렀더라 아브람의 일행 롯도 양과 소와 장막이 있으므로 그 땅이 그들의 동거함을 용납지 못하였으니 곧 그들의 소유가 많아서 동거할 수 없었음이라 그러므로 아브람의 가축의 목자와 롯의 가축의 목자가 서로 다투고 또 가나안 사람과 브리스 사람도 그 땅에 거하였는지라 아브람이 롯에게 이르되 우리는 한 골육이라 나나 너나 내 목자나 네 목자나 서로 다투게 말자 네 앞에 온 땅이 있지 아니하냐 나를 떠나라 네가 좌하면 나는 우하고 네가 우하면 나는 좌하리라 이에 롯이 눈을 들어 요단들을 바라본즉 소알까지 온 땅에 물이 넉넉하니 여호와께서 소돔과 고모라를 멸하시기 전이었는 고로 여호와의 동산 같고 애굽 땅과 같았더라 그러므로 롯이 요단 온 들을 택하고 동으로 옮기니 그들이 서로 떠난지라 아브람은 가나안 땅에 거하였고 롯은 평지 성읍들에 머무르며 그 장막을 옮겨 소돔까지 이르렀더라 소돔 사람은 악하여 여호와 앞에 큰 죄인이었더라

아브람과 롯이 나뉨(1)
롯의 세속적 신앙

제6강

창세기 13장에 들어가서 새로운 사실 즉 아브람과 롯이 나누이는 사실을 잠시 생각하겠습니다. 아브람과 그 휘하의 모든 식구가 1,500에서 2,000명쯤 됐을 터인데, 기근 때문에 애굽으로 들어갔다가 거기서 여러 가지 일을 겪은 후 그곳을 떠나서 다시 허락하신 땅 남방으로 올라왔다고 했습니다. 요즈음 이스라엘 사람들은 네게브라고 불리는 여기 이 남방을 아주 중요시하여 경영을 합니다. 거기서부터 다시 천천히 소와 약대와 나귀와 휘하의 모든 사람을 끌고서 북쪽으로 몇백 리고 올라와서 벧엘과 아이 사이에서 머물게 됩니다. 아브람이 저 하란 땅에서 남쪽으로 옮겨 가나안 땅에 와서 최초로 머무른 곳이 세겜이고, 그 다음이 벧엘과 아이 사이라고 하는 곳인데, 지금 아브람의 일행이 올라가는 데입니다. 벧엘은 예루살렘에서 북쪽으로 한 30킬로미터쯤 되는 곳에 있으니까 예루살렘에서 그다지 먼 곳이 아닙니다.

이곳은 이전에 아브람이 와서 단을 쌓았던 곳이었으므로 그는 자연히 거기서 자기의 신앙에 관해서 생각하고 또 하나님께서 그에게 최초로 지시하신 사실도 생각하였을 것입니다. 그렇게 기념할 만한 땅, 제단이 있는 땅 벧엘과 아이 사이로 올라와서 장막을 친 것입니다. 지명은 아마 나중에 벧엘이라고 지었겠지요. 벧엘은 '하나님의 집'이라 하는 뜻입니다. 아무튼 벧엘과 아이 사이에 장막을 쳤는데 주위에는 이미 가나안 족들도 살고 있었고 또 그 이외에 브리스 사람도 살았습니다. 생각건대 브리스 사람들은 가나안 사람들과 아모리 사람들보다도 먼저 와서 살던 사람들로서 여기저기 흩어져서 살지 않았나 싶습니다. 성을 쌓고 도시를 이루어서 자기 방어를 튼튼히 하는 국가로는 아직 발전하지 못한 유목민으로서 이리저리 흩어져서 반농 반목(半農半牧)을 해 가면서 산 사람들인 것 같습니다. 그런데 지금은 가나안 족속이 팔레스타인 땅에 와서 식민을 하고 퍼져 나가는 중입니다. 가나안 족속은 북방에서 내려온 강력한 족속으로 함 족에 속하는 무리입니다. 함 족 가운데는 구스, 붓, 미스라임, 가나안 이 네 족속이 아주 큰 족속인데, 그 중 미스라임은 남쪽으로 내려가서 애굽을 형성했습니다. 이렇게 가나안 사람들과 브리스 사람들이 이미 적당하고 좋은 자리는 다 차지하고 사는데 아브람 일행이 그리로 올라왔던 것입니다. 아브람은 그저 남이 살고 있는 땅을 점령하고 빼앗으려고 온 것이 아니라 전에 하나님의 은혜를 받고 신앙상 자기가 서원을 하기도 한 땅으로 다시 돌아온 것입니다.

아브람의 애굽행에 대한 해석 문제

여기서 우리가 주의해야 할 것이 있습니다. 여러 주석가나 해석하는 분들의 이야기는 아브람이 애굽으로 간 것은 세상을 향해서 간 것이므로 잘못이다 하는 식입니다. '아브람이 기근 때문에 애굽으로 내려간 것은 크게 잘못한 일이다. 하나님께서 허락하신 땅에 그냥 버티고 있는 것이 신앙일 터인데 기근이 나서 어떻게 할 수 없다고 이 세상과 세욕(世慾)을 대표하고 있는 애굽 땅을 향해 내려가서 얻은 것이 무엇이냐? 아무것도 없다. 그것은 아브람의 타락의 길이었다'는 것입니다. 상당히 이름 있는 주석가들도 그렇게 해석하는 것을 보았습니다. 하지만 우리가 냉정하게 역사의 기록을 바라볼 때 아브람이 애굽에 내려간 것을 가지고 특별히 그가 도덕적으로 타락을 했다고 단정하기가 어렵습니다. 애굽이 나오기만 하면 항상 도덕적으로 악을 표시하는 모형으로 다루는 태도는 성경 해석을 심히 왜곡되게 하거나 혹은 편파적인 해석 가운데로 떨어질 여지가 많습니다. 애굽이 됐든지 팔레스타인이 됐든지 어떤 땅이나 어떤 사회를 일방적으로 무엇의 모형이라고 자꾸 만들어 가는 모형설(typology)은 여러 가지로 해를 끼치기 쉬운 것입니다. 그런데도 많은 경우 그런 타이팔러지를 주장하고 있습니다.

우리는 성경에 우리 자신의 색채를 자꾸 집어넣어 가지고 '이것은 나쁜 것이다 이것은 좋은 것이다' 하고 가르면서 보지 않아야 합니다. 먼저는 성경의 사실을 있는 그대로 받아들이고 또 그 사실이 어째서 발생했는가 하는 이유나 전체의 경위를 대단히 냉정하게 이지적으로 보되 차라리 동정적으로 늘 보아가면서 생각해야 합니다. 그렇더라도 악은 결국 악이라는 것이 그 이야기의 발전 가운데서 스스로 드러나게 되는 것입니다. 내가 미리부터 '이것은 악의 대표이다' 하고서 건너뛰어 생각하는 것은 지레짐작입니다. 지레짐작이 용케 잘 부합하는 것같이 생각되니까 자꾸 그리로 좇아가는 사람들도 있는데, 어쨌든지 하나님의 말씀을 대할 때 먼저는 하나님께서 우리에게 무슨 말씀을 들려주시려고 하는가를 주의하는 것이 좋습니다. 내 자신의 그럼직한 지레짐작이나 속단을 늘 피하면서 신중하게 살피고 거기에 그럴 만한 합리적인 요인들이 있을 때 충분히 그것을 추리해 가는 것이 옳습니다.

아브람은 자기의 많은 부하와 짐승을 데리고 이 가나안 땅에 들어와서 아직 정착하지 못하고 이리저리 두류(逗留) 방랑하다가 기근을 만나게 되었습니다. 기근 때문에 도저히 자기 휘하에 있는 그 많은 수의 사람이나 짐승을 먹일 길이 없게 되었습니다. 그래서 그는 거기 앉아서 그냥 버틸 것이 아니라 문제를 가장 정당하게 합리적으로 해결하려 하였습니다. 바로 가까운 접경 지대인 애굽으로 들어간 것입니다. 애굽은 이 네게브에 이웃한 접경 지대입니다. 애굽은 기근을 모르고 항상 오곡이 풍성한 곳이었습니다. 그러한 나일 강 유역으로 가서 양식을 사서 먹겠다는 것을 가지고 불합리하다든지 비도덕적이라든지 할 수가 없습니다. 오히려 그러한 지혜를 써서 정당하게 곡물을 구입하여 자기의 모든 부하를 굶어죽지 않게 하는 것이 하나님의 산업을 지키는 사람으로서 당연히 생각할 만한 일이었습니다. 만일 그랬다가 거기서 항구히 살려고 늘어붙었다면 그때는 이제 '아브람의 동기는 어디에 있었는가' 하고 우리가 물을 수 있습니다. 하지만 기근을 피해서 잠시 그 곳에 있다가 그 시기가 지난 다음에는 다시 나와 버렸습니다. 애굽은 죄악이나 세상 욕망의 대표이니까 그곳으로 내려가는 것은 절대로 나쁘다 하고 말할 아무 근거도 없는 것입니다. 만일 매사가 그런 식이라면 예수님이 피신하시느라고 애굽으로 가신 것도 잘못인가 하고 물을 수밖에 없는 것입니다. 나신 어린아기를 데리고 애굽으로 피신했던 것입니다(마 2:13-15). 애굽이 세상 욕심과 죄악과 불의의 모형이니까 그런 데로 가서 비호를 조금이라도 받는 것은 옳지 않다 한다면, 예수님은 왜 거기서 피신하시고 계셨느냐 하고 물을 수밖에 없는 것입니다. 도덕적인 큰 책임을 물을 수 없는 역사상의 현실을 가지고 처음부터 선악을 갈라서 자신이 도덕적인 성격을 주어 가면서 생각하는 것은 공정한 연구 태도가 아닙니다.

아브람이 회개를 하고 애굽에서 나와서 자기 신앙의 출발지라고 생각하는 벧엘로 돌아와 재건을 하고 다시 출발하려고 했다 하면, 얼른 보면 그럴 듯하게는 생각되지만 실제로는 그럴 만한 아무런 근거가 없는 것입니다. 그가 북방으로 올라왔다는 것은 남방에서 아마 우양을 차례차례 먹여 가면서 올라가는 길이었기 때문일 것입니다. 베두인 생활이라는 방식이 한 곳에 머물도록 정해지지 않은 까닭에 자꾸 옮겨가는 것입니다. 풀을 다 먹은 다음에는 그 풀이 다시 자라기까지는 다른 곳으로 옮겨야 합니다. 그가 남쪽에서 올라왔으니까 필연적으로 북쪽으로 올라가는 것입니다. 베두인 생활의 방향은 한 번 풀을 먹였으면 그 다음으로 가는 것이지 다시 후퇴를 않습니다. 금방 먹고 온 데니까 거기에는 풀이 없는 것입니다. 남방이라 해서 풀이 늘 가득히 나는 것도 아닙니다. 요즘도 보면 어떤 데는 불모지이고 어떤 데는 부싯돌이라는 돌만 가득한 데도 있습니다. 아마 그때도 그랬겠지요. 그러나 어디든지 시내가 흐르고 나무가 무성하면 양 떼들이 잔뜩 모여서 물을 먹는 것을 보았습니다. 아무튼 이런 식으로 차례차례 북방으로 올라간 것입니다. 북방은 주로 원주민인 브리스 사람이나 또 그 후에 들어온 가나안 사람들이 정착하고 살 만큼 비옥하고 작물이 잘되는 곳이기도 하였습니다. 그리고 건기가 되면 이제 차례차례 인가 근처로 나오는 것이 유목민들의 생태입니다. 오늘날도 그렇게 합니다. 우기가 되어 광야에 풀이 많이 나면 광야 한가운데로 들어가는 것입니다. 그 사람들 생태가 그러니까 필연적으로 아마 건기를 만나서 차츰차츰 올라왔나 보다 생각하는 것이 자연스럽습니다. 우기에 남방에 있었다면 그곳에서 무성한 풀을 다 먹이고 다음에는 차례차례 인가 근처로 가까이 올라오는 것입니다. 그러니까 자연히 "가나안 사람과 브리스 사람도 그 땅에 거하였는지라"(창 13:7) 하는 말의 의미가 닿는 것입니다. 그때나 지금이나 베두인이 생활하는 방식에서 볼 때 그랬겠다고 느낄 수 있게 됩니다.

롯과 나뉠 때 나타난 아브람의 덕

그러면 어디까지 올라왔느냐? 이 벧엘까지 올라왔는데 여기서 롯의 목자와 아브람의 목자가 다툰 이야기가 나옵니다. 롯도 벌써 자기 자신이 독립한 일가로서 장막과 많은 비복(婢僕)과 또 가축을 많이 가지고 있었기 때문에 땅이 좁아 서로 용납을 할 수가 없었던 것입니다. 그들이 먼저부터 거주하던 가나안 사람이나 브리스 사람의 사회 속에 함께 들어와서 어느 장소를 차지하고 살 수가 없을 만큼 비좁았다는 이야기입니다. 그런 형편에서 그만 목자들끼리 다투는 것은 아브람의 정치적 식견에서 볼 때 대단히 위험한 짓이라 말입니다. 자체 내에 분열이 생겨서 서로 다투고 있는 현상을, 그들에게 큰 호의를 갖고 있지 않은 가나안 사람들이나 선주민 브리스 사람들이 내탐(內探)해서 자세히 알았다면 그 틈을 타고 습격할 우려도 있는 것입니다. 자위(自衛)상 심히 불리한 상태 가운데 있을 때 아브람으로서는 최선책을 취할 수밖에 없는 것입니다. 그래서 아브람은 벧엘의 높은 산으로 자기 조카 롯을 불렀습니다. 거기서는 요단도 보이고 또 훤한 유대 들도 바라

보였습니다. 단순히 자기 조카라고 롯을 자기의 자식과 같이 휘하에 두고 쓴 것은 아닙니다. 롯은 일찍이 저 메소포타미아에서 아직 갈대아 우르를 떠나기 전에 이미 죽은 하란의 아들이니까 요즈음 우리 한국식으로 말하면 큰집의 자녀였습니다. 아마도 자기 형님인 하란의 자식인 까닭에 정중하게 자기 형제와 같이 대하면서, '양방이 다 같이 여기서 수용하고 살 수가 없으니까 이럴 것이 아니다. 우리가 살림을 따로따로 나누어서 경영하는 것이 좋겠다. 다만 문제가 있을 때는 골육지간이니까 말하지 않더라도 자연히 동맹이 되어 방위를 공동으로 하도록 하자' 했을 것입니다. 이것은 아브람의 지혜로운 방책이었습니다. 그럴 때 롯 역시 자기 생각에도 서로 나뉘어서 사는 것이 앞으로의 생활 경영에 더 좋겠다고 생각한 것입니다.

아브람이 롯을 보고 "나를 떠나라"는 말을 하면서 분리시키려고 할 때, 그는 자기 혼자 하나님의 은혜를 독차지하고 롯은 귀찮으니 떨어 버려야 하겠다고 생각한 것은 아닙니다. 우리가 그렇다고 생각할 수 없는 것은 아브람이 가지고 있는 고결한 사상이나 도덕적인 행동을 보아서 그렇습니다. 또 사실 롯에게 어떤 제한을 한 것이 하나도 없습니다. 만일 롯이 하나님의 은혜의 큰 약속 가운데 계속적으로 저도 한 분깃이 되어서 하나님의 백성을 형성하는 데 한 몫을 하려고 했다면 십분 그렇게 할 모든 가능성을 준 것입니다. 다만 우리가 여기서 함께 합산해서 생활하는 것이 여러 가지로 불편하니 서로 불평이 없이 각각 힘있는 대로 힘껏 일을 해서 발전해 보자는 것뿐입니다. 그리고 그것도 '너는 이쪽을 택해라. 나는 저쪽을 차지하련다'고 한 것이 아닙니다. 아브람은 자기에게 허락하신 땅이라 해서 그것을 앞장 세우거나 무슨 우선권을 내세운 것도 아닙니다. 허락하신 것은 하나님이시지만 사람과 사람과의 관계에서 그는 충분히 깊은 생각을 해서 그 사회의 제도로 보든지 개인의 권리라는 면에서 보든지 조금치라도 해를 끼치거나 무례를 행하지 않았습니다. 무리한 요구를 한 일이 없다는 것입니다.

어떤 사람이 하나님께로부터 자기가 무엇을 받았다 해서 다른 사람의 권리를 침해할 수 있는 무슨 특권이 있는 것처럼 생각한다면 그것은 대단한 망상입니다. 하나님께서 자기에게 은혜 주시는 것은 주어진 여건 속에서 다른 사람에 대한 권리를 십분 다 인정하고 공동의 사회 일원으로 자기의 의무를 다해 가면서 사는 중에 은혜를 주신다는 것을 늘 생각해야 합니다. 하나님께서 은혜 주시면 자기는 특권이 있으니까 남의 권리라도 침해할 수 있다고 생각하는 것은 정당한 태도가 아닌 것입니다. 그런 까닭에 이 세상 사회의 일원으로서 남에게 도덕적으로 뒤지는 일을 한다든지, 경우에 빠지는 일을 한다든지 불합리한 짓을 종교의 이름으로 감행한다는 것은 절대로 정당한 신앙 생활이 아닙니다.

여기 보면 아브람이 롯에 대하여 취한 태도 역시 아주 관대하고 후한 것을 볼 수 있습니다. "자, 온 땅이 네 앞에 펼쳐져 있지 않느냐? 어디든지 선택해서 가면 내가 그쪽을 범하지 않겠다. 네가 좌하면 나는 우하겠고, 네가 만일 우한다 할 것 같으면 나는 좌하겠다. 네가 어느 쪽으로 가든지 그쪽으로 가면 공동으로 경영한다고 해서 뜯어먹지도 않을 것이고 그것을 나누자고도 하지 않겠다." 요컨대 '너에게 조금치라도 부담이라든지 손해를 끼치는 어떤 행동도 내가 하지 않겠다'는 말을 그런 식으로 표현한 것입니다. 이렇게 아브람은 자기 조카와 나뉠 때에도 보통 사람의 일반적인 경우와 같이 남의 권리를 존중해 주는 정도에서 머무른 게 아니고 관후하게 양보를 해서 그에게 우선권을 주었습니다. 롯이 선택한 다음에는 다시 침해하지 않겠다는 약속을 한 것입니다. 이것이 아브람의 덕입니다.

롯의 선택

우리가 이 다음에 아브람의 덕의 근원이 무엇이겠는가, 어찌하여 생각을 이런 식으로 해 나갔겠는가 하는 것을 좀더 생각하기로 하고, 오늘은 주로 롯이라는 인물에 대해서 몇 가지를 생각하겠습니다. 롯이 아브람의 그 말을 들었을 때 그는 아브람이 가지고 있는 관후한 태도에 대해서 '무엇이 우리의 삼촌으로 하여금 그렇게 덕 있는 생각을 하게 했는가' 하는 생각을 했었음직합니다. 대체 우리의 숙부의 인격은 무엇에 의하여서 저렇게 발전해 나가는 것인가를 배움직하지만 그는 그것보다는 우선 자기에게 어떤 것이 유리하냐 하는 것을 생각했습니다. 거기서 나타나는 후한 덕과 인격의 아름다움에 대한 고려를 할 만한 마음의 여유를 충분히 가지지 못하였던 것입니다. 욕심이 자기 눈을 어둡게 하여 자기 숙부가 양보해 주는 것을 기화로 해서 '그러면 제가 먼저 택하겠습니다' 하고서 선택한 것이 롯의 태도였습니다.

벧엘에서 멀리 동남쪽을 바라보니까 거기에 요단 들이 환히 펼쳐 있고 또 사해가 보였습니다. 윗쪽은 요단 강이 사해로 들어가는 입구인데, 그 근방이 요즈음 말하는 여리고가 있는 곳입니다. 여리고 일대는 물이 많은 곳입니다. 거기는 원래 물이 풍부해서 세례 요한도 벧아바라라고 하는 여리고 근방에서 세례를 주었다는 기록이 있습니다. 멀리서 그곳을 바라볼 때 좌우간 목양을 하기에는 늘 아쉬운 물이 거기에는 많으므로 그리로 가는 것이 좋겠다고 생각을 하고 롯은 그쪽을 택해서 그리로 가겠다고 한 것입니다. 그러니까 아브람은 '그러냐. 그러면 나는 이 벧엘 산 동쪽과 남쪽의 산간지로 다니면서 살겠다'고 한 것입니다. 그렇게 해서 아브람은 그냥 대로를 타고 남쪽으로 내려갔습니다. 한 70킬로쯤 남쪽으로 더 내려가면 거기가 헤브론입니다. 이 헤브론 입구에 마므레 상수리나무 숲이 있는데 아브람은 그곳을 주로 자기 생활 가운데 중요한 터전으로 삼았습니다. 그가 가장 많이 거하던 장소였습니다. 그는 이곳 헤브론으로 내려갔던 것입니다. 헤브론은 예루살렘보다도 더 높은 산간 위에 서 있는 도시입니다. 예루살렘은 여기 서울로 말하면 백운대만큼 높은 곳에 들어선 도시였는데, 헤브론은 그보다 더 높은 곳에 도시를 이룬 곳이었습니다. 그 입구의 마므레라는 고원 지대에는 상수리나무들이 있었는데, 더운 나라이니까 그렇게 서늘한 곳에 장막을 치고서 살았습니다.

그러나 롯은 차츰차츰 동쪽으로 옮겨 요단 강 어구에 이르러 살다가 소돔까지 갔습니다. 그런데 우리가 생각할 것은 소돔과 고모라가 어디 있었겠느냐 하는 것입니다. 여러 가지로 생각을 하고 그 근방에 대해 추리를 해 보더라도 그곳은 사해의 물속이라는 것입니다. 그런고로 사해 물속이 옛날에는 땅이어서 거기에 성들을 세웠습니다. 소돔과 고모라 같은 성시(城市)를 세웠습니다. 조그마한 소알이라는 성도 있었고 그리고 소돔과 고모라도 있습니다. 나중에 소돔과 고모라 땅이 멸망할 때 천사가 롯을 구출해 주면서 산으로 도망 가라니까 산까지 미처 못 가고, 천사한테 빌어서 '가까운 성, 소알 성까지 가겠습니다' 하고 간 성이 바로 소알입니다. 그곳은 자기가 살기 위해서 도망했던 자리이지만 지금 벧엘에서 롯이 거기를 바라볼 때는 물이 풍성해서 마치 에덴 동산과 같이 비옥하고 아름다운 곳으로 눈에 띄었던 곳입니다. 그래서 애굽 땅같이 물이 풍부한 그리로 내려갔습니다.

롯이 지닌 두 가지 특성

우리가 롯이라는 사람을 볼 때 그의 두 가지의 특성을 생각할 수 있습니다. 하나는 무엇보다도 하나님 앞에 불쌍히 여기심을 받고 건지심을 받기에 해당한 자로서 하나님이 그에게 주신 은혜의 사실들을 볼 수가 있고, 다른 하나는 롯이 얼마나 세속적이었는가 하는 것을 볼 수가 있습니다. 우리가 먼저 신약에서 롯을 볼 것 같으면 그를 가리켜서 '의인'이라는 말을 썼습니다. "무법한 자의 음란한 행실을 인하여 고통하는 의로운 롯을 건지셨으니 이 의인이 저희 중에 거하여 날마다 저 불법한 행실을 보고 들음으로 그 의로운 심령을 상하니라"(벧후 2:7-8). 이와 같이 사도 베드로는 롯을 의인이라 하는 말로 표현했습니다. 소돔·고모라에 살기는 살았지만 날마다 그 불의한 행동을 보고서 늘 마음이 상해서 살았다 하는 이야기를 했습니다. 아브람도 그가 의인인 것을 생각하고 나중에 소돔·고모라를 멸망하러 가는 두 천사들을 뒤로하고 여호와의 거룩한 나타나심 앞에 엎드려 롯을 위하여 도고하였습니다. "주께서 의인과 악인을 한꺼번에 멸하시는 것이 옳으니이까. 세상을 의로써 심판하실 주께서는 공의를 행하실 게 아니니까"(창 18:25) 하였습니다. 특별히 23절을 보면 롯을 의인으로 생각하고 "의인이 거기 있어도 의인을 악인과 함께 멸망시키겠습니까" 하는 이야기도 나옵니다.

사도 베드로가 생각하는 의인의 관념은 그의 생활이 하나님 앞에서 의롭다 하는 것이었지만 무엇보다도 먼저 하나님께서 의로 여기실 위치에서 살았다는 얘기입니다. 창세기 15:6을 보면 "아브람이 하나님을 믿으니 하나님이 이를 의로 여기시니라"고 이신칭의(以信稱義)의 확실한 사실을 거기 보였습니다. 그런고로 아브람의 관념 가운데 있는 의라는 것도 사람이 보통 사람보다 조금 더 의롭고 착하게 산다는 의미가 아니었습니다. 그런 뜻으로 이야기하지 않고, 그가 하나님을 믿고 하나님께서 그것을 용납하시고 인정하시는 터 위에서 자기의 생활을 했다는 것을 의미하는 것입니다. 그러니까 의라는 것은 무슨 의로운 행동을 했다든지 하는 말 이전에 그가 살고 있는 세계가 어떤 세계였느냐 하는 것이 중요합니다. 그가 하나님을 믿고 하나님께서 불쌍히 여기사 세우신 그 자리에서 하나님을 의지하고 살아갔다는 것입니다. 롯은 의인이라 하는 말을 들을 만큼 그래도 자기 당대에 하나님을 의지하고 사는 일을 폐하지 아니한 까닭에 마침내 불 가운데서 구원을 받았던 것입니다. 그리고 롯은 천사를 영접하여 자기 집에 유하게 할 만큼의 정당한 안목과 신앙을 지니고 있었습니다. 창세기 19:1-2을 보세요. "날이 저물 때에 그 두 천사가 소돔에 이르니 마침 롯이 소돔 성문에 앉았다가 그들을 보고 일어나 영접하고 땅에 엎드려 절하여 가로되 내 주여 돌이켜 종의 집으로 들어와 발을 씻고 주무시고 일찍이 일어나 갈 길을 가소서." 역시 하나님을 공경하는 마음이 있어서 천사들이 사람의 형상으로 지나갈 때 보통 사람이 아닌 것을 얼른 감지하고 그 앞에 엎드려 절하고 유숙할 것을 청하였습니다. '밤이 늦어서 벌써 어두운데 이제 어디를 가시려고 합니까? 저희 집으로 가서 쉬어

가시지요'라고 간곡하게 그들을 만류해서 천사를 유숙하게 한 것을 잘 아실 것입니다. 그래서 결국 천사가 롯과 그의 식구들을 건져냈습니다. 소돔·고모라의 멸망 가운데 그대로 버려 두시지 않고 건져내셨습니다.

그러나 여기서 우리가 보아야 할 또 하나의 중요한 사실은 롯이 일방으로는 그렇다 하지만 거기에 여러 가지 결핍과 부족이 있었다는 것입니다. 무엇보다도 하나님의 크신 언약과 언약의 내용 가운데 있는 문화적인 명령에 대한 아무런 각성이나 어떤 느낌을 가진 흔적을 보이지 못한 폐단이 거기 있습니다. 롯의 생각을 보면 그는 요단 평야를 선택했는데(13:11) 그냥 거기에 있지 않고 동으로 자꾸자꾸 이동을 해 갔습니다. 즉 "롯은 평야의 성읍들에 머무르며 그 장막을 옮겨 소돔까지 이르렀더라"(12절). 그런데 "소돔 사람은 악하여 여호와 앞에 큰 죄인이었더라"(13절). 그는 결국 소돔까지 갔습니다. 처음에는 물이 많아서 목양이 편리한 요단 들로 갔지만 거기서 자꾸 동쪽으로 동쪽으로 가서 소돔 사람들이 살고 있는 속에 들어가 같이 살게 됐던 것입니다. 그뿐이 아닙니다. 소돔에 들어가서 소돔 사람 속에서 같이 살면서 마침내 존귀한 위치에 앉게 되었습니다. 19:1에 보면 "소돔의 성문에 앉았다"는 말이 나오는데, 이 말은 그 도시의 장로나 권력을 가진 사람들이 앉는 재판의 자리 혹은 무슨 소송을 듣는 자리, 호소를 듣는 자리에 있었다는 뜻입니다. 보통 사람은 성시의 성문에 앉는 것이 아닙니다. 그때의 풍속대로 성문에 앉았다는 것을 볼 때 롯은 소돔에서 존귀한 사람으로서 차츰차츰 번영했다 하는 것을 이야기하는 것입니다. 그는 그 백성들과 사이좋게 잘 살았습니다. 19:7-8을 보면 롯은 소돔 사람의 악행에 대해서 아주 다정한 말로 무마하려고 "청컨대 내 형제들아!" 하고 말합니다. 단순히 외교적으로 그 사람들의 마음을 누그러뜨리려고만 한 것이 아니라 그들을 형제라고 부를 수 있는 심정에까지 이르렀다 말씀입니다. 즉 평소에 그들과 늘 같이 살면서 거래를 해서 "형제들아" 하더라도 그것이 무리한 말이 안 될 만큼 그들과 교통하고 살던 사람입니다.

그뿐 아닙니다. 마침내 두 천사가 자기 집에서 유하게 되었을 때 소돔 성 사람들이 악행을 하려고 젊은이나 노인이나 할 것 없이 모든 남자가 몰려와서 롯의 집을 에워싸고 롯에게 소리쳤습니다. "너희 집에 유숙하는 그 젊은 사람을 우리에게 내놓아라. 우리가 상관하련다." 롯이 바깥으로 나가서 문을 뒤로 잠그고 그들을 보고, "청컨대 내게 온 손님에게 악을 행치 말라. 내게 시집 가지 아니한 딸 둘이 있으니 그 딸을 너희에게 내어줄 터이니 너희가 마음대로 하고 이 손님들에게는 아무 짓도 하지 말라"고 했습니다. 손님을 그렇게까지 생각한 마음은 그의 덕입니다. 그러나 그의 딸들을 소돔 성 사람들에게 내주겠다고 할 만큼 그 사회의 악행에 대해서 상당히 용인해 나갔다는 흔적을 우리가 볼 수 있습니다. 19:14을 볼 것 같으면 그의 딸들도 소돔 사람하고 혼약을 했다는 내용이 나옵니다. 이것은 하나님의 백성과 혼인을 시키려고 하던 아브람의 정신에서는 멀리 벗어난 태도입니다. 천사들이 소돔 성을 멸망하려고 할 때 롯이 나가서 사위들을 보고 "여기에 멸망이 이르렀으니 같이 나가자" 할 때 "그런 농담하지 마십시오" 하고는 전연 상대를 안 했습니다. 이만큼 소돔 속에서 무슨 혼척(婚戚) 관계를 맺고 서로 결연을 하고 살아가던 것이 롯의 태도였습니다. 자기 혼자는 하나님을 믿고 살았지만 그의 생활은 늘 이 세상과 붙어 있었던 것입니다.

마침내 멸망이 임박했지만 롯과 그의 식구들이 소돔 성에서 지체하였고 그때 천사들이 그들의 손을 잡고 성 밖으로 끌어냈습니다. 그리고 그들에게 "절대로 뒤를 돌아보지 말라"고 당부했어도 세상의 물건이 아까워서 나중에 롯의 아내가 뒤를 돌아보았고, 결국 그는 소금 기둥이 되어 죽고 말았습니다(26절). 이처럼 그의 아내는 세상을 무척 사랑했습니다. 그렇게 무섭고 큰 하나님의 심판 앞에서도 세상 물건에 대한 욕망이 그를 강하게 지배했습니다. 지금 목숨이 더 급한 문제인데도 불구하고 물건에 대한 집착이 너무도 강해서 떨칠 수가 없었던 것입니다. 보통 상식으로 목숨을 위해서는 다 집어 내던지고라도 도망해야 할 때 그래도 아까워서 뒤를 돌아본 것입니다. 그것이 롯의 아내였습니다. 롯이 언제 어디서 아내를 얻었는지 우리로서는 알 수 없으나 생각건대 소돔에서 얻은 듯합니다. 그렇지 않으면 애굽에서 얻었을지도 모릅니다. 어쨌든 롯의 아내라는 사람은 이렇게 무서운 심판의 불 앞에서조차 세상을 향한 집념과 집착과 탐욕을 버리지 못했습니다. 그렇다면 롯의 가정은 어떠했겠는가? 롯의 집안이 모두 합해서 통일되게 하나님을 공경하고 산 거룩한 가정은 아니었습니다. 롯의 두 딸은 그래도 건짐을 받아서 갔지만 나중에 자손을 전하겠다고 저희 아버지를 술 먹여 가지고 취하게 한 다음 씨를 받았는데 거기서 나온 자손이 하나는 암몬이고 하나는 모압입니다. 지금 이스라엘의 동방에 있는 나라 요르단의 서울 이름이 암만(Amman)입니다. 그들이 암몬 자손들인데, 아무튼 모압 자손과 암몬 자손은 사해 북쪽에서부터 저 요단 강 동편에 이르는 지역에 퍼져서 후일의 역사에서 계속해서 이스라엘 사람과 대전하는 적이 되었습니다. 오늘날도 그들은 아랍을 형성하는 부분이 됐습니다.

주류(主流)의 신앙을 깨닫지 못한 롯

이러한 사실들을 우리가 볼 때 롯이 가지고 있던 생각이 무엇이었겠습니까? 롯은 선택의 자유가 있을 때 하나님의 언약, 특별히 문화적인 명령 가운데 들어 있는 언약의 내용을 깊이 깨닫지 못했습니다. 하나님이 아브람에게 주신 문화적인 명령이란 무엇입니까? '너와 네 자손이 천하 만국의 복의 기관이 될 것이다. 너희 자손으로 장대한 나라를 만들어 줄 터인데 그것이 복의 기관이 되리라' 하는 것입니다. 그러면 그 말을 좀더 간단하게 오늘날 우리가 생각하는 용어로 바꿔 보세요. 그러면 '하나님의 백성을 땅 위의 역사 가운데 세우사 하나님의 백성이 하나님의 통치를 직접 받아서 살아가는 명료한 자태를 세상 사람 앞에 증시하게 될 것이다. 그것은 인류 역사 가운데 흘러가는 또 하나의 강렬한 역사적인 현실이요 한 줄기가 될 것이다' 하는 말이 될 것입니다.

여러분, 세계의 역사 인류의 역사라는 것을 주의해서 보시기 바랍니다. 우리는 옛날부터 지금까지 계계승승 나타나는 인류 역사에 여러 가지 기복이 있는 것을 압니다. 거기서 우리가 늘 주의해서 보아야 할 것이 하나 있습니다. 즉 거기에는 흑암의 세력이 항상 연면(連綿)해서 한 큰 의도 가운데 움직여 나간다는 것이 있고, 다른 한편으로 하나님이 다스리는 백성이 분명히 거기에 있어서 그대로 항상 역사를 만들어 가면서 나간다는 것입니다. 하나님께서 다스리는 백성이 분명히 있어서 항상 역사를 만들어 가면서 하나님의 다스림이 무엇인가 하는 것을 늘 증거하면서 나간다는 것입니다. 그런데 거기에는 가짜도 붙어다니고 되잖은 것도 붙어다녀서 불완전한 것이 많이 있지만, 그래도 그 속에 소수일지라도 늘 하나님의 영광을 나타내면서 전진하는 무리가 있습니다. 그러한 인류의 역사적인 현실이 끊임없이 존재하고 있습니다. 오늘날 우리 교회가 이 땅에 이렇게 있어서 그저 교회로서 조용히 모여 가지고 예배만 보는 것 같지만 우리가 하나님의 백성으로서 분명한 의식을 가지고 살아나가는 속에서 하나의 역사적인 현실이 분명히 이루어져 나가는 것입니다. 그것은 무엇이냐? 하나님의 백성으로서 하나님의 통치의 거룩하신 능력과 영광이 어떠한 것인지를 다소라도 증시해 가면서 늘 보유하고 살아가는 것입니다. 이와 같은 사실들은 하나님의 백성으로서의 의식이 좀더 강한 사람들이 모여서 움직일 때에는 더욱 강렬하게 나타나는 것입니다. 그런 사람들이 일어나서 좀더 확실한 의식과 분명한 깨달음을 가지고 활동할 때 거기에는 현저한 역사적인 현실들이 드러나는 것입니다.

하지만 롯은 아브람을 따라서 나올 때 아브람이 받은 위대한 약속과 그 약속 안에 있는 문화적 명령을 듣고 나왔지만 그것을 바로 깨닫지를 못했습니다. 한 민족을 이룬다고 하였을 때 그 한 백성이란 물론 이스라엘 백성만을 의미하는 것도 아닙니다. 왜냐하면 아브람이 두류 방랑(逗留放浪)하면서 찾고 찾은 것이 지상의 한 민족 국가를 건설하는 것만은 아니었기 때문입니다. 그는 그런 목표만을 향해서 나간 것이 아니라 하나님께서 허락하신 터가 있는 성을 바라고 나갔습니다. "믿음으로 그가 이방의 땅에 있는 것같이 약속의 땅에 거류하여 장막에 거하였으니 이는 하나님이 계획하시고 지으실 터가 있는 성을 바랐음이라"(히 11:9-10). 아브라함이나 사라나 "이 사람들은 다 믿음을 따라 죽었으며 약속을 받지 못하였으되 그것을 멀리서 보고 환영하며 또 땅에서는 외국인과 나그네임을 증언하였으니 그들이 이같이 말하는 것은 자기들이 본향 찾는 자임을 나타냄이라. 그들이 나온 바 본향을 생각하였더라면 돌아갈 기회가 있었으려니와 그들이 이제는 더 나은 본향을 사모하니 곧 하늘에 있는 것이라. 이러므로 하나님이 그들의 하나님이라 일컬음을 받으심을 부끄러워 아니하시고 그들을 위하여 한 성을 예비하셨느니라"(히 11:13-16). 이런 것을 볼 것 같으면 아브라함은 항상 그 마음 가운데 하나님이 이룩하시는 거룩한 도성, 거룩한 나라를 바라고 나간 것입니다. 그는 벌써 그것을 깨닫고 나간 것이지 아무 깨달음이 없이 덮어놓고 하나님의 복의 내용을 지상의 육체적인 것들이나 물질적인 내용만으로 생각하지 않았다는 것입니다. 히브리서 11장에서 아브라함의 믿음을 가르칠 때 그의 믿음의 특색은 무엇이냐 하면 하나님이 허락하신 터가 있는 성이 있다는 것을 바라고 땅 위에서는 나그네로 살아도 좋다 한 것입니다. 그래서 같이 허락을 받은 자기 아들 이삭이나 손자 야곱과 함께 그대로 장막에 거했지 어떤 터전을 세우고 그곳에서 안착하여 살지 않았습니다. 히브리서의 저자는 아브라함의 신앙을 그러한 식으로 해석해 놓은 것입니다.

처음부터 그러한 큰 목적을 향해서 출발한 아브라함의 은혜 가운데 롯이 그냥 남아 있고자 했다면 남아 있을 수 있었을 것입니다. 비록 물질적인 산업 경영은 서로 나누어 가지고 할지라도 아브라함과 늘 연결이 되어서 그의 신앙과 가르침과 정신적인 깨달음에 함께 참여해서 배우고 대를 이어 나갔을 수도 있었을 것입니다. 그런데 그렇게 하지 않았습니다. 오늘날 아브라함의 자손이 누구냐 할 때 갈라디아서 3:29에, "너희가 그리스도께 속한 자면 곧 아브라함의 자손이요 약속대로 유업을 이을 자이다" 하고 사도 바울 선생도 해석을 해 주셨습니다. 그렇게 보면 롯은 그리스도에게 속해서 아브라함과 함께 유업을 얻을 백성답게 땅 위에서 어떤 성, 말하자면 하나님의 나라라는 신령한 나라를 형성하고 나가야 할 것이라는 거룩한 의무를 충분히 깨달을 수 있었고 그렇게 실행할 수도 있었지만 그는 그것들을 포기하고 말았습니다. 롯은 물질적인 번영이라는 것을 보고서 그것들을 희생시켜 버렸습니다. 물론 자기 자신은 하나님을 떠나지 않고 하나님을 믿고 살았습니다. 그런 까닭에 그를 위한 아브라함의 도고를 들어주시고 불쌍히 여기셔서 소돔·고모라의 멸망 가운데서 그를 건져내어 좀더 살게 해 주신 것입니다. 하지만 그의 정신 생활을 보면 세속적인 신자의 대표적인 예가 되고 말았습니다. 그가 본 것은 목전의 풍성함뿐이었습니다. 결국 요단 들을 지나 나중에는 소돔 성읍에 들어가서 살았는데, 거기서 자기가 교제하고 통래하고 살 사람들이 누구인가는 생각지 않았던 것입니다. 물질적으로 무엇을 얻는다는 것만을 생각했지 한 사회인으로서 특수한 사회를 형성해 나갈 때 어떻게 해야 하겠다는 의식과 책임을 느끼지 않았다는 것이 그의 결함입니다.

하나님 나라의 백성의 의무

여러분 항상 주의할 게 이것입니다. 사회인으로서 분명한 자기 의식이나 자기가 어떻게 나아가야 할 것인가에 대한 명료한 생각이 없이 물질적인 것을 얻으면 된다는 생각은 참으로 위험한 생각입니다. 잘 아시는 고린도후서 6:14 이하의 말씀을 보겠습니다. "너희는 믿지 않는 자와 멍에를 같이하지 말라. 의와 불법이 어찌 함께하며 빛과 어둠이 어찌 사귀며 그리스도와 벨리알이 어찌 조화되며 믿는 자와 믿지 않는 자가 어찌 상관하며 하나님의 성전과 우상이 어찌 일치가 되리요." 우리가 하나님의 백성으로서 의식을 분명히 가지고 나가려고 할 것 같으면 '나는 예수 믿고 천당 간다'는 생각만으로 되지 않습니다. 먼저는 자기가 이 세상에서 하나님의 백성으로서 의무를 짊어지고 있다는 확실한 의식이 있어야 합니다. 그리고는 자기가 누구와 교통을 하고 어떤 사람들과 서로 교정(交情)을 가지고 살든지 결국 현실 생활에서 구체적으로 하나님 나라의 사상을 구현해야 합니다. 그것이 하나님의 백성의 의무입니다. 그렇게 구현해야 할 사회가 먼저는 보이는 교회의 형태입니다. 보이는 교회야말로 하나님의 나라를 땅 위에다가 구체적으로 현시(顯示)해 나가는 가장 강력한 단위가 되는 것입니다.

이렇게 보이는 교회의 형태에 대해서 우리가 생각을 올바로 할 때 그렇지 아니한 다른 사람과의 관계는 어떻게 가져야 합니까? 고린도후서 6장에서 가르친 말씀은 '거룩히 구별되어 살아라' 하는 것입니다. 우리가 거룩하게 살려고 할 것 같으면 자기가 늘 같이 호흡하고 손잡고 살아가는 그 사회가 하나님 나라의 원칙을 준용(準用)할 수 있는 사회가 되어야 합니다. 그런 까닭에 믿지 않는 가정에 있다고 할지라도 차례차례 자기의 세계를 건설하고 그것으로써 증거해야 하는 것입니다. 하지만 자기가 새로 사회를 형성하려고 할 때는 절대로 믿지 않는 사회에 들어가서 그 속에서 혼연히 일부분이 되어 사는 것이 아닙니다. 물론 넓은 의미로 우리는 공동의 사회에서 다 같이 사는 것입니다. 그렇지만 예를 들어 혼인을 해서 가정을 이루는 특별한 사회를 건설한다든지 특수한 친구들을 만들어서 같이 늘 찾고 의논하는 일을 한다든지 할 때에는 하나님 나라의 원칙을 적용할 수 있는 사람들과 같이 살아야 하는 것입니다. 그런 까닭에 웨스트민스터 신앙고백서에서도 믿지 않는 자와의 혼인을 승인하지 않은 것입니다. 신앙이 같아야 한다 그 말입니다. 같은 신앙 고백을 할 수 있는 사람들끼리 모이라는 것입니다. 그런데도 불구하고 그런 정신이 없이 자기 혼자 예배당에 다니면서 예수 잘 믿는 것같이 생각한다면 절대로 일이 아닙니다. 처음에는 하나의 조건으로 고려를 하지만 문제가 악화될 때는 그것을 포기한다는 생각은 하나님의 백성이 지닐 의식으로는 절대로 옳지 않은 것입니다.

그런데 롯이 그와 같은 짓을 한 것입니다. 롯은 물질적인 부요를 대가로 신령한 세계의 건설이라든지 축복과 은혜 가운데 사는 자리를 포기하고 나가 버린 것입니다. 그래서 자기는 일생 하나님을 공경하고 사는 것 같았지만 아무것도 증시를 하지 못하고 살았습니다. 자기 아내조차도 바른 감화로써 이끌고 나가지 못했습니다. 그의 아내의 끝없는 탐욕은 심판의 날까지라도 계속되었던 것입니다. 자녀들의 혼인 상대를 정하는 문제라든지 세상 누구와 연결하여 살려고 했는가 하는 것들에 대해서 롯의 상태를 여기서 충분히 볼 수가 있습니다. 이런 결과 하나님께서는 그런 일에 대해서 기뻐하시지 않고 그 사람이 살고 있는 그 세계를 심판하신 것입니다. 무서운 심판이 임할 때 비록 롯은 하나님 앞에서 불쌍히 여김을 받은 까닭에 건져냄을 받았지만 그 후에 그가 증거의 생활을 한 것은 아닙니다. 오히려 치욕의 생활을 하고 말았습니다. 여러분, 우리가 성경 말씀을 통해 하나님의 백성을 볼 때에 이런 일에 대해 주의를 해야 할 것입니다. 하나님의 백성은 거룩히 구별되어야 합니다. '거룩하게 살면서 구별된 사회를 형성해야 한다'고 가르치시는 것입니다. 이것은 신자에게 가장 중요한 요구입니다.

롯이 선택을 하고 나서 아브람은 비록 여러 가지 점에 있어서 불리한 데를 취하지 않을 수 없었습니다. 그럴지라도 마침내 하나님께서는 요단 들을 포함하여 동서남북을 다 주시겠다고 거룩한 약속을 하셨습니다. "롯이 아브람을 떠난 후에 여호와께서 아브라함에게 이르시되 너는 눈을 들어 너 있는 곳에서 동서남북을 바라보라. 보이는 땅을 내가 너와 네 자손에게 주리니 영원히 이르리라. 내가 네 자손으로 땅의 티끌 같게 하리니 사람이 땅의 티끌을 능히 셀 수 있을진대 네 자손도 세리라. 너는 일어나 그 땅을 종과 횡으로 행하여 보라. 내가 그것을 네게 주리라. 이에 아브람이 장막을 옮겨 헤브론에 있는 마므레 상수리 수풀에 이르러 거하며 거기서 여호와를 위하여 단을 쌓았더라"(창 13:14-18).

기도

거룩하신 아버님, 저희들을 이 세상에서 나오게 하시고 거룩하게 살게 하신 것은 하나님의 백성으로서 땅 위에서 역사를 이루며 하나님 나라의 영광을 증시하게 하려 하심이온데, 그런 거룩한 문화적인 명령이 저희 위에 있다는 것을 잊어버리고 자기의 이익을 위해서, 정신적인 복리를 위해서 기독교를 믿고 필요에 따라서는 자기의 물질적인 유익을 찾기 위해 이 세상의 암매나 불의나 흑암의 세계라도 들어가서 거기서 유리한 것만 얻을 수 있다면 관계없다는 천박한 생각에서 맴도는 상태를 불쌍히 여겨 주시옵소서. 롯과 같이 물질적인 풍요를 위해서 어두운 사회 속에 그냥 들어가서 한 무리가 되기 쉬운 이런 미약하고 세속적인 생각에서 벗겨 주시고, 롯과 같은 생활을 반복하는 일이 없게 저희 각 사람을 주께서 신칙하시고 경고하시고 깨우쳐 주시옵소서. 롯의 역사 가운데에서 하나님의 백성은 어떻게 살아 나아가야 할 것인가를 분명히 보고, 또한 하나님의 백성을 향해서 하나님은 어떻게 하셨는가를 여기서 잘 깨닫게 은혜로 이끌어 주옵소서. 주님, 저희 마음 가운데 주님을 위하여 거룩하게 구별되이 살겠다는 간절한 생각을 내려주시고, 결코 이 세상과 더불어 벗이 되어서 하나님과 원수가 되려고 하는 그릇된 데로 빠져들어가지 않게 하옵소서.

주 예수님 이름으로 기도하옵나이다. 아멘.

아브람과 롯이 나뉨(2)
아브람의 덕의 근원

제7강

창세기 13:14-18
롯이 아브람을 떠난 후에 여호와께서 아브람에게 이르시되 너는 눈을 들어 너 있는 곳에서 동서남북을 바라보라 보이는 땅을 내가 너와 네 자손에게 주리니 영원히 이르리라 내가 네 자손으로 땅의 티끌 같게 하리니 사람이 땅의 티끌을 능히 셀 수 있을진대 네 자손도 세리라 너는 일어나 그 땅을 종과 횡으로 행하여 보라 내가 그것을 네게 주리라 이에 아브람이 장막을 옮겨 헤브론에 있는 마므레 상수리 수풀에 이르러 거하며 거기서 여호와를 위하여 단을 쌓았더라.

아브람과 롯이 나뉨(2)
아브람의 덕의 근원

제7강

창세기 13장에 있는 아브람과 롯이 서로 나뉜 일에 대하여 좀더 생각을 하겠습니다. 성경의 어디든 중요하지 아니한 데가 없지만 우리가 간과하기 쉬운 문제들이 있습니다. 우리가 말씀을 읽을 때 거기 있는 이야기만 읽고 지나갈 것이 아니라 그 말씀을 통해 우리가 알기를 원하시는 중요한 도리들을 잘 깨달아야 할 것입니다.

아브람의 덕행을 하나님께서 승인하심

아브람이 애굽에 들어갔다가 남방으로 나와서 남방에서부터 다시 북쪽으로 올라와 벧엘이라고 하는 데 이르렀습니다. 벧엘은 예루살렘에서 북쪽으로 얼마나 되는지 정확하게 지적하기가 어려운 곳입니다. 산을 넘고 혹은 골짜기를 건너고 하는 문제도 있으나 대체로 직선으로 볼 때 10마일에서 20마일 사이에 있는 것으로 생각합니다. 특별히 올브라이트(W. F. Albright)라는 학자가 '이곳이 벧엘이다'고 추정한 이후 모두 다 그렇게 생각하는데 반드시 그런지 어쩐지는 현재 다시 이론(異論)이 있는 까닭에 우리가 확정할 수는 없습니다. 어쨌든지 예루살렘에서 북쪽으로 16킬로미터에서 한 30킬로미터 이내에 있는 곳입니다. 그 높은 지대에서 내려다볼 것 같으면 남쪽으로 유대 광야도 보이고 또한 요단 들이나 사해 쪽으로도 볼 수가 있는 곳입니다. 이곳 벧엘은 아브람이 처음에 가나안 땅에 들어와서 세겜을 지나 세겜에서 한 80리 정도 아래로 내려와서 하나님께 예배를 드리고 거기서부터 남방으로 내려간 자취가 있는 자리입니다. 목축을 하는 사람은 일반적으로 우기에는 황야 한가운데 들어가서 거기에 난 풀들을 짐승에게 먹이지만 건기가 되면 차츰차츰 인가 가까이 나오게 되는 까닭에 아브람도 아마 생각건대 남방 네게브 큰 들에서 풀을 먹이다가 차츰차츰 사람들이 둔취(屯聚)하고 살고 있는 북쪽으로 올라와서 이른 곳이 벧엘일 것입니다.

거기서 일어난 일 하나가 롯의 문제였습니다. 아브람의 조카인 롯도 그때는 장막과 양과 소와 노비 등 크게 한 살림을 가지고 있었고 따라서 목초가 있는 좋은 목장을 원했습니다. 아브람과 롯 사이에는 그럴 수가 없지만 그의 목자들 사이에서 서로 좋은 목초지를 자기 것 삼으려고 다툼이 생겼습니다. 그것이 주위에 있는 가나안 사람들이나 브리스 사람들의 눈에 별로 달갑지 않을 뿐 아니라 오히려 내부에 분열이 있다는 것을 노출시키는 일 같아서 아브람으로서는 빨리 그 사태를 수습해야 했습니다. 문제를 수습한다고 할 때 갑자기 목자들이 훌륭한 인격자들로 급변할 것을 기대할 수는 없는 일입니다. 오히려 시간을 끌면 같은 성질의 문제로 다시 어떤 흔단(釁端)을 낼 가능성이 언제든지 있는 것입니다. 그것이 점점 위로 뻗어서 확대되면 아브람과 자기 조카 사이까지라도 서로 괴롬을 받고 감정상 손상을 입을 수 있습니다. 그렇게 되는 것이 좋지 않을 뿐더러 믿음을 가진 사람들의 생활 태도도 아니므로 아브람은 현명하게 살림을 나누어서 따로따로 자기의 근거지를 삼는 것이 좋을 것으로 생각한 것입니다.

이렇게 서로 나뉘는 때 아브람은 비록 자기 조카이고 자기를 따라온 사람이었지만 그를 정중하게 대접하였습니다. 한 집안을 이룬 사람으로 조카를 존중해서 우선권을 주었습니다. "네가 여기를 취하면 나는 저쪽을 취하겠다. 네가 우하면 나는 좌하겠다. 여기 땅이 넓게 펼쳐져 있으니 이제 네 마음대로 선택을 하라." 양보하는 미덕을 나타내 보였습니다. 롯은 동남쪽의 요단 들을 바라보고 그리로 택정한 다음에 식구와 자기 소유를 다 끌고 이동을 해서 결국은 소알과 남쪽의 소돔 성에까지 이르렀던 것입니다. 그 일이 있은 후에 하나님께서는 아브람을 불러내셔서 복 주실 것을 다시 한 번 명확하게 가르쳐 주시면서 "저 동과 서와 남과 북을 바라보라. 네가 보는 땅을 내가 너에게 주마"고 말씀하셨습니다. 하나님께서 아브람이 롯과 나누인 일과 롯에게 양보한 일에 대해서 승인하시고 인정을 해 주신 사실을 여기서 볼 수 있습니다.

일반적 덕행의 근원인 양심

이와 같은 아브람의 태도는 얼른 볼 때 그것이 참 후하고 관대한 겸양의 미덕을 가진 분이라고 볼 수 있겠습니다. 하지만 우리가 보아야 할 더 중요한 문제가 있습니다. 사람이 선행을 한다든지 혹은 덕행을 한다고 할 때 그것이 어떤 동기에서 나왔는지가 중요합니다. 아브람의 선행과 덕행이라고 하는 것이 어떠한 근거 위에서 나왔느냐 하는 점을 생각해 보아야 할 것입니다.

사람의 선행을 주의해서 생각해 보면 거기에서 먼저 사람이 하나님의 형상대로 지음을 받았다는 사실을 상기하게 됩니다. 하나님의 아름답고 거룩한 모양, 지식 있는 모양을 생각하게 됩니다. "이는 자기를 창조하신 이의 형상을 따라 지식에까지 새롭게 하심을 받은 자니라" (골 3:10) 하는 말씀과 같이 창조주께서 가지고 있는 도덕적인 모든 속성이 사람에게도 처음에는 부여되어 있었습니다. 그 최초의 의(義)라는 것, 소위 신학상 용어로 시원(始原)의 의(original righteousness)라 하는데 아담은 처음 기원(起原) 시대에 가지고 있던 의를 자기의 범죄로 말미암아 스스로 포기하였습니다. 사람에게는 시원의 의가 있어서 처음에는 하나님의 형상에 방불한 생활 행동과 태도를 취했겠지만 범죄함으로써 그 시원의 의는 상당히 포기하게 되었고, 오히려 죄로 말미암아 죄책을 짊어질 뿐더러 부패라는 것이 속속들이 끼여든 전적인 무능력이라는 상태를 가지게 되었습니다. 하지만 사람이 가지고 있는 정의감이라든지 선행을 하고자 하는 마음이라든지 의를 행하겠다든지 진리를 사모한다든지 미를 추구한다든지 하는 것들은 원래 사람이 다른 것과는 달리 하나님의 형상대로 지음을 받았다는 사실을 나타내 줍니다. 그것은 최초의 인간 조성(造成)이 어떠한 바탕 위에서 어떻게 지어진 것인가 하는 것을 가르치는 것입니다.

철학자들 가운데는 소위 도덕 이성(道德理性)이라는 것, 실천 이성(實踐理性)이라는 것이 사람으로 하여금 무엇이 참되고 좀더 훌륭한 의이며 선인가, 무엇이 편파적이고 결핍이 있는 것인가를 얼른 분간해서 원만함을 취하고 결핍을 포기하게 한다는 것을 고증하는 학자도 있습니다. 특별히 영국의 공리주의의 학자 가운데 시지윜(H. Sidgwick, 1838-1900)이라는 사람이 그런 생각을 많이 했는데, 도덕 이성에 관한 문제는 물론 대 철학자 칸트가 특별히 주장한 것입니다. 어쨌든지 사람에게 있는 도덕적인 성격이 한 인격을 구성하여 그것이 필연적으로 발휘될 때 자세히 구별할 것 같으면 선이 있고 그 다음에 덕이 있고 셋째로 의무라는 것이 있다고 대개 철학적으로 그렇게 구분합니다. 사람에게는 선행을 하려는 마음의 요구가 있는 것이고 덕행을 하려는 의지의 작용이 있는 것이고 그 다음에 의무를 이행하고 나아가야겠다 하는 마음의 각성도 있어서 그런 생활을 하는 것이라는 말입니다. 요컨대 이런 것들이 좀더 원만한 도덕을 이루어 나가는 데 항상 필요합니다.

그러나 이런 것들은 왜 생깁니까? 사람은 다음과 같은 이유로 선행을 하려고 하는 것입니다. 가령 하나님의 계시의 어떤 부분을 가지지 아니한 사람들일지라도 그 속에는 무엇이 바르다 하는 인식 아래서 자연히 바른 것을 지지하고 바른 것을 행했을 때 감정이 승화됩니다. 하지만 바른 줄 알면서도 어기고 나갔을 때에는 감정에 파동이 생깁니다. 이런 감정을 소위 지적 감정(知的感情)이라고도 하고 혹은 학술 용어로 뜻 정(情) 자 잡을 조(操) 자를 써서 정조(sentiment)라고도 합니다. 사람들은 이런 도덕적인 감정을 보통 양심의 가책이라는 말로 표현하는데, 양심을 좇아서 살면 그로 말미암아 어떤 조화로운 만족을 얻는 것이지만 양심을 거슬러서 행할 것 같으면 가책을 얻게 된다고 합니다. 좌우간 그러한 인식과 인식에 따른 판단을 좇아서 나가는 마음의 요구가 있는 것이고 그것을 뒷받침하는 지적 감정 소위 정조라는 것이 같이 움직이는 것입니다.

부패한 양심

사람은 선을 행한다든지 의를 행한다든지 하는 일에 대한 자연적인 요구를 충족시키면서 나아가려 하지만 그러나 그와 동시에 사람에게는 또 절대적인 조건이 하나 붙어다닙니다. 인성(人性)의 부패라는 게 그것입니다. 그 부패라는 것은 사람의 중심에 요구하는 선행을 그대로 순실하게 행하도록 놓아두질 않고 어떤 작용을 합니다. 즉 자기의 행복이나 쾌락의 추구를 곁들입니다. 즉 정신적인 쾌락을 추구하게끔 합니다. 물론 그래서 그것을 추구하는 데 있어서 '이것이 좀더 유리한가, 손해가 되는가' 하는 타산을 하도록 만드는 것입니다. 이러한 마음의 작용을 가리켜 소위 공리적인 마음의 움직임이라 합니다. 아무리 훌륭한 선을 행하려고 할지라도 사람의 부패 때문에 선을 행하려는 그 속에 이런 공리적인 타산과 심리의 작용이 수반됩니다. 이것이 부패하고 타락한 사람에게 항상 나타나는 사실입니다.

하나님의 말씀은 그것을 가리켜서 "그러므로 내가 한 법칙을 깨달았노니 곧 선을 행하기 원하는 나에게 악이 함께 있는 것이로다"(롬 7:21)고 했습니다. 이것은 하나의 법칙입니다. 그냥 어쩌다가 임시적으로 바울 선생에게 발생한 현상이 아니라 모든 인간이 공유하는 하나의 법칙인 것입니다. 그는 사람에게 그것이 있다는 것을 자신이 경험하고 실험하고 관찰함으로 깨달은 것입니다. 그리고 이것은 그냥 어떤 한 철학적인 의견으로 쓴 것이 아닙니다. 성신께서 보증하는 하나님의 말씀으로 보인 거룩한 법칙입니다.

그러나 사람에게는 그것이 비록 부패해서 이지러졌다 할지라도 역시 하나님의 형상의 자취가 있어서 하나님의 형상 가운데서 나타나는 의에 대한 요구, 선에 대한 요구라는 것이 있습니다. 그리고 아닌 것은 아닌 것이라고 판단하는 판단의 작용 즉 실천 이성이 작용하는 것입니다. 그래서 로마서 2:14-15을 보면 "율법이 없는 이방인이 본성으로 율법의 일을 행할 때에는 이 사람은 율법이 없어도 자기가 자기에게 율법이 되나니 이런 이들은 그 양심이 증거가 되어 그 생각들이 서로 혹은 송사하며 혹은 변명하며 그 마음에 새긴 율법의 행위를 나타내느니라"고 합니다. 가령 어떤 성문(成文)의 율법에 접촉하지 않은 사람이라고 할지라도 적어도 마음에 새겨진 율법이 있다는 것입니다. 마음에 새겨진 하나님의 의의 표준 즉 하나님께로부터 온 인간이 당연히 생각해야 할 어떤 의의 표준이라는 것이 그에게 있다는 것입니다. 이것에 따라서 자기가 무엇을 행하려고 할 때 '아니, 네 이해 때문에 그것을 하지 않는 것이 좋겠다' 하면 그의 양심이 송사를 하는 것이고, 또 '어디 그럴 수 있느냐? 그렇게 해서 죄인이 될 수 있느냐' 한다든지 혹은 '아니 그럴 것이 아니라 이러이러하니 이렇게 해야겠다' 든지 하는 변명을 하는 것입니다. 송사도 하고 혹은 변명도 하여서 결국은 그 사람의 마음에 새겨진 율법을 통해 율법의 행위를 나타내게 되는 것입니다.

    그러나 여기서 우리가 주의할 것은 사람은 그렇게 자기 마음의 양심에 따르기만 하면 최고의 선을 다 행하는 것이 되느냐 하면 그것은 아닙니다. 최초의 범죄 이래로 그 부패라는 것은 사람의 이성, 지적인 작용에까지 암매를 가져다 주었습니다. 그래서 마음이 혼혼(昏昏)하여 참된 의미를 제대로 다 규명하지 못합니다. 따라서 그가 하는 일이 어떤 것은 한쪽의 의가 되지만 다른 면으로 볼 때에는 의미 없는 일, 낭비하는 일, 잘못되는 일이 되기도 쉽습니다. 그러므로 결국 사람은 하나님께로부터 오는 거룩한 계시에 접촉해서 얻는 바른 인식, 하나님의 뜻에 대한 확고한 지식에 의해서 비로소 선과 악을 판단하고 또 당위와 자의(自意)라는 것을 가려내야만 할 것을 가르쳤습니다. "율법으로 말미암지 않고는 내가 죄를 알지 못하였으니 곧 율법이 탐내지 말라 하지 아니하였더면 내가 탐심을 알지 못하였으리라"(롬 7:7). 결국 무엇이 탐심이냐 하는 것도 율법에서 가르친 바 여러 가지 설명과 사례 즉 계시의 여러 면에 의해서 깨닫도록 하시는 것입니다. 그렇게 해서 '아, 실은 이런 것도 알고 보면 탐심이다' 하는 것을 우리로 하여금 알게 하시는 것입니다. 그러면서 종합적으로는 '탐심은 우상을 섬기는 것이다. 탐내지 말라' 하는 말씀으로 가르친 것입니다. 이렇게 '아, 그것이 죄를 구성하는구나' 하는 것을 깨닫게 합니다. 사람이 자기는 양심껏 무엇을 했다고 하더라도 반드시 그것이 객관적인 당위를 행한 선이라고 단언하기가 어렵습니다. 그것이 자기 자신이 시작한 자의적인 선은 될지언정 참된 의미의 도덕적인 선까지는 되지 못하는 일이 많은 것입니다.

아브람의 덕에 대한 평가

우리가 지금 왜 이런 거론을 하느냐 할 때, 아브람이 가지고 있던 미덕 즉 양보했다는 것을 어떻게 평가해야 하느냐 하는 문제가 있기 때문입니다. 우리가 이 문제를 잘못 터득하면 어떤 위험이 따라다니겠기에 지금 이 말씀을 드리는 것입니다. 아브람에게 나타난 바 중요한 문제는 첫째로 겸양이라는 덕입니다. 특별히 자기가 겸손히 양보하는 덕의 문제가 나타납니다. 여기 나온 겸양이라는 덕을 우리가 일반적인 관점에서 살펴보면 사람이 어떤 자리나 어떤 기회를 양보한다는 것이 반드시 덕이 되고 항상 적극적인 공효(功效)를 이루는 것인가 하면 그렇지는 않습니다. 항상 의나 선이 성립되기 위한 공효의 행동으로 평가되는 것은 아니고 많은 경우 양보가 낭비와 과실이 되기 쉽다는 것을 주의해야 할 것입니다. 왜냐하면 지극히 높으신 하나님께로부터 어떤 임무를 맡은 수임자(受任者)는 그 임무를 다른 사람에게 양보라는 미명으로 전가할 수 없는 것이기 때문입니다. 수임자에게는 그 임무에 따라서 기회나 지위나 필요한 능력이나 필요한 명예나 사회적인 인정이라는 것이 붙어다니는 것입니다. 사회적인 인정은 소위 명예라는 말로 표시되겠고, 또 기회라든지 혹은 필요한 위치라 하면 지위라는 말로 표시되겠습니다. 또 필요한 능력이라는 것은 어느 때는 권세라는 말로 표현될 수가 있습니다. 그러면 권세가 있고 지위가 높고 영광이 있고 이름 있는 그런 자리는 표면적으로는 어느 정도 눈에 띄게 되는 것이고 거기에는 또한 절대적으로 붙어다니는 중대한 수임자로서의 임무가 있는 것입니다. 결국은 주어진 것들을 충분히 감당해서 결산을 내야 한다는 도덕적인 의무가 있는 것입니다.

만일 이것을 무시할 것 같으면 묘한 일이 벌어지는 것입니다. 어떤 사람이 자기의 영광이나 명예나 지위 같은 것을 할 수 없이 양보를 한다든지 하면 사람들은 '하, 그렇게 좋은 자리를 양보하고 그냥 물러가서 나서려 하지 않다니 대단히 겸손하고 덕 있는 사람이다'고 생각하기 쉬울 것입니다. 그런 것을 원하는 사람들이 더욱 많기 때문입니다. 그렇지만 엄격하게 생각하자면 그것은 그 사람이 자기의 수임 사항(受任事項)을 포기하거나 다른 사람에게 전가하는 일이 되는 것입니다. 하나님께서 어떤 사람에게 은사를 주시고 그 은사를 잘 발휘해서 겸선천하(兼善天下) 할 수 있는 기회를 주셨는데도 즉 천하를 다 같이 이롭게 하고 좋은 열매를 맺도록 기회를 주셨는데도 그런 모든 것을 포기하고 나갔을 때는 오히려 문책하시는 일이 생기는 것입니다. 자기가 그것을 받지 않는 덕을 가지고서 논하는 것이 아니라 '내가 너에게 맡긴 일에 대해서 너는 어떻게 했느냐' 하고 문책하시는 일이 생기는 것입니다.

달란트 비유(마 25:14-30)를 볼 때에도 달란트를 주었다는 것에서 그 사람들이 한 자본 단단히 받아서 부자가 되었다고 그들이 가지고 있는 이득이라는 것만을 중요히 생각하고, 그 사람들이 그것을 받음에 따라 주어지는 수임자의 책임이라는 것을 보지 못하면 안 된다 말입니다. 가령 한 달란트 받은 사람의 경우를 보면 그는 그것을 받은 다음 받은 수임자로서 행동하기를 원치 않았습니다. 그 달란트가 무엇이 됐든지, 그것이 기회가 됐든지 어떤 은사가 됐든지 재주가 됐든지 능력이 됐든지 '내가 그것을 쓰기를 원치 않는다. 차라리 가만히 덮어두었다가 나중에 주인이 와서 찾으면 본전이라도 돌려드려야겠다' 했습니다. 그때 주님의 대답은 "악하고 게으른 종"이라는 평가를 내리셨습니다. 작은 일에 불충했으니까 그만큼 아주 맹렬한 하나님의 문책을 받게 될 것이라는 말입니다. 이런 점을 볼 때 사람은 어떤 중요한 위치나 중요한 기회나 능력에 대해서 겸양지덕을 발휘해서 양보만 하는 것이 반드시 덕이 되는 것이 아니다 하는 것에 주의해야 합니다.

아브람은 하나님께서 큰 언약 가운데 자신으로 하여금 그 땅에 가서 자기뿐 아니라 자기 자손들이 복의 근원, 복의 기관으로서 활동하게 하신 것을 벌써 알고 있는 사람입니다. 그렇다면 그는 자기와 자기 후대, 역사를 따라 흘러 내려오는 자손들에 대한 책임자입니다. 자기가 거기서 기회를 만들어서 터전을 잘 닦는다는 것은 자기의 일로 끝나는 것이 아니었습니다. 자기뿐 아니라 자기 후손에 대한 하나님의 언약을 이루어야 할 그릇으로서 그는 하나님에 대한 자기의 직무를 바로 감당해야 할 사람이었습니다. 그런데도 불구하고 롯과 같이 특별히 수임(受任)의 확신이나 사명감이 없는 사람에게 좋은 자리를 양보하고 자기는 박하고 어렵고 곤란스러운 데를 취택해서 간다고 하면 그것을 반드시 덕이라고 칭송할 수만은 없는 일입니다. 그것은 롯이 택할 탓이니까 그런 최악의 상태라는 것을 예상할 수 있는 태도입니다.

그렇게 하는 것이 아브람이 롯에게 관후(寬厚)한 장자풍(長者風)을 나타내는 모범 혹은 관대한 어른으로서 덕을 보이는 일은 될지 몰라도 자기 후손의 문제와 관련하여 자기가 세워야 할 기초를 바로 세운다는 일에 대해서는 상당히 손실을 가져오는 결과를 빚는 것이 아니냐고 우리가 질문할 수가 있는 것입니다. 왜냐하면 아브람은 자기 개인만이 아니라 뒤따를 자기 후손도 그가 서 있는 사명의 노선을 계승해서 나아가도록 길을 열어야 하는 자리에 있는 사람이기 때문입니다. 후생들에 대해서도 책임자라는 말씀입니다. 그런 의미에서 아브람은 후생의 역사에 대한 책임자로서 지금 자기 일신의 행동을 개인으로서 할 수가 없는 것입니다. 그런데도 불구하고 여기서 자기가 양보하고 '다소 곤란스럽더라도 조금 참으면 그만이지' 하고 한쪽으로 들어갔다면 '아브람이 가지고 있는 의무는 어떻게 되는 것이냐, 그렇게 해도 좋은 것이냐' 하고 물어 보지 않을 수가 없는 것입니다. 그러니까 아브람이 양보한 사실이 일반적인 의미로서 개인의 덕성의 발휘에 불과하다면 그것은 대단히 의문스러운 태도인 것입니다. 다른 말로 하면 과연 그것을 높이 평가할 수 있겠느냐 하는 의문이 생긴다 말씀입니다. 이런 사실을 무시하고 덮어놓고 '아브람은 덕이 있는 사람이다. 그는 이런 겸양지덕을 나타냈다' 하고 일반적인 의미로 그의 도덕성을 칭찬할 수는 없는 일입니다. 아브람의 그런 겸양의 덕이 일반적인 의미에 있어서 사람들이 가지고 있는 그 덕성의 발휘라고 생각한다면 역사론적으로 엄격한 의미에 있어서 그는 정당한 태도 즉 의로운 태도를 취하지 못했다고 단언할 수가 있는 것입니다.

하나님의 경영을 전적으로 믿고 맡기는 생활의 중요성

이제 여기서 잠시 곁길로 들어가서 중요한 문제를 하나 생각해 봅시다. 우리가 복잡한 사회 안에서 살 때 어떤 기회라는 것이 항상 잘 주어지는 것은 아닙니다. 아브람의 경우는 특별히 그를 불러내서 지시하신 땅으로 보내셨지만 보통 이 세상에 살면서 어떠한 능력을 가진 사람이 그 능력에 꼭 해당한 은사를 십분 발휘할 수 있는 자리와 기회가 쉽게 주어지는 것이 아닙니다. 즉 그러한 지위와 그러한 시간이 언제라도 기다리고 있는 것은 아닙니다. 훌륭한 사람에게 그 능력을 잘 발휘할 수 있는 위치와 충분한 시간이 주어져야 하는데 도무지 그럴 틈이 없고 여지가 없는 궁벽한 데다 몰아넣고 딱 가둬 둔다면 아무리 능력이 뛰어나더라도 스러지고 마는 것입니다. 가령 가난이 그를 가두든지 사회의 폐색(閉塞)한 상태가 그를 가둬 버리면 그가 나가서 웅지를 펴거나 그의 대재(大才)를 발휘할 아무런 여지도 없게 되는 것입니다. 이것이 착잡한 사회 현실이라는 것입니다. 그런 사회 현실을 바라볼 때 사람들은 그런 현실 안에서 어떻게 하면 자기의 은사와 또 자기의 웅지를 바로 펼까 하는 것을 다 생각해 보고 또 노력들을 하는 것입니다.

그런데 그렇지 못한 사람들 즉 그 자리를 충분히 소화해 낼 수 있는 능력이 없는 사람들이 과람(過濫)하게 경쟁을 해서 교묘한 방식으로 그 자리를 차지하고 일을 참되게 잘 이룰 수 있는 기회를 독점해 버린다는 것이 문제입니다. 사회가 점점 복잡하고 갈수록 엄청난 경쟁을 하게 되어 있지 않습니까? 그래서 별로 능력도 없는 사람이 그 자리에 앉아서 뽐내고 야단 내면서 일을 그르치기도 하고 그 결과 많은 사람에게 해를 끼치기도 합니다. 일을 잘할 수 있는 능력이 있는 사람이 때를 못 만나고 자리를 못 만나서 그냥 썩고 만다 하는 이런 현실 앞에서 하나님의 백성들은 어떻게 살아나가야 할 것인가 하는 점을 생각하지 않을 수 없는 것입니다.

우리가 주의해야 할 것은 하나님의 백성은 하나님이 친히 통재하시사 모든 것을 인도하시고 통치해 나가시는 사실을 믿음으로써 비로소 안심하고 충분히 자기의 일을 감당할 수 있다는 것입니다. 이 말에는 물론 반대의 면도 생각할 여지가 담겨 있습니다. 말하자면 비록 하나님께서 사람을 이 세상에 내셨을지라도 세상 사람들은 저희의 악한 여러 활동으로 사회의 현상이 항상 질서 정연하게 이상적으로 움직이게끔 하지 못하고 어느 때는 참으로 불공평하고 착잡하게 그리고 참으로 괴롭게 움직이도록 만든다는 것입니다. 그런 사회 속에 살면서라도 하나님의 백성은 그런 사회인들처럼 살려고 하지 않는 것입니다. 하나님의 백성은 하나님의 백성답게 하나님께서 친히 통치하시고 친히 재판하셔서 낮은 자를 들어서 마땅히 앉혀야 할 자리에 앉히시고 또 까닭 없이 높은 자를 치우시사 그 부적(不適)한 것을 드러내시는 바 하나님의 다스리심을 믿는 데서 안심하고 자기에게 주신 은사를 발휘하고 살 수가 있는 것입니다. 이것이 참으로 감사한 일입니다.

그런데 하나님이 친히 통재하셔서 인도하신다는 사실에 자기가 참여

하지 못하고 우리가 이 세상에 있는 일반적인 현실에서만 그냥 산다면 그것은 하나님께서 나에게 역사(役事)하도록 은혜의 길을 마련하셨는 데도 그 길로 들어가지 않고 세상 사람이 가는 길로 가는 것입니다. 이 세상의 암매하고 황당한 황야 길로 들어서서 그냥 경쟁을 해 보겠다고 결국은 많은 낭비를 하는 것입니다. 하나님께서는 그 백성을 하나님이 경영하시는 큰일에 모두 각각 자기의 본분을 따라서 가담하게 하십니다. 하나님이 경영하시는 큰일이라는 것은 그 나라의 경영인데 그 나라의 백성으로 왕의 통치를 받고 살게 하셨으며 또 거룩한 영광을 구체적으로 우리의 생활과 활동과 또 지어 나가는 역사 속에서 나타내게 하신 것입니다. 그것을 확신하고 하나님 앞에 전부를 맡기면서 자기 인생의 길을 걸을 때 하나님께서 인도하시사 낭비하는 일이 없이 전진할 수 있는 것입니다. 그렇게 하나님이 주시는 은사가 헛되이 썩는 일이 없이 십분 열매를 맺게 하실 것이라고 확신하고 나아가는 사람에게만 마음에 안심이 있고 걱정이 없이 그냥 나아갈 수가 있습니다. 그렇지 아니하면 이 격렬하고 무정한 사회에 나가서 아주 치열한 경쟁 속에 자기도 말려들 수밖에 없는 것입니다.

 인생에 대한 하나님의 크신 계획, 특별히 하나님의 백성 하나하나에 대한 하나님의 전체적인 경영에 관해서 아무런 믿음이나 확신이 없이 막연히 자기의 공리 종교만 가지고 '황야에서의 이런 경쟁을 잘하도록 도와 주셔서 일이 되도록 해 주십시오' 한다는 것은 원칙이 아닙니다. 그런데도 불구하고 많은 그리스도인들이 취하는 방식이 바로 그것 아닙니까? 즉 인생의 길은 자기가 택정하고 자신의 신앙 여부는 전혀 고려함이 없이 격렬한 경쟁 속에 뛰어들어서 '하나님이 나에게 좀더 유리한 지점을 주실 거야. 그러자면 좀더 힘을 주시고 또 밀어 주셔야 할 텐데' 하는 정도에 머문다는 것입니다. 이렇게 생각하는 것은 부정당한 것입니다.

 그런고로 자기 인생을 하나님 앞에 처음부터 바치고 맡겨야 합니다. 하나님께서 경영하시는 큰일에 나를 쓰시고자 만세 전에 계획하신 대로 쓰실 것을 믿어야 합니다. 하나님께서 나를 만드셨으므로 만드신 그분이 내가 어디에 가장 적합한지를 아십니다. 그런고로 나를 붙드시사 적합한 데 쓰실 것으로 믿고 나아가야 할 것입니다. 그렇게 아니한다면 허무한 일이 많은 것입니다. 아무리 하나님을 의지한다고 부르짖어도, 죄악의 부패와 정욕의 큰 사실들이 두루 뭉쳐서 인류 사회를 형성하고 밀고 나가는 그 속에 자기도 한 사람의 인간으로 들어가서 경쟁을 하려고 할 것 같으면 그냥 그런 결과를 짓고 나갈 수밖에 없는 것입니다. 거기에는 힘센 사람도 있고 힘이 모자라는 사람도 있으니까 착잡한 현실 속에서 그대로 떠내려가지 않을 수 없는 것입니다. 별다른 뾰족한 수가 특별하게 생기는 것이 아닙니다. 이런 일에 대해서 우리는 심히 주의를 해서 생각해야 할 것입니다.

아브람이 바라본 더 나은 본향

아브람의 경우 그의 양보의 미덕을 하나님께서 인정하셨습니다. 그렇다면 그것은 일반 은총 가운데 갖추고 있는 그의 덕성의 발휘가 아닙니다. 일반 은총 가운데 나오는 덕성이라면 하나님의 형상으로 만들어졌다는 일반적인 사실과 그 사실 속에서 그냥 자연스럽게 어떤 덕성이 발휘됐다는 정도에 그치고 말기 때문입니다. 그러나 여기서 아브람이 나타낸 미덕은 마음이 관대하다는 정도에서 나온 것이 아니라 그보다 훨씬 높은 동기와 높은 근원에서 흘러 나온 것입니다. 그것을 우리가 주의해서 보아야 합니다.

아브람은 무슨 생각으로 그렇게 롯에게 양보를 했습니까? 하나님의 약속이 아브람 자신 위에 있었으므로 아브람에게는 많은 복과 함께 그에 따르는 의무가 있었던 것입니다. 그 의무는 우선 하나님이 허락하신 땅에서 아브람과 그의 자손이 천하 만민의 복의 기관으로 서는 일입니다. 따라서 그 일에 방해되는 곤란을 가급적 제거하는 것이 중요하였습니다. 만일 롯에게 자유로이 좋은 땅을 선택하도록 한 결과 아브람이나 그의 후손이 사명을 수행해 나아가는 데 있어서 곤란한 위치로 떨어지고 만다면 아브람의 그 양보는 칭찬할 일이 결코 못 되고 오히려 객기 어린 짓이라고 볼 수도 있을 것입니다. 그러나 하나님께서는 아브람의 사심 없는 양보를 가납하셨던 것입니다.

　그것은 무슨 까닭입니까? 첫째, 창세기 12:1-3에 나타나는 바 약속에 대한 아브람의 신앙은 정당한 지적 요소를 가진 바른 신앙이었습니다. 하나님께서 아브람에게 내리신 바 약속과 복과 명령의 내용에 대한 아브람의 이해는 심오한 것이었습니다. 그것이 주의 깊게 상고해야 할 만한 것이지 거기 있는 내용을 그저 막연하게 생각하는 정도로 끝내서는 아니 될 것입니다. 아브람이 이해한 내용이라는 것은 단순히 육체적이고 물질적인 것이 전부가 아니었습니다. 거기에 물질적인 것이 없지 않지만 그 너머에 있는 더 큰 신령한 것, 실질적인 참된 것을 나타내기 위한 형식으로서 혹은 그릇으로서의 물질임을 알았습니다. 그 언약의 가장 큰 내용이 물질의 행복과 번영보다는 훨씬 더 고귀한 차원의 내용이었음을 아브람은 이해하였던 것입니다. 아브람이 바란 나라의 정점이 히브리 민족 국가가 아니었음을 주의해야 할 것입니다. 그것은 훨씬 더 고상하고 높은 세계의 나라였습니다. 그런 높은 것을 아브람은 바라보면서 여행을 계속했던 것입니다.

　히브리서 11장에 나타난 아브람의 신앙을 보세요. 아브람은 어떻게 했느냐? "믿음으로 저가 외방에 있는 것같이 약속하신 땅에 우거하여 동일한 약속을 유업으로 함께 받은 이삭과 야곱으로 더불어 장막에 거하였으니"(9절), 왜 그랬느냐 하면 10절에 "이는 하나님이 경영하시고 지으실 터가 있는 성을 바랐음이니라." 그러면 결국 하나님께서 어디에다 예루살렘을 세운다는 말입니까? 이것은 단순히 그런 정도의 이야기가 아닙니다. 그 다음 15-16절을 보세요. "저희가 나온 바 본향을 생각하였더면 돌아갈 기회가 있었으려니와 저희가 이제는 더 나은 본향을 사모하니 곧 하늘에 있는 것이라. 그러므로 하나님이 저희 하나님이라 일컬음 받으심을 부끄러워 아니하시고 저를 위하여 한 성을 예비하셨느니라." 하나님께서 계획하시고 세우실 터가 있는 성을 아브람이 바랐다고 하였는데 그는 하나님이 예비하신 한 성을 알았던 것입니다.

그러면 그것이 무엇인지 생각할 때 죽은 다음에 가는 천당이 아니냐 할 터인데 그런 식으로 얼른 천단(淺短)하게 생각지 않는 것이 옳습니다. 참으로 깊은 신앙과 그 신앙에 따르는 바른 지식을 가졌을 때에는 하나님의 경영 전체, 구원의 크신 목적에 대한 깊은 이해가 거기 있는 것이지 덮어놓고 이 세상에서 그럭저럭 살다가 죽으면 천당에 간다는 간단한 공식으로 이야기할 만한 정도가 아닙니다. 천당이라는 소위 경과적인 과정을 그렇게 자꾸 강조할 이유가 없습니다. 오히려 더 중요한 것은 이 세상에서의 우리의 생이고, 그 다음에는 예수 그리스도의 재림과 동시에 영화된 한 이상적인 인간상으로서 하나님을 섬기고 나간다는 사실입니다. 영혼만 떠돌아다니는 것이 아니고 그리스도의 어떠하심과 같이 우리도 하나님이 지으신 본래의 목적에 해당한 완전한 인간으로서 그리스도를 섬기고 그의 영원하신 영광을 찬송할 것이란 사실이 중요합니다. 그것은 또한 거룩한 나라의 참된 자태요 통일된 아름다운 자태인 것입니다. 그렇다면 죽은 이후의 이야기가 전부는 아닙니다. 땅에서 벌써 거룩한 영광이 시작된 까닭에 아브람은 자기의 출발부터 그것을 향해 나갔던 것입니다.

아브람이 하나님께서 그에게 명령하시고 약속하신 창세기 12:1-3 말씀을 이해할 때에 중요한 사실은 물질적인 것을 하나의 틀로 생각한 것입니다. 즉 나라라는 하나의 형태입니다. 그러나 그 형태에 담을 것은 무엇이냐? 그것을 가장 간단한 말로 표현하면 '은혜의 왕국' 입니다. 하나님의 은혜의 나라라는 말씀입니다. 히브리 민족 국가의 번영이 아니라 은혜의 나라입니다. 결과적으로 볼 때 히브리 민족 국가가 번영을 했다 하더라도 그 번영의 상태라는 것이 오늘날 세계 열강의 번영에 견줄 때 결코 비견(比肩)되지 못하는 것입니다. 그 당시나 그 후 역사와 비교해 보더라도 마찬가지입니다. 바벨론이나 시리아나 페르시아나 마케도니아나 애굽같이 번영한 것이 아닙니다. 국력으로 비교할 때는 훨씬 작은 군소 국가의 하나에 불과했던 것입니다. 솔로몬이나 다윗의 시대가 아무리 위대했다고 하더라도 세계를 제패할 강대한 나라로서 번영했던 것이 아닙니다. 그리고 사실 그 지대 자체가 그렇게 되기에는 벌써 부적당한 곳이었습니다. 위대한 국가를 건설하기에 적당치 않은 산지였습니다. 천연 자원도 그렇게 풍성한 곳은 아니었습니다. 솔로몬 시대의 부(富)라는 것도 비교적 교역을 통해서 많이 쌓았습니다. 어찌 됐든 물질적인 국가의 형태라는 것이 축복의 전체 내용도 아니고 가장 중요한 내용도 아닙니다.

그렇다고 그 지역이 필요 없는 것은 아니었습니다. 하나의 발판으로 중요했다는 것을 우리가 주의해야 합니다. 그러나 거기에 그치는 것은 아닙니다. 왜냐하면 아브람에게 약속하신 복의 기관으로서의 작용이라는 것은 그 지역에만 미치고 끝나는 것이 아니기 때문입니다. 천하 만민에게 미칠 것이었습니다. 천하 만민 가운데서 하나님의 백성, 참된 의미의 아브람의 후손들을 일으키실 것이기 때문입니다. 갈라디아서 3:29에 있는 말씀 그대로입니다. "너희가 그리스도께 속해 있으면 아브라함의 자손이요 아브라함의 자손이면 허락하신 것을 유업으로 받을 자들이니라." 그러므로 장차 그리스도께 속한 사람들이 천하 만방에서 일어날 그것이 오히려 가장 본격적인 일이었습니다.

그러면 그런 사람들이 일어날 자리는 팔레스타인만이 아닙니다. 세계 어디든지 지구상에 인류가 있는 곳이라면 거기서 일어날 것이었습니다. 그러므로 아브람에게 약속하신 큰 땅이라는 것은 결국 팔레스타인으로 끝나지 않습니다. 아브람과 그의 자손이라는 혈연 관계에서는 하나님께서 그 자리를 약속하셨지만 그것을 영구한 것으로 보시지 않았습니다. 천하 만방 어디든지 세우시는 바 하나님의 거룩한 나라가 영구한 것으로 서는 것입니다.

아브람이 가진 참된 믿음의 지적 내용

아브람 자신이 하나님이 내려주신 계시의 내용 가운데서 그 나라의 실질을 어디까지 얼마나 이해하고 있었는지 구체적으로 한정할 수는 없습니다. 그가 하나님이 약속하신 내용을 충분히 알았다고 확언하지는 못하더라도 적어도 그러한 신령한 요소, 정신적인 요소가 물질적인 것보다 더 중요하다는 것을 알았다는 것입니다. 왜냐하면 그의 믿음이 바른 지적인 요소를 포함한 참된 믿음이었기 때문입니다. 우리도 구원받는 믿음으로 바로 서려고 한다면 그 지적 내용이 언제든지 정당해야 합니다. 그렇지 못한데 덮어놓고 구원받았다고 얼른 말할 수가 없는 것입니다. 그러면 아브람이 가진 참된 믿음의 지적 내용이란 무엇입니까? 그는 하나님이 지으실 성(城), 그 허락하신 땅에 예비하신 성이 있다는 것을 알았습니다. 그리하여 그는 일생 나그네로 자처하고 살았습니다. 즉 이 땅에 인생의 터전을 수립하고 거기서 자자손손 번영한다고 생각지 않고 나그네의 길을 갔던 것입니다. 그래서 자기는 물론 그 허락을 계승해서 받은 이삭과 또 손자인 야곱과 함께 약속의 땅에 거류하되 장막에 거했다고 했습니다. 히브리서의 저자는 장막에 거한 것을 의미 있는 일로 이야기한 것입니다. '그가 가지고 있는 신앙의 지적인 내용의 표현이 바로 이런 것이다'고 히브리서 저자는 말하고 있습니다.

  아브람은 그러한 신앙의 내용에 의해서 자기가 어디에 있든지 일단 갈대아 우르를 떠나면서부터는 그 나라의 형성이라는 문제를 늘 염두에 두었습니다. 그런 까닭에 문제가 있을 때에는 항상 '그 나라는 이런 때 어떻게 나타나야 할 것인가'를 생각했습니다. 우리가 아브람이 위대하다고 할 때 아브람이 특별히 무슨 해놓은 일이 많다는 것이 아닙니다. 그가 가졌던 훌륭한 깨달음과 그의 신앙의 사상적인 내용이 항상 위대한 데로 점점점 올라간 점을 중요하게 보아야 할 것입니다. 아브람의 신앙은 위대한 사상적인 내용 위에 확고히 서 있었습니다. 즉 신앙의 지적인 요소가 풍부하고 위대했다는 점이 두드러지게 나타났던 것입니다. 그것은 하루 아침에 다 구비된 것이 아니었습니다. 적어도 일에 임하여서 하나님 나라의 본질을 나타내려 할 때 필요한 것들이 그때그때 나와서 차곡차곡 형성된 것입니다.

창세기 13장에서 롯과 갈릴 때의 상태도 그렇습니다. 그는 하나님께서 나타내시려는 그 나라의 성격을 대인 관계에서, 특별히 같은 신앙을 가진 롯에게 나타내는 일에 대해서 매우 중요하게 생각하였습니다. 자신을 염려하는 것보다 더 중요한 일로 생각했던 것입니다. 그러니까 '여기는 내 자리이다. 신성 불가침이다. 여기는 하나님이 나에게 약속한 땅이니 너는 저만큼 멀리 가거라' 하는 생각을 절대로 하지 않았습니다. '어디로 가든지 네가 먼저 취해라. 그러면 나머지를 내가 취하마' 한 것입니다. '하나님 나라의 거룩한 덕과 능력을 그렇게 함으로써 서로 발휘하고 살자' 하는 태도였습니다. 적어도 그에게 있어서 더 중요한 것은 은혜의 왕국의 거룩한 덕성이었습니다. 은혜의 왕국의 실증이 그러한 덕성, 그러한 사랑이라는 것입니다.

그러므로 중요한 것은 아브람이 가지고 있는 그러한 사랑의 내용입니다. 즉 하나님에 대한 사랑과 또 하나님이 약속하신 내용을 그렇게 해석함으로써 얻게 된 바 그의 정당한 태도였습니다. '그렇다면 무엇이 더 중요한가? 하나님 나라의 거룩한 성격과 능력이 나타나는 것이 중요하다. 어떤 물질적인 기업을 누가 먼저 점령하느냐 하는 문제가 중요한 것이 아니다' 하고 생각한 것입니다. 아브람은 하나님의 거룩하신 경영을 믿었고 결국 일을 이루어 주실 분은 하나님이심을 믿었던 것입니다. 우리가 아무리 자손을 많이 낳고 서로 협력해서 무엇을 하겠다고 야단을 내도 그것으로 하나님 나라가 건설되는 것이 아닙니다. 아브람은 그것을 믿었습니다. 하나님의 나라가 여기에 서려면 하나님이 세우셔야 합니다. 하나님이 세우신다 할 때 그러면 누구를 쓰시느냐? 하나님을 사랑하고 하나님께서 원하시는 도덕적인 성격을 포회한 그릇이라야만 합니다. 이것을 무시하고서 인간의 공리적인 사상에 의해서 문제를 해석하고 그 해결책으로 끌고 나간다면 그것으로 무엇이 되는 게 아닙니다. 아브람이 덕을 행했지만 그는 적어도 공리적인 심사로 그것을 시작하지 않았습니다. '아, 이러면 내가 정신적인 만족과 행복을 얻겠는가' 하는 심사가 없었단 말입니다. 하나님께서 기뻐하시고 원하시는 일이니 나는 그것을 할 수밖에 없다고 나선 것입니다. '이렇게 하면 결국 물질적으로는 손해를 보아도 정신적으로는 이득을 얻는다'는 교묘한 생각을 한 것이 아닙니다.

참된 덕행의 근원

언제든지 신앙의 중요한 원칙은 동일합니다. '오늘 나에게 임한 이 문제에 대해서 하나님께 내 본분을 충실히 하면 된다. 내가 발휘해야 할 덕성을 충분히 발휘하고 내가 품어야 할 사랑을 충분히 품고 내가 서야 할 거룩한 심상의 위치에 바로 서 있을 것 같으면 내일 일은 하나님이 또한 경영하신다. 나에게 약속하신 내용은 내 노력으로써 이룰 것이 아니다. 결국 하나님 앞에 진실히 살자. 그러면 나머지 문제는 하나님께서 세우신다.' 아브람은 이러한 신앙의 큰 원칙에 확호히 서 있었습니다. 그는 그만큼 하나님의 원칙에 충실한 사람이었습니다. 진실한 사람이었던 것입니다. 하나님의 원칙에 대해 바른 인식을 가지고 있었기에 필연적으로 그것이 덕행으로 나타났습니다. 그런고로 덕행의 근원이라는 것은 공리적인 데 있지 아니합니다. 또 하나님의 형상으로 지음 받은 사람에게 내리는 일반 은총에 있지도 아니합니다. 그것은 하나님의 특별한 계시에 대한 풍부한 이해, 하나님의 계시에 대한 자기 확신에 바탕을 두고 발휘되는 것입니다.

우리가 참으로 하나님께서 받으실 만한 덕성을 늘 가지고 살려면 하나님은 어떤 분이시며 하나님은 나에게 무엇을 요구하시며, 어떻게 인류 세계를 경영해 나가시는가에 대해서 깊이, 명확하게 깨닫고 그에 의해 확신하는 바가 있어야 합니다. 그리고 그 확신에 의해서 자기의 태도를 취하는 것입니다. '나에게 풍성히 주시기로 하신 하나님은 당신께서 원하시는 대로 그 일을 하실 것이다. 문제는 나에게 그것을 주실 때 내가 그것을 받을 수 있는 그릇으로 늘 존재해야 하겠다' 하는 것입니다. 그것을 받을 그릇이 좁고 공리적이고 정욕적이고 탐욕적인 상태에 머물러 있으면 받을 수가 없습니다. 물질적으로 이득이 된다면 자기 자신의 그릇을 포기하고 오히려 그 이득에 주저앉는 사람에게 하나님께서 무엇을 주실 수 있겠습니까? 그렇게 하도록 나를 택한 것이 아닙니다. 나를 택하신 크신 뜻은 하나님의 의와 하나님의 사랑의 능력을 나를 통해서 발휘하시려는 것입니다. 이것은 대원칙입니다. 이러한 원칙하에서 아브람이 롯에게 대해서 하나님 나라의 사람다운 덕성을 발휘한 것입니다. 그것을 조금이라도 손상시키고 자기가 땅을 점령한다면 그것은 본말(本末)이 전도되는 일입니다. 그것은 하루살이는 걸러내고 낙타는 통으로 삼키는 일입니다.

사람은 흔히 종교라는 미명하에서 대원칙을 무시하고 형식상 문제에 붙들려 매달리는 일이 많습니다. 마태복음 23:23에, "화 있을진저 외식하는 서기관과 바리새인들이여, 너희가 박하와 회향과 근채의 십일조는 드리지만 그보다 더 중요한 의와 인과 신은 버렸도다"고 하셨습니다. 율법의 의와 인과 신은 버렸다고 했습니다. 사람이 자기 종교를 꾸미기 위해서 하나님 앞에 세워야 할 거룩한 덕성, 의로운 태도를 손상시키거나 타락시키는 것은 일이 아닙니다. 그런데도 그런 일이 종종 발생합니다. 종교적인 어떤 사업을 이루기 위해서 하나님 앞에 거룩하게 발휘해야 할 것을 발휘하지 못하고 오히려 누추하게 되는 수가 있습니다. 그런 예가 얼마든지 이 기독교 세계 안에 있는 것입니다.

예배당을 짓겠다 할 때에도 흔히 받는 시험이 그런 것입니다. 예배당을 짓는다는 큰 계획을 해놓고 하나님 앞에 울고불고 매달립니다. 그렇더라도 교회가 힘은 없고 교인들에게 아무리 채찍질을 해도 그것이 다 한정이 있는 까닭에 일을 이루기가 어렵습니다. 그렇더라도 크게 계획을 세워서 이미 시작하였기 때문에 여기저기 가서 도와달라고 청하기까지 합니다. 나중에는 심지어 무슨 원조가 있지 않을까 해서 어떤 선교사의 손을 빌려 외국에까지 손을 뻗치려 하였습니다. 옛날 해방 이전 1930년대에 그런 일이 발생했던 기록이 있습니다. 그 일 때문에 선교사하고 그것을 원하는 목사 사이에 굉장한 싸움이 벌어져 가지고 일반 사람들이 다 비웃는 사건이 있었던 것을 지금도 역력히 기억합니다.

　무엇 때문에 그런 계획을 하는지 알 수가 없습니다. 자기네 신앙의 표시로 주께서 주시는 한도 안에서 무엇을 해 나가려 하지 않고 자기 힘에 겨운 큰일들을 하려고 합니다. 그것을 하기 위해서 여러 가지 교묘한 수단을 다 논해 가면서 야단을 내는데 그렇다면 결국 무엇 때문에 예배당을 짓는가 하는 것입니다. 하나님 나라를 증시하고자 짓는 것인가? 그렇지 않으면 자기들의 정욕과 싸움을 기념하려고 세우는 것입니까? 요컨대 너무도 물질적인 효과만을 큰 의미가 있는 것으로 자꾸 생각한 나머지 나오게 된 현상입니다. 간단한 한 예이지만 이런 식의 일들이 많습니다. 큰 단체가 되어서 돈을 내 가지고 무엇을 하면서 하나님의 영광을 드러내기보다 오히려 불신자들도 의문을 느낄 만한 여러 가지 행동이 세계의 큰 조류 안에서 자꾸 발생하는 것을 보는 것입니다.

　그러나 아브람은 어떠하였습니까? 그는 땅을 가지고 롯과 대립하지 않았습니다. 자기 권위를 내세워서 롯을 차차 제척(除斥)해 가는 태도를 취하지 않았습니다. 그는 하나님께 모든 것을 맡기고 절대적으로 의지하고 나갔던 것입니다. 하나님께서 '네가 증시하여야 할 하나님 나라의 원칙과 그 나라의 성격을 여기서 지키고 있는 이상 나머지 문제는 내가 다스리마. 내가 이 땅을 하나도 다른 이에게 주지 않겠다' 하심을 믿고 나갔습니다. 이것이 아브람의 덕의 근원입니다.

기도

　거룩하신 아버님, 저희들이 하나님 나라의 큰 원칙을 생각할 때 본 말이 전도되는 일을 할까 심히 두렵사오니 먼저 해야 할 것들이 무엇인지 바로 생각할 수 있도록 지혜를 주시옵소서. 주께서 저희에게 원하시는 참된 것, 하나님의 거룩한 도덕적인 속성이 언제든지 있게 하시고 그 그릇으로서 주님을 증시하는 일이 대단히 중요한 일임을 분명히 깨닫게 하시옵소서. 더욱 중요한 이런 것들을 뒤로하고 종교를 세우고 사업을 하는 데 치중한다면 많은 착오와 그릇된 것과 잘못된 것을 내기가 쉽사옵니다. 먼저 와야 할 중요한 것을 가장 먼저 생각케 하시고 저희가 물질적인 것을 이루려고 계획하고 기를 쓰고 애쓰면서 참으로 있어야 할 것, 신령하고 본질적인 것에 대해서 소홀히 생각하는 어리석음 가운데 빠지지 않게 하여 주시옵소서. 현상적인 결과에 눈이 어두워서 더욱 중한 바 보이지 않는 참된 것은 이루지 않아도 그만이다 하는 괴상한 태도를 취하기 쉬운 암매 속에서 방황하지 않게 항상 저희를 붙들어 주시고 바로 세워 주시옵소서. 하나님께서 더 신성하게 높이 다루시는 것을 저희가 항상 취하고 나아가게 하옵소서.

주 예수님 이름으로 기도하옵나이다. 아멘.

아브람의 추격과 용기의 근원

제8강

창세기 14:1-16

당시에 시날 왕 아므라벨과 엘라살 왕 아리옥과 엘람 왕 그돌라오멜과 고임 왕 디달이 소돔 왕 베라와 고모라 왕 비르사와 아드마 왕 시납과 스보임 왕 세메벨과 벨라 곧 소알 왕과 싸우니라 이들이 다 싯딤 골짜기 곧 지금 염해에 모였더라 이들이 십이 년 동안 그돌라오멜을 섬기다가 제 십삼 년에 배반한지라 제 십사 년에 그돌라오멜과 그와 동맹한 왕들이 나와서 아스드롯 가르나임에서 르바 족속을, 함에서 수스 족속을, 사웨 기랴다임에서 엠 족속을 치고 호리 족속을 그 산 세일에서 쳐서 광야 근방 엘바란까지 이르렀으며 그들이 돌이켜 엔미스밧 곧 가데스에 이르러 아말렉 족속의 온 땅과 하사손다말에 사는 아모리 족속을 친지라 소돔 왕과 고모라 왕과 아드마 왕과 스보임 왕과 벨라 곧 소알 왕이 나와서 싯딤 골짜기에서 그들과 접전하였으니 곧 그 다섯 왕이 엘람 왕 그돌라오멜과 고임 왕 디달과 시날 왕 아므라벨과 엘라살 왕 아리옥 네 왕과 교전하였더라 싯딤 골짜기에는 역청 구덩이가 많은지라 소돔 왕과 고모라 왕이 달아날 때에 군사가 거기 빠지고 그 나머지는 산으로 도망하매 네 왕이 소돔과 고모라의 모든 재물과 양식을 빼앗아 가고 소돔에 거하는 아브람의 조카 롯도 사로잡고 그 재물까지 노략하여 갔더라 도망한 자가 와서 히브리 사람 아브람에게 고하니 때에 아브람이 아모리 족속 마므레의 상수리 수풀 근처에 거하였더라 마므레는 에스골의 형제요 또 아넬의 형제라 이들은 아브람과 동맹한 자더라 아브람이 그 조카의 사로잡혔음을 듣고 집에서 길리고 연습한 자 삼백십팔 인을 거느리고 단까지 쫓아가서 그 가신을 나누어 밤을 타서 그들을 쳐서 파하고 다메섹 좌편 호바까지 쫓아가서 모든 빼앗겼던 재물과 자기 조카 롯과 그 재물과 또 부녀와 인민을 다 찾아왔더라.

아브람의 추격과 용기의 근원
제8강

아브람이 헤브론에 거함

　아브람은 자기 조카 롯과 나누인 다음 자기가 서 있는 땅에서 하나님의 부르심을 입고 분부를 받고 또한 약속도 받았습니다. "여호와께서 아브람에게 이르시되 너는 눈을 들어 너 있는 곳에서 동서남북을 바라보라. 내가 너와 네 자손에게 네가 보고 있는 땅을 주리니 영원히 이르리라. 너는 일어나 그 땅을 종으로 횡으로 행하여 보라. 내가 그것을 네게 주리라"(창 13:14-17). 이러한 거룩한 약속을 다시 분명히 듣고 일상 생활로 돌아왔습니다. 목축을 하는 사람들의 생활에 따라 가축을 끌고 풀이 있는 곳으로 이동을 하였습니다. 아마 자연스럽게 이 벧엘과 아이 사이에서부터 남쪽으로 차츰차츰 내려간 듯합니다. 예루살렘 근방까지 내려가기로 할 것 같으면 16킬로미터에서 20킬로미터쯤 되는데 어떤 길을 취했는지는 알 수 없으나 대개 50리쯤 산 언덕을 타고 남쪽으로 내려간 듯합니다. 남방에서 올라올 때 곡야(谷野), 골짜기 평지에서 풀을 먹여 가면서 올라왔다면 이제는 언덕 위에 죽 나 있는 풀을 먹이면서 차례로 남쪽으로 내려가야 합니다. 벧엘과 아이 사이에서 남쪽의 높은 고원 지대 헤브론까지는 약 60킬로미터쯤 됩니다. 그곳은 이미 아모리 족속 가운데 마므레와 에스골과 아넬이라고 하는 삼형제가 그 일대를 다 답사하고 그곳에 자기네 이름을 붙여서 마므레의 상수리나무 숲이라고 이름을 지었습니다. 그런데 아브람이 그 지역에 이르러서 장막을 치고 자기의 전 부족을 둔취(屯聚)시켰던 것입니다.

물론 자기보다 먼저 왔던 이 아모리 족속들이 주로 산간 지대에서 강력한 힘을 가지고 우거하고 있었으므로 아브람은 마므레나 에스골이나 아넬 같은 사람들을 다 찾아보았을 것입니다. 그들이 부족들의 수장이 되는 사람들이니까 나중에 들어온 그로서는 당연한 행동입니다. 그들이 와서 그 지역을 차지했든지 혹은 그 지역 내에 이미 둔취하고 사는 선주민들과 같이 살아야 하는 것입니다. 처음부터 물도 없고 풀도 별로 많이 나지 않는 아무것도 없는 곳에 가서 살기란 어렵기 때문입니다. 그런 까닭에 지형을 잘 살펴본 후 마므레 상수리 수풀에서 머물기로 결정하였습니다. 거기는 사람이 살기에 적당하고 가축을 먹이는 데 필요한 양식과 물도 있었습니다. 낮에 쨍쨍 비치는 햇빛을 잘 막아낼 수 있는 큰 숲이 있고 또 동쪽으로는 산들로 죽 둘러싸여 심하게 바람을 맞받지 않는 비교적 안온한 곳이었습니다. 그런 곳을 택해서 둔취하기로 작정했으니 마땅히 마므레나 그의 형제인 에스골, 아넬이란 사람들한테 가서 의논을 했습니다. 생각건대 마므레 일족도 아브람처럼 큰 무리를 대동하고 다니는 사람과 다투기를 원치 아니했을 것입니다. 또 아브람이라는 사람을 대해 보니 관후(寬厚)하고 인물 됨됨이가 훌륭한데 그와 더불어 적이 되어서 거기서 옥신각신 싸우는 것보다 수용할 수 있는 여지가 넉넉한 그 지대에서 동맹을 맺고 함께 사는 것이 좋을 것으로 판단해서 아브람과 함께 살기로 다 약속을 한 것입니다. 이러한 식으로 외교 교섭을 잘해서 아브람은 자기가 발붙일 곳을 얻었습니다. 아브람은 대체로 거기를 중심으로 하여 활동을 했습니다. 이렇게 같이 살면서 먼저 와서 자리를 잡고 있던 아모리 족속들과 아주 친화하게 지냈던 모양입니다. 그냥 서로 화친하는 약속 가운데서 지낼 뿐 아니라 만일 어떤 적이 온다든지 어려운 문제가 생긴다든지 하면 공동으로 함께 문제를 해결하자고 소위 공수 동맹(攻守同盟)을 맺었던 것입니다.

동방의 원정군

이렇게 해서 아브람은 거기서 조용히 지내면서 하나님이 주신 거룩한 약속과 또 허락의 은혜를 마음에 잘 간직하고 경건히 살아가고 있었습니다. 그런데 어느 날 한 사람이 달려와서 급변(急變)을 고했습니다. 그 사람이 와서 고한 내용은 14장에 있는 사건을 주로 해서 특별히 아브람의 조카 롯이 동방의 원정군한테 잡혀간 이야기를 했을 것입니다. 동방이라고 하면 티그리스 강과 유프라테스 강이 합쳐지는 지점 근방을 말합니다. 거기를 시날이라고 하는데 후에는 바벨론이라고 했습니다. 지금의 이라크 땅인데 현재의 페르시아 만(灣)은 훨씬 아래로 밀려났습니다만 고대에는 안쪽 깊숙이까지 배가 닿았습니다. 옛날에 배가 닿던 곳이 지금은 육지가 된 것인데 아무튼 그 시날 평원을 중심으로 패권 다툼이 때때로 있었습니다. 아브람의 시대가 확실히 어느 때인지 우리가 잘 알기 어려우나 수메르인들이 와서 문화를 창대하게 건설한 다음에 소위 바벨론이라는 새로운 세력이 와서 거기를 덮치는 기간, 그러니까 그 과도기 어간에 아브람이 살지 않았나 하는 생각이 듭니다. 아브람이 어려서부터 주욱 자라면서 보고 듣고 자기 몸에도 익은 문화의 내용은 주로 수메르인의 문화입니다.

그런데 시날 왕 아므라벨이 인근의 네 왕들과 연합하여 소돔·고모라 땅에 쳐들어왔습니다. 거기 보면 후대에 바벨론이라 불리는 곳의 임금 아므라벨, 그 다음에 엘라살의 임금 아리옥이 나옵니다. 지금 유프라테스 강 아래에 있는 랄사(Larsa)라는 이름에 희미하게 엘라살이라는 이름이 남아 있는 듯한데 그곳의 임금이 아리옥입니다. 그 다음에는 엘람 왕 그돌라오멜인데, 엘람의 수도는 수사(Susa) 혹은 수시아나(Susiana)라고 하며 메소포타미아의 서북부에 있는 오늘날 말하는 이란으로서 그전에는 파사의 대부분이 엘람이라는 말로 표시되었습니다. 그 다음에는 고임 왕 디달, 티그리스로부터 메디아 국경까지 널리 퍼져 있는 지역으로서 후세에 앗시리아라는 이름으로 불린 나라의 판도 대부분이 고임인데 거기에 디달이라는 왕이 있었습니다. 그러니까 메소포타미아를 중심 삼아 북쪽으로 혹은 동쪽으로 혹은 남쪽으로 퍼져 있는 거대한 땅을 다스리고 있는 임금들이 여기 죽 기록되어 있습니다.

그런데 시날 왕 아므라벨을 흔히 함무라비 법전으로 유명한 그 함무라비라고도 하지만 그것은 꼭 그렇게 생각할 이유가 없습니다. 아브람의 연대를 정확하게 정하지 못하는 오늘날, 바벨론이 상당한 정도로 선 이후에 나온 함무라비와 14장의 아므라벨을 동일인이라고 하기가 어렵기 때문입니다. 이름이 조금 비슷하다고 해서 그렇게 얼른 넘겨짚기가 어려운 것입니다. 그가 함무라비였든지 아니든지 우리에게는 그렇게 큰 상관이 없습니다. 그가 함무라비여야만 하겠다는 어떤 조건이 성경의 기사 내용 가운데 들어 있지 않습니다. 그런데 이런 문제가 생기면 자꾸 지레짐작으로 내 편으로 끌어당기는 경향이 있는데 그것은 내 스스로의 힘으로 억지로 진리를 수호하려고 하는 마음의 조급성에 불과하기에 그렇게 좋은 태도가 아닙니다. 진리는 우리가 그렇게 조급하게 인간의 정성으로 억지로 잡아당겨서 수호하려고 않더라도 그 자체가 진리인 것을 드러내는 것입니다. 오랫동안 이 네 왕의 원정 이야기가 사실이 아니라 만들어 낸 이야기라고 조소를 받았지만, 고고학적인 조사와 발견에 의해서 우리는 이것이 사실의 이야기로서 참으로 믿을 만한 여러 증거를 갖게 되었습니다. 어느 때든지 이런 일에 대해서 우리는 외부의 과학적인 증거나 물적인 증거가 생겨야만 비로소 확신을 하는 것은 아닙니다. 하나님께서 우리에게 주신 말씀이라는 권위를 우리가 믿고 의지할 때, 사람들의 인지가 아직 발달하지 못해서 알지 못하는 것을 없다고 부인하는 태도는 좋은 신앙 태도가 아닙니다. 제일 중요한 것은 믿음으로 하는 것입니다. 보이는 것으로 하지 않고 믿음으로 하는 것이 더 중요합니다. 어찌 됐든지 이 함무라비의 문제는 그렇게 크게 거론할 것이 못 됩니다.

시날 왕 아므라벨은 수메르를 바로 계승해서 선 왕일는지도 모릅니다. 그렇다면 함무라비보다 훨씬 앞선 시대의 사람일 것입니다. 또 그 다음에는 엘라살의 아리옥이라는 임금이 있고, 엘람의 왕 그돌라오멜이 있고, 고임의 왕 디달이 있는데, 이 네 왕 가운데 강대한 나라는 엘람입니다. 그 나라의 왕은 그돌라오멜로서 그가 맹주가 되어 일대 원정군을 편성해 가지고 아브람이 헤브론에 가서 정착하고 살 그때에 팔레스타인의 가나안 땅으로 몰려 내려왔던 것을 14장에서 볼 수 있습니다.

동방 원정군의 재정벌

본문을 다시 한 번 잘 보십시오. 동방의 왕들이 원정군을 편성해 가지고 내려오게 된 이유가 있습니다. 지금 사해의 어떤 부분은 옛날에 육지 상태로 있었는데, 거기에 소돔과 고모라가 있었습니다. 이렇게 소돔·고모라는 함입(陷入)되어서 지금은 그 위가 물이 덮인 바다이지만 그때는 육지였습니다. 그런데 거기서 좀더 가면 소알이라는 평원이 있습니다. 이렇게 소돔, 고모라, 아드마, 스보임, 소알이라는 비교적 조그마한 도성의 나라들이 성을 쌓고 거기서 왕이라고 버티면서 자기들의 힘이 미치는 데까지 다스리고 있었습니다. 북쪽의 왕들에 비교하면 견줄 수도 없을 만큼 미미한 상태로 작은 구역을 차지하고서 왕 노릇을 하고 있었던 것입니다. 그들이 소돔 왕, 고모라 왕, 스보임 왕, 아드마 왕, 소알 혹은 벨라 왕이었습니다. 원래 이 일이 발생하기 14년 전에 동방에 있는 엘람 왕이 대원정을 하여 그 일대를 전부 정벌하고 그들로 하여금 신복(臣服)하게 하여 조공을 바치게 만들었습니다. 그래서 12년 동안 열심히 조공을 바치고 평화를 유지해 가면서 살다가 이들이 서로 결속하여 제13년에 갑자기 배반을 하였습니다. 엘람 왕에게 조공도 바치지 않고 반기를 들고 일어나니까 엘람 왕으로서는 그냥 둘 수가 없었습니다. '조그마한 도성의 놈들이 참 괘씸하구나. 이놈들을 가만히 두어서는 안 되겠다' 생각하고 동맹을 맺고 있던 자기 주위에 있는 다른 왕들과 함께 쳐 내려온 것입니다. 동맹을 맺었던 관계로 엘람 왕이 '내가 나가서 저쪽 팔레스타인 땅을 다시 원정하려는데 같이

가 주시겠는가' 할 때 시날 왕, 고임 왕, 엘라살 왕이 '아, 그러면 우리도 같이 가자' 하고서 그 왕들이 연합군을 조직해 가지고 이 배반한 팔레스타인 나라들을 응징하려고 내려왔습니다. 배반을 한 이듬해 그러니까 14년째에 내려온 것입니다.

그래 그들이 내려와서 먼저 팔레스타인 중부의 여러 족속들부터 치기 시작했습니다. 그 여러 족속 이름이 여기 많이 나옵니다. 그돌라오멜과 그의 동맹자들이 원정을 와서 먼저 아스드롯 가르나임에서 르바 족속을 쳤습니다. 갈릴리 바다에서 동쪽을 보면 거기가 바산 땅인데, 그 바산 땅의 한 성읍이 아스드롯 가르나임입니다. 거기에 르바 족속이라는 거인족들이 살고 있는데 그돌라오멜의 군대가 서정(西征)하면서 그곳을 쳤습니다. 그 다음에는 함에서 수스 족속을 쳤습니다. 함은 수스 족속의 수도로서 얍복 강과 아르논 강 사이에 있던 지역입니다. 그 다음에 사웨 기랴다임에서 엠 족속을 쳤습니다. 사웨(שָׁוֵה)라는 말은 평야라는 뜻으로 결국 '기랴다임의 평야'에서 엠 족속을 친 것입니다. 엠 족속은 그 평야의 골짜기인 아르논 강 남쪽에 살던 거인족들입니다. 그러니까 대체로 갈릴리 지대 동부 즉 요단 강 동쪽 일대를 먼저 때렸습니다.

이렇게 승승장구하면서 파죽지세로 내려와서 호리 족속을 세일 산간에서 쳤습니다. 세일은 사해의 동쪽에 있는 산입니다. 사해 남단의 동쪽 언덕에서 멀리 남방으로 죽 뻗은 산악지로서 나중에 에서가 이곳 세일 산에 거하게 됩니다. 지금은 거기에 사람이 살지 않는 곳으로 남아 있는데 거기서 호리 족속을 쳤습니다. 그리고 거기서 남쪽으로 더 밀고 내려가서 바란 광야, 말하자면 사해 남쪽의 훤한 광야인 엘바란에 이르렀습니다.

이렇게 차례차례 정복을 한 다음 그들은 돌이켜 아말렉의 군대를 치려고 엔미스밧 즉 가데스에 당도했습니다. 가데스는 여러분이 잘 아시는 곳입니다. 이스라엘 백성이 홍해를 건너고 다시 길을 행하여 바란 광야를 쭉 지나서 광야의 북쪽 지역에 있는 이곳 가데스에 이르렀지만 거기서 이스라엘 백성은 반역을 하고 말았습니다. 자기네가 들어갈 땅에 미리 염탐꾼을 들여보냈으나 매우 비관적인 보고를 듣게 된 것입니다(민 13:32-33). 그 결과 온 회중은 밤새도록 곡하며 반역하는 소리를 질렀지요(민 14:1). 마침내 하나님께서는 그 반역에 대하여 진노하셨습니다. 그리하여 이스라엘 백성은 38년에 이르는 긴 세월 동안 하게 될 광야의 방황 생활을 거기서 시작하지 않았습니까? 이곳은 팔레스타인 땅으로 들어오는 관문과 같은 곳인데 원정군들이 이 가데스까지 내려왔던 것입니다. 가데스까지 내려가서 아말렉 족속의 모든 땅과 인명을 마구 도륙했습니다. 그 다음에는 하사손다말에 사는 아모리 족속을 또 때렸습니다. 하사손다말은 나중에 엔게디라고 하였는데 사해 서해안 부근에 있는 곳입니다. 그러니까 북쪽에서 내려오면서 그 일대는 물론, 다시 사해 동쪽을 치고 남쪽으로 내려가서 모든 부족을 친 다음 또 사해 서쪽을 친 것입니다. 사해 양쪽을 다 치고서 마지막으로 반역을 한 다섯 왕들을 치러 올라온 것입니다.

조그마한 나라인 소돔이나 고모라나 스보임, 아드마, 소알 같은 나라의 왕들이 엘람 왕이나 시날 왕과 같은 큰 나라의 군대, 막강의 원정군과 더불어 싸운다는 것은 마치 사마귀가 앞발을 들어 수레를 막는 것과 같습니다. 당랑거철(螳螂拒轍)이라 말입니다. 소국(小國)들이 좌우간 반역을 했으니까 대국(大國)에게 '예, 잘못했습니다' 하고 빈 것이 아니라 역청 구덩이가 많은 싯딤 골짜기에 배수진을 치고 저항을 해 보았습니다. 하지만 상대가 되지 않는지라 그냥 패해 가지고 뒤로 도망하다가 많은 군사들이 역청 구덩이에 빠지고 나머지는 산으로 도망치고 말았습니다. 그렇게 되니까 원정군은 그 길로 소돔과 고모라로 쏟아져 들어가서 거기에 있는 재화와 인민을 다 쓸어 가지고 북쪽을 향해서 돌아갔던 것입니다. 그런데 그때 소돔에 살고 있던 롯과 롯의 식구도 잡혀가고 또 그의 모든 가장집물(家藏什物) 즉 재산도 전부 다 빼앗기게 되었습니다. 이제 원정군은 개가를 불러 가면서 북쪽으로 길을 따라 올라가는 것입니다. 그 길이 요단 강 동편의 아라바 쪽이었든지 아니면 서편 길이었겠지만 생각건대 동편 길을 따라 자꾸 북쪽으로 올라간 것 같습니다. 그런데 소돔에서 도망해온 이들 가운데 어떤 사람이 헤브론의 마므레 상수리나무 수풀 근처에 살고 있는 아브람에게 이르러 롯이 당한 사실을 알렸습니다. 롯과 그의 식구들이 원정군에게 잡혀간 것과 소돔이 철저히 노략을 당해 쑥밭이 됐다는 이야기를 전했습니다.

아브람의 추격

그 다음의 문제는 아브람이 자기 집에서 기른 자 가운데 잘 훈련되어 강병(强兵)이 될 수 있는 사람 318명을 뽑아냈다 하는 이야기입니다. 아브람이 평소 데리고 있던 많은 사람들 가운데 잘 훈련이 된 병사를 318명이나 뽑은 것을 보면 벌써 그는 적지 않은 큰 부족의 왕이었다는 것을 쉽게 알 수가 있습니다. 그 군사들을 뽑을 뿐 아니라 동맹군이 같이 출병했던 것을 알 수 있습니다(24절). 마므레 삼형제의 부족, 마므레와 에스골과 아넬에게서 몇십 명씩이 됐든지 좌우간 얼마를 뽑아서 동맹군을 만들어 가지고 북쪽을 향해 추격했던 것입니다. 이 마므레 삼형제도 실은 아모리 족속인데 그 아모리 족속을 원정군이 와서 친 것을 우리가 이미 보았습니다. 아모리 족속이 습격을 받았을 때에 이 사람들도 마음 가운데 두려움이 있었을 것입니다. 즉 사해 서편 엔게디 부근에 사는 아모리 족속이 강탈을 당했는데 여기 헤브론에 둔취하고 있는 이들도 서로 같은 종족이니까 마음 가운데 퍽 두려움을 느끼고 있었을 듯합니다. 그런 때 아브람이 일어나서 '내가 그자들의 뒤를 추격해야겠는데 같이 가 주겠는가' 하니까 '그 사람들이 우리를 덮쳤더면 우리가 불가부득 싸웠어야 했는데, 추격을 하시겠다니 그러면 같이 가겠습니다' 해서 초모(招募)를 하여 동맹군을 편성해서 동방에서 온 원정군의 뒤를 쫓았습니다.

여기 헤브론에서부터 어디까지 올라갔느냐 하면 단까지 올라갔습니다. 이곳의 원래 이름은 라이스이고 그 다음에는 레센이라고 불렸습니다(삿 18:29, 수 19:47). 그 후에 단 지파가 들어가서 그곳을 차지하면서부터 단이라고 하여 후세에 단이라는 이름으로 불렸는데, 여기 14장에서는 단이라고 기록해 놓았습니다. 성경 기술상 그런 경우가 더러 있습니다. 후대 사람이 베끼고 또 베끼고 하는 가운데 후대인이 모르는 곳은 아는 이름으로 괄호를 치고 넣든지 아예 그냥 바꿔 넣기도 한 자취가 전연 없는 것이 아닙니다. 10절에 나오는 그 싯딤 골짜기, 염해라 하는 말도 그것이 후일의 이야기인데 처음에는 괄호를 쳐서 넣었다가 그렇게 고정된 것 같습니다. 이런 것은 성경 본문 속에 나오는 말의 유래와 역사를 잘 배워야 할 문제입니다.

어찌 됐든지 동맹 추격 부대가 단까지 쫓아 올라갔습니다. 거리로 보면 단은 다메섹에서 그리 멀지 않지만 예루살렘에서는 직선으로 따지더라도 약 140마일이나 되는 멀고 먼 거리입니다. 그러니까 헤브론에서부터 거기까지 올라갔으니까 적어도 240킬로미터 이상 따라간 것인데, 근 600리가 되는 거리입니다. 원정군이 후비(後備) 군대에게 부녀자와 짐승들을 천천히 끌고 오도록 맡기고 주력 부대는 앞서서 자꾸 갔을 것입니다. 그런데 이제 아브람이 추격대를 결성하여 따라간 것은 원정군과 일대 접전을 벌여 궤멸시키려고 한 것이 아니라 빼앗긴 인민과 재물을 되찾을 목적이었으니까 후비 군대를 향해 쫓아갔을 것입니다. 마병(馬兵)만이 아니라 보병 부대도 함께 600리 길을 가야 했으니까 며칠은 걸렸을 것입니다. 사람이 걸어가면 하루에 백 리쯤밖에 못 갑니다. 그런데 전쟁을 하러 가는 사람이 주야로 걷기만 해서는 피곤해서 결전을 벌일 수 없으니까 잘 때는 푹 자고 일어나서 잘 먹고 또 걷는 것입니다. 그렇게 해서 뒤를 쫓아가서 다메섹이 멀지 않은 단 근방까지 올라가서 노획물을 끌고 가는 후비군에 미쳤습니다.

그러자 아브람은 밤이 되기를 기다려서 자기의 가신(家臣)들을 두 대로 나누어 가지고 후비군의 진용을 공격해 들어갔습니다. 아군 쪽의 수가 적으니까 뭉쳐 가지고 한 군데만 친 것이 아니라, 적더라도 크게 벌려 가지고 때렸다 말씀입니다. 밤중에 여기저기서 아우성 소리가 나면서 치니까 대체 얼마만한 군대가 와서 치는지 알 길이 없습니다. 한 군데서 탁 때리고 일어난 사건이 아니라 긴 진용에 걸쳐서 공격을 받으니까 '야, 어떤 대부대가 강력한 우리 원정군을 치는가? 우리가 그동안 거인족이고 뭐고 다 점령을 하고 정벌을 했는데도 이렇게 와서 치는 것을 보면 이것들은 굉장히 강한 놈들이구나' 하고 마음 가운데 두려움이 생겨 도망했습니다. 그렇게 도망하면서 다메섹 좌편의 호바까지 쫓겨갔는데 노획물을 들고 도망하다가 원체 다급하니까 모두 그냥 놓고서는 도망쳤다 말씀입니다. 이렇게 해서 거기에 남게 된 사람과 재물을 다 찾아왔다 하는 이야기입니다.

아브람이 추격 전에 한 생각

아브람이 돌아오다가 멜기세덱을 만나고 소돔 왕도 만난 이야기가 그 다음에 있습니다만, 여기서 우리가 한 가지 주의하고 넘어갈 것이 있습니다. 그냥 줄거리만 볼 것이 아니라 생각해야 할 문제들을 바로 생각해야 합니다. 중요한 문제가 여러 가지 있지만 특별히 생각할 것은, 아브람이 헤브론에 조용히 거할 때 갑자기 소돔·고모라 일대가 다 쑥밭이 되고 롯의 가족이 모두 잡혀간 소식을 겨우 도망 나온 어떤 사람에게서 전해 들었을 때 과연 아브람은 어떠한 생각을 했겠는가 하는 문제입니다. 아브람은 어떻게 해서 원정군의 후비군을 추격하려고 결정을 했겠습니까? 아브람이 지금 살고 있는 헤브론 산지로는 그 원정군이 온 일이 없습니다. 그들은 저쪽 사해 주변을 돌면서 거기 있는 사람들을 치고 다시 올라가 버렸습니다.

사해 서쪽으로는 산이 높은데 그 높은 산 너머 다시 서쪽으로 이어서 헤브론이 있습니다. 거기에 거하고 있는 아브람은 산이 큰 요새 노릇을 해 주어서 무사하게 됐습니다. 서울의 백운대보다도 높은 산이 떡 병풍처럼 둘러쳐 있는 것입니다. 그런데다가 사해는 지중해보다 훨씬 낮은 데 있는 바다인 것을 생각하면 그 산의 높이라는 것을 가히 짐작할 수 있을 것입니다. 험준한 산이 그렇게 직립하다시피 서 있으니까 그것이 천연의 큰 산성이 되고 요새가 되었던 것입니다. 원정군이 헤브론 서쪽에서 그 산으로 올라가지 아니하는 이상 사해 쪽에서는 올라올 수 없게 되어 있어서 아브람은 안전히 지냈던 것입니다. 하지만 도망해온 사람으로부터 조카 롯까지 다 잡혀갔다는 이야기를 들었을 때 심각하게 생각하지 않을 수 없었을 것입니다. '아니, 내 조카를 잡아가? 어디 그럴 수가 있나. 내가 그냥 가만히 앉아서 볼 수는 없지' 하고 덮어놓고 무모한 행동을 했다면 어떻겠습니까? 강렬한 혈족의식 때문에 앞뒤를 가리지 않는 행동을 취한다면 글쎄 그 마음은 죽음을 각오하고 나가서 강약(强弱)이 부동(不同)해서 죽어 버리면 그만이라는 식일 것입니다. 그렇다면 그런 정이야 훌륭하지만 큰 언약 가운데 있는 아브람, 많은 사람을 거느리고 다스리고 있는 아브람으로서는 그럴 수 없다고 생각할 수밖에 없는 형편입니다. 자기 한 개인만의 문제가 아니고 한 역사의 선두에 서서 하나님이 허락하신 약속을 계승해 주어야 할 그가 자손에 대해서 아무것도 결정이 되지 않은 이 시기에 갑자기 자기 조카가 잡혀간 사실에 대하여 울분해서 그 막강의 대군을 쫓아가서 쳤다면 무모한 일이라 하지 않을 수 없는 것입니다. 그런 행동은 죽으려면 같이 죽자는 식의 격정적인 만용에 불과하다고 해도 별로 할 말이 없는 것입니다. 그러나 아브람은 그렇게 감정에 치우쳐서 앞뒤를 보지 않는 일을 하지 아니했습니다.

보통 우리로서는 이런 정도의 생각을 할 수 있습니다. '원정군이 다행히도 여기는 건드리지 않고 그냥 알과(戞過)하고 우회해서 가 버렸다. 난공 불락의 요새 지대에서 살고 있어서 별일은 없었다. 그러니 그들을 가만히 두어야지 쫓아가서 섣불리 건드렸다가는 다시 탈환은커녕 우리만 죽고 말 것이다. 그들의 후미를 기습한다 할지라도 만일 원정군의 대부대가 돌이켜서 칠 것 같으면 우리는 뭐 일패도지(一敗塗地)로 어찌할 길이 없을 것이다.' 아브람은 이런 것을 타산할 수 있는 인물이었지 그런 것 저런 것 아무것도 없이 덮어놓고 감정에 겨워서 욱하니 덤빈 게 아닙니다. 어떤 이들은 이 이야기를 가지고 아브람이 장수의 재목으로도 훌륭하다 하고 그의 전술이나 전략이 용한 것처럼 말하는데, 아무리 전략이 용하더라도 중과부적(衆寡不敵)인 것입니다. 전략이라는 것도 일정한 수와 자기의 힘이 있어서 그 힘을 가지고 도략을 베푸는 것입니다. 그런데 자기 집에서 기른 자 318인과 그리고 마므레나 에스골이나 아넬에게서 나온 사람들을 모두 합해서 한 천 명이 된다고 하더라도 그 천 명을 가지고 무엇을 어떻게 할 수 있겠는가? 하기 어려운 이야기입니다. 적은 막강의 대군으로 몰려와서 휩쓸고 간 사람들입니다. 이런 것 저런 것 생각할 때 보통으로는 '별일 없이 지나갔으니까 다행이다' 하지 않을 수 없는 것입니다. '롯은 제가 그렇게 어리석은 선택을 해서 화를 자취한 자이니까 할 수 있나? 하나님이 그를 징벌하시는 것으로 여기고 포기할 수밖에 없다. 나는 조용히 여기서 내 생활을 경영할 수밖에 없다'고 주저앉음직하고, 그냥 가만히 지냈음직합니다. 그러한데 아브람은 가만히 지내지를 않고 추격을 했습니다. 이렇게 군대를 초모해서 추격을 했다 할 때는 그것이 보통의 정신으로는 할 수 없는 일입니다.

그렇다면 아브람은 자신의 결정이 장래에 어떤 큰 위험을 가져올 수도 있다는 것을 알고 하는 행동입니다. 그런데 아브람은 추격을 해서 성공을 했습니다. 그렇지만 아브람의 마음 가운데에는 '이렇게 빼앗아 가던 것을 다 도로 탈환해 왔으니 거대한 원정군이 그것을 응징하지 않고 그까짓 것 내버려두지 하는 식의 관대한 처분만 바라고 있어야 할 것인가' 하는 생각도 들지 않을 수 없는 것입니다. 만일의 경우 그 편에서 '거 괘씸한 놈이다. 어떤 놈들이 그랬는지 다시 한 번 원정을 해야겠다'고 몇 년 지나서 원정군을 편성해서 몰려 내려올 것 같으면 꼼짝없이 당하게 되는 것입니다. 아브람이 무슨 큰 부대를 늘 가지고 있는 것도 아니었습니다. 게다가 저편 동방의 왕들은 벌써 오래 전에 나라를 건설해서 튼튼한 국력을 기반으로 강력한 군대를 편성하여 몰려나오면서 사방을 정복한 사람들이니까 그들을 상대로 맞서기란 심히 어려운 노릇입니다. 불가능합니다. 아브람은 군대를 만들어 가지고 사방을 정복해서 땅을 빼앗으려고 한 일이 없는 사람입니다. 그렇게 광야를 유리하는 한 유목민의 부족이 안정된 제국의 형태로 문화를 건설하려 하는 사람들의 적수가 되지 않는 것입니다. 그러니까 어디로 보든지 조그마한 사마귀가 긴 앞발을 들고 큰 병거를 가로막는 일에 불과한 것입니다.

이것이 사람의 눈으로 볼 때 즉 힘의 대치라는 관점에서 볼 때는 대단히 무모한 일을 했다 할 것입니다. 가령 이번에 가서 어찌 탈환을 해 왔다고 하더라도 후환을 생각지 않을 수 없는 것입니다. 후일을 대비하려면 항상 자기도 소수나마 군대를 조련해 가지고 일단 유사시에는 대립해서 싸워야 할 것입니다. 이런 여러 가지 문제 즉 후유증이라든지 뒷처리 문제가 거기에 붙어다니는 것입니다. 그런 것을 전연 아무것도 모르고서 그냥 뒤쫓아간 아브람이 아닙니다. 많은 사람의 생사가 자기 한 몸의 행방에 달린 아브람으로서는, 또한 그런 책임감을 늘 인식한 그로서는 그렇게 경거망동(輕擧妄動)한다든지 아무 타산 없이 무엇을 한다든지 아무런 믿는 데도 없이 일을 저지를 수는 없는 일입니다. 우리가 하나님을 믿고 무엇을 한다고 하지만 하나님이 그 일을 그렇게 해 주시리라는 것을 믿어야 어떤 일을 하는 것입니다. 그저 하나님을 믿습니다 하는 막연한 신앙은 구체적인 일에서 힘을 내지 못하는 것입니다. 하나님의 뜻을 알고 그 뜻은 하나님께서 반드시 이루신다는 것을 알아야 믿는 믿음도 구체적이 되고 또 힘을 발휘하게 된다는 말씀입니다.

그런고로 아브람이 이때 가지고 있었던 그의 큰 신앙이라는 것은 구체적이고도 명백하였습니다. '비록 동방에 있는 큰 나라들이 합해서 막강한 군대를 끌고 오더라도 하나님은 나의 산성이 되시사 지켜 주신다. 그리고 나에게 주신 그 약속을 반드시 이루어 주신다'는 것을 확신하고 확인한 까닭에 일을 그렇게 한 것입니다. 그러나 '이 일을 해야 할 것인가'를 생각할 때 "주 너희 하나님을 시험치 말라" 하신 대로, 하나님이 나를 지켜 주시는가 아니 지켜 주시는가를 시험해 보자고 무모하게 아무 생각 없이 뛰어든 것이 아니었습니다. 거기에 대해서 깊이 바로 생각을 했다는 말씀입니다. 그 결과 아브람은 감연히 일어나서 추격을 해가지고 그만큼 성공을 했습니다. 무엇이 아브람에게 그런 결정을 하게 했는가 할 때 아브람은 하나님께서 그런 일에 대하여 자기를 승인하시고 지켜 주시리라는 것을 믿었던 까닭에 한 것입니다.

아브람의 추격의 의의

그러면 하나님께서 그 일을 왜 승인하셔야 하는가 하는 문제가 남습니다. 그것은 창세기 13:15에 있는 대로 하나님께서 "네게 보이는 이 땅을 너와 네 자손에게 주리라"고 약속했기 때문입니다. '하나님은 나에게 벌써 이 땅을 주시겠다고 하셨고 내 자손에게 계승해서 이것을 가질 것이라고 하셨다.' 그러므로 아브람은 자기 일대(一代)에 그 땅을 무력으로 점령해서 자기 것으로 삼은 것이 아닙니다. 하나님께서 하나님의 방식으로 그 땅을 주시리라는 것을 믿었던 것입니다. 하나님의 방식이란 아브람으로 하여금 하나님만을 의지하고 당신이 인도하시는 대로 오고 가고 하게 하신 것입니다. 아브람은 하나님만을 의지하고 앉고 서는 식의 생활을 해 나간 사람입니다. 아브람에게서 중요한 것은 그의 생활입니다. 아브람의 생활 가운데 하나님의 거룩하신 뜻과 하나님의 언약을 전제로 하지 않고 움직인 것이 없습니다. 비록 그가 실수를 했지만 그것은 그의 생각이 잘못된 것으로서 그렇다고 해서 신앙이 완전히 떨어져서 방황한 것이 아닙니다.

여러분, 아브람의 기록 전체를 볼 때 그는 신앙이 완전히 떨어져서 낙심하고 산 시간이 없습니다. 언제든지 건실하게 하나님을 꼭 믿었습니다. 다만 하나님의 뜻 곧 그의 경륜이 어떻게 움직이는가에 대해서는 자꾸 살아가면서 배워 나간 사람입니다. 그런 점으로 볼 때 아브람은 이 문제에 대해서도 하나님께서 자기에게 하신 약속을 믿고 나간 것입니다. 아브람 앞에 펼쳐진 땅을 그와 그의 자손에게 주시리라 하실 때 소돔과 고모라도 다 포함된 것이었다고 믿었습니다. 실제로 나중에 그 땅도 다 이스라엘 백성이 점령할 수 있게 만드셨습니다. 그런데 이제 하나님께서 자기에게 주시기로 약속한 바 언약의 큰 내용 가운데 들어 있는 거룩한 땅을 동방의 막강한 대군이 유린하고 가 버릴 때 아브람은 심각하게 생각지 않을 수 없는 것입니다. '하나님은 저들이 이렇게 하는 것에 대해서 어떻게 하실 것인가? 하나님께서 나에게 주신다고 약속하신 땅을 세상의 큰 나라들이 일어나서 강력한 대군대로 그냥 점령하고 습복(慴伏)시키고 나간다면, 무엇이 하나님께서 나에게 주신 바 확실한 언약의 성취란 말인가? 대체 하나님의 언약의 성취라는 것은 어떤 형식이란 말인가? 어떤 큰 대국이 일어나 물리적인 힘을 가지고 그 땅을 지리적으로 점령해도 그것을 내 것이라고 말을 해야 하는 것인가?' 이런 여러 가지에 대해서 아브람은 깊이 생각하고 거기서 큰 가르침을 얻어야 했습니다. 우리가 그렇게 추론하지 아니할 수 없는 것입니다.

'힘이 있는 이 세상의 어떤 나라가 군대를 끌고 와서 점령하면 점령당한 대로 그대로 속방이 되어 가지고 압제 가운데 그냥 살아가는 것이 하나님이 그 땅을 주신다는 말씀의 뜻이냐? 내 자손 때에나 주시는 것이니 나의 대에는 하나의 나그네요 일개의 체류인으로 그냥 지나가는 것이다. 그렇다면 내가 감히 일어나서 뭐라고 떠들 수 있겠는가' 하고 생각해야 했습니까? 아브람은 '하나님께서는 나의 자손 몇 대부터 이 땅을 주시기로 한 것이 아니라 분명히 나와 내 자손에게 주시마 하셨다. 그것은 내게서부터 시작한다. 하나님께서 내게 주신다고 하신 거룩한 나라의 주권은 지금 여기에 수립되고 그 백성은 나로부터 시작된다. 내 자손 몇 대째부터 시작되는 것이 아니다' 하는 것을 확실히 알았습니다. 그러니까 하나님의 언약에 대한 아브람의 해석은 두루뭉실하지 않고 명백했던 것입니다.

그렇게 명백한 하나님의 언약이 있는 이 땅에 어떤 큰 나라가 와서 많은 사람의 힘과 물리력만을 온전히 믿고 거기를 유린하고 갔다면 그 일에 대해서 하나님은 그냥 가만히 계실 것인가? 이런 일에 대해서 아브람은 필연 마음 가운데 깊이 생각했을 것입니다. 누군가가 와서 고변(告變)을 했을 때 얘기를 듣고 금방 후닥닥 자리를 박차고 일어난 것이 아니라 심각하게 그 문제에 대해서 생각하고 마침내 하나님 앞에 나아가 '어떻게 하는 것이 하나님의 뜻입니까' 하고 물었을 것입니다. 그때 아브람으로서는 '내가 할 수 있는 일은 무엇이냐? 그냥 가만히 앉아서 저놈들이 유린하고 석권하고 가는 것을 그냥 보아넘기는 것이 하나님의 뜻이겠는가, 아니면 여기에 하나님의 크신 주권이 친히 역사하시는 사실이 있다는 것을 증시하는 것이 하나님의 뜻이겠는가' 하는 점을 생각했을 것입니다. 적어도 아브람이 자기 휘하의 318인과 그 밖의 다른 동맹군을 끌고 올라가서 칠 때는 단지 롯과 그의 식구와 재물을 찾아오는 것이 가장 큰 문제가 아니었다는 것입니다. 큰 위험을 무릅쓰고 원정군을 치게 된 동기에는 좀더 큰 의미가 들어 있었습니다. '너희가 마음대로 와서 무엇이든지 다 휩쓸어가지 못한다는 것을 알아라. 여기는 신령한 주권자의 직접적인 통치와 능력이 발휘되는 곳이다.' 다른 말로 하면 '우리는 하나님의 백성이요 하나님은 우리의 통치자로서 친히 이 땅을 통치하신다는 사실을 너희가 무시하고 스스로를 강력한 절대의 지배자로 여기는 터무니없는 무식과 죄악에 대해서 크게 경계토록 한다' 는 의미가 들어 있습니다. 이러한 하나님 나라 주권과 그 주권의 영광을 증시한다는 신앙으로 결행한 것이 아니라면 아브람의 추격전은 위험천만한 만용일 뿐입니다. 거기에는 앞으로 발생할지도 모를 많은 문제가 도사리고 있기 때문입니다. 그러나 아브람은 그런 장래의 문제를 걱정하지 않았습니다.

왜냐하면 하나님께서 당신의 싸움을 싸우시고 하나님께서 당신의 영광을 나타내시는 그 일에 자신은 다만 하나의 병졸로, 하나의 도구로, 하나님의 손발로 쓰이면 되겠다고 하나님만을 의지했기 때문입니다. 이러한 정신은 아브람으로부터 시작해서 후대에 다윗에게도 나타납니다. 하나님께서 이스라엘을 그의 산업으로 입증하시는 일을 할 때 가장 귀히 쓴 그릇이 다윗입니다. 그는 전쟁할 때 이런 큰 정신을 분명히 가졌던 인물입니다. 다윗은 덮어놓고 자기가 정벌해서 땅을 차지하겠다는 생각으로 시작하지 아니하였습니다. 거기에 하나님께서 친히 다스리는 세계가 있다는 것을 증시하려는 정신에서 항상 싸움을 해 나갔습니다. 그런고로 하나님의 도구가 되어 엎드려서 "주여, 내가 나가서 치리이까" 하고 물었습니다. 그런 때 "아니다. 너는 정면으로 올라가지 말고 그들의 뒤로 돌아가서 숨어 있다가 뽕나무 숲의 맞은편에서부터 그들을 기습하여 공격하라. 뽕나무 밭 위쪽에서 행군하는 소리가 나거든 너는 곧 진격하라. 그러면 여호와가 너보다 먼저 블레셋 군대를 칠 것이다"(삼하 5:23-24) 하신 예도 있습니다. 그는 전략에 대해서까지 하나님께 일일이 지시를 받아서 여호와의 싸움을 싸웠습니다. 구스 왕 세라가 백만 대군을 이끌고 다시 유다를 점령하러 왔을 때 아사 왕의 소수 부대는 그 백만 대군과 어떻게 싸웠습니까? 그런 때에도 유다 나라의 소수 부대는 하나님만을 의지하고 '여호와의 싸움을 대신 싸우려고 여기 나왔습니다' 하고 나가서 싸웠습니다. 아사 왕은 대전에 앞서 여호와께 부르짖었습니다. "여호와여, 강한 자와 약한 자 사이에는 주밖에 도와 줄 이가 없사오니 우리 하나님 여호와여, 우리를 도우소서. 우리가 주를 의지하오며 주의 이름을 의탁하옵고 이 많은 무리를 치러 왔나이다. 여호와여, 주는 우리 하나님이시오니 원컨대 사람으로 주를 이기지 못하게 하옵소서"(대하 14:11). 여호와의 싸움을 대신 싸운다는 정신이 이스라엘의 경건한 왕들을 통해서 늘 나타났던 것입니다.

지금 아브람의 이 첫 행보가 이후에 역사적으로는 이스라엘의 왕권은 무슨 의미를 가지느냐 하는 것을 바로 정해 주는 최초의 지침이 됩니다. 이스라엘의 왕권은 후대의 역사에서 이 세상에 있는 어떤 나라의 왕권과도 같지 않았습니다. 이스라엘은 왕이 섰든지 아니 섰든지 여호와 그분이 직접 다스리는 나라였던 것입니다. 이스라엘의 왕은 이름은 왕이지만 실제로는 이스라엘을 다스리시는 여호와의 손발이 되어서 움직이는 종에 불과했습니다. 하늘의 뜻을 받아 가지고 왕이 스스로 도(道)를 행한다는 체천행도(替天行道)라는 식의 생각을 절대로 한 일이 없습니다. 동양에 있는 사상으로서 통치권 행사에 있어서 무슨 일을 하늘의 이름으로 한다든지 하는 식의 왕권 이념과는 아주 판이한 것입니다. 이러한 판이한 사상의 실천이 이방 나라에 대해서 적극적인 태도를 취하는 아브람에게서 처음 나타나기 시작한 것입니다. 아브람 이전에는 우리가 그런 것을 볼 수 없습니다. 창세기 14장에 나타나는 아브람의 태도와 그가 세운 큰 원칙이 후대 이스라엘의 경건한 왕들에게 이어졌던 것입니다. 이런 것을 오늘의 아브람 이야기에서 깊이 생각해야 할 것입니다.

기도

  거룩하신 아버님, 아버님께서 저희를 그 나라의 백성으로 살게 하신 것은 그 나라의 영광을 땅 위에 증시하게 하시려는 것이옵니다. 우리 각 사람은 역사상 서 있는 자리가 있고 또 우리의 행보는 이후에 하나님 나라의 거룩한 영광이 계승해서 나타날 앞선 발걸음이옵니다. 이렇게 우리는 적어도 후대의 역사에 대하여 책임자로 늘 서 있는 것을 느끼옵나이다. 아브람은 확실히 역사의 책임자로서 분명한 의식을 가지고 살았고, 그런 책임자로서 그의 행동이나 결정은 항상 하나님께서 어떤 큰 원칙을 보이시는 데 따라서 움직였던 까닭에 사람 보기에는 만용이라고 평할 수 있고 도저히 어리석은 일과 같았지만 용기를 내어서 그 일을 이룸으로써 하나님께서 확실히 그 거룩한 나라를 친히 통치하신다는 사실을 증시하시고 확인해 주셨나이다. 주님, 우리가 하나님의 다스리심이라는 것을 막연하게 생각하고 세상과 사회의 제도 안에 그냥 사는 것으로 족한 줄 아는 잘못을 저희에게서 벗겨 주시고, 하나님께서는 모든 사실 위에서 가장 긴밀하게 저희 머리터럭까지도 세시는 그 소상한 사랑과 계획으로 우리를 직접 다스리시는 왕이신 것을 깨닫게 하옵소서. 그리하여 왕권을 행사하시는 주님의 거룩한 통치 아래에서 주의 명령을 받아서 행동한다는 것이 더 없이 중요한 것임을 알고 마땅히 그리스도의 영광을 땅 위에 증시하는 사람으로 서 있어야 할 것을 깨달아 알게 하옵소서. 주님, 이런 심오한 주님의 뜻을 일찍이 믿음의 대선배인 아브람에게 비추어 주셔서, 사람 보기에는 무모한 원정이었지만 감연히 수행함으로써 하나님의 다스리심을 증시하였사옵니다. 그 일을 통해 주께서는 그를 확실히 세우사 승인해 주시고 또한 그의 마음 가운데 위로를 주시기 위하여 하나님께서 전능한 하나님으로 모든 필요에 대응해 주신다는 사실을 친히 계시하셨나이다. 주님, 이 사실을 주의해서 보고 그 거룩한 도리를 깊이 배우게 하시옵소서.

우리 주 예수님의 이름으로 기도하옵나이다. 아멘.

지극히 높으신 하나님

제9강

창세기 14:17-24

아브람이 그돌라오멜과 그와 함께한 왕들을 파하고 돌아올 때에 소돔 왕이 사웨 골짜기 곧 왕곡에 나와 그를 영접하였고 살렘 왕 멜기세덱이 떡과 포도주를 가지고 나왔으니 그는 지극히 높으신 하나님의 제사장이었더라 그가 아브람에게 축복하여 가로되 천지의 주재시요 지극히 높으신 하나님이여 아브람에게 복을 주옵소서 너의 대적을 네 손에 붙이신 지극히 높으신 하나님을 찬송할지로다 하매 아브람이 그 얻은 것에서 십분 일을 멜기세덱에게 주었더라 소돔 왕이 아브람에게 이르되 사람은 내게 보내고 물품은 네가 취하라 아브람이 소돔 왕에게 이르되 천지의 주재시요 지극히 높으신 하나님 여호와께 내가 손을 들어 맹세하노니 네 말이 내가 아브람으로 치부케 하였다 할까 하여 네게 속한 것은 무론 한 실이나 신들메라도 내가 취하지 아니하리라 오직 소년들의 먹은 것과 나와 동행한 아넬과 에스골과 마므레의 분깃을 제할지니 그들이 그 분깃을 취할 것이니라.

지극히 높으신 하나님
제9강

하나님 나라를 역사 위에 세워 나가심

아브람은 동방에서 온 원정군의 뒤를 추격하여 저 멀리 북쪽 단에서 따라잡았습니다. 추격군은 돌아가는 원정군의 제일 뒤에 처져서 노획품을 잔뜩 운반해 가는 부대를 밤에 엄습하여 마침내 저들을 패주(敗走)케 하였습니다. 그리하여 그들이 빼앗아가던 소돔·고모라의 재산과 인명을 모두 다 찾아 돌아왔습니다. 그러나 아브람의 그와 같은 출격(出擊)은 보통 상식으로 생각하면 무모한 짓으로서 깊이 후환을 남길 만한 일이었습니다. 하지만 아브람의 그 행동은 한때의 기분이나 단순히 인간적인 필요에 의해 움직인 것이 아니었습니다. 그는 자신이 하나님의 백성으로서 하나님의 나라와 하나님의 약속과 그의 거룩하신 경영의 사실을 깊고 바르게 생각한 터 위에서 비로소 행동으로 옮긴 것이었습니다. 롯이 잡혀갔다는 것이 가장 심각한 문제가 아니라, '하나님께서 약속하신 이 땅에 큰 군대가 들어와 유린을 하고 가면 그 일에 대해서 하나님이 경영하시는 바 땅의 의미란 무엇이겠는가' 하는 관점에서부터 아마 생각하기 시작했을 것입니다.

비록 세속적인 성향을 띤 조카 롯이었지만 그와 그의 가족은 하나님의 백성이었습니다. 그런데 원정군이 저희 마음대로 와서 자기네가 가지고 있는 큰 힘을 자랑하듯이 하나님의 백성을 붙들어 갔다면 그 사실은 이 세상의 세력이 그 거룩한 나라를 마음대로 유린한다는 의미였습니다. 신약의 용어로 볼 때에는 하나님의 교회와 하나님의 거룩한 나라의 경륜의 내용들인데, 이 세상의 세력이 그 시기 동안에 그것을 침해하고 마음대로 짓밟는 행위였던 것입니다. 그러면 '하나님께서는 당초부터 그러한 식으로 인류의 역사 위에 하나님의 나라를 세워 나가시는가' 하는 것이 역사상의 중요한 문제가 될 것입니다.

흔히 하나님의 나라는 심령의 세계에 건설되는 것으로서 이 세상의 현상이나 역사 현실과는 상관없다고 생각하기도 합니다. 개인의 심령상 변화에 의한 행동 이외에는 특별히 어떤 의미를 가지는 것이 아닌 것으로 생각합니다. 그래서 세상의 군왕들이 일어나 큰 세력으로 하나님의 백성을 유린하고 학대하고 핍박하면 그냥 당하고 말 뿐 그 일에 대해서 달리 어떻게 할 수가 없다는 식으로 생각하기가 쉽습니다. 그런데 아브람이 품고 있는 생각은 단순하게 그런 데서 멎지를 아니합니다. 이 세상에서 나라끼리 서로 큰 세력을 가지고 싸운다든지 강한 쪽이 침해를 하든지 하면 약한 세력은 강한 세력한테 유린당하고 물건도 빼앗기는 것입니다. 약자는 인명과 재산의 손해를 보게 됩니다. 이것이 세상의 법칙입니다. 패배한 자가 권토중래(捲土重來)하여 큰 세력을 무찌르지 아니하면 회복할 길이 없는 것입니다. 소위 힘의 균형이라는 현실, 힘의 법칙 앞에서 어찌할 수 없는 일입니다.

그러나 하나님의 나라가 이 세상의 역사 위에 존재할 때 세상의 여러 나라들끼리 서로 대립하고 맞서는 식의 역사 현실로 존재하느냐 하면 분명히 그렇지 않다는 것을 잘 아실 것입니다. 세상 어디에 하나의 영토와 주권과 시민들을 가지고 세력을 형성해서 한 국가로서 활동하는 하나님의 나라가 존재합니까? 하나의 국가로서 대외 관계를 가지면서 다른 나라의 힘과 결탁한다든지 대립한다든지 정복한다든지 하는 사실이 어디 하나님 나라에 존재합니까? 그런데 잘 아시는 대로 역사상 왕 위의 왕 즉 세상의 주권 위의 주권자로서 자신을 과시하던 세력 조직이 있었습니다. 물론 그들이 스스로 군대를 기르지는 아니했을지라도 자기편에게 충성을 다하는 나라의 군대를 이용해서 반역하거나, 반대하는 세력을 무찌르고 힘을 과시하였습니다. 이 세상의 국권 조직

위에 올라앉아서 그것들을 이용하여 무력으로 사람들을 학대하기도 하였던 것입니다. 그것은 제1세기 이후로 차례차례 발전해 나와서 세계 역사 가운데 기독교를 표방하는 큰 물리적인 세력의 형태로 서기도 하였습니다. 이에 대해서 프로테스탄트의 개혁이 일어났고 과거의 그러한 사실들이 정당하지 않았다는 것을 차례차례 깨우쳐 주었습니다.

그러나 사회의 물리적이고 현실적인 어떤 역사 현상을 바라볼 때 우리가 주의해야 할 문제가 있습니다. 기독교가 사회에 어떤 영향력이나 그 이상의 어떤 힘을 끼칠 수 있을 때 어떻게 해야겠습니까? 칼빈 선생은 제네바 공화국의 일개 목사였지만, 마치 왕과 같이 그 나라의 행정 기구인 시의회에 절대적인 영향을 끼치게 되었을 때 제네바라는 한 도시 공화국을 하나님의 도성으로 만들어 보려고 차츰 노력했던 것을 다 기억하실 것입니다. 역사상의 이런 중요한 문제는 간단히 이렇다 저렇다 말하기 어려운 것이 사실이지만 꼭 한 가지 기억하실 것은 하나님께서 이스라엘 백성을 선택해서 구약 시대에 나타내신 하나님의 경륜이 신약에 와서는 교회의 형식으로 바뀌어서 나갔다는 것입니다. 우리 주님께서 쓰신 하나님의 나라 혹은 하늘 나라, 천국이라 하는 말이 곧 '교회' 자체를 의미하진 않는다는 것을 그 동안에 여러 번 배우셔서 아실 것입니다. 하나님의 나라는 하나님의 큰 권세와 능력이 행사되는 현실인데, 그것은 멀리 있는 어떤 곳에 있는 것도 아니고 사람의 정신 생활 속에서만 작용하는 것도 아닙니다. 하나님은 물론 사람 전체의 생활 위에 관여하시되 한 개인뿐 아니라 사회나 국가나 민족이나 혹은 세계 인류 전체의 움직임 위에서 엄연히 크신 주권을 행사하고 계십니다.

세상의 주권과 하나님의 통치 대권

그러면 그것이 어떤 형식으로 나타납니까? 먼저는 사람의 심령 현상 가운데서 나타날 것이지만 하나님은 택하신 백성이 이 인류 역사 속에서 엄연히 사회를 형성하고 그 사회의 분자가 되어 살기를 바라십니다. 택하신 백성은 그냥 하나님이 선택하셨다고 하나님의 세계에 이름만 기록하고 그렇게 인정해 주시는 것으로 끝나지 않습니다. 현실적으로는 하나님께서 당신의 백성에게 속죄의 큰 은혜를 주셔서 죄를 다스릴 수 있게 해 주십니다. 예수 그리스도의 공로가 그를 덮고 있으므로 다시 그에게 죄책을 묻지 않는 것이고, 또 영원한 생명을 그에게 주심으로 그가 신생한 새사람으로 건실하게 자라갈 수 있게 하시며, 동시에 그 사실들을 보호하시고 이루어 나가시려고 하나님의 은혜를 그들에게 적용하시는 성신의 역사가 각 사람들 속에서 일어나는 것입니다. 이렇게 해서 개인 개인은 하나님의 자녀로 존재하지만, 하나님의 나라와 하나님의 백성이라는 말이 성립하려면 하나님이 친히 다스리시는 그 나라의 제도와 법칙과 목표와 또 건설해 가는 사실 즉 역사를 이루어 나가는 사실이 늘 엄연히 존재해야 하는 것입니다.

　이와 같은 사실들은 그저 정신 세계에서 추상적으로 존재하는 것이 아닙니다. 인류의 역사 위에서 명확하게 구체적으로 늘 작용하고 나가는 것입니다. 가령 로마 제국이 일어나서 하나님의 백성을 학대하고 핍박을 했다면 그것은 로마 제국이 어떤 나라에 무력으로 침략한 것과 마찬가지 사실입니다. 그렇게 침략당한 이 세상 나라는 회복하여 힘으로써 다시 반격을 하는 것과 같은 식으로 반격을 하는 것이겠지만, 하나님의 백성이라고 할 때에는 이 세상 주권과 대립하는 별개의 주권을 세워 서로 상대하는 위치에서 활동하는 것이 아니라 세상의 주권 위에서 역사하시는 거룩한 하나님의 통치 대권을 따라 순종하며 나가는 것입니다. 그래서 "각 사람은 위에 있는 권세들에게 굴복하라. 권세는 하나님께로 나지 않음이 없나니 모든 권세는 다 하나님이 정하신 바라" (롬 13:1) 할 때 이 권세에 대한 굴복의 원칙이 어디에 있느냐 하면 세상의 주권자를 최종으로 여겨서가 아니라 '그 위에 엄연히 계시사 천하를 다스리시는 천지의 주재이신 하나님께서 친히 계시사 주재하신다. 제일 높은 분을 찾아 올라가면 지극히 높은 곳에 하나님이 계시다'는 사상에 있습니다. 이런 의미에서 하나님은 천지의 대주재이시고 그 앉으신 보좌는 지극히 높은 보좌인데 하나님의 성호에도 이러한 기본 개념이 뚜렷이 담겨 있습니다. 그것이 바로 엘 엘론 곧 '지극히 높으신 하나님'입니다. 이제까지 드러나지 않다가 오늘 읽은 말씀에 이르러서 명시되는 사실은 하나님은 천지의 대주재이시라는 사상입니다.

지극히 높으신 하나님의 제사장 멜기세덱

아브람은 멜기세덱을 만났을 때에 하나님에 대한 이런 개념을 명확하게 들었습니다. 아브람에게 그것이 전혀 없었다는 것이 아니라 멜기세덱이 그것을 명확히 가르쳐 주었다는 것입니다. 멜기세덱이 적어도 '지극히 높으신 하나님'과 자기가 관계 있다는 것을 표시하였습니다. 멜기세덱이라는 사람의 문제에 대해서는 특별히 히브리서에서도 말씀을 했는데, 히브리서 7:1부터 잠깐 보겠습니다. 여기서는 그리스도와의 관계를 말하고 있는데 먼저 그에 대해서 이야기하는 것이 나옵니다. "멜기세덱은 살렘 왕이요 지극히 높으신 하나님의 제사장이라. 여러 임금을 쳐서 죽이고 돌아오는 아브람을 만나 복을 빈 자라. 아브람이 모든 것의 십분의 일을 그에게 나눠 주니라. 그 이름을 번역한즉 첫째 의의 왕이요 또 살렘 왕이니 곧 평강의 왕이요 아비도 없고 어미도 없고 족보도 없고 시작한 날도 없고 생명의 끝도 없어 하나님의 아들과 방불하여 항상 제사장으로 있느니라"(1-3절). 히브리서 저자가 말한 대로 보면 '멜기세덱은 부모도 없고 족보도 없다. 하나님의 아들과 방불한 데가 있다. 항상 제사장으로 있는 사람이라'는 것입니다. 이렇게 말한 것을 잘못 생각하면, 그러면 멜기세덱은 나온 데도 없고 돌아간 데도 없는 존재로서 신비한 위치에서 영원히 활동하고 있다는 의미이냐 하면 그런 이야기는 절대로 아닙니다. 왜냐하면 편지의 대상은 히브리 사람들인데 히브리 사람들의 사상에는 그런 관념이 없기 때문입니다. 헤브레이즘에 사상적 근거를 두고 있는 히브리 사람들, 그러니까 일정한 신관이나 인간관을 가지고 있는 사람들에게 멜기세덱을 이야기할 때 그를 신(神)이라고 하지 않고 하나님의 아들과 방불하다고 했습니다. 그들에게 있어서 '하나님의 아들'이란 덕이 높고 신앙이 고귀한 사람들을 뜻하기도 하고 그렇지 않으면 하나님께 속한 사람들을 뜻하는 일이 많습니다.

좌우간 멜기세덱에 대해서 이야기할 때 그의 아버지나 족보와 같은 근거가 없어서 그가 언제 나서 언제 죽었는지 또 어디로 갔는지 알 수 없다는 것입니다. 그에 대해서는 미상(未詳)이라는 것입니다. 그리고 그의 제사장 직분도 누구한테 받았는지 또 누구에게 전수했는지 그것도 알 수 없다는 것입니다. 그래서 그리스도가 멜기세덱의 반차(班次)를 좇는다는 시편 110편 말씀을 히브리서 7:17에 인용할 때에도 마치 아론의 반차와 같이 어떤 유한한 기간 동안 살다가 죽고 그 다음에 대를 계승함으로써 비로소 영구하다는 의미를 갖는 그런 제사장이 아니고, 마치 멜기세덱이 제사장으로 나타났지만 그의 제사장직이 언제 시작해서 언제 끝났는지 모르는 것과 같이 예수 그리스도는 그분의 신성 때문에 무시무종(無始無終)하신 제사장으로 계시다는 것을 비교해서 이야기한 것입니다. 그것이 어떻게 됐든지 여기 보면 멜기세덱은 살렘 왕이라고 하였습니다. 어떤 일정한 장소에 한 도성을 가지고 왕 노릇 하던 사람인데 겸해서 그는 '지극히 높으신 하나님의 제사장'이라고 했습니다. 멜기세덱이 이런 지극히 높으신 하나님의 제사장이라는 관념을 아브람에게 주었습니다. 그것으로 인하여 아브람 자신이 얻은 하나님 나라의 큰 사상의 하나는 하나님이야말로 지극히 높으신 통치자이시라는 것입니다. 지존자(至尊者) 즉 '엘 엘론'이시다. 천지의 대주재이시다. 하나님이 다스리시는 판도는 어떤 일정한 지역의 몇 사람에게 한정되는 것이 아니라 천지를 당신 마음대로 다스리시는 분이심을 여기에 보였습니다.

그런 의미에서 멜기세덱은 그러한 하나님의 제사장인 것을 표시하는 동시에 또 사람이 그러한 하나님 앞에 가까이 가서 마땅히 드려야 할 당위라는 것이 있음을 알려 줍니다. 하나님께서 받으셔야 할 것들을 사람은 마땅히 드려야 하는 것이고, 거기에 따라서 하나님께서는 그 사람을 받으시고 또 그 결과를 처리해 나가시는데 그 중에 오늘 본문에서 볼 중요한 것이 두어 가지 있습니다. 첫째는 아브람이 멜기세덱을 알아보고 그의 축복을 받았다는 사실입니다. 그러므로 멜기세덱의 축복은 사람들이 오다가다 만나서 '아, 잘되기를 바랍니다' 하는 식 이야기가 아닙니다. 지극히 높으신 하나님의 대제사장이 비는 축복은 그가 제사장으로서 자신의 직무를 행하는 것입니다. 여러분 다 아시는 것처럼 사람은 하나님과의 관계에서 하나님께 찬송을 올리고 기도를 드리고 경배함으로써 하나님 앞에 제사를 드립니다. 그 다음에 중요한 것은 무엇입니까? 제사장은 하나님과 하나님의 백성들 사이에서 백성의 죄를 고하고 백성을 대표해서 제사를 드리고 하나님의 명령을 받들고 나아가서 축복을 하는 것입니다. 제사장은 제사 의식 후에 백성 앞에 나와서 손을 들고 복을 비는 것입니다. 이런 종교적인 제도가 구약 시대에 있었습니다.

만인 제사장

오늘날 신약 시대에 있어서 참 교회란 하나님의 부르심을 받아 그리스도와 연합하여 하나님을 믿고 의지하는 그의 지체 된 사람들이 합쳐진 것입니다. 그러나 가톨릭은 에클레시아 도켄스(*ecclesia docens*)만을 참된 교회라고 합니다. 즉 가르치는 위치에 있는 사람들만이 하나님의 말씀을 바로 알고 가르치는 까닭에 소위 신부라고 하는 사제직 이상으로 조직된 큰 기구만이 참된 교회라고 했습니다. 그리고 그 나머지는 다만 청문자(聽聞者)요 청도자(聽道者)였습니다. 에클레시아 아우디엔스(*ecclesia audiens*) 즉 성당에 와서 미사도 드리고 기도도 하며 생활해 나가는 청문자일 뿐입니다. 그러나 프로테스탄트 개혁 이후 어떤 특별한 종교직을 가진 사람들로만, 그것도 사람이 임명한 종교직을 가진 사람들로 구성된 조직이 참 교회라는 관념은 절대로 인정되지 않습니다.

마틴 루터 선생이 역설한 종교개혁의 3대 주장이 무엇이지요? 성경의 절대 권위성 즉 성경만이 최고의 권위라는 것을 인정하는 것, 사람의 의라는 것은 믿음으로 말미암는 것이지 사람의 고행과 노력과 종교적인 수양으로 되는 것이 아니다 하는 것, 그 다음에 또한 심히 중요한 것이 모든 하나님의 자녀 즉 하나님을 믿고 그 앞에 나온 사람들은 다 같이 제사장이다 하는 것입니다. 모두가 똑같은 위치에 있는 제사장으로서 제사장의 자격을 가지고 은혜의 보좌 앞에 직접 나아가서 은혜를 받을 수 있고 또 남에게 축복을 전달할 수 있는 것이라고 했습니다. 그렇지만 교회가 조직되면 보이는 교회의 조직 체계에서 행해야 할 신성한 일, 가령 성례를 집행하는 일 같은 것은 신성한 교회의 체제에서 정당하게 이루어져야 합니다. 하나님의 말씀을 분별하지 못하고 함부로 해서는 안 될 터이니까 불가부득 그것을 집행할 수 있는 사람을 제한하지 않을 수 없는 것입니다. 그러나 이것은 개혁의 근본 정신에서 벗어나는 것이 아닙니다. 모두가 할 수 있지만 그 일의 신성한 뜻을 잘 알고 하기 위해서 어떤 일정한 수업과 더불어 일정한 깨달음의 수준에 이르러야 하겠다는 것입니다. 그렇지 않으면 죄를 먹고 마시는 큰 잘못 가운데 빠지기 쉽기 때문입니다. 하지만 그것 이외에 교회마다 각각 자기네가 적당하게 제도를 꾸며서 정당하게 유지하려면 누구는 이것 맡고 누구는 저것 맡으라고 분담하는 것이지 어느 누구에게만 하나님이 내리신 절대 권리가 있고 다른 사람에게는 권리가 없다는 법은 세상에 없습니다.

　이것은 특별히 프로테스탄트 개혁 이후의 이야기이지만 지극히 높으신 하나님의 제사장으로 있던 멜기세덱의 시대나 그 이전 시대에 특별히 누가 나서서 '나는 하나님 앞에서 제사장이다' 하고 뽐내지 않았습니다. 그것이 이스라엘 백성에게 제도화되기까지는 각각 그 사람의 신앙에 따라서 한 것입니다. 아브람도 '나는 제사장이오' 하고 뽐내지 않았습니다. 그렇지만 그가 가나안 땅으로 들어와서 맨 처음에 세겜 땅에 도착했는데, 그곳 모레 상수리나무 아래에 제단을 쌓고 제사를 드리며 여호와의 이름을 불렀다고 했습니다. 이런 사실을 볼지라도 아브람이 자기가 하나님 앞에서 제사를 드릴 수 없다고 생각한 사람도 아니었고, 제사를 위해서는 특별히 어떤 직위 있는 사람이 꼭 와야겠다고 생각한 것도 아닙니다. 그리고 살렘 왕 멜기세덱과 아브람이 직접적으로 늘 관계가 있어서 하나의 종교 안에서 같이 호흡하고 같이 종교 활동을 한 것도 아닙니다.

살렘 왕 멜기세덱

멜기세덱은 "의의 왕이요 또 살렘의 왕이니 곧 평강의 왕이라"(히 7:2) 하였습니다. 우리는 지금 살렘이 어디인지 명확히 정할 수가 없습니다. 예루살렘이라는 지명에도 '살렘'(שָׁלֵם)이라는 말이 붙었는데, 살렘은 히브리 말로 '샬롬'(שָׁלוֹם) 즉 평안, 평강, 평화라는 말입니다. 또 의의 왕이라 했는데 히브리 말로는 '쩨덱'(צֶדֶק)이 '의'라는 말이고 '멜렉'(מֶלֶךְ)이 왕이라는 말입니다. 그래서 의의 왕이라고 할 때 이 히브리 말 멜렉과 쩨덱을 서로 붙여서 약간 변한 것이 '말키쩨덱'이 되었습니다. 멜기세덱 그가 의의 왕이요 또한 살렘 왕 즉 평강의 왕이라는 것입니다. 그것의 의미는 그렇지만 살렘은 어디에 있습니까? 예루살렘이라는 말의 '예루'(יְרוּ)는 '야라'(יָרָה: 기초를 두다)라는 말에서 왔는데 결국 예루살렘은 '평강의 기초'라는 뜻입니다. 이런 의미가 들어 있는 것을 볼 때 아마 살렘이 곧 예루살렘이었는지도 알 수 없습니다. 그돌라오멜을 쳐부수고 돌아오는 아브람을 맞으러 소돔 왕이 사웨 골짜기 곧 왕곡(王谷)으로 나갔다고 하였는데 왕의 골짜기가 어디에 있었는지 잘 알 수 없으나 거기 역시 예루살렘 부근 가까운 데 있었을 것이라고 추찰(推察)할 뿐입니다.

멜기세덱이 살렘 왕이었는데 히브리 사람들처럼 족보 캐기를 좋아하는 사람들도 그의 족보에 대해서 몰랐습니다. 하지만 한 가지 분명한 것은 아브람이 믿고 섬기고 있는 하나님을 그도 섬기는 사람이었다는 것입니다. 여기서 우리가 볼 수 있는 것은 아브람만이 참으로 하나님을 알고 사는 사람이 아니라 동시대에 이렇게 참 하나님을 믿고 또한 그에게 제사를 드리면서 섬기고 살던 사람이 어딘가에 살아 있었다는 것입니다. 아담으로부터 가인과 아벨이 나왔지만 아벨이 살해당하자 아벨을 대신해서 셋의 계통이 죽 흘러나옵니다. 그리고 노아의 세 아들 셈, 함, 야벳이 다 하나님에 대한 충분한 교육을 받고 나온 사람들로서 하나님의 심판에 대해서도 잘 알고 있었지만 더러는 세상으로 가기도 하였습니다. 그 중 특별히 셈의 계통에서 아브람 같은 인물이 많이 나왔고 하나님을 알 만한 어떠한 흐름이 늘 흘러 나와서 그러한 종교가 어디엔가 남아 있었던 것입니다. 모세의 제도와 같이 이래야 한다 저래야 한다 하는 어떤 종교상 제도가 명확하게 갖추어진 것은 아닐지라도 사람이 하나님 앞에 제사를 드리는 형식으로 예배를 드리고 감사와 찬양을 올렸다는 사실이 처음부터 있었던 것을 우리가 알 수 있습니다. 가인과 아벨이 제사를 드린 이야기에서도 그것을 발견할 수 있는 것입니다. 그들이 누구에게 제사를 배웠느냐 할 때 아담 이외에 다른 아무한테도 배울 턱이 없습니다.

어쨌든지 사람의 마음 가운데 하나님께 가까이 가기 위해서 어떠한 신성한 의식을 행하되 그 의식이 하나님의 뜻에 맞는 내용을 포함하고 있어야 한다 할 때, 짐승을 잡아서 피를 흘려 가지고 제사를 지내는 대속(代贖)의 사실이 처음부터 필요했다는 것입니다. 최초 대속의 사실이야 물론 하나님께서 범죄한 아담과 하와에게 짐승을 잡아서 가죽옷을 입혀 주신 데서부터 그런 아이디어가 차츰차츰 싹트고 발전해 내려온 것입니다. 아무튼 옛날에는 하나님 앞에 전적으로 제사를 드리면서 하나님께서 분부한 명령을 받아 가지고 백성을 다스리는 형식 즉 제정(祭政)이 일치했습니다. 교정(敎政) 일치의 형태로 가르치는 것과 하나님과 관계를 맺고 나아가는 바 신성한 의무의 집행, 그리고 백성을 다스리는 것이 분리되어 있던 것이 아니라 하나로 집결되어 있었습니다. 살렘 왕은 그러한 대표자였습니다.

멜기세덱의 축복을 통해 하나님 나라의 사상이 더 명확해짐

멜기세덱이 섬기고 있던 하나님은 아브람이 섬기던 하나님입니다. 그 하나님이 지극히 높은 하나님이시라는 사실, 천지의 대주재이시라는 사실을 멜기세덱은 아브람에게 분명하게 선언했습니다. 그는 아브람이 원정군을 격파하고 돌아올 때 아브람의 군대가 곤비(困憊)하리라 생각하여 음식을 장만해 가지고 나와서 떡과 포도주를 공궤했습니다. 그렇게 멜기세덱이 음식을 나누어주고 축복을 내렸을 때 아브람은 마음 가운데 하나님의 나라에 대한 사상이 좀더 명확해졌을 것이라고 우리가 충분히 짐작할 수 있습니다. 그러면 어떤 의미에서 명확해졌겠습니까? 아브람의 출격이 지닌 의미를 생각해 보세요. 그는 하나님께서 자기와 자기 자손에게 약속하신 땅에 하나님께서 경영하시고 지으실 내용이 있음을 확실히 믿었습니다. 그런 땅에 세상의 어떤 사람이 자기 힘을 믿고 와서 낭자하게 폭행을 하고 제 마음대로 유린하고 가더라도 거기 대해서 하나님은 아무런 대응도 하지 않으시겠는가를 생각할 때 그렇지 않다고 믿었던 것입니다. 그런 것이 하나님께서 주신 약속의 내용은 아니라고 생각하였습니다. 즉 하나님께서 아브람 자신에게 주신 약속의 내용이 완전히 추상적이고 정신적인 차원의 것이었느냐 할 때 그렇지 않다고 안 것입니다. 그것이 항상 역사 위에서 어떤 분명한 형태를 취해야 할 것임을 깨달았던 것입니다. 아브람은 그것을 자기 마음의 세계에서만 작용하는 약속으로 받은 복이라고 말하지 않았습니다. 하나님이 복을 주시면 그 복은 아브람의 마음 상태뿐 아니라 물질적인 육체적인 사회적인 현상으로서도 의미를 가지는 것으로 확실히 알았던 것입니다. 결국 하나님이 내리시는 거룩한 복의 내용은 사람의 마음에 주시는 평안뿐 아니라 그 환경에도 평안을 주시고 그의 현실적인 생활에서도 평안을 유지시켜 주신다는 것입니다.

여러분, 오늘날 우리가 하나님께서 주시는 물질적인 복과 함께 하나님 나라의 의를 가진 평안 가운데서 여태 살아왔으니까 그렇지 그렇지 않았다면 온전한 삶을 유지했을 줄 압니까? 그런데도 불구하고 기독교의 실상을 완전히 관념적인 것, 추상적인 것으로만 해석해 나가는 것은 심히 부정당한 태도입니다. 그렇다고 기독교를 생각할 때 모든 점에서 물질의 행복이나 여타의 물질적 현상을 가장 중요한 문제로 다룬다면 그것은 더욱 잘못된 일입니다. 하나님의 나라라고 할 때는 하나님이 다스리시는 큰 통치의 능력과 통치의 사실이 직접 미치는 영역을 말합니다. 그렇다면 그것은 사람의 마음뿐 아니라 보이는 땅의 사회에도 미치는 것입니다. 하나님께서 특별한 법칙으로 통치하시는 거룩한 능력도 많은 사람들이 공통으로 살고 있는 지대에 함께 미치는 것입니다. 우리가 평안히 살려면 하나님께서 자연 현상도 친히 주장하시고 평강도 주셔야 합니다. 적당한 비와 햇볕이 중요한 역할을 하는 인간 세계에서는 너무 더워도 큰일이고 너무 추워도 큰일입니다. 아무리 추운 나라에서 살고 아무리 더운 나라에서 살더라도 평상적인 기온보다 훨씬 더 덥거나 춥다면 그것은 재변(災變)이지 평안이 아닙니다. 이러한 모든 현실에서 하나님께서 친히 기상이나 자연 조건의 여러 가지 현상들을 통재하지 아니하시면 우리가 평안을 참으로 맛보기 어려운 것입니다.

하나님은 엄연히 천지의 모든 것을 다스리십니다. 그것이 자연 세력이든 흑암의 어떤 정신적인 세력이든 통재하시는 것입니다. 물리적인 세력이든 사람의 정신 상태이든 다 친히 주장하시는 것입니다. 이런 의미에서 하나님은 천지의 주재이시고 사람이 더 이상 말할 수 없는 지극히 높은 곳에 앉아 계시는 분이십니다. 결국 모든 것은 그분 아래에 있다 하는 이야기입니다. 그분보다 더 높은 것이 있을 수 없습니다. 아브람은 그러한 하나님이심을 더욱 깨닫게 되었습니다. 하나님의 섭리와 거룩한 경영은 늘 사람의 사회에 명료하게 나타나되 개개인의 생활 위에 비치는 것임을 잘 깨달은 것입니다. 물론 그때 이런 교훈을 처음 깨달은 것은 아니지만 멜기세덱의 축복으로 이런 문제에 대해서 분명히 알게 된 것입니다.

출격에 임한 아브람의 태도

 아브람의 출격의 의미를 깊이 생각해야 합니다. 그의 생각은 이런 식이었습니다. '하나님께서 당신의 나라를 땅 위에 세우시고 보존하시려면 모든 가능한 침해와 침공, 불의와 찬탈로부터 지켜내야 한다. 그런데 이제 저것이 뭐냐? 제 힘만을 믿고 동방에서 온 막강의 세력이 여기를 낭자하게 휩쓸고 가지 아니했나? 게다가 하나님의 백성 한 사람과 그의 식구까지 쓸어갔으니 이것이 가당한 일이냐? 이래도 우리는 가만히 있어야 하겠는가?' 물론 아브람이 출격에 앞서 '하나님, 주님의 거룩하신 뜻은 제가 지금 나가서 저들을 격퇴하는 것입니까? 그렇지 않으면 별달리 하나님이 직접 심판하시겠습니까'를 여쭈었을 것입니다. 그럴 때 '내가 심판을 행하되 네 손을 쓰겠다' 하신 말씀에 의해서, 적어도 그러한 확호한 신념과 사상에 의해서 출격에 임한 것입니다. 그런 까닭에 그는 요행을 바라지도 않았습니다. 혹시나 하는 마음으로 그냥 한번 시도해 본 것이 아니라는 말입니다. 아브람은 명확한 신념을 가지고 믿고 나가서 쳤습니다. 그러면서 혹시 '천하에 이러한 내 마음, 하나님과의 이런 깊은 관계를 알 사람이 과연 있겠는가' 하는 생각을 품었을지도 모릅니다. 물론 우리가 그것을 알 수는 없는 노릇입니다. 하지만 적어도 그가 원정군을 격퇴하고 롯을 찾아서 데리고 돌아올 때 자기 혼자만이 그렇게 생각하고 사는 것이 아님을 알 수 있었습니다. 멜기세덱의 출현을 통해 그것을 깨닫게 되었습니다. 멜기세덱이 축복한 내용 가운데 "너의 대적을 네 손에 붙이신 지극히 높으신 하나님을 찬송할지로다" 하는 것이 있기 때문입니다. 그러니까 멜기세덱도 하나님이 아브람에게 대적을 그의 손에 붙여 주셨다 하는 것을 믿었던 것입니다. 지금 이것은 누군가 오다가다 닥치는 대로 하는 말이 아닙니다. 그 일의 의미를 제대로 알지도 못하고 그저 덮어놓고 '하나님이 다 하시지요' 하는 지나가는 말이 아닙니다. 추격전에서 아브람이 져도 하나님이 하시는 일이고 이겨도 하나님이 하시는 일이라는 의미가 아닌 것입니다.

이 싸움은 지난번에 말씀드린 것과 같이 유다 왕 아사가 마레사의 스바다 골짜기에 나가서 구스 사람 세라의 백만 대군과 싸울 때에 가졌던 심정과 믿음으로 나선 것입니다. "우리가 주를 의지하오니 원컨대 사람으로 여호와를 이기지 못하게 합소서" 하며 나갔던 것입니다. 또 다윗이 대적과 싸우러 나갈 때 하나님의 싸움을 싸우러 나간다고 믿고 나갔듯이, 아브람도 하나님의 거룩한 능력이 받은 바 약속 가운데 포함되어 있다는 것을 생생한 역사 현실로 드러내어 증명할 수 있는 가장 중요한 기회로 삼은 것입니다. 아브람은 이런 중요한 기회를 가만히 앉아서 흘려 보내지 아니하였습니다. 막강한 원정군의 세력을 두려워하며 그만 벌벌 떨고만 앉아 있지 아니했던 것입니다. '하나님, 사람의 눈으로 보아서는 이렇게 중과부적으로 대결하지 못할 세력이지만 주의 이름을 의탁하옵고 쫓아가서 원정군을 치겠습니다' 하고 나가서 쳤다는 것입니다. 이러한 신앙 행동에 대해서 하나님께서는 승인을 하셨고 그래서 그 막강의 대군을 패퇴(敗退)시켰습니다. 그의 전략이 가장 교묘하고 우수해서 객관적으로 냉정하게 보더라도 아브람이 승리할 수밖에 없다고 말할 수 있는 상태가 아닙니다. 적어도 여기에서 명백한 것은 저쪽이 일어나서 만일 반격을 하여 덮쳤을 때 아브람이 패한다 하더라도 전연 부자연스런 이야기가 아닙니다. 가령 마므레나 에스골이나 아넬에게서 나온 동맹군을 다 함께 끌고 갔어도 한 천 명이나 됐을는지 모르겠습니다. 그가 직접 거느리고 간 부대는 불과 318인입니다. 이러한 부대를 지휘하여 이쪽 팔레스타인 일대를 석권하고 간 대군의 뒤를 쫓아가서 그들을 쳤던 것입니다. 후퇴하던 지극히 작은 부대, 뭐 이삼백 명 정도 되는 소수의 부대를 뒤쫓아서 쳤다는 이야기가 아닙니다.

하나님의 나라는 역사의 현실로 존재함

이로 보아서 아브람이 역력히 믿은 것은 하나님의 나라가 역사의 현실로서 존재해야 한다는 것이었습니다. 그것은 하나님이 지금 다스리고 계시다는 사실이 한 사람의 마음에만 있는 것이 아니고 또 여러 사람의 마음에 분산되어 있는 것도 아니라 하나님의 큰 능력의 작용이 사회를 형성하고 사회 위에서 역사(役事)한다는 것이었습니다. 다만 사람들이 그때그때마다 하나님의 나라를 나타내는 사실이 여러 가지로 왜곡되기도 하고 또 미비한 것도 많습니다. 인식의 빈곤 때문에 당시의 사람들은 하나님의 거룩한 섭리 가운데 움직이는 사실들을 잘 알지 못했습니다. 후세의 역사가들은 좀더 명확한 판단을 내릴 수도 있는 것이 사실입니다. 하지만 사가들이 그런 것을 평할 때 그저 돌발적으로 여러 가지 역사의 사실들이 발생한다는 식으로 말하지 않습니다. 역사적인 원인을 찾더라도 어떤 원인 하나에서 꼭 그렇게 발생한다는 식으로 쉽게 적용하기를 주저합니다. 그렇게 단순하게 적용하기가 심히 어렵다는 것입니다. 우리가 역사상 인과의 법칙을 늘 중요하게 보는 것이지만 어떤 원인에서 나온 어떤 결과냐 하고 명확하게 따지기가 참으로 어렵습니다. 왜냐하면 그런 원인에서 그렇게 발생하지 않을 수가 얼마든지 있기 때문입니다. 그런데도 하필 그렇게 발생하느냐 할 때는 거기 역사의 흐름을 인도하시는 하나님의 크신 손이 있기 때문입니다. 그리고 그러한 인도는 어떤 이유 때문에 일어나느냐 할 때 땅 위에 있는 의의 왕국 때문입니다. 물론 단순히 어떤 하나님의 자녀를 보존한다는 것이 전부는 아니지요. 거룩한 나라가 역사 위에서 전개될 때 사람들이 못나서 잘못 나타내기도 하고 또 하는 것이 우스워서 하나님 앞에 오히려 욕을 돌리는 일도 많은 것이 사실입니다. 그러나 그럴지라도 그 나라는 엄연히 존재하는 것입니다.

오늘 여기서 우리가 중요히 보아야 할 큰 사실은 지금 말씀드린 것들입니다. 하나님의 나라는 명목상의 나라로서 그 통치 대권의 작용은 완전히 정신적이고 추상적인 것에 불과하다는 정도로 생각해서는 결코 안 된다는 이야기입니다. 왜냐하면 하나님께서는 엄연히 한 개인은 물론, 나라들과 그리고 마침내는 온 세계를 분명히 심판하실 것이기 때문입니다. "내 사랑하는 자들아 너희가 친히 원수를 갚지 말고 하나님의 진노하심에 맡기라. 기록되었으되 원수 갚는 것이 내게 있으니 내가 갚으리라고 주께서 말씀하시니라"(롬 12:19). 어떤 사람이 억울한 일을 당하고 불공정한 사실 앞에서 울며 고통을 당할 때 세상에서는 달리 호소할 길이 없어서 막막할 때가 많습니다. 그래서 다스리는 사람들이 여러 가지 제도를 만들어서 될 수 있는 대로 억울한 것을 풀어 주려고 하는 일들이 역사적으로 많이 있어 왔습니다. 그렇지만 아무리 그렇다 하더라도 그것을 정당하게 다 풀어 주지 못할 때 하나님의 백성에 대해서는 어떻게 하신다고 하셨습니까? "네 원수 갚는 것이 내게 있다. 내가 갚으리라"(롬 12:19)고 말씀하셨습니다.

"여호와 보수(報讐)하시는 하나님이여 빛을 비추소서"(시 94:1). 주는 보수하시는 하나님이시라고 하였습니다. '보수하신다' 하는 것은 무엇입니까? 하나님의 공의가 침범을 당하고 또 그것이 이지러짐을 당하더라도 그냥 가만히 놓아 두신다거나 예수님의 심판 때에 가서야 비로소 문제를 처리하시는 것이 아니라는 뜻입니다. 하나님을 믿지 아니하는 사람들의 죄에 대해서 죄의 형벌을 원하시는 때에 하시는 것과 마찬가지입니다. 하나님의 형벌은 사람이 죽은 다음에만 이뤄지는 것이 아니라 살아 생전에도 때때로 나타나는 것입니다. 하나님께서 원하시는 대로 죄인에 대한 죄의 형벌이 때를 따라 작용하는 것처럼 하나님 나라의 큰 법칙은 땅 위에서 하나님이 원하시는 대로 발휘되는 것입니다. 이러한 사실을 터 삼아서 아브람의 출격을 생각해야 합니다. 그러므로 아브람은 거대한 반격의 위험을 무릅쓰고 진격한 것입니다. 즉 그는 '하나님의 종으로서 하나님의 손 노릇을 하겠다. 하나님이 쓰시는 막대기 노릇을 해야 하겠다' 하고 간 것입니다. 하나님께서는 그것을 승인하셨던 것이고, 기이한 일은 일반적인 역사상 사건들에 비추어 볼 때 원정군이 되돌아서서 습격을 하지 않았다는 것입니다. 막강의 세력을 떨치던 대 원정군이 그냥 당하고 돌아가 버렸습니다. 아브람의 추격 문제가 지극히 작은 것이라서 그랬습니까? 그런 것은 아닙니다. 탈취해 가던 상당히 많은 노획품을 아브람이 빼앗아 돌아온 것입니다.

그리고 그렇게 되찾은 노략품 가운데 십분의 일을 멜기세덱에게 드렸습니다.

그러면 이와 같은 사실 앞에서 배워야 할 중요한 것들이 있습니다. 하나님께서 그 나라를 인류 역사 위에서 경영해 나가실 때 이 세상의 나라를 경영하는 이들이 경영하는 것에 못지않게 명백한 사실로 하신다는 것입니다. 동시에 하나님의 경영은 가장 완전한 방식을 쓰시는 것이고 또 그것은 항상 역사 위에서 끊임없이 연면히 흘러가는 것입니다. 이런 사실들을 우리가 배울 때 하나님께서는 자연의 세력이든지 흑암의 세력이든지 혹은 악마의 세력이든지 죽음의 세력이든지간에 당신이 원하시는 때에 친히 통재하셔서 일을 이루신다는 것을 알게 됩니다.

예수님이 행하신 기적의 내용을 생각해 보세요. 예수님은 자연의 세력에 명령을 하셔서 풍랑을 잔잔케 하셨습니다. 또 물질의 세계에서 당신이 원하시는 대로 떡 다섯 개와 생선 두 마리로 수많은 무리를 먹이셨습니다. 또 무서운 죽음의 세계에서 사람을 다시 데려오신 일도 있습니다. 어찌할 수 없는 불구의 상태에 있던 손 마른 사람이나 눈먼 사람을 완전히 정상적인 사람으로 회복하기도 하셨고 중풍병자와 문둥병자의 병을 낫우신 일도 있습니다. 그뿐 아니라 하나님의 영광의 신비를 친히 나타내 보이신 일도 있습니다. 잘 아시는 것과 같이 변화산에서 변화하신 거룩한 모양은 그리스도의 참된 영광의 내용을 드러낸 것인데, '너희가 물리적으로 볼 수 있는 눈이 있을 때는 이렇게 볼 수가 있다'고 보여 주신 것입니다. 또 겟세마네에서 마지막에 잡혀가시던 날 저녁에 주께서 어떻게 거룩한 권위와 능력을 나타내셨는지를 아실 것입니다. 유다가 군대와 대제사장들과 바리새인들에게서 얻은 아랫사람들을 데리고 등과 홰와 무기를 가지고 예수님을 잡으러 왔습니다. 그때 예수님은 "너희가 누구를 찾느냐" 물었습니다. 그들이 "나사렛 예수라"고 대답하니 "내가 그니라" 하셨습니다. 그때 그들이 병장기(兵仗器)를 버리고 다 뒤로 물러가서 예수님 앞에서 부복(俯伏)했다는 기록이 요한복음 18:4-6에 나옵니다. 이것도 위대한 기적입니다. 요한복음에서는 예수님을 하나님의 아들로 그려 나갈 때 하나님의 거룩한 신비의 능력이 거기에 나타나면 모든 것들이 다 종으로 그 앞에서 부복할 수밖에 없다는 사실을 보여 줍니다. 우리가 때때로 그냥 지나치기가 쉽지만 기적의 내용을 볼 때 주님께서 어떻게 물리적인 세계에서도 필요에 응해서 그 능력을 직접 드러내시는가를 생각해야 합니다.

우리도 하나님 앞에 무엇을 구할 때에 아브람이 믿었던 것처럼 분명한 믿음이 있어야 합니다. 하나님께서 하고자 하시면 그 통치의 대권이 자연계의 세력에서든지 죽음의 세계에서든지 혹은 질병의 세계에서든지 흑암의 세계에서든지 어떤 세계 현실 가운데서도 그 나라를 실증해 주실 것을 믿는 것입니다. 그리고 때에 따라서 그런 일을 하시기 위해서 우리를 들어서 쓰십니다. 아브람의 경우도 그렇게 들어 쓰임을 받아서 원정군을 축격(逐擊)했던 것입니다. 그리고 그런 일에 대해서 멜기세덱은 십분 이해를 하고 그것을 승인하였을 뿐 아니라 찬송을 한 것입니다. "너의 대적을 네 손에 붙이신 지극히 높으신 하나님을 찬송할지로다." 그는 하나님께서 대적을 아브람의 손에 붙이셨다는 것을 믿은 사람이었습니다. 이것이 보통 쉽게 쓰는 말과 같지만 그렇게 얼른 쓸 수 있는 말이 아닙니다. 그러나 그 시대에 그런 인물이 거기에 이미 서 있었던 것입니다.

기도

거룩하신 주님, 주님의 거룩하신 왕권이 이 천지 위에서 권능의 왕으로 임하사 모든 것 위에 그 권능이 나타나지만 저희 위에서는 항상 가장 은혜로우신 왕으로서 은혜의 왕국을 경영하시고, 그것은 역사 안에서 명확하게 형식을 취하고 나타나는 것임을 저희가 믿사옵나이다. 아브람이 하나님의 백성으로서 자기의 행보를 할 때 그러한 하나님이신 것을 알고 하나님의 종으로, 백성으로 거기 살면서 또한 하나님께서 역사 위에서 직접 큰 세력과 능력을 발휘하시며 역사 현실을 창조해 가시는 분이심을 믿었나이다. 오늘날 우리도 하나님을 의지하고 하나님의 경영 가운데서 그 거룩한 역사를 저희가 사는 이 역사 시기에 확실히 만들어 나가야 할 큰 책무를 늘 느끼옵나이다. 주님, 이와 같은 거룩한 사상이 여기서 저희에게 비춰질 때 그 내용을 바로 깨닫게 하시고 그런 확실한 깨달음의 터 위에서 주님을 우러르면서 살아가게 하시옵소서.

주 예수님 이름으로 기도하옵나이다. 아멘.

하나님 나라의 현실성

제10강

히브리서 7:4-7
이 사람의 어떻게 높은 것을 생각하라 조상 아브라함이 노략물 중 좋은 것으로 십분의 일을 저에게 주었느니라 레위의 아들들 가운데 제사장의 직분을 받는 자들이 율법을 좇아 아브라함의 허리에서 난 자라도 자기 형제인 백성에게서 십분의 일을 취하라는 명령을 가졌으나 레위 족보에 들지 아니한 멜기세덱은 아브라함에게서 십분의 일을 취하고 그 약속 얻은 자를 위하여 복을 빌었나니 폐일언하고 낮은 자가 높은 자에게 복 빎을 받느니라.

하나님 나라의 현실성
제10강

원정군에 대한 하나님의 심판

아브람이 그돌라오멜과 그와 동맹을 맺은 왕들을 쳐부수고 돌아올 때 떡과 포도주를 가지고 마중 나온 멜기세덱은 두 가지를 이야기하였습니다. 먼저는 "천지의 대주재시요 지극히 높으신 하나님이여 아브람에게 복을 주시기 바랍니다" 하는 것과, 다음으로는 "지극히 높으신 하나님이 너희 대적을 네 손에 붙이셨으니 그 하나님을 찬송할지로다" 하고 찬양한 내용입니다. 멜기세덱은 아브람에게 하나님을 지극히 높으신 하나님, 천지의 대주재로 생각할 수 있도록 하였고 또한 아브람을 위하여 그러한 하나님께 복을 빌었습니다. 물론 아브람이 전에 그런 생각을 전혀 하지 않았다는 것은 아닙니다. 다만 이 사실을 계기로 그의 사상은 더욱 분명해진 것입니다. 지극히 높으시사 천지의 통재자로 앉아 계시는 하나님께서는 친히 경영하시는 땅을 큰 군대를 휘몰아서 부당하게 유린할 때 그냥 방치하시지 않으셨습니다. 자기 힘만을 의지하는 막강한 세력이 거룩한 뜻이 있는 그 나라를 제멋대로 와서 석권을 하고 사람을 다 잡아갈 때 하나님께서는 그냥 가만두시지 않고 나름대로의 심판으로 처리를 하셨습니다. 그때 나타난 역사상의 현실로 큰 심판의 한 부분을 아브람에게 맡기신 것입니다. 다른 말로 하면 하나님께서 아브람을 하나의 그릇으로 들어 쓰신 것입니다.

결국 아브람의 용맹스런 행동은 이 동방의 원정군들에 대한 하나님의 거룩한 처리의 일부가 되었습니다. 저들이 저지른 팔레스타인에 대한 극히 낭자한 침략과 노략을 하나님께서 그냥 보아넘기시지 아니하셨다는 것을 의미하는 것입니다. 만일 아브람이 그때 출격을 아니했다면 하나님이 그 원정군들을 심판하시고자 하신 그 일이 일어나지 않았을 것이라고 함부로 단언하기 어려운 것입니다. 하나님의 거룩한 뜻은 완전무결한 것이므로 하나님이 하시는 심판의 방법이나 시기가 그때 꼭 그런 형식으로 임하지 않았더라도 다른 형식으로 임할 수가 있는 것입니다. 그때 아브람이 하나님의 그릇 노릇 하기를 거절하려면 거절할 수 있었을 것입니다. 하지만 그가 거절한다 하더라도 하나님께서는 가장 기묘한 별다른 방법을 쓰셔서 원정군의 불의에 대하여 분노하시사 공의를 만족시키시는 것입니다. 지극히 높으신 하나님께서는 하고자 하시는 거룩한 경륜을 철회하시거나 중지하시는 일이 없으십니다. 요컨대 아브람이 원정군의 뒤를 쫓아가서 후미를 치고 노략해 가던 재화와 사람들을 도로 빼앗아 가지고 돌아온 일 자체가 하나님의 심판의 전모는 아닙니다. 하나님의 의로운 심판은 자재하기 때문에 하나님이 죄인들에게 죄책을 물으시고 그들이 한 범행에 대해서 문책하시면 그것은 전체적으로 완전무결하게 처리되는 것이고 그것들은 또 사람이 도저히 다 추측할 수 없이 오묘하게 이뤄지기도 하는 것입니다. 다만 당시 사기(史記) 가운데 나타난 한 역사적인 사실로 분명한 것은 아브람이 추격을 해서 원정군을 쳤다는 것입니다. 이제 그들은 다 없어지고 하나님의 영원하신 심판의 자리에 나아가기까지 각각 하나님의 거룩한 진노의 분명한 대상으로서 고통을 당하고 있다는 것을 우리가 다 알고 있는 것입니다.

하나님의 경륜을 위한 초석을 놓음

어쨌든지 이제 아브람이 그와 같은 심판의 도구로 쓰임을 받고 돌아오게 될 때 그 일에 대해서 하나님께서 기쁘게 받으신다는 표시를 하시되 멜기세덱이라는 다른 종을 쓰셔서 하신 것입니다. 즉 그가 아브람을 만나 축복하는 형태로써 하나님께서 열납하심을 알게 하신 것입니다. 아브람 자신이 추격을 할 때 그가 가지고 있던 신앙과 하나님의 뜻에 대한 깨달음에 대해서 '이것은 다른 사람이 잘 알 수 없는 일이다'고 생각하였을 것입니다. 그러나 그가 돌아오는 길에 살렘 왕 멜기세덱을 만났을 때 그게 그렇지 않다는 것을 알게 된 것입니다. 멜기세덱은 지극히 높으신 하나님의 제사장으로서 늘 하나님께 가까이 있던 사람입니다. 그는 아브람이 원정군을 추격한 큰 사실을 하나님의 뜻이라는 관점에서 명확하게 해석하였고 마침내 하나님의 이름을 빌어서 아브람을 축복한 것입니다. "천지의 주재이신 하나님, 아브람에게 복을 내려주십시오. 그리고 아브람, 그대는 대적을 그대의 손에 넘겨주신 지극히 높으신 하나님을 찬송하시오." 아브람이 승리를 거둔 것은 그의 재주가 영롱하다거나 군세(軍勢)가 위대하다거나 아브람의 의사가 공고한 까닭이 아니라 하나님께서 대적을 그의 손에 붙이신 까닭이라고 하였습니다. 이러한 사실들을 우리에게 보이신 것이고, 아브람 자신도 그것을 과연 그렇다고 생각한 것입니다. 아브람은 출격할 때부터 하나님께서 같이하시고 '하나님의 싸움을 내가 싸운다'하고 나갔던 것이고, 그리하여 필연적으로 대적을 파쇄(破碎)하고 돌아올 때는 '하나님께서 저들을 내 손에 붙이셨다'고 믿지 않을 수 없었던 것입니다. 그러므로 그 날 대승을 얻었을 때 마음 가운데 '내가 용맹과 지략으로 이겼다'고 만심(慢心)을 가졌느냐 하면 그렇지 않았습니다. 하나님께서 대적을 자신의 손에 붙이셨다고 생각했습니다.

하나님께서 장차 세우실 나라 이스라엘 곧 아브람의 후손들을 세워서 하나님 나라의 거룩한 실내용을 발생하게 하시려고 할 때 지도자로 서게 될 사람들은 항상 하나님에 대해서 생각을 바로 해야만 할 것이었습니다. 그렇게 바르게 생각하지 못했을 때 그들은 타락하고 말았습니다. 그들은 항상 하나님의 주권 행사에 대한 생각을 바로 했어야 했습니다. 하나님의 주권은 어떻게 행사됩니까? 하나님은 사람들에게 일을 맡기시고 멀리 하늘 높은 보좌에 앉아 계시사 감독하시며 '오냐, 네가 잘 다스리고 있느냐'하고 내려다만 보고 계시는 것이 아닙니다.

이 세상의 여러 군왕들은 물론이지만 또 세상에서 하나님을 믿노라고 하는 이들 가운데 많은 사람들이 그런 식의 생각을 하는 것이 사실입니다. 하나님은 하늘 높은 보좌에 앉아 계시고, 사람들은 이미 이 세상에 내신 하나님의 법칙에 따라 그들이 깨달은 위치에서 나라를 경영하기도 하고 또 무엇을 해 나간다고 생각합니다. 하나님께서 직접 다스린다는 생각은 희박하다는 것입니다. 그러나 적어도 이스라엘 나라의 주권자들은 절대로 그렇게 생각하지 않아야 했던 것입니다.

사사 시대는 물론 말할 것도 없고 이스라엘 사람들이 원해서 왕을 세웠다고 하더라도 그 왕국의 왕은 절대로 이 세상의 다른 왕국에서 왕 노릇을 하는 사람들과 같이 생각해서는 안 된다는 말씀입니다. 이스라엘은 하나님께서 직접 경영하시는 당신의 산업 내용으로 세우신 나라이기 때문입니다. 하나님을 바로 알고 하나님이 누구이신지를 깨달았을 때는 하나님의 경영의 내용을 생각해야 합니다. 하나님께서 한 개인을 불쌍히 여기셔서 그에게 은혜를 베푸시고 죄에서 건져내시며 새 생명을 주시사 죽으면 천당 가게 만드시는 그런 분으로 아는 것이 인식의 대부분이 되어서는 안 됩니다. 또한 이스라엘 백성은 적어도 그 전체가 하나님의 경륜의 내용입니다. 하나님께서 어떤 큰 경륜을 가지시고 역사를 움직여 나가신다는 사실을 믿어야 할 것입니다. 자기 개인이 하나님께 복을 받고 산다는 생각보다는 우리가 함께 이 땅에 존재하면서 하나님의 경륜의 내용으로 역사를 지어가는 것이 더 중요한 일이고 먼저 생각해야 할 일이라고 알아야 합니다. 그렇게 가르치기 위해서 선지자들을 보내셨습니다. 그것을 가르치기 위해서 레위인이나 제사장들로 하여금 하나님을 늘 가까이 모시고 있으면서 생각하고 활동하게 한 것입니다. 이런 것들이 장차 발생할 일인데 아브람은 그 일의 초석을 놓는 자로서 움직인 것입니다. 아브람은 장차 발생할 하나님의 독특한 뜻을 담은 오이코노미아 즉 경륜을 생각하고 거기에 알맞게 처음부터 초석을 놓은 것입니다. 이러한 하나님의 경륜이 하나님께서 모세 시대에 갑자기 새로 율법을 내심으로써 비로소 확호하게 수립된 것으로서 그 이전에는 그런 것 아무것도 없고 아무런 방향도 도무지 없었다고 말 못 하는 것입니다. 여러분께서 아브람이나 이삭이나 야곱이나 그 후에 사사 시대의 이야기를 읽을 때 하나님이 친히 경영하시는 큰 사업, 경륜의 내용을 늘 머리에 두고 생각하시는 것이 좋습니다.

아브람의 믿음의 위대성

우리가 아브람을 특별히 위대한 신자라고 하는 것은 그가 스스로 하나님을 가까이하는 데서 차츰차츰 이런 큰 하나님의 경륜에 대하여 바로 터득하였기 때문입니다. 그는 자꾸자꾸 깨달아 가면서 신비한 은혜 가운데로 들어간 것입니다. 어떤 문제가 자기 앞에 나타났을 때 그 문제에 대하여 보통의 세상 사람이나 일반적인 신자와 같이 해석하지 않았습니다. 하물며 동방의 원정군이 몰려와서 폭력을 낭자하게 행한 일을 놓고 생각할 때 그가 세상 사람이 생각하듯이 생각했겠느냐 말입니다. 결코 그렇지 아니했다는 것입니다. 이것이 아브람의 위대한 점입니다. 우리가 아브람의 생애 가운데서 중요하게 깊이 본받아야 할 것은 그가 문제를 보고 자기 마음 가운데 해석을 하려고 할 때 먼저는 하나님을 믿고, 그리고 천지의 대주재이신 하나님께서 나에게 무슨 약속을 하셨는가를 기본적으로 생각했다는 사실입니다.

아브람은 여기서 하나님에 대하여 '지극히 높으신 하나님'이라는 명확한 신관을 갖게 됩니다. 그 이전에 갈대아 우르에서 자기를 불러내신 하나님은 '여호와 하나님'이셨습니다. 그가 여호와에 대해서 얼마나 알았는지 우리가 알 수는 없으나 적어도 여호와께서 자기에게 말씀하신 것을 생각하고 세겜에 와서 여호와를 위해서 단을 쌓고 여호와의 이름을 불렀습니다(창 12:8). 그리고 애굽까지 내려갔다가 다시 세겜으로 올라와서 그가 처음으로 단을 쌓은 곳에서 다시 여호와의 이름을 불렀습니다(창 13:4). 이것은 적어도 여호와라는 말이 포함하고 있는 거룩한 신 개념을 아브람이 마음 가운데 품고 있었다는 뜻입니다. 만일 그것이 없었다면 갈대아 우르에서 하나님께서 자기를 불러낼 때 따라갈 만큼 명료한 길을 알 수 없었을 것입니다.

우리의 인생 생활 가운데 무슨 길이든지 무슨 일이든지 명확하게 '이것이 하나님의 뜻이다' 하고 발을 들여놓고 전진해 나가려면 그렇게 뜻을 보이신 하나님이 어떤 분이신가에 대한 정당하고도 충분한 신 개념이 자기 속에 있어야 합니다. 이러한 신 개념의 풍부한 발전을 아브람의 일생기(一生記)에서 보게 됩니다. 창세기 14:22을 보면 하나님은 천지의 주재이시요 '지극히 높으신 하나님' 즉 '엘 엘론' 이지만, 17:1에서는 "나는 전능한 하나님이다" 해서 '엘 샤다이'(שַׁדַּי אֵל) 즉 '전능하신 하나님'으로 나타내 보이셨습니다. 다시 21:33을 보면 '엘 올람'(עוֹלָם אֵל) '영생하시는 하나님'으로 나타납니다. 브엘세바에서는 에셀나무를 심고 거기서 영생하시는 하나님의 이름을 알고 불렀습니다. '여호와' 라는 이름은 구약에 나타나는 가장 기본적인 성호이지만 그 다음으로 '지극히 높으신 하나님', '영생하시는 하나님', '전능하신 하나님' 이 세 성호도 구약에서 나타내 보이신 신 개념 가운데 가장 기초되는 개념입니다.

우리가 적어도 여호와의 개념 가운데서 명확하게 배워야 할 것은 역사의 과정 가운데서 그분이 누구이시라는 것을 알게 실증해 주실 구속자라는 사실입니다. 야훼라는 성호의 개념은 '내가 누군지 네가 네 생애의 역사 과정 가운데서 알게 될 분이다' 혹은 '나는 곧 자존자(自存者)이다' 라는 것입니다. 그뿐 아니라 너와 약속을 맺고 너에게 구원을 주시는 하나님이시라는 사실이 거기에 포함되어 있습니다. 결국 하나님은 천지의 대주재이시라는 것입니다. 천지의 주재라고 하면 이치만 내놓고 하늘 보좌에 가만히 앉아서 구경만 하시는 분이 아닙니다. 사사(事事)에 직접 세상을 경영하시고 통치하시되 또한 세상을 심판하시는 분이십니다. 그런 까닭에 아브람이 자기 집에 찾아왔던 세 분 손님 가운데 한 분이 여호와이신 것을 알고 그 앞에 엎드려서 아뢸 때 조카 롯을 생각하고 "세상을 심판하시는 이가 의를 행하실 것이 아니니이까"(18:25)라고 도고(禱告)하였습니다.

 이와 같이 아브람은 풍부한 신 개념을 갖고서 때에 따라서 충분히 잘 활용하여 자기에게 역사적인 의미를 주는 사실을 늘 보고 나간 사람입니다. 그러므로 그의 신 개념은 자연히 그의 신앙을 대단히 합리적이고 이지적이고 또 풍성한 내용으로 갖추게 하였습니다. 그냥 '믿습니다. 믿습니다' 하는 감정주의 신앙이 아니었습니다. 그가 동방의 원정군을 추격하려고 감연히 나설 때도 분명히 그는 '왜 이 일을 해야만 하느냐' 하는 데 대한 명확한 답변을 가진 신앙이었던 것입니다. 그 답변은 적당하게 꾸려 맞추는 자기 중심의 편의주의적인 답변이 아니라 '이것이야말로 하나님의 큰 경영의 내용 가운데서 있어야만 할 사실이다' 라고 확신하는 것이었습니다.

 우리는 믿는다는 말을 너무 헤프게 써서 어느 때는 그 말을 다시 수정하지 아니할 수 없습니다. 무슨 일을 저질러놓고 '주여, 믿습니다. 믿습니다' 하지만 그 동기를 엄격하게 분석하면 겨우 자기 욕심으로 저지른 것이 많습니다. 유명해지고 싶다든지 자기가 무슨 사업을 하나 이루어 놓고 싶다든지 또 자기 인생을 한번 좀 가치 있게 만들어 보고 싶다든지 앞으로 올 큰 성공의 발판을 만들고 싶다든지 해서 '주여, 믿습니다. 믿습니다' 하고 나서는 일이 많다 말입니다. 그렇게 믿는다는 구호를 아무리 외친다고 해도 생기지 않을 믿음이 그의 속에서 자연스럽게 생기진 않습니다. 왜냐하면 하나님에 대한 바른 상념과 하나님의 경륜에 대한 바른 깨달음이 너무도 빈약하기 때문입니다. 그러므로 차츰차츰 하나님에 대한 관념이 구체화되어야 하고 하나님의 통치 작용이 나에게 좀더 현실적으로 매일매일 생활과 관계된 내용으로 나에게 다가와야 합니다. 그래야 비로소 자기의 현실 생활에서 어떻게 발을 디뎌야 할 것인가 하는 것이 생기는 것이며 그것이 곧 나를 확신시켜 줄 하나님의 뜻으로 움직이기 시작하는 것인데 이런 것이 항상 중요합니다.

 아브람은 특별히 자기는 물론 자기 모든 부족과 동맹군들과 또 인근

지역의 운명을 걸고 원정군을 추격하였습니다. 장차 어떠한 큰 불행에 맞닥뜨릴지도 모르는 문제를 걸고서 축격(逐擊)을 해 나갔던 것입니다. 이런 그의 행보에서 하나님의 거룩하신 뜻 즉 하나님께서 기쁘게 받으시는 일이 되겠다는 아무런 생각도 없이 그냥 뛰쳐나갔다면 그것은 신앙이라고 할 수 없는 것입니다. 그러나 그는 분명한 신앙으로 나갔기에 아브람을 위대한 신자라고 하는 것입니다. 그리고 그가 추격전을 성공적으로 마치고 돌아올 때에는 '아, 하나님은 과연 내가 믿고 나간 일에 대해서 충분히 열납하셔서 정당화하셨다. 그것은 과연 하나님의 뜻이었다' 하고 다시 의심할 여지없이 확신 가운데 거할 수 있었습니다.

그러나 그럼에도 문제는 늘 남아 있습니다. '저들이 만일 군사를 재편해서 반격해 올 때는 어떻게 하겠는가' 하는 것입니다. 만일 아브람에게 분명한 신앙이 없었다면 그 문제에 대해서 큰 우려를 가졌을 터인데, 그가 비록 근심은 했을지언정 그 문제를 하나님께 맡기고 의논한 흔적을 창세기 15장 초두에서 볼 수가 있습니다. "이후에 여호와의 말씀이 이상 중에 아브람에게 임하여 가라사대 아브람아 두려워 말라. 나는 너의 방패요 너의 지극히 큰 상급이라"(1절). 하나님께서 친히 "나는 네 상급이고 또한 나는 너의 방패라"고 가르쳤습니다. 그리고 17장에 가서는 "나는 전능한 하나님이라 너는 내 앞에서 행하여 완전하라"고 하셨습니다. 이렇게 그는 가면서 가면서 더욱 확증을 얻었습니다. 그리고 과연 그의 일생의 기록 가운데 그 후로 동방의 왕들이 다시 동맹군을 만들었다거나 혹은 엘람의 왕이 단독으로 원정군을 만들어 쳐내려온 일이 없습니다.

원정군에 대한 아브람의 태도

아브람이 추격전에서 성공하고 돌아올 때 그의 마음 가운데 가득한 것은 무엇이었겠습니까? 그에게는 '내가 잘해서 이겼다'는 심정이 도무지 없었습니다. 그리고 '이번에는 요행히 이겼으나 걱정스럽기 그지 없다'는 것도 없었습니다. 다만 '하나님, 하나님의 거룩하신 뜻을 저보고 행하라고 명령하신 대로 이 종은 가서 그대로 담담히 행하고 돌아옵니다' 하는 심정밖에 없었을 것입니다. 그리고 그것을 다른 사람이 알 것이라고 기대하지 않았는데 멜기세덱은 그것을 알고 있었습니다. 멜기세덱이 "너희 대적을 네 손에 붙이신 지극히 높으신 하나님을 찬송할지로다" 한 것을 보아 그는 지극히 높으신 하나님의 제사장으로서 원정군의 석권과 아브람의 출격에 대해서 전혀 모르고 멍하니 앉아 있던 사람이 아니라는 것을 알 수 있습니다. 그는 아담 이래로 셋 계통을 이어 노아와 그의 아들들을 통해서 계계승승(繼繼承承) 내려오던 참 하나님, 유일의 하나님을 섬기던 신앙으로 제사를 드리고 있었습니다. 그가 취한 제도가 명확히 어떠한 방식이었는지 알 수 없으나 적어도 제사를 드리고 있었던 것입니다. 제사를 드리는 일은 인류의 시초 때부터 있었습니다. 결국 그는 희생의 대가를 보시고 속죄해 주시는 하나님께 제사를 드리는 제사장인 동시에 왕으로서 그 백성을 바른 경영체로 늘 끌고 나가야 한다는 하나님의 거룩하신 뜻을 어느 정도만큼 이해한 사람이라는 것입니다.

그는 왕으로서 가져야 할 가장 중요한 덕 즉 공의와 화평을 가지고 있었습니다. 그래서 멜기세덱을 일컬어 의의 왕이요 평화의 왕이라고 한 것입니다. 이것은 언제든지 왕으로서 지녀야 할 기초적인 중요한 덕입니다. 사람들로 하여금 원한과 불평을 일으키지 않도록 하여 항상 평화를 유지할 수 있는 동시에 늘 공의를 명확하게 드러내고 나가야 하는 것입니다. 그러나 실제로 살렘이란 도시의 이름인 까닭에 그것이 샬롬이라는 덕과 얼마나 관계가 되어 있었는지 확실히 알 수가 없습니다. 다만 여기서 그런 정도의 힌트를 얻을 수가 있습니다. 기록이 항상 그만큼 담박(淡泊)하기 때문입니다. 멜기세덱에 대해서 우리가 깊이 연구해서 그가 어떻다고 하는 것을 내놓을 만한 것이 없습니다. 이전 시간에도 말씀드렸지만 히브리서 7장에 나타난 멜기세덱의 이야기를 통해서도 '그는 사람이 아닌 존재로서 영생하는 신비한 분이다' 라고 할 아무런 증거가 없습니다. 다만 그에 대해서는 알 수 없다는 것입니다. 그의 부모가 누구인지도 모르고 그의 시작이나 종말에 대해서도 모른다는 것입니다. 레위의 계통과 같이 확실히 족보가 있는 것이 아니므로 어느 족속에서 어떻게 나왔다고 말할 수가 없는 것입니다. 그래서 거룩한 신인(神人)으로서 가지고 계시는 우리 주님의 제사장직을 논할 때에도 언제 시작했는지 또 언제 끝났는지 모르는 멜기세덱의 반차(班次)에 비교하고 있는 것뿐입니다.

그런 멜기세덱은 출정(出征)에 나설 때의 아브람이 품었던 심사(心思)와 그의 용기 있는 신앙 행동에 대해서 이미 충분히 알고 있었습니다. 그리하여 그는 아브람이 추격전을 마치고 돌아올 때 먹을 것을 가지고 나아가서 반가이 맞이한 것입니다. 그것을 해야만 할 일로 생각하고 있었던 까닭에 아브람을 반갑게 맞아 주면서 지극히 높으신 하나님, 천지의 대주재의 이름으로 축복한 것입니다. 이것은 아브람의 신앙이 저 혼자 외롭게 걷는 것이 아니고, '참으로 네가 알지 못하는 가운데에도 하나님의 백성은 저기 있다' 하는 것을 또한 표시하는 것입니다. 그렇다고 멜기세덱 같은 이가 나와서 자기를 맞이했을 때 비로소 아브람은 '아, 여기 이런 분이 있었구나' 하고 그때서야 깨달았다고 말하기도 어렵습니다.

생각건대 그때 아브람은 헤브론에 있었습니다. 거기서 불과 한 100리쯤 북쪽으로 올라오면 예루살렘이 있습니다. 전 시간에도 말씀드렸지만 살렘이 예루살렘인지 아닌지 우리가 단언할 수 없습니다. 하지만 살렘이 헤브론에서 그렇게 먼 거리는 아니었을 것이고, 아브람 역시 지혜 있는 통치자로서 주위 사정에 대해서 어둡지 않았을 것입니다. 저쪽 세겜에서 아이로, 아이에서 남쪽 헤브론을 향하여 내려올 때 예루살렘으로 지나갔을지도 모릅니다. 그랬다면 이미 거기 있던 왕과 아브람이 어찌어찌 만나서 무슨 거래를 하고 지나갔는지도 알 수 없습니다. 어쨌든지 살렘 왕은 아브람을 맞이하러 나갈 만큼 아브람의 추격전에 대해서 주시하고 있었고, 마침내 그가 승리하고 돌아올 때 떡과 포도주를 준비해 가지고 가서 그를 맞이하여 축복했던 것입니다.

이런 것을 볼 때 살렘 왕 멜기세덱도 아브람에 대한 이해가 그만큼 있던 사람입니다. 아브람의 신앙과 용기 있는 행동에 대해서 찬사를 보낼 만큼 알고 있던 사람이었습니다. 또 그만큼 자기 자신도 원정군이 와서 지역 일대를 석권하는 문제에 대해서 깊은 관심을 갖고서 마음을 쓰고 있었다 하는 것을 예상할 수 있습니다. 만일 원정군이 휘몰아서 여리고 근방에서 서쪽으로 쳐들어왔다면 예루살렘도 당할 뻔하였습니다. 그렇게 멀고 먼 천리의 길을 원정 온 사람들이 난행(難行)의 길이라고 해서 반드시 에돌 것이라고 생각할 수만도 없습니다. 다만 어쩐 일인지 쳐들어오지 않고 그냥 간 것뿐입니다. 어쨌든지 살렘 왕도 아브람과 똑같이 하나님을 믿고 의지하고 살던 사람으로서 하나님의 법칙에 의해서 그 백성을 통치할 뿐만 아니라 제사장으로 하나님을 섬기고 살았습니다. 그렇게 하나님을 경건하게 섬기고 사는 종교와 거룩한 사상과 규모 있는 기풍과 생활의 여러 가지 제도를 야만적인 북방의 큰 나라 사람들이 와서 파괴한다든지 유린한다든지 포악을 행하고 간다든지 하면 그것이 굉장히 큰 문제일 것 아니겠습니까?

이런 때 하나님의 제사장인 멜기세덱이 가만히 앉아 있지 않았을 것입니다. 멜기세덱은 계속적으로 하나님 앞에 이 문제에 대해서 기도하였을 것입니다. 그는 도고하고 있었을 것입니다. 그리고 원정군들이 떠났을 때에도 '아, 이제는 떠났으니 시원하다' 고만 하지 않았을 것입니다. 그가 명철한 정신이 있었더라면 언제든지 발생할 수 있는 그런 큰 위험에 대해서 생각하면서 '하나님께서 무엇을 어떻게 하시려고 하는가'를 좀더 깨달아 보려고 애썼을 것입니다. 적어도 멜기세덱은 원정군들이 와서 휩쓸고 가는 동안에도 그들의 소식을 들었을 것이고 다시 그 일대를 휩쓸고 올라갈 때도 소식을 들었을 것입니다. 적어도 그가 큰 도성을 차지하고 있는 왕으로 있었다면 그런 소식을 전하는 보발(步撥)도 있었을 것입니다. '지금 원정군이 호리 족속을 쳤습니다. 엘바란으로 내려갔습니다. 지금 가데스 바네아 일대로 돌아다닙니다' 하는 식으로, 멜기세덱이 그런 일을 주의해서 살피면서 무엇을 생각했겠습니까? 하나님을 믿고 의지하는 거룩한 제사장으로 있던 그로서는 하나님께 제사를 드리고 기도를 했을 것입니다. 이렇게 원정군의 침략 문제에 대해서 하나님께 고한 사람이 아브람만이 아니라 여기 살렘 왕 멜기세덱도 있었다 하는 것을 볼 수가 있습니다.

아브람도 물론 말할 것 없이 그렇게 했습니다. 소돔·고모라가 적의 손에 들어가고 자기 조카도 잡혀갔다는 이야기를 들었을 때 아무런 생각도 없었던 것이 아니었습니다. 그 문제에 대해서 관심을 가지고 있던 그로서는 직접 자기의 문제로 왔을 때 '자, 대체 이렇게 포악을 행하는 오랑캐와 같은 원정군에 대해서 하나님께서는 어떻게 하시려는가' 생각했고, 결국은 자기가 하나님의 심판의 도구로서 쓰일 것을 알고 자기 부분을 하려고 부하들을 모으고 동맹군을 규합하여 추격전에 나선 것입니다.

멜기세덱의 축복과 아브람의 헌상

살렘 왕 멜기세덱은 직접 아브람의 동맹군에 가담하거나 군대를 보내지는 아니했지만, 승리하고 돌아오는 아브람에 대해서 마음 가운데 깊이 찬양하는 심정과 감사하는 심정으로 마중을 나왔고 지극히 높으신 하나님의 이름으로 축복을 하였습니다. 특별히 전투에 나섰던 모든 사람들을 호궤(犒饋)하려고 떡과 포도주를 가지고 갔습니다. 떡은 물론 일용의 양식이 되는 것이고 포도주는 그때 거기에서 일반적으로 쓰이던 값비싼 음료였습니다. 떡과 포도주를 가리켜 특별히 그것이 예수님께서 성만찬을 하실 때 쓰시던 재료와 같은 품목이라고 굳이 성찬과 연계시켜 생각해야 할 이유는 없습니다. 떡과 포도주가 예전의 의미를 갖게 된 것은 나중의 일이고 그때는 그것이 어느 정도만큼 종교적인 의미를 가졌는지 우리로서는 잘 알 길이 없습니다. 그러나 여기서 우리가 분명히 생각해야 할 것은 그들에게는 그것이 음식으로 온 것이라는 사실입니다. 어떤 종교 의식을 행하려고 가지고 온 것이 아니라 먹고 마실 음식으로 가지고 온 것입니다.

그래서 추격전을 마치고 돌아온 아브람의 군대는 그것을 먹고 마시고 그 다음에는 축복을 받았습니다. 하지만 아브람은 '아, 이것은 개선군을 환영하기 위해서는 마땅한 처사로구나' 하는 식으로 뽐낸 것이 아니라 '우리를 맞이하시는 이분은 지극히 높으신 하나님의 대제사장이다' 하고 높이 예우하였습니다. 그것을 어떠한 방식으로 표현하였느냐? 자기가 하나님 앞에 드리되 현실적으로 어디에 내놓아야 하겠는가 할 때 이 제사장에게 드려야 하겠다고 생각하였습니다. 이번 전쟁에서 재물을 얻게 하신 하나님의 크신 은혜를 생각하고 승리를 상징하는 물건, 노략품 가운데에서 10분의 1을 떼서 멜기세덱에게 드렸다는 말입니다. 여기서 십분의 일이란 물질의 다과(多寡) 문제보다 승리를 상징하는 전 물건을 대표하는 것으로서 '이것을 하나님께 드립니다' 한 것입니다. 이렇게 대표의 상징을 띤 물품을 하나님 앞에 드리려고 할 때 현실적으로 지극히 높으신 하나님의 제사장에게 내놓은 것이고 멜기세덱은 그것을 받았습니다.

히브리서를 보면 멜기세덱을 높은 사람으로 평가해 놓았습니다. 큰 자가 작은 자에게 축복하고 작은 자에게서 십일조를 받는다 하는 식으로 말입니다. 그러나 그것은 당시 유대 사람들의 사회 제도에서 추출하여 그런 논리를 세워 생각해 본 것이고, 지금 우리도 그리로 들어가는 것은 아닙니다. 요컨대 멜기세덱이 그와 같이 한 사실을 통하여 아브람의 축격의 의미가 하나님과 얼마나 밀접하게 관계되어 있었는가 하는 것을 여기서 또한 상징적으로 표시한 것입니다. 전 시간에도 말씀드렸지만 제사장이 비는 축복은 그의 신성한 직무를 집행해 나가는 일 가운데 하나입니다. 그냥 오다가다 하는 축복의 말이 아닙니다. 하나님의 거룩한 복을 하나님의 편에서 하나님의 심부름꾼으로서 전달하는 의미를 가질 때 축복하게 되는데, 멜기세덱도 그러한 의미로서 아브람에게 축복을 했습니다. 하나님께서 아브람에게 과연 상을 내리신다 하는 의미가 들어 있습니다. 아브람이 행한 일에 대해서 하나님께서 '오, 내 종아, 내가 네게 시킨 일을 잘했으니 이제 일어나 주인의 즐거움을 누려라' 하는 의미로 멜기세덱이 축복을 했습니다.

이 세상에서는 축복이라는 중요한 일을 하도 아무렇게라도 생각해 버릇해서 별로 감흥이 없이 그냥 보기가 쉽습니다. 그래서 이 기사를 볼 때에도 '누가 축복했구나. 아브람이 복을 받았나 보다' 하고 특별히 걸리는 게 없이 생각하기 쉽습니다. 그러나 지금 여기를 주의해서 보면 멜기세덱이라는 사람이 와서 제사장으로서 민중을 대표하여 제사를 드리는 사실이 있고, 그 다음에는 하나님의 명령을 받든 심부름꾼으로서 축복을 하는 부분이 있습니다. 결국 하나님께서는 아브람이 행한 내용을 받으시되 그의 몸을 하나님이 기뻐하시는 산 제물로 드린 것과 같이 받으셨습니다(롬 12:1). 아브람이 노획물 가운데 10분의 1을 하나님께 드리면서 '자, 이것은 하나님 것이올시다. 제사장께서 이것을 받아 주십시오' 하고서 십일조를 드린 것은 '이것을 당신과 더불어 좀 나눕시다' 하고 전리품을 분배하는 의미가 아닙니다. 히브리서에서도 10분의 1을 드린 것을 분명히 헌상(獻上)의 의미라고 쓰고 있습니다. 이렇게 해서 하나님이 열납하시고 재가하셨다는 표시로서 내리시는 은혜를 아브람은 충분히 받은 것입니다.

타인의 권리나 자유를 존중한 아브람

멜기세덱의 축복 다음에 21절에 가면 마중 나온 또 한 사람 소돔 왕이 등장합니다. 소돔 왕은 축격을 마치고 돌아온 아브람에게 "사람은 내게 돌려 보내주시되 물품은 다 차지하십시오" 하였습니다. 거기에 대하여 아브람은 "내가 당신에게서 물품을 받을 까닭이 없다"고 했습니다. 사실 소돔 왕이 아브람에게 물건을 차지하라고 할 때 원래 빼앗긴 물건을 찾아온 사람이 아브람이니까 노획품을 자기가 다 차지하더라도 상관이 없습니다. 하지만 아브람은 소돔 사람뿐 아니라 소돔의 재물을 다 돌렸다 말씀입니다. 그러나 아브람 자신이 차지해야 할 부분만을 그렇게 처리한 것이지 그의 동맹군이나 같이 갔던 군대들이 받아야 할 몫을 아브람이 제한한 것은 아닙니다. 그런 까닭에 "오직 소년들의 먹은 것과 나의 동맹군, 마므레와 아넬과 에스골 삼형제가 받아야 할 부분은 제할 터인데 그들이 그 분깃을 취할 것이라" 한 것입니다. 자기 것 이외에 남의 양심까지 좌우하려 하지 않았고 남의 권리까지를 대행하려 하지도 않았습니다. 자기가 사령관으로서 충분한 권리를 가지고 있었지만 분배 문제에 대해서 냉정히 생각하였던 것입니다. 각자의 분깃을 받고 안 받는 문제는 개인이 결정하도록 해야 할 일이지 그 일까지 사령관이 도맡아서 명령할 이유가 도무지 없다고 생각했습니다. '어떤 사람이 그것을 사양하면서 받기 싫어한다면 그것은 그 개인의 양심 문제로서 그 사람 자신이 결정할 문제이다. 그리고 그것을 받겠다 하더라도 그 역시 각자가 결정할 문제이다' 이렇게 남의 권리에 대해서 조금도 저촉하지 않으려고 항상 주의했다는 점이 아브람이 평소 가지고 있는 태도요 대단히 예민한 감각입니다. 그렇게 함으로써 남의 덕이나 남의 희생을 토대로 해서 자기의 신앙을 건설하려고 하는 일이 없었던 것입니다.

　이런 일에 있어서 남인 경우는 그렇게 분명할 수 있지만 자식의 관계나 자기 집안 식구의 관계에서는 반드시 그렇게 간단하질 않습니다. 왜냐하면 그때 시대의 풍속이 있는 것이기 때문입니다. 당시에는 자식이나 아내를 소유물처럼 다루었습니다. 아브람은 이런 문제에 대해서까지 차후에 하나님께로부터 더욱 분명하고 철저하게 배워 나가게 됩니다. 하나님에 대한 신앙의 문제, 양심의 문제에 있어서는 자기가 자식을 대행하지 못하는 것을 배우게 됩니다. 자기 아내의 것을 대행하지 못하는 것을 알게 됩니다. 그런 가르침을 통하여 인권의 존엄성이라는 것과 개인 개인에게 주신 하나님의 은혜와 은사의 내용에 대해서, 무엇보다도 은혜의 자유라는 것을 철저하게 배우게 됩니다. 아브람이 그런 것을 배웠지만 그것은 후대의 사람들도 배워야 했고 오늘날 우리도 항상 그런 것을 잘 배워 두어야 합니다.

　종교 개혁의 대본(大本) 가운데 은혜의 자유라는 것은 중요한 사상적인 초석이었습니다. 은혜는 개인 개인이 자기가 거절하든지 받든지 하게 되는 것이지 중간에 어떤 사람이 끼여 이러고저러고 못 한다고 한 것입니다. 교권에 의해서 은혜의 문을 닫는다, 열어 준다 하는 식의 오만한 태도를 절대적으로 배제했던 것입니다. 은혜의 자유가 있는 까닭에 자기 자신이 스스로 무엇을 결정하는 데 양심의 자유라는 것이 심히 중요하였던 것입니다. 그런데 이와 같은 거룩한 사상이 앞으로 찬란하게 빛날 하나님 나라의 형성에 필요하다는 것을 우리가 은은하게 느낄 수 있도록 희미하나마 싹이 트는데 이제 벌써 아브람의 생애에서 그것의 태동(胎動)을 보는 것입니다. 타인과의 관계에서 아브람이 하는 일들을 보면 그는 언제든지 대단히 예민한 감각을 가지고 매사에 임하였습니다. 절대로 남의 권리나 남의 마음이나 남이 가지고 있는 인간의 기본적인 자유에 대해서 제한하거나 빼앗아서 그 위에 군림하는 태도를 취하지 아니했습니다. 그런 한 가지 예를 우리가 여기서 또한 보게 됩니다.

하나님의 나라가 인류 사회에 구현되는 양태

멜기세덱이 아브람을 만난 사실을 보면서 그가 아브람을 깊이 이해하고 같은 신앙의 노선에서 심심한 관찰을 하고 있었다는 것과 아브람이 그 일에 대해서 감사히 생각하고 자기의 부분을 충실히 행해 나갔다는 것을 생각해 보았습니다. 여기서 우리는 하나님 나라가 인류 역사 위에서 역사의 사실로 구현되어 나갔다는 점에서 과연 그것이 지니는 큰 뜻이 무엇인지를 찾아서 공부하는 것이 심히 중요합니다. 즉 하나님의 통치의 거룩한 능력이 인류 사회에서 어떻게 구체적으로 구현되어 나갔으며 그것이 하나님의 나라라는 명확한 형식으로 어떻게 표현되어 나갔는가 하는 것을 늘 주의해서 보아야 할 것입니다.

다른 말로 좀더 설명을 해 보지요. 아브람은 동방의 원정군들이 와서 소돔 일대를 낭자하게 유린하고 파괴하고 약탈하고 포악을 행한 사실에 대해서 '그야 어찌할 수가 있는가? 강한 자가 와서 이렇게 약하고 아무것도 아닌 우리를 짓밟고 간 것이니까 할 수 없지' 하고 생각하지 않았습니다. 사실 이것은 '하나님의 나라는 엄연히 존재하고, 하나님은 모든 사람의 권력과 지위와는 비교할 수 없는 최종 극한의 자리에 앉아서 모든 것을 다 통재하고 계시지 않는가? 그분이 친히 경영하시려고 약속하신 이 나라를 저 만족(蠻族)과 같은 사람들이 와서 침략하고 낭자히 포악을 행하고 간 이 일을 하나님께서 그냥 보아 넘기시겠는가' 하는 문제입니다. 우리가 이런 과거 역사의 사실을 보면서 하나님의 심판이나 하나님의 직접적인 경영이 인류 사회에서 어떻게 발전해 나갔느냐 하는 것을 바로 생각해야 할 것입니다. 그렇게 해 나갈 때 우리는 하나님 나라의 생활이 어떠한 형태를 가지고 있는가를 바로 깨달을 수 있습니다. '하나님의 나라는 추상적인 종교 관념과 부허(浮虛)한 종교 감정에 있는 것이고 우리의 현실 생활은 이 세상에 있는 정치, 경제, 사회, 문화의 여러 가지 제약 가운데서 그냥 그대로 살아갈 수밖에 없는 것인가'를 바로 생각해야 하는 것입니다.

로마 제국이나 다른 어떤 포악한 나라가 기독교를 박해했을 때 참으로 가져야 할 정당한 사상이란 무엇입니까? 하나님께서 친히 경영하시는 나라가 인류 문화사 위에 명확하게 존재한다면 그 나라를 박해하는 큰 권세에 대해서 어떻게 생각해야 합니까? 그런 때 하나님은 '지금은 할 수 없다. 앞으로 예수께서 오셔서 심판할 때나 어떻게 하지 현재로는 손을 댈 길이 없으니 그냥 참고 견디어라' 하십니까? 그렇지 않으면 '지금 너희가 박해받는 그 속에서도 나는 엄연히 통치를 하고 있다. 한치의 게으름도 없이, 추호의 불완전함도 없이 완전하게 너희를 통치하고 있으며 너희를 붙들고 있다'고 하십니까? 예수 그리스도께서는 오늘날 우리의 왕이시며 친히 전 세계의 모든 문제에 대해서 그 왕권을 행사하시고 계십니다. 주 예수께서는 당신의 영광을 우리에게 보이시는 일을 언제든지 늘 하고 계시는 것입니다.

아브람에게 있어서 하나님의 나라는 단순한 추상적인 관념이나 종교 감정에 불과한 것이 아니었습니다. 그러하기에 어떤 큰 나라가 와서 낭자한 포악을 감행하고 돌아갔을 때 거기에 대해서 '어떻게 할 수 없는 것이 아니냐'고 생각하지 않았습니다. 그는 하나님을 믿되 하나님이 그에게 약속한 사실과 그때 자기 주변에서 발생한 일에 대해서 전연 별개의 문제라고 어쭙잖게 생각지 아니하였습니다. '하나님이 나에게 약속하신 사실은 역력한 현실인데 저것이 와서 저렇게 유린을 하니 대체 무엇이냐' 하고 문제를 명확하게 다루었습니다. 거기에 대하여 하나님께서는 재가를 하시든지 또는 '네가 잘못 생각했다'든지 하실 터인데 하나님께서는 그것을 명확하게 재가하셨습니다. 그렇다면 이것을 가지고 '그건 옛날 이야기이고 지금은 안 그럴 게다. 그것은 모두 추상화된 사실일 뿐이다'고 생각해야 하는 것입니까? 하나님의 나라는 처음과 달리 다루어지는 방식과 적용하는 법칙이 중간에 다 변경된 것이 아닙니다. 그것은 일관된 것입니다. '옛날 같으면 그래도 하나님이 친히 나서셔서 이러고 저러고 하실 것이지만 지금은 관계하지 않으신다'고 말하기 쉬운데 결코 그렇지 않습니다. 그러나 다윗이 나가서 싸움을 하던 때나 하나님께 일일이 묻고 거기에 대하여 하나님은 대답하셨다고 생각하는 사람들이 없지 않습니다. 그래서 다윗은 용감하게 싸움을 싸울 수 있었지만 지금은 어디 그럴 수 있느냐고 합니다. 그런 무리들은 처음부터 하나님의 일을 모호한 것으로 접어둡니다. 다만 기독교는 정신 세계에서나 이러고 저러고 작용하는 것으로 알고, 물질 세계의 모든 법칙은 온전히 물질 세계의 이치로 운영되는 것으로 치부합니다. 그렇다면 그것이 참된 기독교입니까? 기독교도 그렇게 이신론(理神論)적인 요소를 강렬하게 지니고 있는 것인가? 이런 점에 대해서 우리는 이제 하나님 나라의 구체적인 모습이 처음 싹터 나올 때의 사실에서부터 주의해서 보아야 합니다. 그런 데서 하나님 나라와 인류의 명확한 역사적 사실과의 관계가 무엇인가를 차례차례 명확하게 보아 나갈 수가 있을 것입니다.

기도

　거룩하신 주님, 주님의 나라는 항상 명료하고 현실적이며 큰 능력으로 작용하시되 그것은 공중의 구름과 같이 바람과 같이 희미하게 있는 것이 아니옵니다. 인류 역사 위에서 어떤 역사의 큰 사건보다도 더 명확하게 분명한 사실로 존재하건만 저희의 눈이 어둡고 생각이 옅어서 세상의 소리만 들리고 하나님께서 가르치시는 큰 도리와 하나님 나라의 거룩한 운행의 현저한 사실들은 잘 볼 수가 없사옵나이다. 그러나 주께서 택하신 주님의 종들은 처음부터 달랐던 것을 보게 되옵니다. 옛날에 아브람은 큰 문제를 앞에 두고 그 문제의 성격을 해석할 때 결코 추상적으로 생각하거나 선반 위에 올려놓고 생각하지 아니하였사옵니다. 동방의 원정군들이 와서 소돔 일대를 쳤을 때 그것을 다만 무서운 힘의 사실로 인정하고 힘없는 자로서 잠잠히 그대로 있을 수밖에 없다는 태도를 취하지 아니했나이다. 사랑하시는 아버님, 저희도 역사의 현실 가운데서 오늘날도 하나님께서는 사사건건 저희의 머리터럭 하나라도 세시면서 구체적으로 소상하게 모든 일을 통재하시며 거룩한 왕권을 생생히 발휘하신다는 사실을 잘 깨달아야 하겠나이다. 이런 일을 저희에게 깨닫게 하시는 주님, 저희가 좀더 바로 알고 바로 볼 수 있게 하시되 성신의 거룩한 빛으로 비추어 주셔서 깊이 깨달아 알게 하시옵소서.

　우리 주 예수님의 이름으로 기도하옵나이다. 아멘.

아브람에게 내리신 계시(1)

제11강

창세기 15:1-5
이 후에 여호와의 말씀이 이상 중에 아브람에게 임하여 가라사대 아브람아 두려워 말라 나는 너의 방패요 너의 지극히 큰 상급이니라 아브람이 가로되 주 여호와여 무엇을 내게 주시려나이까 나는 무자하오니 나의 상속자는 이 다메섹 엘리에셀이니이다 아브람이 또 가로되 주께서 내게 씨를 아니 주셨으니 내 집에서 길리운 자가 나의 후사가 될 것이니이다 여호와의 말씀이 그에게 임하여 가라사대 그 사람은 너의 후사가 아니라 네 몸에서 날 자가 네 후사가 되리라 하시고 그를 이끌고 밖으로 나가 가라사대 하늘을 우러러 뭇 별을 셀 수 있나 보라 또 그에게 이르시되 네 자손이 이와 같으리라.

아브람에게 내리신 계시(1)
제11강

거룩한 본향을 향해 가는 생활

 오늘은 창세기 15장에서 보이는 바 하나님의 백성에 대한 하나님의 경영을 생각하려고 합니다. 이 15장에 있는 내용은 하나님께서 이상(異常) 중에 아브람을 부르사 계시하신 사실과 하나님께서 아브람과 언약을 맺으시고 그 징표를 그에게 확실히 보여 주신 사실에 대한 기사입니다. 아브람의 생활에 어떤 굉장한 사건이 일어난 것이 아니라 그가 하나님과의 관계에서 어떠한 중요한 일을 경험한 것입니다. 이렇게 세상 사람과 직접 관여되어 얻은 경험이 아니라 계시 가운데서 하나님이 보여 주시는 여러 가지 것들을 본 것이 아브람의 생활 가운데 있는 또 하나의 중요한 특성입니다.
 아브람의 사적(事蹟)을 공부해 가면서 우리는 차츰차츰 그가 대체 어떤 점에서 중요한 인물인가 하는 것을 자연스럽게 배우게 됩니다. 무엇보다도 야고보서 2:23 말씀과 같이 그는 '하나님의 벗'이라 하는 말을 들을 만큼 신앙이 돈독하고 또 신앙의 내용이 깊었습니다. 하지만 외적으로는 그가 큰 사업을 한 것이 별로 없었습니다. 그는 한 부족의 수장(首長) 즉 왕이 되어서 하나님께서 명령하신 가나안 땅에 들어가 방랑하면서 살았습니다. 비록 아직 가나안 땅을 제 것이라고 선언하지 않고 두류(逗留)하면서 지냈지만 그곳이 하나님이 약속하신 땅인 것을 확신하고 자기와 자기 자손이 거룩한 하나님 나라의 경영을 거기서 나타내야 할 것을 믿고 멀리 바라면서 살았던 것입니다. 결국 그는 그보다 훨씬 더 높은 새로운 세계를 지향해 나가는 거룩한 정신을 가지고 거기서 살았습니다.

아브람이 가나안 땅에 체류한 사실에서 우리가 중요히 보는 것은 그가 단순히 물리적인 어떤 장소를 택하여 거기 거하면서 자기를 경영하는 것으로 끝나지 아니하고, 히브리서 11장에 있는 말씀과 같이 허락하신 하나님의 터가 있는 성을 바라보고 그의 인간 생활을 해 나갔다는 것입니다. 그는 본향을 찾았는데 자기가 나온 곳으로 돌아가려고 한 것이 아니라 하나님께서 하늘에 간직하신 본향을 찾았습니다. 아브람이 그의 정신 세계에서는 물론이고 그의 전체적인 생활 방향이 항상 하나님께서 허락하신 바 터가 있는 성을 바라고 나간 사실이 중요합니다. 하늘에 간직한 거룩한 본향, 더 좋은 참된 의미의 복스러운 가나안을 향해 나아가는 그의 전체적인 편력(遍歷)의 생활이 중요한 것입니다.

또 우리가 아브람의 사적을 볼 때 마음 가운데 늘 기억해야 할 중요한 사실은 그의 사상이 처음에는 그때 시대 사람의 사상과 비슷한 위치에서 출발하지만 가면서 가면서 하나님의 가르치심과 훈련을 받아 그의 사상이 아주 높고 위대한 곳에 이르게 되었다는 점입니다. 그가 그러한 위대한 사상을 가지게 되는 데에는 무엇보다도 그가 하나님의 계시에 접촉하는 사람인 동시에 하나님이 그를 쓰셔서 그 백성 전체를 향해 만대에 걸쳐서 내리실 계시의 한 그릇으로 삼으셨다는 사실이 작용한 것입니다. 그는 단순히 계시에 접촉해서 은혜를 받고 그의 사상이 심오해졌다는 정도의 개인적인 성장의 문제를 넘어서 하나님의 거룩한 백성과 하나님의 오이코노미아에 내리시는 계시의 그릇으로서 자격을 형성해 갔습니다. 그래서 더욱 성장할수록 좀더 심오한 계시의 그릇으로서 계시의 내용을 받아서 후세에 전달하는 자기의 임무를 다했습니다. 그뿐더러 그는 지상에 세우신 하나님의 거룩한 나라의 선도자 혹은 대선배였습니다. 하나님의 오이코노미아 즉 하나님의 산업 혹은 경륜 혹은 경제라 하는 말로 표시할 수 있는 하나님의 배제(配劑)

가운데 큰 역사적 사실을 형성해 갈 때 선두에 서서 걸어간 인물이었습니다.

 이러한 아브람의 위대성을 항상 염두에 둘지라도 그런 선입관에서 보시라는 것은 아닙니다. 차츰차츰 아브람의 사적을 공부해 가면서 하나님의 경륜이 차례차례 명확하게 나타나는 것을 간과하지 말고 주의해서 보시라는 것입니다. 아브람의 사적을 공부할 때 왕왕 한 개인이 어떻게 신앙 생활을 했는가 하는 문제를 보는 정도에서 그치는 일이 있습니다. 그러나 '그가 하나님께 어떻게 모든 것을 맡기고 의지하고 명령대로 순종하고 살았는가?' 하는 것 즉 개인과 하나님의 관계만을 중심 삼아서 그를 하나의 표본으로 하여 우리도 그렇게 예수 믿고 살아가야겠다고 하는 정도로 생각하는 것은 하나님께서 아브람의 사적을 하나의 계시의 내용으로 우리에게 보이신 큰 도리의 많은 부분을 은폐하는 소위가 됩니다. 항상 그런 개인주의적인 처지에서 무엇을 보아 버릇하는 것은 종교를 개인의 도덕적 완성이나 개인의 안심입명(安心立命)이라는 관점에서 생각하는 전통으로부터 많은 영향을 받았기 때문입니다. 그러나 예수 믿는 도리가 원래 그런 개인의 위치에서 무슨 이야기를 하지 않습니다. 그리스도와의 생명의 연결로 인한 거룩한 그리스도의 신령한 몸, 하나님의 새로운 한 배제, 에커너미(economy)라는 것을 항상 가장 크게 생각한다는 것에 주의하시기 바랍니다.

 우리 개인은 예수 그리스도와 연결되지 않았다면 결코 하나님 앞에 산 것이라 인정을 못 받았을 것입니다. 그리스도와의 연결이라는 것은 나와 그리스도와의 관계에서 끝나는 것이 아닙니다. 그러나 그리스도와 연결된 모든 생명과 합해서 내가 하나의 신령한 거룩한 몸을 이룬다는 사실이 더욱 큰 의미가 있는 까닭에 전체의 부분으로서 내가 존재하는 것입니다. 그리스도교의 인간관이나 인생관을 생각해 나갈 때 이러한 점을 주의해야 할 것입니다.

아브람에게 내리신 계시의 특성

　우리가 15장의 본문으로 돌아가서 볼 때 본문의 내용은 하나님과의 계시 관계라는 점에서 심오한 의미를 갖지만 그 이야기 자체에는 특별히 이렇다 할 아무런 기복이 없습니다. 역사상 괄목할 만한 중요한 활동이 왔다갔다 하는 것이 없습니다. 하나님이 부르시고 아브람은 대답하는 간단한 정도의 내용입니다. 하나님께서 여러 가지 모양으로 그에게 계시하시사 그는 그 계시하신 바를 받아 가면서 마지막에 하나님께서 약속하신 거룩한 징표를 보았다 하는 간단한 이야기입니다. 표면상으로 무슨 주목할 만한 사건은 없지만 그만큼 훨씬 더 심오하고 어려운 것들이 들어 있습니다. 그럴지라도 우리가 이 장을 그냥 지나쳐 버리지 않고 주의해서 보아 나가야 할 것입니다.

　제일 중요한 문제는 하나님께서 아브람에게 이상 중에 말씀하셨다는 것입니다. "이 후에 여호와의 말씀이 이상 중에 아브람에게 임하여 가라사대"(1절). 이상이라는 특수한 계시 양식 가운데서 아브람은 하나님의 거룩한 계시를 받았습니다. 아브람이 이렇게 계시를 받은 사실은 아까도 말씀드린 것과 같이 그의 위대성의 하나로서 하나님께서 당신의 백성에게 내리시는 계시의 도구로 그가 쓰였다는 것을 먼저 보이는 것입니다. 아브람이 언제부터 이처럼 계시와 관계되어 생활했는지에 대하여 정확한 기록이 없는 까닭에 우리가 잘 알 길은 없습니다. 그러나 그의 생활의 중대한 변천은 갈대아 우르에서 떠나 나오는 데서부터 확연히 한 역사적인 선이 그어지는 것입니다. 그렇다면 그러한 큰일을 감연히 결행하고 나오기 이전에 벌써 아브람은 하나님께로부터 어떤 확실한 계시를 받았고 그것을 확신하고 거기에 따라서 자기의 생애를 맞추어서 길을 돌이켰다 말씀입니다. 전에 배운 바와 같이 아브람은 당시 수메리안 문화의 난숙(爛熟)한 유산들을 가지고 있었고 또 세속적인 우상 숭배, 특별히 씬이라는 달의 우상을 섬기는 사회에서 쭉 자란 사람입니다. 오늘날로 말할 때 하나의 도시인이었다 말씀입니다. 도시 문화 속에서 자란 사람이었습니다. 그런 사람이 자기에게 익숙한 생활을 감연히 포기하고 가장 대척적인 원시적 생활, 베두인의 생활로 그냥 뛰어들어간 것은 아브람의 위대한 신앙의 소치요 하나님께서 크신 은혜로 그를 이끌어 내셨기 때문입니다.

이런 결행을 하기 위해서 그에게 필요한 것은 명확한 하나님의 계시에 대한 요지부동하는 확신이었습니다. 하나님의 계시를 받기 위해서는 먼저 하나님에 대한 바른 개념과 판별력이 필요한 것입니다. 그는 최초에 어떠한 원형적인 종자와 같은 작은 계시를 받아서 그것을 잘 간직했습니다. 그리고 그 후에 현실적으로 무엇을 하라는 거룩한 지시를 받을 때에는 그에 따라서 명령대로 순종했습니다. 물론 순종할 때 그 명령이라는 것은 자홀(自惚)의 상태에서, 말하자면 주관적으로 혼자 그렇거니 생각한 내용이 아닙니다. 그는 그것이 어떠한 형식을 통해서 자기에게 올지라도 가장 객관성 있는 하나님의 권위 있는 명령이라는 것을 믿을 수 있을 만한 심오한 신 개념을 가지고 있었던 것입니다. 하나님의 말씀을 받아들이는 감수(感受)의 차원이라는 것이 높았습니다. 결국 그것을 통해 아브람은 점점 발전해서 위대한 계시의 도구로 쓰이게 된 것입니다. 진실하게 순종하는 자신의 전 생애 기간을 통해서 아브람에게 임하는 하나님의 계시는 차츰차츰 발전하였고 그 가운데에서 그는 하나님의 계시의 도구로서 자기 임무를 충실하게 감당했던 것입니다.

여러분은 이런 사실을 주의해서 보셔야 합니다. 하나님의 계시가 완성되는 신약의 시대까지 하나님의 말씀은 여러 가지 형태로 여러 사람에게 임하였고, 그것은 차츰차츰 만대에 이르러 하나님의 백성이 준거하고 의거해야 할 표준이요 인류의 위대한 재산으로 남게 되었습니다. 이러한 계시는 단편적으로 그때그때의 사건을 묘사해서 나타낸 것이 아닙니다. 가령 그것은 글로 써놓은 것일지라도 반드시 발전하는 형태를 취하고 있었습니다. 원형 즉 종자의 형으로 심겨지고 그것이 차츰차츰 자라서 나무가 되고 꽃을 피우고 열매를 맺는 형태를 취하도록 되어 있었습니다. 그러나 그 당시 사람들로 하여금 그런 사실을 충분히 깨달아 알게 하기 위해서 하나님께서 취하신 거룩한 방법은 당시 사람들이 살아가는 생활 가운데 보이신 하나님의 능력의 발휘였습니다. 한마디로 말하면 하나님께서 하시는 일로 말미암아 그것을 설명했던 것입니다. 물론 하나님의 계시는 직접적으로 말씀에 있습니다. 하지만 또한 하나님의 거룩하신 뜻이 그 말씀과 더불어 역사하는 가운데, 즉 하나님께서 인류 위에서 처사(處事)하시고 다스리시는 현실 가운데에서 우리는 계시의 뜻을 알게 되는 것입니다. 이것을 신학적으로 말할 때 말씀의 계시에 대비해서 행위의 계시(act revelation)라고 칭합니다. 어찌 됐든지 하나님께서 인류의 역사 위에서 그 절대의 대권을 행사하시는 데서 하나님의 거룩하신 뜻의 명확한 내용들을 우리가 찾게 되는 것입니다. 그것으로 말미암아 말씀으로 내리신 거룩한 계시의 내용을 풍부하게 하고 또한 밝게 비추어 우리를 바로 이끌어 나가시는 것입니다.

하나님께서 내리신 계시는 이렇게 역사를 통해서 차츰차츰 충만한 형태로 발전하는 것입니다. 가령 아브람 개인의 일생을 놓고 보더라도 그가 처음에 계시를 받고 생활을 시작한 데서부터 차츰차츰 자기의 인생 길을 걸어가는 데 따라서 좀더 충분하고 높고 깊은 거룩한 내용으로 그 안에 임하는 것입니다. 처음에 그는 계시의 도구로서 주신 바 거룩한 말씀의 뜻을 잘 간직하였습니다. 그것은 하나의 중요한 진리의 사실 즉 확실한 신앙의 지적 요소로 늘 아브람 안에 존재하면서 새로운 계시가 임할 때에는 바탕 노릇을 한 것입니다. 그런 모든 것을 바탕으로 해서 새로운 계시를 받게 된 것입니다. 이렇게 새로운 계시를 받으면 거기에 의해서 좀더 심오한 하나님 나라의 사상들을 전달할 수 있게 하시는 것입니다. 순종의 생애를 통해서 아브람이 받은 계시는 단편적인 사건의 연결도 아니고 새로운 제목으로 하나씩 하나씩 따로따로 내려진 것이 아닙니다. 전의 것은 다음의 것과 항상 관계되면서 발전하는 형태를 취해서 그에게 임한 것입니다. 이리하여 그는 하나님에 대한 자기의 개념의 내용이 풍부해지게 되었고 따라서 자기가 믿는 하나님이 어떠한 하나님이신가를 더욱 깨닫게 되었습니다. 하나님께서 하시는 일이 자기의 현재 생활의 행보와 어떠한 관계가 있으며 하나님께서는 어떤 나라를 어떻게 경영하시고 나가시는가를 더욱 깨달아 알게 됐던 것입니다. 그는 이미 내린 계시를 충분히 이해하고 그 토대 위에서 사상을 품고 생활을 전개하였으며, 다시 한층 높은 새로운 계시를 받을 준비를 함으로써 새로운 차원의 좀더 발전된 계시가 임할 수 있도록 하였던 것입니다. 이와 같이 계시를 받는 사람은 하나님의 계시를 받을 만한 지식의 준비 그리고 마음자리가 항상 필요한 것입니다.

하나님의 거룩한 말씀을 배운다고 할 때 우리는 새로운 계시를 받는 것이 아니고 이미 하나님이 비치하신 거룩한 계시의 말씀을 역사의 진행과 더불어 좀더 밝은 빛으로 비추어 보면서 그것을 깨닫고 공부하는 것입니다. 그러나 그것은 그냥 그것대로 단편적으로 늘 존재하는 것이 아닙니다. 전체적으로 자기의 신앙 생활을 이끌고 나아가는 저류(底流)의 계시에 대한 해석 즉 해명되는 말씀으로 앞의 것은 뒤의 것을 위한 준비가 되고 후에 받는 것들은 전에 받은 것에 비추어서 늘 더 풍성하고 분명하게 나타나는 것입니다. 이것은 깨달음에 있어서도 마찬가지입니다. 여러분이 성경을 공부해 나가실 때도 이와 같은 연락이 있고 또 유기적으로 발전하는 말씀으로 받아들여야 할 것입니다. 부분적으로 무엇을 배울 때에도 배운 그것으로 끝내지 말고 전에 이미 배운 바 여러 가지 사실들에 서로 비춰서 그것이 어떠한 관계를 가지고 있으며 어떻게 유기적인 연결을 이루고 있는가를 찾는 것이 필요합니다. 단순한 연결 관계에 머무는 것이 아니라, 어떻게 피가 서로 통하듯이 발전하는 양상으로 나타나는가를 생각해서 그것이 하나의 체계 있고 정돈된 사상으로 자기 신앙의 지적 내용으로 늘 잘 간직해야 하는 것입니다. 이런 것들은 반드시 필요한 일입니다.

아브람에게 내리신 계시는 하나님께서 아브람 개인에게만 무엇을 가르치시고 위로하시고 보장하신 것이 전부가 아닙니다. 무엇보다 하나님께서 그 나라 전체의 백성에게 계시로서 내리신 것입니다. 그때 있던 사람뿐 아니라 후세에 나타날 모든 백성에게 알리시려는 내용을 담은 것이기에 그 계시는 심히 중대한 것입니다. 이 중대한 계시를 받아 전할 수 있을 만한 정도로 아브람의 높은 인식 수준과 지식과 마음 상태는 참으로 위대한 것이었습니다. 아브람에게 내리신 계시의 표면 양식 소위 스타일은 다분히 개인적이라 할 수 있습니다. 가령 그것은 아브람 개인에 대한 하나님의 위로라든지 혹은 어떤 개인적인 분부나 보장이었지만, 계시의 참된 내용은 단순히 아브람 개인에게서 그치는 것이 아닙니다. 그러니까 그것이 개인적인 담화의 양식을 가진 것이라 하더라도 하나님의 계시인 이상 훨씬 깊은 신국적인 의미를 포함하고 있다는 사실을 잊어서는 아니 됩니다. 아브람 개인을 위로하시고 그에게 무엇을 약속하시고 혹은 보장하시는 이야기를 아브람 개인과 하나님과의 관계에서만 이루어진 사실이라 할 것이 아니라, 그것이 하나님의 나라라는 전체의 관계에서 무엇을 의미하며 지금 나하고는 어떠한 관계가 있는지를 깨닫는 데까지 궁구해야 할 것입니다.

계시를 받을 수 있는 자격

창세기 15장에는 하나님께서 아브람에게 계시를 내리시되 아브람과 언약을 맺으시고 그 징표를 아브람에게 주시는 사실들이 기록되어 있는데, 이것은 아브람에게 그의 신앙상 위대한 새로운 경험이었습니다. 하나님께서 아브람에게 내리신 계시는 아브람 개인에게 주시는 위로의 말씀이요 그 자손이 앞으로 어떻게 될 것을 가르치시는 말씀입니다. 거듭 말씀드리지만 계시의 양식 여하를 불구하고, 가령 그것이 아브람과 하나님과의 개인적인 담화의 형식을 취했다고 하더라도 혹은 그 내용이 아브람을 위로하는 것일지라도 계시가 가지고 있는 신국적인 의미를 우리가 간과해서는 아니 됩니다. 우리는 먼저 계시의 일차적인 의미가 무엇인가를 생각하면서 그 안에 깊숙이 들어 있는 참뜻을 생각해 나갈 것입니다.

창세기 15:1을 보면 "이 후에 여호와의 말씀이 이상 중에 아브람에게 임했다"고 했습니다. 이상(vision)이라는 말은 하나님의 계시의 한 방법입니다. 때에 따라서는 이상만이 아니라 '이상과 꿈'이라는 말을 쓰기도 합니다(민 12:6). 물론 그렇다고 해서 모든 꿈이나 환상이 하나님의 계시의 방법은 아닙니다. 아무런 꿈이나 환상이라도 다 방법으로 쓰이는 것은 아니라는 말입니다. 결국 그러한 형식으로 계시를 받을 사람은 마땅히 미리 그만한 자격을 갖추고 있는 것입니다. 아무라도 정신이 혼몽한 가운데 무엇을 보고서 '아, 이건 하나님이 주신 계시이다'라고 할 것이 아닙니다. 그런데도 아무라도 어떤 꿈이 영특하고 기이하고 자극적이면 그것을 가지고 참 이상하다고 하면서 무슨 징조가 있는 것같이 해석하려는 경향이 없지 않습니다. 꿈에 누가 나타나서 도화(桃花)를 주었습네, 이화(梨花)를 주었습네, 꿈에 무슨 굉장한 용이 어쨌습네, 혹은 해가 자기 치마폭으로 와서 떨어졌습네 하면서 특별한 해석을 붙이기를 좋아합니다. 단순히 그렇게 말하기 좋아하는 정도로 그치는 것이 아니라 자기 스스로 꾼 꿈을 마치 하나님의 계시인 양 즉 하나님이 그에게 무엇을 가르치는 것인 양 생각하는 것은 더욱 위험한 노릇입니다.

참으로 계시를 받을 수 있는 자격이 있고 마음의 준비가 있고 지식이 있고 그러한 차원의 신앙을 가진 사람이라면 마땅히 하나님께로부터 오는 계시와 그렇지 아니한 이상이나 환상을 분명히 판별할 수 있는 능력을 가지고 있습니다. 그는 이미 가지고 있는 신앙의 지적 요소와 경험으로 하나님의 계시로서 불가결한 요소가 무엇인가를 밝히 알고 있는 것입니다. 그뿐더러 자기가 하나님의 계시의 도구로서 충분히 감당하지는 못하지만 지금 하나님이 불러서 쓰시려고 한다는 사실을 의식하는 것입니다. 이때 부르심을 받아 하나님께 쓰이는 이 사실은 자기의 주관적인 자홀(自惚)이 결코 아닙니다. 되지 못하고 스스로 된 체하는 것이 아니라 분명히 확신할 수 있는 어떤 객관적인 요소가 그 계시 현상 안에 있다는 것을 확증할 수 있는 상태에서 받는 것입니다.

이런 것이 없이 덮어놓고 꿈을 꾸고 환상을 보고 소리를 듣고서 묵시를 보려고 하는 것은 심히 위험한 짓입니다. 또 계시를 받는 사람은 자기가 받는 바 계시가 하나님의 백성에게 내리신 전체적인 계시의 발전과 그 흐름 속에서 정당하게 한 부분을 차지하고 있다는 점도 분명히 깨닫고 있어야 합니다. 계시의 역사성과 더불어 전체 계시의 한 부분으로서의 의미를 알고 있어야 한다는 것입니다. 계시 받았다는 사람이 계시의 역사적 가치와 그것의 신국상 의미에 대해서 알지도 못하면서 자기가 입신(入神) 상태에서 하나님의 도구가 되었노라 하는 것은 결코 하나님의 참된 계시 현상의 정당한 상태가 아닙니다.

아브람이 이상 중에 여호와의 계시를 받았을 때 그는 결코 그 계시의 현상이 여호와께로부터 왔는지 아닌지에 대해 불분명한 적이 없었습니다. 그것은 아브람이 과거에 받았던 하나님 말씀의 터 위에서 그 내용들과 성취들을 충분히 증명하는 차원에서 그에게 보여졌기 때문입니다. 창세기 15장 전체를 통해서 계시를 받는 아브람의 상태를 이렇게 요약할 수 있습니다. 첫째는 이상을 보는 사실(1절), 둘째는 분명한 의식으로 밖에 나가서 하늘의 별을 바라본 일(5절), 셋째는 하나님의 말씀을 분명히 깨닫고 명령을 받은 일(7절), 넷째는 자기의 심정을 하나님께 토로하기도 했고(2-3절), 다섯째는 그가 깊이 잠든 중에 어둠이 임하므로 심한 공포 속에도 있었으며(12절), 여섯째는 하나님의 영광의 불 즉 쉐키나(שְׁכִינָה)의 불이 그가 쪼개 놓은 제물 사이로 횃불같이 지나가는 것을 목도하기도 하였습니다. 이런 모든 현상과 함께 아브람에게 내린 계시는 과거에 받은 바 확실한 계시의 터 위에서 생각할 때 분명히 일치성이 있고 또 질서 정연했을 뿐 아니라 매우 구체적이었습니다. 아브람이 알고 있던 하나님의 계시 내용 전체와 조화가 될 뿐 아니라 거기에서 더욱 전진한 내용을 가해 주는 것이 되었습니다. 오늘날 우리가 공부해 가면서 볼 때 하나님의 계시 전체가 서로 잘 조화되고 종합되어 흠 없는 하나님의 영광을 비추고 그분의 신비한 경륜을 드러내 보이되 그것이 마치 살아 있는 큰 나무와도 같이 유기적인 연결 관계를 가지고 있음을 깨닫게 되는 것입니다.

거룩한 보장만을 믿고 사는 태도

다음으로 여기서 볼 것이 있습니다. 동방의 원정군이 막강한 군대를 이끌고 와서 팔레스타인을 석권하고 돌아가는 도중에 아브람은 성공적으로 무리를 축격(逐擊)하였습니다. 하지만 원정군이 다시 돌이켜서 습격해 올 수 있다는 사실을 생각할 때 두려워하지 않을 수 없었습니다. 자연히 그는 자신과 자신의 집단을 위태롭게 여겼을 것으로 생각됩니다. 물론 그는 동방의 원정군을 축격해서 빼앗은 전리품 하나라도 자기 사유로 취하지 않았습니다. 아무튼 그가 자신의 결행(決行)을 하나님의 뜻으로 알고 감행했지만 현실로 돌아오고 나자 '내가 비록 하나님의 뜻대로 했어도 원정군의 보복이 절대로 없을 것이라고 보장할 아무런 내용도 없지 않은가' 하는 데로 생각이 미친 것입니다. 물론 그의 추격은 하나님의 종으로서 하나님의 뜻을 따라 믿는 바대로 행한 점에 큰 의미가 있었습니다. 자기 앞으로 닥쳐올 불행이나 위험을 가리지 아니했습니다. 이 점은 결국 그가 확고한 신념으로 사는 사람이었음을 우리에게 보여 줍니다. 참 신앙인의 자태는 이런 것입니다.

이러한 상태 가운데 있는 그에게 이제 여호와께서 "아브람아, 두려워 말라. 나는 너의 방패요 너의 지극히 큰 상급이니라"(창 15:1) 하십니다. 그리고 17:1을 보면 다시 "나는 전능한 하나님이라. 너는 내 앞에서 행하여 완전하라"고 하시며 전능한 하나님으로 당신을 계시하십니다. 이러한 신 개념을 가르치신 것은 결국 그 전능하신 하나님께서 그를 온전히 지켜 주실 것을 확실히 보여 주신 것입니다. 원정군들이 소돔과 고모라 사람들에게서 빼앗아 간 인명과 재산들을 아브람이 도로 찾아왔을 때 그는 죄악의 도시에서 나온 전리품 가운데 실 한 오라기도 취하지 않겠다고 하였는데 하나님께서는 그러한 아브람의 태도를 가상히 여기시고 열납하시사 '이제는 내가 친히 지극히 큰 상급이 되어 주겠다'고 밝히 보이셨습니다.

"여호와께서 집을 세우지 아니하시면 세우는 자의 수고가 헛되다" (시 127:1). 우리가 하나님의 거룩하신 보장을 믿고 항상 개결(介潔)한 태도를 취하고 죄악에 접촉하기를 원치 아니했을 때 하나님께서는 우리를 둘러 지키시고 보호해 주십니다. 하나님의 거룩하신 언약의 내용에 대하여 충분한 신뢰를 가지고 살 때 우리는 하나님께서 주시는 큰 은혜 가운데서 살아갈 수 있습니다. 이 세상의 법대로 살면서 항상 일반적인 법칙만이 전부인 줄 알고 지내는 일이 많지만 그러나 그 다음에 오는 문제가 있습니다. "여호와께서 집을 세우지 아니하시면/ 세우는 자의 수고가 헛되며/ 여호와께서 성을 지키시지 아니하시면/ 파수꾼의 경성함이 허사로다"고 하신 이 시편 127장의 말씀입니다. 여호와께서 건강과 지혜와 능력과 기회를 우리에게 주시고 또한 우리의 사업이나 생활이나 주변의 관계자들, 또 우리가 처해 있는 사회 전체를 친히 통재하시고 지켜 주시는 일이 없다면 누구라도 스스로 자기의 존재나 생활이나 소유를 제 마음대로 유지할 수 있는 것이 아님을 우리가 주의해야 할 것입니다.

하나님이 나에게 이만한 건강을 주시고 기회를 주시고 이만큼 보존하신 것을 기화로 삼아서 더욱 정욕을 내서 세속적으로 변해 나가는 것은 대단히 어리석은 일이라 할 것입니다. 하나님께서 우리의 생명과 건강을 보존해 주시는 동안에 더욱 진실히 하나님의 뜻을 따라야 할 것입니다. 그것들이 마치 자기의 생래의 것들인 양 생각하고 스스로 보장이 있는 것처럼 여겨서 그것들을 기화로 자기의 정욕을 행사하면서 더욱 큰 욕심을 부릴 때 신자는 때때로 큰 교훈을 받는 것입니다. "들으라 너희 중에 말하기를 오늘이나 내일이나 우리가 어떤 도시에 가서 거기서 일 년을 머물며 장사하여 이익을 보리라 하는 자들아 내일 일을 너희가 알지 못하는도다. 너희 생명이 무엇이냐 너희는 잠깐 보이다가 없어지는 안개니라. 너희가 도리어 말하기를 주의 뜻이면 우리가 살기도 하고 이것이나 저것을 하리라 할 것이거늘 이제도 너희가 허탄한 자랑을 하니 그러한 자랑은 다 악한 것이라"(약 4:13-16). 여러분 다 잘 아시는 말씀입니다. 하나님께서 우리에게 모든 기회를 주시고 오늘날과 같이 유지하셨으면 언제까지나 그것이 자기의 것이고 당연히 있을 것으로 생각하는 어리석음을 버려야 한다는 것입니다.

후사에 대한 아브람의 생각

하나님의 위로의 말씀을 들은 아브람은 이미 자기에게 언약하신 바에 의지하여 하나님께 말씀을 드렸습니다. 하나님께서 "너와 네 자손에게 여기 있는 이 땅을 줄 것이라"고 한 사실에 의지하여 하나님께 여쭌 것입니다. 자기 자손이 있어야만 하겠는데 벌써 여러 해가 지났어도 자기의 자손이라고 지목할 만한 자가 없다는 사실과 하나님의 언약의 내용에 비추어 볼 때 현재 자기가 갖추지 못한 사항을 하나님께 말씀드렸습니다. "주 여호와여, 나에게 무엇을 주시려 하시나이까? 나는 무자(無子)하오니 내 상속자 즉 내 후사는 우리 집에서 길리운 이 다메섹 엘리에셀이니이다." 여기서 다메섹이라는 말은 아마 그 사람을 다메섹에서 구했거나 그렇지 않으면 그 사람의 부모가 다메섹 사람이라는 의미일 것입니다. 어쨌든지 그는 자기 집의 노복(奴僕)의 한 사람입니다. 장차 자기와 자기의 자손이 허락하신 땅을 얻어서 하나님의 백성으로서 인류의 역사에서 독특하게 광명을 발휘할 것인데, 자기의 자손은 아직 맹아(萌芽)도 싹트지 아니하고 아브람의 나이는 이미 80여세에 이르고 말았습니다. 아브람이 생각한 대로는 하나님의 약속에 따라 필연코 지금쯤은 자기에게 어떤 후사를 주셨을 터인데 아직도 자기에게는 직접 난 후사가 없었던 것입니다. 이 사실을 두고 아브람은 생각건대 '하나님의 거룩하신 이 약속은 비록 나의 직접적인 혈통이 아닌 타인일망정 법적으로 나의 후사가 된 사람에게서 이루어 나갈 것인가' 하고 생각했던 것 같습니다. 그렇게 해서 마음 가운데 '아, 그렇다면 어떻든지 적당한 자를 양자로 맞아들여서 그가 계속해서 하나님의 복의 내용, 그 산업의 내용으로 계승하면 되겠구나' 하는 생각을 했다 말씀입니다. 그래서 자기가 생각하고 있던 종 즉 '다메섹 엘리에셀이 제 후사가 될 것입니다' 하고 하나님께 품고(稟告)했던 것입니다.

하나님의 약속은 무엇이었습니까? "여호와께서 아브람에게 이르시되 너는 눈을 들어 너 있는 곳에서 동서남북을 바라보라. 보이는 땅을 너와 네 자손에게 주리니 영원히 이르리라. 내가 네 자손으로 땅의 티끌 같게 하리니 사람이 땅의 티끌을 능히 셀 수 있을진대 네 자손도 세리라"(창 13:14-16). 이러한 약속에 대하여 아브람은 어떻게 이해했겠습니까? 우선적으로 자기와 자기의 자식에게 이 약속이 내릴 것인데 아직까지도 하나님께서 그에게 자식을 주시지 아니하셨습니다. 그러므로 아브람은 그의 자손이라는 말뜻을 자기의 친생자라는 말보다는 그의 법적 후사 즉 양자로 해득할 수밖에 없다고 생각한 모양입니다. 그런즉 자기 집의 노복들 가운데 가장 유자격한 자를 후사로 삼을 수밖에 없다고 생각했습니다. 이렇게 해서 하나님의 약속은 자기와 자기의 후사에서 실현될 것으로 여겼던 것입니다.

요컨대 여기서 우리가 생각하게 되는 것은 아브람은 이번만 그러는 것이 아니고 다음에도 그런 경우가 또 나오는데, 그의 몸에서 날 자식이 그의 후사라고 하시자 사래에게서는 자식이 나지 아니하니까 하갈을 얻어서 자식을 보게 됩니다. 하나님의 약속을 자기와 자기 자손 위에서 실현케 해야 한다는 한 신성한 의무감을 자기 나름대로 가졌다는 것을 여기서 우리는 간취할 수 있습니다. 아브람의 이러한 태도는 결코 무신(無信)의 태도가 아닙니다. 왜냐하면 지금까지 그가 받은 계시에 따르면 자손이라는 말뜻은 그것이 양자가 됐든지 친자식이 됐든지 둘 중에 하나였기 때문입니다. 아주 명확하게 양자가 아니라 친자식이라야만 한다고 규정할 만한 계시의 내용이 없었습니다. 그러나 이 사실만 가지고는 그것이 아브람에게 양자도 좋다는 말인가 아닌가를 단정할 수 없는 까닭에 이제 하나님의 위로의 말씀을 듣는 자리에서 아브람은 하나님께 자기의 중심을 고하였습니다. 하나님께서 주시리라는 지극히 큰 상급을 생각하면서 '그러면 그것이 무엇인지요, 자식입니까? 그러나 후사는 없습니다' 하고 하나님께 여쭌 것입니다.

1-5절에서 또 하나 보아야 할 요점은 아브람의 이 호소에 대해서 하나님께서는 분명히 일보 진전된 명확한 내용을 보여 주셨다는 것입니다. 그것은 양자가 아브람의 후사가 되는 것이 아니라 그의 친자식이 후사가 될 것이라는 사실입니다. 아브람에게 혈통상의 친자식을 내리실 것을 여기서 보이신 것입니다. 그러나 주의할 것은 이 말씀이 아직도 사래가 친자식을 낳을 것이란 명확한 약속은 아니라는 것입니다. 하나님께서는 아브람의 몸에서 날 자가 그의 후사가 되리라고 하셨지만, 이것이 전적으로 사래에게서 낳을 자식을 의미한다고 규정해야만 할 근거는 없습니다. 아무튼 그리고 나서 "그를 이끌고 밖으로 나가셔서 말씀하시기를 하늘을 우러러 뭇 별을 셀 수 있나 보라. 또 그에게 이르시되 네 자손이 이와 같으리라"(5절)고 하셨습니다.

여기서 다시 한 번 강조해야 할 것이 있습니다. 아브람이 비록 이상 중에 하나님과 대화할지라도 그의 의식은 더할 수 없이 분명했다는 사실입니다. 그가 무슨 입신 상태에서 정신을 잃고 마치 등신처럼 멍한 상태라든지 혹은 무아경(無我境) 가운데 홀로 도취된 상태가 아니라는 것입니다. 몽환 가운데 딴 세계를 보는 것이 아니라 확실한 의식 가운데서 마치 사람과 대화하듯이 한 것입니다. 그는 그렇게 자기의 심정을 호소도 하였고 또 밖으로 나가서 별을 바라보기도 했습니다. 이것은 꿈을 꾸는 것 같은 일이 아닙니다. 분명한 의식 활동 속에서 하나님의 말씀을 듣고 인도를 받는 상태였던 것입니다.

가족과 혈통의 중요성

이렇게 해서 하나님께서 약속하신 내용이 아브람과 그의 친자식 위에 내렸다는 것을 그는 여기서 명확하게 알게 됐습니다. 그렇다면 친자식의 의미는 대체 무엇이겠는가 하는 문제가 생깁니다. 하나님께서 아브람의 친자식을 그의 백성으로 삼으시는 것은 하나님의 절대 대권에 의한 선택의 사실입니다. 하나님의 말씀을 보면 "그 자식들이 아직

나지도 아니하고 무슨 선이나 악을 행하지도 아니한 때에 택하심을 따라 되는 하나님의 뜻이 행위로 말미암지 않고 오직 부르시는 이로 말미암아 서게 하려 하심이라"(롬 9:11)고 했습니다. 행위로 말미암지 않고 오직 부르시는 이로 말미암아 약속의 자녀가 성립하도록 하셨다는 것입니다. 하나님의 이러한 일이 사람의 행위에 근거하는 것이 아니라 택하시는 분의 경영에 달려 있다고 하였습니다(롬 9:12). 거기에 다른 이유를 더 붙일 수가 없습니다. 그러나 그로 말미암은 현실적인 결과나 현상들은 우리가 중요히 생각해 보아야 할 것입니다.

생각건대 인류 역사의 발전을 회고해 볼 때 원시 시대 이래로 인간 사회의 형성을 보면 필연적으로 가족이나 씨족이 먼저 훨씬 공고한 결속을 가진 단위 사회로 시작되었던 것입니다. 인류사상(人類史上) 이러한 현상 속에서 하나님의 백성이 하나의 강력한 단위로 존재하려고 할 것 같으면 그들에게 하나님의 계시의 발전으로 인한 양육과 훈련이 있어야 할 것입니다. 역사의 과정을 통하여 어떤 높은 차원으로 올라가기까지에는 공동의 생활과 동일한 혈통이 필요했습니다. 즉 그런 혈통적인 의미를 중요시하지 아니해도 되는 높은 차원의 새로운 사실 속으로 들어가기까지에는 비록 연약한 인간들이 계시로 훈련을 받는다고 할지라도 아직은 동일한 이상과 목표가 필요하였고, 강력하고도 공고한 결속을 위하여 동일한 혈통과 공동의 생활이 필요했던 것입니다. 하나님의 백성으로 선택을 받은 사람들이 다른 여러 인류 사회처럼 동일한 혈통을 가지고 공동으로 생활하는 형태의 사회를 유지하는 것이 그 자체의 보존과 그 공동체의 목표 달성을 위해서는 필요했습니다. 공동의 목표를 향해 노력하고 피차 협력하면서 교제와 사랑을 나누기에는 혈통을 단위로 한 사회가 훨씬 유능했다는 것입니다.

비록 높은 이상을 품고서 고귀한 계시의 훈도를 받는다고 하더라도 여러 가지 난관을 극복하면서 한집안처럼 공고히 결속하여 하나님 나라를 증시하기에는 힘이 부족하고 연약했던 시기였습니다. 역사의 진전과 함께 발전해 나아가는 인류 사회의 현상 속에서 아브람 당시의 고대 하나님의 백성이 인류 사회 속에서 해결해야 할 난제들, 예컨대 민족이나 인종이나 언어나 문화나 전통이나 생활 양식의 문제들을 다 극복하면서 공고하게 결속하여 하나님의 나라를 증시해 가기에는 너무도 미약했던 것입니다. 비록 교회의 보편성을 강조하는 오늘날이라 할지라도, 충만한 신약의 계시가 완성된 이후 신약의 교회의 거룩한 도리를 가지고 전진하고 있는 현재라도 민족이나 언어나 생활 습관을 달리하는 사람들끼리 과연 공고한 사회를 형성할 수 있느냐 할 때 그것이 그렇게 쉽지 않다는 것을 우리는 오늘날도 고백하는 것입니다. 하물며 거금 수천 년 전은 어떠했겠습니까? 과연 하나님 나라를 증시하기 위하여 당시 연약한 인간들의 사회에서는 동일한 혈통으로서의 결속과 교통과 사랑이라는 것이 필요한 조건이었습니다.

여러분, 이 말씀을 볼 때 우리가 생각할 수 있는 것은 동일한 혈통으로 구성된 하나님 나라의 경륜이 영구한 형태는 아니라는 것입니다. 만일 사람들이 하나님의 말씀에 의해 충만한 계시를 받고 그로 인하여 훈련을 받을 뿐 아니라 성신께서 특별한 역사로써 그들을 연합시켜서 일을 하신다면 이런 언어나 민족이나 혈통의 차이 때문에 생기는 문제들을 극복할 수 있는 것입니다. 신약의 교회는 그런 이상 가운데 섰던 것입니다. 신약의 교회에는 그런 보편성이 있는 것입니다. 그렇지만 아직 구약의 교회에서는 그런 형식을 취하지 아니하고 한 민족을 뽑아서 동일한 혈통 안에서 일을 해 나가셨다는 것입니다. 이런 소위 사회학적 이유도 중요히 생각해야 할 요소입니다.

우리는 하나님의 나라를 증시하는 일에 있어서 오늘날도 가족과 혈통의 중요성을 생각합니다. 가정은 기초적인 단위 사회인 까닭에 하나님 나라의 형성에 있어서는 가장 효과 있는 터전의 하나입니다. 따라서 가정은 동일한 신앙 가운데 호흡을 하는 것이 매우 좋은 일입니다. 그런즉 자녀에게 거룩한 계시로써 훈련을 시켜야 하는 것이 믿는 부모의 신성한 의무입니다. 이것을 소홀히 생각하고 신앙이 같지 아니한 사람들끼리 모여서 가정을 만들어 가지고 무슨 행복을 찾고자 한다면 참으로 안타깝기 그지없는 일입니다. 그런 일에 대해서 하나님께서는 말씀을 통하여 엄중하게 경계하셨습니다. 말씀을 어기고 인간의 행복과 사람의 안심을 찾고자 하다가 결국 비참한 결과를 얻는 일이 허다한 경우를 많이 보실 것입니다.

기도

거룩하신 아버님, 사랑하시는 아버지께서 저희에게 은혜를 베푸시사 하나님 나라의 거룩한 영광을 증시하는 자들로 뽑아 내시고 땅에 두셔서 주께서 마련하신 여러 가지 은혜로 한 공고한 사회를 형성하게 하시고 계시를 바르게 감수(監守)하면서 저희가 계시의 전승자로서 임무를 행하게 하신 큰 은혜를 감사하옵고 그 영광을 감사하옵나이다. 그러나 거기에는 멀리 미치지 못한 상태에서 종교를 개인의 안심입명과 자기의 정신적인 행복 추구의 도구 정도로 알고 주저앉는 잘못이 때때로 엄습하는 사실을 주께서 불쌍히 여기시고 용서하시옵소서. 아버님 앞에서 계시에 대한 책임자로 하나님의 거룩한 말씀의 참된 의미를 바르게 전파할 뿐 아니라 하나님 나라의 찬란한 영광이 무엇인가를 자기 생활을 통해서 증시해야 할 큰 책무를 늘 깊이 깨달아 알게 하시고, 아버님께서 옛날에 아브람을 부르시사 내리신 여러 가지 은혜의 계시의 내용이 우리에게 오늘날 가르치고 요구하는 바 하나님 나라적인 성격을 바로 터득하여 확고히 서게 하시옵소서. 주께서 저희에게 가르쳐 주심으로 그 큰 뜻을 더 깊이 깨닫게 하옵소서.

우리 주 예수님의 이름으로 기도하옵나이다. 아멘.

아브람에게 내리신 계시(2)

제12강

갈라디아서 3:26-29
너희가 다 믿음으로 말미암아 그리스도 예수 안에서 하나님의 아들이 되었으니 누구든지 그리스도와 합하여 세례를 받은 자는 그리스도로 옷 입었느니라 너희는 유대인이나 헬라인이나 종이나 자주자나 남자나 여자 없이 다 그리스도 예수 안에서 하나이니라 너희가 그리스도께 속한 자면 곧 아브라함의 자손이요 약속대로 유업을 이을 자니라.

아브람에게 내리신 계시(2)

제12강

하나님 나라 전체와 관계되는 계시

 지난 주일에 창세기 15장에 나타난 아브람의 사적(事蹟)을 공부했는데 오늘도 15장에 있는 내용을 계속해서 생각하겠습니다. 이 15장에는 하나님께서 아브람에게 계시하신 것과 또 언약의 징표를 아브람에게 보여 주시는 사실이 나옵니다. 여기서 중요한 것은 하나님의 계시입니다. 이미 말씀을 드렸지만 하나님의 계시라 하면 그것이 아브람의 개인적인 문제를 가지고 이야기하더라도 단순히 아브람 개인 문제로 끝나지 아니합니다. 그것은 하나님의 전체의 계시 곧 인류에게 마땅히 알기를 원하시사 보여 주시는 거룩한 계시 전반에서 어떠한 일정한 자리를 차지하고 있기 때문입니다. 하나님의 계시를 형성하는 한 부분으로서 늘 의미를 갖는다는 사실이 중요합니다. 그것은 전 인류에게, 특별히 하나님의 백성에게 내리시는 계시라는 점에서 가장 우선적인 위치를 차지하는 것입니다. 그것을 깨닫도록 은혜를 주시고 지혜의 마음을 갖게 하신 하나님의 백성에게 내리신 큰 계시의 내용입니다. 그러므로 옛날에 우리와 아무 상관없이 멀리 있던 어느 한 개인에게 누가 신비하게 이래라 저래라 하고 이야기한 사실로 이해해서는 아니 됩니다. 오늘날 우리에게 주시는 거룩한 말씀의 한 부분으로 늘 주의해서 그 의미가 무엇인가를 바로 생각해야 할 것입니다. 그런즉 계시는 한마디로 독립해서 따로 떨어져 다니는 것이 아닙니다. 계시란 전체 계시의 유기적인 통일성 가운데 늘 한 자리를 차지하고 있는 것이고, 또 그것은 한 개인에게만이 아니라 하나님의 백성 전부에게 늘 알기를 원하시사 내려주시는 크신 말씀 전체 안에 있는 한 부분이라는 점을 늘 명심해야 할 것입니다.

하나님께서 아브람에게 계시를 하신 것은 물론 이번 15장에서 처음으로 한 것이 아니지요. 기록대로 보면 갈대아 우르에서 아브람 나이 칠십여 세가 되어 계시를 받았다고 하였습니다(창 12:1-3). 이때 처음으로 계시를 받았을지라도 아브람은 그 중요한 내용을 계시로 받을 만한 준비와 자격이 이미 확실히 형성되어 있었다는 것을 우리가 늘 생각해야 할 것입니다. 지금 우리는 창세기 15장에 있는 계시의 내용을 생각해 나아가고 있으므로 먼저 이 15장에 있는 계시가 대체 무엇인가 하는 것에 대해 잠시 다시 복습을 해 보겠습니다.

하나님께서는 먼저 아브람을 불러서 그에게 "두려워 말라"고 하시고 다시 "나는 너의 지극히 큰 상급이니라" 하셨습니다. 이 "아브람아, 두려워 말라"와 "나는 너의 지극히 큰 상급이니라"는 말은 단순히 아브람을 위로하시기 위해 그냥 임한 것이 아닙니다. 이것은 하나님의 전체 계시 가운데 한 자리를 차지하는 중요한 의미를 갖습니다. 우리가 그것을 살펴보는 것이 대단히 좋습니다. 이상 중에 아브람에게 "두려워 말라. 나는 너의 지극히 큰 상급이니라" 하시는 말씀이 있은 다음에 아브람은 하나님 앞에 자기의 심정을 호소합니다. "여호와께서 저에게 무엇을 주시려고 하십니까? 저는 무자(無子)한 까닭에 제 후사, 상속자는 여기 다메섹 엘리에셀이니이다. 주께서 저에게 씨를 아니 주셨으므로 제 집에서 난 자가 저의 상속자가 될 것이올시다" 하고 상속자에 관해서 여호와께 품고(稟告)를 했습니다.

그러자 여호와의 큰 대답은 아브람의 생각과 달랐습니다. "그는 네 상속자가 아니다. 네 몸에서 날 자라야 네 후사가 될 것이니라" 하시고 밖으로 데리고 나가서 하늘의 뭇 별을 보이시면서 분명히 일러 주셨습니다. "자, 뭇 별을 셀 수 있느냐? 그렇다면 사람들이 나중에 네 자손도 그렇게 셀 수 있을 것이다. 네 자손은 하늘의 별과 같이 아주 많으리라"는 이야기를 하셨습니다. 하늘의 별이라든지 땅의 티끌이라는 비유를 써서 다중(多衆)이라는 것을 이야기했습니다. 그 다음에 "나는 이 땅을 너에게 주어 업(業)을 삼게 하려고 너를 갈대아 우르에서 이끌어 낸 여호와로라"(7절) 하셨습니다. '내가 어떤 신인 줄 아느냐? 너는 그것을 상기해라' 해서 하나님에 대한 아브람의 개념을 다시 한 번 명료하게 해 주시려고 당신이 하신 일에 대해서 다시 기억하게 하신 것입니다. '왜 갈대아 우르에서 너를 이끌어 냈느냐 하면 이 땅을 너에게 주어 업을 삼게 하여 나의 산업으로 만들려는 것이다' 하는 뜻입니다. 여기에 땅에 대한 중요한 계시가 있습니다. 그러므로 여기의 내용은 첫째는 "두려워 말라. 나는 너의 지극히 큰 상급이니라"고 하신 것, 다음으로는 "네 몸에서 날 자가 네 후사가 될 것이니라"는 상속자에 관한 문제, 셋째는 "이 땅을 네게 주어 업으로 삼게 하겠다" 하는 땅에 대한 문제입니다.

그 다음에 8절을 보면, 아브람이 "무엇으로 제가 이 땅을 업으로 얻을 것을 알겠습니까" 하니까 "제물을 갖추어서 드려라" 하셨습니다. 3년 된 암소와 3년 된 암염소와 3년 된 수양과 산비둘기와 집비둘기 새끼를 드리라고 한 것입니다. 이 다섯 가지 제물, 말하자면 후세에 이루어진 모세의 제도 가운데 나타난 바 이스라엘 백성이 하나님과 거룩한 교통을 하기 위해서 필요한 제물의 모든 형식과 내용이 거기에 포함되어 있는 것입니다. 그래서 아브람이 그 모든 제물을 취하여 드리려고 제단 위에 벌여 놓고 있는데 솔개가 와서 앉으려고 하므로 아브람이 쫓았다고 했습니다. 그리고 12절에 가서 이제 계시를 다시 받습니다. 해질녘에 아브람이 깊이 잠든 가운데 깊은 어둠과 공포가 그를 짓눌렀고 그때에 내리신 계시는 "정녕히 너는 알라. 네 자손이 이방에서 객 노릇을 하되 종이 되어서 4백 년 동안 괴롭게 섬기다가 마침내 내가 그 이방을 징치(懲治)하면 네 자손들은 많은 재물을 가지고 그 나라에서 나올 것이다" 하는 이야기입니다. 그러니까 이것은 앞으로 그의 자손이 겪을 일 즉 4백 년간 이방에서 객 노릇 할 것이 미리 계시된 것입니다. 그 다음에 아브람 개인에 관한 내용, "너는 장수한 다음에 평안히 네 조상에게 돌아가서 장사될 것이라"고 하시고, 그 자손이 이 방에 가서 400년 종살이할 문제를 다시 계속해서 말씀하십니다. "네 자손은 4대 만에 이 땅으로 돌아올 것이다. 왜냐하면 이 땅에 아모리 사람들이 살고 있는데 그들의 죄악이 아직 관영(貫盈)치 아니한 까닭에 4대를 기다려서 그들의 죄악이 가득 찼을 때 전부 다 쓸어 숙청해 버리고 네 자손을 여기다 데려다 놓을 것이다"고 한 것입니다. 그 다음의 계시는 해가 져서 어두울 때에 무엇을 보았느냐 하는 것인데, 먼저는 연기 나는 풀무를 보았고 다음에는 타는 횃불이 쪼갠 제물 사이로 지나가는 것을 보았습니다. 여기서 우리는 하나님께서 아브람의 제물을 열납하신 것을 볼 수 있습니다.

그 날 하나님께서 아브람과 언약을 맺으시고 "이 땅을 네게 업으로 주리라"(7절)고 말씀하신 대로 다시 그 판도에 대해서 말씀을 하셨습니다. 그것이 얼마만한 땅이냐 하면, 저 애굽의 나일 강으로부터 시작해서 동북방의 유프라테스 강까지 뻗은 지역의 영토를 네게 줄 것이라고 하신 것입니다. 그 지대는 지금 열 족속들이 혼거(混居)하고 있는 땅입니다. 그 열 족속의 이름은 겐, 그니스, 갓몬, 헷, 브리스, 르바, 아모리, 가나안, 기르가스, 여부스인데 이 열 족속들이 사는 땅을 너희가 차지할 것이라고 한 것입니다.

계시의 그릇

이 계시의 내용은 거듭 말씀드린 대로 그 어느 것도 하나님과 아브람 개인의 관계로 끝나지 않고 하나님 나라 전체에 늘 관여된 말씀들로서 의미를 가진 까닭에, 그것이 품고 있는 우리와의 관계 즉 하나님의 백성과 갖는 관계의 의미가 무엇이겠는가를 생각해 보아야 합니다. 이 15장에는 다른 사건이 없고 완전히 계시의 내용만 있는 까닭에 생각하기가 어렵습니다만 그렇다고 그냥 넘어가는 것은 별로 좋지 않습니다. 우리는 맨 처음에 서너 번에 걸쳐서 계시를 받은 아브람에 대해서 이야기했습니다만 그것을 다시 상기해 보십시다. 아브람이 백지의 상태나 막막한 가운데 있을 때 하나님께서 그를 특별히 선택해서 말씀을 하신 것이 아닙니다. 아브람이 아무것도 모르고 있는 가운데 "보아라. 나는 너에게 좋은 땅을 주고 네 자손을 하늘의 별과 같이 땅의 티끌같이 번성하게 할 것이다. 그러니 내가 보이는 대로 가거라" 하니까 "예, 그러겠습니다" 하고 나간 것이 아니라고 했습니다. 우리 나라에 흔히 있던 전설 비슷하게 어떤 하얀 신령님이 나와서 "아무개야, 너는 이렇게이렇게 하거라" 하니까 "예" 하고 했다는 식이 아닙니다.

아브람이 하나님의 계시를 받을 때는 계시를 받을 만한 모든 자격이 하나님의 섭리로 미리미리 준비되었던 것입니다. 이것이 하나님 나라의 큰 원칙입니다. 하나님의 계시를 받은 사람들은 계시의 그릇 노릇을 한 사람들인데, 그들에게 하나님께서 묵시로 이래라 저래라 하신 것이 아닙니다. 하나님 나라의 큰 경영을 위하여 하나님의 뜻을 보여 주시는 일인 까닭에 그런 일이 이렁저렁 되는 것이 아닙니다. 하나님의 크신 섭리의 주장이 있는 것이므로 미리미리 사전에 준비되어 있어야 하는 것입니다. 그리고 준비를 했다고 할 때 그 자격이 대체 어느 정도이냐 하면 하나님께서 나타나서 말씀하실 때 '이분이 하나님이신가? 그리고 이 말씀은 분명 하나님의 말씀인가? 혹시 자기의 환상에 불과한 것 아닌가'를 명확히 분별할 줄 아는 것입니다. 그런 것을 모르는 사람은 계시의 그릇 노릇을 할 수가 없습니다. 그리고 그러한 정도의 분별력을 갖는다고 해서 계시의 완전한 그릇이 되느냐 하면 그것도 아닙니다.

무릇 계시라 할 때 거기에는 내용이 있는 것입니다. 오늘 우리가 읽은 바 아브람에게 하신 하나님의 계시만 보더라도 거기에 땅과 자손에 관한 이야기가 있습니다. 그렇다면 땅과 자손이라 하는 것이 무엇을 의미하며 이 계시는 궁극적으로 어떠한 사실을 보이려고 하는 것인가, 그에게 무엇을 요구하시는 것인가에 대해서 이해할 수 있고 그 의미를 알 수 있어야 하는 것입니다. 그런 의미와 또 하나님의 크신 경륜의 내용을 우리에게 보여 주시면 거기에 대해서 깨달음이 있어야 하는 것입니다. 물론 그것을 깨달을 만하려면 그 이전에 다른 중요한 사실들 즉 터가 될 만한 내용을 많이 가지고 있어야 하는 것입니다.

땅과 자손에 대한 아브람의 이해

아브람이 이 15장에서 받은 계시의 큰 내용은 땅과 자손입니다. 그러면 땅과 자손의 문제에 대해서 아브람은 어떻게 이해했습니까? 우리가 히브리서 11:10, 16을 볼 것 같으면 아브람이 갈대아 우르를 떠나 알지 못하는 땅으로 가서 결국 가나안에 이르렀을 때 이 땅을 네게 준다 하고 그것을 확증해 주셨습니다. 그때 이 가나안이라는 땅에 대한 그의 상념은 적어도 하나님의 궁극적인 약속의 내용이 보이는 바 이 땅 그 자체라고 절대로 생각지 않았습니다. 그 땅이 비록 이 세상에서 현실적으로 나에게 확실하게 주신 경영의 내용이지만 하나님의 경영은 그것으로 끝나지 않는다는 것을 알았던 것입니다. 10절과 16절의 말씀을 주의해서 보세요. 그는 하나님이 계획하시고 지으실 터가 있는 성을 바라보았고, 또 이 세상에 있는 본향이 아니라 하나님께서 하늘에 간직해 놓으신 그 본향을 향해서 계속적으로 이 땅에서 외국인으로, 나그네로 자처하고 살아갔습니다. 이런 사상과 이런 철학 아래에서 사는 아브람에게 있어서 세상의 어떤 지역의 땅을 바라볼 때 '바로 이 땅이 내 것이고 이 판도는 우리의 최종 일터이다' 라고 생각지 아니했습니다.

그는 땅과 자손에 대해서 항상 현실적으로 명백하게 생각했습니다. 그러나 동시에 그것만으로 끝나지 아니하고 그것의 불만족스런 점과 불비(不備)한 점을 늘 생각하였습니다. 하나님의 복의 내용이 그렇게 만족스럽지 못한 현상적인 것에 불과한 것이 아니라 영구한 것임을 생각하고 영원한 하나님의 도성을 사모했던 것입니다. 팔레스타인 땅만이 전부가 아니라 영원한 도성을 사모했습니다. 결국 하나님의 언약 내용을 이해할 때 영원한 도성을 주신다는 것으로 이해하였습니다. 또 자손의 의미를 생각할 때에도 그것이 땅에 속한 자기의 혈육만을 의미하는 것이 아니라 하나님께서 그 신비하고 거룩한 경륜 안에서 경영하신 수많은 자손을 뜻하는 것임을 어느 정도 이해하였던 것입니다. 결국 사람이 능히 셀 수 없는 자손, 또 그런 곳이 어디에 있다고 일일이 지목할 수도 없는 사회를 의미한다고 알았던 것입니다.

갈라디아서 3:26-29, 특별히 29절을 보면 "누구든지 예수 그리스도 안에 있는 사람은 다 아브람의 자손이요 약속대로 유업을 이을 자니라"고 했습니다. 약속대로 유업을 이을 자 즉 계승자요 상속자라는 말입니다. "다메섹 엘리에셀이 네 상속자가 아니라 네게서 난 자라야 하겠다" 했을 때 물질적으로 현상적으로는 자기 혈육이라야만 상속자라는 의미입니다. 하지만 또 하나 중요한 것은 아브람을 거쳐 흘러 내려가는 하나님의 생명의 역사(役事) 안에 있는 모든 사람들이 그의 자손이라는 의미입니다. 덮어놓고 세상 사람의 제도에 따라 법적으로만 계대(繼代)하는 법통자(法統者)만을 그의 자손이라고 생각할 수가 없습니다. 그런 까닭에 아브람의 피를 직접 받았다 하더라도 때때로 아브람의 계통에서 제거하는 일이 있었습니다. 이스마엘은 아브람의 자식인 것이 분명하지만 제거되었습니다. 에서도 분명히 아브람에게서 흘러나온 사람이지만 제거되었습니다. 거룩하신 하나님의 영원한 생명은 택하신 자들에게서만 면면히 흘러 내려간다는 것을 의미하는 것입니다.

아브람 이전부터 계신 그리스도의 생명에 아브람도 연결되어 있습니다. 예수 그리스도 안에 있어서 그리스도의 생명에 연결된 자는 어느 누구든지 그 생명으로 아브람과 연결되어 있는 것입니다. 아브람의 자손이라는 사실의 참된 의미를 갈라디아서 3:29 말씀은 역력히 보여 주고 있습니다. 아브람에게 기대해야 할 참된 자손이 어떤 자인가를 우리에게 명백히 알려 주시는 것입니다. "너희가 그리스도의 것이면 곧 아브람의 자손이요 약속대로 유업을 이을 자니라." 아브람에게 있어서 적어도 하나님이 주신 언약의 내용은 현실적인 동시에 가장 이상적인 것이었습니다. 그것은 지상의 것인 동시에 또한 천상에서 완성될 것이었습니다. 이 세상의 것인 동시에 천계적(天界的)이라는 사실, 두 성격을 다 충족시키는 것으로 아브람은 정당하게 느꼈던 것입니다.

당시에 아브람이 이런 사실에 대해 알았다는 사실을 신약의 저자는 증명해 주고 있습니다. 히브리서를 쓴 거룩한 하나님의 종은 아브람에 대해서 쓸 때 '단순히 이 세상에서 해당 역사 시기의 사람으로 그저 하나님을 잘 믿고 의지하고 순종하고 살다가 죽었다'는 식으로 쓰지 아니하였습니다. 아브람을 가장 고도의 사상을 가진 인물로 그리고 있습니다. 그의 신앙이 위대하다는 것을 명확히 지적하였는데, 그가 하나님의 언약의 내용을 현실적으로 물질적으로만 받지 아니하고 참으로 하나님께서 의미하신 대로 바로 깨달았던 점을 나타내 보였습니다. 참된 깊은 신앙이란 하나님께서 보이신 내용의 의미를 바로 깨닫고 그 깊이를 얼마만큼이라도 바로 더듬어 나아가는 데 있다는 것을 잘 지적하였습니다. 자기 나름대로 해석하여 부분적이고 현실적이고 임시적인 것만을 전부로 알고 하나님께 매달리는 것이 바른 신앙은 아니라는 말씀입니다. 우리가 아브람을 평가하면서 오늘날 식으로 말하자면 그는 위대한 사상가였다고 해야 할 것입니다. 고매한 사상을 품고 있었습니다. 항상 문제를 현실적이고 현상적인 데다 놓고 그것만을 전부로 생각지 아니했다는 것입니다.

아브람의 신관

하나님은 어떤 분이시냐? 그렇게 불완전한 것을 전부로 삼지 않는 분이시라고 적어도 아브람은 생각했던 것입니다. 그는 하나님을 이교의 어떠한 신과 비슷한 분으로 생각하지 아니했습니다. 이방 사람들이 자기 신에 대해 갖는 신앙이라고 할지 아니면 종교의 내용이라 하는 것은 대체로 무엇입니까? 항상 현실 세계에서 자기들을 번영시켜 주고, 어떤 지역의 땅을 허락해 주고, 자기 종족들을 강력하게 해 줄 것을 바라고 구하는 신앙입니다. 즉 자기네를 수호해 주는 수호신들이라 말씀입니다. 특별히 거기서도 주된 신이 있어서 그 주신(主神)이 자기네를 다스리고 지켜 주고 전쟁에서 이기도록 해 준다고 믿는다 말입니다. 느부갓네살 왕만 보더라도 그렇습니다. 그는 강대한 제국을 건설하고 강력한 군사력으로 파괴와 정복을 거듭해 가면서 그 사실이 자기의 신 벨(Bel)의 큰 능력에 힘입은 바라고 생각하였습니다. "어느 신이 능히 나의 신 앞에서 힘이 강하다고 나를 이길 수 있겠느냐"는 식이었습니다. 그래서 다니엘의 이름도 벨드사살이라고 변경하였던 것입니다 (단 4:8).

그러면 아브람도 그처럼 하나님을 이교의 신의 하나로 생각했느냐? 물론 절대로 그렇지 않았습니다. 그는 하나님을 알되 완전하신 하나님, 절대의 하나님, 전능하신 하나님으로 알았습니다. 지난번에도 말했지만 이 창세기에서 아브람은 하나님을 '야훼'로 알았고, '엘로힘'으로 알았습니다. 우리가 14장에서 본 대로 지존의 하나님, '엘 엘욘', 천지의 주재이신 지극히 높으신 하나님으로 알았습니다. 또 17장에 들어가면 '전능하신 하나님', '엘 샤다이'로 알았습니다. 그리고 21장에 가서는 '영생하시는 하나님', '엘 올람'으로 알았습니다. 결국 하나님에 대한 거룩한 속성의 내용을 깨달았던 것인데 사람과 언약하시사 구원을 이루시는 분으로서 역사의 과정 가운데서 당신이 누구이신 것을 친히 증명하시는 야훼로 알았던 것입니다. 모세가 호렙 산에서 하나님께 소명을 받을 때 하신 말씀, 에흐예 아쉐르 에흐예(אֶהְיֶה אֲשֶׁר אֶהְיֶה), '나는 곧 나일 것인즉 자, 나를 맛보아라' 하는 뜻의 야훼로 알았다 말씀입니다 (출 3:14).

창세기 15:6을 보면 "아브람이 여호와를 믿으니 여호와께서 그 믿음을 의로 여기셨다"고 했습니다. 이것은 나중에 사도 바울 선생이 강하게 논하던 그 유명한 이신칭의(以信稱義), 의인(義認) 곧 자기 공로가 아니라 믿음으로 말미암아 의로 인정하심을 받는다는 가르침의 전거(典據)가 되었습니다. '믿음으로 말미암아'라는 말도 믿음 때문이라는 뜻이 아닙니다. 믿음으로 말미암는 것뿐입니다. 믿음이 공로가 되는 것이 아니라 그것은 한 경로일 뿐이라는 것입니다. 그것을 실질상 왜 의로 인정하시느냐? 거기에 다른 대속(代贖)의 의가 있는 까닭에 그렇습니다. 예수 그리스도의 의가 있는 까닭입니다. "아브라함이 있기 전에 내가 있느니라"고 우리 주 예수님이 말씀하셨습니다. 예수님의 거룩한 의는 하늘의 세계에 분명한 사실로 이미 존재한 까닭에 아브람에게 그것을 입히시고 의로 여기셨던 것입니다. 그렇게 아브람의 믿음을 의로 여겨 주셔서 구원하시는 분은 거룩하신 하나님 야훼였습니다.

하나님은 여호와인 동시에 전능하신 신이십니다. 전능하시다 할 때는 무엇이든지 할 수 있다는 단순한 의미 이상의 뜻이 내포되어 있습니다. 무엇이든지 할 수 있다 할 때는 차라리 '지극히 높으신 하나님'으로 족합니다. '전능하신 하나님'이라고 할 때에는 너의 모든 수요를 다 충당할 수 있는 하나님이시라는 뜻입니다. 어떤 경우에서든지 친히 당신의 백성을 돌보시는데 그 자녀들의 머리터럭 하나까지도 세어 가면서 그들의 필요를 다 충당해 주시는 분이시라는 말씀입니다. '모든 능력이 그렇게 너에게 발휘될 것이다' 하는 의미입니다. 그리고 지극히 높으신 하나님이라 할 때에는 천하의 모든 신들과 같지 않고 홀로 높이 계시사 천지를 통어(統御)하시는 분이시요 온 세상을 공의로 심판하시는 분이시다 하는 것을 가리킵니다. 아브람의 사적(事蹟) 가운데 그가 롯을 위해서 도고하는 장면에서 하나님을 일컬어 '천하를 공의로 심판하실 이'라고 하여 하나님이 세상을 공의로 심판하신다는 사실을 그가 늘 느끼고 있었음을 표백하였습니다. 이런 것들이 이 창세기에 나오는 바 아브람이 가지고 있던 신관이었습니다.

그러한 아브람이었기에 평소에 하나님에 대해서 어떤 하나님이신가를 더 깊이 사색하고 깨닫고 나아갈 뿐더러 하나님께서 자기에게 말씀하실 때 어그러짐이 없이 잘 이해하였던 것입니다. 신 개념이 빈곤하다거나 잘못돼 있는 사람이 만일 하나님의 말씀을 듣는다고 한다면 그것은 아주 비꾸러진 이상한 소리가 될 것입니다. 하나님께서 하심직하지 아니한 내용을 마치 하나님께서 말씀하신 것같이 말하는 사람들이 그래서 생기는 것입니다. 하나님을 잘못 알고 있는 까닭에 그런 일이 생길 수가 있습니다. 신 개념이 왜곡됐든지 너무 좁든지 하면 신의 선탁(宣託)이라든지 신의 계시라도 그릇되게 받는 것입니다.

계시에 대한 아브람의 이해

그런데 하나님께서 아브람에게 말씀하신 내용은 보통 사람이 쳐다볼 때 대단히 임시적이고 현실적인 사실로 보일 만한 것들입니다. 그렇지만 아브람은 심오한 신관을 가지고 있었기 때문에 일반적인 생각과 구별되는 독특한 결론에 이를 수 있었습니다. '아, 하나님께서 말씀하신 이 사실은 그렇게 간단한 정도로 그칠 내용이 아니다'고 생각한 것입니다. 그에게 자손을 주신다고 하셨을 때 지금 자기에게 보이는 땅 위에서 자손이 크게 번성한다는 정도로 해석을 아니했다 말씀입니다. 그런 정도 같으면 이방의 어떤 사람이라도 다 그렇게 생각할 수 있는 것입니다. 그렇지만 하나님께서 주시는 복의 내용에는 항상 그 자체의 의미를 넘어서는 무엇인가가 있는 것입니다. 항상 이상적인 내용, 궁극적인 정상의 내용, 영화(榮華)의 내용을 늘 포함하는 것입니다. 그런 까닭에 영화의 정점을 향해서 전진하되 늘 그곳을 바라보면서 땅 위에서는 차라리 역려(歷旅)의 과객(過客)으로 자처하고 살아가야 하겠다는 것이 아브람의 태도였던 것입니다. 이것이 또한 히브리서의 저자가 보는 바입니다. '아브라함은 분명히 믿었다. 그가 소유할 땅은 보이는 이 땅이 전부가 아니고, 또 그것이 완전한 것도 아님. 그리고 그것은 경과(經過)의 현상에 불과한 것으로서 하늘에 있는 것이 더 나은 참된 것임을 아브라함은 믿었다'고 히브리서 11:16에 분명히 얘기했습니다. 이것은 '죽어서 천당 갑니다' 하는 정도의 의미가 아닙니다. 원래 충만한 영광의 상태를 띤 하나님 나라는 이 땅에 있는 것이 아닙니다. 그것은 완전한 새 하늘과 새 땅을 성취하신 다음의 이야기입니다.

이러한 사상 가운데 있던 아브람이 자기의 땅 문제와 자손의 문제를 하나님께로부터 들었을 때 평범하게 생각할 수는 없었습니다. 그의 자손의 문제를 단순히 혈육이라든지 혈통에 의한 이 세상적인 연관으로만 해석할 수가 없었습니다. 그러므로 필연적으로 생각할 수 있는 것은 역시 하나님이 경영하시는 그 집에 내가 한 길잡이가 되어서 걸을 것이고 내 뒤에 오는 자손들이 그 뒤를 따르리라는 것이었습니다. 아브람은 그런 사실을 믿었을 것입니다. '하나님의 집'이라는 말이 후세에 와서 명백해지는데 디모데전서 3:15에 나타납니다. 잘 아시는 대로 "이 집은 살아 계신 하나님의 교회요 진리의 기둥과 터니라." 하나님의 집은 거룩한 교회로서 진리의 기둥과 터라고 가르쳤습니다. 예수 그리스도 안에서 그리스도의 생명으로 연결되어 하나가 되었을 때 그것을 가리켜 하나님의 집이라는 말로 표시합니다. 아브람이 가지고 있던 바 자손에 관한 그의 상념이 오늘날 우리가 가지고 있는 교회관과 비교하여 얼마만큼 명백했었는지 우리가 말하기는 어렵습니다. 그러나 그런 것이 전연 없이 아브람이 그냥 자기에게서 난 혈통상의 자식들이란 의미로만 생각하지는 아니했을 것입니다.

왜냐하면 아브람이 원래 가지고 있던 사상을 볼 때 하나님께서 그에게 주실 것이라고 약속하신 땅도 그것이 팔레스타인으로 끝나지 아니하였던 까닭에 그렇습니다. 그는 하나님의 약속으로 받은 그 땅을 생각할 때 그것이 팔레스타인에 그친다고 생각지 아니하였습니다. 그는 또한 하늘에 간직하신 거룩한 도성을 바란 사람이었습니다. 그런 이 같으면 자손들이 하늘의 별과 같이 파다할 것이라 할 때 자기의 혈육만 가지고는 안 되는 것임을 알았을 것입니다. 단순히 혈육에 의한 자식이 그렇게 된다는 이야기는 아니었습니다. 그렇다고 혈육에 의한 자식이 아니라고 부인할 수도 없지요. 왜냐하면 하나님이 아브람에게 약속하신 약속의 내용 가운데에는 현실적인 문제가 늘 확실히 붙어다니기 때문입니다. 그런 까닭에 우리들도 어린아이들에게 세례를 받게 하는 것입니다. 하나님께서 주신 그 약속 가운데서 이 아이가 태어났으므로 거룩한 하나님 나라를 인계해서 받으라고 이야기하는 것입니다. 그러나 더 큰 문제가 있습니다. 하나님의 나라가 땅 위에서 어떤 지역을 점령하고 움직인다는 의미로 해석지 아니하고 궁극적으로는 영화된 저 세계에서 모두가 다 거룩한 백성으로 살 것을 기대하고 믿는다는 것입니다. 아브람도 하나님이 예비하신 하늘에 있는 거룩한 성을 바라면서 이 땅을 과객과 같이 지나간다는 사상을 가졌습니다. 그는 자기 혼자만이 아니라 자기와 더불어 허락을 받은 아들 이삭과 야곱과 함께 장막에서 살았습니다. 이런 사실을 생각할 때 아브람이 품었던 그 자손에 관한 사상에는 오늘날 우리가 말하는 바 하나님의 집이라는 교회가 포함되어 있었던 것입니다. 예수 그리스도의 거룩한 생명으로 함께 연결되어 다 같이 생명을 나누어 받은 자들이라는 것을 믿는 거룩한 믿음의 한 원형이 적어도 그 안에 분명히 있었던 것입니다.

계시 받은 자의 신성한 의무

이런 의미에서 계시를 받는 사람은 항상 자격이 필요합니다. 자기가 받는 계시의 진정한 뜻, 좀더 크고 심오하고 천국적이고 본질적인 의미를 충분히 다 알지는 못한다 하더라도 적어도 그 원형(prototype)만큼은 파악할 수 있는 사람이라야 하는 것입니다. 그래야 자기도 거기에 상당하게 사고하고 행동하는 것입니다. 계시를 받은 자로서 보람있게 생활의 열매를 맺을 수 있는 것입니다. 계시를 받았으면 가만히 앉아서 무슨 녹음기같이 계시의 내용을 그냥 줄줄줄 흘리는 것이 아닙니다. 그 사람 자신은 거기에 상당한 생활의 열매를 내야 하는 것이고, 또한 거기에 따른 어떤 의무를 행해야 하는 것입니다. 어떤 사람이 하나님께로부터 하나님 나라에 관한 거룩한 계시를 받았을 때는 언제든지 그 받은 계시에 대한 신성한 의무가 그에게 있는 것입니다.

계시는 반드시 후세에 전달되어야 합니다. 그래서 앞으로 올 백성들에게 하나님의 경영이 가르쳐져야 합니다. 가령 아브람 이후에도 하나님께서는 계시의 그릇으로 모세를 택하셨고 또 많은 선지자들을 택하셨습니다. 비록 선지자가 아니더라도 하나님의 종을 택해서 계시를 부탁하기도 하셨습니다. 그들은 계시를 충실하게 받아서 쓰고 혹은 전달하였습니다. 그리고 계시를 전달할 때에도 전달하는 사람다운 권위와 생활을 늘 유지하고 살았습니다. 그들은 그런 생활을 포기하지 않았습니다. 계시를 말한다고 해서 남이 신용할 수 없는 생활을 한 것이 아니고 늘 권위 있는 생활을 한 것입니다. 말씀이 그에게서 흘러 나와서 다른 사람에게 전달될 수 있는 어떤 위치가 필요한 것입니다. 이것은 사회적인 관계에서 보더라도 사람에게 필요한 요소입니다. 단순히 도덕적인 문제가 전부는 아니었습니다. 사상 체계에 있어서도 항상 일치성이 있어야 하는 것이고 생활에서도 신뢰성이 있는 태도를 늘 취하고 나가야 하는 것입니다. 그렇게 사상이든지 생활이든지 일치성 있고 신뢰성 있게 발전하고 있어야 하는 것입니다. 사람이라면 도덕적인 어떤 위치를 취하는 것이 누구에게든 기본적으로 다 필요하지만, 무엇보다 계시의 전달자라면 그 위에 서서 계시에 대한 그의 해득 체계에 들어맞는 계속적인 사색과 생활이라는 것이 필요하다는 말씀입니다.

  그것은 아브람에게도 예외가 아니었습니다. 만일 그것이 없었다면 아브람이 가면서 가면서 발전하는 계시의 내용을 계속적으로 흡수해 가기 어려웠을 것입니다. 그런고로 아브람이 계시를 받아 그것을 충분히 잘 전달하기 위해서는 먼저 하나님의 거룩한 권위가 함께할 수 있는 기본적인 위치를 잃지 않고 있어야 합니다. 동시에 그는 그냥 등신으로 기계처럼 쓰이는 것이 아닌 까닭에 한 인격체로서 인격자다운 자기의 장성이 분명히 있어야 합니다. 계시에 수반되는 이러한 의무를 아브람은 충실하게 행해 나갔기에 마침내 계시의 그릇으로 쓰임을 받은 것입니다. 그를 택해서 본토와 친척과 아비 집을 떠나서 하나님께서 지시하실 땅으로 가라고 말씀하시는 가장 큰 사건, 일대의 획시기적(劃時期的)인 큰 계시가 그에게 임했을 때 순종하였고, 이제 다시 여기 이 땅과 자손에 대한 계시도 계속적으로 그에게 임하게 된 것입니다. 이처럼 우리가 계시를 볼 때 하나님의 계시의 그릇으로서 자격을 충분히 가져야 한다는 것이 계시의 전달이라는 면에서 중요합니다.

하나님 나라의 양면성

이제 다시 한 번 15장 초두의 내용을 보시지요. 하나님께서 "아브람아, 두려워 말라" 하시고, "나는 너의 방패요 너의 지극히 큰 상급이니라" 하신 계시가 있습니다. '내가 방패이니까 두려워 말라' 는 말입니다. 아브람이 이러한 하나님의 계시를 받게 된 것은 그가 계시의 그릇으로서 그만한 자격이 있었기 때문입니다. 그는 자기의 현재 상태로 동방의 큰 원정군과 대결할 수 없다는 것을 알고서도 그 문제에 사로잡히지 않고 믿는 사람답게, '지금 하나님께서 요구하시는 의가 이것이 아닌가? 그렇다면 불가능해 보일지라도 이것을 해야만 할 것이 아니냐' 하는 것만을 따졌습니다. '이것은 하나님께서 기뻐하시는 일로서 내가 마땅히 해야 할 일이다' 하고 생각한 까닭에 자기 수하의 318인과 자기와 동맹한 동맹군들을 이끌고서 원정군의 뒤를 쫓았던 것입니다. 그래서 레센이라고 하는 단에 이르러 거기서부터 치기 시작하여 다메섹 옆 호바까지 막 밀고 나가서 마침내 노획품과 사람들을 다 도로 빼앗아 가지고 돌아왔습니다. 이 일은 아브람에게 있어서 무모한 만용이 아니었습니다. 그는 치밀하게 생각한 후 하나님 앞에서 결단하고서 드디어 결행을 한 것입니다.

그가 그런 결단을 할 때 품었던 생각이 어떤 것이었습니까? 동방의 원정군들이 와서 하나님께서 약속하신 이 땅을 석권하고 낭자하게 행패를 부릴 때 강약(强弱)이 부동(不同)하여 꼼짝 못 하면서 약육강식이라는 것만이 제일 가는 원칙인 줄 알고 벌벌 떨고 있을 수만은 없다고 생각하였습니다. 하나님의 영광을 위해서 하나님의 거룩한 전쟁을 하되 내가 감연히 나가서 싸워야겠다고 한 것입니다. 적어도 천 년이나 이후에 있을 아브람의 후손 다윗이 하듯이, 또 그 후 다윗 왕으로부터 4대 후에 나오는 아사 왕이 하듯이 하나님의 전쟁에 나가서 싸웠던 것입니다. 그리고 그 전쟁에서 승리하고 돌아오는 길에 지극히 높으신 하나님을 섬기는 대제사장격의 살렘 왕 멜기세덱이 나와서 그를 환영하고 축복했습니다. 이런 사실들은 아브람 자신의 신앙과 사상, 그러한 추격의 결단을 하나님께서 승인하신다는 의미였습니다. 그렇다고 해서 그것이 '아무 탈도 없을 것이니 도무지 안심하라'는 뜻은 아닙니다. 하나님의 뜻대로 한다고 해서 항상 아무 탈도 없고 언제나 조용한 것은 아닙니다. 어느 때는 폭풍을 불러오기도 하고 박해를 자초하기도 하는 것입니다. 그리스도의 영광을 위해서 감연히 그런 데로 뛰어들어 가는 것이지 '그렇게 하면 아무 일도 없이 평안할 것이니 한다'고 뛰어드는 것은 아니라 말입니다.

결국 그런 큰 군대를 뒤쫓아가서 치고 잃었던 것들을 찾아왔으니까 거기에는 보복을 받을 우려가 그대로 남는 것입니다. 그러나 이 문제에 대해서 하나님께서는 "네가 생각한 것이 옳았다. 내가 그것을 기쁘게 받는다. 내가 너를 지켜 주마. 또 너는 소돔과 고모라의 죄악적인 재물들을 취하지 않았구나. 잘하였도다. 내가 네 상급 노릇을 해 주마. 나는 너에게 필요한 모든 것을 넉넉히 주겠다. 나는 너의 방패요 지극히 큰 보상이니 안심해라" 하신 것입니다. 과연 아브람의 일생 동안에 동방의 원정군들이 보복을 하기 위해 다시 원정을 온 일은 없습니다. 그리고 아브람이 하나님께 제사를 드렸을 때 그에게 "너는 평안히 장수하다가 네 조상에게 돌아가서 장사될 것이다"고 하나님은 확실히 언약을 해 주셨습니다. 이렇게 해서 아브람은 이 15장의 계시에서 자기의 안전 보장은 물론 온전한 평안함을 얻게 되었습니다. 하나님께서 그의 방패와 상급이 되어 주신 것입니다.

그러나 방패라는 말과 상급이라는 말은 아브람에게 주시는 위로만으로 그치는 말이 아닙니다. 하나님의 나라는 이상적인 정신 세계의 문제만이 아닙니다. 현실적으로 이 땅을 내가 네게 준다는 의미도 거기에 충분히 다 포함되어 있습니다. 현실적인 그 땅에서 번성할 네 자녀와 국가를 하나님께서 보존하고 경영하시겠다는 의미도 들어 있는 것입니다. 그러므로 아브람은 대적이 와서 그를 침해했을 때 하나님이 저들을 심판하실 것이다 하는 것을 믿었던 것입니다. 그렇게 물질적이고 현실적인 사실에 대해서 명백한 태도를 취하고 나간 까닭에 하나님께서 그것을 열납하셨다는 의미가 거기에 들어 있는 것입니다.

우리가 이 말씀에서 느끼는 것은 하나님의 나라가 역사 위에 구체적인 하나의 사회 현상으로, 물리적인 명백한 현상으로 존재해야 사람들 개개인의 정신적인 현상으로만 존재하는 것이 아니라는 사실입니다. 사람들은 종교라는 것을 정신 현상에서만 찾고 이 사회 현상에서는 별로 크게 찾지 않는 경우가 흔히 있습니다. 다소 사회적인 요소를 찾는다 해도 정치적인 면에 국한해 버리는 경우가 많습니다. 과거 우리 나라 불교의 역사를 보든지 그 밖의 다른 압도적인 한 종교를 가진 민족들의 역사를 보면 그렇습니다. 기독교는 정치적으로 온통 눌러서 하나님의 나라를 건설하려는 것이 아닙니다. 그런데 과거에 구교(舊敎)가 그와 같은 짓을 했습니다. 가톨릭이 자기네가 가지고 있는 조직 체계를 통하여 세력을 행사하며 세계 위에 군림하는 사실을 하나님의 나라라고 생각했습니다.

그러나 '그런 것이 아니다' 하고 나온다고 해서 단순히 정신적인 것만을 중요시하느냐 하면 그것도 사실이 아닙니다. 기독교의 참 정신은 확실한 사회적인 형식을 취하고 살아가라는 것입니다. 그것이 가장 명료하게 나타나는 것은 물론 교회입니다. 그러므로 교회라는 현실은 기독교가 있어서 교회 의식을 행한다는 일종의 종교로서의 의미가 아니라 하나님 나라로서의 의미를 지니고 있는 것입니다. 거기서 굳이 종교적인 요소를 뗀다 하더라도 그리스도의 생명으로 연결되어 교인끼리 서로 사랑하고 서로 생각하면서 하나님 나라의 거룩한 법칙 가운데 산다는 공동의 의식을 품고, 그 통치의 거룩한 권위가 어떠한 법칙 아래 늘 움직이고 있다는 것을 믿고 그것을 숭앙하며 순종하는 생활을 하고, 그것이 하나의 사회를 형성하여 전진해 나갈 때 거기에 하나님 나라가 있는 것입니다.

이런 것을 무시하고 하나님 나라는 단순히 정신적인 것이라고 여기든지, 그렇지 않으면 너무나 현실적인 면만 집착해서 무슨 단체를 만들고 사회 세력을 만들어서 정치적으로 군림하는 것은 잘못된 것입니다. 아브람은 어느 편이든지 과도한 생각을 안 해야만 했지만, 또한 그 것이 현실적인 것인 이상 실질적인 침해나 불의한 세력의 침공에 대해서 감연히 그것을 퇴치하고 배제해야만 했습니다. 아브람이 그러한 신앙으로 원정군을 뒤쫓았던 것을 하나님께서 승인하시고 가납(嘉納)하셨다 하는 것이 이 말씀으로 드러납니다. "아브람아, 두려워 말라. 나는 너의 방패요 지극히 큰 상급이니라."

그러면 하나님 나라의 실유(實有)란 무엇입니까? 그 내용의 가장 중요하고도 전부라고 할 만한 요소는 왕이신 예수 그리스도의 임재라는 것이고, 그분 자신의 거룩한 능력과 그 능력의 발휘 아래에서 움직이는 모든 사실들인 것입니다. 하나님의 나라라고 할 때 어떤 제도가 있고 판도가 있고 사람들이 왔다갔다 하고 하는 그런 것이 가장 중요한 요소가 아니라, 예수 그리스도께서 임재하신다는 사실이 무엇보다 중요합니다. 예수 그리스도의 거룩한 능력이 임해서 사역하신다는 사실이 더욱 중요한 것입니다. 임재(presence)라는 말은 꼭 하나님 우편 보좌에 앉아 계신 신인(神人)이신 그리스도께서 도로 내려와 가지고 함께 있다는 그런 의미가 아니라고 전에 말씀드렸습니다. 그것은 그가 함께 계시사 친히 통치하시고 주장하신다는 사실이 우리의 생활 위에서 생생하게 실현되고 확연하게 빛나고 있는 사실을 가리킵니다. 이런 것이 15장에서 아브람에게 내리신 거룩한 계시의 첫마디 "두려워하지 말라. 나는 너의 방패요 너의 지극히 큰 상급이니라" 하는 말씀 가운데 담겨 있는 뜻입니다. 그 말씀에 의해서 아브람은 '아, 하나님께서 내가 행한 일에 대해서 승인해 주시고 재가(裁可)하신 것이로구나. 그리고 이제부터는 이와 같은 사상이 맹아(萌芽)의 상태에서 점점점 장성해야 할 것을 보여 주신 것이다' 하고 생각했을 것입니다. 이런 것들이 무엇보다도 중요합니다.

기도

거룩하신 주님, 주님께서 저희에게 은혜를 베푸시사 말씀을 저희에게 주시고 깨닫게 하시며 그것을 깊이 깨닫는 대로 저희들의 의무를 잘 이행하고 살게 하셨사옵나이다. 또한 그 거룩한 나라에 저희를 두시사 확실한 실적을 나타내며 살되 명백한 역사를 나타내는 분명한 사회 현상 속에서 활동하게 하셨나이다. 이러한 사실들은 처음부터 하나님의 백성을 뽑아 내시고 그들에게 거룩하신 은혜를 베푸시며 복을 주시사 경영해 나가실 때 깨닫게 하신 중요한 일들로서 무엇보다 믿음의 선도자요 선배인 아브람에게 먼저 깨닫게 하셔서 그로 하여금 확고한 정신으로 서서 주님의 계시의 도구로서 자기 임무를 하게 하셨사옵나이다. 오늘날 저희들은 부족하고 암매하여서 항상 낮은 위치에서 무엇을 평가하면서 아브람조차 그렇게 작고 암매하고 하나님의 일에 무관심한 막막한 사람인 것같이 생각하기가 쉽사오나 주님께서는 그에게 말할 수 없는 큰 은혜를 주셔서 큰 그릇으로 삼으시되 심지어 하나님의 벗이라고 하는 말씀으로 그를 열납하셨나이다. 그는 주님께서 그렇게 높이 평가하실 만큼 하나님의 거룩하신 뜻과 경영의 깊이 가운데 그의 생각과 정신이 들어가 있었던 것을 이제 저희가 상상하면서 저희들도 하나님의 거룩한 말씀에 의해서 그 깊고 오묘한 뜻을 바로 깨닫고 명하신 것들을 행하며 살기를 원하옵나이다. 주님께서 저희를 또한 받은 바 말씀을 해석하고 해명해서 전할 그릇들인 거룩한 교회로 세우시고 그 가운데서 서로 하나님 나라의 아름다운 상태를 나타내 보이게 하셨사오니 그런 거룩한 사실들의 중요성을 다시금 새롭게 인식하여 분명히 의미를 가지고 열매를 맺게 하시며 능력을 발휘할 수 있게 하여 주시옵소서. 성신님으로 조명하여 주셔서 더욱 깊은 깨달음 가운데 이르게 하여 주옵소서.

우리 주 예수님의 이름으로 기도하옵나이다. 아멘.

계시와 언약의 징표

제13강

창세기 15:6-11

아브람이 여호와를 믿으니 여호와께서 이를 그의 의로 여기시고 또 그에게 이르시되 나는 이 땅을 네게 주어 업을 삼게 하려고 너를 갈대아 우르에서 이끌어 낸 여호와로라 그가 가로되 주 여호와여 내가 이 땅으로 업을 삼을 줄을 무엇으로 알리이까 여호와께서 그에게 이르시되 나를 위하여 삼 년 된 암소와 삼 년 된 암염소와 삼 년 된 수양과 산비둘기와 집비둘기 새끼를 취할지니라 아브람이 그 모든 것을 취하여 그 중간을 쪼개고 그 쪼갠 것을 마주 대하여 놓고 그 새는 쪼개지 아니하였으며 솔개가 그 사체 위에 내릴 때에는 아브람이 쫓았더라.

계시와 언약의 징표
제13강

하나님의 크신 경영과 사람의 믿음

　오늘은 하나님께서 아브람에게 내리신 계시와 언약의 징표에 대해서 생각하겠습니다. 6절부터 몇 절을 보았는데, 8절을 볼 것 같으면 하나님이 아브람에게 내리신 그 은혜의 말씀에 대하여 아브람이 여쭈어 본 것이 있습니다. 즉 "아브람이 여호와를 믿으매 그것을 의로 여기셨다"(6절) 하는 '이신칭의'라는 사실이 있은 다음에, 7절에 "나는 이 땅을 네게 주어 업을 삼게 하려고 너를 갈대아 우르에서 이끌어 낸 여호와로라" 하는 말씀이 나옵니다. '나는 어떠한 하나님이냐? 너를 갈대아 우르에서 이끌어 낸 여호와이다. 내가 그렇게 한 것은 이 땅을 네게 주어 업을 삼게 하려는 목적이 있었기 때문이다. 그러나 그 땅은 아직 다른 수많은 사람들이 점령하고 있다.' 그 많은 부족의 이름이 15장 끝에 나오는데 그곳에서 강성하고 널리 편만(遍滿)해 있던 사람들은 주로 아모리족 계통의 사람들이었습니다. 하나님께서 장차 그 땅을 아브람과 그의 자손에게 주겠지만 지금 당장은 아니라고 하셨습니다. "너희 자손이 이방에 가서 객이 되어 400년 동안 그 이방 사람들을 섬길 것이고, 내가 그 백성을 징치한 후 너희를 이끌어 낼 때 너희가 큰 재물을 가지고 나올 것이다. 너희는 4대 만에 이 땅으로 나오게 될 텐데 그 까닭은 아직도 아모리 사람의 죄악이 관영치 아니한 까닭에 그렇다" 이렇게 아모리 사람을 대표적으로 드러냈습니다.

　그렇게 이 땅에 아직 10개의 족속이 살고 있는데 그 땅을 아브람과 그 자손에게 주셔서 업을 삼게 하겠다고 하셨습니다. 이때 아브람은 하나님께서 말씀하셨으니까 그것을 이룰 것으로 믿었지, 과연 이룰 수 있을까 하고 의심하지 아니하였습니다. 그러나 아브람은 "그 땅을 내게 주어 업으로 삼게 하시는 것을 무엇으로 알겠습니까" 하는 질문을 했습니다. 아브람은 하나님이 하신 말씀에 대해 믿음이 없어서 물은 것은 아닙니다. 이때에 특별히 믿음이 약해진 것도 아닙니다. 다만 신앙의 확증이란 사실 가운데 늘 살기를 원하는 그로서 더욱 확신을 얻으려고 하나님의 어떤 행사를 구한 것입니다. 문제는 하나님께서 그에게 이상 중에 혹은 어떠한 특별한 형식으로 말씀하신 것에 대해 자신의 부족과 연약 때문에 때때로 '과연 내가 이것을 얻을 수 있겠는가? 내 자손들은 끝까지 하나님을 의지하고 나아가면서 이것을 보유하고 살 수가 있겠는가' 하는 의문이 났다는 것입니다. 그런 의문이 자기뿐 아니라 자손에게도 일어나지 않을 수 없을 것이란 사실은 그들이 인간이기 때문입니다.

    하나님께서 우리에게 여러 가지 좋은 언약을 하십니다. 그렇다고 해서 사람 편의 어떠한 조건에도 구애 없이, 사람 속에서 활동하는 아무런 능력도 없이 하나님의 크고 거룩한 계획이 이루어지는 것입니까? 그렇지는 않습니다. 어떤 사람과 관계되어 이루어 나가야 할 하나님 나라의 경영은 그 사람의 어떤 조건과도 관계없이 이루어지는 것이 아닙니다. 하나님께서 그 일을 이루어 나가실 때에는 외부에서 일을 하시는 동시에 그 일을 위하여 선택한 백성이나 종이나 혹은 그 그릇에게 성신님이 역사하시고 감화하심으로써 그 사람 자신의 주동적인 활동이나 의식이나 소원이나 신뢰와 같은 적극적인 면이 충분히 발생하도록 하시는 것입니다. 이것은 여러분이 잘 아시는 사실입니다. 예수를 믿는다 할 때 내가 열성적으로 열을 낸다고 해서 믿음이 더 증가되는 것은 아닙니다. 하나님께서 우리에게 복음의 큰 사실을 주시면서 믿게 하시지만 그 믿음이 아주 장해서 그것으로 무엇을 사는 것도 아닙니다. 믿음을 대가로 하나님의 은혜를 사는 것이 아니라는 말입니다. 하나님께서 우리에게 값없이 은혜를 주시고 그 은혜 주시는 과정에서 우리를 죄 없다고 하나님의 거룩한 법정에서 선포하시더라도, 나에게는 하나님의 그 거룩한 선포와 은혜에 대한 확신이라는 주관적인 심상, 마음의 상태라는 것이 필요한 것입니다. 아무 믿음도 없는데 구원받는다 하는 일은 없습니다. 구원하시는 이는 하나님이시지만 그 구원의 큰 사실 안에 있는 분명한 한 가지 내포(內包)는 그 사람의 속에서도 복음의 사실을 믿고 의지하는 것이 있다는 점입니다.

하나님의 크신 경영은 항상 택하신 사람의 외부뿐 아니라 내부에서도 함께 역사하는 것입니다. 그래서 자기 내부에 아무런 역사가 없는데도 '나는 부족하고 아무것도 아닌 존재이지만 하나님은 주신다' 고 말하는 것은 어떻게 보면 겸손하고 신앙이 있는 고백 같으나 실질상 자기에게는 별로 믿음이 없는 것입니다. 믿음의 한 요소인 하나님 나라의 도리에 대한 지식을 구체적으로 가지고 있지 않은데도 그가 그냥 모르는 사이에 저절로 높은 영광의 위치에 썩 올라서게 되고, 모르는 사이에 하나님 나라의 영광을 나타내는 큰 도구로 서게 되는 일은 발생하지 않습니다. 하나님께서는 사람을 기계와 같이 쓰시지 않습니다. 의식이 없는, 도덕적인 책임을 질 수 없는 존재들로 쓰시는 것이 아니라는 말입니다. 하나님 앞에서 '나는 마땅히 무엇을 해야 한다' 는 당위를 알 수 있으며 그것을 이행할 수 있도록 각성하는 인식의 작용이 충분히 있는 인간으로 만드신 까닭에 인간으로서 충분한 자기 활동이라는 것이 거기에 필요한 것입니다. 그러므로 하나님께서 아브람에게 "내가 이 땅을 너와 네 자손에게 주어서 업을 삼게 하겠다" 하신 그것으로 모든 문제가 완전히 끝난 것이 아닙니다. 하나님께서 그 땅을 주신다는 객관적인 사실만으로 문제가 끝나는 것이 아니라, 아브람과 그의 자손으로서는 거룩한 계시에 대한 확고한 믿음과 소망을 가져야 하는 문제가 남는 것입니다.

당위를 각성한 아브람

그런 점에서 아브람은 '주님, 주께서 과연 이 땅을 저와 제 자손에게 주시리라고 말씀하셨사오니 그것을 제가 믿습니다. 하지만 제가 믿음에서 떨어질 수도 있고 또 제 자신의 믿음이 정상적이지 못한 것일 수도 있습니다. 저뿐 아니라 저와 제 뒤에 오는 제 많은 자손들은 계속적으로 정당한 믿음 가운데 소망을 가지고 늘 이 일에 대해서 자기의 당위를 해야 할 터인데, 그것을 하지 못한다든지 하면 도저히 하나님 나라의 거룩한 뜻을 이룰 수 없는 것을 제가 아옵나이다' 하는 정당하고도 정상적인 신앙 태도를 표시한 것입니다. 그러므로 아브람은 '하나님께서 저에게 무엇으로써 믿음에서 탈락하지 않고 또 저와 제 자손이 민족으로나 혈통으로 하나님께 확실히 붙어서 떠나지 않는 가운데 마침내 하나님의 언약을 이루는 백성으로 설 수 있음을 알려 주시겠습니까' 하는 것이 그가 물은 진의입니다. 왜냐하면 그는 하나님의 능력에 대하여 의심하거나 하나님께서 하시리라는 그 경영에 대해서 의심한 것이 아니기 때문입니다. 많은 사람 가운데 하필 그와 그의 자손을 선택해서 하나님의 크신 경륜을 이루어 나가시고자 할 때 정당한 믿음의 지식을 가진 아브람으로서는 '나와 내 자손이 하나님의 경륜을 이룰 수 있는 거룩한 법칙에 따라서 역사를 만들어 나가야지 거기서 탈락하여 이방 사람과 같이 산다면 그것을 이룰 수 없을 것이라'는 이해를 당연히 가질 수 있었던 것입니다.

하나님의 말씀을 믿고 순종하면서 먼 길을 왔고 자기의 생활을 전체적으로 변역(變易)한 위대한 사람으로서 또 하나님의 나라에 대한 것을 점점 깊이 사고하고 깨달아 나가는 사상가로서 신앙의 문제를 생각할 때 결코 신앙을 기계적으로 생각지 않고 또 무슨 신화와 같이 가만히 있는데도 저절로 기적적으로 되는 것으로 생각지 아니했다 하는 사실을 여기서 우리는 명심하는 것이 대단히 좋습니다. 왜냐하면 이런 구절을 읽어 가면서 우리는 왕왕 아무 생각 없이 그냥 읽기가 쉽기 때문입니다. 하나님께서 아브람에게 '아브람아, 내가 너와 네 자손에게 이 땅을 주어서 업을 삼게 하려고 너를 갈대아 우르에서 이끌어 낸 여호와이다' 하니까 '예, 감사합니다 그 말씀대로 되겠지요' 하는 식으로 그렇게 간단하게 돌릴 수가 없는 일입니다. 그에게 그런 말씀이 있을 때 아브람은 거기에 대한 하나님의 종과 그릇으로서의 책임 곧 자기의 당위가 무엇이냐 하는 것을 각성했다는 것입니다. 이런 것을 받아서 이룰 수 있는 계시의 백성으로서, 계시를 실현할 수 있는 백성으로서 해야 할 당위가 무엇이며 유지해야 할 차원이 무엇인가에 대해서 그는 각성을 했다는 말씀입니다.

우리는 거룩한 나라에 있어서 큰 사명이라든지 무엇을 해야 할 것인가를 깨닫는 때가 있는 것이고, 그것을 깨달았으면 마땅히 해야겠다는 각오가 있어야 합니다. 예를 들어, 이 세상에 점점 흑암이 짙어지고 교회가 대거 배교의 길로 달리고 있는 현실을 보기도 합니다. 사회 전체의 상태를 볼 때 단순히 시대의 발전으로 인해 과거 시대와 차이가 나는 것이 아니라 그 달라진 양상 자체가 절망적이고 가장 두려운 현실로 자꾸 치닫고 있음을 느끼는 것입니다. 그러면 이런 현실을 생각할 때마다 우리는 이런 시대에서 어떠한 사람이 되어야 마땅한가를 생각지 않을 수 없습니다. 해당 역사 시기의 성격과 도전에 따라서 우리가 생각하는 것도 정당해야 하고 또한 명백해야 합니다. 그러한 각성을 주신 하나님 앞에서 '나의 당위란 과연 무엇인가'를 생각지 않고서는 각성을 주시고 계시의 빛으로 비추어 주신 본의에 적응하는 자격 있는 사람이 되지 못하는 것입니다. 아브람의 경우를 보세요. 하나님께서 그에게 이와 같은 거룩한 은혜와 계시를 주셨을 때에 거기에 상당한 자기의 태도와 당위의 각성을 하나님 앞에 표백하는 중요한 결과가 나오는 것입니다. 이런 사실들이 아브람의 생애 가운데 나오고 있습니다.

아브람이 큰 확증을 얻음

신앙의 대선배로서 선두에 서서 걸어가는 아브람의 자취를 우리가 따른다 할 것 같으면, 우리의 신앙의 상태라는 것이 '주여, 믿습니다'

하고 애오라지 울고불고 야단한다거나 믿음이 자기에게 있는지도 별로 알지 못하면서 '믿습니다. 믿습니다' 하는 말을 습관적으로 되풀이하는 것은 의미 없습니다. 아브람은 주신 바 거룩한 계시로 말미암은 깨달음에 대해서 마땅히 이행해야 할 의무를 생각하고 '주님, 제가 그것을 이행할 만합니까? 무엇으로써 능히 이것을 잘 지탱하고 탈락하지 아니할 사람인 것을 제가 알 수 있겠습니까' 하고 여쭈었습니다. 그 물음에 대한 대답으로 하나님은 "나를 위하여 제물을 취해서 제사를 드려라. 그 제물로는 3년 된 암소 한 마리와 3년 된 암염소 한 마리, 3년 된 수양 한 마리, 또 그 다음에는 산비둘기와 집비둘기 새끼를 취해서 나에게 드려라" 하셨습니다. 물론 아브람은 그 거룩한 계시를 받고 두말할 것 없이 그 희생 제물들을 다 취하여 하나님께 드리는 제사 의식에 따라 드렸습니다. 아브람은 전에 이미 가나안 땅에 들어와서도 세겜 땅, 그리고 벧엘과 아이 사이에서 단을 쌓고 제사를 드렸습니다. 그는 어디든지 간 그곳에서 제사를 드리고 하나님 여호와의 이름을 불렀습니다. 그렇게 함으로써 자기의 신앙을 고백하고 또 여호와의 이름을 부름으로써 주위에 여호와를 증거하는 생활을 해왔던 것입니다. 그런 사람인 까닭에 '이제 제물을 취하라' 하시는 말씀의 의미를 곧 자기 나름대로 이해하고 제사를 드렸던 것입니다.

아브람이 원하는 바 '무엇으로 저와 저의 자손이 이 땅을 받아서 업으로 삼을 것을 알겠습니까' 하는 것에 대해서 하나님은 '내가 너에게는 어떻게 한다. 그리고 네 자손에게는 어떻게어떻게 하마' 하셨습니다. 그리하여 아브람은 좀더 구체적이고 명백한 계시의 내용을 거기서 터득했습니다. 하나님께서 그에게 확실히 보여 주신 것이 있는데 불이 타서 연기가 오르는 풀무가 보였고, 그 다음에 타는 횃불이 쪼갠 제물 사이로 지나가는 것을 보았습니다. 즉 하나님의 영광의 찬란한 광채, 쉐키나의 광채가 지나가는 것을 본 것입니다. 하나님 당신의 임어(臨御)라는 가장 큰 확증을 보았습니다. 물론 이 세상에 있는 물질이나 또 이 세상에 있는 어떤 사건을 통해서도 그렇게 되지 아니할 수 없다는 논리적인 확실한 결론을 얻음으로써 그것이 중요한 증거가 될 수 있습니다. 하지만 더욱 피할 수 없는 튼튼한 보증은 하나님 당신의 영광인 것입니다. 이렇게 그 날에 당신의 영광을 친히 아브람에게 나타내 보이셨습니다. 이것은 하나님께서 당신을 스스로 낮추시사 친히 내려오신 사실입니다. '내가 아브람 너하고 약속하마' 하신 것입니다. 사실 하나님께서 사람하고 굳이 약속하실 이유는 없습니다. 다만 하나님께서 그를 지극히 사랑하시는 까닭에 '내가 내 말을 네게 준다' 는 말 즉 언약을 하셨습니다. 이것은 아브람에게 있어서는 아주 굉장히 큰 확증이었습니다. '아, 하나님의 약속은 도저히 실패할 수 없는 약속이다. 하나님이 보이신 이 거룩한 사실들은 인간이 스스로 항거할 수 없는 사실들이다.' 그는 여기서 훨씬 더 큰 세계관이나 사관을 배웠을 것으로 생각됩니다.

사회적인 형태로 드러나는 하나님의 나라

후세의 역사를 살아가는 우리로서 결론적으로 말할 수 있는 것은 '하나님의 나라를 아브람과 그의 자손을 통해서 나타내시되 명확한 사회의 형식을 취해서 어떤 일정한 지역과 일정한 역사 시기 동안에 증시하겠다' 는 것이 하나님께서 경영하시고 가르치신 중요한 내용이라는 사실입니다. 하나님께서는 때를 따라서 그에게 이 사실을 자꾸 가르쳐 나갔습니다.

어떤 사회적인 형식을 취한다는 것은 하나님의 나라를 가공적인 관념의 세계에서만 찾지 말라는 것입니다. 하나님이 친히 지배하시는 통치 대권 행사의 역력한 사실이 어떤 사회에서 증시될 때 비로소 거기에 하나님의 나라가 분명히 있는 것이며, 그것이 또한 우리가 남에게 증명해야 할 중요한 내용인 것입니다. 이것 때문에 하나님께서 우리를 뽑아 내사 새로운 생명을 주셔서 사랑하시는 아드님의 나라로 옮겨 놓으신 것입니다. 그런데 이제 아브람과 그 자손을 선택해서, 물론 아브람 자손 전부는 아니지만, 아브람의 자손 가운데 택하신 백성인 히브리 종족을 쓰셔서 팔레스타인이라고 하는 일정한 영토 안에서 독특한 하나님의 통치 제도와 그 실내용을 점점점 분명하게 드러내어 찬란하고 독특한 역사를 이루려 하십니다. 이것은 여러분이 이미 다 짐작하실 수 있는 것입니다. 히브리 사람을 선택하셔서 큰 강인 애굽의 나일 강 위로부터 시작해서 북쪽으로 저 유프라테스 강 유역에 이르는 넓은 판도를 주시되 그들로 하여금 자기네의 독특한 제도와 문화와 생활을 영위할 터전으로 주신 것입니다. 훗날 그들이 하나의 혈통만을 가진 한 민족을 이룬 것은 아닙니다. 애굽에서 나올 때 잡족이 전연 섞이지 않은 게 아닙니다. 민족 형성이란 관점에서 볼 때 다른 여러 조상의 자손들도 모여서 서로 융합해 가지고 모였지만 적어도 이 팔레스타인 땅에서 순일성(純一性)이 있는 하나의 민족을 형성하여 하나님의 거룩한 통치를 우러러보고 살아가는 독특한 국가 사회의 형태를 형성한 것을 우리가 압니다. 그러나 그것만이 지금 아브람에 대한 하나님의 약속의 전부가 아니라는 것을 아브람은 그가 가지고 있는 세계관이나 사관을 통하여 알았다는 사실을 여러 번 말씀드렸습니다.

하나님이 경영하시는 터가 있는 성을 바라고 늘 나갔던 것이 아브람입니다. 그는 땅에 있는 본향이 아니라 하늘에 있는 본향을 향해서 전진하였습니다. 즉 하나님이 친히 저들을 위해서 예비하신 곳을 향해서 나갔습니다. 아브람의 세계관이란 단순히 자기의 육체적인 자손만을 전부로 삼은 것이 아니었습니다. 자손 중에 이스마엘과 에서의 계통은 이탈하였습니다. 오직 이삭으로부터 야곱으로 이어지고 그에게서 난 열두 아들의 계통들이 어떤 역사 시기 동안에 심히 중요한 역할을 하였습니다. 하지만 그것만을 전부로 삼지 않았습니다.

행위 계시로서의 제사 의식의 발전

하나님의 나라를 형성할 때 기초가 되는 것은 사람 편으로 보자면 무엇보다도 먼저 하나님과의 거룩한 관계, 지근(至近)한 관계를 늘 유지하고 살아가는 현실입니다. 이러한 거룩한 관계를 어떤 상징적인 의식에 의해서 표시하고자 할 때 사람은 하나님께 가까이 나아가는 거룩한 제사라는 단계를 거치는 것입니다. 그리고 나서 그 관계를 늘 바로 유지하게 하십니다. 제사는 이처럼 아브람이나 그 자손들이 하나님과의 거룩한 관계 가운데 있기 위하여 절대로 필요한 의식 절차였습니다.

오늘날 그러한 의식 자체를 유지하지는 않을지라도 제사가 확실히 상징하고 포함하고 있던 가장 중요한 핵심은 여전히 남아 있는 것입니다. 생명과 같은 그 의미를 오늘날도 엄연히 의지하면서 지키고 있지 아니하면 우리는 하나님과의 관계를 바로 유지하지 못하는 것입니다. 또 하나님께서 우리를 선택하셔서 하나님 나라의 백성으로 세우신 뜻을 제대로 나타내지 못하는 것은 물론입니다. 그런데 이것이 계시의 발전 과정에서 아브람의 시대에는 비교적 원형적인 형태로 있었던 것입니다. 제사는 옛날 아벨의 제사부터 시작해서 그 후 자자손손 사람이 하나님께 가까이 가는 데 반드시 지나야 할 관문이었습니다. 믿음의 선조들은 거기를 지나야 한다는 사실을 하나님의 계시 가운데에서 알고 그대로 행하고 나갔던 것입니다.

그런데 그 거룩한 계시의 내용이 처음부터 밝히 드러난 것은 아닙니다. 처음에 가령 아벨이 '제사는 이런 것이다' 하고 말씀의 계시에 의해서 깊이 깨닫고 행하였느냐 할 때 물론 그렇지 않습니다. 말하자면 제사의 개념이 구체적으로 전부 형성될 수 있을 만큼 그 의의를 거기에 충분히 담아서 나타내지는 못했던 것입니다. 그러나 하나님께서 그것을 열납하신다는 점에서 제사 행위는 그것이 계시의 한 방법으로서 이른바 행위의 계시(act revelation)가 되는 것입니다. 처음에는 이 종자(種子)의 형이 원형의 형태로 있다가 차츰차츰 시대를 따라서 발전해서 모세의 시대에는 모세 법전에 비교적 구체적으로 상세하게 계시됩니다. 가령 제사의 종류로는 번제, 소제, 속죄제, 속건제, 화목제라는 것이 있고, 제사의 양태로는 화제와 전제와 요제와 거제라는 것이 있습니다. 이리하여 제사가 상징하고 의미하는 바를 좀더 세분해서 깨달아 알 수 있게 되었습니다. 하지만 아브람 시대에는 비교적 모세적인 제도의 원형(prototype) 즉 종자의 형태로 존재했던 것입니다. 그럴지라도 그것은 아벨 이래로 발전해 나온 계시의 내용을 포함하고 있는 것입니다.

아브람이 하나님 앞에 드린 제사는 아브람 자신으로서는 가장 신중하고 가장 신성한 종교 행위였습니다. 그것은 적어도 하나님 앞에 열납될 만한 종교 행위였던 것입니다. 그러므로 그것 자체로서도 자연히 아브람에게 가르쳐 주는 큰 뜻이 있었습니다. 말하자면 거기서 아브람은 과거에 가졌던 인간적이고 일반적인 상념이나 사상에서 하나씩 둘씩 탈피할 수 있게 되었고 또 사물에 대해서도 점점 깊이 생각할 수 있게 되었습니다. 하나님 나라의 사상을 형성해 가는 과정에 있던 아브람으로서는 거기서 제사의 의미에 대해서도 좀더 깨달았을 것으로 압니다. 물론 제사에 대해 훨씬 크게 깨닫게 되는 것은 나중에 모리아 산에서 이삭을 드릴 때입니다. 이삭을 드릴 때 비로소 제사에는 단순한 의식과 절차 이상의 높은 정신과 하나님께서 용인해 주시는 거룩한 내용이 들어 있다는 분명한 사실을 좀더 구체적으로 파악하게 됩니다. 그런 실질이 거기 반드시 있어야만 한다는 중요한 사실을 이삭을 드리는 사건을 통해 절실하게 깨닫게 됩니다. 그러기까지는 아직도 몇십 년을 더 걸어야 합니다. 지금은 아브람이 가나안 땅에 들어와서 얼마 되지 아니한 때의 일입니다. 아마 그가 80여 세 되었을 때의 일일 것입니다. 그가 하나님 앞에서 그 땅에 대한 하나님의 거룩한 경륜에 대한 확증을 갖기 위해서, 즉 그 땅에 대한 하나님의 경륜이 아브람과 그 자손에게 실패 없이 이루어진다는 거룩한 증거를 갖기 위해서 앙문(仰問)했을 때 거룩한 제사의 사실을 통해 하나님께서 대답해 주시는 큰 계시가 그에게 임했던 것입니다. 아브람은 그의 자손에 대한 크고 중요한 계시를 그가 제사를 드리는 중에 받았던 것입니다. 15장 후반부의 내용이 그런 이야기입니다.

나중에 모세의 제도하에 충분히 발전이 되겠지만 지금 아브람이 드리는 이 제사는 고대 자기 신앙의 선배들이 하나님께 드린 제사와 다를 바 없습니다. 그것은 무엇보다도 하나님은 누구시냐, 어떤 하나님이시냐 하는 그의 신관을 표시하는 중요한 종교 형태였습니다. 그때 하나님께서는 어떤 신비한 형식으로 사람에게 이야기하시면서 그냥 지내시지 않았습니다. 반드시 이러한 제사라는 절차를 요구하셔서 사람으로 하여금 그 절차에 의지해서 하나님 앞에 나오게 하셨습니다. 그 절차를 통하여 그들에게 하나님이 어떠한 분이신가를 늘 가르치신 것입니다. 그런데 당신이 어떤 하나님이신가를 가르쳤다는 것은 제사가 가지고 있는 중요한 의미를 깊이 생각할 때 알 수가 있습니다. 이 제사라는 종교 형식에 의한 계시는 어느 때 어느 개인에게 한꺼번에 풍부하게 내린 것은 아니지만 고대 역사를 통해서 면면히 대대로 내려오는 그 종교 안에서 그 참된 뜻이 발전하여 온 것입니다. 거룩한 계시는 종자의 형태에서 차츰 자라나 발전해 나오는데 이 제사의 사실도 역시 아담 때부터 아브람 때까지 거기 담긴 계시가 차츰 발전되어서 명료한 형태로 드러났던 것입니다.

희생 제사의 의미

하나님께서 아브람에게 요구하신 이 제사를 보면 제물을 하나만 드리게 하신 것이 아니고, 적어도 다섯 가지를 모아서 동시에 드리도록 했습니다. 3년 된 암소와 3년 된 암염소와 3년 된 수양 그리고 산비둘기와 집비둘기 새끼를 모두 드리라고 하셨는데, 후일에도 이러한 것들을 제물로 드리라고 하셨습니다. 후일에 그렇게 드리도록 하실 때에는 드리는 사람의 경제력이라는 것을 십분 고려해서 마련하신 것입니다. 누구든지 다 항상 소를 잡아서 하나님 앞에 드릴 수 있는 힘이 있는 것은 아닙니다. 가난하면 산에 가서 비둘기 하나를 잡아 드리든지 아니면 집에서 기르는 많은 비둘기 중 하나를 갖다가 드릴 수 있습니다. 그렇더라도 하나님께서 받으시면 되는 것이므로 그 효과는 하나님과의 관계에 있어서 아무런 차이가 없습니다. 요컨대 가장 미미하고 작고 힘이 없을지라도 연약한 사람은 연약한 대로 주님께 정성을 드리고 마음을 다 바칠 때 마찬가지로 받아 주시는 것입니다.

이러한 사실들이 후에 모세의 제도하에서는 명백하게 나타납니다. 그러나 여기 아브람 자신의 제사에서는 그와 그의 모든 자손에 관한 거룩한 사실을 상징하기 위해서 여러 가지 제물을 함께 다 드리도록 하였습니다. 대소(大小) 고하(高下)를 물론하고 남녀를 물론하고 누구든지 다 드려라 하는 것을 종합적으로 표시하기 위해서 여러 가지 제물들을 함께 다 드리라고 하였습니다. 그런데 여기에 나타난 첫째의 명백한 사실은 제물 하나 하나가 다 피를 흘리고 죽는다는 것입니다. 가령 새는 쪼개지 않았더라도 그것 역시 목을 비틀어서 죽이게 되어 있습니다. 잡아죽인 상태이므로 결국 피를 흘리게 되는 것입니다. 이렇게 피를 흘려서 그것을 단 위에 놓은 다음 불살라 올린다는 것이 제사의 처음 형식이었습니다. 피를 흘린다는 희생이 언제든지 나타나는 것입니다. 제물이 소가 되었든지 비둘기가 되었든지 그것 자체가 죽어야 할 무슨 특별한 이유가 있어서 죽는 것은 아닙니다. 제물은 순전히 그것을 드리는 사람의 필요 때문에 죽임을 당하는 것입니다. 제물을 드리는 사람은 제사를 드리기 전에 대개 제물의 머리에다 손을 얹고서 '이것은 하나님 앞에 저를 대표하는 것이옵니다' 하는 표시를 하게 되어 있습니다. 결국 희생물이 피를 흘리고 죽는 사실에는 내가 피를 흘리고 죽을 수밖에 없다는 표시가 붙어다니는 것입니다. '나는 하나님 앞에 죽을 수밖에 없는 자입니다' 하는 표시인 것입니다.

그런데 대사(代死) 즉 대신 죽는 사실 가운데에는 하나님께서 나를 용납하시기 위해서 나를 대신할 희생이 하나 필요하다는 뜻도 포함되어 있습니다. 희생과 대속의 사실은 아브람이 제사를 드릴 때도 마찬가지였던 것입니다. 결국 희생 제사는 자기를 대신할 수 있는 무엇을 갖다 드리는 것입니다. 그러면 자기를 대신한다는 희생의 제물이 어떻게 해서 자기를 대신할 수가 있는 것인가? 무슨 법으로 무슨 이론으로 마땅히 죽어야 할 내가 안 죽고 제물이 대신 죽음으로써 내가 죽은 것으로 간주될 수가 있다는 말인가? 그것은 법을 내신 분 혹은 그것을 받으시는 분이 용인하시면 되는 것입니다. 만일 받으시는 분이 '아니, 애매한 희생이 왜 필요하냐? 네가 직접 죽어야겠다' 한다면 꼼짝없이 그는 죽어야 할 것입니다. 하지만 '내가 너를 살리기 위해서 직접적인 죽음을 요구하지는 않겠다. 그렇다고 해서 그냥 덮어놓고 살리지도 않겠다. 무엇인지 대가가 하나 있어야 하겠다. 네 생명을 대신해서 충분히 속할 수 있는 대가가 하나 있어야 할 것이다' 하셨습니다. 그래서 희생의 제물을 드리게 되면 그 사람은 살게 되는 것입니다. 이런 법칙은 하나님께서 당신의 긍휼과 거룩하신 뜻으로 용인하신 것일 뿐입니다. 사람이 제 마음대로 '자, 이것이 저를 대신한 제물입니다' 하고 내놓는다 해서 다 받으시는 것이 아닙니다.

희생 제물에 대한 아브람의 생각

공의로우신 하나님은 제사에 있어서도 모든 것의 가치를 가장 정당하고 정확하게 인정하시고 받아들이십니다. 그런데 희생의 제물이 아무리 고가(高價)라 하더라도 사람의 생명을 속할 수 있을 만큼 가치가 있는 것은 아닙니다. 짐승이 아무리 값비싸더라도 그것이 사람의 목숨을 대신할 수 있을 만하지는 못합니다. 왜냐하면 사람과 짐승은 기본적으로 차원이 다르기 때문입니다. 결국 사람이 하나님 앞에서 죽어야 할 일이라면 짐승이 죽는 것으로써 다 속할 수가 없는 것입니다. 사람이 하나님 앞에서 마땅히 죽어야 한다는 것은 영원한 형벌을 의미하는 것이고, 그것은 도덕적인 존재로서 받는 형벌입니다. 따라서 짐승과 같이 도덕적인 책임을 질 수 없는 동물이 백 번 죽어 보아도 사람을 대신해서 속할 수 없는 것입니다. 이것이 바로 짐승의 희생 제물이 갖는 현실상의 부족입니다. 그것은 도저히 채울 수 없는 부족인 것입니다. 그런데도 하나님께서 짐승으로 대신하라고 하셨다면 거기에는 무슨 의미가 담겨 있습니까? 사람이 받을 영원한 형벌을 대신할 수 있는 참된 희생의 실체가 있다는 뜻입니다. 하나님의 어린양이 별달리 있다는 것을 표시하는 것입니다. 그런 실체가 있기에 이를 상징하는 짐승으로써 대신할 수 있는 것입니다. 만일 아브람이 그때 제물 자체와 관련된 여러 가지 문제에 대해서 평소 주의 깊게 사고했던 것처럼 사고했다면 아마 그러한 의미를 희미하게라도 생각했을 것입니다.

아무리 큰 소를 드렸다고 하더라도 소가 나를 대신하겠느냐 하는 것은 당연한 의문입니다. '소의 죽음이 나를 대신한다고 해서 이것이 과연 효과 있는 일이냐? 효과 있다고 인정하시는 분이 인정하지 않으면 아무런 효과도 없을 것이다. 절대적으로 공의로우신 하나님께서 어떻게 이 희생 제물로 내 값을 따지시겠는가? 만일 그렇게 따져 주신다면 하필 짐승을 죽일 것이 무엇인가? 내가 귀한 물건을 하나 가져다 놓고 이것으로 내 생명을 대신하겠습니다 해도 될 것 아니겠는가?' 그렇게 해서 결국 아브람의 생각은 '이 값이 균형을 이루려면 적어도 여기에 내 생명을 충분히 속량하고도 남을 다른 생명이 하나 필요하다' 는 데까지 이른 것입니다. 그리하여 그는 필연적으로 터가 있는 성을 바라고 참된 본향을 찾았던 것처럼, 그가 단을 쌓고 제사를 드릴 때마다 '여호와여, 하나님께서 궁극적으로 마련하신 바 거룩한 제물을 생각하면서 그것을 믿는 저의 믿음을 이런 형식으로 주님 앞에 표백하나이다' 하고 제물을 드렸을 것입니다.

하나님이 마련하신 거룩한 어린양, 참된 희생의 제물을 참 제사장이 하나님 앞에 단번에 영원한 효과를 내도록 드리시는 사실에 대해서 아브람이 신학적으로 명백하게 자세히 논술을 했는지는 알 수 없으나 적어도 그는 그런 큰 원칙을 늘 감지하고 있었던 것입니다. 그런 까닭에 15:6에 보면 "아브라함이 여호와를 믿으니 그 믿음을 보시고 의로 여기셨다"고 한 것입니다. 하나님 앞에 의로 여김을 받는 그 믿음은 '하나님께서 무슨 약속을 했으니 그 약속을 제가 신용하고 갑니다' 하는 식의 신용이 전부는 아닙니다. '하나님, 제가 이 세상을 살아가는 데 제 힘이 부족하니까 하나님을 신뢰하고 갑니다' 하는 그것이 전부가 아니라는 얘기입니다. 가장 기본적인 것은 '나는 하나님 앞에 영원히 죽을 수밖에 없는 죄인이지만 이 죄를 대속하시는 그분이 땅이 아닌 하늘에 지은 성막에서 이미 제사를 드리고 계셨다' 하는 그것을 믿는 사실입니다. 이것이 첫째로 중요한 내용입니다.

후일에 사도 바울 선생이 그러한 충만한 계시를 가지고 '믿음으로 말미암아 의롭다 하심을 얻는다'는 이신칭의(以信稱義)의 대진리를 아주 도도하게 로마 교회에 써 보낸 것을 여러분 다 아실 것입니다. 그 내용은 그리스도의 속죄의 사실에 대한 신앙을 가르친 것입니다. 비록 창세기에 그리스도라는 이름은 쓰지 않았을지라도 그 사실은 명백합니다. 아브람은 처음부터 어떤 실체에 대해서 명백하게 믿고 나갔던 것입니다. 이러한 사실은 아브람에게 있어서 심히 중요한 내용으로서 하나님과 아브람 사이의 거룩한 교통에 절대적으로 필요한 중요한 것이었습니다. 만일 아브람이 여러 가지 다른 일을 많이 했다고 해도 이러한 거룩한 사실 가운데에서 이룬 하나님과의 끊임없는 교통이 없었다면 그것들이 다 전연 의미가 없는 것이 되고 말았을 것입니다.

여호와의 이름을 증거하는 제사

예배란 우리의 생활에서 가장 기본적이고도 중요한 사실입니다. 사람이 무슨 근거로 예배를 드릴 수 있습니까? 덮어놓고 아무라도 나와서 '하나님, 제가 예배를 드립니다. 절을 받으십시오' 한다고 되는 것이 아닙니다. '예수님께서 속하신 큰 공로를 절대로 의지하고서 나왔습니다' 할 때에만 예배가 되는 것입니다. 그 터 위에서 우리는 하나님의 백성이 된 것입니다. 그것은 아브람도 꼭 마찬가지였습니다. 아브람이 제사를 드릴 때 '주님, 이것이 저를 대신하는 것이옵니다' 하고 제물을 단에다 놓고 불사르면 그것은 무엇을 뜻합니까? 원형의 제사라 할 때는 번제가 제일 먼저 꼽히는데 그 번제 안에는 속죄의 의미가 분명히 포함되어 있습니다. 희생 제물을 놓고서 '주님 저를 대신하는 이것을 다 받으시옵소서' 하는 것은 자기를 전부 드린다는 사실의 표현입니다. 그와 같이 드리는 데서 하나님 앞에 자기는 엎드려 절하는 것입니다. 하나님은 영광을 받으실 분이시요 공의로우신 분이시요 지극한 긍휼로 사랑하시는 분이시므로 그와 같은 형식을 취하셔서 하늘에 이미 마련해 놓으신 참된 희생의 거룩한 사실을 여기에 적용하시는 것입니다. 참된 희생의 효과를 주께서 거기에 대신 부어 넣어 주시는 것입니다. 누구라도 그냥 제물을 드린다고 해서 될 리는 없지만 거기에 필요한 모든 것을 하나님께서 전부 하시는 것입니다. 그러므로 내가 하나님 앞에 신앙을 고백할 때 하나님께서 그것을 긍휼히 여기시고 용인하시는 것입니다.

아브람은 어디든지 가면 제단을 쌓고 거기서 여호와의 이름을 불렀다고 하였습니다. 그는 감사와 예배를 끊임없이 드림으로써 하나님을 남에게 증시한 것입니다. 그렇게 함으로써 다른 사람에게 그가 하나님께 속한 사람이라는 것을 떳떳이 증거하고 살았던 것입니다. 이것이 그가 제단을 쌓고 제사를 드리는 큰 의미입니다. 아브람은 땅을 차지하든지 자식을 낳든지 전쟁을 하든지 혹은 여행을 하든지 하나님께서 경영하시는 일을 자기가 순종하고 나아가는 모든 생활에 있어서 이처럼 늘 하나님과 거룩한 교통을 하였는데 이것이 아주 중요한 사실입니다. 우리도 각각 무엇을 하든지 자기의 소분(所分)대로 나가서 열심히 노력하면서 자자영영(孜孜營營) 활동을 하지만, 그러나 때를 따라서 하나님 앞에 나아가서 예배를 드리고 예수 그리스도의 속죄의 크신 사실을 다시 감사하면서 주님을 의지하고 자기를 다시 드리는 일이 반드시 필요합니다. 그와 같은 심정을 하나님 앞에 고백하고 나가는 것이 심히 중요합니다. 아브람은 '하나님 앞에 저의 전부를 늘 드리고 살아갑니다' 하는 것을 제사 가운데서 표시하였습니다. 그리고 자기는 죽을 수밖에 없는 인간이지만 그런 자신을 살리신 하나님의 무한하신 긍휼과 사랑에 진정으로 늘 감사를 드린 것입니다. 예배와 감사, 그리고 자기를 전부 드리는 헌상(獻上), 또 그로 인하여 남에게 여호와를 증거한다는 이 사실이 아브람이 드린 제사의 형식 가운데 늘 있었던 것입니다.

결국 하나님께서 아브람에게 어떤 확증을 주시려고 할 때 그에게 먼저 필요한 것이 제사임을 알게 하셨고(15:9), 아브람이 받은 명령대로 제사를 드릴 때 그를 깊이 잠들게 하셔서 그로 하여금 하나님 나라의 경영 일부를 보여 주셨습니다(15:12 이하). 그 내용은 본문에 자세히 기록되어 있습니다. 아브람의 자손이 이방에 가서 400년 동안 객 노릇을 하되 그 이방은 아브람의 자손을 괴롭게 할 것이라는 사실, 또 이방 사람을 섬기던 그의 자손은 하나님께서 그 이방 나라를 징치하심으로 마침내 거기서 많은 재물을 얻어 가지고 나올 것인데 이방에 들어간 지 4대 만에 나올 것임을 알려 주셨습니다. 그의 자손들이 특별히 여러 부족들이 살고 있는 이 땅으로 나올 것인데 그 판도는 저 애굽 강에서부터 유브라데스 강까지라고 하셨습니다.

이러한 구체적이고도 현실적인 내용을 아브람에게 다 보여 주신 다음 불이 타오르는 풀무를 보이시고, 그 다음에는 쪼갠 고기 사이로 하나님의 쉐키나, 영광의 큰 불이 횃불처럼 떡 지나갔습니다. 이렇게 하심으로 하나님께서 그 제물을 열납하셨다는 것을 표시하셨습니다. 사람이 불을 놓아 가지고 태운 것이 아니라 하나님이 친히 그것을 불살라 위로 올리신 것입니다. 풀무와 같이 뜨거워서 도저히 끌 수 없는 불로 완전히 태운 것이고 하나님께서는 그것을 다 받으신 것입니다. 이렇게 하여 그는 하나님 앞에 예배하고, 예배하는 데서 자기의 신앙을 다시 한 번 더 고백하고 다짐하였습니다. 그와 동시에 그에게 내리신 바 거룩한 계시에 의해서 자기 자손이 어떻게 될 것이냐 하는 문제에 대한 새로운 큰 사실들을 깨닫게 되었습니다.

기도

거룩하신 주님, 저희들의 생애 가운데서 아버님 앞에 예수 그리스도의 이름과 공로를 가지고 나아가서 예배를 드리고, 저희 전체를 헌상하며 살게 하심을 감사드리옵니다. 그리스도께서 단번에 드리신 모든 제사의 효과를 힘입어서 주님과 교통을 하고 있는 이 사실은 우리의 생활에 있어서 가장 핵심적인 중요한 사실이옵니다. 이러한 거룩한 사실 가운데 저희는 힘을 얻고, 주께서는 여러 가지 문제를 친히 지도하시고 인도하시며 주장하시는 것을 믿사옵나이다. 그런즉 저희들로 하여금 예배하는 사실이 하나님 나라의 백성으로서 주님의 영광을 위해서 사는 전 생활의 핵심이 되고 가장 중요한 부분이 되는 것임을 늘 주의하게 하시옵소서. 참된 예배 가운데 주께 찬송을 올리고, 자신을 전부 드리고, 주님의 거룩한 영광을 우러러보며, 하나님께 기쁨을 드리는 거룩한 교통을 늘 가지게 하시옵소서. 이런 거룩한 심정 가운데 주를 섬기고 살되 주님이 주시는 힘과 주님께서 우리 안에서 역사하시는 큰 사실이 저희 안에 확실히 그대로 남아 있어야 하겠나이다. 저희를 통하여 이루시려고 하는 일이 있을 것이온데 저희의 부족과 잘못으로 떨어뜨리지 않기를 원하오니 그것들을 저희 안에서 온전히 이루어 주시옵소서.

　우리 구주 예수님의 이름으로 기도하옵나이다. 아멘.

아브람 자손의 이방 생활

제14강

창세기 15:12-16
해 질 때에 아브람이 깊이 잠든 중에 캄캄함이 임하므로 심히 두려워하더니 여호와께서 아브람에게 이르시되 너는 정녕히 알라 네 자손이 이방에서 객이 되어 그들을 섬기겠고 그들은 사백 년 동안 네 자손을 괴롭게 하리니 그 섬기는 나라를 내가 징치할지며 그 후에 네 자손이 큰 재물을 이끌고 나오리라 너는 장수하다가 평안히 조상에게로 돌아가 장사될 것이요 네 자손은 사 대 만에 이 땅으로 돌아오리니 이는 아모리 족속의 죄악이 아직 관영치 아니함이니라 하시더니.

아브람 자손의 이방 생활
제14강

400년과 4대의 문제

창세기 15장에 나오는 바 아브람에게 내리신 하나님의 계시에 대해서 생각해 나가고 있습니다. 오늘도 그 가운데 하나, 특별히 창세기 15:13-16에 있는 말씀을 생각하겠습니다. 12절부터 보면, "해 질 때에 아브람이 깊이 잠든 중에 캄캄함이 임하므로 심히 두려워하더니 여호와께서 아브람에게 이르시되 너는 정녕히 알라. 네 자손이 이방에서 객이 되어 그들을 섬기겠고 그들은 사백 년 동안 네 자손을 괴롭게 하리니 그 섬기는 나라를 내가 징치할지며 그 후에 네 자손이 큰 재물을 이끌고 나오리라." 요컨대 아브람의 자손이 400년 동안 이방에서 객노릇을 할 것이고, 그 이방 나라는 아브람의 자손을 괴롭게 할 것이며, 그 다음에 하나님께서 그 이방 나라를 징치하시면 마침내 아브람의 자손들은 큰 재물을 가지고 거기서 나온다 하는 이야기입니다.

그런데 이 400년이라는 기간을 언제부터라고 생각할 것인가 하는 문제가 여기 있지만 그것은 나중에 역사가 펼쳐지는 대로 알 것이고, 그게 자손의 대수로는 4대 만이라고 하였습니다. "네 자손은 4대 만에 이 땅으로 돌아오리니 이는 아모리 족속의 죄악이 아직 관영치 아니함이니라." 결국 400년과 4대의 문제입니다. 지금 아브람에게 예언이 임했는데 그의 자손이 400년 동안 이방에 가서 객 노릇을 하면서 심한 학대를 받고 살다가 나중에 마침내 그 이방 나라에서 나온다 하는 것입니다. 물론 이때부터 이스라엘 백성이 애굽으로 들어가던 때를 계산할 것 같으면 215년쯤 됩니다. 가령 아브람이 이 가나안 땅으로 들어온 때가 75세이고 이삭을 낳은 때가 백 살 때입니다. 가나안으로 들어온 지 25년 후에 이삭을 낳았습니다. 그리고 이삭은 야곱을 60세에 낳았습니다. 그러니까 아브람과 이삭 부자(父子)만으로 거의 85년이 지나갑니다. 그 다음에 야곱이 애굽으로 들어간 때가 130세입니다. 그 기간을 합하면 215년입니다. 즉 아브람이 가나안 땅으로 들어온 때부터 215년 후쯤에 이스라엘 백성은 애굽으로 들어가게 됩니다. 그리고 애굽에 들어가서 한 215년 동안 살다가 나중에 이끌림을 받아서 나옵니다. 그래서 그 기간을 모두 합하면 430년입니다. 이 기록이 출애굽기 12:40에도 있고 갈라디아서 3:17에도 있습니다.

여기서 400년이라 하는 말은 정확하게 몇 년이라고 단수(端數: 우수리)를 다 센 것이 아니라 대략의 숫자로서 400여 년이란 의미입니다. 이 기간 동안 아브람의 자손이 이방 나라에 가서 객이 되어 종 노릇을 한다는 말인데, 성경은 때때로 연대를 말할 때 몇 년 몇 개월 며칠간으로 정확하게 따지지 않고 대체로 한 기간을 잡아 가지고 말하기도 합니다. 오늘날 우리는 한 30년을 한 세대(generation)로 봅니다. 하지만 히브리적 사상으로 보면 40년이 한 세대입니다. 히브리 사람들은 일대(一代)를 이야기할 때 한 40년을 말합니다. 가령 이스라엘 백성이 40년 동안 광야에서 방황하였고, 다윗이 40년 왕 노릇 하였으며 솔로몬이 40년 동안 왕 노릇 하였습니다. 이렇게 40년이라는 말을 잘 쓰는데 그것의 열 배면 400년입니다. 400년이라는 숫자는 그것 자체가 갖는 수치 이외에 다른 특수한 개념이 붙어다니기도 합니다. 우리 나라에서도 열이나 혹은 일곱이란 수치가 그 자체의 수치 말고 만족하다든지 충만하다든지 하는 특수한 의미도 함께 갖는 경우가 있습니다. 여기서 히브리 사람들에게 10대나 되는 400년도 그와 유사한 특수한 의미를 갖는 개념이라고 할 수 있을 것입니다.

이처럼 히브리 사람의 수의 개념 가운데에도 수치 이외에 수 자체가 주는 다른 어떤 특수한 관념을 표시하는 경우가 있습니다. 셋을 어떤 만수(滿數), 영원히 끊임이 없는 수로 말하기도 합니다. 넷이라 해서 천지 혹은 동서남북 사방을 말하기도 하고, 다섯으로 구원의 수를 말하기도 합니다. 일곱이라는 수는 만족과 완성의 관념을 표시하는 수로 생각합니다. 그래서 여섯은 결함이 있고 불만족스럽다는 뜻이 내재되기도 합니다. 여덟이라 할 때는 새롭다 하는 것을 생각하게도 하고, 열둘에는 선택의 의미가 붙어 있습니다. 이렇게 수가 가지고 있는 어떤 관념이 그대로 어렴풋하게 붙어서 어느 때는 그런 의미로 쓰이는 수가 있습니다. 이런 현상이 꼭 히브리 사람들에게만 있는 것은 아니지요. 세상 어느 나라에도 수를 수치로만 여기지 않고 어떤 다른 일정한 의미를 부여하는 일이 다 있는 것입니다. 아마 하나라는 수가 제일 대표적이라고 할 수 있을 것입니다. 하나라는 것은 단순히 하나의 의미뿐 아니라 유일(唯一)이다 독일(獨一)이다 해서 다시 더 없다는 의미로 흔히 사용하는 것입니다. 어느 때에는 하나로 전부를 대표해서 전체의 표상을 삼기도 합니다. 히브리 사람들이 여섯을 금기시하는 식으로 우리 나라에서는 아홉이라는 수를 별로 좋지 않게 생각해서 아홉이 나오면 재수 글렀다는 소리를 하기도 합니다. 그렇지만 여기서 지금 이야기하는 400년에 그런 어떤 관념을 넣어서 생각해 볼 때 그것은 아주 많은 기간을 표시하는 것입니다. 그러면서도 그 기간을 넷이라는 수를 써서 4대라는 말로도 표시하였습니다. 아브람의 자손이 이방으로 들어간 지 4대 만에 나올 것이라고 하였습니다.

복에 따른 사명을 생각한 아브람

이스라엘 백성이 이방에 들어가서 손 노릇을 하면서 괴롬을 받다가 400년 혹은 4대 만에 나오겠다는 이 예언의 말씀은 아브람에게 있어서 심히 중요한 계시의 내용입니다. 아브람에게 내린 최초의 큰 계시는 하나님께서 아브람을 어떻게 그리고 무엇 때문에 불러내셨는가 하는 것을 가르친 것으로 12:1-3에 있는 말씀입니다. "너는 너의 본토 친척 아비 집을 떠나 내가 네게 지시할 땅으로 가라. 내가 장차 너로 하여금 큰 민족을 이루겠고 네게 복을 주어 네 이름을 창대케 하리니 너는 복의 근원이 될지라. 그리고 너를 축복하는 자에게 내가 복을 내리고 너를 저주하는 자에게 내가 저주를 내릴 것이니 땅의 모든 족속이 너를 인하여 복을 얻을 것이니라." 왜 하나님께서 "너를 축복하는 자에게는 복을 내리고 또 너를 저주하는 자에게는 저주를 내릴 것이라"고 말씀하시는가? 이스라엘 백성이란 결국 아브람의 자손인데 무엇 때문에 아브람의 자손을 이렇게 특별히 대하시는가? 그 자손만 특별히 무엇이 예뻐서 "보아라. 내가 너에게 복을 줄 것인즉 너는 복의 근원이 될 것이다. 다른 백성이 너를 축복하면 내가 그 백성에게 복을 주고 그렇지 않고 너를 저주하면 내가 그 백성에게 저주를 내릴 것이다" 한 것입니까? 단순히 어떤 한 백성만을 귀히 여기면서 그저 그들이 귀엽고 사랑스러워서 둘러 지켜 주고 힘을 주고 잘되게 하신다는 의미이겠는가 할 때 아브람 자신도 그렇게 생각지 아니했을 것으로 우리는 다 짐작합니다.

　왜 그러냐 하면 대체 자기가 무엇이기에 하나님께서 자기 자손만을 그렇게 특별히 대하신다는 말인가를 주의 깊게 생각하였을 것이기 때문입니다. 무엇보다도 아브람의 신관이 그런 생각을 허용하지 않았을 것입니다. 아브람의 신관은 어떤 것이었습니까? 그는 하나님을 알되 지극히 높으신 하나님, 천하를 공의로 심판하시는 하나님으로 알고 있었습니다. 나중에 소돔과 고모라의 멸망에 관한 말씀을 듣고 롯을 위하여 도고하면서도 그는 하나님을 일컬어 천하를 공의로 심판하실 분이라고 말했습니다(창 18:25). 아브람이 가지고 있는 하나님에 대한 정당한 생각에서 볼 때 하나님의 사랑이란 편애 즉 편벽(偏僻)된 사랑이 아닙니다. 또 하나님의 사랑은 이 세상 사람의 사랑과 같이 거기에 싫고 좋은 것이 붙어다니는 사랑도 아니었습니다. 하나님의 사랑이 의로운 것임을 알았던 것입니다. 즉 아브람은 하나님께서 절대의 공의를 희생시키면서까지 사랑하시는 법이 없다는 것을 처음부터 느끼고 있었습니다.

결국 아브람은 하나님께서 그와 그의 자손들에게 특별히 "너희를 축복하는 자에게는 복을 주고 너희를 저주하는 자에게는 내가 저주를 내릴 것이니라" 하셨을 때 '참, 좋구나' 하는 정도로 끝난 것이 아니었다는 말입니다. '하나님께서 우리를 이렇게 극진히 사랑해서 높여 주시니 참으로 좋구나' 하는 정도로 끝내지 아니하였습니다. 사실 하나님께서는 단순히 그들을 보호만 하시겠다는 정도가 아니라 그 이상으로 높인 것입니다. 아브람은 그러한 거룩한 말씀을 받고 난 뒤 틀림없이 '우리에게 거룩한 말씀을 주신 이상 거기에는 막중한 의무와 책임이 뒤따를 것이라'고 생각했을 것입니다. '우리로 하여금 하나님의 복을 받아 누릴 수 있게 세우셨다면 그렇게 높은 차원에 두신 본의에 부합할 만한 자질과 생활이 뒤따라야 할 것이다. 그런 것이 없이 아무렇게라도 제 마음대로 살면서 덮어놓고 하나님께서 우리에게 복을 주신다고 할 수는 없는 노릇 아닌가?' '하나님의 의(義)와 공도(公道)를 무시하고 자기 마음대로 살면서 하나님의 복을 받겠다 한다면 그것은 절대로 부당한 일이다' 하는 것은 공정한 생각입니다. 공의로우신 하나님을 생각하던 아브람으로서는 당연히 '하나님은 편애를 갖지 아니하는 분'이라는 정당한 해석을 가졌던 것입니다.

이스라엘 백성 가운데는 후세에 그렇지 못한 사람들이 있었습니다. 하나님의 축복은 무조건적이라고 생각한 일이 있습니다. 다른 말로 하면 아무 조건도 붙이지 않고 내리신 것이라고 생각했던 것입니다. 하나님께서 은혜를 내리실 때 거기에는 그 은혜를 받는 사람의 책임이 필연적으로 뒤따르는 것이 하나님의 공의의 법칙인 것입니다. 이런 공의의 큰 법칙을 무시하고 저들이 멋대로 행하면서 우상을 섬기고 나갈 때 하나님께서 크게 진노를 하셨던 것을 잘 아십니다. 하나님의 명령을 거역하고 우상을 섬기면서도 '우리는 특별히 뽑힌 백성이니라'고 생각할 때 하나님께서는 그 백성을 강한 손으로 여러 번 치신 역사를 우리는 잘 알고 있습니다. 사람은 언약의 내용이 주는 의미를 정당하게 해석해야 합니다. 그것을 정당하게 다루지 못하고 편벽되게 자기편으로 끌어당겨서 공리적으로 혹은 이기적으로 해석할 때 거기에는 무서운 하나님의 심판이 임할 수밖에 없는 것입니다. 차라리 하나님의 공의의 발동에 의한 무서운 심판이 내리는 것입니다. 그러므로 아브람이 하나님의 특권적인 은총의 말씀을 들었을 때 그는 감사한 심정만을 느끼고 끝난 것이 아니었습니다. 그는 희미하나마 역사적인 위대한 민족 사명이라 할 것을 또한 느끼고 있었습니다. '우리는 하나님의 복의 근원이 되고 천하 만민에 대하여 복의 기관 노릇을 해야 하는 특수한 사명을 띤 백성이로다. 그런즉 천하 만민이 우리에게 복을 빌면 그들에게 복이 내려갈 만한 무슨 특수한 이유를 늘 보존하는 백성이 되어야 할 것이다' 하는 사명을 느꼈던 것입니다.

사명을 이룰 방법과 능력을 주심

그러한 아브람이었기에 그는 마땅히 '하나님께서 어떠한 방식을 통하여 나의 자손을 복의 기관, 특수한 사명을 지는 백성으로 만드실 것인가' 를 생각해 보았을 것입니다. 그때 첫째의 문제는 자기에게 아직 자식이 없으니 그렇다면 어떻게 되는 것인가 하는 문제였습니다. 그러한 하나님의 큰일을 이루기 위해서는 적어도 법적인 상속자라도 계승되어야 할 터이니 나의 계승자가 있어야 하겠다는 당연한 생각을 했습니다. 그에게는 아직 자기 몸에서 난 자식이 없습니다. 하나님께서 내신 법칙에 의해서 무자한 사람이었던 것입니다. 그런즉 '내 집안에서 가장 쓸모 있고 신뢰할 수 있는 사람을 양자로 들여서 그를 계승자로 삼으면 하나님께서 약속하신 대로 나의 자손에게 복을 내리시는 대로 거룩한 사명을 이루어 가도록 해야겠다' 는 생각으로 다메섹의 엘리에셀을 하나님께 고했던 것입니다. 이 내용은 우리가 이미 배웠습니다.

그때 하나님께서는 "그는 너의 후사가 아니니라. 네 몸에서 날 자가 네 후사가 될 것이니라" 하셨습니다. '아니다. 내가 지금 취해서 쓰려고 하는 그릇 즉 천하 만민에게 복의 근원이 되는 기관으로 만들어 내놓으려는 그릇은 직접 네게서 난 자식으로 할 것이다. 걱정하지 말라.

만민에게 복을 내리는 거룩한 근원으로 쓰겠다 할 때는 그것이 위대한 창조적인 대업이란 사실을 너도 잘 알 것이다. 사람이 무슨 자격이 있어서 그런 일을 할 수 있는 것이 아니다. 그것은 내가 큰 은혜를 독특하게 부어 주어야 시작될 수가 있다. 내가 처음부터 내 뜻대로 특별한 은총 가운데서 너에게 자식을 주어야 창조적인 대업이 전개된다. 네가 직접 낳는 자식에게서 내가 그것을 이룰 것이다' 하는 의미로 '네게서 난 자식이라야 하겠다'고 하셨습니다. 그러나 그 후에 아브람의 역사 가운데서 그는 사래의 말을 듣고 하갈을 얻어서 이스마엘을 낳았습니다. 하지만 하나님께서는 그들의 계획을 인정하지 않으셨습니다. "아니다. 너희가 전연 불가능하다고 하는 데서부터 나는 시작할 터이다. 너희는 전적으로 내가 내리는 은총과 나의 계획으로 일을 하게 될 것이다. 일반 법칙에 의해 너희가 자식을 낳지 못하는 사람들이 됐지만 그러나 나는 사래에게서 자식을 낳게 할 것이다" 해서 결국 이삭을 주셔서 그 계통으로 일을 해 나가신 것을 우리가 잘 압니다.

문제는 항상 아브람이 하나님의 복에 대해 감사한 것이 전부가 아니었다는 사실입니다. 하나님께서 그에게 복을 내리셨을 때 그는 거기에 부응하는 자기의 책임을 절실히 느꼈다는 것입니다. 이것은 오늘날 그리스도를 믿는 사람들도 늘 느껴야 하는 큰 문제입니다. 덮어놓고 구원받았다고 좋아만 할 것이 아니라 말입니다. 나를 구원하셔서 세상에 두셨으면 거기에는 필시 큰 목적이라든지 이유가 있는 것이고 따라서 나는 거기에 부응해야 할 어떤 위치를 늘 유지해야 하는 것입니다. 그것을 생각하지 않고 그냥 공것쟁이 심사로 '나는 구원받았으니 감사합니다' 하는 정도로 끝내면 하나님께서 구원해 내신 사람다운 의식이 심히 부족하다는 것을 표시하는 것입니다. 즉 구원의 목적에 대해서 생각지 않고 구원받았다는 사실만을 가지고 그것을 하나님이 주신 전부인 것같이 생각한다면 결코 성숙한 사람이라고 할 수 없는 것입니다. 사람이면 마땅히 사람답게 생각을 해야 하는 것이기 때문입니다. 특별히 구원받은 사람이면 도의심(道義心)이 있어야 하는 것이고 자기의 권리와 의무에 대한 관념이 명백해야 하는 것입니다. 특별히 무엇이 자기의 의무인지를 생각해야 합니다. 특권을 받은 만큼 거기에 부응하는 의무가 무엇인가를 생각해야 한다는 것입니다.

아브람이 위대한 신앙인이었다는 것은 특별히 그런 생각이 명료했다는 사실에서도 드러납니다. 공것쟁이로 덮어놓고 앉아서 '하, 하나님께서 복을 주시니 감사합니다 감사합니다' 하고 그냥 산 사람이 아닙니다. 하나님의 말씀에 부응하는 삶을 살아 보려고 자기부터 늘 생활을 조절한 사람입니다. 아브람으로서는 하나님께서 자손에게 하시려는 큰 일에 대한 그의 사명이 무엇인가를 늘 명심했던 것입니다. '나와 내 자손들이 어떻게 거기에 해당한 자격과 품성을 늘 유지하고 살아갈 수 있겠는가'를 항상 생각했을 것입니다. 따라서 아브람은 거기에 대해서 당연히 심화된 무엇을 기대하게 되었을 것입니다. 아마 '하나님께서 만일 이것이 필요하다면 나에게 좀더 풍부한 계시를 하실 것이다. 나와 나의 자손이 어떻게 해야 할 것인지에 대한 계획을 좀더 자세히 가르쳐 주실 것이다' 하고 기대했을 듯합니다.

누구든지 부리는 사람이 부림을 받는 사람에게 어떤 일을 시켰을 때는 그것을 이행하는 방법에 대해서도 지시를 하는 것입니다. '너는 이제 가서 이러이러한 일을 해야 할 것이다' 하고 명할 때에는 그 일만 이야기하지 않고 어떻게 그것을 이룰 것인가 하는 방법에 대해서도 지시를 합니다. 더군다나 지금 아브람은 자기와 자기의 자녀들을 쓰셔서 경영해 나가시는 하나님의 일 가운데 놓여 있는 것입니다. 그가 하나님의 경영 방법을 모르고서는 자기 마음대로 무엇을 해 나갈 수 없는 처지입니다. 그의 생애 가운데에서 이번 기회에 아브람은 중요한 교훈을 다시 받습니다. 왜냐하면 하나님의 일을 이루기 위해서 아브람이 스스로 일반적인 방법이라고 생각하고 취한 방법마다 실패하고 말기 때문입니다.

가령 자식의 문제에 있어서도 처음에는 직접 자기 자식이 아닌 사람이라도 양자로 삼아 계승하면 되겠다 생각했습니다. 그러나 그것은 실패였습니다. 그의 생각은 정당하지 않았습니다. 그것이 나쁜 생각이었다는 말이 아니라 바로 맞는 생각이 아니었다는 것입니다. 또 자기에게서 낳는다고 해서 하갈을 취하여 자식을 낳았지만 하나님은 그것도 아니라고 하셨습니다. 아브람에게 특별히 정욕적이거나 악한 심정이 있어서 그렇게 한 것이 아닙니다. 아브람의 전 생애를 보면 그는 항상 고귀한 도덕을 유지한 사람입니다. 아브람의 시대 일반 사회의 도덕 기준에서 바라볼 때 그는 도덕적으로 높은 위치의 인물이었습니다. 그러나 그가 하나님의 크신 일을 이루기 위해서 이렇게 해야겠다고 그 시대 사람으로서 아브람이 가지고 있던 생각으로 무엇을 해 나갈 때마다 하나님께서 막은 일이 한두 번이 아닙니다. 나중에 모리아 산에서 이삭을 드릴 때도 그가 이삭을 죽여야겠다고 했을 때 하나님은 '그게 아니다' 하고 또 막으셨습니다. 그것은 단지 이삭을 긍휼히 여겨서 그를 살려 주시려고 그렇게 한 것만이 아닙니다. 아브람이 가지고 있던 생각이 충분히 차지 못한 상태이므로 그것을 보충하시고 깨닫게 하시려고 또한 그 일을 하신 것입니다.

　아브람은 나중에 충분한 교훈 가운데서 많은 내용을 깨닫고 배우게 됩니다. '아, 어떤 일을 이루라는 거룩한 목적을 하나님께서 보이셨으면, 그 일을 이룰 방법이나 능력도 하나님께서 주셔야 하는구나. 내가 이렇게 저렇게 하겠다고 거기다가 스스로의 꾀를 넣어서는 안 되겠다'는 것도 알게 되었을 것입니다. 하나님께서 우리에게 무슨 일을 맡기시면 그 일을 이룰 수 있는 방법과 능력도 주시는 것입니다. 하나님께서 실천의 방법을 지시하시고 실행의 능력을 주시는 데서 비로소 그 일을 이룰 수 있습니다. 우리를 구원하셔서 하나님의 자녀답게 살라고 하실 때에는 그러한 목적뿐만 아니라 그렇게 살 수 있는 방법과 능력도 하나님께서 주시는 것입니다. 성신으로 우리 안에 예비하여 주시고 성신님이 역사하심으로 그런 일이 되는 것이지 사람의 도덕적인 요구나 종교적인 열정으로 그것을 이루어 나가지 못하는 것입니다. 이런 것은 이미 여러 차례 배워서 다 알고 있는 사실입니다.

위대한 사명을 이루기 위해 구비해야 할 자격

그렇다고 하더라도 아브람으로서는 그의 능력에 한계가 있어서 알 수 없는 여러 가지가 남게 되는 것입니다. 그래서 '하나님께서 어떤 다른 계시를 하시겠지' 하고 기대하고 있을 때 여기 15장에 있는 여러 중요한 계시들이 그에게 임한 것입니다. "네게서 난 자식을 취하여 내가 그 거룩한 일의 그릇으로 삼겠다" 하시고, 그 다음에 "네게서 낳는 자식에 대해서 나는 장차 이렇게 할 것이다" 하고 가르쳐 주셨습니다. 아브람의 자손이 400년이라는 거룩한 기간 동안 이방에서 객이 되어 괴롭을 받다가 마침내 그곳을 빠져 나온다는 내용이었습니다. 이 400년에 관한 계시 내용은 아브람에게 있어서 창세기 12:1-3에 있는 최초의 거룩한 계시에 버금 가는 중요한 것이라 할 수 있습니다. 우리는 이스라엘 백성의 애굽 생활과 출애굽 역사를 아는 까닭에 이 400년이라는 계시 내용을 쉽게 지나칠 수 있지만 아브람에게는 결코 그럴 수가 없는 내용입니다. 이것이야말로 지금까지 자기가 생각했던 바 하나님의 거룩한 계획 곧 하나님의 백성을 이 땅 위에 두셔서 해 나가시고자 하시는 일이 좀더 구체적으로 밝혀지는 것이라고 생각했을 것입니다. 하나님께서 이루시려는 계획을 그에게 필요한 만큼 부분적으로 보이신 것이라고 분명히 느꼈을 것입니다. 이 400년이란 계시 내용은 우선적으로 그러한 의미가 담겨 있습니다. 4대라는 것이 그렇게 심심(深深)한 의미를 가지고 있다는 얘기입니다.

그러면 이제 우리가 다시 돌아가서 생각해 보십시다. 이스라엘 백성이든 다른 누가 됐든 하나님께서 어떤 사람을 택하여 그 사람의 자손으로 하여금 큰 민족을 이루시고 그 민족을 도구로 쓰셔서 천하 만민에게 어떤 복을 주시려는 큰 계획을 하셨던 것입니다. 그런즉 이제 그 땅 위에서 한 사람을 취해야 할 판입니다. 그때 취해진 사람이 아브람이었습니다. 따라서 아브람에게는 자손을 주시되 편만(遍滿)하게 많이 주실 것입니다. 자손의 번성이란 사실 자체가 먼저 하나님께서 땅 위에 복을 주시는 한 가지 현실입니다. 그런데 그 자손들은 땅 위에서 복의 근원 혹은 복의 기관으로 존재할 것입니다. 그 자손들이 그 위대한 사명을 이루기 위해서는 먼저 그만한 자격과 품질을 구비해야만 합니다. 덮어놓고 마음대로 해 나가려는 죄 많은 사람들을 써서 위대한 하나님의 일을 이루어 나가시지 않는 것입니다. 하나님께서는 그들에게 자격을 갖추도록 하실 터인데 그것은 한때 잠시 잠깐의 일로 이루어질 성질의 것이 아닙니다. 차라리 한 역사를 운전하시면서 그렇게 만들어 놓으시는 것입니다. 그렇게 운전해 나가시는 역사의 한 과정이 바로 400년의 중요한 의미인 것입니다.

그 역사의 운전 가운데서 마침내 사명을 이루어야 할 사람들이 갖출 자격이란 무엇이겠습니까? 물질의 문제와 정신상의 문제로 나누어 생각할 수 있습니다. 정신상의 문제라고 하면 그들이 구체적으로 한 민족을 형성하여 자신들이 특수한 임무를 지고 있다는 역사적인 사명감을 늘 보유하고 살아가는 것일 터입니다. 이것이 대단히 중요한 일입니다. 아무런 사명감도 없고 별다른 특수한 관념도 없이 그저 역사의 흐름을 따라 맹목적으로 살면 의미가 없다는 것입니다. 적어도 뽑힌 한 민족이 되었으면 그들은 여타의 사람들과 다른 위치에 늘 서 있어야 하는 것이고 또 별다른 법칙하에서 어떤 일정한 생활을 유지하고 살아가야 한다는 의식을 분명히 하고 있어야 할 것입니다. 결국 자기 민족이 다른 민족과 분명히 구별되는 특성적인 위치에 서 있다는 것을 자타가 인식할 수 있는 상태에 이를 뿐 아니라 그 상태를 유지해야 합니다. 나아가 그런 상태 안에서 훈도(訓導)를 받아 자기들이 다른 민족과 섞일 수 있는 자들이 아닌 것을 보여야 합니다.

하나님께로부터 온 민족 사명을 가지고 천하 만민 가운데에서 복의 기관으로 쓰이려면 그들은 무엇보다도 먼저 야훼 하나님을 공경해야 할 것입니다. 민족 전체가 야훼 하나님을 공경함으로써 그분과 늘 교통하는 생활에서 떨어지지 아니해야 합니다. 그들이 야훼 하나님을 공경하면서 늘 접촉하고 교통하려 할 때에는 거기에 거룩한 법칙이 자재합니다. 하나님의 법대로 나아가지 아니하고 사람이 제 마음대로 하나님께 나아간다면 그는 결코 하나님과 교통하지 못하는 것입니다. 사람이 제아무리 정성을 기울여서 정화수를 떠놓고 빈다고 해도 하나님과 교통이 되는 것이 아닙니다. 사람은 하나님께서 세우신 법에 의해서 하나님과 교통하게 되어 있습니다. 후대에 모세를 통해서 하나님께서는 법을 내셨습니다. 그들이 어떻게 하나님께 가까이 나아와서 하나님의 은혜를 받을 수 있는가와 다른 하나는 그들이 다른 민족하고는 달리 어떻게 하나님의 특별한 법칙하에서 그들끼리 거룩한 백성으로 살아야 할 것인가 하는 것이었습니다. 이 두 가지는 모세의 법이 가지고 있는 아주 중요한 특성입니다. 그것은 후세에 그 백성을 그렇게 쓰시기 위해서 아주 충만한 계시로 분명히 나타내신 것입니다.

아무튼 지금 우리가 생각하는 바 아브람이 받은 이 위대한 역사적인 사명을 수행할 수 있을 만한 자격과 질적인 차원이라는 것은 하나님을 공경하고 하나님과 교통하는 위치에 있는 사람들이어야 합니다. 그뿐더러 그들이 사회를 형성하고 서로서로를 대하며 살 때에도 거룩한 법칙 아래서 살아야 하는 것입니다. 사람과 사람 사이의 관계에서도 기본적으로 바른 인간관과 정당한 세계관의 토대 위에서 사유(思惟)하고 행동해야 한다는 것입니다. 바른 인간관을 가지고 있다는 것은 사람이란 무엇인지를 올바르게 알고 있다는 뜻입니다.

사람에게 죄가 있다는 것과 구속을 받지 아니하면 안 된다는 사실은 하나님과의 교통에서 충분히 배울 수 있는 것인데 나중에 하나님께서는 그 사실을 좀더 구체적으로 가르치십니다. '속죄함이 없이는 네가 하나님의 은혜를 받을 수 없고 또 하나님의 사랑 가운데 계속 살 수가 없다'는 것을 가르쳐 주십니다. 속죄의 큰 은혜 가운데 있어야 한다는 사실이 후대의 모세의 모든 법전 가운데 명료하게 드러나는데 특별히 제사법에 그게 잘 나타납니다.

그러나 단순히 하나님께 속죄함을 받아 살면 다 되는 것이 아니고 속죄함을 받은 사람은 속죄함을 받은 사람답게 죄의 권세에 대해서 늘 항거하며 살아야 한다는 큰 사실이 또 있습니다. 죄의 권세라는 사실은 단순히 몇 가지 도덕상 문제에서만 발생하는 것이 아니라 늘 그릇된 인간관이나 세계관이나 사관에 강하게 뿌리를 박고 있기에 더 어렵습니다. 하나님이 누구이시며 어떻게 당신의 나라를 경영하시는지 제대로 모르고 그릇되게 생각하는 것이라든지, 사람을 어떻게 알고 대해야 할 것인가 하는 문제에 대해서 잘못 생각하는 일이라든지, 또 인류 사회와 역사를 바로 이해하지 못하여 하나님이 어떻게 그것을 진행시키실 것인지에 대해서 맹목적이거나 잘 모를 때에는 비록 자기는 직접적으로 죄를 짓지 않는 것 같아도 결국은 자꾸 죄를 짓는 결과에 이르는 것입니다. 그러므로 이런 처지에서 벗어나서 참된 속죄의 은혜 가운데 아름다운 문명 사회를 건설해야 하는 것입니다. 즉 사명을 받은 거룩한 사람들로서 밝은 사회, 깨달은 사회, 지혜 있는 사회를 건설하라는 것입니다.

참된 의미의 문명 사회

참된 의미의 문명 사회란 높은 집 짓고 물질적으로 풍성하게 잘사는 사회를 말하지 않습니다. 그것을 한마디로 쉽게 이야기하자면 사회를 형성하되 공의와 사랑이 명료하게 드러나는 사회를 만들라는 것입니다. 이것은 다니엘이 느부갓네살에게 간곡히 권한 2대 원칙입니다. 느부갓네살이 꾼 꿈에 대해서 혹은 이상(異像)에 대해서 다니엘이 권고를 할 때에 한 말인데, 자기가 다스리는 백성에 대해서 왕이 하나님 앞에서 어떻게 정당하게 행해야 하느냐 하는 문제였습니다. 거기를 잠깐 읽어 보겠습니다. "하나님이 다스리는 줄을 왕이 깨달은 후에야 왕의 나라가 견고하리이다. 그런즉 왕이여 나의 간하는 것을 받으시고 공의를 행함으로 죄를 속하고 가난한 자를 긍휼히 여김으로 죄악을 속하소서. 그리하시면 왕의 평안함이 혹시 장구하리이다"(단 4:26-27). 그리고 바로 앞 25절을 보면 "그때에 지극히 높으신 이가 인간 나라를 다스리시며 자기의 뜻대로 그것을 누구에게든지 주시는 줄을 아시리이다"라고 했습니다.

이 말씀은 느부갓네살이 미쳐 가지고 사람의 사회에서 쫓겨났다가 나중에 정신을 회복하고 돌아올 것이라고 다니엘이 그 꿈을 해석하면서 한 말입니다. 그런즉 왕의 나라가 장구하려거든 공의를 행함으로써 왕이 지은 죄를 속하고 또 가난한 사람들을 불쌍히 여기고 긍휼을 베풀어서 죄를 속하라고 한 것입니다. 건전한 사회를 위해서는 공의와 자비라는 두 가지의 큰 원칙이 필요합니다. 일반 사회에서 의라는 것은 심히 중요한 요소로서 대동맥과 같습니다. 이것이 무너지면 하나님께서 원하시는 사회로 제대로 설 수 없습니다. 동물의 사회에는 그 주역들이 내심(內心)으로 무엇을 사색하고 이성의 어떤 작용에 의해서 체제를 유지하지 않습니다. 다만 하나님이 내신 법칙에 의해 동물들이 본능적으로 어떤 일정한 법칙에 따라 질서를 유지합니다. 그러나 사람의 사회는 동물의 사회처럼 위에서 눌러 가지고 질서가 유지되는 것이 아니기에 그 사회 속에 공의와 자비라는 것이 늘 존중되어야 잘 유지가 되는 것입니다. 인간 사회에서 가져야 할 공의에 대한 명백한 태도는 남의 권리에 대해서 늘 중요히 생각하고 또 자기의 의무에 대해서도 심각히 생각하는 것입니다. 다른 사람이 대가를 지불하고 얻은 기회나 권리나 특권이라는 것을 분명한 이유 없이 덮어놓고 무너뜨려서는 안 됩니다. 그렇지 않으면 다른 이상한 이론으로써 폄하(貶下)하거나 그것을 포기하라고 강요하는 것은 혹시 다른 무슨 윤리나 도덕을 함양하는 것 같을지라도 그것은 공의를 무시하는 처사인 것입니다.

얼마 전 우연히 잠깐 들은 얘기입니다. 기차를 타고 가는데 좌석권을 산 사람이 들어가서 자기 좌석에 앉으려고 하는데 다른 노인이 앉았다 말입니다. 그 옆에 있는 다른 사람이 '아, 젊은 사람이 뭘 앉아서 가려고 하는가' 하면서 노인에게 그냥 타고 가시라고 권하면서 자기는 그대로 앉아 있더라는 것입니다. 이런 것이 불공의라는 것입니다. 그렇게 할 생각이 있으면 자기의 자리를 내주어야 하는 것이지 남의 자리를 양보하라고 강요할 것이 못 되는 것입니다. 일단 공의를 집행하고 그 다음에 자비를 베푸는 것이 좋다는 얘기입니다. 공의가 실현된 후

노인의 곤란을 생각하여 도의심과 긍휼히 여기는 마음으로 자리를 양보하면 되는 것입니다. 그것이 가장 아름다운 방법이지 덮어놓고 강요하는 것은 일이 아닌 것입니다. 이런 게 사소한 일 같지만 생각해야 할 문제입니다. 사람들 마음 가운데 참된 문명이 들어 있을 때에는 그렇게 생각하지 않는 것입니다. 남의 권리에 대해서는 일단 인정을 해야 합니다. 혹 그가 자기의 권리를 포기하면서 사회의 질서를 잘 유지하겠다고 한다면 대단히 좋은 일입니다. 하지만 자기는 그렇게 하지 않으면서 남에게만 권리를 포기하라고 강요하는 괴상한 사회 기풍이란 참된 문명이 그 속에 들어가지 않았다는 증거입니다.

이스라엘 백성이 하나님의 거룩한 법을 나타내려면 그들의 생각 가운데 이런 공의와 자비라는 것이 늘 명백하게 있어야 합니다. 내가 남에게 무엇을 요구하려면 그것을 원하는 사람으로서 정당한 위치에 서 있어야 하는 것입니다. 그것이 정신적으로 가치가 있는 것이라도 마찬가지입니다. 자기가 그것을 늑탈(勒奪)하는 사람의 위치에서 마음대로 강요해서는 안 됩니다. 보이는 물질의 가치에 대해서는 그런 일이 별로 없을 것입니다. 남에게 함부로 돈을 달라고 하지는 않으면서 정신적 가치의 문제에 대해서 그렇게 생각지 않는다 말씀입니다. 남에게 함부로 이것은 뭐요 저것은 뭐요 하고 자꾸 묻는 이상한 태도도 다 불공의라 말씀입니다. 가치라는 것을 정당하게 해석하지 못하고 자기 편의대로 해석한다면 그런 것은 문명이 덜 들어간 까닭입니다. 말하자면 그의 마음이 밝음과 지혜 가운데 있지 아니한 까닭에 그런 일이 발생합니다.

모세의 법전을 우리가 주의해서 보면 그 저류(底流)에는 따뜻한 인간미, 인도심, 긍휼의 심정, 불인지심(不忍之心)이 기본적으로 흐르고 있습니다. 동시에 그 법조문은 확고한 공의의 정신에 터를 두고서 어떤 사회가 집단의 힘으로 개인에게 희생과 포기와 양보를 강요하는 일을 절대로 금하고 있습니다. 이러한 사회를 형성하고 문명 생활을 경영하는 것은 예술품을 창조해 내거나 무슨 훌륭한 건축을 하는 문제보다 더 중요합니다. 사람에게 있어서는 물질을 어떻게 쌓아 놓는 것보다도 인간 대 인간의 생활이라는 것이 훨씬 앞서는 중요한 문제이기 때문입니다. 이스라엘 백성에게 하나님께서 요구하시는 것은 그러한 문화가 고도적으로 발달한 사회입니다. 껍데기가 화려한 사회가 아니라 사람들의 속이 모두 고상한 위치에 올라가 있는 사회를 형성하라는 것입니다. 이것이 필요합니다.

그렇게 되기 위해서 먼저 필요한 것은 안정된 생활입니다. 외적의 침입으로 괴롬을 당한다든지, 항상 경제적으로 쪼들려서 심히 애를 쓰면서 고생한다면 다른 무엇을 생각하기가 어려운 것입니다. 그런 까닭에 내우외환(內憂外患)이 없는 사회가 형성되어야 합니다. 그리고 물질적으로 큰 부국은 안 될지라도 빈곤 가운데 젖어 가지고 헐수할수없는 나라가 되어서는 아니 됩니다. 그러려면 그 백성들이 항상 부지런해서 자기 생활을 늘 건실하게 건설해야 할 것입니다. 그 사회에 유타(遊惰)하고 놀기 좋아하는 방탕한 조류가 휩쓸어서는 안 됩니다.

이와 같이 고결한 인품을 가지고 근검하면서 신실하게 살아가되 높은 이상을 향해서 나가려면 그 백성들이 각기 태어난 그대로는 되지 않는 것이고 훈련을 받아야 합니다. 개인뿐 아니라 한 민족이 그렇게 되기 위해서도 훈련을 받아야 하는 것입니다. 어떤 민족이 이런 훈련을 받기 위해서는 첫째로 하나님을 늘 공경하는 생활이 있어야 합니다. 기본적으로 모든 것을 하나님께 맡기고 의지하는 바른 종교의 토대 위에 서 있어야 한다는 것입니다. 그 다음에는 특수한 법에 의해서 의와 자비가 충만한 사회를 경영하고 살아야 합니다. 질서를 존중하는 사회가 이루어지려면 먼저 물질적인 안정이 필요하고 또 외적의 침해에 대한 안보 문제가 선결되어야 합니다. 이런 것들이 기본적으로 중요한 것입니다.

그런데 어떤 국민이든지 일조 일석에 그런 사회를 형성하지 못하는 것입니다. 서양 사회를 보면 권리와 의무의 관계를 대단히 존중히 여기고 남의 권리를 침해하는 사실을 심히 부끄럽게 생각하는 풍조가 있습니다. 그 사람들에게는 그런 기풍이 오늘날 일반적으로 퍼져 있지만 중세기에도 그랬던 것은 아닙니다. 중세기의 허다히 많은 우여곡절을 겪은 뒤에서야 그런 기풍이 정착되었습니다. 여러 가지 전쟁을 치르면서 희생 가운데 많은 훈련을 받고서야 차츰차츰 각성하여 건실한 풍조가 형성된 것입니다. 그 사회도 적당한 훈련을 받고서야 비로소 자기네가 가져야 할 정당한 정의의 관념과 자비가 마음 가운데 늘 흐를 수 있게 된 것입니다. 이런 것이 참된 의미의 문화입니다. 참된 의미의 문화란 훌륭한 공예품을 만들어 내고 기발한 소설을 써내며 또 뛰어난 음악을 만들고 하는 그런 데만 있는 것이 아닙니다. 사실 그런 것들은 어떤 사회나 민족의 구성원들이 좀더 문명한 위치, 훨씬 계몽된 위치에 서서 건실하게 생활해 가면서 각각 자기 소분(所分)대로 은사대로 노력하는 데서 발생하는 것입니다.

애굽 생활의 의미

그 다음에 중요한 문제는 400년 동안 이방에 가서 손 노릇 한다는 사실입니다. 하나님께서 그들을 그렇게 대하시지 않는다면 가나안 땅에 두셔야 할 것입니다. 그러나 거기에는 이미 가나안 열 족속이 있습니다. 아모리 족속의 죄악이 아직 관영치 아니하였다고 하셨는데, 그 말은 앞으로 죄악이 관영하는 때가 온다는 것입니다. 그때에는 하나님께서 그들을 내쫓고 저들을 들이시겠다는 것입니다. 하나님께서 노아 시대에 인류를 도말하신 것은 땅 위에 강포가 심했기 때문입니다. 강포란 무엇입니까? 공의를 무시하는 것이 강포입니다. 무력 즉 폭력에 의지해서 사람들을 치는 것입니다. 노아 시대뿐 아니라 아브람 시대의 소돔과 고모라에도 그런 악이 있었지만 가나안 백성에게도 그런 것들이 심각했습니다. 도덕적인 부패와 타락의 현상이 극심하였던 것입니다. 그들의 종교를 보더라도 본능적인 정욕을 절제 없이 종교화하되 오히려 그것을 제도화하여, 몹시 타락한 생활 가운데에서 악한 질병이 육체까지 좀먹는 사회를 형성하였습니다.

동시에 그 사람들은 재주 있게 노래를 만들었고 여러 가지 예술품을 창조하였으며 번듯한 집을 짓고 살았습니다. 방랑하던 유목민에 불과한 사람들이 그런 땅에 와서 난숙(爛熟)한 도시 문명의 형태에 접한 즉 쉽게 물들고 만 것입니다. 이스라엘 백성이 그냥 가나안에 그대로 있었더라면 더 강성한 열 족속들의 큰 문명에 완전히 동화되어 자기 민족의 독특성이라는 것을 나타낼 길이 없었을 것입니다. 특별히 헷 족속은 대제국을 건설한 사람들이 아닙니까? 그들과 같이 손잡고 살면서 연혼(連婚)을 하는 문제로 나중에 큰 사건이 발생합니다. 야곱이 밧단아람에서 돌아오다가 가나안 땅 세겜에 이르렀을 때 그의 딸 디나 때문에 하몰의 집안과 통혼하는 문제로 인해 사단(事端)이 발생했던 것을 여러분은 아실 것입니다(창 34장).

이스라엘 백성은 나중에 여호수아의 인도를 받아 가나안에 들어간 후에도 그 문제를 엄격하게 규제했습니다. 가나안 사람을 데려다 통혼하지 말라, 그들의 종교와 연합하지 말라, 너희에게서 그들을 철저히 도말하라 했는데도 불구하고, 결국은 남겨진 그 그루터기들이 나중에 이 백성의 부패에 크게 작용하고 말았습니다. 사람에게는 이처럼 부패에 물들기 쉬운 연약성이 있습니다. 만일 그러한 백성을 그냥 거기다 놓아 둔다면 필경 그 민족 자체의 독특성도 없어질 것이고 또 구별이라는 관념에 의한 자기의 사명감이나 각성도 잃을 것입니다. 결국은 차츰차츰 동화하여 완전히 부패하고 타락한 나머지 소멸되고 말 수밖에 없는 것입니다. 하나님은 이 백성을 그렇게 만들지 않으시려고 나중 역사에 나타난 대로 애굽으로 보내셨습니다. 애굽이라는 큰 문화사회, 세계의 대제국 속에다 그들을 들여놓고서 거기서 훈련하신 것입니다.

이스라엘이 애굽에 있던 총시간이 정확히 400년이었다고 보기는 어렵습니다. 아브람이 최초로 가나안으로 들어올 때부터 이스라엘이 애굽에서 나올 때까지 기간은 430년입니다. 갈대아 우르에서 떠나 가나안에 들어와 있다가 차츰차츰 애굽으로 이동해 갔는데, 215년 만에 애굽으로 들어갔습니다. 이스라엘 백성이 애굽에서 보낸 실제 체류 기간은 215년 정도가 될 것입니다. 그 모든 기간을 통해서 하나님께서는 이 백성을 훈련하셨습니다. 특별히 이 소수 민족을 애굽 땅에 두시사 먼저는 자리를 잡고 한 민족을 이루게 하셨습니다. 그러나 요셉이 죽고 완전히 정정(政情)이 뒤집힌 후에는 이 소수 민족을 엄격히 규제하는 정책이 펼쳐지다가 급기야 심하게 학대하기 시작했습니다. 그리하여 거기서 이스라엘 백성이라면 누구나 다 같이 고난을 받게 되었습니다. 그렇게 담부지역(擔負之役)으로 고생하고 애굽 사람들에게 심한 천대와 수모를 함께 받으면서 어떤 명료한 의식이 형성되었습니다. 마치 일제 시대에 일본 사람들의 무수한 학대 속에서 비로소 우리 한국 사람들의 민족 의식이 더 명료해진 것과 비슷합니다. '우리 민족이 받는 설움은 이런 것이다' 하는 것을 공동으로 다 같이 느끼고 점점 명료한 민족 의식이 고취되었습니다. 애굽에서 이스라엘 백성이 여러 가지 고생과 학대를 받음으로써 민족아(民族我)에 대한 각성이 생겼던 것입니다. 자기네가 아무리 몸부림을 치면서 싫다고 거부하거나 그렇지 않으면 아예 포기를 하더라도 결국은 별사람이 못 되고 다시 학대받는 소수족으로 늘 남아 있었던 것입니다.

그뿐더러 애굽 나라의 발달한 문명과 풍부한 물질 속에서 살면서 나중에는 비록 노예처럼 혹사를 당했을지라도 대(代)를 통해 가면서 교육을 받았습니다. 적어도 그 애굽의 문명 안에서 자기 자식들을 교육하려고 애를 썼습니다. 어떤 문명 사회 안에 있으면서 무식하게 혼자는 못 사는 것입니다. 그리하여 이 부족은 거기에서 교육을 받고 육성되어 나중에 하나님의 거룩한 사명을 이룰 수 있었습니다. 훗날 문화민족으로서 필요한 교육적인 훈련이 애굽에서 시작되어 대대로 전해 내려왔던 것입니다. 물론 그 교육은 단순히 애굽적인 학술 교육이 전부는 아니었습니다. 더 중요한 것은 하나님의 계시와 그 약속의 내용을 지켜 나가는 교육이었습니다. 애굽으로서는 이런 부전부전한 소수 민족을 마음대로 처리할 수 없는 어려움을 갖게 되었겠지만 이스라엘 백성에게는 하나님의 계시와 약속이 민족 생활상 중요한 것이었습니다. 애굽 사람들의 눈으로 보자면 그들이 성가신 이질적인 문화 집단으로 늘 거기에 있었겠지만 이스라엘 사람들로서는 자기네의 독특한 성격을 발전시킬 수 있는 배아(胚芽)를 늘 유지하고 살아갔던 것입니다.

지금 우리가 애굽 생활의 의미라는 것을 다 규명하려는 것은 아닙니다. 이 다음에 우리가 출애굽기로 넘어갔을 때 거기서 자세히 그 정형에 대해서 공부할 수 있을 것이고, 여기서는 다만 아브람 자신에게 있어서 400년 동안 이방에 가서 손 노릇 한다는 것이 무엇을 의미했는가 하는 것을 생각하는 중입니다. 어쨌든 아브람으로서는 그것을 자세히 알았다고 말할 수 없습니다. 아브람은 그곳을 꼭 애굽으로 생각했을 리 없겠지만 그럴지라도 자기 후손들이 어떤 이민족 가운데 들어가서 점점 큰 족속을 형성해 나갈 것이다 하는 것만은 짐작했을 것입니다. 이민족 속에 들어가서 한 집단을 형성해 나가면 그 소수 민족을 크게 우대해서 동화시키는 정책만 있는 것이 아니라 대립하고 박대를 해서 구별하든지 하면 그 차별 가운데 민족 의식이 좀더 명료해지리라는 것을 생각할 수 있는 것입니다. 아브람이 어느 정도만큼 깊이 생각할 수 있었겠는가 하는 것은 알 수 없으나 좌우간 하나님께서 택하신 자들을 여기다 그냥 두시지 않고 장차 기묘하신 지혜와 크신 계획으로 일단 데리고 나가서 다른 데서 길러 가지고 쓸 만하게 만들어서 여기에 갖다 놓으시려고 하신다 하는 것은 어렴풋이 느꼈을 것입니다.

실제의 사실을 보면 저들을 애굽에 집어넣고 키워 가지고 쓸 만한 그릇으로 만드시고 다시 광야에서 더 다듬어서 가나안으로 들어오게 하셨습니다. "네 자손은 사대 만에 이 땅으로 돌아오리라" 하였는데 이 4대라는 것은 애굽에 들어가면서부터 4대를 가리킵니다. 야곱의 아들 레위가 애굽에 들어갔는데 레위의 아들은 고핫, 므라리, 게르손이고 그 중 고핫의 아들이 아므람, 아므람의 아들이 모세입니다. 그래서 꼭 4대 만에 나오게 됩니다. 하나님의 크신 계획에 따라 역사의 발전 속에서 사람들이 저항할 수 없는 방식으로 이 소수 민족을 끌고 나오시는 것입니다. 출애굽이라는 사실에서 그들은 하나님께서 친히 저희를 주장하시되 통재하실 뿐 아니라 사사건건 모든 일에 관여하고 계신다는 것을 명료하게 보게 됩니다.

이와 같은 의미를 아브람이 자기 당대에 다 알았다고 생각할 수는 없습니다. 그러나 적어도 400년 동안에 이방에서 객으로서 두류(逗留)하는 생활을 한다는 사실의 의미와 지금까지 기다리고 있던 거룩한 계시를 연결해서 생각할 수 있었을 것입니다. 후사에 대한 하나님의 약속과 관련하여 하나님께서 그의 자손의 문제를 어떻게 계획하셔서 거룩한 복의 기관으로서 자격을 유지시키시고 보존하시려는가 하는 대답의 하나로 느꼈을 것입니다. 이런 것이 400년 곧 4대의 의미입니다.

기도

거룩하신 주님, 주께서 인류 위에서 전체의 역사를 친히 움직이시면서 한 민족이나 혹은 사람들을 이리저리 옮기시기도 하시고 그들을 교육하시며 생각도 하게 하시고 혹은 때로 징벌도 하시나이다. 그러한 일들 가운데서 아버지의 그 큰 나라와 영광을 땅 위에 증시하시면서 거룩하신 뜻을 이루사 인류에게 복을 내려주시는데 그 복은 먼저 선택하신 자들에게 미치게 하시려는 크신 뜻임을 믿사옵나이다. 이런 큰 목적을 위해서 아브람을 선택하시고 그의 자손에 대한 거룩한 약속을 내리셨을 때 하나님께서는 그의 자손이 가게 될 길에 대해서와 크신 경영으로 어떻게 그 일을 이루시려는가를 비록 어렴풋이라도 아브람에게 알려 주셔서 믿고 의지하게 하셨사옵나이다. 400년이라는 기이한 계시의 사실 가운데서 하나님의 사랑과 하나님의 거룩하신 뜻이 무엇인가를 이룰 것임을 아브람으로 알게 하셔서 그가 하나님을 더욱 믿고 의지할 수 있도록 해 주셨나이다. 주님, 저희는 이 오묘하고 측량할 수 없는 하나님의 크신 계획에 대해서 함부로 생각지 않아야 할 것이고, 항상 온전히 믿고 신뢰하는 가운데서 주님의 은혜를 받으면서 무엇보다 저희에게 맡기신 본분에 충실해야 할 것이로소이다. 받은 바 은혜를 바르게 보존하고 온전히 나타낼 거룩한 품질과 자격, 그런 차원을 항상 유지하고 살아가게 하시옵소서. 그러한 사명감에 대하여 늘 명료한 의식을 가지고 각성한 자답게 생활해 나가게 하옵소서.

우리 주 예수님 이름으로 기도하옵나이다. 아멘.

사람의 깨달음과 하나님의 뜻

제15강

창세기 16:1-16
아브람의 아내 사래는 생산치 못하였고 그에게 한 여종이 있으니 애굽 사람이요 이름은 하갈이라 사래가 아브람에게 이르되 여호와께서 나의 생산을 허락지 아니하셨으니 원컨대 나의 여종과 동침하라 내가 혹 그로 말미암아 자녀를 얻을까 하노라 하매 아브람이 사래의 말을 들으니라 아브람의 아내 사래가 그 여종 애굽 사람 하갈을 가져 그 남편 아브람에게 첩으로 준 때는 아브람이 가나안 땅에 거한지 십 년 후이었더라 아브람이 하갈과 동침하였더니 하갈이 잉태하매 그가 자기의 잉태함을 깨닫고 그 여주인을 멸시한지라 사래가 아브람에게 이르되 나의 받는 욕은 당신이 받아야 옳도다 내가 나의 여종을 당신의 품에 두었거늘 그가 자기의 잉태함을 깨닫고 나를 멸시하니 당신과 나 사이에 여호와께서 판단하시기를 원하노라 아브람이 사래에게 이르되 그대의 여종은 그대의 수중에 있으니 그대의 눈에 좋은 대로 그에게 행하라 하매 사래가 하갈을 학대하였더니 하갈이 사래의 앞에서 도망하였더라 여호와의 사자가 광야의 샘 곁 곧 술 길 샘물 곁에서 그를 만나 가로되 사래의 여종 하갈아 네가 어디서 왔으며 어디로 가느냐 그가 가로되 나는 나의 여주인 사래를 피하여 도망하나이다 여호와의 사자가 그에게 이르되 네 여주인에게로 돌아가서 그 수하에 복종하라 여호와의 사자가 또 그에게 이르되 내가 네 자손으로 크게 번성하여 그 수가 많아 셀 수 없게 하리라 여호와의 사자가 또 그에게 이르되 네가 잉태하였은즉 아들을 낳으리니 그 이름을 이스마엘이라 하라 이는 여호와께서 네 고통을 들으셨음이니라 그가 사람 중에 들나귀같이 되리니 그 손이 모든 사람을 치겠고 모든 사람의 손이 그를 칠지며 그가 모든 형제의 동방에서 살리라 하니라 하갈이 자기에게 이르신 여호와의 이름을 감찰하시는 하나님이라 하였으니 이는 내가 어떻게 여기서 나를 감찰하시는 하나님을 뵈었는고 함이라 이러므로 그 샘을 브엘라해로이라 불렀으며 그것이 가데스와 베렛 사이에 있더라 하갈이 아브람의 아들을 낳으매 아브람이 하갈의 낳은 그 아들을 이름하여 이스마엘이라 하였더라 하갈이 아브람에게 이스마엘을 낳을 때에 아브람이 팔십육 세이었더라.

사람의 깨달음과 하나님의 뜻
제15강

신앙의 높은 봉우리에 섰던 아브람

  창세기 16장에 있는 내용은 한마디로 하갈에 관한 얘기입니다. 하갈에 관한 얘기 자체는 이미 여러분이 잘 아실 줄 압니다. 이 이야기는 아브람이 가나안에 들어가서 이미 10년을 산 다음에 그의 나이 85세 때 발생한 일입니다. 15장에서 본 바와 같이 아브람은 하나님이 가르쳐 주시는 거룩한 여러 도리, 그 나라의 계획에 대해서 계시하신 바를 받고 높은 신앙의 경지에서 전진하고 있었습니다. 하나님의 백성이라고 하는 위대한 사실을 땅 위에 증거하며 나아간 것입니다. 그가 하나님의 크신 경영을 나타낼 사람으로 서서 전진할 수 있도록 하나님께서는 필요한 내용을 이미 보여 주셨습니다. 하나님께서 아브람의 자손들을 당신의 백성으로 삼으셔서 이 세상에서 큰 가치와 의미를 지니는 역사의 현실로 세우시고자 그에게 필요한 부분을 보여 주신 것이고, 그는 그런 문제에 대해서 심오하게 생각하는 위치에 서 있었습니다. 그런 신앙의 높은 봉우리 위에 올라갔던 아브람은 이제 다시 자연스럽게 하나님 나라의 경영에 대한 자기의 소무(所務)와 담책(擔責)이 무엇인가를 생각하였습니다. 무엇보다도 자기와 자기 자손이 하나님의 백성을 형성해야 하겠는데, 그러기 위해서는 자신이 직접 낳은 자녀가 필요하다고 생각한 것입니다.

  하지만 하나님의 일반 법칙에 의해 그에게 자식이 없다는 것은 이미 확정된 사실입니다. 그런즉 한때 '하나님의 크신 뜻을 이루어 나가려면 양자를 들여서 후사로 삼아 나의 자손을 역사상에 면면히 진행시켜 나가야겠다' 고 생각하였던 것입니다. 하나님께서 이상 중에 나타나셨을 때 그 일에 대해 아뢰었습니다. "주 여호와여, 나는 무자(無子)하오니 나의 상속자는 이 다메섹 엘리에셀이니이다"(창 15:2). 하지만 그 일에 대하여 하나님께서는 '아니, 네가 그렇게 생각할 게 아니다. 그는 네 후사가 아니고 네 몸에서 날 자가 네 후사가 되리라' 고 말씀하셨습니다. 그때 이래로 그는 '아, 이제는 내 몸에서 날 자가 후사가 되어 하나님께서 내게 주신 이 큰 사명을 이루어 나아가는 그릇들로 쓰일 게로구나' 생각하였지만, 하나님이 내신 일반적인 법칙하에서 발생한 현상으로 보자면 지금까지 자기에게는 자식이 없습니다. 하지만 그것은 자기와 사래 사이에 자식이 없다는 얘기일 뿐입니다. 변법을 써서 자기가 자식을 얻을 수 있는 길은 충분히 열려 있었습니다. 물론 이런 상태는 다메섹 엘리에셀 문제를 생각할 때도 여전히 있었습니다. 그가 다메섹 엘리에셀을 양자로 들여서 후사를 삼으려고 했을 때 그 이외에는 절대로 다른 수가 없다고 생각했다기보다 그의 심정으로는 그것이 도덕적이고 가장 떳떳한 길이라는 생각에서 그렇게 했을 것이란 상상이 듭니다.

왜냐하면 소위 일부다처라는 사회 제도가 특별히 이 베두인 사회에 확연히 있었던 것이므로 다른 처를 얻는 것이 특별히 비도덕적이라든지 남의 지탄을 받을 만한 일은 아니었기 때문입니다. 차라리 절실히 필요한데도 무슨 생각이 있어서 일부다처를 배제하면서 자식을 안 낳는다든지 하면 그것이 오히려 남에게 이상히 여겨질 뿐더러 지탄을 받는 사회였습니다. 이런 점은 우리 민족의 몇 세기 전 역사를 볼지라도 곧 알 수가 있습니다. 옛날에 봉제사(奉祭祀)를 할 장손(長孫)이지만 불행히도 자식을 낳지 못하게 되면 첩을 들여서라도 자식을 낳든지 그렇지 아니하면 다른 데에서 어떻게 자식을 낳아서 그를 집으로 데려와 정실의 자식을 삼아 제사를 할 수 있게 하였습니다. 하지만 정실로 말미암은 적자가 있는데도 첩으로부터 서얼(庶孼)들이 나면 그 서얼은 제사도 지내지 못하게 할 만큼 엄격하게 차별을 했던 신분 사회였습니다. 아무튼 정실에서 난 자식이 없어서 양자를 취할 때 자기의 혈통을 받은 사람으로 취하려면 그렇게 취할 수도 있었습니다. 그것도 계급에 따라서 규제하는 법이 다소 달랐지만 여항간의 보통 사람들 생각은 자식이 없으면 자식을 보려고 첩을 얻을 수 있다는 것이었습니다. 비록 그런 일부다처제가 제도로 확연히 서 있어서 누구든지 그래야 한다는 것은 아니었지만, 그럴 특권이라고 할지 자유를 어떤 특수한 상황하에서 허용하는 일들이 있었습니다. 그것을 법적으로 높은 위치에다가 특별히 놓는 것은 아니었지만 자기의 친혈육인 자식이 대를 이어서 집안을 이어가야 한다는 강렬한 생각에서 첩을 맞이했다가 그도 자식을 못 낳으면 또 다시 첩을 맞이하는 괴상한 일이 과거에 있었다는 것을 얘기로도 듣고 역사의 기록 가운데서도 보는 것입니다.

베두인 사회의 풍습은 오늘날까지도 여전히 일부다처제를 그대로 가지고 있습니다. 그 사회에서 아내와 남편의 관계는 단순히 둘이 같이 산다는 것이 전부가 아니라 그 부족 사회에서 누구의 명의에 소속해 있다는 것을 나타내는 것입니다. 누구에게 속해 있다는 것이 중요한 지위를 주는 까닭에 여자가 아무 주인도 소속도 없이 사는 것은 가장 불쌍하고 가련한 처지에 놓이는 것입니다. 그런 까닭에 남편이 죽고 여자가 소속이 없이 불행한 상태에 있으면 관대한 추장이나 수장(首長) 되는 사람, 쉐익은 그에게 자기 아내라는 이름을 붙여 주는 것입니다. 그래서 같이 살든지 아니든지를 불구하고 법적으로는 그의 남편이 되니까 아내가 수십 명이 될 수도 있습니다. 그렇게 많은 여성에게 남편으로서 옹호를 해 주는 일을 해야 인기가 있는 것이고 그래야 나중에 왕도 될 수 있는 것입니다. 특별히 그런 제도가 확연히 존재하고 있는 사회가 사우디아라비아인데 그런 가정 제도의 풍습이 그 나라의 중요한 사회 풍속입니다.

유목민들에 의해서 형성된 사회가 그런 사회인데, 당시 아브람의 사회 형태가 유목민이든 아니든 일부다처제라는 것이 사회 제도상 용인

되었습니다. 그런 일은 비도덕적인 것도 아니고 남에게 도무지 거리낌이 되거나 비난을 받을 요건이 되지 않았습니다. 아브람이 엄격하게 일부일부제(一夫一婦制)만 유지하고 나아가겠다고 한 때는 모세의 법전이 생긴 때가 아니고 그보다 훨씬 이전인 수백 년 전의 일입니다. 하지만 아브람이 스스로 깨달은 바 하나님의 법에 대한 자기의 느낌은 '아, 첩을 두는 일은 옳지 못하다'는 것이었습니다. 그만큼 그는 하나님의 거룩한 뜻에 대해서 늘 깊이 생각하는 사람이었습니다.

요컨대 하나님의 법은 누가 법조문을 얘기함으로써만 아는 것이 아니라, 하나님에 대한 자기의 관념 곧 신관에 따라서 깨닫기도 하는 것입니다. 하나님은 어떠어떠한 분이시니 이런 것을 좋아하시고 저런 것을 좋아하시지 않는다는 것을 분간할 수 있다는 뜻입니다. 법조문의 명문으로 있든지 없든지 이런 것은 오늘날도 마찬가지로 필요합니다. 왜냐하면 하나님께서 무엇은 하지 말라, 무엇을 하라 한 명령에 의해서만 사는 것이 아니기 때문입니다. 하나님께서 무엇을 기뻐하시며 무엇을 싫어하시느냐 하는 것을 큰 척도로 삼아서 사는 것이 모든 신령한 생활을 하려는 사람들에게 매우 중요한 일입니다. 그런 의미에서 아브람은 현실 생활상 다가오는 사람의 가치라든지 심정의 문제를 고려하지 아니했다고 할 수가 없습니다. 그러한 면을 생각할 때 벌써 그 시대에 아브람은 사람의 인권과 인심(人心)의 중요성을 깊이 느꼈던 것이고, 그렇다면 그것은 굉장히 훌륭한 사상입니다.

오늘날도 그렇습니다. 남의 사정을 몰라주고 또 사람의 가치라는 것을 존중할 줄 모르고 사는 사람이 허다한 사회이지만 사람의 가치를 존중할 줄 알고 높일 줄 알아야 합니다. 사람은 그가 서 있는 자리에서 필연적으로 향유해야 할 기본권이 있는 것입니다. 이 기본권을 침해한다든지 유린한다든지 하는 것이 얼마나 큰 잘못이냐 하는 것을 느끼는 심정이 있어야 참으로 하나님의 나라를 형성하는 그릇 노릇을 할 수가 있습니다. 아브람의 경우에 기록이 없다고 해서 그가 자기 아내 사래의 심정이라든지 사래가 가지고 있는 가장 기본적인 권리에 대해서 생각한 일이 전혀 없다고 말할 수는 없습니다. 이 16장에서도 우리는 아브람이 그런 정도의 인물이 아니었다는 것을 규지(窺知)할 수 있는 데가 나옵니다. '아, 결국 아브람도 그렇게까지 생각한 사람이었구나' 하는 것을 느낄 수가 있습니다. 이렇게 우리가 본문을 읽어 가면서 그의 잘잘못을 생각해 보면 아브람의 위대성과 동시에 사람의 한계라는 것을 느끼게 됩니다.

엘리에셀을 양자로 삼으려고 한 것도 아브람 자신이 그렇게 원한 것이었습니다. 당시 그 밖에는 도무지 달리 자식을 가질 방법이 없는 것은 아니었습니다. 많은 노복(奴僕)과 비자(婢子)를 거느리고 있었으니까 그 가운데서 취하여 자식을 낳게 하여 자식으로 인지(認知)하여 계승자를 삼을 수도 있는 것입니다. 사실 그와 같은 일을 지금 한 것입니다. 그래서 결국 이스마엘이 아브람의 자식으로 장성한 것입니다. 지금 이렇게 할 수 있었던 일을 전에는 할 수 없었느냐 하면 그 전에도 할 수 있었던 것입니다. 그런데도 엘리에셀을 택했다 하는 점을 우리가 주의해서 보아야 합니다. "하나님께서 제게 씨를 아니 주셨으므로 제 후사는 이 다메섹 엘리에셀이올시다"(15:2)라고 한 말에서 그가 자발적으로 엘리에셀을 선택했다는 사실은 물론이고, 그의 도덕적인 위치가 어떠하였는지를 우리가 규지(窺知)할 수 있습니다.

아브람의 퇴보

그러나 여기 16장에서는 이전에 비교할 때 아브람이 일보 후퇴하는 태도를 보입니다. 물론 그것은 자기가 선택해서 자발적으로 한 것이 아니었습니다. 이런 경우에 문제를 가장 크게 좌우할 수 있는 위치에 있는 인물은 당연히 아내인 사래였습니다. 다른 데서 자식을 보아 가지고 자기 아들로 인지해서 후사로 삼으면 그 일로 인하여 아내인 사래가 얼마나 고심하고 슬퍼하며 모욕감을 느끼게 될 것인지를 민감하게 생각한 아브람이었습니다. 인권에 대한 사상과 인심(人心)을 헤아리는 마음, 아내를 아끼고 존경하는 태도 때문에 다른 데서 자식을 보지 않고 차라리 정정당당하게 종들 가운데서 하나를 양자로 취하여 계승자를 삼겠다고 한 아브람이 이제 여기서 후퇴를 하게 된 것은 그 문제를 좌우할 수 있는 장본인인 사래가 적극적으로 안(案)을 내고 그렇게 밀고 나갔기 때문입니다. 그러니까 아브람은 그 일에 대해서 적극적으로 반대하고 나가는 사상적 확연성을 나타내 보이지 않았습니다. 우리가 아쉽게 생각하는 것이 그것입니다. 아브람과 같이 높은 위치에 서서 살던 사람이 당시의 시대적인 관념이나 사조(思潮)나 풍습 속에서 이런 때에 감연히 일보 내딛는 일을 했다면 위대한 개혁자가 되었을 것이기 때문입니다. 그는 앞길을 보는 위대한 사상가로서 자신의 진로를 확연히 결정하여 별다른 길을 취할 수 있을 뻔했다는 것입니다.

달리 생각해볼 때 한 가지 더 중요한 문제가 있습니다. 이 문제와 관련하여 만일 아브람에게 그의 신앙 사상의 계통이 좀더 명확한 위치에 있었더라면 아마 그렇게 하지 아니했을 것이라는 사실입니다. 여러분이 얘기 자체는 다 아시니까 반복하지 않겠습니다. 얘기 가운데서 우리가 볼 수 있는 것은 이것입니다. 아브람은 십분 하나님의 크신 경륜을 생각하는 사람이었습니다. 즉 자기를 통하여 한 백성이 형성되리라는 하나님의 크신 경륜을 생각하면서 그것을 이루기 위한 자신의 담책(擔責), 나의 책임은 무엇이냐 하는 문제로 고민하고 있었습니다. 그의 책임은 자기가 자식을 가져야 한다는 것임을 알고 있었습니다. 하나님의 크신 언약이 충분히 실현될 수 있도록 큰 민족을 형성하기 위해서 그에게 지금 자식이 있어야 할 터이므로 자기에게서 자식이 나는 것을 기다리고 바라지 아니할 수 없었습니다. 외인(外人) 가운데 적당히 양자를 취하는 일은 이미 하나님께서 인정하지 않으셨습니다. 그런데 지금 정처(正妻)인 사래에게서는 자식을 낳을 수 없게 되어 있습니다. 벌써 사래의 나이가 75세이고 자기는 85세입니다. 자기 몸에서 낳는 자식이라야 하겠는데, 정처인 사래에게서는 기대할 수 없으니 결국 불가부득 부실(副室)을 얻어서 자식을 낳아 가지고 그를 자기와 사래의 자식으로 맞아들여야 하지 않겠는가 한 것입니다. 그러면 혈통으로는 아브람의 자손이고 법적으로 보더라도 아브람과 사래의 양자가 되는 것입니다.

그렇다면 그 일을 해야 할 신성한 의무가 자기에게 있지 아니하냐 하고 생각한 것입니다. 하나님께서 경영하시고 지금 나에게 보여 주신 이 큰일에 대해서 그저 수수방관하고 있을 수 없지 않느냐 그것입니다. 적극적으로는 자기가 나서서 무엇을 해야 한다고 생각했습니다. 그런데 세상에 살고 있는 사람들의 도덕, 그들의 사회 사상으로 볼 때 가장 떳떳하고 당당한 일은 남편인 자기 스스로 나서서 할 것이 아니라, 차라리 그 문제에 대해서 관건을 쥐고 있는 아내 사래가 선도해서 일을 처리하는 것이 좋을 터였습니다. 그런데 아내가 그렇게 적극적으로 나서서 자기에게 권하는 이상 그렇게 따라가는 것이 그에게는 떳떳한 일이었던 것입니다. 혹시 아브람은 '이렇게 사래가 안 내서 적극적으로 나를 권하는 것 역시 하나님의 감동으로 된 것이리라'고 막연히 생각했을는지도 알 수 없습니다. 오늘날은 그렇게 생각하기 쉽겠다고 할 만한 신자가 무척 많은 것 같습니다. 무슨 일이 발생하면 혹시 하나님이 그렇게 하신 것이 아닐까 하고 덮어놓고 생각하는 경향이 없지 않습니다. 그 일이 정당한지의 여부를 책임지고 비판해야 할 위치에 있는 사람이 오히려 '혹시 하나님이 그러시지 아니했는가' 한다 말입니다. 자신을 비판할 능력은 없고 하나님이 하신 것같이 생각되어 따라갔다는 식입니다. 그러나 그런 것은 아주 무서운 발상이요 위험한 태도입니다. 대단히 빈곤한 생각이요 죄를 짓기 쉬운 태도입니다.

아브람은 당시의 제도 가운데서 생각할 수 있는 일반적인 상태에 머물지 않고 그 이상으로 전진했어야 합니다. 그것은 결국 하나님의 일이요 하나님의 경영이니까 궁극적으로 하나님께서 그 일을 재가하시는지 여쭈어 보는 태도를 취했어야 합니다. 이것은 신령하게 사는 사람의 가장 기본적인 자세요 절대로 뺄 수 없는 태도입니다. '이것은 내 생각에 옳고 사방을 둘러보아도 도무지 하자(瑕疵) 있는 일이 아닌 것 같아 보인다. 그렇지만 최종적으로 재가하시는 분은 하나님 아니신가? 내가 가지고 있는 의나 악에 대한 인식의 범위라는 것은 대단히 좁고 한정된 것이다. 그러므로 내가 당위라고 생각하는 것도 심히 제한적일 수밖에 없다. 하나님이 경영하시는 이 큰일을 스스로 옳다고 인정하는 나의 당위 하나만 가지고 그대로 전진시키는 것이 정당한가?' 이렇게 물었어야 하는 것입니다. 우리는 자기가 인식한 의와 자기로 하여금 그렇게 판단하게끔 이끈 크라이테리어를 하나님께서 우리에게 보이려고 하시는 풍성한 계시의 내용에 반드시 비추어 보아야 하는 것인데, 그때 아브람 역시 그렇게 해서 자신의 결정이 하나님의 뜻에 부합하지 않다는 것을 바로 알았어야 합니다.

사람이 자기 자신의 양심에만 의지한다면 그것은 캄캄한 데 머무는 것입니다. 그러나 양심에도 의지하지 않는다면 그것은 하나님을 반역하는 것입니다. 하지만 사람이 양심에 의지하여 어둠 속에서 약간의 의를 행한다고 하더라도 그것이 하나님께서 기쁘게 받으실 만한 위치나 그런 차원으로 올라가는 것은 아닙니다. 왜냐하면 사람의 양심이란 그의 의에 대한 인식의 정도 안에서만 작용하기 때문입니다. 그런즉 자기가 당연히 했어야만 할 것을 안 했더라도 자신이 모르고 있는 경우에는 하등 양심의 가책을 느끼지 않는 것입니다. 이런 소위 지적 감정의 파동 여부라는 것은 정당한 척도가 되지 못하는 것입니다. 그것이 안내자는 되어도 최종의 심판 척도는 못 되는 것입니다. 그런데 아브람은 이런 때 그의 전 신앙 체계에서 자기가 인식하고 있는 의라든지 불의에 대한 크라이테리어가 궁극적인 심판자 노릇을 하지 못한다는 중요한 큰 원칙을 명확하게 드러내지 못했습니다. 기이하게 느껴지는 것이 이것인데, 왜 이때는 아브람이 하나님 앞에 묻지 않았는가 하는 점입니다. 그로서는 '하나님, 사래가 이렇게이렇게 말하는데 이 일이 사람의 생각에는 아무런 하자도 없지만 하나님께서 원하시는 일이 온지요?' 하고 앙문(仰問)했음직한데, 그렇게 기도해서 물어 보지 아니했다는 것입니다. 이것이 하나 큰 문제입니다.

결국 아브람은 이스마엘을 낳게 되었고 이스마엘 문제는 그 후 역사가 펼쳐지는 대로 하나의 중요한 역사적인 문제로 계속 남게 되었습니다. 여러분, 오늘날도 중동에서 발생하는 문제들이 비록 정상적인 계통에서 생기는 것은 아니고 파생적인 일이긴 하지만, 지금 아랍측과 이스라엘 나라의 싸움이라는 것도 귀기본(歸其本)하면 아주 옛날부터 있어온 숙원 관계가 강하게 작용하고 있습니다. 왜 저렇게 아랍 사람들은 한사코 이스라엘을 땅 위에서 완전히 없앴으면 좋겠다고 하는가? 여기 창세기에도 있지만 이스마엘은 모든 백성을 향해서 적 노릇을 하고, 다른 백성들도 그를 칠 것이라고 했습니다. 들나귀같이 사막에서 자유롭게 활동하는 사람들은 이스마엘의 후손 즉 아랍 사람들입니다. 오늘날도 아랍에서 가장 높은 귀족이 누구냐 하면 그 그룹은 항상 이스마엘 족입니다. 이스마엘의 후예가 최고의 귀족 계급입니다. 사실상 아랍 세계는 종교적으로 생활의 풍습으로 또 생활 감정으로도 그와 하나가 되어 움직입니다. 그렇게 소위 아랍의 공통성이라는 것을 표시하고 있습니다.

시대의 도덕 수준에서 벗어나지 못한 아브람

다시 본론으로 돌아가서 아브람의 이러한 신앙 태도를 우리 자신이 가지고 있는 척도로 비추어 볼 때 그는 세상의 인류 도덕상 심한 결핍과 부족이 있다고 할 수 있겠지만 그것은 애초부터 논외의 사실입니다. 우리가 아브람을 평가할 때 인류 도덕상 큰 부족이 있고 결함이 있는 사람으로 시작한다면 그것은 그 시대의 도덕 사상이나 생활 풍속, 그 사회 기풍이라는 것을 전연 무시해 버리는 일입니다. 그것은 지금부터 4,000년 전 얘기를 오늘날 20세기에다 끌어다 놓고 논란을 하고 판단을 하는 일인데 절대로 그렇게 해서는 안 됩니다. 아브람은 그 시대 사람으로 당대에 위로 높이 솟아난 위대한 도덕 군자입니다. 그런 위치에 있던 그가 하나님의 큰 사명을 받아서 수행하고 나아가는 길에서 자기가 할 수 있고 또 해야 할 일로 생각하는 일들을 다 하고 나아갔던 것입니다. 그런 까닭에 자식도 낳으려고 하였습니다. 이때에 아브람 마음 가운데 특별한 정욕이 있었다든지 탐욕이 있었다든지 그런 것이 아니었습니다.

여주인인 사래가 자기의 비자 곧 시녀 하갈을 첩으로 삼으라고 하였습니다. 아브람이 마음대로 이러고저러고 한 것이 아닙니다. 사래가 부리던 애굽 여인을 취해서 아브람에게 첩으로 주었습니다. 그래서 하갈의 위치가 올라갔고 그 다음에는 임신을 했습니다. 그가 잉태를 하니까 앞으로 이 큰 집안의 계승자를 낳을 사람인 까닭에 그의 기세나 튼튼한 지위에 대한 희망이 사래를 능가하게 된 것입니다. 결국 사래가 불쌍한 처지에 떨어지게 된 것입니다. 그때 그렇게 된 것은 하갈의 천박한 심리도 작용하였겠지만 좌우간 그 일에 대해서 자기가 스스로 인정하고 살아갔습니다. 그가 얼마만큼 자기 여주인 사래를 무시했는지는 알 수 없습니다. 반드시 그가 어린애 장난과 같이 시시하게 또 아주 비천하게 그런 표시를 했다고 해석할 이유는 없습니다.

왜냐하면 나중에 우리가 하갈이라는 여인을 따로 공부하겠지만 이 여인은 여러 면에서 훌륭한 여인이기 때문입니다. 애굽 여자인데도 아브람의 종교를 받아 가지고 그 종교에 자기 나름대로 확연한 신관을 가지고 살았고, 문제가 있을 때 고통 중에서도 하나님의 계시와 인도를 받은 여자입니다. 하나님의 계시와 인도를 받을 수 있는 사람을 일컬어 그렇게 비천하고 죄악 덩어리인 사람이라고 말할 수는 없습니다. 더군다나 그 임신한 아들에 대해서 여호와의 사자 즉 제2위 되시는 하나님께서 그 시대에도 사람의 몸을 입으시고 친히 나타내 보이셔서 에피파니(epiphany, 顯現)의 상태로 그에게 계시하신 것입니다. 하갈은 그 일에 대해서 의심하거나 준순(逡巡) 방황하거나 그렇지 않으면 '이게 누군가' 하고 벌벌 떨거나 하지 않았습니다. 처음이라 누군지 무슨 일인지 모르는 상태에 있지 않았습니다. 하나님께서 자기에게 계시한 것을 그는 분명히 식별할 줄 알았고, 그것을 깨닫고 거기에 대해서 순종을 했습니다. 그는 겸손한 여자였습니다. 하나님께서 명확하게 "사래의 여종 하갈아, 네가 어디로부터 와서 어디로 가느냐?" 하고 부르셨지 "아브람의 부실 하갈아" 하고 부르지 않으셨습니다. 사래의 여종이라는 위치에서 벗겨 주시지 아니했던 것입니다. 사래가 그를 아브람의 부실로 만들어 주었습니다. 그렇지만 하나님께서는 "너는 아직도 사래의 여종이다" 하신 것입니다. 이렇게 명확하게 그 위치에서 불러 주셨을 때 "예, 저는 제 여주인 사래를 피해서 도망합니다"고 얘기했습니다. 이런 사실을 보더라도 그는 훌륭한 여자입니다.

그것은 그렇고 우리가 여기서 먼저 보는 것은 아브람의 문제입니다. 그가 무슨 큰 시험에 빠져서 굉장한 일을 저질렀다고 얼른 뛰어넘어 해석하지 않는 것이 좋습니다. 아브람이나 사래가 가지고 있던 그때의 신앙의 상태, 종교의 상태에서 이러한 미흡한 사건이 발생했다고 생각해야 합니다. 말하자면 실수가 거기 있었다는 것입니다. 사래 자신이 낸 그 안(案)이 특별히 괴악한 것도 아니고 불의한 것도 아닙니다. 오히려 자기 자신은 상당한 희생을 지불하고 참으면서 낸 것입니다. 주인 아브람에게 내리신 하나님의 거룩한 계시가 어떻게든지 구체적으로 실현되어야겠다고 생각한 것입니다. '내가 버티고 앉아서 끝까지 기다리기만 할 수가 없다. 거룩한 계시가 실현되기 위해서는 내 자신이라도 적극적으로 권장을 해서 자식이 있도록 해야겠다' 생각한 것입니다. 그렇다면 그 얼마나 유덕한 생각이냐 말입니다. 아마 아브람도 그러한 의미에서 '아, 그러면 그렇게 해야겠다' 한 것이었습니다. 모든 것이 당시의 도덕적인 분위기나 그에 걸맞은 차원에서 이루어진 것입니다. 그럴지라도 그 시대의 도덕에서는 벗어나지는 못하였습니다. 그 시대의 도덕으로 보자면 분명히 도덕적이었지만 그럴지라도 하나님 앞에서는 죄악일 경우가 많이 있습니다.

사람의 인식의 한계

인류 사회 가운데 나타나는 어떤 도덕적인 요구나 일반적인 풍속이 반드시 하나님 앞에서 다 그대로 용인받을 수 있는 것이 아님을 아실 것입니다. 원칙으로 따질 때 하나님 앞에서 죄악일 수가 있고, 바른 원칙을 계시 받은 사람이 그 시대에 있다면 그는 그것을 따라가면 안 되는 것입니다. 그가 그것을 안 따라가려니까 박해도 받는 것입니다. 예언자적인 위치에서 예언자로 활동하게 되는 것입니다.

아브람은 물론 위대한 예언자로서 많은 하나님의 말씀을 맡은 사람입니다. 아브람 자신은 새로운 빛에 접촉하여 말씀을 맡은 사람으로서 말씀에 대한 면밀한 고찰과 더불어 그것이 그의 마음 가운데 살아서 움직여야 합니다. 그가 말씀을 몰랐다는 것도 아니요 계시를 소홀히 했다는 것도 아닙니다. 다만 문제는 무슨 연고로 어떤 것을 쉽게 지나쳐 버리거나 조금 등한히 대할 때 발생하는 것입니다. 지금까지 아브람의 신앙 생활로 보면 그는 하나님의 계시에 접촉하면서 움직인 사람입니다. 그런데 어쩐 연고로 이 일 하나에 있어서는 계시의 접촉이 빈곤했는가 하는 것이 여기서 제일 문제가 될 것입니다. 아마 아브람은 자기가 자식을 낳는 것은 하나님의 거룩한 경륜을 펴 나가는 일에 있어서 마땅히 해야 할 일로 생각한 것이 아닐까 하는 추측을 하게 됩니다. 그렇다면 '이것은 의로운 일이고 마땅히 해야 할 나의 의무 수행인 까닭에 그 일에 대해서 하나님 앞에 일일이 다시 묻고 재가를 받아서 나갈 것까지는 없겠다. 나는 나의 할 일을 하고 하나님께서 인도하시기를 바라겠다'고 생각한 것입니다. 이것을 동양 사람 말대로 할 것 같으면 수인사대천명(修人事待天命) 혹은 진인사대천명(盡人事待天命)이라고 할 수 있을 것입니다. 사람으로서 할 바를 다 해놓고 천명을 기다려라. 하지만 우리는 그것이 아닙니다. 그것은 신앙상 심각한 착오입니다. 인사(人事)라는 것 즉 사람의 할 일이라는 것도 결국 내가 인식하는 범위 안에 있는 것이기 때문입니다. 내 생각에는 '이것이 옳다. 내가 마땅히 해야 할 일이다' 하지만 하나님께서 그것을 재가하시느냐 하는 문제는 따로 있는 것입니다.

그런 까닭에 자기가 옳다고 생각하는 일을 할 때도 하나님을 의지하고 그분께 여쭤 보고 그분의 계시에 의해서 하려고 하는 자세가 바른 신앙의 태도입니다. 물론 자기가 그르다고 생각하는 일을 해서는 안 됩니다. 그렇지 않고 '이것은 옳은 일이고 또 하나님께서 내게 주신 여러 가지 형세로 보아서 당연한 일 즉 당위니까 나는 해야겠다'고 그냥 나가다가 이런 문제가 발생하는 것입니다. 참으로 어려운 얘기입니다. 하지만 여기서 우리가 그런 교훈을 크게 받아야 합니다. '내가 지금까지 예수를 믿어 왔는데, 지금까지 배운 여러 가지 하나님 말씀의 지식과 깨달음에 의해서 이것은 옳다. 그러니 그대로 나아가야겠다'고 한 것이 아브람의 행위였습니다.

　이것이 옳으냐 하는 것을 생각할 때 그렇지 않을 수 있다는 것입니다. 이 경우 다시 한 번 생각할 것은 전체의 문제입니다. '자식을 낳아서 그 자식이 하나님의 언약을 실현하는 그릇들로, 그 백성으로 이 땅에 있게 된다고 할 때 자식은 내 마음대로 나의 노력으로 낳아야 하는 것인가? 그렇지 않으면 하나님 당신이 처음부터 끝까지 계획하시고 하시는 일이니까 그분께 맡기고 그 다음에는 어떻게 하오리까 하고 앙문하는 것이 옳겠는가' 하는 문제입니다. 그렇게 당연히 의심을 갖고서 물었더라면 이런 문제는 발생하지 않았을 것입니다. 그러나 그렇게 묻지 않고 거룩한 계시가 자기에게 임한 분명한 사실 때문에 그 계시에 의해서 그 다음 길은 자기가 옳다고 인지한 대로 나아가야겠다고 밀고 나간 것입니다.

　여기서 우리는 사람의 인식의 한계라는 것을 절실하게 느끼는 것입니다. 사람의 깨달음에는 한계가 있는 것입니다. 그 결과 어느 때는 하나님 당신이 전권을 가지고 하실 일에 대해서 잘못 간섭해서 들어가기도 쉽습니다. 소위 하나님의 일에 있어서 사람이 하나님과 협력을 해 보려고 하는 것입니다. 그러나 그것은 절대로 안 되는 일입니다. 우리는 기도할 때 항상 '주님, 주장하시옵소서' 하는 말을 많이 쓰는데 왜 그런 말을 자꾸 씁니까? 만일 우리가 하나님께 협력한다고 나섰다가는 큰 잘못에 빠지기가 참 쉽기 때문입니다. 그런고로 '주님, 여기에 종이 있사온데 이것은 이렇게 하오리까? 내게 이런 지혜를 주시사 이런 생각을 하게 하셨는데 이것이 하나님 앞에 옳은 일이요 하나님이 원하시는 일입니까?' 하고 하늘에 계신 성부의 뜻이 그것인지 물어야 합니다. 내가 스스로 추론한 바가 하나님의 뜻인가를 구별해야 하는 것입니다. 이것은 큰 차이가 있는 것입니다. 매번 차이가 있다는 게 아니라 그런 차이가 뜻밖에 복재(伏在)할 수가 있다는 것입니다.

물론 사래는 신앙의 인식이나 깨달음에 있어서 아브람의 지도를 받고 나아가야 할 처지였고, 과연 그렇게 받고 나아갔습니다. 그런 까닭에 문제가 앞에 왔을 때 '우리가 지금까지 깨달은 대로 하나님의 뜻을 이루어 나아가기 위해서는 이런 식으로 일보 전진해 가십시다' 하고 권고하였습니다. 자기가 후덕한 심정으로 관대하게 남편에게 이 일을 제안했던 것입니다. 그러나 비록 그것이 당시의 도덕 위에서 한 일이라고 할지라도 하나님의 뜻과는 일치하지 않았습니다. 이런 점을 여기서 우선적으로 주의해야 합니다.

기도

거룩하신 주님, 저희의 믿음 생활 가운데 하나님 나라의 거룩한 도리와 그 말씀이 계시한 여러 가지 것들을 저희가 인식하고 있다고 하지만 저희의 한계가 있어서 알지 못하는 부분이 많이 있사옵나이다. 저희가 옳다고 생각하는 것이 실은 그렇지 못한 경우도 있고, 이 세상의 일반 도덕 위에서 생산적이고 합리적인 것들로 말미암아 하나님의 거룩한 일을 도리어 훼파하는 일도 많이 있사옵나이다. 저희들이 그런 데서 비꾸러지고 잘못되기가 쉽사오니 은혜로 이끄시사 불쌍한 자리로 떨어지지 않게 하시고 또 거기서 건져 주시옵소서. 이제 아브람이 한 이 일에 대해서 공부하면서 다시 저희 스스로를 깊이 반성케 하시옵소서. 저희들은 이 세상에서 일반적인 도덕 생활을 영위하는 것만이 전부가 아니라 그 위에 높이 서서 하나님께서 원하시는 거룩한 길을 걸어야 할 것이온즉 빛을 비추어 주시고 순종할 수 있도록 힘을 내려주시옵소서. 저희가 하나님께서 원하시는 높은 길을 가고자 할 때 그때 그때마다 일에 임하여서 저희들에게 보여 주시고 깨우쳐 주시며 알게 하시는 대로 따라가야 할 것이오니 주님, 저희를 불쌍히 보시고 은혜로 인도하시옵소서. 개괄적인 생각에서 '사람은 이렇게 사는 것이고 그 다음은 저렇게 가야 하는 것이다' 하면서 자정(自定)한 인생관을 따라서 움직이는 나쁜 버릇을 버리게 하시옵소서. 세상을 사랑하고 세상을 뒤쫓으면서도 자기는 일반적인 길을 걷는다고 스스로를 변호하고 그것을 만족스럽게 생각하는 잘못에 빠지지 않게 하시고, 하나님께서 경영하시는 큰일에 저희가 속하고 거기에서 그릇이 되어 살면서 매사에 아버님께서 원하시는지의 여부에 대해서 확인할 수 있는 믿음의 섬세함, 예민한 감수성을 늘 가지고 살아가도록 성신님께서 지시하시고 충만히 역사하시옵소서.

우리 주 예수님 이름으로 기도하옵나이다. 아멘.

하나님 나라의 그릇인 사래

제16강

에베소서 5:22-25
아내들이여 자기 남편에게 복종하기를 주께 하듯 하라 이는 남편이 아내의 머리 됨이 그리스도께서 교회의 머리 됨과 같음이니 그가 친히 몸의 구주시니라 그러나 교회가 그리스도에게 하듯 아내들도 범사에 그 남편에게 복종할지니라 남편들아 아내 사랑하기를 그리스도께서 교회를 사랑하시고 위하여 자신을 주심같이 하라.

하나님 나라의 그릇인 사래

제16강

창세기 16장에 나타난 네 가지 문제

오늘도 창세기 16장에서 다시 몇 가지를 생각하겠습니다. 창세기 16장에 여러 가지 큰 교훈들이 나타나 있는데 우리가 간과하지 말고 잘 배우고 넘어가야 할 중요한 문제들이 있습니다.

첫째는 사람이 하나님께로부터 사명을 받아서 그 뜻을 행하여 나아가는 길에서 생기는 문제입니다. 신자가 건전하고 성숙한 신앙 생활을 해 나갈 때, 어떤 일에 임하여 자기가 그것을 하나님의 뜻이라고 자인하고 거기에 의하여 자신의 행보를 하는 경우 혹시 잘못될 수가 있고 심지어 하나님의 뜻과는 아주 반대되는 다른 먼 곳으로 부지불식간에 빗나갈 수도 있는데 그런 일을 우리가 어떻게 방지할 수 있느냐 하는 것입니다. 그러니까 무엇이 하나님께서 참으로 원하시는 방법이고, 내가 스스로 인정한 것이 하나님의 뜻이 아닌 줄 어떻게 분변하느냐 하는 문제입니다. 사람들이 '하나님의 뜻' 이란 말을 쉽게 하지만 내가 스스로 인정하는 하나님의 뜻이 있고, 우리 주 예수께서 말씀하신 대로 "하늘에 계신 내 아버지의 뜻대로 행하는 자라야 천국에 들어간다"(마 7:21) 하실 때의 그 하늘에 계신 내 아버지의 뜻이라는 것이 있습니다. 내가 인정한 하나님의 뜻이라는 것과 하늘에 계신 성부의 뜻과 합치하지 아니하고 오히려 서로 어긋나는 일이 왕왕 있습니다.

이런 예를 아브람의 생애 가운데서도 보게 되는데, 그가 그런 큰 경험을 하고 거기서 중요한 교훈을 얻습니다. 이것이 주로 지난 시간에 이야기한 사실입니다. 하나님의 참뜻과 내가 생각한 하나님의 뜻이 서로 어긋남이 없도록 하려면 어떻게 해야 하는 것인가에 대해서 늘 명확하게 깨닫고 알아서, 선의를 가지고 하나님의 뜻을 행하겠다고 하면서 비꾸러진 길로 나아가는 결과를 빚는 일이 없어야 할 것입니다. 많은 사람들의 종교적인 행동과 또 사람들의 종교적인 역사의 행보 가운데서 우리는 그런 큰 착오, 여러 가지 그릇된 사실들을 보게 됩니다. 물론 우리가 이런 데서 교훈을 받아야 하겠지만 더 중요한 문제는 하나님께서 나에게 원하시는 뜻이 무엇인가 하는 것을 바로 알고 그대로 행보해야 한다는 것입니다.

16장에서 볼 수 있는 둘째의 중요한 문제는 하나님께서 주신 사명과 아브람의 가정에 관한 문제입니다. 아브람의 사명은 가정의 형식을 통하여 어떤 중요한 사실을 이루어 나아가게 되어 있습니다. 아브람에게 내리신 사명이란 하나님께서 인도하시는 대로 가나안 땅에 들어가서 자녀를 낳고, 그 자녀들이 하나님의 백성을 형성하여 인류 역사상 하나님이 경영하시는 그 나라로 명확하게 나타나서, 이 세상 여러 나라에 하나님이 친히 통재하시는 신정 정치의 나라를 증거하고 또한 궁극적으로 그 나라가 천하 만민에게 복의 기관으로 자기 임무를 해야 한다는 것입니다. 이것은 가만히 앉아서 저절로 되는 것이 아니었습니다. 적어도 그 민족이 의식적으로 역사의 목표를 세우고 전진하는 데서 발생할 일이었습니다. 그런즉 기계가 아니고 무생물이 아닌 사람들의 사회에서 이런 결과가 저절로 이루어지는 법은 없는 것입니다.

이와 같은 큰 사명을 아브람과 그의 자손들이 이루어 나아가고자 할 때 현재 자식이 없는 아브람에게 가장 중요한 문제는 그의 후사 즉 계승자가 있어야겠다는 것입니다. 이 계승자 문제에서 아브람이 하나님의 뜻을 자인한 사실로부터 방황의 길이 시작되었습니다. 처음에는 법적인 양자 즉 형식상 자식을 만들어서 계승을 시켜 볼까 했습니다. 하지만 다메섹 엘리에셀은 그의 후사가 아니고 그에게서 난 자라야만 하겠다는 계시를 받았습니다. 결국 실질상 자기의 자식이 나타나서 하나님의 백성을 형성해야 한다는 것이 이제 아브람에게는 당면한 중요한 사명 수행의 과제입니다. 이 일에 있어서 사래는 중요한 인물입니다. 그가 아브람의 아내요 또 아브람의 가정을 형성하는 전체 요소의 반에 해당하기 때문입니다. 이런 위치의 사래가 지금 아브람에게 무엇 하나를 권고하는 것입니다. 그것은 '당신에게서 난 씨라야 하나님의 복을 계승할 후사가 될 것입니다. 하지만 여호와께서 나의 생산을 허락지 않으셨습니다. 내가 생산을 하지 못하는 이런 엄연한 현실 앞에서 유일한 방법은 첩을 들이는 것입니다. 내가 직접 주선하는 다른 여자를 당신이 맞아들여서, 곧 나의 시비(侍婢)인 여종 하갈을 첩으로 삼아 자식을 갖는다면 그 자식이 실질상으로 당신의 자식이 되고 법적으로도 당신과 나의 자식이 되어 하나님의 거룩하신 뜻과 계획을 이루게 될 것입니다' 하는 의견입니다.

이 안(案)에 대해서 아브람은 사래의 말을 들었습니다. 지난 시간에 말씀드린 것같이 이 문제에 있어서 가장 중요한 관건을 쥔 인물은 아브람 자신보다는 사래입니다. 물론 그때 아브람이 자기의 주권을 가지고 그냥 그렇게 한다고 하더라도 당시의 사회 도덕과 가정의 윤리에서 벗어나는 일은 아니었을 것입니다. 그렇지만 여러 가지를 원만히 생각한 아브람은 크게 양보를 하였습니다. 사래를 그런 일로 말미암아 괴롭게 하는 것이 옳지 않다고 생각하고 처음부터 양자를 취해 들이려고 하였습니다. '내가 다른 여자를 맞이해서 자녀를 낳아 우리의 자식을 삼는 것보다 양자를 취하는 것이 낫겠다'고 생각한 것입니다. 그러나 그렇게 양자를 들이는 문제에 대해서 이미 하나님께서 "그는 네 후사가 아니다. 네게서 난 자라야만 하겠다"고 확실히 일러 주셨습니다. 하나님의 확실한 계시가 있는 이상 이제는 사래의 말이 당시로서 그가 취할 수 있는 유일한 길인 것으로 아브람은 생각했던 것입니다. 그래서 하갈을 취하고 나간 것입니다. 여기에 중요한 둘째의 문제가 있습니다. 그것은 아브람이 갈대아 우르에서 나올 때 큰 사명을 받고 나왔는데 그 사명이 사래와는 무슨 관계가 있느냐 하는 문제입니다. 그리고 셋째의 문제는 그 가정에 있어서 질서와 사랑이라는 문제가 있고, 넷째는 하갈의 불우한 경우에 대한 하나님의 거룩하신 자비는 무엇인가 하는 것입니다. 이런 네 가지 중요한 것들을 우리가 16장에서 볼 수 있는데, 다시 둘째 문제로 들어가서 생각하겠습니다.

아브람에게 있어서 자식의 중요성

갈대아 우르에서 떠날 때 아브람은 하나님의 위대한 계시에 따라서 훌륭한 신앙을 가지고 떠났습니다. 단순히 떠난다는 것만을 생각한다면 물론 아내인 사래가 동행했고 자기 아버지도 동행했으며 조카 롯도 같이 떠났습니다. 아브람이 받은 좀더 구체적인 사명의 내용은 "너와 네 자손이 복을 받고 땅 위에서 복의 근원이 되어야 할 것이며, 또 너와 네 자손을 저주하는 사람을 내가 저주하고 축복하는 사람에게는 내가 복을 줄 것이다"라고 하신 바 천하 만민 앞에 복의 기관으로 있어야 하리라는 것이었습니다. 하나님이 내리신 이러한 웅대한 사명의 내용을 아브람이 그 당시에 다 이해했을는지는 의문입니다. 너무나 큰 내용을 포함하고 있는 거룩한 말씀이 그에게 내렸고 그 후 계시의 발전에 따라서 좀더 역사와 함께 차츰차츰 소상하게 그 내용이 계시되어 그의 자손들과 계시를 받은 사람들은 그것을 파악할 수 있게 되었습니다. 야훼라는 이름의 뜻을 우리 성경에는 '나는 영원 자존자이다'라고 번역했지만 그것은 '나는 나대로 장차 나인 것이 거기에 나타날 것이다' 하는 의미입니다. 결국 역사의 과정 속에서 야훼는 야훼인 것을 드러내실 것이다 하는 뜻입니다. 이 성호의 의미대로 역사의 과정 속에서 하나님이 아브람에게 내리신 이 큰 복의 내용이 좀더 구체적인 사실로 드러나겠지만, 우선 당장에 이 문제에 대해서 아브람이 명확하게 알고 있는 것은 자기와 자기 자손이 거룩한 하나님의 언약의 기관으로 있어야 하겠다는 사실입니다. 아브람 당대부터 계시가 시작되었지만 그것이 아주 충만히 개화를 하기 위해서는 역사의 과정을 겪어야 하는 것입니다.

어쨌든 아브람에게 있어서 중요한 것은 자기와 자기 자손의 문제였습니다. 지금 아브람이 자식을 낳는다는 것은 단순히 이 세상 사람이 자식을 낳는다는 문제와는 달리 훨씬 깊은 의미를 가지고 있습니다. 아브람으로서는 자식을 낳아야만 계승자가 생기고 계승자가 있음으로써 이 역사 위에서 하나님 나라가 증거된다는 거룩한 일에 대해서 늘 생각하지 않을 수 없었던 것입니다. 그런데 자식을 낳는 것은 자기 혼자 하는 것이 아니고 자기 아내와 함께 해야 하는 일인데 지금 사래가 생산을 하지 못하는 여자라는 중대한 장애가 있습니다. 이런 일반 법칙의 엄연한 사실이 저들로 하여금 방황하게 만든 것입니다.

하나님의 특별한 계시와 일반 계시가 서로 대립될 때는 어떻게 해야 합니까? 물론 우리는 일반 계시도 존중해야 합니다. 하나님의 특별한 계시를 함부로 일반 계시에 대립시켜서 맹목적으로 간단히 취급하는 것은 옳지 않습니다. 그런 것을 아무 사려 없이 해석하는 것은 부정당한 것입니다. 출애굽기 15:26을 보면 "나는 너희를 치료하는 여호와임이니라"는 말씀이 있습니다. "모세가 홍해에서 이스라엘 백성을 인도하매 그들이 나와서 수르 광야로 들어가서 거기서 사흘 길을 행하였으나 물을 얻지 못하고 마라에 이르렀더니 그곳 물이 써서 마시지 못하겠으므로 그 이름을 마라라 하였더라. 백성이 모세를 대하여 원망하여 가로되 우리가 무엇을 마실까 하매 모세가 여호와께 부르짖었더니 여호와께서 그에게 한 나무를 지시하시니 그가 물에 던지매 물이 달아졌더라"(출 15:22-25). 이런 연유로 '아도나이 로페(יְהוָה רֹפְאֶךָ)' 곧 '의사이신 여호와'라는 이름이 붙게 되었습니다. 그렇다고 해서 '이처럼 여호와께서 치료해 주시는 하나님이시니 세상의 일반 법칙에 의한 의술이나 약을 써서는 안 된다. 마음을 그런 데 두게 되면 치료하시는 여호와께 마음을 온전히 바치고 아주 골똘히 믿고 나아가려 할 때 흐트러질 수 있다'는 식으로 생각하는 것은 옳지 못합니다. 그것은 하나님의 특별하신 계시의 의미를 임의로 자기 앞으로 당겨서 생각하여 일부러 자연 법칙과 대립을 시켜 놓는 것이기 때문입니다. 치료하시는 여호와께서는 치료하시려니까 약도 쓰게 하시고 좋은 의원도 만나게 해서 치료하시는 것입니다. 그것은 결코 자연 법칙과 모순되지 않습니다.

그런데 만사에 하나님께서 쓰시는 방법이 기묘하다는 것을 깨닫지 못하고 기도하는 중에 신통력이 임해서 홀연히 낫게 되리라고만 생각한다면 그것은 제가 스스로 하나님의 방법을 지정해 놓는 것입니다. 이런 일은 부정당합니다. 사람들은 흔히 일반 계시가 하나님의 거룩한 특별 계시와 대립되는 것처럼 생각해서 많은 경우에 오해를 하기도 합니다. 그래서 일반 계시를 짓밟고 무시하고 돌아보지 않는 일도 생깁니다. 그러나 사람은 어떤 경우든지 가령 물리적인 문제에서든지 도덕적인 문제에서든지 일반 계시에 의해서 기초적인 것들을 건실하게 지키고 살아가야 그 위에 건전한 신앙을 세울 수 있는 것입니다. 그런 사람들이라야 하나님의 계시에 대해서도 건강한 생각을 할 수 있습니다. 일반 계시를 존중해야 말초적인 기이한 종교적 태도를 취하지 않고 가장 건강한 생각을 할 수 있다는 것입니다.

도덕적인 문제도 이런 경우에 포함되는 것입니다. 일반 도덕을 무시하고 무슨 종교적인 여러 가지 특수한 방법만을 제일인 줄 알고 나아가는 것은 마치 제사만 잘 드리면 하나님 앞에는 다 되는 것이라고 생각하는 것과 다를 게 없습니다. 종교적인 행사만 열심히 하면 세상 사람 앞에는 다소 잘못해도 괜찮다는 생각과 마찬가지인 것입니다. 그러나 "하나님께서 번제와 다른 제사를 기뻐하시기를 그 말씀을 순종하는 것보다 더 기뻐하실 줄 압니까" 하고 사무엘이 맹렬하게 사울을 질책한 말을 기억해야 할 것입니다. "순종이 제사보다 낫고 하나님 말씀을 잘 청종하는 것이 수양의 기름보다 나으니 거역하는 것은 사술의 죄와 같고 완고한 것은 사신 우상에게 절하는 죄와 같다"(삼상 15:22-23)고 했습니다. 하나님의 거룩한 말씀을 바로 순종하려 할 때 종교적인 방편만을 자기 앞으로 당겨서 취한다고 해서 다 되는 것은 아닙니다. 일반 법칙도 하나님이 내셨습니다. 사회에서 일반적으로 통용되는 도덕적인 생활도 성신님의 일반 은총 곧 보통 은혜에 속하는 것입니다. 사람들이 다 하나님의 형상을 입었으므로 제도에 의해서 안녕도 유지하고 평안도 유지하고 질서도 유지하면서 의를 추구하려고 하는 것입니다. 그런데 예수를 믿는다고 하면서 내가 그런 것들을 파괴하고 기도만 열심히 하고 예배당만 잘 다니고 종교의 이상한 행동만 잘하면 다 되는 줄 안다면 참 문제입니다.

일반 법칙을 존중한 아브람

　하나님의 특별한 계시의 내용을 오해할 때 일반 법칙에 덮어놓고 대항하는 어리석음이 생기는 것이지만, 아브람의 경우에는 문제가 다른 데 있었습니다. 아브람에게서 낳은 씨라야 그 모든 언약을 계승할 것이란 말씀이 있는 까닭에 필연코 그에게서 자식이 나리라는 것은 이미 하나님께서 보이신 사실입니다. 그런고로 아브람으로서는 '아, 자식을 주시는가 보다' 했지만, 사래 자신은 생산을 할 수 없었습니다. 사래로서는 '나는 그러나저러나 지금까지의 사실로 보아서 엄연히 자식을 못 낳는 여자이니까 이 경우에 가장 도덕적이고 또 누구든지 허용할 수 있는 차선의 방법을 취하자. 다른 여자를 보아서 자식을 낳아 가지고 법적으로 우리의 양자로 들여서 계승자를 삼으면 자연의 법칙하에서 순조롭게 하나님의 말씀도 성취가 될 것이다'라고 생각한 것입니다. 이런 것은 일반의 법칙을 십분 존중한 아브람이나 사래의 건전한 생활 태도에서 발생한 것입니다.

　사람들은 '하나님이 주실 것이라고 했으면 기다리고 있지 왜 그랬느냐?'고 말은 쉽게 하지만, 하나님의 일에 대해서 가장 진실히 생각하는 사람들로서는 그렇게 말만 쉽게 하는 사람들을 따라갈 수가 없습니다. 왜냐하면 하나님의 계시를 직접 받은 그들로서는 항상 하나님이 내리신 이 특수한 계시가 모든 일반 법칙을 무시한 터 위에서 시작한다고 생각한 일이 없기 때문입니다. 건전한 신앙의 소유자인 아브람은 한 사람의 통치자로서 자기의 부족(部族)을 거느릴 때에도 모든 일에 있어서 항상 특수한 계시에 의해서 움직인 것이 아니라 대부분 일반적인 법칙과 하나님이 내리신 일반 계시라는 큰 진리 위에서 무리를 조직하고 훈련하고 통어(統御)해서 질서를 유지하고 방어하면서 생활했던 것입니다. 사사건건 하나님께서 만사에 특별 계시를 내리시지도 않았습니다. 자기의 소임을 충실히 하려고 한 다윗에게도 행정상 문제의 만반을 하나님께서 계시하신 일이 없습니다. 국가를 조직한다든지, 혹은 민족을 정신적으로 높은 위치에 올려놓는다든지, 백성을 지도하고 나아간다든지, 나라를 보호하고 행정을 하면서 역사를 만들기 위해 전진해 나아간다든지 할 때 다윗은 하나님의 약속과 더불어 여러 가지를 다 깊이 고려한 터 위에서 해 나갔던 것입니다. 그가 지도자로서 할 수 있는 모든 일들을 할 때 인심(人心)이라든지 자기가 다스리고 있는 이스라엘 백성의 자격과 그 사회의 특성이라는 것을 다 깊이 고려하면서 해 나갔습니다.

아브람의 경우 지금 그가 거느리고 있는 부족이 있습니다. 그는 몇천 명 되는 사람들을 늘 거느리고 있는 인물입니다. 그는 몇 년씩 동굴 속에 들어가서 기도하고 나온 그런 기형적인 종교인이 아닙니다. 그렇게 종교를 직업으로 삼고 나간 사람이 아니라, 가장 건실한 생활 가운데서 하나님의 뜻을 이루어 나가려고 한 실질적인 지도자 형이었습니다. 그러므로 그는 일반적인 법칙을 항상 존중했습니다. 사래 역시 그런 남편을 따라서 그런 식 생각을 한 사람입니다. 하나님께서 내리신 사명을 수행해야 할 때, 이것이 하나님의 거룩한 법칙이니까 이 법칙대로 하겠다고 하는 것이 하나님의 뜻에 반드시 부합하지 아니할 경우에 어떻게 해야 할 것인가 하는 문제를 지난 시간에 이야기했는데 여기서도 그 문제는 계속됩니다. 사래 자신이나 아브람이 사래의 생산치 못하는 일반적인 법칙하의 엄연한 사실을 중요히 생각한 것을 덮어 놓고 잘못이라고 이야기할 수가 없습니다. 그것을 가리켜 무조건 믿음이 없다고 할 수가 없습니다. 또 아브람이 나약하게 사래의 꾀에 빠져서 제 뜻대로 하나님의 뜻을 이루려고 했다고 한마디로 속단해서도 아니 됩니다.

왜냐하면 사람이 무슨 일을 하려고 할 때 어느 때든지 하나님께서 일일이 '그것이 내 뜻이 아니라'고 말씀하시는 것이 아니기 때문입니다. 오늘날도 여러분이 하나님의 뜻대로 무슨 일을 하려고 할 때 하나님이 일일이 그것을 해라 혹은 하지 말라고 하시지 않습니다. 그러면 무엇으로써 하나님의 뜻을 우리가 알게 되느냐 하면 이미 주신 바 계시에 의해서 내가 그것을 바로 생각하고 해석하는 가운데 성신님이 나의 마음에 조명하시는 바 인도를 받고 아는 것입니다. 우리의 마음 가운데 먼저 빛을 비춰 주셔서 확신케 하시고 그 확신하에서 요지부동으로 밀고 나가는 것입니다. 그렇게 해서 하나님의 뜻을 일보씩 늘 실행하고 살아가는 것입니다. 하나님의 뜻이라 하면 매사에 반드시 하나님의 특수한 현상에 의해서 묵시를 보인다든지 환상을 보인다든지 하는 것이 아닙니다. 건실한 논리와 건실한 해석과 자기의 경험에 비추어서 '이것이 하나님의 뜻이다'라고 생각해 나가는 것은 오히려 하나님의 사명을 맡은 사람들의 정당한 심리 작용인 것입니다. 아브람은 이런 정당한 심리 작용 가운데서 지금 문제에 맞닥뜨린 것이지 아브람이 믿음이 없어서 세상적으로 솔깃해서 넘어간 것이 아니라는 것을 주의해야 합니다.

우리는 여기서 중요한 교훈을 받게 됩니다. 이런 문제가 우리에게 계시되어서 이런 때 너희는 어떻게 해야 할 것인가를 잘 해석하라는 것입니다. 신약 성경에 두 가지의 중요한 인도라는 말이 있다는 것을 여러 번 말씀드렸습니다. "그러하나 진리의 성신이 오시면 그가 너희를 모든 진리 가운데로 인도하시리니 저가 자의로 말하지 않고 오직 듣는 것을 말하시며 장래 일을 너희에게 알리시리라"(요 16:13). 여기서 인도한다는 말은 '호데게오'(ὁδηγέω)로서 그것은 '안내한다' '길잡이가 빛을 비추어 지시해 가면서 이끈다'하는 뜻이라고 했습니다. 그러나 로마서 8:14에 "무릇 하나님의 성신의 인도함을 받는 그는 곧 하나님의 아들이라"고 한 데의 인도라는 말은 '아고'(ἄγω)로서 성신께서 친히 그를 붙들어 가지고 다른 길로 가지 못하게 하면서 그리로만 가게 한다는 뜻입니다. 그가 스스로 잘 갈 수가 없으니까 힘을 보태 가면서 가는 것인데, 말하자면 간호하는 이가 병자를 꼭 붙들고 병원에 가는 것같이, 그렇지 않으면 옥의 간수가 죄수를 데리고 법정에 가서 재판을 받고 다시 데리고 돌아오는 것과 같이 이끄는 것을 뜻합니다. 이것은 먼저 말한 요한복음 16:13 말씀과는 다른 뜻을 많이 포함하고 있는 말입니다. 우리말로는 인도라는 말이 하나이지만 신약성경에는 이렇게 두 가지 의미로 쓰이고 있습니다. 그의 인식의 작용 가운데 빛을 비춰 가지고 깨닫게 하여 따라가게 하시든지, 그렇지 아니하면 자기가 그것을 할 수 없다 생각하고 의지할 때 '내가 너를 붙들고 가마' 하고서 붙들고 가시는 두 가지의 인도가 다 필요한 것입니다. 내가 전적으로 항상 하나님의 거룩하신 뜻을 따라서 가겠다 할 때 성신의 조명을 받아서 이것이야말로 하나님의 뜻이다 하고 확인할 수 있어야 하는 것이지 내 스스로의 논리 결과를 가지고 그것을 최종이라고 하지 않아야 합니다. 먼저 '하나님께서 나에게 이 일에 대해서 확인을 해 주시는 도장을 찍어 주십시오' 하는 것이고, 그 다음에는 '문을 여시고 나를 이끌어 주십시오. 내가 스스로 갈 수가 없습니다' 하고 맡겨야 합니다. 신령하고 거룩한 일은 무엇이든지 사람의 힘으로 스스로 이룰 수가 없는 것입니다.

이것은 지난 시간에 배운 내용에 대한 하나의 결론적인 이야기입니다. 아브람은 지금 '일반적인 법칙하에서 내가 이렇게 하고 나가는 것이 하나님 앞에서 정당한 생활 태도일 것이다' 고 생각하는 것입니다. 그런고로 이런 아브람의 결정이나 자세를 가리켜 덮어놓고 타락했다든지 무력하다든지 할 것이 아닙니다. 여기에는 또한 하나님께서 아브람에게 새로운 거룩한 계시의 사실을 보이심으로 앞으로 이런 문제에 대해서 어떻게 처리해야 할 것인지를 가르쳐서 한 단계 더 높이 올리시려는 큰 뜻이 들어 있습니다. 어쨌든 이와 같은 현실하에서 사람의 부족한 생각 곧 사람의 제한된 생각이 작용한 까닭에 이런 결과가 나오고 말았습니다.

사래를 아브람의 사명에 실질상으로 참여시키심

　여기서 우리가 중요히 보아야 할 것은 만일 자식을 낳되 사래에게서 낳지 않고 하갈에게서 낳아서 법적으로 양자를 들인다면 아브람과 사래의 자식이 아니라 아브람과 하갈의 자식이 될 것이고, 그렇다면 결국 사래가 아무리 아브람의 아내라고 하더라도 하나님이 내리신 이 큰 언약의 내용에 대해서 실질상으로는 관계가 없는 여자가 된다는 사실입니다. 다른 말로 하면 하갈에게서 난 자식을 자기의 양자로 삼아서 자기의 자식이로라고 백 번 말을 할지라도 그것은 명의상 문제일 뿐입니다. 실질상으로는 하갈의 자식이 되지 않겠습니까? 그러면 진정으로 복을 받는 사람들은 아브람과 하갈이지 아브람과 사래는 아닌 것입니다. 참으로 언약을 이룰 수 있는 그릇으로 쓰이는 사람들은 아브람과 그의 첩이지 아브람과 그의 정처(正妻)인 사래가 아니라는 것입니다. 그러나 하나님은 이름만 주시고 실질은 무시해 버리시는 분이 아닙니다. 하나님 앞에서는 이름이 곧 그대로 실질이 되어야 합니다. 아브람과 사래의 가정이 하나님께서 승인하신 정당한 가정일진대 그렇게 된다면 그것은 오히려 가정을 파괴하는 요소를 들여옴으로써 비로소 하나님의 뜻을 이루겠다는 결론이 될 것입니다. 그렇다면 하나님께서 아브람에게 내리신 사명은 사래와는 실질상으로 상관이 없는 것이 됩니다. 과연 하나님께서 그렇게 하셨습니까? 물론 그렇게 하시지 않았습니다.

　결국 하나님께서는 자식을 낳지 못하는 사래에게 생산하는 능력을 주시고 자식을 생산케 함으로써 아브람의 가정을 복의 기관으로 쓰시겠다는 것을 분명히 못박아 보이시는 것입니다. 여기서 우리가 알아야 할 중요한 원칙은 하나님께서 어떤 사람을 부르시어 그 나라의 거룩한 사명을 맡기실 때 그의 가정이 있다면 그 일을 혼자 해 나가는 것이 아니라 그 가정이 사명을 행하는 중요한 기관이 된다는 것입니다. 이것을 늘 바르게 이해해야 합니다. 그러려면 그 가정은 하나님 앞에 정당하게 인정을 받은 가정이라야 합니다. 저희끼리 저희 마음대로 만들어낸, 다시 말하면 한쪽은 하나님을 모르고 한쪽은 아는 그런 가정이 아니라야 합니다. 다 같이 사명에 대해서 심심(甚深)한 관심을 가지고 이룬 가정이라야 합니다. 거기에 참된 질서가 있습니다. 그러니까 문제는 사래가 아브람에게 내리신 큰 언약의 중요한 반분을 담당하고 나아가는 사람이 되어야겠다는 것입니다. 이것이 바로 하나님께서 그 가정을 참으로 승인하신 실질입니다. 그렇지 아니하면 사래와 아브람이 결합하여 이룩한 가정이라는 것은 없는 것과 마찬가지입니다. 실질상으로는 아브람과 하갈로 이루어지는 가정이 성립하는 것입니다.

우리가 항상 주의할 것은 하나님께서 주신 최초의 사회 단위인 가정에서 남편과 아내가 서로 사랑한다는 것만이 교훈의 전부가 아니라는 사실입니다. 남편과 아내는 다 같이 하나님과의 관계에서 빛 가운데 있어야겠다는 것입니다. 남자와 여자가 다 같이 하나님께서 주신 바 거룩한 계시에 접촉하여서 그에 의한 사명감을 깨달은 자리에 서 있어야 합니다.

혼인 제도와 문화 명령

여러분이 잘 아시는 성경 말씀 고린도후서 6:14-16을 또 한번 읽어 보십시다. "너희는 믿지 않는 자와 멍에를 같이하지 말라 의와 불법이 어찌 함께하며 빛과 어둠이 어찌 사귀며," 여기 믿는 사람은 빛이라고 했습니다. 이것은 그냥 수사(修辭)로 쓰는 말이 아닙니다. 빛이라 함은 그 마음 가운데 하나님의 거룩한 계시가 임해서 내가 무엇을 해야 하며, 내 일생은 무엇 때문에 살아야 하는가 하는 것을 깨달은 상태를 말합니다. 아내 되는 사람도 그것을 깨달을 수 있는 위치에 있는 사람이어야 합니다. 한쪽이 그것을 말하여 전달했을 때 다른 쪽도 혼연히 거기에 동의하여 '그렇습니다. 나도 그렇게 그 길로 걷겠습니다' 하고 가는 사람이어야 합니다. 그렇지 못하고 암매하다면 서로 사귈 수가 없는 것입니다. "그리스도와 벨리알이 어찌 조화되며 믿는 자와 믿지 않는 자가 어찌 상관하며 하나님의 성전과 우상이 어찌 일치가 되리요?" 이런 말씀은 어디에 쓰는 것입니까? 혼인에 쓰지 않고 어디에 쓰겠습니까? 아마 다른 데다 쓰는 것이겠지 하고 생각하는 것은 좋은 태도가 아닙니다. 혼인의 여러 가지 문제점이나 그렇지 않으면 혼란한 현대 사회의 여러 가지 특성을 생각할 때, 설마 거기에까지 적용하는 것이 아니겠지 할 수도 있겠지만 그렇지 아니합니다. 혼인이야말로 가장 중요한 문제가 되는 것입니다.

왜 하나님이 혼인 제도를 만들어 내셨습니까? "사람이 독처(獨處)하는 것이 좋지 못하니 그를 돕는 배필을 지으리라" 하신 데서 찾을 수 있습니다. '돕는 배필'이라 하면 아담이 밥을 해 먹으려니까 여러 가지로 불편해서 도와야겠다는 것입니까? 아니면 옷을 해 입으려니까 불편해서 도와야겠다는 것입니까? 에덴 동산에서는 당초에 그런 문제는 없었습니다. 그런데도 돕는 사람이 필요하다고 했습니다. 창세기 1장에서 하나님께서 개괄적으로 선언하신 데서 그것을 찾아야 합니다. 사람을 지을 때는 남자와 여자를 지으시고 그들에게 명령을 내리셨는데 우리가 보통 '문화 명령'이라고 말하는 위대한 명령을 내리셨습니다. 결국 그 명령은 사람이 하나의 동물로 존재하는 것이 아니라 지혜 즉 이성의 작용이 있고 창조력이 있고 역사를 만들 수 있는 인격자들로서 무엇을 해야 할 것인가를 가르치는 명령입니다. 이런 문화 명령의 내용을 수행해 나가려고 할 때 아담 혼자로는 부족하니까 아담을 돕는 배필이 필요하다는 것입니다. 에덴 동산에서 제일 중요한 문제는 이 문화 명령을 수행해 나가는 것이었습니다.

문화 명령의 내용을 창세기 1:26-27에서 보십시다. "하나님이 가라사대 우리의 형상을 따라 우리의 모양대로 우리가 사람을 만들고 그로 바다의 고기와 공중의 새와 육축과 온 땅과 땅에 기는 모든 것을 다스리게 하자 하시고" 왜 사람을 만드셨느냐 하면 사람으로 통치자를 삼으실 목적 때문이었습니다. "하나님이 자기 형상 곧 하나님의 형상대로 사람을 창조하시되 남자와 여자를 창조하시고" 남자도 하나님의 형상이고 여자도 하나님의 형상이지만 남자와 여자를 합치는 것이 하나님의 형상을 좀더 방불케 하는 것입니다. 그렇게 일남 일녀를 창조하시고 "하나님이 그들에게 복을 주시며 그들에게 이르시되 생육하고 번성하여 땅에 충만하라. 땅을 정복하라. 바다의 고기와 공중의 새와 땅에 움직이는 모든 생물을 다스리라"고 하셨습니다. 두 사람이 다 같이 받은 명령입니다. 그런고로 번성하고, 정복하고, 다스리라 하는 명령을 그들 둘에게 내리셨습니다. 그들에게 필요한 것은 애써서 먹을 것을 거둬들이는 것이 아니었습니다. "하나님이 가라사대 내가 온 지면의 씨 맺는 모든 채소와 씨 가진 열매 맺는 모든 나무를 너희에게 주노니 너희 식물이 되리라." 하나님께서 먹을 것을 이렇게 주시니까 어떻게 살까 하고 의식주에 대해 걱정할 것이 없었습니다. 그리고 남녀가 다 벗었지만 부끄러울 것도 없었습니다. 옷 입을 필요가 없는 환경과 사회였던 것입니다.

그러면 그들이 할 일은 무엇입니까? 이 문화의 명령을 수행해 나아가는 것이 그들의 할 일이었습니다. 두 사람이 다 같이 이 일을 하도록 분부를 받은 까닭에 아내 되는 사람은 그 일을 이루어 나아가는 데에 돕는 배필로 서 있었던 것입니다. 이러한 의미에서 가정이란 어떤 점에서 가장 큰 의미를 갖느냐 하면 그저 공동으로 생활을 경영해서 존재한다는 데에 큰 뜻이 있는 것이 아닙니다. 같이 빛을 받아서 하나님께서 주신 바 거룩한 계시의 내용에 의해서 신국적인 사명을 이루어 나가라는 큰 뜻이 있는 것입니다. '왜 우리는 땅에 있고 하나님께서는 우리에게 무엇을 시키시려고 하시는가? 그리스도의 구원은 무엇을 목적으로 한 것인가? 우리는 어떻게 해서 그리스도와 연결되어 거룩한 신비의 연합체로서 일체성을 이루며 결국 땅 위에서 무엇을 하게 하셨는가' 하는 이런 중요한 사명을 그들의 매일 생활의 의무로 손을 잡고 수행해 나가라는 큰 뜻이 있는 것입니다. 이것이 하나님께서 부부를 내신 가장 중요한 이유입니다.

혼인식을 할 때 우리는 흔히 에베소서 5:22-33을 읽으면서 "남편 된 사람들은 아내를 사랑하라" 하고 또 "아내 된 사람은 남편에게 복종하라"고 합니다. 하지만 덮어놓고 사랑하고 무조건 복종하라는 의미가 아닙니다. "교회가 그리스도에게 복종하듯" 하고 "그리스도께서 교회를 위하여 자신을 주심같이" 사랑하라는 의미입니다. 교회와 그리스도의 관계에서 교회는 첫째로, 지적(知的)으로 그리스도의 의사에 순종해야 할 것입니다. 순종할 내용을 모르면 순종하지 못하는 것입니다. 어디로 가자고 하는지 알아야 그리로 따라가는 것이지 귀가 막혀서 아무것도 모르고 그리스도의 음성을 들을 줄도 모르는 교회라면 순종 같은 것을 할래야 할 수가 없는 것입니다. 순종하려면 먼저 그분의 의사를 알아야 하고, 그리고 나서 내가 즐겁게 순종하여 그리로 따라갈 수 있는 능력이 있어야 하는 것입니다. 교회와 그리스도의 관계는 첫째는 순종의 관계인데 이것은 지적인 문제요 그 다음은 의지적인 문제입니다. 내가 깨닫고 그 다음에 거기로 따라가겠다는 문제인 것입니다. 그리고 거기에는 정서적인 문제도 붙습니다. 하기 싫어서 억지로억지로 겨우 따라가는 것이 아니라 즐겁게 따라가야 하는 것입니다.

또 하나 중요한 문제가 사랑입니다. "그리스도께서 교회를 사랑하시고 위하여 자신을 주심같이 하라"(25절). 부부 될 사람에게 가장 중요한 표본이 되는 그리스도와 교회 사이에 있는 순종과 사랑의 속성들을 들어서 일러 주는 것입니다. 그리스도께서 교회를 사랑하신 것같이, 즉 위하여 자신을 주심같이 사랑하라는 것입니다. 점이나 흠이나 주름 잡힌 것이 없이 순결한 것으로 세우시려는 것처럼 거룩한 목적이 있는 사랑을 가져야 하는 것이지 맹목적으로 덮어놓고 오냐오냐 하며 좋다는 것은 아닙니다. 그런즉 부부간에 가지는 사랑은 가장 독특한 것입니다. 부부간 이외의 다른 데서 이와 같은 사랑을 서로 나누도록 명령하신 데가 없기 때문에 가장 독특하다는 것입니다.

여러분, 잘 아시는 대로 가장 큰 계명은 "하나님을 사랑하고 이웃을 사랑하라"는 것입니다. 이웃을 사랑한다고 할 때 첫째의 이웃은 자기 아내요 자기 남편인 것입니다. 거기서부터 시작해야 하는 것이지 자기 아내나 남편도 사랑하지 못하면서 다른 사람을 사랑한다고 쫓아다니는 것은 얘기가 안 되는 것입니다. 먼저 가까운 데서부터 할 수 있어야 합니다. 먼저 부부 사이에서 하고, 그 다음에 자녀가 있으면 부모가 자식을 사랑하고 또 자식이 부모를 사랑하는 것입니다. 이런 사랑 가운데서 비로소 이웃을 사랑하는 거룩한 법도도 실천이 되는 것이고 깨닫게 되는 것입니다. 그런데 자식이 부모에 대해서 냉정하고 부모가 자식을 외면한다면 무엇이 되겠습니까? 실제로 자식을 외면할 부모는 없을 것입니다. 거기에는 천륜의 사랑이 있기 때문입니다. 사람들은 흔히 말하기를 부모는 다른 사람에 대해서는 아낄 줄도 알고 또 주면 아깝다고 생각하기도 하지만 자식에 대해서는 아까운 생각을 않는 것이라고 합니다. 그렇게 다 준다는 것입니다. 하지만 자식들의 경우는 반드시 그렇지는 않습니다. 옛날부터 불효라는 말은 많이 있어 왔습니다. 부모가 어떻게 돼도 상관이 없다는 무관심도 있고 거역하는 사람도 있고 심한 악독을 행하는 자들도 있습니다. 만일 가정의 실상이 그러하다면 결코 하나님의 거룩한 사명을 이루는 바탕 곧 그릇으로서 의미는 못 가지는 것입니다. 그렇다면 가정의 존재 의미는 없어지는 것입니다. 가정의 존재의 가장 현저한 의미는 생존을 위해서 공동으로 서로 돕는 데 있는 것이 아니라 하나님이 주신 거룩한 문화 명령을 수행하는 데 있습니다. 오늘날 우리의 문화 명령이란 주께서 그 나라를 건설하시고 그 나라의 역사를 지어 나가시는 데서 각각 역군들로서 주어진 일을 하는 것입니다. 그것 때문에 우리는 밥도 먹고 옷도 입고 집도 얻어서 땅에 발을 붙이고 살아가는 것입니다.

가정의 구성원들은 땅에 발을 붙이고 사는 데서도 협력하지만 그것으로 가정이 가지고 있는 최대의 의미가 나타나지는 않습니다. 최대의 의미는 어쨌든지 사람인 까닭에 하나님이 주신 거룩한 영혼의 기능이 작용하여서 새로운 생명을 가진 하나님의 자녀답게 그 속성과 인격을 드러내는 생활을 하는 데서 나타납니다. 그것은 물론 위대한 사명감 가운데서 현저하게 발생합니다. '왜 내가 너희를 지었고, 또 이 세상에 두었는지 아느냐' 하는 거룩한 내용을 알고 있는 데에서 시작한다는 것입니다. 그런데 그것은 개인개인만이 아니라 가정이란 단위를 쓰셔서 하는 것입니다. '둘이 한 육체가 되리라' 할 때 그 둘을 하나의 단위로 보시고 마치 그것이 교회와 그리스도의 관계와 같다고 하셨는데, 하나님께서 그 단위를 기초로 복을 주시며 능력을 주시고 일을 이루어 나가시는 데 쓰시는 것입니다. 이러한 사명감이 가정 안에 있으려면 처음에 가정을 형성할 때부터 주의를 해야 합니다. 그리고 둘이 합쳐서 가정이 형성되면 다시 자식을 낳고 발전해 나가는 것인데 그 하나하나의 행보에 대해서 늘 주의를 해야 하는 것입니다. 부부는 거룩한 사명을 함께 부담하고 함께 나아가야 하기 때문입니다. 이런 큰 진리가 갑자기 만들어진 것은 아니고 창조 때부터 있는 사실이었습니다. 그런데 아브람의 가정에서만은 그럴 수 없다고 한다면 그것은 하나님의 뜻이 아닌 것입니다.

하나님의 크신 경영과 가정의 존엄성

하나님께서 아브람을 불러내시사 언약을 내리시고 큰 복을 주셨으면 자식을 낳을 수 없는 사래와 아브람 이 두 사람으로 이루어진 가정일지라도 언약과 복은 똑같이 적용되는 것입니다. 아브람에게 내리신 큰 언약과 복은 사래에게도 마찬가지여야 한다는 것입니다. 그렇게 되려면 사래가 형식상으로만 어머니 노릇을 해서는 안 되는 것입니다. 이런 까닭에 하나님께서는 일반 법칙을 벗어나는 특수한 법칙을 적용하셔서 100세 된 아브람과 90세 된 사래로 하여금 자식을 낳게 하셨습니다. 그 자녀가 하나님께서 경영하실 자식으로서 계승자라는 것입니다. 이를 위해서 하나님께서는 차츰차츰 사래에게 확연하게 깨닫게 하시되 그것이 그에게서 난 자식이라야만 하겠다는 계시로 발전하도록 만드셨습니다. 하나님께서는 이렇게 발전하는 계시를 미리 다 가지고 계신 까닭에, '아니다. 지금 하갈을 얻는다고 하는 그 방식도 아니다' 하신 것입니다. '그렇게 가정을 무너뜨리면서 할 일이 아니다. 네 가정을 내가 정당하게 인정하고 있다. 너희가 함께 갈대아 우르에서부터 멀고 먼 길 이곳까지 오는 사명 수행 과정중에 있는데 여기서 갑자기 가정을 해체하고 다른 것으로 대치하지 않는다' 그것입니다. 결국 사래로 하여금 하나님의 거룩하신 언약과 크신 복의 사명 수행의 그릇으로서 정당한 의미를 충분히 갖게 하신 것입니다. 사래는 아직 거기까지는 몰랐던 것입니다. 그는 그때 사회에 있는 일반 풍속대로만 한 것입니다. 아무리 일반 풍속을 따라가도 형식상 자식은 형식상 자식에 불과할 뿐입니다. 양자로 들이면 그게 양자인 것이지 실질상 자기 자식은 아니라는 것입니다.

여러분은 하나님께서 경영하시는 이 일에 대하여 주의해서 생각해야 합니다. 어떤 사람이 돈은 벌었으나 자식이 없어서 양자를 들였든지 그렇지 않으면 다른 여자를 보아서 자식을 얻어 그에게 재산을 상속했다고 합시다. 그렇게 들여온 아이를 자기 아내의 자식이라 해서 상속을 한다면 모든 법적인 조건이 충당되는 것 같지만 형식상 어머니 된 사람이 죽고 나면 그것이 큰 의미를 안 가지는 것입니다. 옛날 왕국 시대의 경우를 볼지라도 왕비가 자식을 못 낳으면 다른 빈(嬪)에게서 낳은 자식을 데려다가 세자를 삼아 보위에 오르게 합니다. 그렇다고 왕비가 대비의 자리에 못 오르는 것은 아니나 일단 땅 위에서 가버린 다음에는 아무런 상관이 없는 것입니다. 그렇더라도 자기 일생은 왕비나 대비의 위치를 그냥 유지하니까 상관없다고 생각하겠지만 하나님이 경영하시는 이 일은 그렇게 어떤 왕가의 일과 같이 움직이는 것이 아닙니다.

하나님은 아브라함의 하나님, 이삭의 하나님, 야곱의 하나님이십니다. 즉 하나님은 죽은 자의 하나님이 아니라 산 자의 하나님이십니다. 하나님의 백성의 일이 현상 세계에서는 역사적인 현실로 나타났다가 사라지는 명멸의 현상을 보이지만 영원한 세계에서는 명확한 역사를 그대로 기록하고 나타내면서 나가는 것입니다. 아브라함의 하나님, 이삭의 하나님, 야곱의 하나님이라는 말은 그런 까닭에 산 자의 하나님이라는 의미를 표시하려고 쓰는 말입니다. 아브라함의 하나님도 되셨다가 그 다음 대 이삭의 하나님 노릇도 하셨다가 이삭이 간 다음에 야곱의 하나님 노릇도 하신다는 그런 표현이 아닙니다. 아브라함이나 이삭이나 야곱이나 다 같이 동일한 평면 위에서 영구히 하나님의 백성으로서 갖는 역사가 존재하며 그런 차원의 의미가 있다는 뜻에서 쓰는 말입니다.

이런 점으로 보아 사래의 자식이 계승해서 하나님 나라의 거룩한 내용을 땅 위에서 이루어 나간다는 것은 그것만이 전부가 아니라 하나님께서 경영하시는 실재의 세계에서 그들을 도구로 하여 큰 경영이 나타나는 것임을 또한 의미합니다. 이런 항구한 사실은 이 세상에 있는 어떤 왕가의 통치권을 유지해 나아가는 것과 비길 수 없는 일입니다. 그러한 영구한 것이 거기에 있기 위해서는 사래의 실질상 자식이 있어야 할 것이라 말입니다. 그렇게 해서 하나님이 내리시는 복이 유루(遺漏)가 없이 그들에게 완전히 향유되도록 하시는 것입니다.

자녀를 사명의 계승자로 가르치는 것이 중요함

여러분, 이와 같은 거룩한 도리가 있는 까닭에 가정이 얼마나 중대한 의미를 지니고 있는가를 여기서 특별히 명심하고 나가십시다. 이처럼 가정이 중대한 의미를 가진 만큼 가정은 내외간뿐 아니라 어버이와 자식간의 관계도 또한 중요한 것입니다. 만일 하나님 나라의 거룩한 사명이 존귀한 줄 알고 그것이 하나님의 신성한 명령인 줄 안다면 나 혼자만 지키고 나갈 것이 아니라 그것을 자꾸 역사 위에 전승해 주어야 할 것입니다. 우리는 하나님의 산업 즉 하나님의 기업으로 빼신 백성이므로 이러한 것들을 나 혼자만 향유하고 가는 것이 아니라 인류의 생활 속에서 나를 계승하는 역사 위에 그것을 자꾸 전승해 주어야 하는 것입니다. 그렇게 되기 위해서는 자녀가 동일한 신앙의 위치에서 같은 사명감을 가져야 합니다. 직업이 서로 다를지라도 그것은 문제가 되질 않습니다. 사명의 문제이기 때문입니다. 이 직업을 통해서 혹은 저 직업을 통해서 무엇을 위해서 사는가 하는 문제가 있는 것입니다.

물론 믿음은 하나님께서 주시는 것이지만 자녀는 집에서 사명감을 가진 부조(父祖)들을 통해 그 거룩한 도리를 배우고 나아가는 것입니다. 이러한 거룩한 사실을 교회는 확실히 믿는 까닭에 어린아이들에게 세례를 베푸는 것입니다.

어린아이에게 세례를 줄 때 그 의사는 물론 부모에게 있습니다. 부모가 자기 아이를 세례를 받게 해야 하겠다 하고 부모가 서약을 하는 것입니다. 하나님의 언약이 아브람에게서 이삭으로, 야곱으로 자꾸 내려가는 것같이 우리도 하나님의 언약이 자기와 자기 자손에게 임한다는 것을 확신하고 그 은혜를 받기 위해서 은혜의 세계에다 자식을 넣어두는 것입니다. 그리하여 그 아이가 거룩한 법도와 가르침 안에서 장성해 간다면 그것은 하나님 앞에서 가장 받음직한 일의 한 가지가 될 것입니다. 자녀들에게 단순히 도덕적인 법도를 행하라고 가르치는 것이 전부가 아니라 이 세상에 우리가 왜 사람으로 났느냐, 즉 우리가 그냥 보통 사람이냐 그렇지 않으면 하나님의 자식이냐 하는 문제에 관해서 어려서부터 건실한 사상을 심어 주어야 하는 것입니다. "마땅히 행할 길을 아이에게 가르치라. 그리하면 늙어도 그 길에서 떠나지 아니하리라"(잠 22:6). 마땅히 행할 길, 어떤 길로 가라는 것을 어려서부터 넣어 주면 그것은 아이의 성격 여하를 불구하고 그 아이가 차츰차츰 자라면서 무엇보다도 그의 지적인 인식의 내용, 각성의 내용이 정당한 데로 향할 수 있게 해 주는 것입니다. 부모는 그것을 성신님의 거룩한 손에다 부탁을 해야 성신께서 인도하시는 것이지만 부모로서 할 일이란 가르치는 것입니다. 그렇게 해서 정당한 위치에서 바른길을 걷도록 만들어 주어야 하는 것입니다. 이런 것이 사명을 행하는 터전으로서 혹은 사명을 행하는 거룩한 도구로서 가정이 갖는 중요한 역할인 것입니다. 가정이 이만큼 중요한 의미를 갖는다는 것을 여기서 다시 깊이 명심하게 됩니다.

기도

　거룩하신 아버지, 저희에게 크신 은혜를 베풀어 주셔서 하나님의 자녀가 되게 하시고 하나님의 나라의 일꾼으로서 각각 어떤 방면에서든지 이 세상에서 자기의 직장을 가지고 활동하게 하셨나이다. 그러나 근본적으로 모든 경우에서 하나님의 자녀요 하나님의 다스림을 받는 백성으로서 하나님께서 그 백성을 어떻게 다스리는가를 증거하고 실증하는 생활을 해야 하는 것은 누구에게나 공통되는 일이옵나이다. 또한 그 나라의 거룩한 역사를 현저히 명료하게 해 나간다는 것은 언제든지 가지고 있는 신성한 의무이기에 이 사명에 충실해야 할 터인데, 그것을 개인뿐 아니라 가정에 주셨나이다. 그러므로 가정은 거룩한 은혜와 능력을 받고 계시의 인도를 받아서 나아가야 할 그릇으로서 의미를 갖는 것이요, 그 가정 안에서 부형의 지도를 받고 가르침을 받고 있는 자녀들은 그들이 장성하여서 각각 자기의 생활의 길을 걸을지라도 그 하나하나가 그런 신성한 하나님의 말씀과 뜻을 이루어 나갈 그릇으로서 생활할 수 있도록 주께서 다 은혜 베푸실 것을 믿고 의지하고 기대하면서 나가도록 하셨나이다. 주님, 이와 같은 거룩한 도리를 아브람의 생활의 역사 가운데서 배우되 또한 하나님께서 어떻게 가정을 신성히 여기시고 보존하시며, 그것이 형식상으로만 끝나고 소멸되는 이상한 형태로 나아가게 하시지 않고, 분명히 특별한 계시와 능력을 베푸시사 사래로 하여금 마침내 생산케 하시는 그 큰 은혜로 그 가정을 확보하시고 신성시하시고 복을 주셨는가를 우리로 하여금 알게 하셨사옵니다. 이런 사실을 중요하게 마음 가운데 두고 깊이 새겨서 아버님께서 저희에게 주신 바 가정의 존엄성과 가정에 있는 하나님의 은혜의 귀중한 것과 하나님의 영광을 위해서 모든 것이 유효하게 쓰여야 할 큰 사실들을 깊이 명심하고 그 일을 인하여 주께 간절히 기도하며 주님의 은혜를 받게 하시옵소서.

　우리 주 예수님 이름으로 기도하옵나이다. 아멘.

하나님 나라와 아브람의 가정

제17강

골로새서 3:12-17

그러므로 너희는 하나님의 택하신 거룩하고 사랑하신 자처럼 긍휼과 자비와 겸손과 온유와 오래 참음을 옷입고 누가 뉘게 혐의가 있거든 서로 용납하여 피차 용서하되 주께서 너희를 용서하신 것과 같이 너희도 그리하고 이 모든 것 위에 사랑을 더하라 이는 온전하게 매는 띠니라 그리스도의 평강이 너희 마음을 주장하게 하라 평강을 위하여 너희가 한 몸으로 부르심을 받았나니 또한 너희는 감사하는 자가 되라 그리스도의 말씀이 너희 속에 풍성히 거하여 모든 지혜로 피차 가르치며 권면하고 시와 찬미와 신령한 노래를 부르며 마음에 감사함으로 하나님을 찬양하고 또 무엇을 하든지 말에나 일에나 다 주 예수의 이름으로 하고 그를 힘입어 하나님 아버지께 감사하라.

하나님 나라와 아브람의 가정
제17강

계속해서 창세기 16장을 생각하겠습니다. 16장에는 우리가 생각해야 할 중요한 문제들이 있습니다. 첫째는 사람이 스스로 하나님의 일을 맡아서 하노라 하고 또 하나님의 뜻대로 살아가노라고 하면서 그것이 하나님의 뜻을 이루는 길이다 생각하고 걸어 나가는 그 길이 참으로 하나님 당신의 뜻과 늘 같으냐 하는 문제입니다. 사람이 정하고 나아가는 길은 참으로 하나님께서 원하시사 보이시는 뜻과 늘 일치되어야 합니다. 자기 나름대로 하나님의 뜻을 생각하고 지레짐작으로 정한 다음에 약간의 자기 힘을 기울여서 그 일을 이루려고 하는 것은 하나님의 뜻을 바르게 행하는 것이 아닙니다. 아브람은 자기에게서 난 자라야 그의 후사가 된다는 하나님의 뜻을 이루기 위해서 사래의 간곡한 권유를 듣고 하갈을 취했습니다. 이런 때에 사람의 뜻 즉 사람이 생각하는 하나님의 뜻과 진짜 하나님의 뜻 사이에는 괴리가 있다는 것을 늘 주의해야 할 것입니다.

둘째로 중요한 문제는 하나님께서 아브람에게 내리신 거룩한 언약 안에서 사래의 자리는 없는 것이냐 하는 것입니다. 사래가 아브람에게 하갈을 취하여 자식을 낳게 한 다음에 그 자식을 형식상 자기 자식으로 세울지라도 실질상으로는 하갈과 아브람의 자손이 될 것입니다. 그런 의미라면 사래는 아브람의 가정에서 형식상 주부가 되어서 하나님께서 내리시는 복의 내용 가운데 일석(一席)만을 차지하는 것입니다. 하지만 지금 하나님께서 내리신 큰 복은 아브람 일대의 문제만이 아니고 오고 오는 자자손손의 문제인데, 그렇다면 그것은 사래와 실질상으로 관계가 없느냐 하는 것입니다. 아내는 남편이 받은 바 하나님의 언약이나 하나님의 사명에 대해 어떠한 관계를 가지느냐 하는 원칙을 다시 생각하게 하는 중요한 문제입니다. 셋째 문제는 하나님께서 가정을 내시고 그 가정을 당신의 뜻을 이루어 나아가는 기관으로 쓰실 때 가정은 어떠한 상태에 있어야 하고, 어떤 질서를 유지해야 하며, 또한 가정은 어떠한 심정 가운데서 서로 독특한 하나님 나라의 현상을 나타내야 할 것인가 하는 문제입니다. 그리고 넷째의 문제는 하갈 자신의 문제입니다.

하나님 나라를 드러내야 하는 가정

그러면 다시 셋째 문제로 돌아가서 생각하겠습니다. 지난 시간에도 다룬 문제인데 가정이 하나님 앞에서 사명을 수행하기 위해 빼내신 그릇이라면, 그 가정의 내용은 어떠해야 할 것이며 또한 그 의무는 무엇인가 하는 문제입니다. 아브람과 사래의 가정은 하나님께서 승인하시고 복 주신 가정입니다. 아브람에게서 나온 씨라야 그의 후사가 되겠다고 하셨으나 불행하게도 사래는 생산을 하지 못하였습니다. 그리하여 사래는 변법(變法)을 쓰되 하갈을 들여서 그에게서 자식을 얻으려고 도모하였습니다. 하갈이 자의는 아니었지만 아무튼 아브람과 사래 두 사람만으로 형성해야 할 거룩한 가정이라는 기관에 끼여들게 되었습니다. 물론 아브람과 사래의 동의로 이루어진 일이지만 그것은 가정이 가지고 있는 공고한 관계를 균열시키는 일입니다. 일부일부(一夫一婦) 제도라는 일반 사회의 도덕 문제로 보더라도 옳지 않을 뿐더러 하나님께서 크신 계획을 이루어 나아가시려고 주신 바 가정을 정당하게 유지하지 못하게 하는 큰 흠을 가지게 되는 것입니다. 비록 무지로 말미암은 일이라고 할지라도 거기에는 큰 흠이 있습니다. 그런 방식으로는 하나님의 거룩하신 뜻을 도저히 바로 이룰 수가 없습니다.

하나님께서 한 가정을 선택하시면 그 가정은 하나님의 나라를 구체적으로 나타내는 기관으로서 의미를 갖습니다. 아브람의 가정은 하나님의 나라를 형성한다는 언약의 제일 선두에 서 있는 신국 현현(顯現)의 기관으로서 의미를 가지고 있었습니다. 아브람 자신 역시 장래에 자기 자손들이 한 민족을 이루어 하나님께서 선택한 민족으로서 땅 위에서 하나님의 나라를 형성하고 또한 증시할 것을 소망 중에 바라고 사는 것이 전부가 아니라 우선적으로 그가 맨 선두에 서서 자기에게 속한 가장 긴밀한 단위 사회인 가정부터 하나님 나라의 거룩한 법칙과 능력과 영광을 드러내라고 하는 사명을 받은 것입니다.

여러분, 아브람이 받은 바 큰 허락, 하나님의 언약의 내용은 장래에 발생할 어떤 일 하나만을 희미하게 보라는 것이 아니었습니다. 아브람 자신이 갈대아 우르에서 부르심을 받아 이 가나안 땅으로 옮김을 받은 그때에 이미 자기 당대에 이루어야 할 신성한 사명이라는 것이 있었던 것입니다. 단순히 자식을 낳고 후사를 삼아 계대(繼代)하는 길을 열어 놓는 것이 전부가 아니라, 그보다 먼저 자기와 자기의 아내 사래가 합하여서 신성한 하나님 나라를 나타내는 그릇으로서 자기 임무를 해야 하는 것입니다. 아내와 남편 사이에서 나타내는 하나님 나라의 독특성은 그만큼 비류(比類)가 없는 것입니다. 그것이 좀더 크게 발전해서 남편과 아내뿐 아니라 자식이 합해서 하나의 가정을 이룰 때는 그것대로 하나님의 나라를 나타내는 거룩한 특성들이 또 있는 것입니다. 또 자기 수하에 종자가 있고 관계자가 있으면 그들도 하나님 나라를 나타내야 할 백성 곧 양 떼이므로 그와 그 가정과 그 양 떼가 합해서 하나님의 나라를 나타내야 한다는 독특한 사명을 갖는 것입니다. 그런데 이 세 가지가 반드시 동일한 것은 아닙니다. 즉 내외간이 가지고 있는 신국 현현(顯現)의 양자(樣姿), 자녀와 부모가 합해 가지고 나타내는 하나님 나라의 양태(樣態), 말하자면 한 가문이나 한 가족이 나타내는 하나님 나라의 양상, 그리고 한 민족이라든지 큰 사회를 이루어서 그 사회가 공동으로 하나님 나라를 나타낼 양자가 꼭 다 같은 것은 아닙니다. 그것은 그것대로 규제하는 법칙과 목표가 있습니다. 그 중에서 가장 긴밀하고 가장 이상적으로 하나님 나라의 양태를 드러낼 수 있는 자리는 내외간입니다. 가정에서 가장 긴요하고 순결하게 또 가장 현저하게 하나님 나라의 거룩한 자태를 드러낼 수 있게 하신 것입니다.

다시 말씀드리지만 하나님께서 사람을 지으셨을 때 사람은 하나님께로부터 문화 명령을 받았습니다. 이런 사명의 길을 걸어갈 때 혼자 가는 것이 좋지 못하니까 돕는 배필을 지어 주리라 해서 아내를 주신 것입니다. 그러므로 남자와 여자 두 사람은 다 같이 사람을 만드신 본래의 크신 목표인 새로운 생명을 얻기 위해 앞으로 전진했어야 하고, 또 하나님께서 친히 다스리시고 주재하시는 그 나라의 아름다움을 구체적으로 드러낼 수 있도록 만들어 주셨으므로 그것을 드러냈어야 합니다. 그런데 그렇게 하지 못하고 사람은 타락했습니다. 그럴지라도 하나님께서 택한 사람이 가정을 이루었을 때, 주께서 경영하시고 생각하시는 거룩하신 뜻이 비록 부패하고 타락한 인간 생활 속에서라도 좀더 현저하게 이루어 나갈 수 있도록 하시려고 그 가정에 복을 주시고 은혜를 주십니다. 그렇지만 하나님의 복과 은혜를 받을 수 있는 위치 즉 거룩한 위치를 유지하지 않고서는 도저히 그것을 자기네가 누릴 수 없는 것입니다. 이러한 큰 교훈이 여기에 나타납니다.

가정이 드러내야 할 하나님 나라의 모습

가정이 나타낼 하나님의 나라는 무엇입니까? 하나님께서 후대에 하나님 나라의 내용을 우리에게 여러 가지로 계시하셔서 우리는 좀더 잘 알 수 있습니다. 로마서 14:17에 "하나님 나라는 먹는 것과 마시는 것이 아니요 오직 성신 안에서 의와 평강과 기쁨이니라"고 했습니다. 의나 평강이나 기쁨이라는 것을 성신 안에서 가지는 것이 하나님의 나라입니다. 이와 같은 하나님 나라의 성격을 가정이나 혹은 한 가족 혹은 거룩한 교회에서 늘 나타낼 수 있는 것이고 또한 나타내야 할 것입니다. 그것은 한 개인에게만 속하는 문제가 아닙니다. 누가복음 17:20-21을 보면 "하나님의 나라는 볼 수 있게 임하는 것이 아니요 또 여기 있다 저기 있다 하지 못하리니 하나님의 나라는 너희 안에 있느니라" 했습니다. 상호 교통하고 살아가는 거룩한 가정, 가족과 같은 가장 친밀한 사회 관계에서 하나님의 나라는 나타나야 할 것이라고 했습니다. 이 하나님의 나라는 사람이 자기의 능력으로 못 나타내는 것입니다. "하나님의 나라는 말 즉 관념이나 이론에 있지 아니하고 오직 능력에 있음이라"(고전 4:20)고 했습니다. 그러한 하나님의 나라를 나타내기 위해서 아브람의 가정을 뽑아 내셨고, 그 가정으로부터 출발하여 자손이 차츰차츰 번성해서 구체적인 하나님 나라를 현현하는 한 민족 사회를 형성하게 하시려는 것이 지금 하나님께서 주신 복의 내용입니다.

이러한 하나님 나라의 내용을 생각하면서 이스라엘 백성에게 내리신 거룩한 말씀을 주의해서 보면 우리가 곧 간취(看取)할 수 있는 사실이 있습니다. 첫째, 야훼 하나님과 가장 지근(至近)한 관계에 늘 있어야 한다는 것이 그것입니다. 하나님은 왕으로서 우리를 통치하시므로 그 백성은 그의 통치를 직접 받을 수 있는 위치에 늘 서 있어야 합니다. 그 위치는 세상에 있는 다른 백성들이나 다른 가정들이 서 있는 것과는 다른 위치입니다. 훨씬 높은 위치입니다. 이것을 레위기 11:44에서는 "내가 거룩하니 너희도 거룩하라"는 말씀으로 나타냈습니다. 베드로전서 1:16에서도 그 말씀을 인용하여 가르쳤습니다. "내가 거룩하니 너희도 거룩할지어다." 거룩한 위치에 먼저 서 있어야 하는 것입니다. 구별되고 순결한 위치에 서 있으라는 것입니다. 둘째로, 하나님 나라의 내용은 하나님 나라의 빛을 드러내는 것입니다. "너희는 세상의 빛이라" 하신 말씀과 같이 빛을 비추는 등명(燈明)으로서 의미를 가지는 것입니다. 셋째는, 독특한 도덕적인 성격을 드러내도록 하나님이 구별해 놓으셨다는 것입니다.

하나님 나라의 내용인 성신 안에서 의와 평강과 기쁨이라는 것을 가정과 자녀 속에서 어떻게 나타내야 합니까? 첫째로 가장 중요한 문제는 오직 크신 여호와만을 섬기고 살아가야 한다 그것입니다. 십계명의 첫째 계명에 "나 외에는 다른 신들을 네게 있게 말지니라"(출 20:3)고 했고, 둘째 계명은 "다른 우상을 만들거나 다른 어떤 상에도 절하지 말라"고 했습니다. "하나님은 신이시므로 예배하는 자가 보이는 형식으로 하지 말고 신(神)과 진리로 예배할 것이니라"(요 4:24) 하였습니다. 그 이외에도 하나님의 이름을 망령되이 일컫지 말고 늘 존중하고 살아가는 생활 태도를 취할 것이며, 또 하나님께서 내신 제도의 큰 뜻이 항상 무엇인가를 알아서 복종하고 살아가라 하셨습니다. 이렇게 십계명의 처음 네 계명이 우리에게 하나님에 대해서 어떻게 해야 할 것인가를 가르치고 있습니다.

우리 주님께서 가르치신 가장 큰 계명은 무엇입니까? "너는 마음을 다하고 성품을 다하고 힘을 다하여 네 하나님 여호와를 사랑하라"(신 6:5)고 하신 것입니다. 하나님에 대한 사랑이라는 것이 첫째의 요구요 최대의 것입니다. 그것은 구체적으로 예수님에 대한 사랑으로 나타납니다. 부모나 처자나 가정의 그 무엇보다도 예수님을 더 사랑치 않고는 거룩하고 정당한 위치를 유지하지 못하며 올바른 가정 생활을 유지하지 못합니다. 가정이 우상이 되어서는 안 된다 그것입니다. 예수님을 더 사랑하라고 하셨습니다. 그리고 서로 단합해서 예수님의 이름 아래서 생활하고 멍에를 같이 메고 활동하고 기도하는 것이 중요합니다. 하나님 나라의 실유(實有)요 전부인 예수 그리스도를 모시고 사는 생활을 하라는 것입니다. 두세 사람이 주의 이름으로 있는 곳에 주께서 거기에 계시리라는 말씀이 마태복음 18:20에 있고, 또 땅 위에서 두 사람이 합심해서 기도하면 그곳에 내가 있으리라 하신 말씀이 마태복음 18:19에 있습니다. 혼자가 아니라 한 가정을 형성해서 그 가정이 예수 그리스도의 이름으로 가정 생활을 경영해 나간다는 것이 중요합니다. 가정이란 자연스럽게 그리고 항시(恒時)적으로 예수님이 동거하시기 위한 복의 기관으로 세움을 받았다는 것을 우리에게 보이고 있는데 이런 것이 심히 중요한 도리입니다.

이렇게 먼저 하나님 나라의 백성으로서 거룩한 위치를 유지하고 나아가는 것이 중요하고, 그 다음에는 빛을 비추라는 것입니다. "하나님은 빛이시라 어둠이 조금도 없으시니라"(요일 1:5). 또 "너희는 세상의 빛이라"(마 5:14). 산상보훈 앞 부분에서 하나님 나라의 백성이 총체적으로 가지는 큰 사명을 두 가지 성격으로 가르치셨는데 하나는 소금이요 다른 하나는 빛이라는 말입니다. 하나님의 백성은 세상의 빛으로 존재한다는 것입니다. 세상의 빛으로 존재한다는 것은 무엇을 의미하는 것입니까? 어두운 곳에 빛을 비추는 것같이 깜깜하고 알지 못하는 세계에 하나님의 거룩한 계시를 비추어 주는 것을 말합니다. 우리가 거룩한 계시를 하나님께로부터 받고, 받은 바 계시를 잘 보존하고 관리하며, 그 뜻을 잘 깨닫고 거기에 의해서 생활하고, 마침내 그것을 또한 자기 다음 대에 잘 물려준다는 사실이 가장 중요한 일입니다. 빛이라고 할 때는 아주 현저하고 유표(有表)한 도덕 생활을 한다는 의미보다 암매한 이 세상 사람의 그릇된 인식론에 참된 빛을 비추어 준다는 것이 중요합니다. 하나님 나라의 거룩한 도리를 바로 받고 깨달아서 보관하고 또한 그것을 바로 전달해 나간다는 데 큰 의미가 있는 것입니다.

그 다음으로 중요한 문제는 가정이 하나님의 나라로서 큰 의미를 가질 때 그 가정이 독특한 도덕적인 성격을 늘 가져야 한다는 것입니다. 여기에 '거룩하라' 하는 말의 실용적인 면이 있습니다. 거룩하다는 것은 가정이 하나님만을 섬기고 그와 지근한 관계에 늘 서 있다는 것도 거룩한 위치에 있는 것이지만 도덕적인 의미로 해석해서 순결하다는 뜻도 거기에 들어 있습니다. 도덕적으로 순결해서 다른 어떤 것과도 비교할 수 없이 구별되어 존재한다는 것입니다. "내가 거룩하니 너희도 거룩하라"(벧전 1:16)고 했는데, 거룩하다 하는 말의 도덕적인 의미는 항상 순결하다는 것입니다. 정절(貞節)이 있다는 것이 하나이고, 그 다음에는 하나님 앞에 신절(信節)을 꼭 지키고 살아가는 것입니다. 자기네 종교 감정에 맞는가 안 맞는가를 보아 가면서 이리 갔다 저리 갔다 방랑하고 유랑하고 다니는 것이 아니라 오직 하나님만을 생각하고 자기의 절개를 하나님께만 바치고 살아가는 이것이 첫째의 거룩한 생활이고, 둘째는 항상 이 세상에서 마음과 생활에 있어서 순결을 늘 요구하고 찾아 나아가는 것입니다. 사특(邪慝)함이 없이 마음에 덕성을 길러 나아가는 것입니다. 이 세상 사람이 가지고 있는 덕성에는 사곡(邪曲)이 같이 붙어다니기 쉽습니다. 남을 사랑하되 사특한 심정으로 사랑할 수가 있습니다. 사랑 그것 자체는 위대하지만 사특한 것은 불의한 것입니다. 그런 까닭에 남을 사랑하든지 남에게 봉사하든지 남에게 무엇을 주든지 하려고 할 것 같으면 사심이 없이 거룩한 심정을 가지고 하는 것입니다. 자기의 요구가 없어야 하는 것입니다. 이런 사랑에는 먼저 하나님을 사랑하는 심정이 거기에 꼭 있어야 하는 것입니다.

부부 사랑의 독특성과 하나님 나라의 질서

다음으로 중요한 문제는 거룩한 도덕적 성격의 발휘로서 가정이 가지고 있는 사랑의 독특성에 관한 것입니다. 골로새서 3:14을 보면 "사랑은 온전히 매는 띠라"고 했는데, 가정이 내외간이든지 자녀까지 합했든지 가장 잘 단합이 되려면 참된 사랑, 순결한 사랑이 거기 있어야 할 것입니다. 이 사랑은 가장 큰 계명의 다른 일면입니다. "제일 가는 계명은 마음과 뜻과 힘과 정성을 다하여 하나님을 사랑하는 것이고, 또 둘째는 그와 같으니 네 이웃을 네 몸같이 사랑하는 것이라"고 했습니다. "네 이웃 사랑하기를 네 몸과 같이 하라"(레 19:18)는 것은 누가복음 10:27이나 마태복음 19:19에 인용되었습니다. 이웃을 나같이 사랑한다는 것에 대해서 우리가 가장 실천하기가 쉽고 또 실천해야 할 만한 자리는 내외간인 것입니다. 에베소서 5:28, 33을 보면 남편에게 "자기 아내 사랑하기를 제 몸같이 하라"는 말을 썼습니다. "네 이웃 사랑하기를 네 몸과 같이 하라"는 말을 그대로 거기다가 인용해서 "네 아내 사랑하기를 네 몸같이 할지니라"고 했습니다. 이런 것을 볼 때 가장 큰 계명을 구체적이고 현실적으로 발휘할 수 있는 자리는 가정, 특별히 내외간입니다. 이것이 도덕 생활 가운데에서 가장 중요한 문제입니다. 그뿐더러 그 가정은 늘 거룩한 백성답게 간절한 사랑 안에서 질서를 지키고 하나님 나라의 거룩한 질서를 현시해 나아가야 할 것입니다.

　이스라엘 백성을 하나님의 백성으로 선언하신 큰 선포의 말씀은 잘 아시는 대로 출애굽기 19:5-6에 나옵니다. "세계가 다 내게 속하였나니 너희가 내 말을 잘 듣고 내 언약을 지키면 너희는 열국 중에서 내 소유가 되겠고 너희가 내게 대하여 제사장 나라가 되며 거룩한 백성이 되리라. 너는 이 말을 이스라엘 자손에게 고할지니라." 거룩한 백성이 된다는 것은 도덕적으로 순결할 뿐 아니라 특별히 구별된 위치에서 하나님께 봉사하는 백성이 된다는 것입니다. 무엇보다도 하나님 나라의 거룩한 성격, 도덕적인 성격을 나타내고 그 질서를 바르게 잘 유지하고 나아가는 데서 그 백성 된 사실이 나타나는 것입니다.

　부부간의 사랑 역시 하나님 나라의 거룩한 질서를 유지하고 나아간다고 하는 면에 비추어 생각해야 합니다. 에베소서 5:25에 보면 "남편은 아내 사랑하기를 그리스도께서 교회를 사랑하시고 위하여 그 몸을 주심과 같이 하라"고 했습니다. 이것이 제 몸과 같이 사랑하라 하는 말의 아주 명료한 표준입니다. 아내는 남편에게 복종할 것을 에베소서 5:22, 24에 가르쳤는데 "교회가 그리스도에게 하듯 그렇게 복종할 것이니라"고 했습니다. 그리고 또 23절에 보면 "남편은 아내의 머리라"는 질서를 이야기했습니다. 그리고 "아내는 자기 남편을 경외하라"고 에베소서 5:33에 가르쳤습니다. 거기 보면 먼저 머리가 있고 그 다음이 있다는 엄연한 질서가 있어서 그 질서를 잘 유지하면서 사랑해야 할 것을 가르치고 있습니다. 사랑하되 교회와 그리스도 안에 있는 사랑과 복종, 순종과 경외의 관계를 정확하게 바로 유지하고 살아가라는 것입니다. 예수 그리스도를 모시는 가정이 이러한 생활을 하게 되면 필연적으로 그리스도의 빛을 단지 도덕적으로만 나타내는 데 그치지 않고, 거룩한 도리를 드러냄으로써 외부에 그리스도가 소개되는 것입니다. 이로 인하여 제사장 나라가 되리라는 말씀의 뜻 가운데 일부분이 거기에서 의미를 가지게 되는 것입니다.

부모와 자식 관계의 독특성

한 가정이 하나님 앞에서 거룩한 사명을 잘 지고 나아가는 그릇으로 사는 생활의 또 하나의 중요한 면은 부모와 자식의 관계에 있습니다. 하나님께서 가정을 내시고 그 가정을 통해 하나님의 나라를 구체적으로 드러내시려고 부모와 자식 관계를 독특하게 규제하셨습니다. 요컨대 자식으로서는 천륜이라는 감정과 인식 가운데서 부모를 늘 공경하는 것이고, 부모 수하에 있는 동안에는 특히 부모를 통해서 인간에 대한 이미지라는 것을 자연히 형성하게 됩니다. 그런 까닭에 부모 된 사람은 자식이 어렸을 때 단순히 먹이고 기르는 것으로 끝나는 것이 아니라 인간은 마땅히 어떠해야 한다는 당위를 갖는 인간의 상(像)을 늘 심어 주어야 하고 동시에 인간이 마땅히 걸어야 할 바른 도리를 가르쳐야 합니다.

여러분, 이 문제에 대해서 간단한 성경 말씀 한 군데를 기억하십시오. 에베소서 6:1-3에는 자녀가 부모에게 어떻게 하라는 말이 있고, 4절에는 부모가 자녀에게 어떻게 하라는 말이 있습니다. "자녀들아, 너희 부모를 주 안에서 순종하라. 이것이 옳으니라." 자기 아버지와 어머니를 존경하고 또 섬겨라 하는 말입니다. "이것이 약속 있는 첫계명이니 그렇게 하면 너희가 땅에서 잘되고 장수할 것이니라." 부모 되는 사람에게 하는 말은 "아비들아, 너희 자녀들을 노엽게 하지 말고 오직 주의 교양과 훈계로 양육하라" 하였습니다. 이것은 간단한 선언이지만, 거기에는 큰 강령이 다 들어 있습니다. 아이들이 부모를 공경한다는 것은 하나님께서 허락하신 계명인데 어떤 약속을 거기다 붙여 주신 계명입니다. 그런고로 계명에 의해서 네 부모를 공경해라 하는 것입니다.

자식을 노엽게 하지 말라는 말은 자식을 이해할 뿐 아니라 이해했으면 거기에 상당하게 원한이나 억울함을 갖지 않게 늘 대접해 주어야 한다는 것입니다. 그리고 주의 교양과 교훈으로 양육하라는 것은 하나님의 말씀의 거룩한 도리에 의해서 그를 가르치라는 것입니다. 아이들의 생활 행보에 닥치는 문제 하나하나에 대해서 하나님의 뜻은 이런 것이니까 이렇게 해야 할 것이라고 가르치라는 것입니다. 어쨌든지 자식을 예배당에 잘 나오게 하겠다는 것이 전부인 것처럼 생각하는 것은 도리가 아닙니다. 자식이 어떤 문제를 당할 경우 어떻게 해야 할 것인지 하나님께서 가르치신 그것을 가르쳐 주라는 것입니다. 그런고로 자식의 문제를 먼저 이해해야 하고, 다음에는 그 문제에 대해서 하나님의 말씀에 의해서 어떻게 해야 할 것인지를 자식에게 가르쳐 주어야 합니다. 그렇게 하려면 부모는 먼저 그것을 알아야 할 것입니다. 그러므로 자기 자식 하나를 가르치기 위해서라도 부모는 하나님의 말씀을 아주 각근(恪勤)히 공부하면서 생각해야 할 것입니다. 자기 자신의 문제 혹은 자신의 갈등을 해결하기 위해서만 하나님 말씀을 보는 것이 아니라 자식이 가지고 있는 인간적인 여러 가지 문제에 대하여 준비하기 위해서도 성경을 공부해야 합니다. 자식이 외부에서 받는 감염과 감화, 시대의 큰 조류에 따라 흘러가는 문제 등 모든 문제에 대해서 하나님의 말씀은 각각의 경우에 어떻게 하라고 하셨는가를 찾아서 가르쳐야 할 것입니다. 거기에 하나님의 말씀을 공부하는 중요한 큰 목표가 또 하나 있는 것입니다.

자녀가 부모에게서 여러 가지 것을 받지는 못할지라도 반드시 물려받아야 할 것이 있습니다. 그것은 말씀의 도리입니다. 자녀가 받은 은사가 부모의 은사와 꼭 같은 것은 아니므로 부모가 사업을 했다고 해서 그것을 물려받아서 자녀도 꼭 사업을 해야 한다고 생각할 이유는 없습니다. 내가 돈을 벌 듯이 나의 자식이 돈을 벌어야겠다고 생각할 이유가 없습니다. 내가 하나님 앞에 하나의 그릇이듯 내 자식들도 하나님 앞에서 하나하나가 그릇인 것입니다. 하나님께서는 그릇을 만드실 때 당신의 거룩한 목적이 있어서 하나씩 만드셨습니다. 그런즉 꼭 부자손(父子孫)으로 전승해 가면서 하라는 직업은 없는 것입니다. 각각 주신 바 은사대로 일을 하되 그 가문이면 가문, 가족이면 가족이

다채롭게 하나님의 영광을 드러내는 것이 귀한 일입니다.

우리가 자녀를 기를 때 사람이 생활하는 데 필요한 어떤 재주나 무슨 사업보다는 그 자식이 하나의 인간으로 건전하게 하나님 앞에 반듯이 설 수 있는 인격자가 될 수 있도록 기본적인 교육을 하는 것이 중요합니다. 교양이나 말씀이나 거룩한 감화 같은 것들을 집어넣어 주어야 합니다. 이것은 부모가 밥을 주고 옷을 주는 것과 마찬가지로 대단히 중요한 일입니다. 만일 부모로서 그것을 태만히 한다면 그것은 부모 자신의 임무를 태만히 하는 것입니다. 자식의 몸을 기르는 것만이 전부가 아니라 그의 정신과 인격을 바로 길러야 하는데 이를 위해서 부모는 자녀가 어렸을 때 자양이 되는 모든 양식을 공급해 주는 것이 중요합니다. 그렇게 함으로써 자식들이 하나의 건전한 인격체로서 이 세상에서 살아갈 수가 있습니다.

그리고 더 나아가서 자기 부모가 섬기며 모시고 살던 여호와 하나님을 계속해서 모시고 살고, 공경할 줄 알며, 여호와 하나님께 모든 것을 바치고 그가 주시는 은혜를 받아 나아가되 자기의 임무를 깨닫고 행할 수 있는 사람이 되는 것이 목표인 것입니다. 한마디로 말하면 부모가 하나님의 나라를 잘 받들고 나아감으로써 하나님 나라의 역사(歷史)를 지어 나갈 책임이 있는 것같이 자식들도 각각 자기 대에서 그 책임을 짊어지고 나아가야 한다는 것입니다. 자식들도 하나님 나라의 거룩한 역사를 지어 나아가야 하는 것입니다. 결국 자식은 부모한테서 하나님 나라의 역사를 유업으로 받아 내려가야 한다는 것입니다.

하나님 나라의 역사를 이어가는 가정

이것이 바로 아브람에게 내리신 거룩한 복입니다. 아브람이 그의 자손들에게 가산을 물려주는 것이 중요한 문제가 아니었습니다. 하나님께서 아브람에게 내린 이 약속의 말씀, 하나님 나라를 형성해야 할 큰 복의 내용을 자기 당대에서 이루어 나갈 뿐 아니라 그 자식들에게 자꾸 물려주라는 것입니다. 이렇게 해서 그 자손들은 하나님 나라의 역사를 물려 나가는 것입니다. 아브람과 이삭과 야곱과 그 후의 이스라엘 백성들의 역사를 생각할 때 꼭 이 관점에서 생각하시기 바랍니다. 그들은 하나님 나라의 거룩한 역사를 물려받은 사람들입니다. 재산을 물려받거나 가나안 땅을 물려받은 사실이 중요한 것은 아니었습니다. 가나안 땅도 궁극적으로는 객지입니다. 그런고로 그들은 자신들을 역려(逆旅)의 과객(過客)으로 생각했습니다. 비록 가나안이 허락하신 땅일지라도 아브람은 자기와 아들 이삭과 손자 야곱과 함께 장막에 거했다고 히브리서에서 말씀했습니다. 그러나 그들에게는 바라고 있는 한 도성이 있었습니다. 하나님께서 예비하신 도성인데 그것이 바로 하나님의 나라입니다. 그것은 장차 충만한 형태로 나타날 것이지만 우선 아브람의 시대에서는 그 자신의 가정과 그의 부족(部族) 안에서 나타났어야 하는 것입니다. 아브람은 그렇게 하려고 노력을 하였습니다.

다만 그렇게 해 나가는 도중에 이 세상적인 도덕 관념이나 풍속의 문제 앞에서 걸리기도 하고, 다른 생각 때문에 문제를 바르게 처결하지 못하기도 하였습니다. 자기 씨를 낳아야겠는데 아내는 자식을 낳을 수 없으니까 하는 수 없이 하갈을 얻어야겠다고 한 것도 한 예입니다. 그것은 그 당시 풍속이요 도덕 관념이었습니다. 하지만 때때로 그렇게 넘어졌을지라도 하나님은 다시 붙들어 일으키시고 무엇이 바른가를 가르쳐 주셨습니다. 아브람은 그런 데서 깊은 교훈을 받았을 것입니다. 그들의 내외 생활 가운데 하갈이 끼여든 것이 얼마나 불편하고 괴로운 일이었다는 것을 생활로써 경험한 것입니다. 그런 안을 냈던 사래 자신은 그것을 아주 실감하고 괴로워했습니다. "내가 받는 수욕(羞辱)을 당신도 받아야 하지 않습니까? 아니 차라리 당신이 받아야 하겠습니다. 당신이 앞서서 이런 욕을 막아내야 할 게 아닙니까?" 아브람은 그런 말을 듣고 과연 그렇다고 생각하였습니다. 그런즉 "하갈은 당신과 동렬에 놓을 여자가 아니요 당신 수하에 있는 사람이므로 당신이 마음대로 하시오. 부실(副室)의 위치에 그냥 놓아 두지 말고 당신 수중에 있는 사람이니까 원하는 대로 하시오" 하였고, 마침내 하갈은 사래에게 학대를 받고 도망쳤습니다. 그 후 하갈이 돌아왔으나 돌아올 때는 처음의 하갈과는 다른 사람으로 돌아왔습니다. 우리가 하갈의 경위를 공부할 때 그것을 볼 수가 있을 것입니다. 적어도 그는 어떤 계시를 받고 돌아왔고 그런 만큼 장래의 소망을 다른 데 두고 근신하고 주의하면서 살았습니다.

이렇게 해서 하나님께서는 아브람과 사래의 가정을 다시 싸매 주셨습니다. 그들은 이러한 생활 경험에서 하나님의 나라라는 것을 본질적으로 생각했을 것입니다. 하나님 나라의 도덕적인 성격을 가정에서 나타내지 못하고 어디 가서 나타내겠는가 하는 것을 깊이 생각했을 것입니다. 하나님 나라의 거룩한 도덕적인 성격은 첫째 내외간에서 나타나야 하고 그것은 자녀에게도 퍼져 나가야 하는 것입니다. 항상 중요한 문제는 하나님께서 하나의 가정을 주셨으면 그 가정은 단순히 자기네 행복의 보금자리가 아니라 하나님의 거룩한 사명을 이루어 나가기 위한 그릇이라는 것입니다. 그만큼 하나님에 대한 중대한 책임을 지고서 있는 자리입니다. 사회나 민족에 대한 어떠한 책임이 전부가 아닙니다. 하나님께서 그 가정을 거룩한 가정으로 뽑아 내셨으면, 도덕적으로 순결하고 서로 사랑으로 매여 있는 가정이 되어 서 나가는 것이 가장 중요합니다.

기도

거룩하신 주님, 주께서 저희에게 은혜를 주셔서 가정을 세워 주시고 자녀를 주셨으면 가정과 자녀를 통해서 하나님이 경영하시는 그 나라가 현저하게 드러나야 하겠고 이런 현저한 하나님 나라의 영광이 거기서부터 시작해서 자자손손(子子孫孫)이 역사를 지어 나가야겠나이다. 주께서 믿는 자의 가정을 세우시고 복을 주신 바 그 거룩한 은혜와 복 가운데 살기 위해서 개인개인이 어떻게 순결하게 생활하고 또한 거룩한 위치에 바로 서야 할 것인가를 말씀에 의해서 생각했사옵니다. 저희 각 사람에게 은혜를 주셔서 마음 가운데 주님을 더욱 간절히 사모하고, 주님이 주신 이 거룩한 은혜 가운데 경건히 서서 하나님이 원하시는 참된 열매를 가정에서, 저희 자녀들의 생활에서, 또 하나님 나라의 거룩한 단위인 교회의 생활에서 잘 드러내게 하시옵소서.

우리 주 예수님 이름으로 기도하옵나이다. 아멘.

하갈의 문제에서
아브람이 얻은 교훈

제18강

빌레몬서 8-20
이러므로 내가 그리스도 안에서 많은 담력을 가지고 네게 마땅한 일로 명할 수 있으나 사랑을 인하여 도리어 간구하노니 나이 많은 나 바울은 지금 또 예수 그리스도를 위하여 갇힌 자 되어 갇힌 중에서 낳은 아들 오네시모를 위하여 네게 간구하노라 저가 전에는 네게 무익하였으나 이제는 나와 네게 유익하므로 네게 저를 돌려보내노니 저는 내 심복이라 저를 내게 머물러 두어 내 복음을 위하여 갇힌 중에서 네 대신 나를 섬기게 하고자 하나 다만 네 승낙이 없이는 내가 아무것도 하기를 원치 아니하노니 이는 너의 선한 일이 억지같이 되지 아니하고 자의로 되게 하려 함이로라 저가 잠시 떠나게 된 것은 이를 인하여 저를 영원히 두게 함이니 이후로는 종과 같이 아니하고 종에서 뛰어나 곧 사랑받는 형제로 둘 자라 내게 특별히 그러하거든 하물며 육신과 주 안에서 상관된 네게랴 그러므로 네가 나를 동무로 알진대 저를 영접하기를 내게 하듯 하고 저가 만일 네게 불의를 하였거나 네게 진 것이 있거든 이것을 내게로 회계하라 나 바울이 친필로 쓰노니 내가 갚으려니와 너는 이 외에 네 자신으로 내게 빚진 것을 내가 말하지 아니하노라 오 형제여! 나로 주 안에서 너를 인하여 기쁨을 얻게 하고 내 마음이 그리스도 안에서 평안하게 하라.

하갈의 문제에서 아브람이 얻은 교훈
제18장

　창세기 16장의 제넷째 대지(大旨), 하갈에 관한 문제를 생각하겠습니다. 16장에서 우리가 중요히 배우는 것들이 여러 가지가 있습니다. 첫째, 하나님의 뜻을 행하고자 할 때 자기가 스스로 하나님의 뜻이라고 인정한 그 길을 따라서 전진하는 것이 꼭 하나님의 뜻 그대로냐 하면 반드시 그렇지는 않다 하는 것입니다. 아브람의 생활에 나타났던 문제로서 그가 하나님의 뜻을 행할 때 항상 인간으로서 인식의 부족을 느끼면서 단순한 자기의 인식에 의지해서 움직이지를 않고 하나님께서 인도하시는 바 좀더 광범위하고 높고 강력한 사실에 늘 의지하고 살아야 했다는 것이 첫째의 중요한 문제입니다. 둘째, 하나님께서 아브람에게 내리신 하나님 나라의 여러 가지 언약이 아브람 자신과 그 자손에게만 관계되고 사래와는 직접적인 상관이 없는 것인가 하는 점입니다. 사래의 경우 하나님의 여러 가지 복 주심 앞에서 그가 어떤 관계를 가지고 있었다는 문제를 생각했습니다. 셋째, 아브람의 가정 자체의 바른 상태라는 것은 무엇이며, 가정은 하나님 나라의 거룩한 사명 수행에 대해서 어떤 위치와 어떤 임무를 띠고 있느냐는 것입니다. 가정은 하나님 나라의 그릇이라는 정당한 가정관을 여기서 보여 주셨습니다. 넷째로는 하갈의 이야기입니다. 하갈의 이야기에서 아브람은 두 가지 점에서 사상상 큰 깨달음을 얻게 됩니다.
　하갈은 당시에 이미 성행하고 있던 노예 제도 아래에서 부리던 노예였습니다. 여비(女婢), 여자 종이었습니다. 종이라는 특수한 신분을 가진 사람들의 제도상 불합리나 불비(不備)의 문제를 여기서 일일이 꼬집어서 말하려는 것은 물론 아닙니다. 아브람은 종을 부리는 사람이었고 하갈은 종으로서 부림을 받는 사람이었던 바 아브람은 그러한 현실에서 어떻게 하는 것이 하나님 앞에 바른 태도인가를 배워 나아가야 할 상황에 처하였습니다. 특별히 인간적인 결함이 많은 제도하에서 하나님 나라를 어떻게 나타내야 할 것인가 하는 문제가 거기에 있습니다. 둘째의 문제는 아브람의 가정이 그때 당시 사람들의 사회 제도 혹은 사회 사상에서 어떻게 홀로 벗어나서 하나님의 원칙적인 것들을 배워 나가야 할 것인가 하는 문제입니다. 이 두 가지가 중요한 문제로 나타났습니다.

여종의 신분인 하갈

첫째 문제로 들어가서 생각해 보겠습니다. 하갈의 신분은 노예였습니다. 그 여인은 애굽 여자입니다. 애굽이 어떤 나라와 전쟁을 하여 참패한 결과 그 백성들이 잡혀가는 데 휩쓸려서 이 여인도 노예로 팔렸다가 어찌어찌 굴러서 아브람에게까지 왔다고 말하기는 어렵습니다. 역사상 애굽은 그렇게 생각할 만큼 연약하거나 무력한 나라가 아니었습니다. 애굽은 대제국이었습니다. 이 당시의 애굽도 상당히 문화가 발달하고 다른 백성들 위에 설 만한 나라였습니다. 그런 미스라임(Mizraim) 가운데서 하갈이라는 사람이 종으로 아브람의 집에 들어와 있는 것입니다. 가나안에 흉년이 들어 아브람과 사래가 애굽으로 들어갔을 때 바로가 사래를 궁으로 데려갔는데, 그 일로 바로가 사래에게 붙여 준 여종이 하갈이 아닌가 짐작을 해 보기도 하지만 그렇다는 증거는 없습니다. 어쨌든지 애굽이 큰 나라요 전쟁에 져서 그 백성들이 종으로 팔렸다는 역사를 안 가진, 그런 나라에서 하갈이 종이었다면 그는 원래 낮은 신분의 사람이었을 것으로 보입니다. 다른 말로 말하면 자기가 양민으로 있다가 종으로 팔릴 만한 계기가 없는 이상, 자기 부모 대에 벌써 종으로 있던 사람으로 볼 만합니다. 당시 아브람에게 노비가 많았다는 사실을 생각할 때 혹 바로가 아브람을 후대하여 노비와 가축을 주었을 때 얻은 종이 아니었겠나(창 12:16) 하는 생각을 해 봅니다. 특별히 이 하갈은 사래의 여종이었던 것으로 보아 바로가 직접 사래에게 선물로 준 여자인 것도 같습니다.

어쨌든 그런 점으로 보아 하갈이란 여자는 날 때부터 당시 신분 사회에서 낮은 계급에 처해 있던 사람인 까닭에 대단히 불행하고 불쌍한 여자입니다. 그의 신분만 그런 것이 아니라 그때 사회 제도 안에서 아브람에게 속한 까닭에 자신의 전 운명을 즉 의식주의 모든 문제를 아브람에게 의지하고 있었습니다. 이것은 하갈뿐 아니라 무릇 아브람의 수하에 있던 모든 노예가 다 그랬습니다. 의식주를 온전히 의지할 뿐 아니라 아브람과 한 집안에서 늘 살아야 하는 것인데, 특별히 하갈은 사래의 여비였던 까닭에 지근(至近)의 거리에서 주인을 늘 모시고 살아야 했습니다. 그렇다고 해서 어떤 일정한 기간 봉사하면 자유롭게 양민이 된다는 아무런 조건도 붙어 있지 않은 종의 신분이었습니다. 영구히 주인의 집에서 봉사하고 살아가야 하고 대대로 재산과 같이 상속되는 것이 당시 종의 신세였습니다.

물론 이후 모세 대에 이르면 종의 문제에 대해서 엄격한 제도가 서게 됩니다. 이스라엘 사람들은 히브리 사람을 종으로 사지 못한다는 가르침을 받았습니다. 만일 어떻게 해서 히브리 사람이 자기 몸을 팔았으면 그를 산 자는 종으로 대접하지 말고 형제로 대접하다가 희년이 될 것 같으면 그와 그 자녀를 완전히 석방해야 한다는 엄밀한 제도를 받았습니다. 이스라엘에서 희년은 50년마다 공포되는데(레 25:10), 희년이 한 해 만에 오든지 두 해 만에 오든지 십 년 후에 오든지간에 희년이 되면 히브리인 노예와 그 자녀는 모두 석방해야 한다는 것이었습니다. 그러면 히브리 사람들이 어떤 사람들을 종으로 살 수 있느냐 할 때 자기네 주위에 우거하고 있는 이방 사람들을 돈으로 혹은 기타의 관계로 살 수 있다고 하였습니다. 그 점에 대해서 레위기 25:44-46을 잠시 보지요. "너희 종은 남녀를 무론하고 너희 사면(四面) 이방 사람 중에서 취할지니 남녀 종은 이런 자 중에서 살 것이며" 히브리 사람 가운데서 사지 말라는 것입니다. "또 너희 중에 우거한 이방인의 자녀 중에서도 너희가 살 수가 있고 또 그들이 너희 중에서 살아서 너희 땅에서 가정을 이룬 그 중에서도 또한 살 수가 있은즉 그들이 너희 소유가 될지니" 종을 소유로 생각했습니다. "너희는 그들을 너희 후손에게 기업으로 주어 소유가 되게 할 것이라." 이렇게 모세 시대에 종의 제도가 확립되어서 종을 재산으로 상속시킬 수 있다고 했고, "이방인 중에서는 너희가 영원한 종을 삼으려니와 너희 동족 이스라엘 자손은 너희가 피차 엄하게 부리지 말지니라" 해서 종을 이러한 위치에 놓았습니다.

그러나 히브리 사람들의 종의 관념은 15세기 이후 19세기 초까지 서양 사회에서 강력하게 유지되던 악랄한 노예 제도에서 보는 종의 관념이 아닙니다. 서양인들이 자기네에게 필요한 노동력을 보충할 목적으로 흑인들을 아프리카에서 사다가 혹은 그냥 잡아다가 혹사하던 그런 모지락스런 종의 관념이 아닙니다. 히브리 사람들의 종은 한 식구가 되어 살아가는 형태였습니다. 누가복음 15장에 있는 탕자 비유를 볼지라도 탕자가 돌아오니까 "아버지는 종들에게 이르되 제일 좋은 옷을 내어다가 입히고 손에 가락지를 끼우고 발에 신을 신기라"(22절)고 하였는데, 종들에게 좋은 옷을 내다 입히라든지 가락지를 갖다 끼우라든지 신을 신기라든지 할 만큼 신임했던 것입니다. 그들은 가락지와 좋은 옷과 좋은 신이 어디 있는지를 알았고 그것을 관리할 만큼의 관계 속에서 움직인 것입니다.

아브람도 자기의 후손이 없으니까 종 가운데 하나인 다메섹 엘리에셀을 자신의 후손으로 지적한 일이 있습니다. 또 아브람이 노후에 자기 아들 이삭의 아내 되는 자부(子婦)를 맞이하려고 일을 부탁할 때도 보면 '자기 집의 가산을 다 맡고 있는 늙은 종'이라는 말을 썼습니다(창 24:2). 이처럼 종과 주인의 관계가 정과 사랑으로 맺어졌습니다. 그렇다고 해서 종의 신분이 높아진 것은 아닙니다. 그의 신분이 높아지려면 주인의 배우자가 되든지 그렇지 않으면 주인의 후사가 되든지 할 때 비로소 자유로운 양민으로서 지위를 가지게 됩니다.

하갈은 이렇게 종의 처지에 있던 여인이었습니다. 여종 하갈은 물론 그 이외의 많은 종들의 생활은 아브람에게 의존되어 있고 그들은 주인이 시키는 대로 행하는 까닭에 자기가 원하는 대로 어떤 일정한 시민 사회에 나가서 자기의 생을 도모할 만한 기능이나 기술을 양성할 기회라는 것은 없었습니다. 요컨대 그런 시민 사회가 아직 형성되기 훨씬 이전, 원시 시대의 특수한 사회인 까닭에 주인의 집에서 뛰쳐나가 어디 가서 자유를 얻으려고 한다 하더라도 가능한 일이 아니었습니다. 아주 멀리 수천 리 바깥으로 도망 가기 전에는 도저히 그 사회 안에서 독립해서 살 수 있는 사회적인 여건이 조성되어 있지 않았던 것입니다. 가령 도망해서 살아본다 하더라도 담부지역(擔負之役)으로 고생하는 노동 이외에는 할 수 없는 것입니다. 그가 다른 특수한 기술을 못 가진 까닭에 감히 주인집을 뛰쳐나가서 저대로 딴 살림을 하고 살아야겠다고 생각하기가 어려웠던 시절이었습니다. 물론 주인 가운데는 가혹한 사람들도 있어서 종이 견딜 수 없으면 뛰쳐나가는 사람도 있었겠지만 그러나 그런 얘기는 별로 흔하게 찾아볼 수 없습니다.

통치자 아브람이 구비하고 있어야 할 사상

아브람의 가정에서 종들은 어떻게 보면 품삯을 받고 일하는 사람들이 일하듯 일도 하고 또 집안의 봉사자로서 가정을 잘 경리해 나가는 사람들로서 그 집안을 이뤄 나아가는 중요한 구성원들이었습니다. 이러한 종들을 휘하에 두고 있는 아브람으로서는 그들에 대해서 당연히 자기의 사명과 관련된 어떤 구체적인 사상과 정책을 가져야 합니다. 아브람은 먼저 자기 가정과 자기 부족 안에서 하나님께로부터 받은 큰 사명을 수행해 나아가야 합니다. 하나님의 언약에 따라 자손을 낳아서 한 민족을 이루어 하나님 나라의 구체적인 큰 사실을 증시할 수 있는 역사적 존재가 되어야 할 터인데, 먼저 자기 자신과 자기 가정과 수하

사람들 속에서 하나님 나라의 사실들을 실현해 나아가야 합니다. 즉 아브람은 하나님 나라의 거룩한 내용과 열매들을 자기와 자기 가정과 자기 수하에 있는 부족들 안에서 나타내야 할 신성한 의무를 하나님 앞에서 지고 있었던 것입니다. 이것이 그가 품고 있어야 할 사상입니다. 가령 일정한 계약 아래에서 데려다가 노동력을 쓰는 품꾼이라면 그의 생활 전체를 율(律)할 권리가 주인에게 없는 것이겠지요. 그렇지만 아브람에게 품꾼은 없었고 자기 집에서 자라거나 혹은 자기 집에 있으면서 가정을 이루어 살고 있는 종들이 그 역할을 한 것입니다. 결국 그들은 아브람의 통치를 받으며 아주 작은 도시 국가의 형태를 취하고 나아갔던 것으로 볼 수가 있습니다. 아브람은 단순히 족장에 불과한 것이 아니라 그 작은 사회에서 왕으로 수장(首長)으로 늘 군림했던 것입니다. 이런 점에서 볼 때 아브람은 통치자였으므로 그의 통치를 받고 있는 피통치자들에게 거룩한 하나님 나라의 내용과 형식이 차례차례 구비되도록 지도하고 가르치고 또 그것을 이뤄 나아가야 할 큰 책임이 있었던 것입니다.

 지난 시간에 본 것처럼 성경 전체에서 보이는 큰 원칙에 비추어 생각할 때 아브람에게서 나타나야 할 하나님 나라의 큰 사실이 몇 가지 있습니다. 첫째, 모두가 여호와 하나님만을 섬기고 다른 신에게 가지 아니해야 한다는 중요한 사실이 하나 있습니다. 여호와 하나님을 하나님으로만 알 뿐 아니라 직접 자기네를 다스리시는 왕으로 모시고 살아가야 합니다. 둘째로 중요한 것은 하나님께서 명령하시고 가르치시는 사실들을 잘 받아서 그 계시를 해명하고 가르치고 전파하고 또 후세에 전달해 주는 빛으로서의 자기 임무입니다. 셋째는 그들의 사회에서 여호와 하나님만을 모시고 계시를 받고 살아가는 사람답게 거룩하고 고결한 도덕적인 관계를 유지하고 살아가야 한다는 것입니다. 거룩한 계시는 고도의 도덕 사회를 형성하도록 늘 요구하는 것입니다. 그리고 마지막으로 그것이 확대되어 역사를 창조해서 후세에 하나님 나라가 어떻다는 것을 증시해야 할 역사적인 사명이 있었던 것입니다. 이런 것들이 아브람과 아브람의 부족에게는 당연히 붙어 있던 중요한 사명이었습니다. 하갈의 경우도 이런 아브람이 받은 사명 아래에서 지도되어야 하고 또 양육되어야 할 여성이었던 것입니다.

종과 상전에 대한 성경의 가르침

아브람이 사래의 말을 듣고 하갈을 첩으로 얻은 사실은 당시 사회의 도덕으로 볼 때 특별히 잘못됐다든지 비도덕적이라든지 할 수가 없습니다. 그러나 그것이 하나님의 원칙은 아니라는 것을 오늘날 우리는 다 알고 있습니다. 아브람은 그것이 하나님의 원칙이 아님을 자기 생활 경험에서 교훈으로 받게 됩니다. 그렇지만 이 하갈의 문제와 관련하여 아브람 자신이 그때 있던 노예 제도 자체에 관해서 문명 비평적인 관점에서 무슨 이야기를 한 일은 없습니다. 이런 제도가 불합리하고 불공의한 사상으로 말미암아 생겨났다고 하더라도 사람이 처하여 사는 사회 제도에는 항상 미급한 점이 있고 결함이 있는 것입니다. 이런 사실은 1세기도 마찬가지였고 아브람 시대와 같이 거금 사천 년 전에도 마찬가지였습니다. 수천 년 동안 계속되어 온 노예 제도는 최근 20세기까지라도 완전히 없어진 것이 아닙니다. 아랍 지역에는 아직도 노예 시장이 있어서 노예를 팔고 사는 일이 있다고 합니다. 아무튼 아브람은 자기가 직면하고 있던 당시의 노예 제도 자체를 구체적으로 논해 가면서 사회나 문명을 비평하는 문명 비평적인 관점에서 가부를 얘기하지 않았고 또 그런 사실을 추출할 만한 어떤 사건을 심어 놓지도 않았습니다.

여러분, 우리는 이것을 주의해서 생각해야 합니다. 성경은 어떤 시대의 어떤 제도 하나를 들어 가지고 그것을 맹렬하게 공격한 일이 없습니다. 사람들이 제도화한 우상 숭배에 대해서는 성경이 전적으로 금지했지만 사람끼리의 관계에 있어서 불합리라든지 부조리의 문제에 대해서는 일일이 꼬집어서 공격하지 않았습니다. 오히려 무엇을 구체적으로 가르쳤느냐 하면 주어진 제도와 여건 아래에서 어떻게 하면 하나님의 자녀답게 살아갈 것인가를 가르쳤습니다. 어떤 제도하에서 이익을 얻는 사람과 고통을 당하는 사람에게 다 같이 가르친 것입니다. 예를 들어 노예 제도가 있던 제1세기에도 성경이 노예 문제를 다룰 때 그 제도를 신랄하게 비판해서 노예들로 하여금 반란을 일으켜서 제도를 뒤엎어야 할 것이라고 가르치지 않았습니다. 오히려 노예 제도 가운데서라도 하나님께서 세우신 새로운 사실 즉 하나님 나라의 거룩한 형태인 교회가 명확하게 존재할 때 교회 안에서는 노예든 자유자이든 모두가 하나라고 가르쳤습니다.

고린도전서 7:21-23을 읽어 보면 "네가 종으로 있을 때 하나님의 부르심으로 구원을 받았느냐? 염려하지 말라. 그러나 네가 자유할 수 있거든 차라리 그것을 이용해라. 주 안에서 부르심을 받은 자는 종이라도 주께 속한 자유자이니라." 자유를 이야기할 때 사람이 어떤 제도 하에서 노예가 된 사실을 일컬어 부자유라고 하지 않고, 참 자유는 오히려 그것보다 죄의 종이 된 데에서 놓이는 것을 말한다고 하였습니다. 그래서 종이라도 "주께 속한 자유자요 또 그와 같이 자유인으로 있을 때에 부르심을 받은 자는 그리스도의 종이니라" 하였습니다. 아무도 완전한 자유 가운데 자기 위에 아무도 없는 사람은 없다는 것입니다. 어떤 신분에 있든지 모두 그리스도의 종이라는 것입니다. "너희는 값으로 사신 것이니 사람들의 종이 되지 말라"고 하셨습니다. 또 고린도전서 12:13에도 거룩한 하나님 나라의 내용 가운데는 사람의 차별이 없다고 가르쳤습니다. "우리가 유대인이나 헬라인이나 종이나 자유자나 다 한 성신으로 세례를 받아 한 몸이 되었고 또 한 성신을 마시게 하셨느니라." 이것도 아주 중요합니다. 가령 갈라디아서 3:28에도 "너희는 유대인이나 헬라인이나 종이나 자유자나 남자나 여자나 없이 다 그리스도 예수 안에서 하나이니라" 하였고, 또 골로새서 3:11에도, "거기에는 헬라인이나 유대인이나 할례당이나 무할례당이나 야만인이나 스구디아인이나 종이나 자유인이 차별이 있을 수 없나니 오직 그리스도는 만유시요 만유 안에 계시느니라"고 했습니다.

그러므로 현실적으로 종과 상전이라는 제도상의 관계에서 어떻게 해야 할 것인가를 에베소서 6:5-8에서 가르쳤습니다. "종들아, 두려워하고 떨며 성실한 마음으로 육체의 상전에게 순종하기를 그리스도께 하듯 하라. 눈가림만 하여 사람을 기쁘게 하는 자처럼 하지 말고 그리스도의 종들처럼 마음으로 하나님의 뜻을 행하고 단마음으로 섬기기를 주께 하듯 하고 사람들에게 하듯 하지 말라. 이는 각 사람이 무슨 선을 행하든지 종이나 자유인이나 주께로부터 그대로 받을 줄을 앎이니라." 또 골로새서 3:22-24을 보면 "종들아, 모든 일에 육신의 상전들에게 순종하라. 사람을 기쁘게 하는 자같이 눈가림만 하지 말고 오직 주를 두려워하여 성실한 마음으로 하라. 무슨 일을 하든지 마음을 다하여 주께 하듯 하고 사람에게 하듯 하지 말라. 이는 유업의 상을 주께 받을 줄을 앎이니 너희는 주 그리스도를 섬기느니라." 종이 자기 상전 섬기는 일을 낭비로 생각하거나 억울한 운명으로 생각할 수도 있지만, 이제 목전에 당한 일에서 만일 그 일이 악을 행하거나 하나님 앞에 죄를 범하는 일이 아닌 이상 그 일 자체에서 그리스도를 섬기는 법을 배우라는 것입니다. 그리스도를 섬긴다는 것은 다른 데 가서 무슨 종교 사업을 하는 데 있는 것이 아니라 자기 자신이 서 있는 자리에서 맡은 직무에 충실할 때 그리스도의 빛이 나타나게 되는 것이다 하는 것이 중요한 사상입니다.

그런고로 디모데전서 6:1에 "무릇 멍에 아래 있는 종들은 자기 상전들을 범사에 마땅히 공경할 자로 알지니 이는 하나님의 이름과 교훈으로 훼방을 받지 않게 하려 함이라"고 했습니다. 하나님의 이름이나 하나님의 교훈이 다른 사람들에게 무시되거나 모욕을 받는 일이 없어야겠다는 것입니다. 하나님의 이름을 존중히 생각하거든 네가 하나님의 교훈을 받은 사람답게 품성상 행위를 반듯하게 하고 온순하며 아름답게 행하라는 것입니다. 골로새서 4:1에는 상전들에게 말씀하셨습니다. "상전들아, 의와 공평을 종들에게 베풀지니 너희에게도 하늘에 상전이 계신 것을 알지니라." 그리고 디도서 2:9-10에는 종들에게 말씀하셨습니다. "종들로는 자기 상전들에게 범사에 순종하여 기쁘게 하고 거슬러 말하지 말며 떼어먹지 말고 오직 선한 충성을 다하게 하라. 이는 범사에 우리 구주 하나님의 교훈을 빛나게 하려 함이라." "사환들아, 범사에 두려워함으로 주인들에게 순복하되 선하고 관용하는 자들에게만 아니라 또한 까다로운 자들에게도 그리하라"(벧전 2:18).

이와 같은 많은 교훈을 종들에게 내린 것을 놓고 니체 같은 사람이나 다른 반동적인 철학자는 어리석게도 기독교를 노예의 종교라고 비난하기도 했습니다. 그때 노예 계급에 속한 수많은 사람들이 그리스도인이 되어 교회로 들어왔을 때 노예 계급을 조직해서 반란을 일으키라고 가르치지 않고, 오직 상전에게 가서 충실히 복종하되 이제부터는 상전을 섬기는 것이 곧 예수 그리스도를 섬기는 것인 줄 알라 하였습니다. 비록 상전이 자기의 충성을 잘못 받고 혹은 잘못 판단할지라도 그를 진정으로 판단하고 받아 주시는 이는 그리스도 주(主)이신 줄 알고 그리스도를 섬기듯 하라고 가르쳤던 것입니다. 이렇게 그들의 품성이 그리스도의 것으로 나타나게 하라는 것이 그리스도교의 큰 가르침입니다. 다른 말로 할 것 같으면 이미 있는 제도 자체를 뒤엎는 혁명 운동을 일으키라는 것이 아니라 어떤 제도 아래에서든지 하나님을 모욕하거나 훼방하지 아니하는 이상 사람과 사람끼리의 관계에 있어서 결함과 미급(未及)이 있을지라도 너희는 하나님 나라의 원칙을 드러내도록 하라는 것이었습니다. 하나님을 공경하고 거룩한 계시에 의해서 교훈을 바로 받아 지키고 살되 높은 도덕을 유지하고 사람을 사랑하며 살아서 후세에 빛을 전달해 나아가는 일을 계속적으로 해야 할 것이라고 가르쳤습니다. 그런고로 창세기 16장에서 아브람이 노예를 다루는 문제를 놓고 그가 그 제도에 대해서 어떻게 비판했는가를 찾으려고 해도 찾을 수가 없는 것입니다.

실질보다 형식을 중시한 아브람

중요한 문제는 그 제도 자체에 대한 논란이나 비평이 아닙니다. 아브람이 자기의 통치를 받고 있는 종들에게 어떻게 대해야 할 것인지를 그가 알았든지 몰랐든지 그것은 그에게 주어진 주요한 과제입니다. 아브람이 가장으로서 자기 가정에 대해서 기본적인 신성한 의무를 지고 있었지만 또한 그가 다스리고 있는 많은 종들, 특별히 그에게 가까이 있는 종들로 하여금 어떻게 해서 하나님 나라를 구체적으로 나타내게 해야 할 것인가 하는 것도 중요한 문제였다는 것입니다. 종도 개인이란 관점에서 관찰할 때는 하나하나가 다 인격자입니다. 그러면 그 인격이 가지고 있는 기본적인 권리가 있는 것입니다. 소위 인권이라는 것이 있습니다. 이런 것은 제도 여하를 불구하고 신장할 수도 있고 축소할 수도 있습니다. 아브람으로서는 제도 자체를 문제삼기보다는 실질상 종들을 대할 때 그들 하나하나에 대해서 하나님 앞에서 인격자로 대할 수 있는 위치로 그의 사상이 높이 올라가야 한다는 것입니다. 이것이 그에게 부여된 과제라는 말씀입니다. 아브람이 하나님 나라를 거기서 나타낸다 할 때 하나님 나라의 높은 도덕관 즉 그의 인간관 혹은 인생관이라는 것이 바르게 서야 한다는 것입니다. 종도 하나의 인생으로서 그 나름대로 자기 인생의 길을 가장 가치 있게 걸어가야 한다는 사실을 아브람은 알고 있어야 했습니다. 이런 것들이 또한 아브람에게 있어서 중요한 문제였습니다.

그러면 하갈을 볼 때 그는 어떻게 했어야 합니까? 하갈이 비록 종이지만 종으로서 가장 인간답게 살아갈 수 있는 위치에 놓아두고서 그의 인생을 의미 있게 살도록 교훈하고 지도해 나가는 것이 아브람의 의무였습니다. 그것이 하나님께서 원하시고 기뻐하시는 하나님 나라의 참된 열매인 것입니다. 그런데 그는 아내의 제안에 따라 하갈을 얻어서 자식을 낳아 하나님께서 약속하신 대로 그의 씨를 통해서 하나님의 나라를 땅 위에 전파하고 번창케 하겠다고 생각하였습니다. 아브람 부부의 계획대로 이행을 해서 한 사회를 형성하게 되면 그것이 하나님 나라의 한 형식을 꾸미기는 하겠지만 그것이 참으로 하나님 나라를 나타내는 것은 아니었습니다. 무엇 때문에 사람들을 모아서 민족을 형성하고 한 사회를 형성해야 합니까? 그것은 하나님의 나라를 나타내기 위함입니다. 그런고로 더 중요한 것은 하나님 나라의 내용입니다. 사람들이 모였다고 해서 하나님 나라를 나타내는 것은 아닙니다. 마치 사람들이 모여서 찬송하고 기도한다고 곧 교회가 되는 것이 아닌 것과 마찬가지입니다. 거기에 교회의 내실이 있어야 하는 것과 마찬가지로 하나님 나라의 실질 내용, 거룩한 요소들이 그 안에 들어가야 하는 것입니다.

지금 아브람에게는 자기 가정도 있고 자기 부족도 있어서 그것 자체가 하나님 나라의 거룩한 내실을 담아야 할 그릇으로서 존재하고 있습니다. 그렇다면 그런 그릇에다 하나님 나라를 담는 것이 아브람이 우선적으로 해야 할 일 아니겠습니까? 그렇지 않고 장래에 올 큰 사회 하나를 형성하기 위해서 자식을 낳는 것이 가장 큰 의무입니까? 형식을 꾸리는 것이 그렇게 중요한 것인가, 아니면 당면의 문제 앞에서 내실을 충실하게 하는 것이 중요한 일인가? 하나님 나라의 순서는 언제든지 당면의 내실과 당면의 의를 먼저 행하는 것입니다. 나중에 하나님 앞에 영광이 되도록 하겠다고 자기가 꾀를 내어 스스로 계획하고 밀고 나간다는 것이 얼마나 부당한 것인지 이때 아브람은 아직 모르고 있었습니다. 아브람은 아무래도 자기에게 자식이 있어야겠다는 생각에 압도돼 있고 또 사래마저 권고하는 현실에서 도덕적인 관점으로 보더라도 흠될 것이 없고 그렇게 함으로 차라리 하갈 자신도 상당히 높은 지위와 새로운 행복의 운명 가운데 들어간다는 고려하에서 이러한 형식적인 면을 취했던 것입니다. 이것이 바로 아브람이 하갈을 얻은 사실 속에서 배워야 할 또 다른 중요한 교훈입니다.

아브람이 내용보다는 형식을 취하였을 때 하나님께서 그에게 참으로 복을 주셔서 하나님 나라의 발전이라는 것을 실증하게 하셨느냐 하면 물론 그렇지 않습니다. 하갈이 잉태하기 전까지는 그가 잘한 것같이 생각할 만큼 되었는지 몰라도 잉태를 하고 난 다음에 기어이 문제가 발생했던 것입니다. 다 잘 아시는 대로 하갈이 잉태를 하니까 이제 자기의 주모(主母) 사래에 대해서 경멸감을 보이더니 나중에는 결국 멸시하였습니다. 하갈이 잉태한 것을 아브람이 대단히 대견스럽게 여기고 기쁘게 여긴 나머지 아마 생각건대 하갈에 대해서 그만큼 마음을 기울이고 소중하게 다뤘던 모양입니다. 아브람의 총애가 자기에게 점점 기울어지고 또 자기에게 그렇게 희망을 붙이고 있는 사실을 하갈이 보았을 때 점차 교만해지기 시작한 것입니다. 하나님 나라의 덕을 가져서 좀더 교육이 깊고 좀더 수양이 높았던 여성 같으면 그렇게 파탄으로 끌고 가지는 않았을 것입니다. 하지만 하갈은 보통의 비천한 여성들의 심리로 그대로 들어가고 말았습니다. '아, 나는 이제 이 집의 계통을 이어갈 자식을 낳을 사람이다' 하고서 아들이 될지 딸이 될지 알 수 없으면서도 유세(有勢)를 한 것입니다. 아브람과의 언약 가운데 "그에게서 난 씨라야 그의 후사가 되리라"고 한 하나님의 말씀이 있으니까 아무래도 아브람의 후사가 될 씨를 주실 것이므로 자기가 아들을 낳을 것이라고 지레짐작했을지도 모릅니다. 사실상 하갈이 아들 이스마엘을 낳았지 딸을 낳지는 않았습니다. 그러나 어쨌든 단정할 수 없는 그런 현실 앞에서 하나님의 약속에 대한 기대를 가지고 하갈은 기뻐했던 것입니다. '다음 대에 이 큰 부족을 이끄는 머리 되는 왕의 계승자를 낳을 어미가 될 테니 그렇다면 나는 왕의 어미가 될 것이다.' 하갈이 비록 부실이었지만 사실상 그렇게 되는 것입니다. 주모인 사래가 자기보다 우위에 있으나 아이를 못 낳는고로 아브람이 돌아보아 주면 어떤 자리가 있겠지만 버려 버리면 아무 데도 호소할 곳이 없는 형편임을 알고 차츰차츰 방자해지더니 급기야 아브람의 사랑이 자기에게 옮겨지는 것을 보고 기어코 여주인을 멸시하기 시작한 것입니다.

하갈이 주모를 멸시했다는 것은 하갈의 부덕의 소치이겠지만 단순한 부덕만이 원인의 전부는 아니고 거기에는 아브람의 태도가 많은 작용을 한 것입니다. 아브람이 엄격하게 가통(家統)을 지키고 질서를 지켰더라면 하갈이 언감(焉敢)히 그렇게 못 나왔을 것입니다. 아브람이 자식을 낳지 못하는 사래를 그냥 버려둔 것이나 마찬가지로 대하고 '이제는 이 집안을 잇고 형성해 나아갈 장본인은 하갈이다' 하는 태도를 하갈이 간취할 수 있을 정도로 행동하였는지도 모릅니다. 아브람이 적어도 거기까지는 이르지 아니했다 하더라도 하갈이 스스로 자홀(自惚)해서 앞서 나가면서 그만 사래를 멸시했던 것입니다. 이것은 물론 하갈의 부덕의 소치입니다. 도덕적으로 고상한 상태가 아닌 것입니다. 그러나 그때의 현실 자체가 비도덕적이고 비원칙적인 데에서 출발했으니까 거기서 덮어놓고 고상한 도덕을 강요할 길은 없습니다.

사래의 항의와 아브람의 깨달음

사래로서는 세상에서 자식을 못 낳는 것도 서러운 일인데, 이제 자기가 세워서 자식을 얻을까 하고 남편에게 주었던 여자가 자기 위에 올라앉아서 자기를 밀어내고 멸시를 하니 기가 막힌 일이 아닐 수 없었습니다. 사래가 이런 결론에 이르렀을 때 그가 할 수 있는 것은 하나밖에 없습니다. 남편인 아브람에게 따져 보자는 것입니다. 그것은 아브람이 그래도 정신이 없는 사람이 아니고 하나님의 대도를 아는 사람이라고 생각하기 때문입니다. '내가 그의 아내라는 사실은 옛날부터 있어온 일이고 또 하나님께서 나와 아브람으로 하여금 한 가정을 이루어 살게 하시고 불러서 여기까지 함께 오게 하셨다. 하나님께서 짝 지어 주신 이 가정에 대하여 남편 아브람이 그 정신까지 다른 데로 옮겨 가지는 않았으리라.' 사래가 아브람을 그렇게 부도덕한 사람으로 생각지 않았던 것입니다. 원래 아브람은 부도덕한 흔적이 없는 사람입니다. 아주 엄정(嚴正)한 사람입니다. '그렇다면 남편 아브람은 이 가정의 신성한 도덕과 질서를 문란케 하는 일에 대해서 바로잡을 의무가 있다. 이 문제를 가지고 아브람에게 따져 보자. 그렇게 따지는 데도 아브람이 맹목적으로 편중된 사랑을 보인다면 내게서 마음이 완전히 떠난 것이고 나는 완전히 버림을 받은 사람이다.' 그렇게 큰 위기 앞에 선 사람답게 아브람에게 아주 단호하게 얘기한 것을 보게 됩니다. "내가 받는 이 수모는 당신이 받아야 옳도다"(5절). '만일 당신이 처음부터 태도를 엄정하게 취하고 가정의 질서를 조금이라도 문란하게 하지 못하게 했다면 이런 일이 발생하지 않았을 텐데, 당신이 어느덧 질서를 해이하게 하고 마음을 한쪽으로 기울이니까 이렇게 되지 않았소? 과연 그렇게 해도 하나님 앞에 옳은 일이오?'하는 것이 사래의 이론이었습니다. '문란을 절대로 금하고 막아야 할 책임자가 오히려 그 문을 열고 모든 방자함을 간과하여 생긴 결과를 왜 내가 받아야 하는가? 이런 멸시는 당신이 받아야 할 게 아닌가? 책임자가 그것을 막지 않았다면 책임자가 당해야지 왜 옆에서 내가 멸시를 받아야 하겠는가?' 하는 논리입니다.

아브람은 중대한 문제 앞에 서게 되었습니다. '자, 결국 하갈은 하나님께서 약속한 자식을 줄 사람인데 박대할 수 없는 일 아닌가? 이 가정의 질서가 문란하고 파괴되어 지금 사래는 크게 상심하고 있는 처지인데 이 일에 대해서 그냥 방치할 수 없으니 그렇다면 어떻게 해야 할 것인가?' 아브람은 중요한 기로에 서 있는 것입니다. '당면의 내 가정을 신성히 보존하기 위해 가정의 도덕과 질서를 잘 확립하고 유지하는 일을 먼저 취할 것인가, 그렇지 않으면 앞으로 태어날 자식을 위해서 오히려 하갈 쪽으로 마음을 기울여 경영해야 할 것인가?' 여기서 아브람이 기도를 했다든지 사래가 기도를 했다든지 하는 얘기는 없을지라도 신앙인들은 문제를 놓고 늘 하나님 앞에 나가서 구하고 심사숙고를 하는 것입니다. 그래서 그가 깊이 생각할 때 더 중요한 것은 목전에 있는 바 가정의 신성한 도덕과 질서를 바로잡아 하나님 앞에 원칙을 바로 세우는 일이라는 판단을 내렸습니다. 나중에 하나님의 나라를 크게 벌이겠다고 생각하는 것보다 더 긴급하고 중요한 문제가 이것이라고 생각한 것입니다. 그렇다면 아마 아브람은 하갈을 얻어서 잉태하게 한 일에 대해서 상당히 회의를 했을 듯합니다.

과연 그렇게 해서 하나님 나라가 되겠는가 하는 생각이 드는데 벌써 큰 충돌이 하나 생겼다 말입니다. 그러한 방식을 취하면 하나님 나라가 될 것으로 생각했던 일에서 가정의 신성한 질서나 도덕이 파괴되는 문제가 발생한 것입니다. 이러한 현저한 사실을 그냥 간과하고 형식적인 한 사회와 민족을 형성하겠다는 데로만 계속 주력했다면 그대로 하갈을 끌고 나갔을지도 모릅니다. 이스마엘을 언약의 씨로 삼고 나갔을지도 모릅니다. 그러나 아브람이 그렇게 생각하지 않은 데 위대한 신자의 자태가 역력히 드러나는 것입니다. 위대한 신자였던 까닭에 그는 이런 문제 앞에서 판단을 그르치지 아니했습니다. 하나님 나라를 이뤄 나감에 있어서 처음에는 자기, 그 다음에는 가정, 그리고 그 다음에는 사회라는 데로 나가는 것이 순서가 아닌가 하는 것을 명확히 깨달았습니다. 하갈에게서 자식을 얻으면 어떤 사회가 형성되기는 하겠지만, 문제는 그로 말미암아 목전의 아브람 가정은 변질될 텐데 이런 것이 가당한 일인가 하는 것입니다.

가정 형성의 원리를 깨달은 아브람

마태복음 19:4부터 죽 읽어 가면 가정의 원칙, 부부의 원칙이라는 것을 우리 주님께서 명확하게 말씀하십니다. "사람을 지으신 이가 본래 저희를 남자와 여자로 만드셨느니라." 하나님께서 처음에 사람을 일남 일녀로 만드셨다고 했습니다. 한 남자에 두 여자를 창조하셨다고 하지 않았습니다. 이런 사실은 후에 모세가 기록한 것이지만 신앙과 계시에 의해서 이 원칙은 하나님께서 고대에 있는 모든 신자들에게 항상 중요하게 가르치신 사실입니다. 한 가정이 가정인 동시에 아직 큰 사회로 발전하기 전에는 가정을 중심 삼은 교회의 형식을 취하게 하셨습니다. 노아의 집안도 그것이 한 가정인 동시에 가장 순결한 교회로서 의무를 다했습니다. 그런 까닭에 모든 인류가 멸망하는 데서 그들은 구원을 받은 것입니다. 아브람도 노아의 전례나 그 여타의 위대한 과거의 성도들이 간 길을 보고 그의 가정 자체가 하나님 앞에 신성한 그릇으로서 의무를 갖는다는 것을 생각했을 것입니다. 무엇보다도 큰 원칙은 일부일부(一夫一婦)이지 일부다처(一夫多妻)가 아니라는 것입니다. 그는 마침내 하갈을 부실로 얻은 것 때문에 문제가 생긴 것을 알았습니다. 가령 하갈이 유덕한 사람이라 하더라도 그가 껍데기는 꾸며 맞출지 몰라도 속마음에는 암투(暗鬪)와 괴롬이 있다는 것을, 그것은 도저히 그냥 간과할 수 없는 사실이라는 것을 아브람은 체험으로 느낀 것입니다. 이런 사실은 센스가 조금만 있어도 누구나 다 느낄 수가 있습니다. 아무런 말을 않는다고 해서 그 마음에 괴롬과 투기와 슬픔과 갈등이라는 것이 없는 것처럼 평안히 지낼 수 있겠습니까? 끊임없는 갈등과 끊임없는 괴롬이 연속되는 생활인 것입니다.

 이런 문제 앞에서 아브람은 깊이 생각했을 것입니다. 그래서 '하나님 앞에서 무엇이 원칙인가? 생각건대 하나님께서는 남녀 하나하나가 만나서 살도록 하셨지 하나가 둘이나 그 이상과 함께 살도록 하지 않으셨다. 일부다처나 혹은 일처다부라는 도무지 균세(均勢)가 안 맞는 형식으로 가정을 계획하시지는 않았다' 하는 큰 원칙적인 계시 가운데 들어갔을 것입니다. 그는 그런 사실 앞에서 가정은 도덕적으로 순결해야 하고, 가정의 질서는 엄연해야 하고, 가정은 그 자체의 거룩한 사명을 가져야 한다는 것을 깨달았습니다. '그런데 이 가정 안에서 하나님의 나라도 나타내지 못하면서 자식을 낳는다면 자식도 나 같은 일을 할 것이 아닌가? 거기에 하나님 나라의 무엇이 있겠는가?' 하는 현실상 문제를 생각했을 것입니다. 아브람은 지금 당장에 중요한 것은 먼저 이 가정이 순결을 유지하고 하나님의 원칙대로 바로 서서 하나님의 나라를 구현할 수 있는 그릇으로서 자기 위치를 확보하는 것이라고 생각한 것입니다. 이것을 않고서 자식을 기대한다는 것은 일이 아니라고 생각하였던 것입니다. 아브람이 위대하다고 할 때 바로 이런 점 때문입니다. 그는 자기의 의무를 자식에게 전가하지 아니했습니다. 자기가 마땅히 해야 할 의에 대해서 자기는 않고 자기 후손들이 해 주기를 기대하는 태도를 취하지 않았습니다. 자기가 해야 할 의를 먼저 행해야 겠다고 용단을 내렸습니다. 사래의 위치를 재확립하고 하갈에 대해서는 무자격한 여종으로, 다시 사래의 비자(婢子)로 떨어뜨렸습니다. "여종은 당신 수하에 있으니 당신이 원하는 대로 하시오." 그렇게 하여 사래의 마음에 평안을 주고 가정에 화평을 도모함으로써 정상의 자태로 돌아간 것입니다. 이것은 아브람이 거기서 얻은 바 중요한 가정관일 것입니다. 가정 형성의 원리란 일부일부 제도 가운데 가급적 남편과 아내가 일생 같이 지내면서 하나님의 영광을 위하여 함께 일해 나가야 할 것임을 거기서 차례차례 터득했을 것입니다.

이 하갈의 사건으로 일어난 여러 가지 갈등이 이후에도 다시 문제를 좀더 일으키게 됩니다. 사래가 이삭을 낳은 다음에 하갈과 이스마엘을 집에서 완전히 내쫓아 보내는 지경까지 이르게 되지만 아브람은 여기서 정확하고 바른 일보를 내디딘 것입니다. 이 일로 아브람은 종에 대해서 비로소 바른 생각을 했을 것입니다. '하갈에게 그렇게 하지 말았어야 했다. 그도 자기 부족 가운데에서 마음에 맞는 다른 젊은 사람을 만나서 좋은 가정을 이루어 인생을 사는 보람도 있게 하고 또 하나님의 말씀과 그 나라의 도리에 의해서 건실하게 살게 했더라면 좋았을 뻔했다. 개인개인이 다 하나의 인격자로서 자기의 최선을 다해서 살 수 있도록 하는 사회가 하나님의 나라일 터인데 그렇게 해 주지 못하였구나!' 의도적인 것은 아니었지만 결과적으로 하갈을 유린한 것이 되어 버린 상태가 그로 하여금 마음에 괴로움을 갖게 했을 것입니다. 아무튼 하갈의 운명은 그렇게 이상하게 전개되었습니다. 하갈은 아브람의 일로 말미암아 그런 빗간 길로 가게 되었는데 그 후의 문제는 어떻게 되었습니까? 그 문제는 하나님께서 해결해 주셨습니다. 하갈에게 다시 소망을 주시고 용기를 주시고 그리고 정상의 위치에서 살도록 만들어 주십니다. 하갈이 술 광야의 길에서 일어난 사건과 그 결과를 보면 알 수 있습니다.

그 사건에 대해서는 다음 시간에 보기로 하고, 요컨대 오늘의 중요한 문제는 어떤 제도나 어떤 사회 형태 안에서 하나님의 나라를 나타내는 기본적인 원칙은 항상 그 내부에 있는 것이지 우선적으로 제도 자체만을 두들겨 고치는 데 있지 않다는 것입니다. 집이 좋든 나쁘든 먼저 그 속에 사는 사람이 훌륭해야 한다는 것입니다. 집은 굉장하지만 사람이 너절하다면 의미 없는 것입니다. 제도를 아무리 훌륭하게 만들어 보아도 운용하는 사람들이 너절하면 훌륭한 제도가 서 가지 못하는 것입니다. 그런 까닭에 성경은 어떤 제도, 어떤 옷을 입었든지 근본적으로 사람이 중생한 사람답게 살고 새사람으로서 행동을 하는 것이 중요하다고 가르치는 것입니다. 아브람은 그런 위치에 서서 자기의 지도 아래에 있는 부족의 모든 사람들이 각각 제자리를 찾고, 제 임무를 다하고, 제 인생을 의미 있게 만들도록 인도하고 가르쳤어야 하는 것입니다. 이것이 아브람에게 중요한 일인데 하갈의 문제는 그렇게 하지 못했다는 것이 아브람에게 있어서 하나의 큰 실수입니다. 그러나 그는 그것으로 말미암아 큰 교훈을 받았습니다. 가정의 신성과 질서가 파괴되는 것을 볼 때 아브람은 감연히 깨닫고 다시 회복하기 시작한 것입니다.

기도

거룩하신 아버지, 주께서 저희에게 가르치시는 바 거룩한 도리는 항상 자기에게 주신 바 목전의 임무에 충실하며 원칙을 따라서 당면의 일에 바로 나아가는 것이옵나이다. 형식을 꾸리기 위해서 하나님의 거룩한 원칙을 유린하거나 그릇되이 만드는 잘못에 빠지지 아니해야 할 것을 아브람의 고사로써 저희에게 깊이 가르쳐 주셨사오니 저희가 이 교훈을 명심해야 할 것이옵나이다. 저희 마음 가운데 배운 바 교훈을 늘 기억하여서 그런 일이 닥쳤을 때 비꾸러져 나가지 않게 하여 주시옵소서. 장래의 이득을 고려하여 하나님이 주시는 목전의 의의 일을 유린하는 일이 없게 하시고, 형식의 발전이라는 것 때문에 내실을 무시하는 본말의 전도가 없도록 저희를 항상 단속하여 주시고 깨우쳐 주시옵소서. 주님 앞에서 아브람이 걸어간 신앙, 아브람이 각성한 거룩한 원칙과 그 세계를 소유한 자들답게 저희도 신성하고 거룩하게 각각의 길을 걷게 하옵소서.

우리 주 예수님 이름으로 기도하옵나이다. 아멘.

하갈의 신앙

제19강

창세기 16:7-14

여호와의 사자가 광야의 샘 곁 곧 술 길 샘물 곁에서 그를 만나 가로되 사래의 여종 하갈아 네가 어디서 왔으며 어디로 가느냐 그가 가로되 나는 나의 여주인 사래를 피하여 도망하나이다 여호와의 사자가 그에게 이르되 네 여주인에게로 돌아가서 그 수하에 복종하라 여호와의 사자가 또 그에게 이르되 내가 네 자손으로 크게 번성하여 그 수가 많아 셀 수 없게 하리라 여호와의 사자가 또 그에게 이르되 네가 잉태하였은즉 아들을 낳으리니 그 이름을 이스마엘이라 하라 이는 여호와께서 네 고통을 들으셨음이니라 그가 사람 중에 들나귀같이 되리니 그 손이 모든 사람을 치겠고 모든 사람의 손이 그를 칠지며 그가 모든 형제의 동방에서 살리라 하니라 하갈이 자기에게 이르신 여호와의 이름을 감찰하시는 하나님이라 하였으니 이는 내가 어떻게 여기서 나를 감찰하시는 하나님을 뵈었는고 함이라 이러므로 그 샘을 브엘라해로이라 불렀으며 그것이 가데스와 베렛 사이에 있더라.

하갈의 신앙

제19강

도덕적 빈곤을 드러낸 하갈

지난 주일에 이어서 창세기 16장에 있는 내용인 하갈에 대하여 생각하겠습니다. 오늘은 하갈이 어떠한 여자였는가를 생각해 봄으로써 교훈을 얻으려고 합니다. 하갈은 노예의 위치에 있었고 특별히 아브람의 집에서 그의 부인인 사래의 여종으로 살던 여자입니다. 그는 애굽 사람이지만 히브리 사람의 한 큰 부족 안에서 통치자의 아내 되는 분의 여비(女婢)로 생활한 까닭에 비록 계급은 낮을지라도 그 사회에서 안정되게 살 수 있는 처지에 있었습니다. 그러므로 적당한 나이가 되어 그 사회 안에서 서로 잘 맞는 계급의 대상과 만나 혼인하여 가정을 이룬다면, 그래서 군주 되는 아브람의 집안에서 계속 그를 섬기고 살면 특별히 가난의 큰 어려움이 없이 안정되게 살아갈 수 있을 뻔했습니다.

그러나 일은 그렇게 되지 않았습니다. 하갈은 아브람의 부실이 되었던 것입니다. 하나님께서 아브람에게 내리신 말씀 즉 "네게서 난 씨라야 네 후사가 되리라" 하신 말씀을 사래나 아브람이 자기들 나름대로 생각한 결과 초래된 일이었습니다. 결국 하나님께서 모든 것을 하셔야 하고 우리는 우리대로 목전의 일에서 바른 것을 늘 좇아 나가야 한다는 큰 원칙을 그들이 완전히 포기한 것은 아닐지라도, 하나님의 약속을 현실 생활에서 바로 적용하지 못하여 그렇게 된 것입니다. 사래는 처음부터 잉태할 수 없어서 아이를 얻지 못했는데 하나님의 거룩한 약속은 아브람에게서 나온 자라야만 하겠다는 것이었으므로 별다른 방법으로 아브람의 씨가 전파돼야 하겠다고 생각한 것입니다. 그렇다고 해서 사래가 아브람과 맺은 신성한 가정의 관계를 스스로 끊고서 어디로 가겠다는 것도 아니었습니다. 그때의 도덕적인 관점으로 보아 나무랄 데 없는 방법을 쓴 것입니다. 부실(副室)을 얻어서 아이를 낳는 것이 꽉 막힌 현실을 헤치고 하나님의 뜻을 이루어 갈 수 있는 길이라고 생각을 하고 아브람에게 권고하고 추천해서 마침내 다른 사람 아닌 자기의 몸종, 애굽 여인 하갈을 아브람에게 첩으로 준 것입니다.

하갈이 자의로 아브람의 부실이 된 것도 아니고 자기가 싫다고 앙탈할 만한 조건이 있는 것도 아니었습니다. 그 다음의 역사의 사실로 보면 오히려 하갈은 그와 같은 새로운 환경, 새로운 위치를 마음으로 환영한 듯합니다. 그것이 싫어서 억지로 질질 끌려갔다고 볼 수가 없습니다. 물론 처음에는 사래의 여종인 까닭에 사래가 명령하는 대로 말을 듣고 나가는 형식을 취했지만, 나중에 그가 아브람의 부실이 된 자리에서 잉태하게 되자 자기의 위치가 공고해지고 높아진 것을 계기로 스스로 자홀(自惚)해서 그만 그의 천박한 도덕적 성격을 드러내고 말았습니다. 그러한 자리라면 특별히 자기를 주의해서 살피고 조심하며 살았어야 할 터인데 그럴 만한 도덕적인 위치를 가지지 못한 까닭에 결국 얕은 심정이 드러난 것입니다. 이젠 아이를 뱄으니 뭐 영락없이 자기를 통해서 주인 아브람이 후손을 볼 것이라고 생각한 것입니다. 아브람이 단순히 한 가정의 가장에 불과한 것이 아니라 부족의 수장이 되는 까닭에 말하자면 왕인 까닭에 하갈은 자기가 왕손을 갖게 된 것이라고 생각한 것입니다. 그것을 크게 자랑하고 굉장히 큰 행복으로 여기는 것은 옛날이나 지금이나 동서가 다 마찬가지일 것입니다. 우리 나라의 이조 왕가에도 그런 일들이 참 많았습니다.

하갈은 자신이 잉태를 함으로써 이제는 자신의 위치가 공고해진 것으로 알았습니다. 자기의 여주인 사래는 자식도 못 낳고 그냥 대롱대롱 매달려 사는 것같이 보였습니다. 아무런 후분(後分)도 없고 후에 올 재미도 없는 사람이 된 여주인을 측은히 보지 않고 오히려 멸시를 했습니다. 사래가 일찌감치 물러나든지 다른 데 어디로 가 버리지 않고 여전히 안 자리를 차지하고 있다고 불평하며 주제넘은 생각을 했을 것입니다. 이런 것이 다 옅은 인간 심정의 발로입니다. 하갈이 주의해서 자신의 처지를 생각해 보면 현재 갖는 그의 영광이나 높은 위치가 다 자기 주모인 사래의 추천 때문인 것을 충분히 알 수 있었습니다. 아브람이 사래의 권고를 받아들여 된 것이지 자기 자신의 공작으로 얻은 것이 아니라는 것입니다. 그런 점에 있어서 하갈은 별로 의리도 없는 사람이요 그만큼 도덕적으로 빈곤한 여인이었습니다.

사실 하갈은 아브람과 사래의 은총 아래에서만 자신의 위치를 유지하고 갈 수 있었을 뿐이었습니다. 지금이라도 당장 아브람과 사래가 문제를 뒤집으려고 하면 뒤집히지 않는다고 장담할 수 없는 현실이었습니다. 그런 현실을 직시하지 못하고 아이 밴 것만이 천하 제일이요 가장 튼튼한 보장이나 되는 것같이 생각하는 방자한 심정이 움직였던 것입니다. 이와 같이 하갈은 은혜를 받고 행복을 얻은 자리에서 겸손할 줄 모르고, 또 그것의 실상을 응시하고 바로 볼 줄을 몰랐습니다. 그것의 가치와 보장이 어디로부터 오는 것인지에 대해서 알지를 못하였던 것입니다. 자신의 잉태가 아주 튼튼하고 실패가 없는 보장인 것처럼 오해하고 있었기 때문에 과거에 받은 은혜를 배반하고 자기의 여주인을 멸시한 것입니다.

불쌍한 처지에서 건짐을 받음

일이 그렇게 되자 하갈로서는 생각지 못한, 그러나 충분히 생각할 수 있었음직한 가장 어렵고 가장 괴로운 일이 발생했습니다. 최악의 사태가 발생한 것입니다. 사래가 진노하여 아브람과 담판을 내려고 한 것입니다. 그때 아브람은 하갈을 두둔하며 '그래도 내 자식을 배었으니 이제 와서 어떻게 하랴?' 하고 오냐오냐 하질 않았습니다. 아브람은 대인답게 엄정하게 집안의 질서를 바로잡았습니다. 그는 사래의 말을 잘 듣고 위로하였고 하갈의 위치를 부실에서 도로 종으로 낮추어 사래의 수하로 돌려보냈습니다. '내가 데리고 친히 계호(戒護)하지 않겠으니 당신이 맡아서 수하에 두고 마음대로 하시오.' 이것은 하갈의 위치를 다시 결정한 것인데, 먼저 살던 종의 위치 그대로입니다. 그러나 그것은 먼저 가졌던 용이한 인간 관계, 안정된 자리가 아닙니다. 왜냐하면 지금의 주인은 옛날 자기를 측은히 여기고 불쌍히 여기던 사래가 아니라 자기에 대해서 '참으로 요망한 계집이요 오만한 아이이다' 생각하고 그의 도덕적인 저급성에 대해서 지금 진노하고 있기 때문입니다. 하갈은 얼마나 심한 박해를 당할는지 알 수 없는 자리로 떨어진 것입니다. 이것은 먼저 얻은 행복에 비할 때 너무도 큰 불행입니다. 차라리 원래대로 사래의 몸종으로서 안온하고 고요한 나날을 보냈으면 그것대로 자기의 인생은 안온한 가운데 전개될 뻔했지만 이제 그의 인생은 아브람의 첩실이 되어 잉태를 하고 또 사래의 미움을 받는다는 여러 가지 조건들 때문에 큰 곤란이 겹치는 상태에 빠져들어간 것입니다.

이런 상태에 빠져들어간 하갈은 사래의 무섭고 엄혹한 대우를 견딜 수가 없어서 아이를 밴 무거운 몸으로 그냥 뛰쳐나갔습니다. 하갈은 여러 날을 걸어서 먼 길을 갔습니다. 그가 간 곳은 브엘라해로이라고 하는 샘인데 남방으로 수백 리 밖에 떨어져 있는 곳입니다. 요즈음의 가자 지구라고 하는 데를 향해서 동쪽에서 서쪽으로 반듯이 가노라면 베렛이 있고, 가데스와 베렛 사이에 그 샘이 있었습니다. 아마 하갈은 정처 없이 간 것 같습니다. 자기 출생지인 애굽으로 돌아간다고 해도 거기에 무엇이 기다릴는지 불확실한 것입니다. 노예로 살던 여자였으므로 보통 양민들처럼 가정을 이루어 안온한 사회 생활을 할 수 없는 까닭에 이제는 참으로 막막한 상태에 떨어져 버린 것입니다. 자유로운 몸 같으면 몰라도 노비로서 도망쳐 나온 처지이고 게다가 홀몸도 아닌 잉태한 몸이어서 어디 가서 어떻게 일을 하기도 어려운 처지였습니다. 막막한 가운데 모든 희망을 다 잃고 어쩌면 좋을까 탄식하면서 뛰쳐나갔으니 무엇을 얼마만큼 준비해서 광야 길을 갔는지도 알 수 없습니다. 그러나 어쨌든 그는 지금 술 광야의 길을 걷고 있는 것입니다. 이제 목도 마르고 몸도 피곤하고 무겁고 그래서 어찌할 수 없는 가장 불쌍한 처지에 이른 것입니다. 누가 어디서 자기를 기다리는 것도 아니고 또 제 마음대로 어디든지 다닐 만큼 안전한 몸도 아니었습니다. 만일 아브람의 집에서 건장한 남자들을 뒤쫓아 보내기라도 했다면 하갈은 다시 무슨 운명에 이를지 알지 못하는 참으로 위험하고 어려운 처지에 빠져 있었던 것입니다. 그렇게 불쌍하고 곤란한 처지가 하갈이 직면한 현실이었습니다. 어젯날 제가 바라던 높고 영광스러운 위치, 하나님의 큰 약속이 자기와 자기 자손의 것이 되리라고 부푼 소망과 기대를 가지고 아이까지 잉태한 절정에서 그만 추락하고 만 것입니다. 그래서 지금은 옛날보다 더 불쌍하고 불행한 환경 가운데 빠져들게 된 것입니다.

  이런 데서 하갈이 구제를 받는 것은 하나님의 큰 은혜입니다. 하나님께서 여호와의 사자라는 형태로 나타나셔서 하갈이 은혜를 받게 되었습니다. 여기서 여호와의 사자라는 말은 그냥 보통 말하는 천사라는 말뜻이 아닙니다. 구약에 서른네 번쯤 나오는 말인데 여호와께서 사람의 몸을 입으시고 어떤 사람에게 나타내 보이시사 당신이 친히 하고자 하시는 일을 전하기도 하시고 혹 이루어 나가실 때 취하시는 여호와의 현현(顯現)의 방법입니다. 나중에 소돔과 고모라를 멸망시키기 위해서 여호와의 사자가 두 천사와 함께 헤브론에 살고 있는 아브람의 집을 방문하는 일도 생깁니다. 그런 여호와의 사자가 하갈에게 나타나서 하갈에게 묻고, 명령하고, 그 다음에 예언으로써 약속을 해 주십니다. 그런데 그때 하갈은 여호와의 사자를 알아보고, 그의 말씀을 순종하고 또 예언의 말씀을 믿었습니다. 요컨대 하갈이 가지고 있는 그만한 신앙이 결국 하나님의 은혜를 받는 그릇 노릇을 하게 했다고 할 수가 있습니다. 하나님께서 그에게 은혜를 주시되 그가 여호와의 사자의 명령을 순종하고 예언의 말씀을 믿고 의지하게 하셔서 오던 길을 되돌아 아브람의 집으로 돌아가게 하였습니다. 그리고 관대한 아브람이 다시 하갈을 용납해 주는 까닭에 그 집에 유하면서 자식을 낳고 여호와의 사자가 이미 가르쳐 준 대로 자식의 이름을 이스마엘이라고 붙여 주었습니다. 그 모자(母子)는 아브람의 집안에서 여러 해를 평온하게 지내지만 이스마엘이 이삭을 희롱하는 일이 생기는 까닭에 다시 불가부득 쫓겨나서 바란 광야에서 새로운 생활을 시작하게 됩니다.

하갈이 가진 여호와에 대한 신앙

이것이 하갈 이야기의 대략인데 여기서 우리가 배워야 할 교훈을 주의해서 상고해 봅시다. 하나님께서 사람에게 어떠한 한 위치를 주셔서 거기서 안온하게 자기를 보존하고 은혜 받고 살아가게 하셨는데, 무슨 특별한 계기나 특별한 이유로 인해 좀더 자기가 생각하기에 복스럽고 영광스럽다, 즉 좀더 행복한 자리로 올라갈 때 그가 그것을 얼마만큼 잘 누릴 수 있느냐 하는 것은 때때로 그 사람의 도덕적인 정도에 따라 결정되는 일이 많습니다. 도덕적인 수준이 낮은 사람들은 자기에게 새로운 환경과 새로운 복록(福祿)의 위치가 주어질 때 자기를 살펴가면서 바로 깨닫는 겸손한 위치에서 경건하게 살지를 못하고 자기에게 주어진 새 위치가 늘 보장이나 되어 있는 것처럼 생각하여서 마음 가운데 자기를 분별하지 못하고 분수없는 생각을 하기도 합니다. 그래서 어느 순간에 이르러 의리도 없고 도덕적인 성격도 바로 발휘하지 못하는 비천한 상태에 빠져들기도 하는데, 그럴 것 같으면 결국 더 크고 불행한 환경으로 떨어지고 마는 것입니다. 우리는 하갈의 경우에서도 그런 예를 보는 것입니다.

그러나 사람이 못나고 힘없을지라도, 비천한 상태에 빠졌을지라도 하나님께서 다시 불쌍히 여기시고 그를 건지실 때는 그만큼 회개하고 하나님 앞에 부르짖어야 하는 것입니다. 본문에는 하갈이 기도했다는 말이 한 마디도 없지만 여호와의 사자가 "네가 아들을 낳으리니 그 이름을 이스마엘이라 해라" 하신 말씀에서 어떤 시사를 얻을 수 있습니다. 왜냐하면 이스마엘이라는 이름은 '하나님께서 들으셨다'는 뜻이기 때문입니다. 이것을 보면 하갈이 그냥 '아이고 아이고, 너무 괴롭고 아픕니다' 하고 신음만 한 것이 아니라, 하나님 앞에 자기의 고통을 얘기한 것입니다. 하갈은 자기에게 큰 고통과 괴로움이 있을 때 다른 데로 가지 아니하고 하나님을 향해서 부르짖고 호소하였습니다. 그리고 다시 14년 후에 물이 없어서 바란 광야에서 거의 죽게 되었을 때, 여호와의 사자를 만나 고통을 아뢰는 장면이 나옵니다. 고통의 수렁에 빠졌을 때 그가 다른 신에게 나아가거나 저 혼자 자기를 저주해 가면서 죽음으로 몰아가지 아니하고 현실의 아픔 속에서 자기를 반성해 가면서 하나님께 호소했다는 것을 우리가 넉넉히 짐작할 수 있습니다.

여기서 또 하나 중요히 볼 것은 하갈이 아브람의 집에서 그 종교 안에서 자라났던 관계로 이미 정당한 신관을 형성하고 있었다는 사실입니다. 그가 여호와의 사자를 대면하고 어떤 말을 들었을 때 '이분이 단순히 사람이 아니고 하나님이시라'는 것을 깨달았던 것입니다. 그래서 "내가 어떻게 여기서 나를 감찰하시는 하나님을 뵈었는고"(창 16:13) 했던 것입니다. 하갈은 자기가 본 그분을 하나님으로 분명히 알았습니다. 성경은 여호와의 사자란 여호와께서 친히 사람의 몸을 입고 나타내시는 한 계시 방식이라는 것을 우리에게 가르칩니다. 만일 그렇게 건져 주시는 일이 없었더라면 하갈의 운명이 얼마나 더 암담해졌을는지 알 수 없습니다. 아브람의 집에서 평소에 배웠던 신앙과 하나님에 대한 지식과 자기의 신앙 생활이 없었더라면 이 술 광야의 막막한 길에서 어떻게 되었을는지 도무지 알 수가 없습니다.

그러나 다행히 그에게는 아브람으로부터 받은 바 거룩한 종교의 지식과 또 하나님께로부터 받은 신앙이 그 안에 있었던 까닭에 하나님의 계시를 받을 수 있는 은총 가운데 들어갔습니다. 하나님께서는 반역하는 사람, 아무것도 아닌 정도로 비천하고 도덕적인 상태가 아주 볼품이 없는 사람에게라도 거듭해서 계시하시는 것이 아닙니다. 계시는 받을 만한 사람에게 하시는 것입니다. 계시를 하시되 그것을 낭비하시지 않습니다. 계시하신 보람이 없게 하는 사람에게는 계시를 하시지 않는다는 것입니다. 지금 이 계시 시대에 하나님이 누구를 선택해서 계시를 하시면 그 사람이 어떤 위치에 있든지 그 계시를 남겨 놓아야 합니다. 가령 하갈과 같이 노예의 위치에 있던 사람일지라도 계시를 잘 받아서 자기 생활에 적용하고 그것을 또한 후세에 전달하여 하나님 나라에 큰 지식의 내용으로 남겨 놓아야 하는 것입니다. 그런 까닭에 하갈도 자기가 받은 계시에 대해서 혼자 가만히 묻어 두지 아니했습니다. 아브람에게 그것을 다 얘기하였습니다. 아브람으로서는 그것이 하나님께서 가르치신 뜻이라는 것을 확실히 인정한 까닭에 하갈이 자식을 낳자 계시하신 대로 이스마엘이라는 이름을 붙여 주었습니다. 이 계시는 사실 온전히 하갈에게만 주었던 계시입니다. 그만큼 하갈은 계시를 잘 보존할 만한 식견과 신앙이 있었던 것입니다. 비록 자기가 잉태한 사실을 알고서 주모를 멸시한, 여성이 보통 갖는 천박한 약점은 있었을지라도 그가 자기를 돌아보고 나왔을 때 하나님께서 다시 은혜를 주신 것입니다.

사실상 그런 약점은 인간이 가지고 있는 옛사람적인 소치에서 나오는 까닭에 아무라도 '나는 그런 것 없소' 하고 장담하지 못합니다. 그렇다고 '하갈이 가지고 있는 신앙과 같은 신앙을 나도 가지고 있소'라고 말하기도 어려운 것입니다. 아무튼 하갈을 붙들어 준 것은 평소에 아브람의 집에서 살아가면서 배워온 거룩한 하나님 나라에 대한 지식과 하나님에 대한 신앙이었던 것입니다. 그것이 충분히 자기 안에서 조화를 이루어서 경건하고 아름다운 덕성 있는 인간을 아직 축조하기 전에 자기로서는 감당하기 어려운 높은 위치, 말하자면 아브람 왕가에서 천만인의 어미가 될 위치에 갑자기 오르니까 그만 방자해지고 만 것입니다. 그러나 교만한 자를 물리치시고 겸손한 자에게 은혜를 주시는 하나님께서 그가 교만했을 때는 물리치셨지만 자기를 반성하고 자책하고 나왔을 때 다시 은혜를 주셨다는 큰 교훈을 여기서 주의해서 보아야 할 것입니다.

하나님의 현현과 신 지식

여기서 하갈이 여호와의 사자를 만나서 받은 바 거룩한 계시의 내용에 대해서 몇 가지 보고 지나갈 것이 있습니다. 처음에 그가 술 광야 길 샘물 곁에 있을 때 여호와의 사자께서 나타나셔서 '아브함의 소실이었던 하갈아' 하고 부르시지 않고, "사래의 여종 하갈아" 하고 불렀습니다. 하갈이 원래 처해 있는 자리를 시사한 것입니다. 거기에는 '네가 남의 여종인데 어디를 가느냐?' 하는 의미도 분명하게 들어 있습니다. '종이면 주인에게 붙어 있어야지 왜 네 맘대로 이렇게 아무도 없는 황막한 술 광야에서 돌아다니느냐?' 하는 말씀과도 크게 다르지 않은 것입니다. 그래서 그 다음에 "사래의 여종 하갈아, 네가 어디서 왔으며 어디로 가느냐?" 하신 것입니다. 그렇게 물을 때 하갈은 '대체 이게 누군가?' 하고 그냥 막연히 있지 않았습니다. 물으시는 분이 벌써 사래의 여종이라는 것을 알고 딱 물을 때 하갈은 일찍이 아브람 집에서 자기가 보지 못하던 인물이라는 것을 알았을 뿐 아니라 그 인물에 대하여 벌써 깊이 숭앙하는, 두려운 심정을 가졌을 것입니다. 왜냐하면 여호와께서 어떤 형식으로든지 인간의 형상으로 나타나실 때 미미해서 아무도 알아보지 못하는 형식으로 나타나는 것이 아니기 때문입니다. 아브람이 헤브론에 살 때 세 천사가 나타났는데 그때도 아브람이 달려나가 그 앞에 무릎을 꿇고 절을 할 만큼 숭고한 자태를 가지고 있었던 것입니다. 또 두 천사가 소돔과 고모라를 멸망시키기 위해서 소돔 성에 들어갔을 때 롯은 그 성의 지배자의 한 사람이라는 표시로 성문 높은 자리에 떡 앉아서 성 사람들의 송사(訟事)를 처결하던 위치에 있다가 곧 내려가서 절을 하고 맞이했습니다. 천사라도 영광을 가지고 나타날 때는 그렇거든 하물며 거룩하신 하나님이 인간의 형식으로 현현(顯現)하실 때 거룩하신 그분의 에피파니(epiphany)의 현실은 사람에게 무슨 말을 하지 않더라도 알 수 있는 숭고하고 거룩한 용자(容姿)를 띠는 것입니다.

물론 하나님께서 취하신 가장 겸비한 형식은 여호와의 사자의 형식보다도 오히려 종의 형식이었습니다. 예수 그리스도의 형식을 취하신 것입니다. "예수 그리스도께서는 근본 하나님의 본체시나 하나님과 동등됨을 취할 것으로 여기지 아니하시고 오히려 자기를 비워 종의 형체를 가지사 사람들과 같이 되셨습니다"(빌 2:6-7). 그렇게 종의 형상을 취하신 예수님을 사람들이 그냥 덮어놓고 쳐다볼 때는 알지 못했지만, 주의해서 본 경우에는 예수님에게서 그가 하나님이신 것을 알 만한 조건들을 얼마든지 발견할 수 있었습니다. 예수님께서 사마리아의 수가 성에 가셨을 때 물 길러 나왔던 어떤 여인과 얘기하신 일이 있습니다. 처음에 예수님께서 그 여인에게 남편을 불러오라니까 여인은 "남편이 없습니다"고 대답하였습니다. 그러자 예수님은 말씀하시기를 "네가 전에 남편 다섯이 있었지만 지금 있는 자는 네 남편이 아니니 네 말이 참되다"(요 4:18)고 하셨고, 그것을 듣고 처음에는 '아, 이분이 선지자인가 보다' 하고 느꼈으나 나중에는 그분이 메시야라는 것을 알게 되었습니다. 차례차례 그에게서 누구이신가를 찾아낼 수 있는 조건들을 발견할 수 있었던 것입니다.

세례 요한은 예수님께서 요단 강으로 세례를 받으러 나오실 때 그가 누구이신가를 알아보았습니다. 요한복음 1:29부터 읽어보면 "이튿날 요한이 예수께서 자기에게 나아오심을 보고 가로되 보라 세상 죄를 지고 가는 하나님의 어린양이로다"고 했는데, 그는 어떻게 예수님이 그런 분인 줄 알았습니까? 계속해서 보면 "내가 전에 말하기를 내 뒤에 오는 사람이 있는데 나보다 앞선 것은 그가 나보다 먼저 계심이라 한 것이 이 사람을 가리킴이라. 나도 그를 알지 못하였으나 내가 와서 물로 세례를 주는 것은 그를 이스라엘에게 나타내려 함이라. 요한이 또 증거하여 가로되 내가 보매 성신이 비둘기같이 하늘로서 내려와서 그의 위에 머물렀더라." 요한은 그것을 볼 수 있었습니다. "나도 그를 알지 못하였으나 나를 보내어 물로 세례를 주라 하신 하나님께서 나에게 말씀하시기를 성신이 내려서 누구 위에든지 머무는 것을 보거든 그가 곧 성신으로 세례를 주는 이인 줄을 알라 하셨기에 내가 보고 그가 하나님의 아들이심을 증거하였노라." 요한이 예수 그리스도를 하나님의 아들로 알고, 세상 죄를 지고 가는 어린양으로 알고, 또 성신으로 세례를 줄 분으로 안 이유는 자기를 보내어 세례를 주라고 사명을 주신 하나님께서 가르쳐 주셔서 알았던 것입니다. 이렇듯 알 수 있는 조건들 예컨대 언어 가운데서든지 혹은 행위 가운데서든지 그렇지 아니하면 어떤 특이한 거룩한 영광이 그에게 비춤으로써 드러나는 자태를 통하여 은혜 받은 사람들은 하나님을 알 수가 있었습니다.

예를 들면 변화산에서 예수님이 변화하셨을 때에 거기에는 예수님과 함께 세 제자도 같이 올라가 있었는데 그때 모세와 엘리야도 함께 나타났다고 기록하고 있습니다. 세 제자의 보고에 따라 모세와 엘리야에 대한 내용을 복음서 기자들이 기록했지만 일찍이 베드로, 요한, 야고보가 모세나 엘리야를 본 일은 물론 없습니다. 모세나 엘리야가 어떻게 생겼다는 그림조차 본 적이 없을 것입니다. 그런데 변화산에서 예수님이 변화하셨을 때 그 옆에 모세와 엘리야가 나타나자 '아, 하나는 모세고 하나는 엘리야로구나!' 하고 당장에 알았습니다. 그냥 이상한 감(感)으로 저절로 알았겠습니까? 물론 내시(內示)하는 하나님의 계시가 있었지만 원래 계시의 방식이 내시로만 전부를 삼지는 않는 것입니다. 만일 주관적인 내시만 있다면 그 사람이 자다가 혼몽히 꿈꿨다고 해도 할 말이 없을 것입니다. 그러나 그것이 확실한 진리요 계시가 되려면 객관적인 증거로서의 계시가 늘 붙어다니는 것입니다. 그러므로 거기에는 틀림없이 객관적인 증거가 있었던 것입니다. 모세와 엘리야로 인지할 만한 요소가 거기에 있었습니다. 모세와 엘리야가 서로서로 이름을 불렀다든지 자기가 누구라는 것을 표시할 만한 충분한 대화나 어떤 그럴 만한 표시가 있었던 까닭에 알았다는 것입니다.

하나님 나라의 거룩한 교통의 관계에서 특별히 하나님의 현현(epiphany) 즉 사람의 형식으로 나타나시는 영광을 우리가 알아보기 위해서는 첫째, 알려는 그 사람에게 어떤 일정한 신관이 형성되어 있어야 합니다. 전연 아무 신관도 없다든지 마음 가운데 사신(邪神) 우상밖에 없는 사람이라면 거룩한 하나님의 자태를 하나님의 자태로 바로 알 길이 없는 것입니다. 더군다나 사람의 형식을 취하고 친히 현현하실 때 그런 인간상만으로는 충분히 알 수가 없는 것입니다. 그러나 그의 신관이 정당하고 이상하지 아니하면 알 수가 있습니다. 예를 들면 어떤 사람이 기도를 열심히 하는데 예수님이 나타나셨다고 할 때 그에게 그분이 예수님인 줄 어떻게 알았느냐고 물어 보면 머리에 가시면류관을 썼으니 예수님인 줄 알았다고 합니다. 혹은 그 손의 못자국을 보고 예수님인 줄 알았다고 합니다. 그렇다면 그것이 건강하고 정당한 크라이테리어입니까? 그것은 불건강하고 부정당한 척도라는 것입니다. 그런 식으로 아는 것이 아닙니다. 성경이 우리에게 풍부한 계시로 제공한 바 예수께서 어떤 분이신 것을 그분의 속성과 인격으로 아는 것입니다. 단순히 어떤 모양을 했다고 해서 그 모양을 보고 예수님이라고 속단하는 것은 부정당할 뿐 아니라 흔히 그릇된 데로 이끌리는 장본(張本)이 되는 것입니다.

하갈은 여호와의 현현 문제에 대해서 여호와께서 인간적인 형태로 나타나신 상이 어떻다고 배운 일은 없습니다. 이러저러한 사람이 어떻게 나타나거든 여호와인 줄 알라고 가르침을 받은 일이 없습니다. 사실 그럴 필요도 없었을 것입니다. 아브람이 여러 번 계시를 받은 사실이 있는 까닭에 생각건대 아브람의 집에서 일하는 종으로서 그는 하나님에 대해서 듣고 보고 배운 바가 어느 정도 있었을 것입니다. 하나님께서 계시하신 내용에 대하여 아브람이 그 계시를 전해 줄 의무가 있었습니다. 따라서 집안 모든 사람들에게 가르치고 전할 때 거기서 듣고 배운 사람들이 필연적으로 중요히 형성하게 되는 것은 신관입니다. 오늘날 우리가 신구약을 통해서 하나님이 가르치신 말씀을 잘 배워 가지고 먼저 확호하게 세워야 할 중요한 사상은 신관입니다. 그것이 뭐냐 하면 그리스도가 어떠한 분이냐 하는 것입니다. 아주 구체적으로 그리스도에게 집약됩니다. 왜냐하면 "본래 하나님을 본 사람이 없으되 아버지 품속에 있는 독생하신 하나님이 나타내셨느니라"(요 1:18) 해서, 하나님을 가장 잘 계시하신 그분이 예수 그리스도인 까닭에 그리스도에 대한 우리의 바른 관찰과 정당한 지식으로써 하나님에 대해서 바로 깨닫는 것이기 때문입니다. 그런즉 '모든 지식은 궁극적으로 하나님을 바로 아는 데로 귀결해야 정당한 것이다' 하고 위대한 개혁자는 주장하였습니다.

하갈이 받은 계시의 내용

하갈은 아브람의 집에서 평소에 배운 야훼 하나님, 언약하신 하나님, 대속하신 하나님, 거룩한 은혜로 의(義)를 입혀 주시는 하나님, 속죄하시는 하나님이심을 기억하였습니다. 자기가 가장 어려운 환난에 처하여 고통 가운데 신음하게 되자 하갈은 죄를 사하시며 용서하시고 불쌍히 여기시는 하나님 앞에 구했을 것입니다. 자신의 고통에 대해서 말씀을 드렸던 것입니다. 그런 까닭에 여호와의 사자가 나타나서 "여호와께서 네 고통을 들으셨음이니라"고 하였습니다. '너는 네 속에 잉태한 아이를 낳게 될 것이다. 그런즉 소망이 없는 여자가 아니라 이제부터 다시 소망이 있는 여자가 되리라. 절망 가운데 앞길이 어떻게 될지 전연 알지 못하고 막막한 가운데 정처 없이 떠나가는 사람이 아니다. 너에게는 갈 길이 있다. 아브람의 집으로 돌아가거라. 하나님에 대해서 배우고 거룩한 도리를 배운 그 집으로 돌아가거라. 전에 네가 맡은 임무가 사래의 시비(侍婢) 노릇이었는데 가서 다시 사래의 시비로서 네 일을 충실히 행하라'고 하신 것입니다.

제1세기에도 많은 노예들이 교회 안에 들어왔지만 그들에게 이르길 다 자기 주인을 섬기되 이제부터는 사람을 섬기는 뜻으로만 섬기지 말고 예수 그리스도를 섬긴다는 것을 깨닫고 섬기라고 명확하게 가르쳐 주었습니다만, 하갈에게도 이 일관된 거룩한 가르침이 주어진 것입니다. "네 여주인 사래에게로 돌아가서 그 수하에 복종하라." 이것이 하나님께서 하갈에게 말씀하시는 중요한 첫째의 선언입니다. '돌아갈 곳이 없는 것이 아니다. 너는 그리로 돌아가야 한다. 그것 이외의 다른 데 돌아가서 네가 무엇을 얻겠느냐? 이교의 우상 숭배와 흑암, 하나님을 반역하는 것밖에 더 얻을 것이 없다.' 하갈이 그의 여주인에게로 돌아가는 것은 하나님의 거룩하신 뜻 안에 들어 있는 크신 내용입니다. 만일 그가 아브람의 집으로 돌아가지 아니하고 저 혼자 다른 데로 간다면 갈 곳이 어디 있겠습니까? 다른 어디에 하나님의 말씀이 있고, 또 하나님 나라의 거룩한 자태를 더듬어 찾을 곳이 어디 있겠습니까? 오히려 다른 데로 간다면 흑암과 반역과 죄악과 불의 가운데 들어갈 수밖에 없습니다. 그런 까닭에 아브람의 집으로 돌아가서 자신의 본래 위치에 서서 충실하게 사래를 섬기라고 하신 것입니다.

그 대신 사래나 아브람이 하갈을 학대할 수 없게 계시를 주셨습니다. 앞으로 낳을 이스마엘을 통해서 후손이 크게 번성하되 그 수를 능히 셀 수 없을 만큼 될 것이라고 하셨습니다. 이후에 다시 이스마엘을 내쫓으려고 할 때 아브람에게도 "그로 한 민족을 이루게 하리라"고 하셨고, 그리고 이스마엘이 광야에서 방황할 때 이스마엘의 기도를 들으시고 하갈에게 "그로 큰 민족을 이루게 하리라"고 하셨습니다(21:13, 18). 이스마엘에 관하여는 나중에 배우겠지만 하나님께서 이스마엘에게 복을 내리시겠다고 하갈에게 계시해 주셨다는 것을 주의해서 보시기 바랍니다. 이런 계시의 내용을 하갈이 다시 돌아가서 아브람과 사래를 만났을 때 그들에게 다 얘기했을 것입니다. 하나님을 두려워하고 공경하는 아브람과 사래로서는 하갈의 그런 이야기를 듣고 소홀히 생각할 수 없었을 것입니다. 하나님께서 복 주실 자식을 잉태하고 있는 하갈을 학대한다든지 가혹하게 한다든지 하여 하나님 앞에 두려운 죄를 범하지는 아니했을 것입니다. 사래로서는 특별히 하나님께서 하갈을 은혜로 둘러 주신 것을 생각하여 비록 자기 수하에 있다고 할지라도 마음대로 못 하였을 것입니다. 하갈이 받은 바 계시는 첫째로 돌아가라는 것이고, 둘째로 그 자손이 번성해서 그 수를 셀 수 없으리라는 것이고, 셋째로 아들을 낳으면 그 이름을 이스마엘로 하라는 것입니다.

아브람의 씨와는 다른 성격을 갖는 이스마엘

이스마엘이란 이름은 '여호와께서 네 고통을 들으셨다'는 뜻입니다. 그 이름과 함께 그 아들이 어떤 사람이 될 것을 얘기했습니다. "그는 사람들 중에 들나귀같이 되리니 그 손이 모든 사람을 치겠고 또 모든 사람의 손이 저를 칠 것이며 그가 모든 형제의 동방에서 거하게 될 것이라"고 하셨습니다. 지금 여호와의 사자가 샘물 곁에서 하갈에게 한 말대로 보면 하나님께서 아브람에게 주신 약속의 내용과는 크게 다른 인물이 나올 것을 분명히 가르치고 있습니다. 하갈이 아브람의 부실로 들어가서 아이를 뱄을 때 그는 이제 자기가 낳을 자식이 아브람에게 주신 큰 언약과 복의 내용을 계승하리라는 부푼 희망을 가지고 살았지만, 그것이 아니라는 것입니다. 그가 낳을 아들이 천하 만국의 복의 기관으로 존재하는 것이 아니라 뭇 사람에 대해서 적이 되고 모든 형제들의 동방에 가서 거할 것이라 하셨습니다. 여기서 장차 이스마엘의 형제가 난다는 것을 생각할 수 있습니다. 그러면 이스마엘의 형제가 있습니까? 이스마엘의 형제라면 직접적으로는 이삭입니다. 그러나 여기서 형제란 반드시 이스마엘의 직접적인 형제간을 말하기보다 그 자손들이 있을 것이라는 얘기입니다. 그 "형제들의 동방에서 살리라" 즉 형제들 가운데 동방에서 거한다는 것은 이스마엘 자손 자체를 이야기한 것입니다. 이스마엘의 자손들이 동방에 거한다 할 때 우리는 오늘날의 수많은 아랍 사람들을 생각하는 것입니다. 이삭의 후예들이 히브리 국가를 건설하고 사는 곳의 동남쪽에 아라비아가 있습니다. 거기서 사는 수많은 아랍 사람들은 들나귀같이 베두인의 독특한 생활 생태를 취하여 항상 공격하는 것을 미덕으로 삼는 '들의 사람들'입니다. 쟁투를 좋아하며 약탈을 일삼는 그들은 다른 부대가 지나갈 때 쫓아가서 치는 것이 하나의 도덕률로 되어 있는데, 이러한 한계 없이 분방한 베두인 생활의 도덕률을 충분히 짐작할 수 있게 하는 예언의 말씀을 내리신 것입니다.

결국 어떤 광야에서 독특한 생태를 가질 큰 족속이 나올 것을 가르친 것입니다. 이것은 결코 아브람에게 창세기 12장에서 약속하신 하나님 나라의 한 모델로서 나타날 민족에 대한 얘기가 아님을 알 수가 있습니다. 그 점을 아마 하갈도 충분히 느끼게 되었을 것입니다. 결국 여기서 하갈은 아브람에게 약속하신 자녀가 자기에게서 나올 것이라는 기대를 포기하게 된 것입니다. 그 후 자기는 자기대로 자식을 낳아서 그 자식이 땅 위에서 번성하여 큰 족속을 이루는 독특한 생활 형태를 취하고 살 것이라는 예언의 말씀을 늘 명심했을 것입니다. 하갈이 아브람에게 돌아가서 이런 얘기를 다 했을 때 그 계시에 의해서 아브람은 자기가 잘못한 것을 더 깨달았을 것이고 하나님께서 자기의 씨라고 하는 자를 주시기까지 경건한 태도로 기다리고자 하였을 것입니다. 하갈은 신앙 있는 여인으로 아브람의 집안에서 그 종교 가운데 건실히 살면서 자기 자식을 기르는 사람으로 있다가 나중에 이삭이 난 다음에 여러 가지 문제가 발생해서 이스마엘과 함께 전연 생활의 형태를 달리하게 되었습니다. 두 큰 가계(家系)가 함께 있는 것을 하나님께서도 원치 아니하셔서 그 사람들을 내보내심으로 그것이 계기가 되어 이스마엘은 바란 광야에서 저의 어머니를 모시고 차례차례 창대한 민족을 이뤄 가면서 살아가는 것을 볼 것입니다.

하나님에 대한 실제의 지식이 중요함

하나님께서 하갈을 불쌍히 여기시고 그에게 나타나시사 구원하셨다 하는 사실을 우리가 명심하십시다. 하갈이 여호와의 사자가 이른 숭엄한 말씀을 믿지 아니했더라면 아무것도 저에게 돌아올 것이 없었을 것입니다. 그만큼 그는 말씀하시는 상대를 알고 또 그만큼 존중할 줄 아는 신앙을 가지고 있었습니다. 그러므로 그가 사래 앞에서 아브람의 측실(側室)로 있을 때 방자했던 사실 하나만을 가지고 그를 아주 몹쓸 여자요 괴상한 여자로 돌릴 수는 없습니다. 한때 측실로서 가지기 쉬운 심정을 표출하였다 하더라도 평온히 지낼 때는 오히려 빈천한 노예 계급에 있던 불쌍한 사람으로 고요히 순종하고 살았던 것입니다.

하나님께서 아브람을 크게 교육하시려고 하갈을 내보내게 되자 아브람은 가정의 질서를 되찾았고 하갈은 그 일로 뛰쳐나갔다가 계시를 받고 돌아왔던 것입니다. 이것은 하갈이 가지고 있는 미덕이요 훌륭한 신앙입니다. 이러한 미덕과 훌륭한 신앙은 평소 아브람의 집에서 계시의 가르침을 받고 자라난 까닭에 생긴 것이지 그렇지 아니했다면 도저히 그런 것이 발생할 수가 없습니다.

더군다나 하나님의 거룩한 허락의 말씀을 받아 나갈 때 하갈은 그 하나님에 대해서 충분히 인지하고 "내가 어떻게 여기서 나를 감찰하시는 하나님을 뵈었는고" 하면서, 자기에게 이르신 여호와의 이름을 '감찰하시는 하나님'이라 하였습니다. 이 말에는 '아, 하나님을 내가 뵈었는데도 나는 살았구나!' 하는 의미도 있지만, 더 중요한 것은 하나님을 만나 뵈었다 하는 것을 참으로 감사히 생각했다는 뜻이 들어 있습니다. 그래서 그가 앉았던 샘 이름을 '브엘라하이로이'(בְּאֵר לַחַי רֹאִי)라고 하였는데 '나를 보시는 살아 계신 분의 우물'이라는 뜻입니다. 하나님은 살아 계시사 나의 고통을 들으시고 이렇게 생생하게 나를 건지셨다는 것을 감사하는 표시도 됩니다. 이렇게 이름을 붙여서 기념을 하였는데 하갈은 후에 아주 큰 족장 이스마엘의 어머니가 된 까닭에 이스마엘의 연고지로서 '브엘라해로이'라는 이름도 후세까지 전해진 것입니다. 미미한 한 여자가 이름을 지었다고 그 이름이 전해진 것이 아니라 그가 나중에 위대한 천만인의 어머니가 된 까닭에, 그들의 후손이 거기서 많이 산 까닭에 그 자리가 기념된 이름 그대로 유지된 것입니다. 이렇게 그는 우물에 이름을 붙여서 자기를 감찰하시는 하나님을 분명히 본 사실을 고백하고 또 아브람에게 돌아가서 사실 얘기를 다 했을 것으로 생각합니다.

사람이 하나님의 계시를 받았을 때 그 계시에서 하나님을 바로 깨닫고 안 여러 가지 지식들을 자기가 늘 담아 두는 것이 중요한 일입니다. 하나님의 말씀을 배우는 가장 중요한 목적도 거기에 있습니다. 우리가 어떻게 하나님의 뜻을 알 수 있겠는가 하는 문제도 결국은 그 사람이 얼마만큼 하나님의 말씀에 대하여 바로 알고 깊이 아느냐에 따라서 정해지는 것입니다. 모든 사람에게 똑같이 누구나 인지할 수 있게 '이것이 하나님의 뜻이다' 하고 꼭 쥐어 주게 안 되어 있습니다. 하나님의 말씀에 대한 지식이 깊으면 깊은 만큼 더 깊이 깨달을 수가 있는 것입니다. 그처럼 깊이 깨달을 수 있을 때 하나님께서 우리에게 그 깨달음에 상당하게 은혜를 베푸셔서 무엇을 알려 주시면 그것이 그에게는 성신께서 쓰실 더 풍성한 은혜의 방도가 되는 것입니다. 만일 하갈이 하나님을 그만큼 인지할 만한 식견이 부족했더라면 거기서 건짐을 받을 수 없었을 것입니다. 브엘라해로이에서는 하나님에 대한 실제의 지식이 중요했지 다른 어떤 종교의 형식은 필요 없는 시간이었습니다. 하나님에 대한 실제 지식이 여호와의 사자를 인지케 했던 것입니다.

하나님에 대한 바른 지식을 가지고 있어서 형식적인 종교 가운데 빠져들지 않아야 합니다. 하나님은 어떤 분이시며 어떠한 것으로 하나님을 알 수 있는가, 어떻게 하나님의 뜻을 확실히 알 수 있고 또 확신할 수 있는가 하는 이런 점들을 바로 붙들어야 하는 것입니다. 그런 것들을 붙들지 못하고 기도를 많이 해야 한다든지 무엇을 어떻게 열심히 해야 한다든지 하는 종교의 여러 가지 형식과 행사에만 자꾸 치중하게 되면 일단 하갈과 같은 큰 문제 앞에 섰을 때 아무것도 알 길이 없는 것입니다. 하갈이 받은 이 큰 은혜는 무식하고 몽매한 자에게 덮어놓고 뚝 떨어진 것이 아니라는 것을 주의해야 할 것입니다. 하갈이 아브람의 곁에서 사는 동안에 그만큼 하나님 나라에 대한 훌륭한 지식의 장성이 있었다 하는 것을 여기서 또 하나 보는 것입니다.

기도

거룩하신 아버지, 저희가 주의 말씀을 상고하면 그만큼 더 하나님 나라에 대한 바른 지식이 증가해야 하고, 그런 모든 지식들은 하나님이 누구이시고 어떤 분이시며 그리스도는 누구이시냐 하는 것을 좀더 바르고 깊게 아는 데로 귀결되어야만 하겠사옵나이다. 하갈이 하나님에 대한 정당한 지식이 없었더라면 브엘라해로이에서 여호와의 사자를 뵈었을 때 진실로 그가 무슨 판별을 할 수 있었겠나이까? 그러나 하갈은 주님을 알아보았고 주님께서는 그를 불쌍히 여기시사 나타나셔서 그를 건지시려고 은혜를 베푸셨사옵나이다. 저희도 각각의 위치에서 주님 앞에 경건히 살고 겸손히 살고 주께서 주시는 은혜의 위치를 기화로 오만 방자한 일을 행한다든지 그릇된 생각을 하는 일이 없게 하시고, 항상 자기를 바로 판단하고 자기의 위치가 취약하다는 것을 볼 줄 알게 하시며, 그리하여 하나님을 늘 믿고 의지하고 매달리면서 거룩되이 열매를 맺고 살아가게 인도하시옵소서.

  우리 주 예수님 이름으로 기도하옵나이다. 아멘.

언약의 징표로서의 할례

제20강

창세기 17:1-27

아브람의 구십구 세 때에 여호와께서 아브람에게 나타나서 그에게 이르시되 나는 전능한 하나님이라 너는 내 앞에서 행하여 완전하라 내가 내 언약을 나와 너 사이에 세워 너로 심히 번성케 하리라 하시니 아브람이 엎드린대 하나님이 또 그에게 일러 가라사대 내가 너와 내 언약을 세우니 너는 열국의 아비가 될지라 이제 후로는 네 이름을 아브람이라 하지 아니하고 아브라함이라 하리니 이는 내가 너로 열국의 아비가 되게 함이니라 내가 너로 심히 번성케 하리니 나라들이 네게로 좇아 일어나며 열왕이 네게로 좇아 나리라 내가 내 언약을 나와 너와 네 대대 후손의 사이에 세워서 영원한 언약을 삼고 너와 네 후손의 하나님이 되리라 내가 너와 네 후손에게 너의 우거하는 이 땅 곧 가나안 일경으로 주어 영원한 기업이 되게 하고 나는 그들의 하나님이 되리라 하나님이 또 아브라함에게 이르시되 그런즉 너는 내 언약을 지키고 네 후손도 대대로 지키라 너희 중 남자는 다 할례를 받으라 이것이 나와 너희와 너희 후손 사이에 지킬 내 언약이니라 너희는 양피를 베어라 이것이 나와 너희 사이의 언약의 표징이니라 대대로 남자는 집에서 난 자나 혹 너희 자손이 아니요 이방 사람에게서 돈으로 산 자를 무론하고 난 지 팔 일 만에 할례를 받을 것이라 너희 집에서 난 자든지 너희 돈으로 산 자든지 할례를 받아야 하리니 이에 내 언약이 너희 살에 있어 영원한 언약이 되려니와 할례를 받지 아니한 남자 곧 그 양피를 베지 아니한 자는 백성 중에서 끊어지리니 그가 내 언약을 배반하였음이니라 하나님이 또 아브라함에게 이르시되 네 아내 사래는 이름을 사래라 하지 말고 그 이름을 사라라 하라 내가 그에게 복을 주어 그로 네게 아들을 낳아주게 하며 내가 그에게 복을 주어 그로 열국의 어미가 되게 하리니 민족의 열왕이 그에게서 나리라 아브라함이 엎드리어 웃으며 심중에 이르되 백 세 된 사람이 어찌 자식을 낳을까 사라는 구십 세니 어찌 생산하리요 하고 아브라함이 이에 하나님께 고하되 이스마엘이나 하나님 앞에 살기를 원하나이다 하나님이 가라사대 아니라 네 아내 사라가 정녕 네게 아들을 낳으리니 너는 그 이름을 이삭이라 하라 내가 그와 내 언약을 세우리니 그의 후손에게 영원한 언약이 되리라 이스마엘에게 이르러는 내가 네 말을 들었나니 내가 그에게 복을 주어 생육이 중다하여 그로 크게 번성케 할지라 그가 열두 방백을 낳으리니 내가 그로 큰 나라가 되게 하려니와 내 언약은 내가 명년 이 기한에 사라가 네게 낳을 이삭과 세우리라 하나님이 아브라함과 말씀을 마치시고 그를 떠나 올라가셨더라 이에 아브라함이 하나님이 자기에게 말씀하신 대로 이 날에 그 아들 이스마엘과 집에서 생장한 모든 자와 돈으로 산 모든 자 곧 아브라함의 집 사람 중 모든 남자를 데려다가 그 양피를 베었으니 아브라함이 그 양피를 벤 때는 구십구 세였고 그 아들 이스마엘이 그 양피를 벤 때는 십삼 세였더라 당일에 아브라함과 그 아들 이스마엘이 할례를 받았고 그 집의 모든 남자 곧 집에서 생장한 자와 돈으로 이방 사람에게서 사온 자가 다 그와 함께 할례를 받았더라.

언약의 징표로서의 할례
제20강

13년 동안 아브람에게 있었던 한 가지 문제

창세기 17장에 있는 말씀을 생각하겠습니다. 여기에 기록된 사건은 아브람의 나이 99세 때, 그러니까 이스마엘을 낳은 지 13년이 지난 때의 일입니다. 우리가 지난번에 하갈의 사건에 대하여 생각했는데, 여호와의 사자가 브엘라해로이라는 수르 광야의 샘 곁에 나타나서 하갈이 아들을 낳을 것과 그 이름을 이스마엘이라고 할 것과, 그리고 그가 어디서 어떻게 살 것인가에 대해서 말씀하셨습니다. 하갈은 그 말씀을 듣고 순종하여 다시 아브람의 집, 사래의 손 아래로 돌아가서 복종을 하고 살았습니다. 하갈은 하나님께서 그에게 전한 숭고한 여러 가지 계시를 아브람에게 얘기를 했지 감추지 않았을 것입니다. 왜냐하면 그런 사실을 은휘(隱諱)하지 못할 줄을 아는 까닭입니다. 두려우신 하나님 앞에서 받은 거룩한 계시였던 것입니다. 그때 계시를 받는 자로서의 생활을 계속적으로 하고 있는 아브람에게 그것을 숨기고 아무 말도 않는 것이 정당하지 아니한 것임을 알았습니다.

아브람은 하나님이 계시하신 대로 아이를 낳은 후에 이스마엘이라 이름을 짓고 안온하고 조용하게 지낸 것 같습니다. 거기에 특별한 변화가 별로 없고 기록할 만한 사실이 없어서 모세도 그 13년 동안의 생활에 대해서 뭐라고 말한 것이 없는 것 같습니다. 그러나 그렇게 13년 동안을 지내면서 늘 하나의 문제가 아브람에게 있었습니다. 두말할 것도 없이 그것은 하나님께서 허락하신 복의 내용이 어떻게 이루어질 것인가 하는 문제입니다. 자기에게서 난 씨라야 자기의 후사가 되고 그 후손들이 대대로 하나님을 모시고 살며 하나님 나라의 거룩한 내용을 이루어 나갈 것인데, 그러한 자기의 씨가 지금 없다는 것입니다. 이스마엘이 자기 후사가 아니라는 것은 하갈이 받은 계시를 통하여 이미 알고 있습니다. 브엘라해로이에서 이스마엘에 대하여 하갈에게 이야기 하신 대로 하나님께서 이스마엘에게 내리신 장래의 여러 가지 복의 내용과 나아가야 할 생활의 성격을 살펴보면 크신 허락으로 아브람에게 내리신 내용과는 직접 관계되지 아니한 것을 곧 알 수가 있기 때문입니다.

아브람은 갈대아 우르에서 나올 때에 하나님의 지시를 받고 나왔는데 그를 불러내신 목적이 있었습니다. 창세기 12장을 보면 "그가 큰 민족을 이루고 그 이름이 창대해지리니 천하 만국이 그로 인하여 복을 받을 것이며, 그를 축복하면 하나님께서 복을 주시고 그를 저주하면 하나님이 저주하신다"는 큰 은혜를 내리셨습니다. 그리하여 막연하지만 큰 목표를 가지고 하나님께서 지시하시는 대로 갈대아 우르에서 하란 땅으로 갔다가, 하란에서 남쪽으로 향하여 가나안 땅에 이르렀던 것입니다. 멀고 먼 수천 리의 길을 내려왔던 것입니다. 그가 가나안 땅으로 내려와서 세겜에서 장막을 치고 있을 때 하나님께서 모레 상수리나무 아래에서 그에게 다시 나타나셔서 "이 땅을 네 자손에게 줄 것이다"고 하셨습니다. 창세기 13장을 보면, 아브람과 롯이 서로 갈려서 롯은 평지 땅을 선택하여 떠나서 요단 들을 차지하게 됩니다. 아브람이 벧엘과 아이 사이에서 그대로 서서 바라보고 있을 때 하나님께서 다시 그에게 약속의 말씀을 일러 주십니다. "너는 눈을 들어 너 있는 곳에서 동서남북을 바라보라" 하시고, "일어나 그 땅을 종과 횡으로 행하여 보라" 하셨습니다. 그리고 그 땅들을 아브람과 그의 자손에게 줄 텐데 그렇게 되면 그 땅이 영원한 기업이 될 것이라고 가르쳤습니다(창 13:15). 이때 비로소 '자손'이라는 문제와 '영원한 기업'이라는 관념이 분명히 나타납니다. 자손이라 할 때도 그게 얼마나 많은 자손인가 하면 '땅의 티끌같이 많은' 자손을 얻을 것이라고 했습니다. 그 다음에 15장을 보면 아브람은 헤브론에서 다시 큰 계시를 받았는데 "네 몸에서 날 자가 네 후사가 되리라 하시고 그를 이끌고 밖으로 나가 가라사대 하늘을 우러러 뭇 별을 셀 수 있나 보라. 네 자손이 이와 같으리라"고 하셨습니다.

이렇게 하나님께서는 아브람에게 거듭거듭 두 가지의 문제 즉 땅이라는 문제와 자손이라는 문제에 대하여 계시해 주셨습니다. 땅과 자손에 대하여 하나님의 계시를 받은 아브람으로서는 필연 '하나님께서 나에게 자손을 주셔서 이 땅으로 영원한 기업을 삼게 하실 것이다. 나의 자식에서 비롯된 후손들이 대대로 이 땅을 차지하고 경영할 터인데 결국 여기서 하나님의 거룩한 산업이 출발해 나갈 것이다'고 생각했던 것입니다. 그러던 처지에 마침내 자기의 꾀로 하갈을 얻어서 자식을 낳았지만 자기에게 내리신 크신 계획에 관한 계시의 내용을 그대로 전승하리라고 생각할 수 없는 성격의 아이가 될 것이라는 말씀을 들었을 뿐입니다. 이스마엘은 광야에 거하며 들나귀같이 살되 그의 손은 모든 사람을 치고, 모든 사람의 손이 그를 치며 형제 중에 동방에서 거한다는 것이었습니다. 그것은 아브람에게 내리신 언약의 내용, 그와 그의 자손이 하나님의 산업이 된다는 복록(福祿)의 내용과는 전혀 다른 물질적이고 육신적인 성격입니다. 이런 것을 생각할 때 아브람으로서는 이스마엘을 '과연 하나님이 내게 주셔서 하나님께서 약속하신 큰 내용을 이뤄야 할 나의 자식이로다' 하고 명확하게 믿고 기대할 수가 없었던 것입니다. 그렇다면 남은 문제는 이 가나안 땅에서 장차 하나님의 산업을 형성하여 복의 기관 노릇을 해야 할 민족을 이룰 자식은 어디에 있느냐 하는 것이었습니다.

고요히 기다리는 신앙

이 문제에 대해서 그는 13년 동안 어떻게 하시려는가 하고 기다렸습니다. 하나님께서 수르 광야에서 하갈에게 보이신 이스마엘에 대한 계시를 다시 회억(回憶)해 보고 분석해 볼지라도 이스마엘이 약속의 자식이라고 결정할 만한 아무런 내용이 없었습니다. 이스마엘과 그의 후손들의 성격과 생활 상태가 어떠하리라는 것에 대하여 생각을 해 보더라도 그것은 다만 하나님께서 아브람에게 주신 큰 경륜의 내용을 이어갈 사람이 아니라는 것을 가르치시려는 것뿐이었습니다. 그렇다면 분명히 하나님께서 그 산업의 내용으로 정하신 사람이 별달리 나와야 할 것이라는 얘기밖에 안 됩니다. '계시대로 보면 분명히 그는 나의 씨라야 할 텐데, 그렇다면 대체 어떻게 되는 것인가?' 아브람은 이스마엘을 낳기 전에 하갈을 취한 문제로 여러 가지 새로운 사실들을 배웠습니다. 비록 자기가 모르고 한 일일지라도 하나님의 큰 원칙에서 벗어난 상태, 변칙적인 가정의 모습을 바로잡아 세워 주셨습니다. 또한 자기 스스로 계획하여 하나님의 복록의 내용을 성취시켜 보려고 하는 것이 하나님의 크신 원칙과는 어긋난다는 것을 거기서 발견하고 그렇게 해서는 안 되겠다고 생각하기도 하였습니다.

하나님의 거룩한 계획과 그리고 하나님의 덕과 법칙은 서로 충돌하지 않고 조화할 수밖에 없는데 현실상 자기에게 상충되는 여러 가지 사실을 볼 때 그렇게 해서는 아니 되겠다고 생각하고 먼저 자기의 당면의 의를 행한 다음에 하나님의 뜻을 기다리고 있었습니다. 가정의 바른 질서를 다시 세우고 하나님 앞에서 당면의 의를 행하면서 이제 하나님께서 원하시는 대로 인도하시기만 바라며 나왔던 것입니다. 그럴 때 하나님께서 '네가 이제 새로운 정신이 들어서 가정의 질서를 바로잡고 또 변칙적인 꾀로 나의 계획을 이뤄 보려고 하던 생각에서 돌이켜 섰으니 내가 이제는 네게 많은 복을 주고 원하는 대로 다시 너를 들어서 쓰겠다' 하시는 무슨 큰 표나 어떤 독특한 은혜를 그에게 내리셨느냐 하면 적어도 13년 동안 아무 소식이 없이 잠잠한 가운데 지냈을 뿐입니다.

아브람이 세겜에 있을 때 하나님께서 "내가 이 땅을 네 자손에게 주리라"(창 12:7)고 하신 것이든지, 또 벧엘과 아이 사이에서 받은 묵시로서 "이제 보이는 땅을 너와 네 자손에게 주리니 영원히 이를 것이로되 내가 네 자손으로 땅의 티끌 같게 하리라"(13:15-16)는 말씀이든지, 그리고 "하늘을 우러러 뭇 별을 셀 수 있나 보라. 네 자손이 그와 같으리라"(15:5) 하신 말씀을 볼 때 그 언약은 분명히 이루어져야 할 것입니다. 그러려면 자손이 있어야 할 것이고 그 자손은 이 팔레스타인 땅에 거해야 할 터입니다. 그러나 이스마엘은 팔레스타인 땅에 거하지 아니하고 광야에서 거해야 할 것이라 하셨습니다. 가나안 땅이 아니라 광야에서 거할 자입니다. 또 모든 사람에게 축복의 기관이 되는 것이 아니라 늘 적으로 존재하는 성격을 띨 것이라 하였습니다. 그렇다면 하나님께서 무슨 다른 좋은 큰 계획을 하셔야만 할 것입니다. 그런데 아브람과 사래는 점점 늙어서 자식을 볼 수 있는 기망(冀望)이 거의 끊어진 상태에 이르렀습니다. 그렇지만 아브람은 그것 때문에 동요하지 않고 고요히 기다렸습니다. 이스마엘을 얻는 것과 같은 식의 잘못을 반복하지 않고 고요히 기다리는 이것이 아브람의 신앙의 큰 특색입니다.

여기서 우리가 주의해서 보고 싶은 것이 있습니다. 우리가 하나님 앞에서 하나님을 믿고 하나님의 계획이 우리에게서 이루어지기를 바라고 나아갈 때라도 "여호와 앞에 잠잠하고 참아 기다리라"(시 37:7)는 것이 거룩한 신앙의 원칙입니다. 후일에 시편의 시를 쓴 사람들은 하나님 앞에 잠잠히 기다린다는 큰 신앙을 여러 차례 가르쳐 주었습니다. 그런데 아브람 역시 그렇게 살았습니다. 얼마만한 정도의 믿음을 가지고 요지부동하게 '하나님은 반드시 나에게 무엇을 이루실 것이다' 라고 믿었는지에 대해서는 우리가 정확히 알 수 없습니다. 좌우간 '별다른 수를 내선 안 된다. 주시는 분도 하나님이요 취거(取去)하시는 분도 하나님이시다'고 생각한 것입니다. 주시든지 취거하시든지 하나님의 뜻대로 하실 뿐이지 자기가 거기에 대해서 더 이리저리 생각할 것이 없다는 태도가 그에게는 분명히 있었습니다.

하나님의 언약에 대한 아브라함의 태도

그러나 아브라함의 그때 심경을 볼 때 '하나님은 나에게 보이시고 약속하신 바를 틀림없이 이루어 주실 것이다'는 확실한 소망과 기대를 가지고 기다렸는지는 의문입니다. 왜냐하면 하나님께서 아브라함에게 사라를 통해서 자식을 주겠다고 하셨을 때 "아브라함이 엎드려 웃으며 심중에 이르되 백 세 된 사람이 어찌 자식을 낳을까. 사라는 구십 세니 어찌 생산하리요 하고 아브라함이 이에 하나님께 고하되 이스마엘이나 하나님 앞에 살기를 원하나이다" 하는 태도를 보였기 때문입니다. 사라 역시 아브라함보다 훨씬 나은 신앙을 가지고 산 것은 아닙니다. 물론 그들에게 신앙이 없었다는 얘기는 아닙니다만 창세기 18:10 이하를 보면 사라가 세 분 손님이 앉아서 하는 얘기를 듣고 보인 반응이 적혀 있습니다. "그가 가라사대 기한이 이를 때에 내가 정녕 네게로 돌아오리니 네 아내 사라에게 아들이 있으리라 하시니 사라가 그 뒤 장막문에서 들었더라. 아브라함과 사라가 벌써 나이가 많아 늙었고 사라의 경수는 끊어졌는지라. 사라가 속으로 웃고 이르되 내가 노쇠하였고 내 주인도 늙었으니 내게 어찌 낙이 있으리요?" 이런 식으로 사라도 역시 아브라함과 마찬가지로 하나님께서 하시는 말씀에 대해서 그대로 꼭 이루어지리라고 생각지는 않았다는 기록이 나옵니다.

우리는 아브라함이 하나님을 철썩같이 믿고 도무지 요동치 아니하고 그대로 반듯하게 나갔다고 생각하고 싶지만 반드시 그렇지는 않습니다. 신앙의 시련을 거쳐 금과 같이 단련된 결과 요지부동한 신앙을 갖게 된 것이지 처음부터 도무지 아무런 의심 없이 그대로 믿고 나간 것은 아닙니다. 그렇게 생각하기가 어렵습니다. 그가 나중에 모리아 산에서 이삭을 드릴 때의 신앙과 현재의 상태에는 그만큼 많은 차이가 있는 것입니다. 불과 십수 년 사이의 일이지만 현재 가지고 있는 신앙과 소년 이삭을 모리아 산에서 드릴 때 가졌던 신앙과는 아주 많이 다른 것을 볼 수 있습니다. 그런 까닭에 아브라함의 신앙을 칭찬하고 신앙의 본을 얘기할 때는 주로 모리아 산에서 보인 아브라함의 신앙을 드는 것입니다.

어쨌든지 아브라함은 13년 동안 조용한 가운데 지내면서 거의 큰 기대나 희망을 가지지 아니했던 듯합니다. 이스마엘이라도 하나님 앞에서 제대로 잘 살아서 이스마엘에게 주신 복의 내용이 이루어지기를 바라는 태도로 일보 후퇴한, 일종의 체념이라고 할 만한 심정을 가진 듯합니다. 마음 가운데 하나님을 의심하는 것은 아닐지라도 '하나님이 일을 이루시려면 이루시겠지만 결국 하나님의 뜻이 나에게 그대로 이루어지는 것이 아닌지도 모르겠다' 하는 생각이 든 것 같습니다. 그렇게 된 큰 원인은 하갈의 문제에서 찾아야 할 것입니다. 하나님의 말씀을 신중하게 바로 생각하여 온전히 이루어지기를 기대하지 못하고 자기 자신이 꾀를 내어 하갈을 취하고 결국 이스마엘이라는 자식을 낳은 까닭에 '그렇게 하고도 아무 일 없는 듯 하나님의 거룩하신 뜻이 그대로 이루기를 어찌 바라랴?' 하는 정신이 전혀 없었다고 할 수가 없습니다. 이것은 사실 신앙 생활을 할 때 흔히 가지기 쉬운 태도입니다.

사람이 하나님의 은혜를 받기 위하여 하나님께서 명령하신 길을 걷는다고 하면서 도중에 여러 가지로 타협을 하고 자기의 꾀를 의지하면서 세상으로 빠져들어갈 것 같으면 그로 말미암아 자기의 잘못을 거두게 됩니다. 그때에 비로소 크게 회오(悔悟)하고 깨달아서 하나님 앞에 회개하고 바로잡는 것입니다. 하나님 앞에 회개하고 자기를 바로잡았다고 해서 당초 하나님께서 나에게 경영하시려고 한 것을 그대로 이루어 주시라고 청할 염치가 있는 것은 아닙니다. 사람은 하나님이 어떠한 처분을 하시더라도 마땅히 받겠습니다 하는 태도를 갖는 것입니다. 마치 탕자가 한번 허랑방탕하고 돌아다니다가 다시 회개하고 돌아왔을 때, '내가 회개하고 돌아왔으니 이제 다시 아들 노릇을 제대로 하겠습니다' 하는 태도를 보이지 아니한 것과 같은 것입니다. '품꾼의 하나로라도 받아 주시면 감사하겠습니다' 하는 가장 겸허한 태도, 자기가 무엇을 얻을 것으로 여기지 아니하고 자신의 가치를 인정하지 않는 위치로 내려가는 것이 보통입니다. 그런 신앙 태도가 나쁘냐 하면 나쁜 것은 아닙니다. 하나님께서 어떤 계획을 나에게서 이루시려고 하셨으면 이루시려고 한 그때 갖는 나의 상태라는 것이 있는 것입니다. 그때의 상태를 유지하면서 중도에 내 마음대로 하여 낭비하는 일이 없을 때는 하나님께서 그 일을 이루시는 것입니다. 하지만 하나님이 계획하시고 이루시려는 그 손에서 벗어나서 자기를 주장하고 살다가 나중에 돌아온다면 그 시간만큼의 결손에 대해서는 보충할 길이 없는 것입니다. 결손에 대한 보충의 길이 없는 것과 마찬가지로 지은 죄의 역사를 도말(塗抹)할 수가 없습니다. 그리고 지은 죄 때문에 파생된 결과 만들어 놓은 여러 가지 악의 결과는 도로 회수할 길이 없는 것입니다.

그런 까닭에 하나님께서 무슨 계획을 하시고 자기를 통해 그것을 이루시려고 했으나 그가 많은 낭비와 파손을 일으키고 말았다면 자기는 자격이 없다는 것을 느껴야 하는 것입니다. 그런데도 자기는 여전히 하나님께서 다시 쓰실 만한 자격을 회복하였다는 식으로 몰염치한 생각을 한다면 옳지 않습니다. 사람이 죄를 지으면 죄 짓는 만큼 하나님의 은혜에서 떨어지는 것이고, 은혜에서 떨어지면 하나님이 그에게서 하시고자 하시는 일을 포기하시는 것입니다. 그가 회개를 했다고 하더라도 다시 그대로 복구된다고 아무도 장담도 보증도 하지 못하는 것입니다. 대체로 낭비를 한 만큼 다시 복구할 수가 없는 것은 사실입니다. 젊었을 때 무엇을 열심히 배우고 익히고 해야 할 시간에 많은 세월을 낭비하고 늙어서 잘못했음을 회개하고 '이제는 낭비하지 않고 열심히 배우고 닦고 익혀야지' 하면서 분발하더라도 그가 능력을 충분히 발휘할 수는 없는 것입니다. 회개는 했지만 일단 세월을 낭비한 사람은 낭비하지 않고 계속해서 잘 훈련하고 장성한 사람과 똑같은 결과를 얻지 못하는 것입니다. 이것이 사람이 범죄함으로써 거두는 큰 손실입니다. 그러므로 범죄는 하나님의 법을 어기고 하나님을 슬프시게 하고 하나님을 거역했다는 큰 죄책의 문제만이 아니라 생활 현실상의 많은 낭비와 허비라는 것이 따르는 것입니다. 하나님에 대하여 반역하고 나가는 기간 동안에는 그가 이루어야 할 일은 물론 생활을 통해서 쌓아야 할 장성을 이루지 못하는 문제도 그대로 남는 것입니다. 후일에 그가 회개를 했다고 하더라도 벌써 그만큼 세월이 흘렀고 그만큼 기회는 지나가 버린 것입니다. 그런 까닭에 후회한들 어찌할 수 없는 것입니다.

아브라함 역시 잠시 실수로 잘못을 했다고 하더라도 그러한 감회를 느끼지 않을 수 없었을 것입니다. 그가 하나님의 거룩한 언약에 대해서 돌이켜 생각할 때 '하나님께서 약속하신 것은 하나님이 이루실 것이고 당신이 원하시는 대로 나에게 지시하셔서 할 것이다. 그런데 내가 앞서서 하나님의 뜻을 이루어 보겠다고 하여 결국 착오가 생기고 말았다. 비록 단기간이지만 나는 하나님의 덕과 그 나라의 거룩한 양자(樣姿)를 훼파한 사람이다. 이제 다시 하나님께서 나에게 처음에 언약하신 대로 모든 복의 내용을 내가 구현할 것이라고 기대할 수가 없다' 하는 심정이 있었을 것입니다.

아브라함이 하나님 앞에 이 문제에 대해서 때때로 기도하였겠지만 하나님께서는 그 일에 대해서 사실 13년 동안 현실적인 아무런 대답도 하지 않으셨습니다. 하나님께서 아무 말씀도 안 하셨다는 뜻이라기보다 하나님께서 당초에 주시리라 하신 자손과 땅의 문제에 대해서 다시 현실적으로 어떻게 하시겠다든지 하는 구체적인 해결책을 가르쳐 주신 일이 없다는 것입니다. 그렇게 세월은 지나 늙고 기력이 쇠하자 다시 어떤 인간적인 희미한 희망조차 가질 수 없게 되고 말았습니다. 자식을 낳을 수 있는 어떤 희망도 없는 처지에 이른 것입니다.

그래서 아브라함은 하나님께서 이삭의 출생을 약속하실 때 마음으로 웃었습니다. 이미 주께서 자기를 취할 만한 것으로 생각지 아니하시고, 자신의 현실적인 결함에 대해서 그대로 인정하시고 포기하셨을 텐데 다시 어떻게 회복을 하겠는가 하는 얘기입니다. 아브라함이나 사라나 둘 다 웃은 내용이 기록되어 있습니다. 나이가 늙어서 기력이 쇠했다는 자연 현상은 하나님의 법칙인데 하나님께서 그 법칙과 충돌하는 일을 왜 하시겠는가 하는 생각을 했던 것입니다. '하나님의 법칙에 따라 나이 많아서 늙고 기력도 없다는 것 자체가 벌써 하나님의 뜻으로 간

취해야 할 사실 아니겠습니까? 늙고 노쇠해서 이제는 자식을 생산할 아무런 소망이 없이 됐다는 것도 그게 하나님의 뜻이 아닌 다른 데서 온 것은 아니지 않습니까? 이제 마른 고목과 같은 저한테서 무슨 자식이 나오겠습니까?' 그렇지만 하나님께서는 그에게 자손을 주시겠다고 하셨습니다.

창세기 17:15을 보면 "하나님이 또 아브라함에게 이르시되 네 아내 사래는 이름을 사래라고 하지 말고 사라라 하라" 하시고, 명년 이때에 아들을 낳게 할 텐데 "그 이름을 이삭이라 하라"(19절)고 하셨습니다. '이쯔하크'(יִצְחָק) 곧 웃음이라는 이름을 주신다고 하셨습니다. 이제 비로소 아브라함이 참으로 기쁨을 가지고 웃을 것인데, 자식을 보았다는 기쁨만이 아니라 하나님이 과연 그 말씀대로 나를 회복하시고 소생시키시고 과거의 잘못을 묻지 아니하시사 죄 없는 자와 같이 다루셨다 하는 것 때문에 기쁨을 가지고 웃는다는 뜻입니다. 이것은 17-18절에 대한 대답입니다. "아브라함이 엎드리어 속으로 웃으면서 백 세 된 사람이 어떻게 자식을 낳으며 사라는 지금 구십 세인데 어떻게 자식을 낳겠습니까? 차라리 살아 있는 이스마엘이나 무병하고 하나님 앞에 살면서 그 길을 가기를 원합니다." 이스마엘에 대한 이런 기대는 아버지로서 매우 당연한 것입니다. 하나님께서는 이스마엘에 대해서도 아브라함의 말을 들었다고 하셨습니다(20절). 그러나 "네게서 날 아들 곧 사라에게서 날 자식이 이삭인데 내 언약은 그 이삭과 세우리라"(21절) 하는 것을 말씀하셨습니다.

언약의 표징으로서의 할례

하나님께서는 아브라함이 옛날 갈대아 우르에서 출발할 때, 처음에 가나안에 들어왔을 때, 애굽에 다녀왔을 때, 또 그 후 15장에서 거룩한 계시의 약속을 내리셨습니다. 그리고 다시 17장에 와서 자식과 땅을 영원한 기업으로 주실 것에 대해서 아주 명백하게 선언하셨습니다. 그리고는 이제 마침내 거룩한 계시의 약속에 대하여 하나의 분명한 표가 있어야 하겠다고 하셨습니다. 너와 나 사이 그리고 또 나와 네 후손 사이에 대대로 지켜야 할 영원한 한 표징을 가져야겠다고 하신 것입니다. 그것이 곧 할례라는 성례입니다. 신약의 성례전인 세례와 성찬은 비적(秘跡)이요 성적(聖跡)인 것처럼 구약의 할례와 유월절이 거룩한 표적입니다. 이 거룩한 표적들의 근본적인 원칙이나 의미는 신약과 구약에 걸쳐서 다 같습니다. 할례란 하나님께서 어떤 표적을 주시되 그 약속한 표를 몸에 지니고 있는 까닭에 하나님의 것임을 증명하는 것이고, 사람 편에서는 하나님 앞에 그러한 서약을 하는 표적이 되는 것입니다.

구약 시대의 하나님의 백성에게 할례를 내리신 것은 그것을 통해서 하나님의 백성이라는 표적을 주시되 어떤 한 시대에 하나님께서 그의 백성을 다스리시는 독특한 양식을 따라 보여주신 것입니다. 그것을 소위 하나님의 거룩한 배제(配劑) 혹은 행정(行政) 또는 하나님의 정사(政事)라고 말합니다. 즉 하나님의 거룩한 정치의 구체적인 방식인 것입니다. 정치의 구체적인 방식이 구약 시대와 신약 시대가 똑같지 않습니다. 구약 시대에는 할례라는 독특한 표적을 주셔서 그로 말미암아 이스라엘 백성을 하나님의 거룩한 산업의 대상으로 늘 삼으신 것입니다. 그것이 신약에 와서는 세례와 성찬이라는 형식으로 바뀌었는데 그럴지라도 구약의 교회에도 세례나 성찬이라는 말의 의취(意趣)가 들어 있었습니다. 물론 신약의 교회에도 할례와 유월절이라는 말의 뜻이 들어와 있습니다. 이렇게 해서 그것들이 둘이 아니고 근본적으로는 하나라는 것을 우리에게 가르쳐 줍니다. 그러니까 할례와 세례, 유월절과 성찬이 양식은 서로 다를지라도 가지고 있는 의미는 한 가지로서 구약의 교회나 신약의 교회 다 같이 같은 원칙을 적용하고 있다는 것을 알아야 합니다.

바울 선생은 신약의 성례 즉 세례와 성찬의 가장 핵심적인 것들이 구약 교회에도 있었다고 고린도전서 10:1-4에 말씀하고 있습니다. "형제들아 너희가 알지 못하기를 내가 원치 아니하노니 우리 조상들이 다 구름 아래 있고 바다 가운데로 지나며 모세에게 속하여 다 구름과 바다에서 세례를 받고" 구약 교회의 사람들이 다 세례를 받았다고 말하고 있습니다. "다 같은 신령한 식물을 먹으며" 구약의 백성들도 거기서 거룩한 음식을 먹었다는 것입니다. 이것이 만찬입니다. 신약 교회 안에서 세례와 성찬에 임했을 때 세례를 받고 신령한 음식을 먹었는데, 구약의 성도도 그랬다는 것입니다. "다 같은 신령한 음료를 마셨으니 이는 저희를 따르는 신령한 반석으로부터 마셨으매 그 반석은 곧 그리스도시라." 그것이 그런 의미를 안 가졌더라면 그 사람들도 구원을 받은 것이 아니라는 것입니다. 가령 신약의 교회에 구약의 할례를 적용할 때 골로새서 2:11을 볼 것 같으면, "또 그 안에서 너희가 손으로 하지 아니한 할례를 받았으니 곧 육적 몸을 벗는 것이요 그리스도의 할례니라." 그런고로 이 신약 교회에 있는 사람들도 할례를 안 받은 것이 아니라는 얘기입니다. 다만 형식을 달리했을 뿐 할례를 받았다는 것입니다. 만약 그 원칙이 네게 적용이 안 됐으면 의미 없다 하는 것입니다.

　하나님께서는 할례라는 형식으로 아브라함에게 언약의 표적 또는 인증을 삼으셨습니다. 그런 까닭에 그것은 하나님의 보증이요 사람으로서는 하나님과 특별한 관계를 맺고 있는 백성이라는 확실한 표적이 되는 것입니다. 그런고로 할례란 피 흘리는 제사로서 죄책과 죄의 오염을 다 제거하는 사실의 상징입니다. 그뿐더러 하나님의 은혜의 원동력이 할례 받은 사람들에게 침투합니다. 이런 의미에서 신약의 성례와 같은 의미를 가지는 것입니다. 하나님께로부터 받은 바 약속과 하나님께서 내리시는 은혜에 대한 보장으로서의 표적, 또 죄책과 죄의 오염에서 건져내 주신다는 거룩한 상징을 표시하기 위하여 아브라함에게 할례를 행하라고 하셨습니다. 아브라함 자신뿐 아니라 그의 집에 있는 모든 남자, 돈으로 사온 남자에게까지 할례를 행하라고 하셨습니다. 할례라는 이 큰 사실을 계기로 하나님은 아브라함에게 내리신 거룩한 최초의 약속을 현실적으로 분명히 이루어 가시는 것입니다. 이로써 하나님께서 아브라함에게 아들을 하나 주시고 단순히 그 아들을 가리켜 내 백성이로라고 하시는 것이 아니라는 것을 보여 주신 것입니다. 하나님 나라의 확실한 산업으로 세우시기 위해 큰 관문을 통과하는 절차와 같이, 혹은 그러한 명료한 역사적인 성격의 시작을 보여 주시는 표식(表式)으로 성례를 베풀게 한 것입니다. 다른 말로 하면 이 성례를 행하는 것으로 그들이 하나님 앞에 보증 또는 표적을 받고 있는 것이고, 그러한 표적과 보증을 가지고 있음으로써 땅 위에 있는 동안 자기 몸에서 일생 떠나지 않는 그 거룩한 사실을 통해서 하나님의 백성이라는 의식을 늘 갖는 것이고, 하나님과의 거룩한 약속을 회억(回憶)하며 하나님의 백성답게 살게 되는 것입니다. 또 그와 같은 큰 사실을 겪은 후에야 비로소 그 자손들이 하나님의 백성으로서 의미를 가질 것입니다. 그것 없이 덮어놓고 자기는 아브라함의 자손이라고 말로만 주장하고 또 그렇게 생각하는 것은 의미 없는 일입니다.

후일에 이스라엘 사람들이 자칭 아브라함의 자손이라고 말과 관념으로만 따지고 혈통만을 내세우면서 하나님께서 요구하시는 신령한 세계에 들어가는 이 획시기적인 과정에 대해서는 별로 심오하게 생각지 아니한 까닭에 나중에 주님께서는 "이 돌로도 아브라함의 자손이 되게 할 수 있다"고 하신 것입니다. 그런고로 육체적으로 아브라함의 자손이라고 뽐낼 것이 없다는 것입니다. 관념으로나 혹은 혈통으로 아브라함의 자손이 되었다고 생각하는 잘못을 시정해 주셨습니다. 여기 이 할례를 주신 사실은 부르심을 받은 이 백성이 장차 어떠한 사상을 품고 살아야 할 것인가, 어떤 원칙으로 살아가야 할 것인가를 크게 가르치는 것입니다. 그냥 아무개의 자손이라는 혈통을 가지고 따지는 것이 아니라는 얘기입니다. 할례 의식이란 하나님의 거룩한 법칙에 의해서 모든 죄책과 죄의 오염에서 건져내 주신다는 사실의 표시입니다. 그리고 그러한 거룩한 하나님의 은혜가 저들의 전 생애를 통해서 늘 젖어서 침투해 들어간다는 큰 사실이 없이는 거기에 하나님의 나라가 성립하지 아니할 것입니다.

이와 같은 거룩한 사실에 대한 새로운 형식과 획시기적인 큰 징표를 지금 아브라함에게 요구하시고 주시는 이 사실은 마땅히 아브라함 자신의 사상이나 신앙의 발전에도 큰 자양이 되는 것입니다. 즉 아브라함에게 덮어놓고 그냥 자식만 주시는 것이 아니라 그의 자식이 형성해야 할 하나님 나라의 의미를 명백히 가르치시는 것입니다. 그것이 어디에 기초를 두고 있는가 할 때 사도 바울 선생은 그리스도라는 반석 위에 기초를 두고 있다고 합니다. 결국 그리스도에게 기초를 두고 있는 백성이라야만 하나님의 백성이 된다는 사실을 명확하게 하시려고 이런 큰 예식을 행하고 비로소 하나님의 백성으로 들어오게 하신 것입니다.

이처럼 하나님의 백성다운 거룩한 자격 가운데 들어가기 위해서 사람이 무엇을 믿고, 무엇을 깨달으며, 어떠한 사상을 포회하고, 어떠한 신앙을 가져야 할 것인가를 명확하게 보여 주십니다. 그런 점에서 구약 시대든 신약 시대든 참으로 하나님의 백성이 된다는 것은 아브라함의 자손으로 난 까닭에 이스라엘의 백성이 되는 것도 아니고, 세례를 받고 교회에 들어왔다고 해서 하나님 백성이 되는 것도 아닙니다. 신약의 세례나 성찬 또는 구약의 할례나 유월절이 의미하는 그 원칙이 자신에게 적용되어 자기 속에 실질로서 살아 있어야만 하나님의 백성이 되는 것입니다. 그것은 구약이나 신약 모두 변함이 없는 것입니다. 하나의 원칙으로 일이관지(一以貫之)하는 것입니다. 그렇게 하나로 꿰뚫어 내려오는 것이므로 우리가 아브라함의 자손이라는 말을 하게 되는 것입니다.

기도

거룩하신 주님, 주님의 그 거룩한 나라에 소속되어 주님의 백성으로 다스림과 은혜를 충만히 받고 살아가는 사람은 형식과 말에 있는 것이 아니라 실제로 성신의 능력이 친히 지배하고 그 빛이 비췸으로써 할례와 유월절 또는 세례와 성찬의 큰 의미를 확실히 우리 마음 가운데 받아야 할 것이옵니다. 성례의 큰 표적과 보증을 육신으로 받는 것이 아니라 우리 마음에 확실히 인쳐져서 그로 인하여 하나님의 자식으로서 어떤 경우에서든지 하나님의 백성다운 성격에서 벗어나지 않고 주의 백성이라는 자의식 가운데서 살게 하시려고 하신 그 크신 뜻을 오늘 언약의 표를 통하여 배웠나이다. 일찍이 아브라함에게 허락하신 큰 약속 가운데서 자식을 주시되 그 언약을 명확히 세우셔서 거룩한 비적을 내리사 하나님의 백성들이 가져야 할 사상이 무엇인가를 명백하게 하셨사옵나이다. 저희도 오늘날 하나님의 자식으로서 저희가 가져야 할 중요한 사상이 무엇인가를 다시 바로 깨달아 알게 하시옵소서. 하나님께서 아브라함에게 요구하신 바 신앙의 사상적 요소들을 저희도 건전하게 가짐으로써 그저 단순히 하나님이 은혜 주신다니 믿습니다 하고 나갈 것이 아니라 하나님의 백성으로서 자의식이 무엇인가를 명확하게 갖고서 생활해 나아가게 하여 주옵소서. 주님 저희에게 거룩한 도리를 더욱 바로 깨닫게 하시고 또 깊이 생각하여서 하나님의 백성으로서 거룩한 의식과 확신 가운데 표증이 되어 있고 인증이 되어 있는 사람답게 생활해 나아가게 합소서.

우리 주 예수님 이름으로 기도하옵나이다. 아멘.

아브라함의 신관

제21강

마태복음 21:18-22
이른 아침에 성으로 들어오실 때에 시장하신지라 길가에서 한 무화과나무를 보시고 그리로 가사 잎사귀밖에 아무것도 얻지 못하시고 나무에게 이르시되 이제부터 영원토록 네게 열매가 맺지 못하리라 하시니 무화과나무가 곧 마른지라 제자들이 보고 이상히 여겨 가로되 무화과나무가 어찌하여 곧 말랐나이까 예수께서 대답하여 가라사대 내가 진실로 너희에게 이르노니 만일 너희가 믿음이 있고 의심치 아니하면 이 무화과나무에게 된 이런 일만 할 뿐 아니라 이 산더러 들려 바다에 던지우라 하여도 될 것이요 너희가 기도할 때에 무엇이든지 믿고 구하는 것은 다 받으리라 하시니라.

아브라함의 신관

제21강

창세기 17장에 나오는 중요한 계시들

창세기 17장에 있는 말씀을 다시 생각하겠습니다. 이 장에 있는 대략의 사실들을 잘 기억하실 것으로 알고 그 위에서 문제를 생각하겠습니다. 처음에 전능하신 하나님 여호와께서 아브라함에게 나타나셔서 말씀하시는 내용입니다. "내가 내 언약을 나와 너 사이에 세워 너로 심히 번성케 하리라"(2절). 이 말씀을 하실 때 아브라함이 부복(俯伏)을 했습니다. 그리고 4절에 "내가 너와 내 언약을 세우니 너는 열국의 아비가 될지라"고 하셨습니다. 중요한 것은 "이제 후로는 네 이름을 아브람이라 하지 아니하고 아브라함이라 하리니 이는 내가 너로 열국의 아비가 되게 함이니라" 하는 것입니다. '존숭한 아버지, 높은 아버지'라는 뜻을 가진 아브람에서 '많은 무리의 아버지'라는 뜻인 아브라함이라는 이름으로 새로 고치게 하셨습니다. 그것은 동시에 아브라함 자신을 대표하는 성격이 무엇인가를 보이신 것입니다. 사람의 이름은 그의 존재를 대표하는 것인데, '아브라함'이라 하면 '많은 무리의 아버지'를 뜻하므로 많은 무리라는 수를 늘 생각하게 하는 것입니다. 그만큼 하나님께서 복 주셔서 그가 번성하리라는 것을 말씀하셨습니다. 다시 6절을 보면 "내가 너로 심히 번성하게 하리니 나라들이 네게로 좇아 일어나며 열왕이 네게로 좇아 나리라" 하는 얘기가 있습니다. 7절에는, "언약을 세우되 너뿐 아니라 네 대대의 후손 사이에도 세워서 영원한 언약으로 삼을 것인즉 너와 네 후손의 하나님이 될 것이니라."

하나님께서 아브라함의 하나님으로만 존재하시지 않고 그의 후손과도 영원한 언약을 세워서 언약 백성의 하나님으로 계실 것을 표시한 것입니다. 그 다음에 8절에는 땅에 관해서 얘기했습니다. "네가 우거하는 가나안 일경을 너와 네 후손에게 주어서 영원한 기업을 삼게 하고 나는 그들의 하나님이 되리라"고 말씀하셨습니다. 이것이 17장에 나타난 첫번째의 중요한 계시입니다.

둘째로, 하나님의 언약과 관련해서 할례를 말씀하셨습니다. "내 언약을 지켜라. 네 후손도 마땅히 내 언약을 지켜야 하리라"는 것이 9절의 말씀이고, 10절에 "너희 중 남자는 다 할례를 받으라. 이것이 나와 너희와 너희 후손 사이에 지킬 내 언약이니라"고 했습니다. "너희들이 나한테 확실한 증거로서 인침을 받아야 하는 사실은 너희가 할례를 받는 것이다. 너희는 양피(陽皮)를 베라. 그것이 언약의 표징이다. 대대로 남자는 모두 그래야 한다"(11-12절)고 하셨습니다. 그러나 "할례를 받지 아니한 남자 곧 그 양피를 베지 아니한 자는 백성 중에서 끊어지리니 그가 내 언약을 배반하였음이니라"(14절). 이 할례는 물론 구약의 성례입니다. 성례는 하나님과 그의 백성 사이에 세우신 한 언약의 징표가 되는 동시에 하나님께서 인쳐 주셨다는 사실을 갖게 하는 확증입니다. 세례와 성찬과 같이 징표요 봉인이라 하는 두 개의 큰 의미가 거기에 늘 있습니다.

셋째로, 여기서 보이신 중요한 계시는 단순히 아브라함과 그의 후손에 관해서만 하신 얘기가 아니라 그 후손이 누구에게서 나온다는 것을 명확히 보이셨습니다. 하나님께서 사라의 위치를 공식적으로 명료하게 높여서 하나님 앞에 직접 큰 은혜를 받은 사람으로 세우시는 것입니다. "네 아내 사래도 역시 사래라고 하지 말고 사라라고 하라." 사래라는 말뜻이 어원대로 따져 가면 말을 잘한다든지 다툰다든지 하는 의미도 있고, 주인이라, 위에 앉아 있다 하는 의미도 있습니다만, 사라라고 하면 분명히 '여왕' 이라는 의미입니다. 그러니까 아브라함만이 언약의 대상으로 처음부터 언약을 받아서 그것을 지켜 나가고 또 그것을 후손에 전파할 위치에 서 있는 것이 아니라, 사라도 똑같은 위치에서 여왕으로서 이 거룩한 언약을 받고 지키고 전해 줄 사람이라는 의미입니다. 언약을 남성에게만 주신 것이 아니라 여성에게도 주셨고, 가정 전체에 주신 것입니다. 전에 아브라함이 사라에 대해서 가졌던 생각을 이제는 완전히 바꿔서 확립해 주시는 것입니다. 즉 여자는 남자에게 복속(服屬)된 것이라는 생각을 가지고 애굽에 들어갔을 때 아브라함은 사라를 잃더라도 자기 목숨만 살면 된다는 책략을 썼고, 또 그 후에 가령 그에게서 나는 씨라야 하겠다 했을 때 아내인 사라한테서 씨가 안 나오면 다른 여자를 얻어서라도 자식을 낳아야겠다는 식으로 행한 것을 보면, 사라의 위치를 절대적으로 존중한 것은 아니었습니다. 그러나 이제부터는 사라의 위치를 요지부동하게 확립해 주신 것입니다.

하나님께서 아브라함의 가정을 받으셔서 그 가정을 언약의 단위로서 쓰셨다 하는 것을 우리가 16장에서 배웠는데, 여기 17장에서 사라의 위치를 분명히 높인 것을 볼 수 있습니다. 하나님께서 사라라고 이름을 고치라고 하신 동시에, 사라에게 복을 주어 사라와 아브라함에게 아들을 낳게 해 주겠고, 또 사라에게 복을 주어서 열국의 어머니가 되게 하며 민족의 열왕이 이 사라에게서 나올 것이라고 하셨습니다. 마치 아브라함이 열국의 아비가 되고 열왕이 거기서 나오듯이 사라 역시 열국의 어머니가 되고 거기서 열왕이 나오게 한다는 큰 사상을 주어서 아브라함으로 하여금 특별히 자기 아내에 대한 관념을 아주 고귀하게 갖도록 한 것입니다. 우리는 이것을 이미 앞 장에서 생각했습니다. 아브라함이 회오(悔悟) 가운데 마침내 하갈을 사라의 수하에 다시 넣어 주고 당면의 의무 즉 가정의 신성과 사라의 존귀한 위치를 지켜 나가려고 했습니다. 그런데 여기 와서 하나님께서 아브라함의 태도와 신앙을 받으시고 사라의 위치를 정식으로 확립해 주셨다는 사실은 심히 중요한 일입니다.

그런데 여기에 문제가 하나 있습니다. '사라가 아들을 낳도록 할 것이며 그 아들을 통해서 하나님의 언약은 전승될 것이다' 하는 이 말씀에 대해서 아브라함은 부복한 가운데 심중에 혼자 웃으면서 말하였습니다. "백 세나 된 내가 어떻게 자식을 낳을까? 사라는 구십이나 먹은 노파인데 어떻게 출산을 할 것인가?" 하고서, 하나님께 고하여 말하기를 "지금 나서 크고 있는 이스마엘이나 하나님 앞에서 제대로 살기를 원합니다" 하고 말한 것입니다. 이스마엘에 대해서는 아브라함이 이미 하갈을 통해서 들은 바가 있습니다. 하갈이 브엘라해로이라는 수르 광야의 샘물 곁에서 이스마엘이 장차 어떤 성격을 가질 것이며 어디서 살 것인가를 하나님의 사자에게서 듣고 그것을 아브라함에게 다 전한 까닭에 아브라함은 이스마엘을 하나님의 언약의 자식으로 확정할 수 없다는 것을 알고 있었습니다. 생각건대 그때부터는 이스마엘을 언약의 자식으로 기대하지 않았을 것입니다. 그러나 이스마엘은 자기 자식인 까닭에 죽지 않고 잘 살아서 그 아이도 생의 본의가 있게 되기를 바랍니다 하는 뜻으로 "이스마엘이나 하나님 앞에 살기를 원하나이다"라고 한 것입니다. 거기에 대하여 하나님께서는 "아니, 이스마엘은 아니다" 하셨습니다. 19절 보면 "네 아내 사라가 정녕 네게 아들을 낳으리니 너는 그 이름을 웃음 곧 이삭이라고 해라. 내가 그 이삭과 언약을 세울 것이고 또 그의 후손에게 영원한 언약이 되리라"고 하셨습니다. 이렇게 이번에는 이삭에 관한 중요한 것을 가르쳐 주셨습니다.

그 다음에 있는 중요한 계시는 이스마엘에 관한 것입니다. 그는 비록 언약의 자식은 아니지만 "내가 네 말을 들었나니 내가 그에게 복을 주어 생육이 중다(衆多)하여 그로 크게 번성케 할지라. 그가 열두 방백을 낳으리니 그로 큰 나라가 되게 할 것이니라"(20절) 해서 세상적으로 말할 때 이스마엘도 위대한 국가의 비조(鼻祖)가 될 것이라 하셨습니다. 그러나 다시 이스마엘과 대조시켜 이삭에 관해서 또 말씀하시기를 "내 언약은 명년 이 기한에 사라가 네게 낳아 줄 이삭과 세울 것이다"(21절)고 하셨습니다. 이렇게 하나님께서 계시를 끝내시고 올라가시자 아브라함은 그 집안에 있는 남자에게 다 할례를 받게 했습니다. 그때 아브라함의 나이는 99세였고 이스마엘은 13세였습니다. 이상이 17장에 나오는 이야기의 대략입니다.

신앙의 중심을 어디에 두어야 하는가

여기서 우리가 한 가지 보고 넘어갈 것이 있습니다. 아브라함이 계시를 받아서 산다고 할 때 단순히 자손을 낳아서 번성한다는 것이 가장 중요한 문제는 아닙니다. 하나님의 사람으로서 가장 중요한 문제는 '자신이 하나님께로부터 어떤 복을 받고서 어떤 생활을 하며 어떤 위치에 놓여서 번성하는가' 하는 것이 중점은 아니라는 것입니다. 오히려 '하나님 당신은 어떤 분이시며 그것을 어떻게 증명해 가시며, 그렇게 당신을 증명해 나갈 때 나를 어떻게 쓰시는가' 하는 것이 더 중요한 문제입니다. 그렇다면 아브라함의 사상에서 가장 핵심 되는 중요한 사실은 자신이 언약을 받은 자의 조상이 되었다는 점에 있는 것이 아니라 하나님은 누구시냐 하는 것들을 더욱 깨달아 알아 가는 데 있는 것입니다. 이와 같은 사실들을 항상 우리가 주의해서 생각해야 합니다. 신앙의 중심을 어디에 두어야 하느냐 하면 하나님 당신의 권능과 영광과 존귀가 땅에서 어떻게 드러나며, 또한 나 같은 그릇을 쓰셔서 어떻게 당신을 나타내려 하시는가에 두어야 하는 것입니다.

특별히 개혁 시대의 위대한 개혁자들, 칼빈 선생뿐 아니라 다른 위대한 지도자들의 큰 주장은 '오직 하나님의 영광을 위하여'라는 데 전체의 모든 것을 돌렸습니다. 우리가 어떻게 되고, 교회를 어떻게 굉장히 세우고, 얼마나 빛나는 활동을 하고, 어떻게 역사를 만들고 하는 것은 그 다음의 문제입니다. 오직 하나님의 영광을 위해서 하나님께서 계획하시고 쓰시되 우리를 세우시고, 교회를 이루게 하시며, 그 교회를 통해서 어떻게 하나님을 영광스럽게 하며 또 당신이 누구이신지를 계시하신 대로 자꾸 증명해 나가는 것이 더 중요한 것이었습니다. 그렇지 아니하면 자칫 우리의 신앙은 소위 공리주의적인 종교에서 벗어나기 어려운 것입니다. 그런 신앙을 가지고 있으면 현세에서는 어떻게 평안을 얻고 복을 받으며 또 내세에는 어떠한 복을 받고 살 것인가 하는 데로 자꾸 빠져들어갈 것입니다. 이것은 이 세상의 모든 안 믿는 사람이라든지 다른 종교를 하는 사람들도 다 같이 가지고 있는 종교의 심리인 것입니다. 종교적 열정이 아무리 대단하더라도 결국 자기 자신의 복리를 증진시키기 위해서 종교를 이용하는 일이 되고 마는 것입니다. 흔히 사람들은 무슨 문제가 있을 때 열심히 기도하고 그 일의 해결을 위해 하나님께 구하곤 합니다. 인간이 다 연약한 까닭에 항상 문제 앞에 이르러서 자신을 자극해야만 기도도 열심히 하고 또 하나님 앞에 매달리기도 합니다. 그러나 그 동기의 중점은 하나님 당신의 영광이 땅 위에서 능력 있게 더 나타나기를 원하는 심정보다 나에게 행복 주시기를 바란다는 심정에 있습니다. 이것이 공리적인 종교인데 그러한 경계를 벗지 아니했을 때 늘 이러한 정신을 갖게 되는 것입니다.

무슨 문제가 있을 때 하나님 앞에 더 간절히 기도하는 것을 도무지 나쁜 일이라고 말하는 것은 물론 아닙니다. 문제가 있을 때 그만큼 경성을 하고 문제를 가지고 하나님 앞에 구체적으로 자세히 아뢰고 또 필요한 것을 구하는 것은 하나님께서 당신의 자녀에게 주신 큰 특권입니다. 하지만 기도를 할 때 공리적인 종교욕의 경계를 벗지 아니한 상태에서 자꾸 계속해 나아간다면 당연히 반성을 하고 회개해야 한다는 것입니다. 간절히 기도하되 궁극적으로 하나님 당신께서 경영하시는 바를 이루시고, 영광을 나타내시고, 자기들은 거룩하신 하나님의 영광의 그릇들로서 원하시는 대로 쓰이기를 바라는 데다 중점을 두어야 할 것입니다. 하나님의 영광을 나타내시기 위한 기묘한 그릇으로 거용(擧用)하시기를 바라는 것이 기도의 더 중요한 내용이 되어야 할 것입니다. 그래서 자칫 빠져들어가기 쉬운 종교적인 욕망이나 그러한 유사한 상태에서 벗어나려고 하는 것이 신앙의 정상적인 바른 태도인 것입니다.

결국 아브라함 역시 자기가 열국의 아비가 된다든지 장차 열왕을 낳게 될 것이라든지 혹은 많은 무리의 아비로서 자기의 독특한 성격을 가진다든지 하더라도 그런 모든 것은 다 종속적인 것이고, 가장 주된 것은 하나님 당신의 거룩한 계획과 영광이라고 생각해야 할 것이었습니다. 자신과 관련하여 이루어질 여러 가지를 다 쓰셔서 하나님께서 당신의 거룩한 계획과 영광을 나타내시는 것이 중요한 것임을 늘 강조하고 또 그렇게 생각해야 할 것이었습니다.

야훼라는 이름이 지닌 역사성

우리가 아브라함의 이야기 곧 그가 갈대아 우르를 떠나서 죽는 데까지 기록한 창세기 11:27부터 25:10까지 죽 볼 것 같으면 하나님에 대한 그의 상(像), 곧 하나님에 대한 지식이 자꾸 발전해 나가는 것을 볼 수 있습니다. 그 발전은 그냥 관념적으로 사색하여 터득함으로써 끝나는 것이 아니었습니다. 거룩하신 하나님의 계시에 의해서 어떤 하나님의 이름이 임하면 거기에 의해서 그러한 하나님이신 것을 자신의 생활을 통하여 터득하게 하셨습니다. 아브라함이 자식을 낳고 그 자식이 하나님의 백성으로 거용(擧用)되고 또 언약을 가진 백성이 된다고 할지라도 그것 역시 과연 어떠한 하나님이신가를 드러내기 위한 거룩한 마련이고 계획인 것입니다. 이런 점에 있어서 아브라함도 하나님에 대한 관념을 더 깊이 갖게 된 것을 우리가 그의 자취에서 찾아볼 수가 있습니다.

아브라함이 받은 바 하나님에 대한 상의 발전을 한번 보겠습니다. 처음에 아브라함은 갈대아 우르에서 물론 하나님으로 알고서 계시를 받아 인도하시는 대로 내려왔습니다. 그가 세겜에 왔을 때 여호와 하나님을 위해서 축단(築壇)을 하고 여호와의 이름을 불렀습니다. "거기서 벧엘 동편 산으로 옮겨 장막을 치니 서는 벧엘이요 동은 아이라 그가 그곳에서 여호와를 위하여 단을 쌓고 여호와의 이름을 부르더니"(창 12:8). 여기서 여호와의 이름을 부르더니 할 때 아브라함이 야훼라는 명사를 명백히 알아서 불렀다는 얘기는 아닙니다. 그가 야훼라는 명사를 알고 그 명사에 붙어 있는 정확한 의미로 여호와를 불렀다는 것은 아닙니다. 후세에 모세가 쓸 때 '결국 아브라함이 생각하고 의지하고 나갔던 그 신앙의 대상을 너희가 알기 쉽게 말한다면 야훼 하나님이시다' 하는 것입니다. 왜냐하면 출애굽기 6:2-3을 볼 것 같으면 하나님께서 아브라함이나 이삭이나 야곱에게 '전능하신 하나님'으로는 나타났지만 '야훼'의 이름으로는 아직 나타나지 않았다 하는 말씀이 있기 때문입니다. "나는 여호와로라. 내가 아브라함과 이삭과 야곱에게 전능의 하나님으로 나타났으나 나의 이름을 여호와로는 그들에게 알리지 아니하였노라"(출 6:3). 출애굽기 3:14에서 여호와의 이름에 대한 의미를 모세에게 비로소 일러줍니다.

여호와란 이름은 "나는 영원 자존자이다" 또는 "나는 곧 나이다. 혹은 나는 나일 것이다"라는 뜻입니다. 그것으로써 비로소 여호와의 특성적인 면을 드러냈는데, 아브라함의 경우에 맨 처음에 단을 쌓고 여호와의 이름을 불렀다는 기록이 여기에 나타나 있습니다(창 12:18). 그리고 여호와의 이름은 창세기 15:2, 4, 7, 8과 18:22에도 나타납니다. 15:7-8 보면 "또 그에게 이르시되 나는 이 땅을 네게 주어 업을 삼게 하려고 너를 갈대아 우르에서 이끌어낸 여호와로라. 그가 가로되 주 여호와여 내가 이 땅으로 업을 삼을 줄 무엇으로 알리이까?" 이 말씀대로 볼 것 같으면 하나님이 아브라함에게 '내가 야훼이다' 하는 말씀을 하셨습니다. 그러나 아브라함이 야훼에 대해서 얼마만큼 알았는가를 우리가 지금 여기서 추정할 수는 없습니다. 왜냐하면 야훼에 대한 상(像)이란 역사가 지난 후에야 비로소 구체적으로 형성하게 되어 있는 성호의 내용이기 때문입니다.

지금 우리가 하나님에 대해서 금방 설명을 하면 나름대로 그 상을 얻어낼 수 있지만 그러나 '야훼' 하면 그 이름을 설명한다 해도 그것은 개념일 뿐입니다. 실제로 자기가 야훼를 알려면 역사의 진전 후에 체험함으로써 알게 되는 것이기 때문입니다. 야훼라는 말이 원래 '나는 장차 너희에게 역사의 진전 후에 내가 누구인가를 보여 줄 하나님이시니라'는 뜻입니다. 그런 까닭에 이스라엘 사람들이 초기에는 야훼라는 이름으로 하나님을 부르지 않았습니다. 초기에는 주로 '하나님'

혹은 '주'라는 이름을 가지고 불렀습니다. 제일 많이 쓴 것이 '주님, 주님' 하는 말입니다. 그러나 나중에는 야훼라는 이름이 하나님의 고유 명사로 쓰였습니다. '주'라는 말이나 '엘로힘'이라는 말이나 '지극히 높으신 자'라는 말은 하나님의 고유한 명칭은 아닙니다. 다른 이름에도 이용한 일이 있다는 것입니다. 그러나 '야훼' 할 때는 하나님 이외에 다른 누구에게도 그것이 적용된 일이 없습니다. 후세에 역사가 진전해서 역사 가운데에서 충분히 인지한 후에 '아하, 야훼란 이런 뜻이요 하나님은 그런 분이니까 이제는 그렇게 하나님을 부르자' 한 것입니다. 역사 가운데서 당신이 누구이신가를 우리에게 보이신 하나님을 한마디로 말할 때 '야훼 하나님'인 것입니다. 출애굽기 6:3에 쓰여 있는 대로 야훼라는 성호의 개념 내용을 아브라함이 충분히 지실(知悉)할 수 있도록 아직 나타내지 아니하셨다 하는 것은 그 야훼라는 말의 역사성 때문에 그렇게 된 것입니다.

지극히 높으신 하나님과 주님

아브라함에게 있어서 중요한 신 개념의 또 하나는 그가 하나님을 '지극히 높으신 하나님'으로 알고 부른 장면에서 볼 수 있습니다. 잘 아시는 대로 그것은 살렘 왕인 제사장 멜기세덱이 아브라함을 축복한 일에 나옵니다. "살렘 왕 멜기세덱이 떡과 포도주를 가지고 나왔으니 그는 '지극히 높으신 하나님'의 제사장이었더라. 그가 아브람에게 축복하여 가로되 천지의 주재시요 '지극히 높으신 하나님'이여 아브람에게 복을 주옵소서. 너의 대적을 네 손에 붙이신 '지극히 높으신 하나님'을 찬송할지로다 하매 아브람이 그 얻은 것에서 십분의 일을 멜기세덱에게 주었더라"(창 14:18-20). 그 다음에 바로 아브라함이 소돔 왕과 포로 되었던 사람을 주고받고 하는 문제를 가지고 얘기할 때 "아브람이 소돔 왕에게 이르되 천지의 주재시요 '지극히 높으신 하나님' 야훼께 내가 손을 들어 맹세하노니"(21절) 하는 말을 썼습니다. 이렇게 그는 자기가 알고 있는 신의 성호인 '천지의 주재시요 지극히 높으신 하나님'이라는 말을 썼던 것입니다. 그 하나님은 자기가 늘 모시고 있던 야훼이지만 거기서 그런 성호를 썼던 것입니다. 이것은 아브라함의 신 개념의 내용이 좀더 풍성해졌다는 것을 뜻합니다.

그 다음에 아브라함은 '주'라는 이름을 늘 썼습니다. 창세기 15:2, 8 보면 '주 여호와여'라고 부릅니다. '주'라고 하는 말에 의해서 아브라함의 신 개념은 그것이 이 세상의 다른 이교의 신 개념과 여러 가지로 거리가 멀고 아주 독특하다는 것을 명확하게 생각할 수 있습니다. 우리가 나중에 좀더 철저히 연구할 기회가 오겠지만 아브라함이 하나님을 '주'라고 할 때는 자기는 그의 종이라는 뜻입니다. 하나님은 지극히 높으신 분으로서 모든 능력을 한 손에 쥐고 모든 것을 통재하시고 명령하시는 까닭에, 나는 오직 그분에게 복속(服屬)하여 그분이 하라는 대로만 할 수밖에 없는 종이다 하는 관념이 늘 붙어다닌 것입니다. '주'라는 말 가운데는 이렇게 주종 관계의 관념이 강렬합니다. 누가복음 6장에 보면 예수님께서도 "너희는 나를 불러 주여 주여 하면서도 어찌하여 나의 말하는 것을 행치 아니하느냐?"(46절)고 하시면서 그 사람들의 '주'라는 말의 개념을 명확하게 들어서 힐문하신 일이 있습니다. 주님은 천지의 대권을 한 손에 쥐시고 마음대로 주재(主宰)하시는 하나님이신데, 특별히 그분을 알고 섬기는 나로서는 두려움을 가지고 섬기되 나는 그분의 종이다 하는 것입니다. 그러한 주님이시고 또한 야훼 하나님이시다. 나 아브라함을 불러내시고 나에게 여러 가지 언약을 내려주셨다 하는 뜻이 거기에 있습니다.

전능하신 하나님

다음으로 생각할 것은 '전능하신 하나님'이라는 신 개념입니다. 이것은 아브라함이 가지고 있는 신 개념 가운데 증가된 중요한 요소입니다. "아브라함의 구십구 세 때에 여호와께서 아브라함에게 나타나서 그에게 이르시되 나는 '전능한 하나님'이라 너는 내 앞에서 행하여 완전하라. 내가 내 언약을 나와 너 사이에 세워 너로 심히 번성케 하리라"(창 17:1-2). 그러면 이 전능하신 하나님이란 말뜻은 무엇입니까? 그것은 당신이 가지고 있는 본체의 힘 자체를 의미하지는 않습니다. 왜냐하면 당신이 힘있는 분이다 하는 것을 의미하는 말로는 하나님이라는 말의 원어 '엘(אֵל)' 혹은 '엘로힘'(אֱלֹהִים)으로도 족하기 때문입니다. 그 말이 원래 힘있다는 말입니다. 힘있는 분이라는 말뜻입니다. 하지만 '엘 샤다이'(אֵל שַׁדַּי) 곧 '전능하신 하나님'이라는 말을 쓸 때는 자기 백성과의 관계에서 전적으로 능력을 가지신 까닭에 한번 약속하신 일에 대하여 또 당신이 하시고자 하는 일에 대하여 좌절하거나 중단하시는 일이 없이 이루시는 분이다 하는 뜻입니다. 그는 처음부터 끝까지 변함이 없으신 불변의 하나님, 본체에 관한 불변보다도 그 백성과 하신 약속 및 관계에 있어서 불변이신 하나님을 보이는 것입니다. 아브라함과 이삭과 야곱에게 어떠했던 하나님은 그 자손들인 이스라엘 백성에게도 똑같은 하나님이 되시겠다는 것입니다.

그리하여 엘 샤다이, 전능하신 하나님이라는 호칭은 앞으로 전개될 역사를 상상하게 하는 것입니다. 하나님은 항상 변함없이 하늘과 땅의 모든 능력을 한 손에 쥐시고 당신의 거룩한 은혜의 약속을 이루어 나가시되 전개될 역사 가운데에서 사람에게 은혜를 베푸시는 데 전부 이용하시는 것입니다. 천지의 모든 자연력도 전능하신 하나님이 내신 바로서 그 백성과 약속하시고 경영하시고자 하시는 일에 다 가져다 쓰시는 것을 표시하려고 이 전능하신 하나님이라는 말이 나중에 나타나게 됩니다. 요컨대 구약에 나타난 기본적인 하나님의 성호, 하나님, 주, 야훼, 전능하신 하나님, 지극히 높으신 하나님, 영생하시는 하나님 이런 말들이 나타나면 거기에는 그 성호의 개념이 무엇이며 왜 그것을 쓰셨는가를 우리에게 알리는 사실들도 거기에 포함되어 있습니다. '주'라는 말은 덮어놓고 쓰질 않습니다. '주'란 말이 나타났을 때에는 사람들과 모든 피조물이 그의 종이요 복속자로서, 특별히 그의 백성은 그가 원하시는 대로 쓰시는 것임을 가르칩니다. 거기에는 그들이 마땅히 쓰임을 받아야 한다는 거룩한 법칙이 늘 표시되어 있습니다.

'전능하신 하나님'이라 할 때에는 그 백성과 언약하신 것을 변함없이 끝까지 이루어 주시는 분임을 보입니다. 높으신 하나님께서 자기를 낮추사 사람과 약속을 하시지만 원래 하나님께서는 사람하고 약속할 필요가 없습니다. 약속으로 자기를 맬 필요가 없는 것입니다. 절대의 대권자가 어떤 피조물하고 상관하면서 '내가 너에게 약속한다'고 할 이유가 없습니다. 원하시는 대로 하면 그만이지만 하나님의 사랑이 '전능한 하나님'으로 나타나게 하였습니다. 그러므로 전능하신 하나님이라는 말뜻에는 하나님이 사랑으로 당신을 낮추사 땅에 내려오셔서 사람과 대등하게 약속하신다는 뜻이 들어 있는 것입니다. 이런 점에서 전능이라는 것이 큰 의미가 있습니다. 그것은 무소불능이라든지 하나님의 본질적인 대능(大能)을 의미하는 것이 아닙니다. 본질적인 대능은 엘로힘이라는 말에도 충분히 잘 나타납니다. 하지만 전능하신 하나님이란 그 백성과 무슨 언약을 했을 때 '이 백성에게 내가 한번 약속한 것은 힘이 없어서 이루지 못할 것도 아니요, 마음이 변해서 이루지 않을 것도 아니요, 사정이 달라져서 이루지 못할 것도 아니다. 그것을 역사 위에서 반드시 이루고 말 것이다' 하는 것을 표시합니다.

흔히 하나님을 전능하신 하나님으로 생각할 때 하나님은 능력이 많으셔서 덮어놓고 내가 욕망하는 것을 하나님 앞에 기도하면 사람의 힘으로는 이룰 수 없는 일일지라도 하나님은 이루어 주신다 하고서 기도하는 일이 있습니다. 자기의 어떤 욕망을 이루려고 전능하신 하나님 이름을 갖다 붙이기도 하고 이용하기도 하지만 그러나 실제로 성경에서 가르치는 전능하신 하나님이란 말뜻은 사람이 제 맘대로 발한 욕심을 이루는 데 이용될 성호가 아닙니다. "무엇이든지 기도하고 구하는 것은 받은 줄로 믿으라"(막 11:24)고 하셨지만, 믿음이 내 마음대로 발휘되어서 구한 것을 다 받게 되느냐 하면 그렇게 안 되는 것입니다. 하나님께서 전능을 나타내시려고 할 때에 사람에게 믿음을 주시는 것이지 결코 사람이 믿음을 만들어 내는 것은 아닙니다. 요컨대 하나님께서 당신의 계획을 그에게 계시하시고, 계시하신 그 계획을 그로 하여금 꼭 붙잡고 믿고 의지하게 만드시는 것입니다. 그런 하나님의 계획에 대한 계시가 없이는 전능하신 하나님이 이루어 주실 것이라는 말을 함부로 할 수가 없는 것입니다.

사람들은 흔히 자기가 이룰 수 없는 일, 인력으로서는 불가항력적인 일을 꼭 이루었으면 좋겠다는 상황에서 이것을 어떻게 이룰 수 있겠는가 하다가, 엘리야도 하늘에서 불을 불렀으니까 나도 그와 같이 간절히 기도하겠다고 실행할 수도 있지만 과연 그것이 그렇게 할 수 있는 일입니까? 전혀 그런 것이 아닙니다. 하나님께서 엘리야에게 덮어놓고 스스로 불을 부르게 한 것이 아닙니다. 하나님의 전능하심과 영광을 증명하기 위하여 그를 종으로 써서 그 자리에 앉혔을 때 비로소 할 수 있는 일이었습니다. 제 마음대로 기적을 행하려면 행하고 말려면 마는 정경이 아닙니다. 천하에 그런 법은 없습니다. 그러므로 전능이라는 말은 하나님 당신의 성의(聖意)와 계획이 사람에게 계시되고, 계시된 것이 그때부터 시작해서 결국 역사 위에서 반드시 이루어질 것이라고 확실히 약속되었을 때, 즉 하나님 당신이 친히 사람의 위치 가운데 내려와서 사람과 약속을 하시고 당신을 약속으로 매었을 때 '나는 전능한 하나님이니까 걱정하지 말라' 하는 의미로 쓰이는 말입니다.

하나님의 언약과 새로운 신 개념

이 새로운 개념이 아브라함에게 올 때 하나님의 언약이 같이 왔습니다. 처음에는 아브라함이 그 말씀의 내용에 대해서 아마 잘 깨닫지 못했을 것입니다. 왜냐하면 전능한 하나님, 엘 샤다이에 대한 경험이 아직 없는 까닭에, 말하자면 그런 거룩한 도리의 형성에 의해서 경험한 것이 아직 부족했기 때문입니다. 사라가 너에게 아들을 낳아 줄 것이요 그 이름을 이삭이라 하라 하셨지만 사라 나이 90세요 자기 나이 100세인 까닭에 마음 가운데 웃었던 것입니다. 모든 자연계의 법칙이나 제도를 하나님 당신이 내신 까닭에 그의 크신 계획 가운데서 당신이 원하시면 사람의 눈으로 볼 수 없는 훨씬 초월한 세계에서 무엇을 이루시며 또한 역사 위에서 그 계획을 이루시기 위해 자연력의 모든 것을 당신이 한 손으로 잡아서 다 쓰신다는 그런 전능한 하나님에 대해서 잘 몰랐습니다.

　전능하신 하나님 곧 엘 샤다이라는 성호는 엘로힘처럼 외포(畏怖), 경외의 대상이라는 의미가 강렬하진 않습니다. 엘로힘이라고 할 때는 힘있는 분으로 대단히 무섭고 두려운 분이다 하는 것을 늘 표시하는 것이지만, 엘 샤다이라는 성호는 도리어 '하나님은 너에게 가까이 오셔서 네게 약속을 해 주시고 네게 복을 주시기 위하여 모든 것을 다 쓰시고 또 너에게 위로를 주시는 분이다' 하는 의미를 강렬하게 나타냅니다. 이러한 것들을 아브라함이 아직 알지 못하는 까닭에 마음으로는 웃었지만, 하나님께서는 "아니다. 명년 이 기한에 반드시 사라가 네게 아들을 낳아 줄 테니 이름을 이삭이라고 해라" 하신 것입니다. 이처럼 하나님께서 아주 명료하게 피할 수 없이 확호하게 잡을 수 있는 내용을 일러 주셨던 것입니다. 그것은 이현령 비현령(耳懸鈴鼻懸鈴) 하는 식의 표현이 아닙니다. 아주 명확하게 "반드시 아들을 낳을 것이고 이름을 이삭이라고 하라"고까지 가르쳐 주셨습니다. 전능하신 하나님께서는 '내가 너한테 자손을 주리라고 약속을 했다. 내 약속은 변함없이 이루어질 것이다. 명년 이 기한에 그 약속을 이룰 것인데 그 아들이야말로 언약의 씨로서 내가 그와 더불어 언약을 세우리라. 그리고 그 자손과도 내가 언약을 세울 것이다' 하고 가르쳐 주신 것입니다. 이것은 후일에 그렇게 알게 될 것입니다. 아브라함은 이삭을 낳은 후 전능하신 하나님이라는 성호의 의미를 더 깊이 분명하게 깨달았을 것입니다. 그리고 역사가 차례차례 진전해 나가는 대로 전능하신 하나님의 약속이 저희에게 변함없이 틀림없이 이루어 나간다는 것을 확신할 수 있게 되었을 것입니다. 이렇게 하나님의 거룩한 성호를 통하여 하나님에 대한 그의 지식이 더 풍부하게 되고 그로써 믿음과 깨달음을 더 갖게 되는 것입니다.

　그런고로 우리가 세상 일을 자꾸 깨닫거나 혹은 여타의 부수적인 일을 좀더 깨닫는 것보다 더 긴요하고 중요한 사실은 하나님에 대해서 깨닫는 것입니다. 구체적으로 어떠한 하나님이신가를 아는 터 위에서 우리에게 명령하시고 지시하신 것을 좀더 깨달아 알아야 할 것입니다. 하나님의 영광과 계획이 이루어지려면 모든 것이 그에게 복속하고 순종해야 하는 것입니다. 우리가 바로 믿고 살아갈 때 하나님의 거룩하신 일에 대해서 더욱 확신을 가지고 밀고 나갈 수 있습니다. 믿음이란 어떠한 구체적인 내용, 무엇을 준다든지 무엇을 받아야겠다든지 하는 내용을 그냥 믿습니다 믿습니다 해서 생기는 것이 아닙니다. 그러면 어떻게 해야 합니까? 하나님은 어떤 분이신가를 다시 생각하고 반성하는 데서 차례차례 믿음이 생기는 것입니다. '아, 그런 하나님이시니까 이것은 꼭 이루신다. 즉 하나님의 계획이 그러니까 이룬다든지 하나님의 경륜이 거기 있으니까 반드시 이루실 것이다' 든지 해서 믿음이 생기는 것입니다. 그냥 무엇을 하나 준다든지 안 준다든지 하는 사건 하나만 가지고 자꾸 믿으려 해 보아도 믿어지는 것이 아닙니다. 그런 까닭에 "기도하여 구하는 것을 받은 줄로 믿으라든지, 너는 믿고서 기도하고 구해라" 할 때에는 기도하기 이전에 벌써 그 마음 가운데 자기가 구하는 내용이 하나님의 계획과 뜻이라는 것을 알고 있다는 것을 의미합니다. 하나님의 존재 가운데 자연히 포함되어 있는 일을 우리에게 계시하셨을 때는 우리가 아무것도 아니지만 친히 내려오셔서 우리와 같은 위치에서 우리에게 약속하시는 까닭에 그것은 믿을 수밖에 없다고 우리가 믿게 되는 것입니다. 이러한 전능하신 하나님이라는 거룩한 개념이 우리에게 늘 바로 있다면 그것은 참으로 은혜로운 일입니다.

그리고 그 사실은 우리가 앞으로 하나님께서 주신 바 여러 가지 은혜의 일들을 해 나갈 때 참으로 중요한 역할을 하는 것입니다. 하나님의 아무런 보장도 없고 아무런 계시가 없는데도 사람이 자기 마음대로 무모하게 어떤 욕망을 이루기 위해서 전능하신 하나님의 속성을 믿는다고 열을 내 보아도 하나님의 능력이 위에서 자꾸 내려와 그 욕망대로 이루어지는 것이 아닙니다. 그러한 일들이 종종 있는 것을 우리가 보게 되는데 항상 배척하고 주의해야 할 것입니다. 전능하신 하나님의 신실성이 우리에게 충분히 실증되려면 먼저 하나님의 거룩하신 뜻과 계획이 우리에게 계시되어야 하는 것이고, 하나님께서 우리에게 요구하시는 바가 먼저 있어야 하는 것입니다. 그리고 나서 '이렇게 해라. 그러면 나는 저렇게 하마' 하시는 것입니다. 아브라함은 거기서 이런 것들을 받았습니다. '너는 먼저 내 백성 된 위치에 확실히 서서 순종해라. 그러면 나는 그 일을 신실히 이루마. 그러지 않는다면 백성 중에서 끊어지리라. 그것은 내 언약을 배반한 까닭이다.' 이렇게 명료하게 요구를 하셨습니다.

기도

거룩하신 주님, 주께서 여러 가지의 극진하신 사랑의 계획으로 저희에게 친히 계시하시고 그 계시를 명확하게 하시느라고 성호를 여러 가지로 쓰셨사옵나이다. 주께서 아브라함에게 전능하신 하나님이라는 성호를 주시고 마침내 역사의 진전 가운데에서 약속을 성취하심으로써 그의 믿음을 더욱 북돋우시고 바로잡아 주셨나이다. 저희도 전능하신 하나님에 대한 바른 개념과 바른 지식 속에서 하나님의 크신 계획을 알고, 또한 그 계획과 오늘 나의 행보와의 관계를 바로 깨달아서 마땅히 꼭 믿고 의지해야 할 사실들에 대하여 의심치 않고 방황치 않고 주께 다 맡기고 믿고 나아가게 하옵소서. 그렇게 하는 데서 주님의 전능하심과 신실하심이 확연히 우리에게 실증되고 실현되게 하시고, 또 그와 같은 생활의 경험 가운데에서 저희의 속사람이 거룩되이 장성하여 실제로 열매를 더 풍성히 맺게 하시옵소서.

주 예수님 이름으로 기도하옵나이다. 아멘.

아브라함이 믿음으로 세 손님을 접대함

제22강

창세기 18:1-8

여호와께서 마므레 상수리 수풀 근처에서 아브라함에게 나타나시니라 오정 즈음에 그가 장막문에 앉았다가 눈을 들어 본즉 사람 셋이 맞은편에 섰는지라 그가 그들을 보자 곧 장막문에서 달려나가 영접하며 몸을 땅에 굽혀 가로되 내 주여 내가 주께 은혜를 입었사오면 원컨대 종을 떠나 지나가지 마옵시고 물을 조금 가져오게 하사 당신들의 발을 씻으시고 나무 아래서 쉬소서 내가 떡을 조금 가져오리니 당신들의 마음을 쾌활케 하신 후에 지나가소서 당신들이 종에게 오셨음이니이다 그들이 가로되 네 말대로 그리하라 아브라함이 급히 장막에 들어가 사라에게 이르러 이르되 속히 고운 가루 세 스아를 가져다가 반죽하여 떡을 만들라 하고 아브라함이 또 짐승 떼에 달려가서 기름지고 좋은 송아지를 취하여 하인에게 주니 그가 급히 요리한지라 아브라함이 버터와 우유와 하인이 요리한 송아지를 가져다가 그들의 앞에 진설하고 나무 아래 모셔 서매 그들이 먹으니라.

아브라함이 믿음으로 세 손님을 접대함

제22강

아브라함이 손님을 맞아 접대함

창세기 18장으로 들어가서 생각해 보겠습니다. 이 18장의 얘기를 크게 나누면 네 가지로 나눌 수 있습니다. 첫째는 아브라함이 손님들을 맞아서 대접을 한 얘기입니다(1-8절). 둘째는 손님들이 아브라함에게 사라가 아들을 낳을 것을 말씀하신 것입니다(9-15절). 셋째는 손님들이 소돔과 고모라를 멸망케 하실 것을 아브라함에게 일러 주신 사실입니다(16-21절). 그리고 마지막으로는 아브라함이 롯을 생각하고 도고한 내용입니다(22-33절).

아브라함이 손님을 맞이해서 대접한 얘기를 잠깐 생각하겠습니다. 아브라함이 이 손님들을 맞이해서 대접한 것은 이삭이 나기 일 년 전, 그의 나이 99세 때의 일입니다. 이 사건은 17장에 있던 여러 가지 사실과 계시에 이어 얼마 안 있다가 발생한 사실입니다. 아브라함은 헤브론 근처 상수리 숲에 장막을 치고 왕으로서 자기의 부족을 통치해 가면서 살고 있었습니다. 어느 날 그가 자기 장막 문 앞에 앉았을 때 눈을 들어서 보니 맞은편에 손님 세 분이 서 있었습니다. 때는 한낮의 정오였습니다. 밤에 무슨 환상을 본 것도 아니고 낮에 잠을 자다 꿈을 꾼 것도 아니었습니다. 자기 앞에 명백하게 손님 세 분이 나타나신 것을 보고 아브라함은 그냥 있지 아니하고 그 쪽으로 달려가서 손님에게 몸을 구부렸습니다. 아주 겸손하게 동양 사람들이 하는 식으로 엎드려서 인사를 했습니다. 그리고 3-5절을 보면 그는 손님들에게 쉬시기를 간곡하게 청합니다. 손님들은 아브라함의 집을 향해 온 것이 아니라 지나가는 길이었습니다. '거쳐 지나가실지라도 정오의 식사를 할 때가 됐으니 그냥 가시지 말고 누추하지만 제 집에 들어오시지요. 잠깐 앉으셔서 발을 씻고 쉬시면서 떡을 좀 잡수시고 난 다음 유쾌하게 떠나가시지요.' 아주 겸손하게 깍듯한 예의로 손님에게 말씀을 드리자 손님들이 '그럼 당신 말대로 합시다' 하고 들어갔습니다.

 손님들이 들어가자 아브라함은 당장 사라에게 가서 "자, 손님 세 분이 오셨으니까 고운 가루 세 스아를 내다가 반죽하여 떡을 만드시오"라고 했습니다. 한 스아가 14리터쯤 되니까 세 스아 같으면 42리터쯤 되는 가루입니다. 그만한 고운 가루를 내다가 반죽하고, 또 짐승 떼 있는 곳으로 달려가서 둘러본 후 살지고 먹음직하게 생긴, 연하게 생긴 송아지 하나를 하인에게 골라 주면서 빨리 잡아서 요리를 하라고 했습니다. 송아지를 급히 잡아 요리를 해서 올리자 아브라함은 상식으로 쓰던 버터와 우유 그리고 사라가 구운 떡과 함께 내었습니다. 물론 바삐 하느라고 누룩을 넣어 반죽을 부풀게 하지는 못했을 것이므로 아마 무교 전병을 만들었을 것입니다. 이렇게 음식을 해서 손님들 앞에 놓고 '좀 잡수시죠' 해서 그들이 잘 먹는 동안 아브라함은 그 나무 아래서 시중을 들었다는 것입니다. 이것이 첫째 부분의 이야기입니다.

손님 대접에 대한 옛날의 풍속들

 아브라함이 손님들을 대접하는 태도를 보면 대단히 겸손한 심정을 가지고 대합니다. 음식을 다 진설(陳設)하고 자기도 같이 앉아서 '자, 드시죠' 하고 주인 노릇을 한 것이 아니라, 손님들을 한껏 높여서 자신은 급사(給仕)처럼 나무 아래 모시고 서 있었습니다. 여기서 우리는 보통 손님께 대한 인사도 이렇게 아주 후한가, 이렇게까지 겸허해야 하는 것인가 하는 생각을 할 수가 있습니다. 지금도 히브리 사람이 그렇게 손님 대접을 잘하고 또 아라비아 사람들도 손님을 대할 때 참 극진하게 대한다고는 합니다. 하지만 아무리 그렇다고 하더라도 주인이

스스로 급사의 자리로 내려가서 손님들을 상전처럼 높이 모시는 일이
란 상대의 위엄이나 인물됨을 안 다음에야 그렇게 하는 것이지 덮어놓
고 아무 손님에게든지 그렇게 하는 것은 아닙니다. 그러고 보면 아브
라함이 처음에 나아가서 인사를 하고 손님들을 청한 것은 그때 동방의
풍속에 의해서 하던 대로 후하고 예의 바르게 행한 좋은 도덕적 행동
이지만, 그가 그 이상으로 한 것에는 어떤 특수한 의미가 담겨 있다는
것을 볼 수 있습니다.

대체 손님을 맞아들여 대접을 한다는 풍속이란 동방에 있던 풍속이
지만 거기서부터 먼 원동(遠東)인 우리 동아시아에도 그런 풍속이 있
습니다. 우리 나라도 옛날 아주 삼국 시대부터 손님이 찾아오면 잘 대
접하는 풍속이 있었습니다. 옛날에는 손님의 범위가 넓어서 지나가던
과객이라도 그렇게 잘 대해 주었던 것입니다. 어디를 가려면 늘 걸어
가야 하던 시대에 노자도 떨어지고 잘 곳도 마땅한 곳이 없을 때 황혼
이 되어 땅거미가 지면 어느 집이든지 찾아가서 주인을 찾은 다음에,
'일력(日力)이 저물어서 그런데 여기서 하룻밤 묵어 갈 수 있겠습니
까?' 하고 청하는 것입니다. 옛날 우리 한국 사람들도 신라 때부터 그
랬습니다. '황혼 축객 비인사'(黃昏逐客非人事) 즉 황혼에 손님을 쫓
는 것이 인사가 아니라고 했습니다. 그래서 사랑채가 있으면 사랑으로
들어오라고 하는 것이고, 머슴방이 있으면 일꾼들 방으로 들어오라고
하는 것입니다. 이것도 저것도 없으면 '방이 단칸밖에 없고 안 식구와
자식들이 자는데 여기는 유할 데가 없으니 방이 있는 다른 집을 찾아
가 보시오' 하고 완곡하게 불편을 얘기하는 것입니다. 그렇더라도 '좋
소, 처마 밑이라도 좋고 부엌 바닥이라도 좋으니 하룻밤 그냥 어떻게
드새고라도 가게 해 주십시오' 하면, '정, 그러시다면 하룻밤 드새고
가실 요량을 하고 여기 마루 위에서라도 쉬어 가십시오' 하는 것이 옛
날의 풍속이었습니다.

산이 많은 우리 나라에서는 산을 경계로 부락을 형성하고 있어서 이
쪽과 저쪽의 소식을 잘 알지 못하고, 또 멀리 있는 곳의 소식들도 그

렇게 쉽게 알기 어려웠던 시대인지라 과객(過客)들은 소식을 전해 주고 세상이 어떻게 돌아가는지를 알게 하여 견식을 넓혀 주는 유일의 매개(媒介)라고 할 수 있었습니다. 팔도를 두루두루 방랑하는 사람도 있었고, 어디서 어디까지 가는 사람들도 있었습니다. 그런 사람들이 지나가다가 적당한 주막도 없는데 일력은 저물고 갈 길은 멀고 산이 험하면 할 수 없이 산골 어떤 집이든지 찾아가서 하룻밤 묵고 가기를 청하는 것입니다. 그러면 '우리 집은 보시다시피 손님을 재울 방이 없지만 저쪽 아무개 집을 찾아가 보십시오. 그 집에 가면 거절하지 않고 꼭 받아들이리다' 하고 일러 주기도 하는 것입니다. 그래서 대문도 반듯이 달고, 그렇지 않으면 집이 큼직해 보이는 집으로 가서 하룻밤 자고 가기를 청하여 봉놋방에라도 들어가서 하룻밤 자고 가는 것입니다.

이조 시대에는 저녁이면 머슴들이나 동네 일꾼들이 모두 모여 앉아 담배를 피워 가면서 짚신을 삼고 새끼도 꼬아 가면서 도깨비 얘기, 허깨비 얘기부터 시작해서 나중에 세상 돌아가는 얘기도 서로 이것저것 하다가, 지나가는 과객보고도 '아, 손님은 세상을 널리 구경하셔서 눈도 넓으실 테니 어디 말씀을 좀 해 주시오' 하고 얘기를 청합니다. 그리하여 시시콜콜 주저리주저리 얘기를 하게 되면 그가 서민들에게는 아주 훌륭한 뉴스 전달의 매개 노릇을 했던 것입니다. 또 옛날 신라 때에는 그것을 잘 선용하던 자취도 있었습니다. 웬만큼 사는 사람들은 사랑채를 짓고 손님이 잘 만한 방 하나 깨끗이 마련하여 이부자리까지 준비해 둡니다. 그리고는 사랑에 주인이 떡 앉았다가 황혼이 되어서 누가 찾아올 것 같으면 밖에 종자(從者)를 보내는 것입니다. 그리고 주인이 안에서 이야기를 가만히 들어볼 때 말하는 것이 예의가 있고 깍듯하면서 학식도 좀 있어 보인다 할 것 같으면 자기가 친히 나가서 '아, 내가 좀 늦었소이다' 하고서는 '어서 들어오시죠' 하고 사랑으로 손님을 모셔들이는 것입니다. 그리고 씻도록 해 주고 나서 저녁상을 내놓고서 주인은 그 옆에 앉아서 그의 인품을 주의 깊게 살펴봅니다. 눈빛이나 신관이 비범하게 보일 것 같으면 손님에게 어디서 오시느냐고 말을 붙여 가지고 천하의 얘기라든지 세상 돌아가는 얘기를 차례차례 끄집어내게 하여 세상 소식만 알 뿐 아니라 거기서 자기의 견식을 넓히기도 하였습니다. 이처럼 손님이 올 것 같으면 축객을 하지 않고 맞아들였던 것인데 혹시 나그네가 비범한 듯할 것 같으면 은근히 대접해서 얘기도 많이 듣고 때로는 노자까지 후히 주어 가게 하였던 것입니다. 좌우간 밥 한끼 제공한다든지 하룻밤 잠재워 주는 것을 아끼지 아니했던 것이 옛날의 풍속이었습니다.

인간에 대한 따뜻한 심정

그런데 손님을 맞아들인다는 것이 넓은 세계에서 일어나는 형편을 알도록 하는 좋은 매개 노릇을 한다는 공리적인 목적만 있는 게 아닙니다. 특별히 이 동방 지대의 일반 도덕 관념은 불쌍한 사람, 괴로운 사람, 어려운 사람, 외로운 사람을 돌아본다는 것 즉 약자를 잘 부양해 준다는 것이 하나의 도덕으로 옛날부터 흘러 내려왔습니다. 물론 어떤 사회든지 다 그런 것은 아닙니다. 옛날 우리 나라에 약자를 잘 돕는 풍속이 그렇게 많지는 않았습니다. 외로운 사람들이 어떤 동네에 이사 올 것 같으면 그 동네의 터줏대감인 세력가한테 가서 몸을 굽히고 하라는 대로 '예, 예' 하면서 우수리 일까지 해 주어야 그대로 붙어서 살지 그렇지 않으면 동네 사람들이 돌려놓든지 혹은 종애 곯려서 못살게 괴롭히는 일이 많았습니다. 그런 악습이 심한 데도 있고 좀 덜한 데도 있고 그런 게 전혀 없이 아주 순풍(淳風) 후대(厚待)하는 데도 있습니다. 그러나 특별히 객을 돌아보고 고아를 돌아보고 과부를 돌아보고 외로운 사람을 돌아보고 가난한 사람을 돌아보라는 것은 근동의 중요한 사상으로서 하나님의 말씀 곧 구약이 편찬되었을 때에는 그것이 아주 명문(明文)으로 밝혀지게 되었던 것입니다. 아직 그런 것이 있기 전일지라도 하나님을 알고 믿고 사는 사람은 인생의 연약함과 허무한 것, 초로(草露)와 같은 삶을 누구든지 다 느끼고 사는 까닭에 저 혼자 뽐내고 자랑하는 식의 무신론적인 사상에 뿌리를 둔 행동을 경계하였습니다.

우리는 무신론 사상이 팽창해 왔던 역사를 지내왔습니다. 시베리아를 통해서 남쪽으로 내려온 우리 한국 민족은 특별히 이조 500년 동안 계속된 유교적인 교육에 의해 신관이 대단히 모호해져서 무신론적인 정신이 지배하게끔 되었습니다. 그래서 눈앞에 보이는 것 이외의 다른 것에 대한 자기의 책임을 별로 지지 않으려고 하는 성향이 강해졌습니다. 지금까지도 그런 풍속이 남아서 사람이 안 보는 데서는 어떤 짓, 어떤 악이라도 행해서 자기의 행복을 취하면 된다는 무지한 생각의 지배를 받기도 합니다. 그러나 하나님을 공경하고 사는 사람은 가령 그 백성들이 비록 우상을 섬길지라도 우상을 섬기는 반면에는 신에 대한 외포(畏怖), 공포가 늘 있는 까닭에 자신의 행동에 대해서 주의를 합니다. 근동 지방에서는 하나님에 대한 사상이 죽 흘러 내려왔습니다. 비록 사람들의 암매로 우상 숭배나 다신(多神) 숭배로 변하기도 했으나 그래도 상선벌악(賞善罰惡)에 대한 생각을 늘 갖게 했던 것입니다. 그들은 인간이 약하다는 것을 늘 느끼게 되었고 따라서 외로운 사람, 괴로운 사람, 어린애들, 고아, 과부, 가난한 사람들을 특별히 동정하게 되었으며 그들에 대해서 간절한 마음은 없을지라도 좌우간 함부로 대하지 않는다는 풍속이 양성되었던 것입니다.

그런 생활 감정이라고 할 만한 도덕이 흘러 내려오는 땅에서 아브라함은 특별히 경건하고 신앙이 깊은 사람인 까닭에 필연적으로 그 심성에 인간을 향해서는 어떻게 해야 할 것인지에 대하여 좀더 바로 깨달으려고 하는 경향이 있었습니다. 이것이 아브라함이 지닌 신앙의 또 다른 위대한 면임을 여러분은 기억하셔야 할 것입니다. 누구든지 신앙이 있는 사람 같으면 하나님을 공경하고 하나님께 어떻게 잘하겠다는 것만을 전부로 생각하지 않습니다. "보이는 형제를 사랑치 못하면서 보지 못하는 하나님을 사랑할 수 없다"고 하신 말씀의 교훈처럼 현실적으로 생생하게 보이는 인간 사회에서 인간에 대하여 아름다운 심정을 가져야 합니다. 마음이 인간적이라야 하고 인도적이라야 하며 늘 따뜻하고 겸허해야 합니다. 이것이 신앙의 중요한 증거입니다. 신앙이 있다면 그 인품도 좋아야지, 눈감고 광신적으로 하나님만 부르는데 인간 관계를 보면 몹시 각박해서 안 믿는 사람과 큰 차이가 없다면 그것은 결국 아무것도 아닌 것입니다. 그것은 완전히 그릇된 이교 가운데 빠져들어가는 것입니다. 참된 신앙을 가졌다면 필연적으로 상대가 자기와 멀든지 가깝든지 인간이라는 기본적인 위치로서의 가치를 항상 인정해야 하는 것입니다. 비록 인간의 존엄성에 대해서 자신이 이론적으로나 사상적으로 만들어 낸 것은 없다 할지라도 경의를 표해야 하는 것입니다. 그렇게 인명을 존중히 여겨야 하는 것이고 또 사람이 기본적으로 생활의 문제에 결핍이 있을 때 인생이 불쌍하다 생각하고 그 일에 대해서 동정을 해야 하는 것입니다.

객(客)이 이역(異域)에서 방랑을 하든지 두류(逗留)하든지 지나가든지 하면 좌우간 그 기간은 외롭습니다. 남의 도움을 받을 만한 시간입니다. 오늘날 발달한 세상이라도 잘 알지 못하는 딴 나라를 여행할 때는 어떤 사람이라도 자기를 도와 주면 그때 얼마나 감사한지 알 수 없습니다. 사정을 잘 몰라서 망설이는데 마주 앉았던 사람 하나가 자세히 일러 주면서 어떻게 하라고 가르쳐 주게 되면 참으로 감사한 것입니다. 하물며 교통이 불편하고 또 둔취(屯聚)하고 살던 원시적인 시대에 어떤 사람이 알지 못하는 여러 부족들 사이를 지나간다 할 것 같으면 몹시 외로운 것입니다. 대상(隊商)들은 먼 길을 갈 때 자신의 보호를 위해서라도 떼를 지어 같이 가는데 사람 셋이서 달랑 간다든지 또는 누가 혼자 간다면 그것은 대단히 외로운 형편인 것입니다.

세 손님을 존귀한 존재로 인식함

그런데 사람 셋이서 낯선 이역 땅으로 오는 것을 보고 아브라함은 무엇인가를 즉각적으로 느꼈습니다. 그 시대에는 그렇게 알 수 있을 만한 여러 가지 여건들이 많이 있었기 때문에 한참 생각해서 알 수 있는 일은 아니었습니다. 그 시대에는 과객들이 먹을 것을 잔뜩 짊어지고 다니거나 그렇지 않으면 돈을 가지고 무엇을 사먹어 가면서 편하게 여행하던 때가 아닙니다. 장막을 치고 사방에 둔취하고 사는 시대였습니다. 정오쯤에 아브라함은 자기 맞은편에 사람 셋이 서 있는 것을 보았습니다. '아마 먼 길을 오셨을 터이니까 시장하실 게다. 그러니 내가 점심 한끼라도 대접해서 보내야지' 하고서는 앉아 있다가 달려나갔습니다. 그들을 척 바라보았을 때 첫인상으로 어떠한 사람들인가 다 알 수는 없어도 주의해서 살피는 것입니다. 사람이 멀리 나그네길을 가게 되면 잔칫집 나들이 가듯 좋은 옷을 입고 가지는 않습니다. 옛날 우리 나라 같으면 짚신 감발하고 길 떠나는 사람의 모양을 딱 취하고 가는 것입니다. 우리가 무엇이라고 분명히 말하기는 어렵지만 그 사람들의 외표(外表)를 통해 나오는 기품을 아브라함은 느낄 수 있었을 것입니다. 좀더 존중히 여겨서 깍듯이 대해야 할 사람도 있는 것이지만, 아무튼 자기의 예를 잃지 않기 위해서 누구에게라도 겸손하게 비례 후사(備禮厚謝)로 대하는 것이 옳은 것입니다.

아브라함이 나그네들을 바라보았을 때 마음 가운데 '아, 그냥 보통으로 지나가는 목동이나 그저 남의 집에 붙어사는 노예 계급이 아니구나' 하는 것을 알 수 있었습니다. 단순히 옷 입은 모양뿐 아니라 몸의 움직임이라든지 서 있는 자세 등을 통해서 알 수 있었을 것입니다. 아브라함이 누구로 여겼는지는 알 수 없으나 적어도 그의 관찰력으로는 '이들이 범인(凡人)들은 아니고 높은 위치에 있는 마기(Magi) 같은 인물들이다'고 생각했을지도 모릅니다. 마기란 예수님이 탄생하셨을 때 저 동방에서 왔던 사람들인데 우리 성경에는 박사라고 번역했습니다. 천문과 지리를 알고 또 넓은 것과 높은 것을 생각하는 사람은 자연히 그 신관이 땅에 붙어 있는 것과 같은 천박한 몰골로 내비쳐지지는 않는 것입니다. 예수를 믿는 사람은 모양은 아무렇더라도 속만 좋으면 제일이라고 생각하기도 하지만 그것은 몸단장의 문제에서 그렇다는 것입니다. 사도 베드로께서는 "너희 단장은 머리를 꾸미고 금을 차고 아름다운 옷을 입는 외모로 하지 말고 오직 온유하고 안정한 심령의 장

신구로 단장하라. 이것이 하나님 앞에 값진 것이니라"(벧전 3:3-4)고 가르쳤습니다. 믿는 사람에게 신덕(信德)이 있으면 그것이 그 사람의 주위에 은은히 비치는 것입니다. 그래서 영광에서 영광으로 더욱 이르게 하는 것입니다.

세 사람이 장막문 앞 맞은편에 서 있을 때 아브라함이 그들에게 절하면서 보인 겸비한 태도를 생각하면 아마 그들의 자태에 어딘지 모르는 근엄한 면모, 어떤 독특한 위엄과 고결한 기운이 감돌았을 것으로 짐작할 수 있습니다. 우리는 결국 이들이 누군인지를 아는데 하나는 여호와의 사자 곧 여호와께서 사람의 형상을 입고 나타나신 한 형태이고, 나머지 둘은 순전한 천사입니다. 여호와의 사자에게 수종(隨從)하는 천사였습니다. 천사는 하나님께서 부리시는 신으로서 사람의 형상을 입고 나타난 것인데 항상 사람의 몸을 입고 있는 것은 아닙니다. 그런데 사람의 형상을 취하고 나타난 여호와 즉 여호와의 사자의 자취는 그냥 지나가는 아동 주졸(兒童走卒) 비슷한 비천한 형태가 아닌 것입니다. 그렇다고 특별히 자기의 위신을 보이려고 무엇을 뽐내지는 않지만 남 보기에 공경할 만한 자태를 늘 가지고 있는 것을 성경에서 볼 수 있습니다. 그래서 그런 것을 볼 수 있는 사람이 주의해서 볼 때 '저분은 보통 사람이 아니다. 범상한 인물이 아니다. 저이에겐 신비한 어떤 능력이 있다' 하는 것을 느낄 수 있게 나타나시는 것입니다.

가령 이 두 천사가 나중에 소돔 성문에 이르자 그 성문에 앉아 있던 롯은 그들을 보고 성문에서 급히 내려와 그 아래 엎드려 절하면서 "내 주여" 하고 모신 일이 있습니다(창 19:1-2). 그런 것을 보면 롯이 보든 아브라함이 보든 "내 주여" 하고 그 앞에 엎드려 절할 만한 무엇이 있었으니까 그렇게 한 것이지 덮어놓고 지나가는 범속지배(凡俗之輩)를 보고서 그렇게 한 것이 아닙니다. 그러나 소돔 성에 있던 악하고 불의한 사람들은 그 두 사람을 보고 롯과 같이 엎드려 절한 것이 아니라 정신이 딴 데 있었습니다. 19:5을 보면 "두 천사가 눕기 전에 소돔 백성들이 무론 노소하고 사방에서 모여 그의 집을 에워싸고 문을 흔들며 롯을 불러 이르되 이 저녁에 네게 온 손님 둘이 어디 있느냐? 내놓아라. 우리가 그들을 상관하겠다" 하고서 야료(惹鬧)를 부렸습니다. 그 사람들 눈에는 참으로 아름다운 미소년으로 보였는지도 모릅니다. 그때 남색하던 소돔 사람들로서는 항상 눈이 그런 쪽으로만 갔기 때문입니다. 그들이 괴상하고 무서운 형식으로 나타난 것이 아니라 아주 아름답고 준수하고 깨끗한 젊은 사람들의 모양으로 나타났을 듯합니다. 어쨌든지 여기에 나온 기록들을 보더라도 하나님의 천사가 사람의 세계에 나타나든지 특별히 여호와의 사자가 때때로 친히 사람에게 나타나서 무엇을 전할 때에는 결국 사람으로 하여금 그가 여호와의 사자인 것을 인지할 수 있게끔 나타나셨습니다. 결코 범범(泛泛)하거나 비속하게 나타나지 않았다는 것을 주의해야 할 것입니다.

하나님의 현현을 알아본 아브라함

하나님께서 사람의 몸을 입고 이 세상에 나타난 가장 완전한, 가장 분명한 현상은 예수 그리스도이십니다. 우리가 예수 그리스도에 대해서 주의해서 볼 때 이사야서 53:2에 예언하기를, "그는 주 앞에서 자라나기를 연한 순 같고 마른 땅에서 나온 줄기 같아서 고운 모양도 없고 풍채도 없은즉 우리의 보기에 흠모할 만한 아름다운 것이 없도다"라고 합니다. 이사야는 장차 나타날 예수 그리스도의 외모에 대한 예언을 할 때 다른 사람들이 그냥 쳐다볼 때 흠모할 만한 것이나 특별히 아름다운 자태가 없이 나타난다고 하였습니다. "그는 멸시를 받아서 사람들에게 싫어버린 바 되었으며 간고(艱苦)를 많이 겪었으며 질고(疾苦)를 아는 자라. 마치 사람들에게 얼굴을 가리우고 보지 않음을 받는 자 같아서 멸시를 당하였고 우리도 그를 귀히 여기지 아니하였도다"(3절). 죄악의 정욕이 가득한 보통 인간들로서는 숭고한 예수 그리스도를 알아보지 못하고 오히려 멸시를 하였습니다. 마치 털 깎는 자 앞에서 소리를 내지 않는 양과 같이 멸시를 당하셨습니다. 보통 사람들과 같이 분명히 반항을 하고 떠들면서 변호를 해야 조금이라도 가치를 인정받을 텐데, 우리의 슬픔과 질고를 지고 스스로 고난 속으로 들어가셨습니다.

그러나 예수님을 주의 깊게 보면서 실제로 경험한 사람들은 누구나 다 그를 살아 계신 하나님의 아들로 알았습니다. 사람보다 훨씬 밝히 보는 사귀들린 자들과 귀신들은 마땅히 예수님을 지극히 높으신 하나님의 아들로 알아보았습니다. 결국 사람들이 암매해서 예수님을 알아보지 못했지 누구든지 예수님이 말씀하시는 것을 주의해서 듣고 행하시는 이적을 자세히 보며 주께서 생활하시는 곁에서 같이 생활한 이들은 당연히 흠모할 분으로 알았습니다. 제자들을 대표해서 베드로는 예수님의 질문에 대해서 "주는 그리스도시요 살아 계신 하나님의 아들입니다"라고 가이사랴 빌립보에서 대답한 것입니다. 암만 안목이 없는 보통 사람들일지라도 예수님을 선지자 중의 하나로는 알았습니다. 다만 눈이 없으니까 본질을 그냥 지나치는 것일 뿐입니다. 진리에 대한 애착이 없고 고귀한 것을 가치 있게 여기지 않는 사람들, 세상의 물질이나 세상 것만을 귀하게 여기는 사람들에게는 예수님을 알아볼 눈이 없습니다. 그러나 참으로 값진 것들을 알아보는 사람들이라면 진정한 가치를 가진 거룩하고 고상한 것들을 바로 인정하고 인지하는 것입니다.

그런 까닭에 아브라함도 여기에 나타난 세 손님을 보고 댓바람에 "내 주여"라고 부른 것입니다. 이 '아도나이'라는 말은 물론 아주 높여서 쓰는 말입니다. 그리고 '종에게 오셨는데 그냥 가셔서 되겠습니까?' 하고 자기를 낮춰서 종이라고 불렀습니다. 수천 명의 부족을 거느리면서 왕으로 있던 아브라함 자신이 이와 같은 덕을 보인 것은 덮어놓고 자기를 비하한 것이 아닙니다. 여기서 우리가 주의해야 할 것은 겸손이라는 덕과 또 자기를 스스로 비하(卑下)한다는 것을 뒤섞지 말라는 것입니다. 상대의 가치에 대한 정당한 판단과 겸손의 덕이 뒤섞여서는 안 되는 것입니다. 사람이 모든 사람 앞에 겸손한 것은 옳지만 모든 사람을 동일한 가치로 보라는 것도 아니고 모든 사람을 높다고 치하하라는 것도 아닙니다. 하나님의 거룩하신 말씀대로 보면 그것은 불공평한 태도요 하나님의 거룩한 뜻이 아닙니다. 가치 있는 것은 가치 있게 보아야 하고 값이 없는 것은 값없이 보아야 하는 것입니다. 다만 사람들의 마음이 어지럽고 눈이 뒤집혀 가지고 값없는 것을 값있게 보고 값있는 것을 값없이 생각하여 멸시하기도 하는데 그런 것은 잘못입니다. 사람들은 예수님 당신께 대해서까지 그렇게 했으니까 말할 것도 없습니다. 그래서 주님은 "세상이 나를 핍박했으니 너희도 핍박할 것이다" 하는 말씀도 해 주셨습니다.

아브라함이 숭고한 인물들을 뵙고서 잘 깨달아 알 수 있었다 하는 것은 그가 항상 무엇을 높이고 무엇을 흠모했으며 무엇을 고귀한 값으로 여기고 산 사람인가를 반증해 줍니다. 아브라함이 덮어놓고 외교 사령의 하나로 가서 "나의 주님" 했을 리도 없고, 그렇게 할 수도 없는 것입니다. 누구인지도 모르는 손님 세 사람한테 어떻게 그렇게 합니까? 그러나 아브라함은 보자마자 숭고한 인물들의 정신과 엄위와 존엄성을 발견했습니다. 비록 몸은 그냥 나그네와 같이 그저 감발하고 먼 길을 가기 위해 속장(束裝)하고 나선 모습이었지만 그런 껍데기만을 쳐다보지 않고 그들의 신관에서 나타나는 자비와 엄위와 고결한 기품을 발견할 수 있었습니다. 그런 것 없이 덮어놓고 가서 "주여" 하고, "종에게 오셨는데 그냥 가실 수 있습니까? 자, 들어와서 좀 쉬십시오"라고 얘기할 수 없는 것입니다. 아무것도 모르면서 그런 비례 후사(備禮厚謝)로 초대를 할 수가 없는 것입니다. 숭고한 인물에 대한 중심의 존경이 거기 있었기에 그렇게 할 수 있었던 것입니다.

참된 겸허의 덕

고상하고 존귀한 가치를 가진 인물들이 있어야만 이 세상도 바로 유지되는 것이요 세상 사람들은 또한 그들의 존재 가치가 얼마나 높고 귀한 것인가를 알 수 있어야 합니다. 이 세상에 그리스도의 거룩한 교회, 참된 교회가 서 있다는 것이 얼마나 귀중한 일이요 절실히 필요한 일인가를 안다면 훨씬 교회에 대한 태도가 달라질 것입니다. 그러나 세상은 모릅니다. 이 세상에 그리스도께 속한 사람도 함께 존재하므로 그리스도께서 내리실 심판을 유예하고 계시는 것입니다. 당신께 속한 자들을 끝까지 다 구원하셔서 하나도 멸망하지 않게 하신다는 거룩한 뜻과 계획을 이뤄 나가시는 것입니다. 그런데 그런 교회가 이제 이 사회에서 점점 물질과 세력과 허명(虛名)을 추구하기 시작했습니다. 이 세상을 존중하기 시작한 것입니다. 타락한 교회일수록, 배교(背敎)한 교회일수록 그런 현상은 심한 것입니다. 돈 많이 내는 것을 훌륭한 것으로 여깁니다. 사회에서 무슨 권세를 가지고 세상에 왔다갔다 하는 이가 교회에 들어오면 굉장하게 우대를 합니다. 또 무엇이 있는 듯하고 학식이 있는 듯 떠들어대면 그것을 훌륭히 여깁니다. 하지만 고요한 가운데 참으로 고결한 정신과 능력을 가진 사람이 오면 그런 대접을 별로 하지 않습니다. 아무 말도 않고 앉아 있다고 해서 모두 값이 있다는 것은 아닙니다. 사람의 값은 그 속에 품고 있는 것 때문에 생기는 것이지 아무것도 없는 텅텅 빈 사람이 침묵한다고 값이 생기는 것은 아닙니다. 그러나 텅 빈 사람이 자기가 빈 만큼 말을 삼가면 그래도 그만큼 조용하니까 남에게 수모는 안 받는 것입니다. 문제는 속에 참으로 고귀한 것들을 가진 사람들이 그리스도의 교회에 있어야 교회도 바로 유지된다는 것인데 그것을 이론으로는 알지만 실질로는 그렇게 대접하는 일이 별로 없습니다. 이것이 지금 세계 교회의 전체적인 한 풍조입니다.

그러나 아브라함은 껍데기만 보지 아니하고 그 용모에서 벌써 거룩한 것을 발견하였습니다. 하나님의 현현(epiphany) 즉 하나님께서 친히 사람의 몸으로 나타나는 자태에는 비속한 것이 없기 때문입니다. 결국에 가서는 하나님인 것을 알게 되는 것입니다. 아브라함이 음식을 진설하여 그 앞에 모시고 서지만(8절), 나중에는 하나님께서 아브라함에게만 중요한 사실을 말씀해 주십니다(16-21절). 거기서 여호와이신 것을 분명히 알았습니다. 여호와이신 것을 확신하고 나중에는 그 여호와의 사자 앞에서 주님, 주님 하면서 소돔·고모라를 위해서 기도를 하지 않습니까? 고상한 인물에게는 그저 존경만 할 것이 아니라 적극적으로 그에게 봉사해야겠다는 것이 아브라함의 정신이었습니다. 그냥 '아, 훌륭하다. 참 그런 이가 있어야지' 하면서 아무 실속도 없는 입인사(lip service)로만 끝내지 않았습니다. 아브라함은 실질상으로 무엇이든지 내가 봉사를 해야겠다고 생각하고 나갔던 것입니다. 그러나 아브라함이 겸손하고 모든 사람 앞에 온유하였다고 해서 그가 악 앞에서까지 비굴하지는 않았다는 것을 주의해야 합니다. 무가치한 것을 놓고 가치 있다고 인정한 것이 아닙니다.

시편 15:1을 보면 "여호와여, 주의 장막에 거할 자 누구오며 주의 성산에 거할 자 누구이리이까?" 해 놓고, 다음 4절을 보면 "그 눈은 망령된 자를 멸시하며 여호와를 두려워하는 자를 존대하는 자이니라"고 했습니다. 망령된 자를 멸시한다고 하였지 망령된 자에 대해서도 예, 예 한다고 하지 않았습니다. 하나님 나라의 사람은 이와 같아야 하는 것입니다. 악인의 의논을 무시하고, 죄인의 길을 무시하고, 오만한 자의 자리라도 무시해 버리는 것이지 겸손하다고 해서 덮어놓고 예, 예 하고 따라다니는 것이 아님을 주의해야 할 것입니다. 시편 31:18을 보면 "교만하고 완악한 말로 무례히 의인을 치는 거짓 입술을 벙어리 되게 하소서"라고 기도합니다. 오히려 맹렬한 분노를 표시하는 것입니다. 그 대신 다음 절에 보면 "주를 두려워하는 자를 위하여 쌓아 두신 은혜 곧 인생 앞에서 주께 피하는 자를 위하여 베푸신 은혜가 어찌 그리 큰지요" 하고 주를 두려워하는 자에 대해서는 하나님께서 큰 은혜를 쌓아 두셨다는 것을 말하고 있습니다. 시편 97:2 보면 "의와 공평이 하나님의 보좌의 기초로다"고 합니다. 의와 공평이란 토대 위에서 평가하는 것이지 덮어놓고 다 쓸어서 겸손이란 덕목을 내세워 모두에게 비례 후사로 대할 것이 아니라는 것입니다. "주의 나라의 홀(笏)은 공평한 홀이니이다"(시 45:6). 왕이 가지고 있는 왕권의 홀은 공평한 것입니다. 왕은 공평하게 지시하는 것입니다. 즉 이이는 존경할 자이다 저이는 멸시할 자이다 하는 것을 알고 있는 것입니다.

그런 까닭에 자기가 겸손하다는 것과 존경한다는 것은 서로 다른 두 가지 문제입니다. 내가 겸손하다면 그것은 나의 덕입니다. 다른 사람 앞에서는 물론 항상 온유해야 하는 것입니다. 그리고 자기를 자랑하거나 내놓고 뽐내지 않는 것입니다. 그렇지만 남을 존경하는 문제에 있어서는 존경할 자를 존경하고 멸시할 자는 멸시하는 것입니다. 망령된 자라면 멸시해야 하는 것입니다. 그런 사람이 주의 성산에 거한다고 했습니다. 주의 왕국의 홀은 공평한 홀입니다. 아브라함이 덮어놓고 겸손이란 덕목 때문에 어떤 사람 앞에서든지 자기를 낮춰서 예, 예 하고 따라다녔다는 것이 아닙니다. 아브라함과 같이 깊은 신앙을 갖게 되면 자연히 인간을 대할 때 겸손의 덕과 온유의 덕이 자기에게 점점 두터워지지만 다른 사람에 대해서 곧바로 통찰을 해서 그 가치를 알고 마땅하게 대하는 것입니다. 그런고로 대접할 자를 대접하였고 높일 자를 높였으며 값을 줄 자에게 정당히 값을 주었던 것입니다.

참된 겸허의 덕이란 덮어놓고 예, 예 하면서 양보하는 것이 아니라 진리에 대해서는 일호도 양보하지 않는 강인성을 가지고 있는 것입니다. 저급한 것은 낮게 보는 것입니다. 물질적으로 화려한 것에 대해서 고귀하게 여기지 않는 것입니다. "너희의 단장은 오직 마음에 숨은 사람을 온유하고 안정한 심령의 썩지 아니할 것으로 하라. 이는 하나님 앞에 값진 것이니라"(벧전 3:4)고 했습니다. 겉치장을 하지 말고, 썩지 않는 온유하고 안정한 심령으로 속사람을 늘 단장하고 살라 하셨습니다. 예수를 믿고 나왔으면 자기의 가치관도 바로 서야 하는 것입니다. 그래야 겸손의 덕도 정당해지는 것입니다. 그렇지 아니하면 비굴하게 되는 것입니다. 그런 까닭에 아브라함이 손님들을 맞이한 정신은 고귀한 것이었습니다. 처음에는 그 외로운 손님들에 대하여 따뜻한 심정을 품는 데서 시작했지만, 상대를 대하고 나서 그 가치를 짐작하고 자기를 한껏 낮출 뿐 아니라 손님들을 고귀하게 대접하였습니다. 그것은 아주 정당한 대접을 한 것이었습니다. 신앙이 깊으면 깊을수록 항상 그 가치관이라는 것도 정당해야 합니다. 그런 것 없이 자꾸 하나님만 부른다고 신앙이 깊어지는 것은 아닙니다.

기도

　거룩하신 아버님, 저희에게 은혜를 주셔서 무엇이 참으로 값있는 것이며 무엇이 별로 값으로 칠 것이 없는 것인가를 바로 깨달아서 정당하고 바른 가치관을 가짐으로써 세상 사물을 볼 때나 또 하나님 나라의 아름다운 것들을 볼 때 참으로 존중할 것을 존중하게 하시고 멸시할 것을 멸시할 수 있게 하옵소서. 이 세상 사람들이 눈이 멀어서 싫어하고 배척한 우리 주님의 영광이지만 주님을 사모한 사람들은 주의 영광을 사모하였는데, 오늘날도 주님께 속한 자들이 세상에서 멸시를 받고 버림을 당할지라도 주를 의지하고 사는 사람들의 마음에 참된 거룩한 안목이 있어서 주의 영광을 바로 보고 높이며 존중할 것을 참으로 존중하고 또한 항상 자기 자신을 겸손과 온유의 덕으로 단장하고 살게 하옵소서. 그래서 바른 것을 늘 바로 보고 바로 대접하여 하나님 나라의 거룩한 공평이라는 것을 생활로써 실천하고 나타내게 하옵소서. 이와 같은 정당한 생활을 하나님께서 요구하시지만 저희는 말로는 다 그렇다고 하면서 생활로는 그렇게 하지 못할 때가 많사옵나이다. 이 세상의 낮은 것과 미워해야 할 것들을 높고 귀하게 대하면서 하나님께 속한 것들에 대해 비록 멸시하지는 않을지라도 그렇게 값있게 대하지 못하는 심히 모순된 생활, 불공평한 생활 가운데 때때로 빠져들어가는 잘못을 주께서 불쌍히 보시고 깨닫게 하시며 바로 서게 하옵소서.
　우리 주 예수님 이름으로 기도하옵나이다. 아멘.

사라의 무신(無信)(1)

제23강

창세기 18:9-15

그들이 아브라함에게 이르되 네 아내 사라가 어디 있느냐 대답하되 장막에 있나이다 그가 가라사대 기한이 이를 때에 내가 정녕 네게로 돌아오리니 네 아내 사라에게 아들이 있으리라 하시니 사라가 그 뒤 장막문에서 들었더라 아브라함과 사라가 나이 많아 늙었고 사라의 경수는 끊어졌는지라 사라가 속으로 웃고 이르되 내가 노쇠하였고 내 주인도 늙었으니 내게 어찌 낙이 있으리요 여호와께서 아브라함에게 이르시되 사라가 왜 웃으며 이르기를 내가 늙었거늘 어떻게 아들을 낳으리요 하느냐 여호와께 능치 못한 일이 있겠느냐 기한이 이를 때에 내가 네게로 돌아오리니 사라에게 아들이 있으리라 사라가 두려워서 승인치 아니하여 가로되 내가 웃지 아니하였나이다 가라사대 아니라 네가 웃었느니라.

사라의 무신(無信)(1)

제23강

아브라함의 믿음의 덕

창세기 18:1-8을 보면 아브라함이 전혀 예기치 않았던 손님 세 분을 만나서 그의 신앙과 신덕(信德)을 충분히 증명할 수 있을 정도로 손님을 대접한 사실이 나타납니다. 그리고 그 손님들이 아브라함의 집을 찾아온 목적을 알 수 있는 구절들이 나옵니다. 사라가 아들을 낳을 것이라고 말씀하시고(9-15절), 소돔·고모라가 멸망하게 될 것을 아브라함에게 숨기지 아니하고 말씀하셨고(16-21절), 아브라함이 조카 롯을 생각해서 소돔과 고모라를 위해 여호와께 도고한 사실이 나옵니다(22-33절).

지난번에 우리는 아브라함이 손님을 대접했다는 점을 살펴보았습니다. 그는 손님에 대하여 충분히 환대했을 뿐 아니라 동양 사람들이 보이는 태도 그 이상을 보였다는 사실을 생각하였습니다. 동양 사람들 특별히 근동 사람들이 손님을 잘 대접한다고 하더라도 그 정도가 어떠냐 할 때 물론 덮어놓고 손님을 대접한다고 해서 있는 대로 무엇이든지 다 내놓는 것은 아닙니다. 그러나 아브라함의 경우를 보면 일반적으로 손님을 대접할 때 갖는 관후(寬厚)한 태도와 친절에 그친 것이 아니었습니다. 단시간에 세 스아의 가루를 준비하게 하고, 송아지 가운데 좋은 살진 것을 잡게 하고, 또 손님 앞에 상을 벌여놓고 손님 곁에 같이 앉아서 권한 것이 아니라 나무 밑에 서서 손님들을 모신 것은 특별한 일이라 하지 않을 수 없습니다. 그리고 처음에 손님을 맞이할 때에도 보통 손님을 맞이하는 것과 같은 식으로 대하지를 않았습니다. 아무리 친절하고 또 손님 대접을 잘하는 근동 사람들일지라도 그들의 풍속에 대한 인류학상의 연구 결과를 따른다 해도 아브라함의 태도가 일반적으로 있던 일은 아니었습니다.

아브라함이 이 손님들에게 왜 이렇게 친절했느냐 하는 문제에 대해서 혹시 여러분이 듣거나 어떤 책을 보셨을 때 근동 사람들이 그렇게 손님에게 잘한다 하는 말로써 설명한 것을 접했을 것입니다. 그러나 근동 사람이라도 사람을 대접할 때 다 그 정도가 있는 것입니다. 더군다나 생면부지로 서로 알지 못하는 사람을 대할 때에는 거기에 따른 적당한 인사가 있는 것입니다. 옛날 우리 나라의 풍속에도 있듯이 황혼 축객 비인사(黃昏逐客非人事)라는 것도 있는 것이고, 반면 과중한 후대(厚待)는 비례(非禮)가 된다는 것도 있는 것입니다. 그럴 만한 관계가 없는 사이에서 너무 과중하게 하면 공자의 말대로 그 관계가 깊어서 열 배나 더해야 할 사람에게는 무엇을 하겠느냐 하는 것입니다. 이직보원(以直報怨) 하고 이덕보덕(以德報德) 하는 정신으로 볼 때 손님을 대접하는 친절도 항상 어떤 절도가 있는 것입니다. 덕으로써 원망을 갚는 것이 어떠한지를 물었을 때 공자는 곧은 것, 정의로 원망을 갚고 덕으로써 덕을 갚아야 할 것이라고 가르쳤습니다. 결국 아브라함이 훨씬 높고 깊은 차원에서 겸손히 손님들을 대접한 사실을 근동 사람의 풍습으로 돌리는 것은 정당하지 않습니다.

손님들에게서 존엄성을 느낌

이제 창세기 18:9-15을 주로 생각하겠습니다. 그 손님들이 사라에게 직접 말하지 않고 아브라함에게 이르길 사라가 아들을 낳을 것이라고 했습니다. 사라는 얼굴을 함부로 손님 앞에 내놓지 아니하고 그 손님들의 거동을 조용히 장막에서 살피거나 본 것입니다. 요즘 서양식으로 손님 대접을 하되 내외가 다 같이 앉아서 친구로 대접하고 담화하지를 않았습니다. 아무리 개화했다고 하더라도 전통적인 행습과 예의를 그대로 존중하는 우리 나라의 어떤 가정에서는 바깥에 사랑 손님이 오신다고 해서 부인도 나가서 바깥 양반하고 함께 앉아서 얘기하지를 않습니다. 그렇게 할 때는 상대가 그럴 만한 특별한 관계가 있는 경우에만 그렇게 하는 것이지 전혀 생면부지의 손님에게 덮어놓고 그렇게 하는 것이 아닙니다. 근동 사람도 역시 마찬가지입니다. 여자 손님을 손님으로 맞이하는 일은 드물지만 남자 손님을 맞이할 때에는 바깥 주인이 남자 손님을 맞이해서 환대도 하고 얘기도 하는 것입니다. 그런데 지금 아브라함에게 오신 손님들이 그 집안 일에 대해서 즉 사라에 대해서 이야기를 하려고 할 때, '사라를 불러내시오' 해서 이야기를 하지 않고, 예의로 보아 아브라함에게 "네 아내 사라가 어디 있는가?"라는 식으로 이야기를 꺼내서 사라의 건에 대해서 이야기를 하였습니다.

 그런 데서도 아브라함은 막연하게나마 손님들에게서 숭고한 정신과 위풍, 어떤 존엄성 같은 것을 느꼈을 것입니다. 구체적으로 그들이 언어로써 무엇을 표현해서 그런 것도 아니고, 또 얼굴 모양새만 가지고 그렇게 안 것이 아니라 그들의 전체 양상에서 그것을 느꼈을 것입니다. 이와 같은 것은 깊은 관심을 가진 사람이라면 아는 것입니다. 사람이 사람에 대해서 무엇을 느낄 때 보통은 말을 해서 객관적으로 확실히 교통을 한 다음에 거기서 당연히 느끼고 반응하는 것이지만 때로는 안색이나 용모만으로도 그렇게 할 수 있는 것입니다. 혹시는 그런 것이 없을지라도 그가 거기 존재하는 사실만으로도 벌써 자기에게 어떤 의미를 줄 수도 있습니다. 그런 때는 물론 그에 대한 나의 관심도(關心度) 여하에 따라 생겨나는 일입니다. 냉정해서 아무 관심도 없는 사람이 거기 열 사람이나 백 사람이 앉았다 한들 무엇이 생기겠습니까? 여러분이 많은 사람들과 함께 버스를 타고 갈 때 그 하나하나에 대해 내가 얼마만한 관심을 가지고 대하느냐에 따라 무엇이 생기는 것이지 그렇지 아니하면 아무런 것도 생기지 않는 것입니다. 그저 자리 하나 생겨서 앉았으면 좋겠다고 생각하는 것이 고작일 것입니다. 어떤 큰 회집(會集)에 갈지라도 예를 들면, 영화관에 가서 앉았을 때 거기 있는 다른 사람에 대한 관심이란 대단히 적은 것입니다. 내 고개가 흔들흔들 해서 뒷사람에게 안 보인다면 미안하다는 생각 정도가 고작인 것입니다. 그렇지만 생활 경험 가운데서 어떤 사람이 옆에 앉으면 내 마음 가운데 어떤 깊은 감흥 혹은 일종의 행복감 또는 일종의 외포감(畏怖感)이나 존경의 감을 느끼는 수도 있습니다. 그것은 그에 대한 인식 때문에 그렇습니다. 그가 아무 말도 않고 조용히 앉아 있지만 그에 대한 인식 때문에 자연히 내가 스스로 어떤 반응을 일으키면서 가까이 가는 것입니다. 평소에 그가 어떠한 인물이다 하는 것을 자세히 알아야만 하는 것이 아니라 그의 위신이나 소위 그가 가진 광휘(光輝)만을 알아도 그렇게 되는 것입니다.

가령 나라의 임금이 자기 옆에 가까이 앉아 있다는 것을 알 때 뻣뻣이 앉아서 쳐다보지 못하는 것입니다. 적어도 왕이 어떤 존재이고 나라가 무엇인지를 알고 있는 사람으로서는 거기에 상당한 존경을 표시하는 것입니다. 또 어떤 인물일까 하고서 그의 인물 됨됨이에 대해서 알고 싶어도 하는 것이고, 그런 것을 알 만한 섬광이 비칠 때마다 아주 신속하게 포착해 나가는 것입니다. 이와 같이 사람과 사람과의 관계에서 내편의 관심이란 반드시 상대편이 무엇을 구체적으로 말하는 교통에서만 생기는 것이 아니라 그의 존재로도 생기는 것입니다. 혹은 그의 안광(眼光)에서 어떤 의미를 강하게 느끼는 것입니다. 그것은 내 마음 가운데 그에 대한 깊은 관심과 어떤 염원이 있을 때 그렇게 되는 것입니다.

이런 사례는 우리가 신약에서 예수님의 경우를 보고도 알 수가 있습니다. 예수님의 공생애 제1년 말기쯤 전도하시기 위해 저 유대 땅에 가셨다가 다시 갈릴리에 오셔서 가나로 가신 일이 있습니다. 앞서 이 가나에서 물로 포도주를 만드신 적이 있는데 이 방문은 두 번째의 일입니다. 그때 가버나움에 있는 헤롯 안디바스 왕의 신하 되는 사람의 자식이 병이 들었는데 백약(百藥)이 무효(無效)하여 거의 죽게 되었습니다. 그때 예수님이 갈릴리로 돌아오셨다는 소문을 듣고 병든 자식을 둔 아버지는 그만 가버나움에서부터 달려왔습니다. 가버나움에서 갈릴리 바다 서해안을 타고 거의 디베랴까지 내려와서 거기서부터 높은 산으로 올라가야 합니다. 서울의 백운대만큼 높은 데로 올라가야 합니다. 디베랴는 해발보다 굉장히 낮은 지대이므로 전체의 높이를 따질 때 그렇게 높이 올라가야 하는 셈입니다. 이렇게 그는 허위단심 올라와서 예수님을 만나 "제 자식이 방장(方將) 죽게 되었으니 내려오셔서 좀 낫게 하여 주십시오"라고 아뢰었습니다. 그때 예수님은 "너희는 표적과 기사를 보지 아니하면 도무지 믿지 아니하리라"는 말씀을 하셨습니다. 그런 책망을 듣고라도 "주님, 제 자식이 죽기 전에 내려오셔서 좀 도와 주십시오" 하고 다시 간곡하게 청했습니다. 그때 예수님께서 "가라, 네 아들이 살았다"고 말씀하시자 그 말 한마디에 마음이 썩 변해서 예수께서 하신 말씀을 믿고 갔던 것입니다. 조금 전까지만 해도 '아니, 그렇게만 말씀하지 마시고 좀 내려오셔서 어떻게든지 제 자식을 좀 고쳐 주십시오' 하던 식이었는데 그렇게 변했습니다. 그 사람이 주님의 말씀을 믿고 가다가 도중에 자기 하인을 만나서 아이의 열기가 떨어졌던 시간을 알아보니 예수님이 가라 하던 그 시간이었습니다. 그가 돌아가서 그와 그 온 식구가 믿게 되었습니다. 이것이 요한복음 4:46-54에 있는 이야기입니다. 특별히 48-50절 말씀은 예수님과 그의 대화에서 그가 전회(轉回)하는 장면입니다. 하지만 본문 가운데에는 그가 어떻게 갑자기 변해서 예수님의 말 한마디만 믿고 그냥 가게 되었는가에 대한 설명이 전혀 없습니다. 요한의 기록에는 아무 설명이 없으나 무언중에 예수님을 증명하는 표현이 있습니다. 그것이 무엇인지는 다 잘 아실 것입니다.

요한이 예수님을 그릴 때 그는 항상 하나님의 아들 예수를 그립니다. 태초에 계신 말씀, 로고스를 그리는 것입니다. 말씀이 육신을 입고 내려오셨다 하는 것을 맨 처음에 선언해 놓고, 그가 하나님의 제2위 되신 말씀(ὁ λόγος)이지 그냥 사람이 아니다, 만일 그냥 사람일 것 같으면 어떻게 이런 비논리적인 일이 발생하겠느냐 하면서 아주 전체 이야기 진행의 논리를 깨뜨리는 어떤 사건 하나를 섬광과 같이 기록해 놓고 있습니다. 요한복음 전체를 죽 읽어 가시노라면 어떤 논리적 진행에서 굉장한 비약을 하되 아무 설명도 없이 하는 것을 아마 느끼실 수 있을 것입니다. 여기도 그런 예입니다. 조금 전까지만 해도 한 오십 리는 산길을 가야 하고 나머지 오십 리는 바닷가로 걸어가야 하는 먼 길, 백 리 길을 오셔서 고쳐 주십시오 하던 그가 "가라, 네 아들이 살았다" 하는 예수님의 이 말씀 한 마디를 믿고 그냥 되돌아갑니다. 이런 믿음이 어디서 발생합니까? 만일 예수님이 그 자리에 아니 계셨더라면 반드시 사정이 그렇게 돌아가지는 않았을 것입니다. 이처럼 예수님의 임재라는 사실 하나가 큰 의미를 갖는 것입니다. 예수님이 무엇을 하셔야만 하고 말해야만 하는 것이 아니라 그가 옆에 계신다는 한 가지 사실만으로도 그를 존경하고 사랑하는 자에게는 지극히 큰 의미를 주는 것입니다. 오늘날 예수님이 어떤 육신의 몸을 하시고 여러분 곁에 와서 하루 종일 말씀 한 마디 안 하신다 하더라도 여러분은 다 모시려고 하지 말씀을 한 마디도 안 하실 텐데 모셔야 무슨 소용이 있겠는가 하지는 않을 것입니다. 그냥 모시고 서서 가만히 계시는 것을 쳐다만 보더라도 우리는 어떤 은혜가 한없이 오리라고 기대하는 것입니다.

사람이 볼 수 있는 형태로 나타나심

그런데 여기 창세기 18장에 하나님의 거룩하신 양자(樣姿)가 사람이 볼 수 있는 형태로 나타났습니다. 이것을 소위 현현(epiphany 혹은 theophany)이라고 하는데, 왜 여호와께서 두 천사를 데리시고 사람이 볼 수 있는, 또 사람이 접촉할 수 있는 인간의 형태를 취하시고 나타나셨느냐 할 때 거기에는 이유가 있습니다. 특별히 하나님의 현현의 스타일에 대한 중요한 이 기술을 통해 우리는 우선 그 임재 자체가 무엇을 줄 것이라는 사실을 기대하게 됩니다. 바로 앞 장인 17장에서도 여호와께서 나타나셔서 아브라함에게 할례에 관한 중요한 언약의 내용을 가르쳐 주셨지만 그 계시(apocalypse)가 어떤 형태였는지는 알 수 없습니다. 그러나 이 18장에서는 분명히 사람의 모습으로 나타나셨습니다. 처음에는 손님의 형식으로 나타나셨지만 나중에는 아브라함과 사라로 하여금 그분이 하나님이신 것을 알게 하신 것입니다. 그런데 그분이 하나님이신 것을 알게 하는 순서에 있어서 지난 시간에 본 대로 먼저는 손님에게서 발휘되는 존엄성 즉 점잖고 고상하고 고결하고 깨끗한 기품으로 나타났습니다.

사람의 용모를 볼 때 참 신관이 청수(淸秀)하기도 하고, 어떤 사람에게서는 악인지기(惡人之氣)를 느끼기도 하고, 또 어떤 사람을 보면 대단히 고상하고 숭고하게 보이기도 하고, 어떤 사람에게 있어서는 아주 신비한 면모를 보기도 하는 것입니다. 물론 사람에게는 그런 것들이 흔하게 보이는 것은 아닙니다만 때때로 그런 사람들이 있습니다. 그런 것들은 나면서부터 저절로 생기는 것이 아니라 오히려 구체적인 생활 경험이 축적되어 한 성격으로 형성될 때 나오는 것입니다. 그만큼의 생활 경험이 쌓여야 나오는 것입니다. 그래서 우리가 어린아이의 눈을 쳐다본다든지 그 얼굴을 가만히 볼 때 무사기(無邪氣)하고 청정한 상은 볼 수 있지만 가령 고상하고 고결한 덕을 보기는 어렵습니다. 단순한 청정이 아니라 숭고성과 엄위, 또 위압하는 힘과 존경심을 이끌어 내는 힘이란 그 사람의 생활을 배경으로 나오는 것입니다. 사람의 얼굴에다 배우처럼 무엇을 칠해 가지고서 나오는 게 아니라 가만히 있더라도 나오는 것인데, 그렇게 해서 우리 겉사람은 날로 후패(朽敗)하지만 속사람은 날로 새로워져서 영광에서 영광으로 이르게 되는 것입니다. 하나님의 영광 앞에 더욱 가까이 가서 경배하고 하나님과의 거룩한 교통을 가질 수 있는 특권적인 위치에 때때로 들어가는 하나님의 자녀들에게는 다 그런 기회와 가능성을 주셨습니다. 하지만 실제로 그와 같은 생활을 하는 사람에게 그런 것이 생기는 것입니다. 아브라함은 평소에 하나님의 거룩하신 계시에 접촉하고 있었던 까닭에 하나님이 어떤 형태로든지 그에게 나타나실 때 맞이할 수가 있었습니다.

그런데 이 18장에서는 하나님께서 묵시나 꿈이 아니라 사람의 형식을 통한 명백한 현실로 나타나셨습니다. 이것은 참으로 독특하고 중요한 사실입니다.

구약에 여호와의 사자가 나타난 기록이 있다는 것을 지난번에 말씀 드렸습니다. 여호와의 사자를 상대한 사람이 처음에는 몰랐다가 나중에서야 깨닫고 "내가 이제 하나님을 뵈었으니 난 죽게 될 것이다" 하였고, "아니오, 우리를 죽이려 하셨더라면 벌써 죽었지 지금까지 살려 두셨겠는가?"라고 한 일이 삼손의 부모인 마노아의 얘기 가운데 있습니다(삿 13:22-23). 이처럼 에피파니(epiphany)는 그것 자체가 항상 중요한 의미를 갖습니다. 그 다음으로 중요한 것은 그렇게 나타나신 사실에서 직접 어떠한 교통을 하시는가 하는 문제입니다. 예컨대 아브라함에게 나타나셨으면 아브라함에게 무엇을 주셨는가 하는 문제가 또 있는 것입니다. 단순히 하나님의 엄위를 보이고 영광을 나타낼 뿐 아니라 그 다음에는 그것과 조화되는 어떤 사실을 주시는 것입니다.

사라가 그때 직접 손님들을 대면하여 대화한 일은 없지만 그분들을 전혀 보지 않았다고 할 수가 없습니다. 그렇게 경건하고 고결한 분들을 아브라함이 맞이해서 모셨기 때문입니다. 수천 명 부족의 장이 되는 아브라함이 친히 신하같이 혹은 종과 같이 그 앞에 모시고 선 것을 보고 사라가 무심히 흘려 버리지는 않았을 것입니다. 평소에 아브라함이 가지고 있던 계시와 또 하나님과 갖는 교통의 생활에 대하여 제일 잘 아는 처지에 있던 사라로서는 '아, 이게 웬일인가?' 하고 주의를 했을 것입니다. 사라는 그렇게 데면데면하고 무관심한 사람이 아닙니다. 그런즉 그만한 주의를 했을 것입니다. 손님들이 하는 말을 장막 뒤에서 가만히 듣고 혹은 장막 틈으로 본 것입니다. 그때 장막이 대단히 조밀하게 만들어진 것은 아니므로 보려면 얼마든지 볼 수가 있습니다. 여러분이 베두인 사회의 장막을 구경하지 못하셨겠지만 몽고의 파오(包)라는 것보다는 훨씬 개방적인 형태입니다. 그러한 장막에서 혹은 옆으로 앉아 있는 용모도 볼 수 있는 것이고 뒤로 앉으면 그 후광도 볼 수 있는 것인데 아마 정면으로는 마주치지 못했을 것입니다. 그렇게 가만히 얘기를 듣고 있는데 자기에 관한 얘기를 하더라 말입니다. "자, 기한이 되면 내가 너희한테 다시 오겠는데 사라가 반드시 네게 아들을 낳아 줄 것이다."

지난 몇 달 전인가는 몰라도 17장의 계시가 적어도 일년 전 사실은 아닙니다. 17장에서 "명년 이때에 사라가 네게 아들을 낳아 주리라"(21절)고 하였는데, 여기 보니까 다시 "기한이 되면 사라가 네게 아들을 낳아 줄 것이라"고 합니다. 이때는 아직 사라가 잉태한 상태가 아닙니다. 그러니까 사라가 웃었던 것입니다. '내가 잉태할 힘조차 없는 사람인데 나에게 아들이 있을 것이라고?' 하면서 사라는 장막 뒤에서 속으로 웃었습니다. 그리고 보면 이 기한이라는 것이 그렇게 먼 기한이 아닙니다. 17장에 하신 계시와 지금 말씀하고 있는 시기는 아무리 길게 잡아도 불과 두 달 정도밖에 되지 않습니다. 아이 배 가지고 낳으려면 열 달은 걸리는데, 17장에선 명년 이때라고 했으니까 아무리 그 기간을 길게 잡아도 열두 달이 안 되는 것입니다. 대개 볼 때 아무리 오래 걸렸다 하더라도 두 달 이내입니다. 유대 사람들의 전설대로 보면 17장의 계시에 따라 할례를 받은 지 사흘 만에 이 손님들이 왔다고 합니다. 어찌 되었든 사라는 그 거룩하신 분들을 가만히 엿볼 수 있는 기회를 얻었고 적어도 오셔서 음식을 잡수시고 친히 하시는 말씀을 자신이 명백하게 들을 수 있었습니다. 그 듣는 것으로 충분히 교통을 할 수 있는 기회를 얻었던 것입니다. 그것이 사라에게 큰 의미를 주었습니다.

그 다음에 손님들이 떠나가면서 아브라함에게 "내가 하려고 하는 일을 아브라함에게 숨길 것이 있느냐? 저는 큰 나라를 이룰 사람이 아니냐?" 하시면서 아브라함과 직접 상관은 없지만 소돔과 고모라의 심판에 대하여 말씀을 해 주십니다. 적어도 현실 역사 시기에 때를 따라서 심판을 내리시는 사실을 보아라 하면서 큰 교리를 가르쳐 주신 것입니다. 아브라함이 장차 이뤄야 할 나라 즉 하나님의 거룩한 백성과 하나님의 거룩한 국권이 땅 위에서 진행해 나갈 사실과 결부해서, 아브라함과 직접 상관은 없으나 적어도 천하를 심판하시는 그분이 때를 따라서 현역사 시기에 땅 위에 내리시는 심판을 보라고 가르치신 것입니다. 물론 여기서 아브라함은 그로 말미암아 크게 배운 것이 있습니다.

　여기서 우리가 주의해서 생각할 것은 하나님께서 친히 나타나신 사실이 무엇을 의미하겠느냐 하는 것입니다. 하나님의 임재에 접촉한 아브라함 내외에게 임재 자체가 주는 큰 영향이 있습니다. 사라는 지금 무신(無信)한 상태, 약신(弱信)한 상태에서 위대한 신앙의 상태에 이르러야만 할 중요한 시기에 처해 있습니다. 더 지체할 여유가 없었습니다. 왜냐하면 하나님의 계획과 경륜의 내용에 따르면 이제 얼마 안 있으면 사라가 잉태할 것이기 때문입니다. 불신자처럼 무신 가운데 그냥 막막하게 지내면서라도 사라로 하여금 잉태케 하지 않으십니다. 믿음으로 잉태하게 하시려는 것입니다. 히브리서 11:11에 "믿음으로 사라 자신도 나이 많아 단산하였으나 잉태할 수 있는 힘을 얻었노라"라고 말씀합니다. 분명히 믿음으로 사라는 잉태하는 힘을 얻었다고 했습니다. 그러면 그의 믿음의 내용이란 구체적으로 무엇입니까? "이는 약속하신 이를 미쁘신 줄 알았음이라." 약속한 이야기가 아니라 약속하신 그분을 믿은 것입니다. 신앙은 하나님께 향하는 것입니다. 하나님이 내리신 그 말씀만을 내가 신뢰합니다 하는 정도에 있던 것이 아니라 말씀하신 그분을 신실하신 분으로 알았다는 것입니다. "이러므로 자녀를 생산한다는 의미에서 죽은 자와 방불한 한 사람으로 말미암아 하늘의 허다한 별과 해변의 무수한 모래와 같이 많은 후손이 생육하였느니라." 이것은 일반 법칙 즉 자연의 법칙하에서 그냥 많이 낳았다는 것이 아닙니다. 하나님의 거룩하신 경륜 안에서 특별한 법을 쓰셔서 그렇게 하셨다는 것입니다. 그러기 위해서는 하나님이 내신 자연적인 법칙에만 의뢰하고 있던 사라의 마음을 잡아 올려서 영원한 법(lex aeterna) 혹은 하나님의 신성한 법(lex divina)을 믿을 수 있게 하신 것입니다.

여기서 잠깐 지나가는 이야기로 한마디 하고 넘어갈 것은 아까의 그 기한 얘기입니다. 유대인 주석가들은 18장의 얘기가 17장에서 계시하신 바에 따라서 저들이 할례를 받고 난 다음 사흘 만에 일어났다고 해석하면서 그 이야기를 교묘하게 부합시키려고 합니다. 할례를 받으면 대개 사흘 만에 육체적인 고통이 따른다고 합니다. 한번 열이 크게 났다가 차츰차츰 떨어지게 됩니다. 아브라함이 아무리 위대한 족장이고 수장이지만 자기의 많은 축생(畜生)들이 들에 있는 까닭에 그것을 살펴보러 들로 나가지 가만히 앉았을 리가 없는데 여기 보면 한낮인데도 가만히 장막 문에 앉아 있었으니 할례 받은 일 때문에 그렇다는 것입니다. 그러나 그렇게 설명할지라도 할 말은 또 있습니다. 날이 더운 데서 생활하는 그들이기에 한낮이면 와서 한숨 자고 주로 아침과 오후에 나가서 일을 하는 것이 그들의 대체적인 습관이기 때문입니다. 아무튼 한낮에 그렇게 집에 있는 것을 보면 아마 그때 육체적인 고통이 있어서 그냥 집에 누워 있든지 혹은 앉아 있을 때 마침 손님 세 분이 오셨다는 것입니다. 그런데 그 가운데 한 분은 아브라함을 치료해 주시려고 오셨고, 또 한 분은 사라의 믿음을 일으키기 위해 전언을 하시려고 오셨고, 또 한 분은 소돔과 고모라를 멸망케 하려고 오셨다고 교묘하게 둘러 붙이는 얘기를 하기도 합니다. 그런 것은 특별히 준신(準信)할 것이 없습니다. 다만 이 18장의 계시가 17장의 계시로부터 멀지 않은 시기에 발생한 것이다 하는 것만 아시면 됩니다.

하나님이 현현하신 중요한 이유

17장의 계시를 볼 때 한 가지 생각할 만한 문제가 또 있습니다. 이미 17장을 배웠지만 아브라함이 처음에 사라가 생산한다는 말을 들었을 때 "내가 100세나 되고 사라도 90세인데 어떻게 우리가 자식을 낳을 수 있겠는가?" 하고 속으로는 웃으면서 하나님께 말하기를 "이스마엘이나 하나님 앞에서 살기를 원하나이다" 하였습니다. 그러나 하나님께서는 아주 명확하게 "아니다"고 하셨습니다. 그에 앞서 15절을 보면 사라와 관련해서 "네 아내 이름을 사래라고 하지 말고 사라라고 하라"고 하셔서 개명을 해 주셨습니다. 아주 하나의 새로운 시기를 긋고 단계를 만들어 준 것입니다. 이제부터 너는 과거에 불리던 사래라는 이름의 인간이 아니고 사라라는 이름으로 들어가게 되었다고 가르쳐 주신 것입니다. 이렇게 하나님께서 개명을 해 주신 까닭에 그의 역사 행진에 있어서 중요한 전기가 마련된 것입니다. 전혀 새로운 단계 위에서 걸어가야 할 시기에 서게 된 것입니다. 사라는 열국의 어미, 열국 왕들의 어미 즉 여왕으로서 걸어갈 때를 맞은 것입니다. 그리고 그 다음에 아까 말한 아브라함의 불신에 대해서는 "아니다" 하시고서, 19절에 무엇이라고 분명히 말씀하셨느냐 하면 "사라가 반드시 네게 아들을 낳아 줄 텐데 아들을 낳거든 이름을 이삭이라고 하라" 하셨습니다. 그 다음에 20절에서는 이스마엘에 관해 말씀하셨는데 "그로 번성하게 하여 열두 방백을 낳게 할 것이며 그리하여 큰 나라가 될 것이니라"고 하셨습니다. 21절로 가면 "내 언약은 이스마엘과 할 것이 아니고 '명년' 이때에 사라가 네게 낳아 줄 아들 이삭과 할 것이니라"고 하셨습니다. 거기 '명년'이라는 특별한 말이 있습니다. 기한이 딱 정해져 있었던 것입니다.

이렇게 기한이 정해져 있는데 사라가 무신한 상태로 그냥 들어가서는 안 되게 생겼다 말입니다. 앞서 17:17에서는 이삭의 출생에 대한 약속을 듣고 아브라함이 웃었습니다. 아브라함은 그렇게 일반법 즉 자연법에만 의존하였는데 하나님께서 그것을 시정해 주셨습니다. 비록 그와 같은 거룩한 교육을 아브라함이 받았지만 그 자신이 충분히 소화하고 체득해서 자기 아내 사라에게 가르쳐 주려면 상당한 시간을 요하는 것입니다. 어떤 사람이든지 도리를 관념으로 알고 이론으로 배운 다음에 그것이 생활 가운데에서 자기 것이 되어 요지부동하는 정열로써 그것을 자기 식구에게라도 먹이려고 할 것 같으면 자기가 훨씬 앞서가야 하는 것이지 자기도 금방 받아서 금방 남에게 주지 못하는 것입니다. 이러한 상태인지라 하나님께서 친히 나타나셔서 첫째는 사라의 무신과 약신(弱信)을 시정해 주신 것입니다. 이것이 현현의 중요한 이유 중 하나입니다.

다음으로는 아브라함으로 하여금 은혜의 왕국의 선진자(先進者)로 만들어 주신 사실이 거기에 있습니다. 소돔과 고모라의 운명에 대한 소식을 듣고 아브라함은 자기가 가지고 있는 하나님의 속성에 대한 지식에 의지해서 하나님께 매달렸습니다. 그의 신관 곧 공평을 행하시는 분, 천하를 심판하시는 분, 의인과 악인을 함께 멸하시지 않고 의인과 악인을 균등히 보시지 않는 절대의 공의이신 하나님이라는 확신을 가지고 하나님 앞에 매달렸습니다. "그러한 하나님이신 것을 내가 믿습니다. 그런데 그런 하나님께서 어떻게 소돔·고모라의 의인까지 한꺼번에 멸하시겠습니까?" 그것입니다. '하나님께서는 심판하시는 분으로서 사람이 죽은 다음에야 심판을 시작하는 것이 아니라 현역사의 세계에서도 때를 따라 심판하시는 것을 믿습니다. 세상을 심판하시는 큰 심판을 제가 믿지만 그래도 의인까지 도매금으로 다루신다면 하나님의 공의는 어떻게 되는 것입니까?' 하면서 기본적인 하나님의 속성에 매달렸던 것입니다.

그때에 여호와께서는 당신의 기본적인 속성에 근거하여 대답하시면서 아브라함으로 하여금 그 사실을 자기 마음 가운데 깊이 깨닫도록 하셨습니다. 그로 인하여 이 세상에 대해서 하나님이 하시는 큰 처사를 생각하면서 자기네가 지어갈 이 역사 세계의 진전을 두고 하나님 앞에 도고하도록 한 것입니다. 아브라함은 구원받았다고 믿는 롯이 악인들과 한꺼번에 멸망받을까 봐 도고를 하였습니다. 이것은 결국 아브라함이 그만큼 고결한 신앙과 정신의 세계에 다시 올라가는 것을 말합니다. 죄악의 도성이 멸해지는 사실 앞에서 하나님의 공의의 행사가 절실히 필요하다는 역사적인 중요한 순간을 만났을 때 공의는 꼭 나타나야겠다고 요구하는 것이 바로 아브라함의 정신입니다. 다른 말로 하면 역사의 진행 가운데 어떤 문제가 대두하였을 때 하나님의 속성과 경영 가운데서 이때는 하나님께서 어떻게 하셔야 하겠다는 것을 알았다는 뜻입니다. 이것은 결국 선지자적인 혜안(慧眼)입니다. 나중에 하나님께서 그랄 왕 아비멜렉에게 말씀하실 때 아브라함을 가리켜 '선지자'라고 하셨습니다(창 20:7). 아브라함으로 하여금 단지 하나님을 믿는다는 근거로 복만 받고 살게 한 것이 아니라, 적어도 하나님이 경영하시는 은혜의 왕국에서 유자격한 사람으로 만들어 주신 것입니다. 하나님의 현현(epiphany)은 그만큼 큰일을 해 나가는 것입니다. 소돔·고모라를 멸망시키는 것도 시키는 것이지만 아브라함을 방문하셨을 때 먼저 그로 하여금 이러한 은혜를 입도록 해 주셨습니다.

또한 이 방문이 사라에게는 이 세상 사람과 같은 생각, 그냥 무신 가운데 주저앉아 있던 상태에서 건져내시는 의미가 있습니다. 손님들이 말씀한 사라에 관련된 얘기는 주로 사라가 아기를 낳을 것이란 내용이었습니다. 명년이라는 기한에 대해서는 이미 17:21에서 말을 했지만, 여기서는 단순히 기한이 이르면 반드시 사라가 아들을 낳아 줄 것이라고 이야기하였습니다. 사라에게 아들이 있을 것이라는 명제 하나만을 이야기한 것입니다. 그런데 사라 자신은 아들을 이삭이라고 하라든지 명년에 낳겠다든지 하는 것은 그만두고 자신은 이미 아기를 낳을 수 없다고 하였습니다. 이것이 사라의 상태였습니다. 히브리서 11:11을 읽어 보면 "믿음으로 사라 자신도 나이 늙어 단산하였으나 잉태하는 힘을 얻었으니"라고 합니다. 사라는 얼마 안 있으면 자식을 낳을 텐데 지금 그에게 무슨 믿음이 있습니까? 히브리서 11장에 묘사한 그러한 신앙을 사라는 아직 가지지 못하였습니다. 이 시점은 결국 사라가 믿음 있는 사람이 되든지 믿음에서 떨어져 하나님의 거룩하신 경영권 밖으로 나가든지 할 수밖에 없는 순간입니다. 사라가 여왕 노릇을 할 수 있기 위해서는 지금 자기에게 걸려 있는 문제를 해결하지 않을 수 없게 되었습니다. 자기가 아들을 낳을 것이라고 하니까 '아들은 그만두고 생리적으로 자식을 낳을 모든 기능이 벌써부터 끊어졌는데 어떻게 낳는다는 말입니까?' 하고 반문하는 상태였습니다. 그러나 하나님의 무한하신 자비는 사라의 잘난 것 때문도 아니고 무슨 공로가 있어서도 아니지만, 하나님께서 아브라함을 택하실 때에 아브라함 하나만을 쓰시지 않고 정식으로 이룬 아브라함의 가정을 당신의 거룩한 사역의 그릇으로 쓰시고자 하신 까닭에 사라도 거기에 부응하는 인물로 만들어 주신 것입니다. 그래야 사라가 열국의 어미 노릇을 할 수 있을 것입니다. 그렇게 하기 위해서 그에게 걸리는 문제를 먼저 내놓은 것입니다.

아들을 낳는다는 말에 대한 사라의 태도는 생리적으로 자식을 낳을 모든 기능이 끊어졌는데 어떻게 그것이 가능하겠는가 하는 것이었습니다. 이런 태도는 자연의 법칙 혹은 하나님이 내신 일반법에 근거한 것입니다. 보통 법의 개념에서 말하는 바 사람이 만들어 낸 법, 인간법 또는 인정법(lex humana)을 말하는 것이 아닙니다. 토마스 아퀴나스가 법학자로서 법을 분석할 때 '렉스 후마나'라는 말을 썼는데, 그가 그런 말을 했든지 안 했든지 그것은 오늘날도 있는 것이고 그 이전에 로마의 많은 사람들도 그런 생각을 하였습니다. 사람들이 제정하는 법은 사람들 마음대로 만드는 것이 아니라 탄생하는 것이라 하였습니다. 발생하지 아니할 수 없는 여러 조건하에서 즉 필연성에 근거하여 탄생하는 것입니다. 이것이 인정법이라는 것인데 법학에서는 소위 실정법이라고 말합니다. 이 인정법 위에 자연법 즉 렉스 나투랄리스(lex naturalis)가 있습니다. 사람들은 대체로 그것을 의존합니다. 자연계 전체를 지배하고 있는 힘이 그것을 율(律)하고 있다는 것입니다. 자연계를 지배하는 법이 시행될 때 아무런 힘도 없이 시행되는 것이 아닙니다. 그저 이론으로 시행되는 것이 아닙니다. 반드시 힘의 작용이 있어서 그 힘 때문에 여지없이 그대로 이루어진다는 것입니다. 가령 인력(引力)의 법칙이라는 것도 자연계에 숨어 있는 한 물리적인 법칙입니다. 사람이 태어나서 생리적으로 쇠퇴하게 되면 자식은 더 생산하지 못한다는 것도 자연의 법칙입니다. 이 자연의 법칙은 보통 사람들의 실정법보다 훨씬 고상한 실정법을 낳게 하는 모태가 되는 까닭에 로마 사람들은 특별히 이 자연법에 의거해서 실정법을 늘 분석하고 해석하고 의미를 부여했습니다.

이렇게 자연 법칙의 사실이 이미 나타난 이상 그것을 하나님의 뜻으로 보아야 한다는 생각을 사라도 한 것입니다. 그렇다면 사라의 경우에 나타난 그것을 하나님의 뜻으로 보지 않고 다른 데 가서 하나님의 뜻을 찾아야 할 만한 이유가 어디에 있습니까? 하나님께서 명백하게 약속하신 것 이외에, 나타나 있는 현실 또는 자연계를 지배하고 역사를 지배하고 있는 일반 이치에서 먼저 하나님의 뜻을 찾는다는 것은 매우 자연스럽다 할 것입니다. 자연법에 의해서 임신한 다음에 달 수가 다 차서 아기를 낳은 것입니다. 다만 문제는 그가 잉태할 수 있는 힘이 없어졌다 하는 것입니다. 여인에게서 잉태할 수 있는 힘이 사라진다는 것은 모든 경우에 공동으로 규제를 받고 있는 법칙입니다. 그러한 법칙이 사라 자신을 규제하고 있는데 어떻게 그것이 변경될 수 있겠느냐 하는 것이 사라의 생각이었습니다. 그런즉 사라는 "내가 나이 늙었는데 어떻게 자식을 낳겠습니까?" 한 것입니다. 물론 이 말은 평범하고 간단한 말이지만 그 말 이면에 있는 사라의 심리에는 '그것이 이치이고 법칙이라면 최종적으로 이게 하나님의 뜻 아닙니까? 만일 하나님께서 그렇지 않다고 하시며 씨를 주신다면 별달리 다른 무엇을 하셔야 할 것이 아닙니까?' 하는 의미가 들어 있습니다.

현실적인 무신론

여러분, 이치라는 것이 하나님의 거룩하신 마련이요 배정(配定)이요 뜻이라고 생각하는 것을 가리켜 무슨 종교 사상이라고 하는지 잘 아실 것입니다. 소위 초연신론(超然神論) 또는 이신론(理神論)이라고 합니다. 요컨대 우주 전체에는 큰 법칙이 있어서 만물이 존재도 하고 운행도 하는데 하나님께서 그 법칙을 한 번 내신 이상 차착이 없이 운행되고 적용되어야 하는 까닭에 하나님은 초연히 바라보고만 계시는 것이지 그것을 고치거나 부수거나 어겨가면서 무슨 일을 하시지 않는다는 이론입니다. 한 번 내신 법칙을 거스른다면 그것은 당신 스스로 내신 법을 파괴하는 일이라는 것인데, 그런즉 이치가 곧 신이라는 것입니다.

만일 한국의 이조 500년 동안 사상계에 신이 있다고 할 때 잘 올라갔
으면 그게 이신론일 것입니다. 그러나 유교 자체에 무신론적인 성격이
강렬하다는 사실은 여러분이 다 아실 것입니다. 그러나 이 세상 그리
스도인들 가운데에는 그런 이신론자가 많습니다. 이것을 무엇이라고
표현하자고 누군가 제안을 했는데 현실상 무신론(practical atheism)이
라 하자고 했습니다. 이론상은 유신론이요 인격신론이면서 현실상은
무신론이라는 것입니다. 그 말이 대단히 알맞은 말입니다. 하나님이 역
사해야 할 중요한 전기(轉機)나 큰 문제 앞에서 이치가 최종적인 결
정을 할 수 있는 권위이지 이치를 떠나서 즉 자연법을 떠나서 무엇을
의지할 수 있느냐는 것입니다.

그러나 여러분, 누구든지 하나님을 믿고 하나님의 거룩한 계시를 생
각하고 또 생활에서 거룩한 섭리의 특별한 은혜를 맛본 사람들이라면
자연법이 최종이 아닌 것을 다 알 수 있습니다. 이런 점에서 렉스 아
에테르나(lex aeterna) 즉 영원의 법(eternal law) 혹은 렉스 디비나
(lex divina) 즉 신성한 법(divine law) 곧 하나님의 법칙이 따로 있
는 것입니다. 우리는 이것을 믿는 것입니다. 자연법이 스스로 이룰 수
없는 그 신성한 법칙하에서 사람이 죄를 짓고 저주받은 이후에 율해지
는 바 여러 가지 흑암의 상태와 불행에서 하나님께서 택하신 자들을
구원해 내시는 것입니다. 요컨대 하나님께서 우리를 구원하시는 거룩
한 사실의 법은 하나님의 신성한 법 곧 렉스 디비나입니다. 자연의 법
에 의하면 사람은 모두 다 멸망하고 말 것입니다. 이것이 정당한 논리
입니다. 거기서 어떤 사람들을 구원하시는 것은 신령한 더 높은 법칙
에 의해서 하시는 것입니다. 하나님은 무법(無法)하게 질서 없이 아무
렇게나 행하시는 분이 아닙니다. 완전하신 하나님인 까닭에 항상 질서
가 정연합니다. 하나님의 존재 자체는 하나의 법적인 성격을 명확하게
띠고 있는 것입니다. 하나님께서 당신의 자녀들을 구원하시는 것은 최
종적으로 보면 하나님 당신의 존재의 본성 때문에 그렇게 하시는 것입
니다. 그 본성 때문에 삼위일체도 필요한 것이고 구원의 크신 경륜도

나타난 것입니다. 우리를 선택하신 것은 하나님의 존재의 본성인 사랑 때문인데 우리에게 거룩한 법을 적용해 주신 것입니다. 자연의 법이 스스로 이룰 수 없어서 멸망과 심판과 저주와 파괴로만 끌고 가는 거기서 건져내시려고 상위의 신성한 법이 움직인 것입니다.

그런데 사라는 자연법의 큰 권위만을 인정할 뿐 그 위에서 지금 하나님의 의사가 거룩한 법칙에 따라 움직인다는 것을 이해하지 못하였습니다. 사라가 자기에게 아들이 있으리라는 계시를 하나님의 일시적인 의사로만 여긴 것인데, 가령 그랬다 하더라도 전능하신 하나님을 믿었다면, 그의 믿음이 생생하였다면 그러지는 않았을 것입니다. 하지만 사라는 그것을 안 믿었습니다. 그것은 사라의 무신입니다. 사라가 지금 하나님이 누구이신지 몰라서 그렇습니까? 창세기 14장을 보면 멜기세덱이 아브라함에게 하나님이 어떤 분이신가를 말했는데, 그것을 아브라함이 되받아서 소돔 왕하고 이야기할 때 그 말을 썼습니다. "천지의 주재시요 지극히 높으신 하나님 야훼"(22절)라고 했습니다. "그런 여호와께 내가 손을 들어 맹세하노니 무릇 네게 속한 것은 실오라기 하나라도 내가 취하지 않겠다"고 하면서 '엘 엘론', 지극히 높으신 하나님을 언급했습니다. 이것은 하나님의 독특한 기본적인 속성의 하나입니다. 사라가 그것을 몰랐겠습니까? 아브라함에게 들어서 하나님은 지극히 높으신 하나님이고 천지의 대주재이시라고 알았던 것입니다. 또 17:1에 "여호와께서 다시 아브람에게 나타나사" 뭐라고 하셨느냐면 "나는 엘 샤다이이다. 그러니 너는 내 앞에서 모든 일에 완전하라"고 하셨습니다. 이신론적인, 이교적인 사상에 그냥 감염된 대로 주저앉아 있지 말라는 것입니다. 그렇게 전능하신 하나님이시라는 계시를 사라도 받았고 또 그의 이름도 사래에서 사라로 고쳐 주신 것입니다. 이런 중대한 역사적인 계기에서 커다란 경험을 한 사람이 사라입니다. 관념으로나 지식으로는 지극히 높으신 하나님, 전능하신 하나님이심을 다 믿으면서도 일단 그 하나님 여호와께서 "네게 아들이 있을 것이다"라고 했을 때 "그럴 리 없습니다. 하나님의 일반법에 의해서 불가능한 이야기입니다. 일반법은 하나님의 최종 의사가 아니던가요?" 한 것입니다. 요컨대 이런 것들이 현실적인 무신론이라는 것입니다.

여러분, 우리가 다 하나님을 믿되 전능하신 하나님이라고 믿지만 일단 무슨 문제에 부딪치면 어떻게 합니까? 전능하신 하나님이 그것을 이루셔야 하겠다는 중대한 문제에 맞닥뜨리든지 어떤 중대한 사실에 직면했을 때 과연 전능하신 하나님이라는 사실을 잘 믿고 의지하게 되느냐? 그것은 자기 관념에 불과할 뿐이요, 하나님의 일반 이치가 있고 사세(事勢)가 벌써 이렇게 됐다는 자체를 보더라도 하나님의 뜻이 나타난 것일 텐데 어떻게 그렇게 된단 말인가 하고 생각하기가 쉬운 것입니다. 사라도 지금 그런 형편입니다. 현실이 이렇게 됐는데 이 사실을 볼 때 어떻게 지금 하나님께서 말씀하신 것하고 조화가 되겠느냐 하는 것입니다. 결국 더 강력한 것은 말씀보다는 사실 자체인 것입니다. 이런 데서 사라는 그의 믿음을 충분히 가지지 못하였습니다.

그러나 이제 하나님께서 사라에게 큰 믿음을 주시려 하십니다. 그러기 위해 지금 여기에 오신 것입니다. 사라에게 필요한 것은 전능하신 하나님이 과연 진정으로 전능하신 하나님이냐 하는 문제에 대하여 해답을 얻는 것입니다. 그래서 하나님께서 '네 문제는 지금 어디에 근거하고 나온 것이냐? 사실(fact)보다 훨씬 더 강력한 진실이 네 뒤에 지금 있다'는 것을 보여 주시려고 합니다. 이러한 은혜의 현실 앞에서 '아, 내가 잘못 알았다. 나는 눈앞에 뵈는 현상 세계의 상황들만을 중요한 것으로 알았지 실재의 세계에서 움직이는 더 큰 진실이라는 것을 몰랐구나' 하고 탄식할 수밖에 없는 것입니다. 여러분이 하나님께서 그러하신 분이신 것을 알려면 실재의 세계에서 더 큰 진실로 계획하시고 경륜하시며 진행시키시는 하나님의 거룩한 계획의 내용에 접촉해야만 하나님의 전능이 생생하게 현실화하는 것을 볼 수 있을 것입니다. 이것이 사라에게 있던 문제인데 18장에서 그것을 보시라는 것입니다. 18장의 내용이 간단한 대화이지만 그 가운데에서 우리에게 중요한 것들을 가르치고 있습니다. 이 간단한 대화는 이것 하나로 전부를 이야기한 것이 아니라 이미 보여 주신 계시의 터 위에다 다시 더 얹는 것입니다. 사라는 이미 받은 계시에 의해 얼마만한 지식을 가지고 있었던 것입니다. 아브라함이 하나님께서 하시는 경영의 내용을 알고 있었던 터 위에 또 이야기를 해 나가시는 것입니다. 이와 같이 계시는 항상 쌓아 올라가는 것이요 발전하는 것입니다. 과거는 다 잊어버리고 또 새로 말하고 또 새로 말하고 하는 것이 아닙니다.

기도

 거룩하신 아버지, 그 거룩한 계시 가운데 저희에게 가르쳐 주시는 하나님과 하나님의 속성과 하나님의 무한하신 지혜로 인한 경영과 계획의 내용과 그 경륜의 사실을 인류의 역사 위에서 어떻게 진행하시며 틀림없이 지금까지 이루어 나오셨는가를 저희가 볼 줄 아는 눈이 있어야 하겠사옵고 그것 없이 전능하신 하나님, 지극히 높으신 하나님, 영원하신 하나님이라는 속성들에 대한 저희의 상념은 이론이요 공허한 것이 되기가 심히 쉽사옵나이다. 이렇게 관념의 세계에서 유희하는 신관을 가지고는 바로 믿는다고 할 수가 없고 생생한 현실 앞에서 분명히 하나님의 전능이 여기 적용되지 아니할 수 없다는 것을 확신하는 신앙이 있는 사람이라야 사라와 같이 완전히 단산했다가 다시 큰 은혜로써 열국의 어미도 될 수도 있다는 것을 아옵나이다. 주님, 신앙이 무엇인지 사라의 역사를 중요한 예로 쓰셔서 저희에게 가르치시는 것을 바로 배워서 알게 하시고 교우들이 이 문제를 소홀히 생각지 않고 진실히 마음을 기울여서 그 큰 뜻을 깨달아 알도록 은혜 베풀어 주시옵소서.

 우리 주 예수님 이름으로 기도하옵나이다. 아멘.

사라의 무신(無信)(2)

제24강

야고보서 2:14-26

내 형제들아 만일 사람이 믿음이 있노라 하고 행함이 없으면 무슨 이익이 있으리요 그 믿음이 능히 자기를 구원하겠느냐 만일 형제나 자매가 헐벗고 일용할 양식이 없는데 너희 중에 누구든지 그에게 이르되 평안히 가라, 더웁게 하라, 배부르게 하라 하며 그 몸에 쓸 것을 주지 아니하면 무슨 이익이 있으리요 이와 같이 행함이 없는 믿음은 그 자체가 죽은 것이라 혹이 가로되 너는 믿음이 있고 나는 행함이 있으니 행함이 없는 네 믿음을 내게 보이라 나는 행함으로 내 믿음을 네게 보이리라 네가 하나님은 한 분이신 줄을 믿느냐 잘하는도다 귀신들도 믿고 떠느니라 아아 허탄한 사람아 행함이 없는 믿음이 헛것인 줄 알고자 하느냐 우리 조상 아브라함이 그 아들 이삭을 제단에 드릴 때에 행함으로 의롭다 하심을 받은 것이 아니냐 네가 보거니와 믿음이 그의 행함과 함께 일하고 행함으로 믿음이 온전케 되었느니라 이에 경에 이른 바 아브라함이 하나님을 믿으니 이것을 의로 여기셨다는 말씀이 응하였고 그는 하나님의 벗이라 칭함을 받았나니 이로 보건대 사람이 행함으로 의롭다 하심을 받고 믿음으로만 아니니라 또 이와 같이 기생 라합이 사자를 접대하여 다른 길로 나가게 할 때에 행함으로 의롭다 하심을 받은 것이 아니냐 영혼 없는 몸이 죽은 것같이 행함이 없는 믿음은 죽은 것이니라.

사라의 무신(無信)(2)

제24강

사라에게 믿음이 요구되는 시기

지난번에 본 것과 같이 여호와께서는 이미 지극히 높으신 하나님, 천지의 주재, 전능하신 하나님이심을 아브라함에게 보여 주셨습니다. 아브라함은 그와 같은 하나님의 성호가 가르치는 하나님의 속성들에 대해서 필연코 자기 아내 되는 사라에게 얘기했을 것입니다. 하나님은 아브라함에게 사래를 개명시켜 사라라고 부르게 하셨고(창 17:15), 사라가 아들을 낳을 것이라고 하셨으며(16절), 그 이름은 이삭이라 할 것이며(19절), 그 기한은 명년 이때라고까지 정해 주셨습니다(21절). 그 후 얼마 있다가 세 손님으로 여호와와 두 천사가 아브라함의 집을 찾아오셨습니다. 여호와께서 거룩하신 영광의 자태를 현시하시되 사람의 형태를 입으시고 친히 내려오신 것입니다. 그렇게 현시하신 독특한 목적이 있지만, 현시하신 그분께서 친히 사라가 아들을 낳을 것이라고 다시 말씀을 하셨는데 사라가 장막 뒤에서 그것을 듣고는 속으로 웃었습니다. 자기나 자기 남편이 늙어서 생리적으로 생산할 수 없게 된 것이 분명한데 무슨 낙이 있겠는가 하고 말씀을 불신했던 것입니다. 이런 사실에 대해서 이미 우리가 살펴보았습니다.

사라는 '자연의 법칙이란 움직일 수 없는 하나님의 법인데 그 법칙 하에서 나의 생산 기능이 정지되었다는 사실은 가장 생생하고 현실적인 하나님의 뜻의 표명일 것이다' 하는 생각을 했습니다. 물론 그것을 사라가 이론적으로 체계화해서 이야기하지는 않았습니다. 자연의 법칙이 하나님의 거룩하신 뜻의 최종적인 표현이라고 생각하는 신 개념을 소위 초연신론 혹은 이신론이라는 말로 철학상 표시합니다. 그러면 이런 이신론 가운데 스스로 빠져들어가는 사실은 무엇을 의미합니까? 하나님께서 당신을 전능하신 하나님으로 이미 계시하여 보이셨고, 또 지극히 높으신 하나님이라고 성호를 일러 주셨는데도(창 14:22) 불구하고 현실적인 신앙이 요구될 때 그에게서 신앙이 발휘되지 않았다는 뜻입니다. 말로는 전능하신 하나님, 지극히 높으신 하나님, 천지의 주재라 고백하고 또 여러 가지 약속하신 것을 알고 개명하라니까 개명도 하고 어떤 제도나 방법에는 순응하면서도 참으로 하나님만을 의지하고 그 말씀을 꼭 믿고 순종해야 할 생생한 현실 앞에서는 실천적인 신앙이 발휘되지 않았다는 것입니다.

    지난번 생각한 대로 히브리서 11:11에 있는 말씀을 보면 "사라는 나이 늙어 단산했지만 다시 믿음으로 생산하는 힘을 얻었다"고 했습니다. "그리하여 한 죽은 자와 방불한 사람에게서 하늘의 별과 같이 땅의 모래와 같이 많은 수가 번성해서 나왔다"고 말씀했습니다. 그런 믿음을 아이를 잉태하기 전에 가졌던 것입니다. 그 믿음 때문에 잉태했다고 했으므로 결국 지금 이 시기는 그런 믿음을 꼭 가져야 할 때입니다. 왜냐하면 하나님은 이삭을 삼 년이나 십 년 후에 준다고 하시지 않고 17:21에 "명년 이 기한에"라고 분명한 한계를 정해 주셨기 때문입니다. 그러면 아이를 잉태해서 낳기까지 적어도 10개월을 요하는데 그 명년 이때라는 것은 대개 1년 이내에 해당합니다. 하나님의 현현이 언제 있었는지 우리가 정확하게 지정할 수는 없지만 지금 사라는 그런 믿음을 가져야 할 시기에 갖지 못하고 있었습니다. 그러나 역사의 기록에 보면 후에 사라는 그런 믿음을 분명히 얻었습니다. 믿음으로 사라가 다시 잉태하는 힘을 얻어서 결국 이삭을 낳았고 이것을 후세의 히브리서 저자는 하나님의 성신의 감동으로 분명히 우리에게 일러 주는 것입니다. 그렇다면 무엇이 사라로 하여금 그런 믿음을 갖게 했느냐 하는 것이 중요히 생각해야 할 문제일 것입니다.

귀신의 신앙보다 못한 신앙

야고보서 2:14-26 말씀에서 믿음의 실질상 요소를 얘기할 때 "행함이 없는 믿음은 영혼이 없는 몸과 같아서 그 자체가 죽은 것이다"라고 결론을 맺었습니다. 그리고 19절을 보면 "너희가 하나님이 한 분이신 줄을 믿느냐? 잘하는도다 귀신들도 믿고 떠느니라"고 합니다. 하나님이 한 분이시라는 것을 귀신도 믿고 떨지만 그로 인하여 귀신이 구원받은 것은 아닙니다. 사람보다 오히려 귀신이 하나님의 존재에 대해서 잘 알고서 믿고 떠는 것입니다. 귀신은 하나님이 계신 것을 믿을 뿐 아니라 하나님께서 귀신들과 모든 흑암의 세력과 마귀와 또 죄를 심판하시는 심판주로서 지상의 대권을 가지고 군림하고 계신다는 사실을 아는 까닭에 무서워하는 것입니다. 귀신들로서는 다만 때가 되면 그만 다 당하고 말 것을 알고 두려워 떠는 것입니다. 귀신 들린 사람들도 예수님을 뵙고 "하나님의 아들이여, 내 때가 아직 이르지 아니했습니다. 벌써 나를 멸망시키려고 오셨습니까?"(마 8:29) 하고 외친 것을 아실 것입니다.

사람들은 하나님의 존재에 대해서 이러쿵저러쿵 소위 초연신론을 말하고 지고(至高)의 선(善)이라는 철학적인 개념만을 가지고 떠들지만, 귀신들은 생생히 인격신으로 계신 하나님을 알 뿐 아니라 그의 심판계획을 믿고, 그의 전능을 믿고, 또 절대로 의로우셔서 그 의를 가지고 행사하신다는 것을 믿는 까닭에 두려워하고 무서워하는 것입니다. 그냥 덮어놓고 막연히 '하나님은 계신가 보다' 하는 정도로 믿고 두려워서 떨지는 않습니다. 너무나 생생하게 핍박해 오는 하나님의 거룩한 엄위를 느끼기에 두려워하고 떠는 것입니다. 사람은 하나님 무서운 줄 모르고 제멋대로 제 길을 결정하고 제가 무엇을 잡을 듯 떠들고 나가기도 합니다. 하나님이 한번 치시면 어떤 사람은 '왜 이러십니까' 하고 항의하기까지 합니다. 때를 따라서 엄연하게 심판하시는 하나님, 엄연하게 정죄하시고 그 죄에 대해서 토죄하시는 하나님을 너무나 무시하고 살아가는 것입니다. 이런 사람은 귀신이 하나님을 믿는 것보다 훨씬 열등하게 못 믿는다는 것을 의미하는 것입니다. 더군다나 예수를 믿는다고 하면서 사실상 하나님의 속성과 그 인격적인 능력의 발휘에 대해서 귀신만큼도 못 믿는 것입니다.

그럼 사라는 어떠했느냐 할 때 지극히 높으신 하나님, 천지의 주재, 전능하신 하나님, 또 자기 이름을 고쳐 주시고 아들을 낳으리라고 미리 예고해 주신 하나님에 대해서 믿는다고 하면서 그 하나님께서 사람의 몸을 입으시고 친히 아브라함과 자기에게 현시하시사 말씀하실 때는 안 믿고 웃었습니다. 자연의 법칙이 우선인데 어디 그럴 수가 있느냐고 오히려 자조적으로 웃었습니다. 17장에서는 하나님께서 아브라함에게 그 말씀을 하실 때 아브라함도 엎드려서 마음으로 웃으며 "이스마엘이나 하나님 앞에 살기를 바라나이다" 하는 식으로 말을 했습니다. 그렇지만 이번에는 사라가 그렇게 웃었습니다. 사라가 장막 뒤에 있었으므로 여호와를 직접 대면하지 않은 것 같지만 기록을 주의해서 볼 때 사라가 제가 아니 웃었다고 한 말은 뒤에서 저 혼자 한 것이 아니라 여호와 앞에서 한 것으로 생각하는 것이 자연스럽습니다. "여호와께서 아브라함에게 이르시되 사라가 왜 웃으며 이르기를 내가 늙었거늘 어떻게 아들을 낳으리요 하느냐?"(창 18:13). 계속해서 14절에 "여호와께 능치 못한 일이 있겠느냐. 기한이 이를 때 내가 네게 돌아오리니 사라에게 아들이 있으리라" 하셨습니다. 그때 "사라가 두려워서 승인치 아니하여 가로되 내가 웃지 아니하였나이다" 하자 "가라사대 아니라 네가 웃었느니라"(15절)고 하셨습니다.

이런 말들을 볼 때 끝까지 아브라함을 중간에다 놓고 통래(通來)한 것이 아닙니다. 사라가 공손히 "제가 웃지 아니하였나이다" 하는 말도 직접 하는 말이고 하나님께서 "아니라. 네가 웃었느니라" 하는 말도 직접 하시는 말씀입니다. 또는 하나님께서 사라가 웃었다 하는 말을 아브라함에게 하시는 소리를 듣고 마음이 두려워서 아마 장막에서 조용히 나타나서 공손히 절을 하면서 "제가 웃지 아니했습니다"고 했는지도 모릅니다. 그랬다면 '여호와의 말씀에 대해서 웃은 것이 아니라 저

같은 게 무슨 아이를 낳는다는 말이냐고 스스로 자조했던 것입니다. 숭고하신 손님의 말씀에 대해서 반대하는 뜻으로 웃은 것은 결코 아닙니다' 하는 식으로 말했을 것입니다. 그러나 여호와께서는 폐부(肺腑)를 뚫어 보시고 그 말의 의미를 속속들이 아시는 까닭에 '사라야, 네가 내 말을 바로 믿지 아니하고 이미 존재하는 사실의 법칙에 대해서만 최고로 아는 심정이 가득하다. 그러니까 네가 웃은 것은 웃은 것이다' 하는 뜻으로 말씀하셨습니다. 사라는 숭고하신 분에게 그 말을 들었을 때에 깊이 자기를 반성할 수밖에 없었을 것입니다. 두려움을 얻었고 그래서 자기를 생각하였을 것입니다. 생각건대 이와 같은 하나님의 현시라는 사실에 접촉했을 때 비로소 사라는 지금까지의 무신(無信)과 이신론적인 낮은 위치에서 올라오기 시작한 것입니다. 여기서 우리는 현실상 중요한 큰 원칙들을 배우게 되는 것입니다.

하나님의 선의 속성

오늘날 믿는 사람이 '하나님은 전능하시다. 하나님은 지극히 높으시다. 하나님은 천지의 주재이시다' 하는 하나님의 속성에 대한 가르침을 교회에서 듣고 '아, 그렇지. 하나님이야 무엇이든지 하실 수 있지. 하나님은 모든 것을 다 아시지. 하나님은 전능하시고 또 지극히 높으신 분으로서 지상의 대권을 가지고 계시는 분이지' 하고 지적인 신 개념을 형성했다고 해서 일단 현실적인 믿음의 요청이 있을 때 두말할 것 없이 하나님께 다 맡기고 반드시 그대로 될 것을 확신하는 요지부동한 심정이 생기느냐 하면 그렇지는 않습니다. 그런 까닭에 귀신들도 믿기는 하고 두려워 떨기도 하지만 그 이상은 전진하지 못하는 것입니다. 그렇다면 하나님의 속성에 대한 신앙으로는 무엇이 필요합니까? 하나님의 존재의 엄위, 말하자면 지극히 높으시다는 지고의 대권을 믿는 것도 중요하고, 하나님은 의로우시사 심판하신다는 것을 믿는 것도 중요하고, 또 하나님은 모든 것을 다 아시는 전지의 능력을 가지고서 살피고 계신다는 것을 아는 것도 중요합니다. 하지만 그런 것은 초연신론에서도 안 믿는 것이 아닙니다. 모든 법칙을 내셨고 내신 법칙이 차착이 없이 운행되는지 감독하고 계시다고 믿는 것입니다. 결국 문제는 그 하나님이 우리와 직접 어떻게 상관하셔서 우리의 매일매일 현실 생활에서 사소한 일까지도 다 관여하시며 심지어 내 머리터럭 하나 떨어지고 붙는 것도 다 관여하고 계시는 가장 완전하고 절대적인 하나님의 거룩한 속성이 자신과의 관계에서 발휘된다는 것을 믿는 것이 무엇보다도 중요한 것입니다.

이것을 신학상 하나님의 '선(善)의 속성'이라고 합니다. 이러한 선의 속성을 여러 가지로 나누어서 생각할 수 있습니다. 하나님은 피조물에 대해서 선하셔서 사랑으로 대하십니다. 사랑의 근원이신 하나님은 가치 없고 자격 없는 우리에게 여러 가지 좋은 것들을 주십니다. 이것을 가리켜서 우리는 '은혜'라는 말로 표시합니다. 또 하나님께서는 우리를 긍휼히 여기시사 우리의 못나고 귀떨어지고 죄 짓고 질질 끌려 다니는 데서 건져내십니다. 그리고 하나님은 우리의 완고하고 되지못한 상태를 당장에 벌하시거나 멸하시지 않고 오랫동안 참으시사 회개하라고 경고하시면서 기다리십니다. 이러한 하나님의 속성을 도덕적 속성이라고 하는데 이 도덕적인 속성을 믿어야 하는 것입니다. 물론 이 도덕적 속성에 대해서 신학서의 변증론이나 신론에 기록된 것들을 객관적으로 승인하는 것으로써 믿게 되는 것은 아닙니다. 그것은 자기의 현실 생활에서 어떤 문제에 부딪쳤을 때 즉 믿든지 안 믿든지 해야 할 중요한 분기점에 섰을 때 그것을 믿고 의지하는 생활 경험에서 터득해야 하는 것입니다. 이것이 깨달음이라는 것입니다. 성신께서 하나님의 말씀 가운데 있는 거룩한 신의 속성에 대한 바른 지식들을 우리에게 적용하셔야 되는 것입니다.

여기서 선(善)이란 말뜻에 주의해야 합니다. 선이란 무엇인가? 선이란 좋다는 말 혹은 친절이란 말로 바꿔 쓸 수가 있습니다. 그러나 단순히 친절을 의미하는 것은 아닙니다. 요컨대 하나님은 선하시다 착하시다 하는 말은 그 자체의 완전성을 가리키는 것입니다. 하나님은 그 이름에 상당하게 조금도 불완전이 없이 철저히 완전하시다 하는 것이 선입니다. 그런 의미에서 어떤 관원이 예수님을 "착한 선생이여" 하고 불렀을 때, "네가 왜 날 착하다고 하느냐? 하나님 한 분 외에는 착한 이가 계시지 아니하시니라"고 하셨습니다. 하나님이 착하시다는 말뜻은 하나님만이 불완전이 없이 절대로 온전하시고 무한하신 분이라는 것입니다. 예수님은 유한한 형태를 가지고 유한한 세계에 오셨으므로 관원이 예수님을 가리켜 착하다는 말을 할 때 '먼저 하나님의 선을 알고 그리고 나와 하나님이 동등이라는 것을 알 때에야 비로소 네 말이 성립한다'는 것이었습니다. '아직 나를 이스라엘의 한 랍오니 즉 선생으로 아는 네가 나를 착하다고 하면 그 말은 틀렸다'는 것입니다. 예수님께서는 그에게 선에 대하여 바로 규명해 주신 것입니다. 결국 우리가 하나님을 여러 가지로 표현하지만 궁극적으로는 할 말이 없는 것입니다. 하나님의 선하심이란 하나님의 이름에 해당하게 절대 완전하시다는 말입니다.

사람으로 하여금 하나님을 알 수 있게 하기 위해서 하나님을 의인화하여 표시하기도 합니다. 또 하나님에게 사람의 성정(性情)이 있는 것과 같이 표현하기도 합니다. 하나님께서 진노하시고 질투하시고 슬퍼하시는 것같이 표현하는 것이 그런 예입니다. 또 "귀가 막혀 듣지 못하시는 줄 알지 말라"고 하여 귀를 생각하게도 하고, "땅은 하나님의 발등상이다" 해서 발이 있는 것같이 말하기도 하고, "여호와의 손이 짧아서 구원하시지 못하는 줄 알지 말라"고 해서 손이 있는 것같이 생각하기도 합니다. 이와 같이 우리에게 하나님을 알도록 하기 위해서 하나님의 형상을 사람과 같은 모양으로 의인화하는 앤스러포모피즘(anthropomorphism)이 있고 사람과 같은 열정이나 감정이 있는 것처럼 표현하는 앤스러포패시즘(anthropopathism)이 있습니다. 하나님의 인격성을 이해하기 위해서 그러한 형식을 취하는 것이 가장 좋으니까 그렇게 하는 것이지만 궁극적으로는 하나님을 제한해서는 안 되는 것입니다. 그렇다면 하나님은 어떤 분이시냐는 말의 최종은 무엇이겠습니까? '하나님은 하나님이시다' 하는 말이 최종의 말인 것입니다.

현실상 능력 있는 신앙이 발휘되지 않는 까닭

하나님의 절대적인 완전성이 나타나면 그것이 선이고 그 선이 특별히 피조물들에게 작용할 때 거기에 하나님의 선이 작용하는 것입니다. 이렇게 선이 작용함으로써 사람을 친절히 대하기도 하시고 다정하게 대하기도 하시고 또 사람에게 무엇을 가장 완전하게 해 주시는 것입니다. 그러면 그것은 어디서부터 출발하는 것입니까? 처음부터 신학서류를 배워서 아는 것입니까? 그렇지 않습니다. 하나님에 대한 지식과 지혜, 하나님의 거룩하심, 하나님의 의, 이런 것들을 다 배워 가지고 비로소 아는 것은 아닙니다. 먼저는 하나님의 말씀에 구체적으로 표시된 어떤 것들에 대해서 신뢰하기 시작해야 하는 것입니다. 하나님의 말씀에 표시된 어떤 것들이란 무엇이냐 할 때 그 사람 자신에게 제일 중요한 것은 하나님의 사랑으로 우리에게 내리시는 구원이라는 큰 은혜의 사실입니다. 이 구원의 크신 은혜는 사람을 불쌍히 여기사 일반적으로 내리시는 은혜 즉 해도 비추게 하시고 비도 오게 하시고 오곡이 풍등(豊登)하게도 하시는 일반 은총이라는 것 위에서 임하는 것입니다. 구원의 크신 사실로 하나님은 그를 돌아도 보시고 건강도 주시고 붙들어서 일으키기도 하시고 회개케도 하시고 계도(啓導)하시고 또 무엇을 깨닫게 하셔서 여러 가지 독특한 은혜들을 내리시는 것입니다. 한마디로 말하면 구원하신 까닭에 구원의 거룩한 목적을 세우시사 그 목적을 향하여 그로 하여금 행진케 하시고 그 목적을 향하여 행진하는 생활에 필요한 것들을 다 하사하시는 것입니다.

그러면 이와 같은 일반적인 생각 가운데서 우리가 알아야 할 것이 있습니다. 예수를 믿는다고 하면서 현실상 하나님의 무한하신 능력을 꼭 믿어야 할 자리에서 '하나님은 과연 전능하십니다. 예, 저는 그것을 믿습니다' 해도 그렇게 믿어지지 않는다는 것입니다. 그렇다면 그것은 진짜로 믿은 것이 아니라 단지 그렇게 되기만 바란 것일 뿐입니다. 갑작스런 일이 있어서 하나님의 전능을 이때 꼭 믿었으면 좋겠는데 아무리 믿으려고 해도 마음으로는 안 믿어진다 말입니다. 그렇다고 누굴 만나서 '아, 나는 전능하신 하나님을 믿습니다' 하면서 자기를 위로하기도 하고 혹시는 남을 설복(說服)시켜 보려고 한다 해서 과연 신앙이 생기는 것입니까? 신앙은 그렇게 남을 설득해 보려 하고 자기를 스스로 다독거린다고 해서 생기는 것이 아닙니다. 억지로 '믿습니다. 믿습니다' 라는 말을 백번 천번 한다고 해서 무슨 발전이 있는 것이 아닙니다. 신앙이란 현실상 필요에 응해서 갑자기 믿으려고 할 때 무엇이 생기는 그런 것이 아니라는 얘기입니다.

사람들이 예수를 믿는다고 하고 또 하나님의 속성에 대해서 '전지전능하십니다. 무소 부재하십니다. 지혜와 지식이 충만하십니다. 거룩하십니다. 우리를 사랑하십니다' 하고 말로 하기는 참으로 쉽습니다. 많은 사람들에게서 너무나 많이 듣는 얘기입니다. 그러나 꼭 하나님의 전능을 믿어야 하겠다든지 하나님의 선의의 계획이 이루어지리라는 것을 믿어야 할 때는 믿어지지 않는다는 것입니다. 사귀(邪鬼)가 하나님의 여러 속성을 사람보다도 더 잘 알고 믿지만 그것을 의지해서 구원받는 일은 없습니다. 그러한 신앙은 구원의 신앙이 아니라는 것입니다. 그렇지만 그것도 믿는 것은 믿는 것이라고 했습니다. 사귀가 믿는 것도 하나의 신앙입니다. 그러므로 예수 믿는다고 해서 덮어놓고 구원받는 것은 아닙니다.

그 사람의 신앙이 살아 있는 신앙인지 혹은 관념에 불과한 죽은 것인지는 문제가 있을 때 즉 분기점에 섰을 때 판별이 나는 것입니다. 분명히 하나님 편에 서서 하나님을 의지하고 그에게 맡기는 길로 가든지 그렇지 않으면 자기 혼자 밤낮 하나님께 가호해 주시기를 구하면서 발만 동동 구르고 혼자 애를 태우든지 하는 것입니다. 요컨대 어째서 현실상 필요할 때 능력으로 활동해야 할 믿음이 발생하지 않느냐 하면 그가 구원에 대해서 잘 모르기 때문입니다. 그저 덮어놓고 하나님이 우리를 구원하셨다 하고 구원의 목적이 무엇인지도 모르고 나에게 지금 어떤 목표를 주시고 무엇을 요구하시는지 구체적으로 생각할 능력도 없기 때문입니다. 하나님의 말씀에서 그런 것들을 구체적으로 깨닫지 못하는 까닭에 마땅히 생겨야 할 믿음이 발생하지 않는 것입니다. 그러나 이런 것을 아는 사람들은 하나님께서 어떻게 그들을 이끌어서 인도해 내시며 또 그 목적지에 도달케 하시는 거룩하신 인도의 손이 어떻게 작용하는가에 대한 신뢰가 생기는 것입니다. 거룩하신 인도의 손에 대한 신뢰는 필연적으로 어떤 장애가 있을 때 그 장애를 넘어가게도 하고 장애를 뚫고 나갈 수 있게도 해 주는 것입니다. 주님의 돌보심의 사실이 생생한 현실로 오는 것입니다.

내 자신의 목표와 행복을 이루기 위해서 어떻게든지 하나님을 이용하는 식의 종교 가운데 그냥 빠져 있는 동안에는 현실상 능력 있는 신앙은 발휘되지 않는 것입니다. 사실상 사라도 이러한 상태에 빠져 있었던 것입니다. 사라가 참으로 거기서 건짐을 받아서 정상적인 신앙의 위치로 올라가려고 할 것 같으면 하나님의 현시에 접촉해서 자극을 받아 자기를 반성하고 과거에 가졌던 제 신앙에 대해 비판을 하고 자기의 종교에 대해서 엄격히 판단을 내린 후 비로소 생명 있는 참 신앙으로 들어가야만 하는 것입니다. '하나님은 왜 나를 구원해 내시고 왜 이 약속을 하시는가? 이것이 궁극적으로 나의 행복을 위한 것이 아니라 하나님 당신의 목적을 위한 것인즉 전능하신 하나님이 당신의 목적을 세우셨으면 필연적으로 그것을 이루실 것이다' 하는 신앙 가운데로 들어가야 합니다. 하나님께서 저를 사랑하시사 구원하신 것은 요컨대 하나님 당신의 기뻐하시는 뜻에 따른 것이며 하나님의 사랑과 의에서 비롯된 것이므로 이 일은 하나님의 거룩한 지혜와 계획에 의해서 틀림없이 이루어 주실 것이라고 믿어야 합니다.

스스로 자기의 이상을 성취해 보려고 무슨 일을 꾸며 놓은 길이라면 그것은 자기의 이상이니까 스스로 마련해서 일을 이루든지 실패하든지 할 것입니다. 반면 스스로 만들어 낸 이상이 아니고 하나님께서 보이신 목표인 까닭에 그리로 간다면 하나님이 보이신 목표요 하나님이 이

루시려고 나에게 주신 과제이므로 과연 하나님께서 이루어 주시리라고
믿는 것입니다. 그때에는 자기 수명에 대해서 생각할 때도 존재케 하
실 것과 또 자기의 건강을 지켜 주셔서 끝까지 실패 없이 이끄심으로
일을 이루실 것이라고 믿고 나아가는 것입니다. 이렇게 하나님께서 당
신의 계획 가운데 나를 넣고 쓰신다 할 때 비로소 나의 어떤 수행(遂
行)이 의미가 있는 것입니다. 자기의 이상 가운데 하나님을 이용하고
자신의 계획에 따라 행복을 잡으려고 하고 세상에서 출세를 해 보겠다
고 무엇을 해 나가는 동안에는 자기가 필요한 마련을 해야 하는 것이
고 마침내는 하나님의 매 때리시는 손 앞에서 참으로 인간이 아무것도
아닌 허무한 존재임을 느끼는 날이 올 것입니다. 그래야 사람이 되지
암매 가운데 자기 이상만 추구하고 계속 세상만 뒤쫓다가 넘어지면 참
으로 불쌍한 사람이 되고 마는 것입니다.

여호와의 현시가 가져다주는 효과

  사라가 가지고 있는 이러한 미온적이고 관념적인 종교 상태에서 생
생하고 현실적이며 능력 있는 신앙을 갖기 위해서는 중요한 전환기가
필요했습니다. 한번 뒤바뀌는 계기가 필요했던 것입니다. 지금까지 가
지고 있던 형식적이고 제도적인 종교 생활 즉 방법론적인 종교 생활에
서 전환하여 구원의 신앙에 대하여 근본적으로 바로 인식하는 것이 필
요했던 것입니다. 내 자신의 목적이 아니라 오직 하나님의 영광을 위
해서 그리고 당신의 전지(全知)의 크신 경륜 안에서 하나님 본체가
그렇게 하지 아니할 수 없게 계획하여 나오셨다는 것을 알 필요가 있
었습니다. 하나님께서 왜 우리를 구원하셨습니까? 그것은 하나님 본체
론에서 생각해 보면 그의 사랑 때문입니다. 사랑하는 자를 그냥 멸망
시킬 수가 없는 까닭에 구원해 내시는 것입니다. 내가 잘나서도 아니
고 내게 조금이라도 무슨 공로와 가치가 있기 때문도 아닙니다. 하나
님의 사랑 때문에 또 하나님의 전적인 지혜와 지식 때문에 선택한 자
를 구원하시는 것이지 덮어놓고 인간이라고 해서 오냐오냐 하고 맹목

적으로 사랑하시는 것이 아님을 알아야 합니다. 그러므로 구원도 선택 받은 자들이 받는 것입니다. 그렇게 선택을 받아 구원받았으면 지극히 크신 사랑의 은혜 가운데 들어간 것을 감사하면서 하나님의 크신 뜻을 다 측량할 수는 없으나 하나님의 거룩하신 뜻은 알아야 하는 것입니다. 그것은 알 수가 있는 것입니다. 그리하여 크신 목적을 향해서 나로 하여금 인식하고 나아가게 하실 때 내가 스스로의 길을 경영하지 않고 주님을 의지하면서 한걸음씩 나아가는 것입니다. 그렇게 하지 않는 동안에는 제 길을 가게 되는데 그것은 이 세상의 죄인들이나 믿지 않는 사람들이 가는 길과 꼭 마찬가지인 것입니다. 아무리 예배당을 잘 다니고 열심히 기도를 해도 결국 그 많은 수고란 자기의 욕심을 이루려는 일에 불과하다는 것입니다. 사람은 이 둘 중에 하나인 것입니다. 하나님께 전부를 다 바치고 하나님의 거룩하신 뜻만을 의지하고 원하시는 대로 나가려고 하든지 그렇지 않으면 제 길을 제가 정하고 나가든지 하는 것입니다.

사라가 특별히 자기 길을 정하고 나갔다고 할 수는 없겠지만 적어도 그때까지 인식하고 있는 내용이 퍽 관념적이고 막연했다는 것입니다. 그러나 이제 숭고하신 그분을 직접 뵙고 그의 말씀을 들을 때에 분명한 자극이 되었습니다. "네가 왜 웃느냐? 웃고도 안 웃었다고 하겠느냐?" 하는 말씀이 큰 자극이 되었습니다. 자기는 자기대로 변명이 있었겠지만 그 변명을 반추하면서 그에게 바른 해석이 형성됐을 것입니다. 그리고 "네가 나를 여호와로 알았다고 한다면 과연 여호와께 능치 못한 일이 있겠느냐?" 하셨습니다. 아브라함 내외는 하나님과의 관계에서 그들 나름대로 간직하고 있던 은밀하고 신비한 사실들이 있었습니다. 특별히 과거의 계시 내용 가운데 있었던 사실들을 그들은 간직하고 있었습니다. 갈대아 우르에서 불러내신 것도 그렇고 그 동안 여러 모로 인도해 나오신 사실도 분명합니다. 그리고 하늘의 별과 같이 땅의 모래와 같이 많은 자손을 주시리라는 사실도 그들에게만 관계된 얘기이지 아직 그 사실이 광포(廣布)돼야 할 아무런 이유도 없었습니다.

그런데 그 숭고하신 손님이 오시자마자 그런 내용을 말씀하시더라 말입니다. '저가 뉘기에 우리와 하나님 사이에서만 이루어진 약정, 계시의 교통을 다 알고 있단 말인가?' 어떻게 이분이 "기한이 이를 때에 내가 네게로 돌아오리니 사라에게 아들이 있으리라"고 하신다는 말인가? 왜냐하면 이 기한에 대한 언급은 분명히 "내 언약은 내가 명년 이 기한에 사라가 네게 낳을 이삭과 세우리라"(창 17:21)고 하셨을 때 하던 말씀이기 때문입니다.

아브라함은 계시의 경험이 훨씬 풍성한 사람인 까닭에 그분이 여호와이신 줄 알았습니다. 그래서 전송하려고 나갔다가 두 천사는 떠나고 그분만 떡 섰을 때 소돔과 고모라에 대한 그분의 말씀을 듣고는 그렇게 아뢰었습니다. "천하를 공의로 심판하실 이가 의인과 악인을 함께 죽이시는 게 옳지 아니하오며 의인과 악인을 균등히 여기심도 옳지 아니하나이다." 이렇게 그분을 천하를 의로써 심판하실 분으로 알고 "여호와여"라고 불렀습니다. 그리고 그분도 여호와로서 대답을 하신 것입니다. 아브라함이 자기가 알고 있는 하나님의 속성에 매달리고 의지한 것을 보면 그는 능동적이고 현실적인 신앙을 가졌던 사람입니다. 그러나 아브라함이 가지고 있던 신 개념을 더욱 생생하고 명료하고 훨씬 능력 있게 해 주시기 위해서 하나님은 거기서 다시 계시의 교통을 내려주셨습니다. 이것이 하나님의 현시의 또 하나의 중요한 목적이었습니다. 소돔과 고모라를 멸망시키는 것이 이 현시의 직접적인 목적은 아닙니다. 왜냐하면 여호와 하나님께서 친히 소돔·고모라에 가신 것이 아니라 거기는 두 천사만 갔기 때문입니다. 그렇다면 여호와 하나님은 누구를 만나서 무슨 일을 하시려고 나타나신 것이겠습니까? 하나님께서는 이 육신의 형식으로 보이신 계시를 통해 사라의 무신앙 혹은 미미한 신앙을 바른 상태로 변화시켜 주시고 또 아브라함의 신앙을 현실적으로 돈독하고 깊게 만들어 주시려고 하신 것입니다.

요한복음 1:14을 보면 "말씀이 육신에 거하여 우리에게 나타나셨고" 또 "우리가 그 영광을 보니 아버지의 독생자의 영광이요 은혜와 진리가 충만하더라"고 했습니다. 그 다음에 18절 보면 "본래 하나님을 본 사람이 없으되 아버지 품속에 있는 독생하신 하나님이 나타내셨느니라"고 하였습니다. 그렇다면 현시하신 그분은 야훼 곧 하나님의 제2위이신 품위가 친히 육신을 입으시고 나타나신 것으로 생각할 수밖에 없습니다. 하나님 당신의 성삼위가 다 함께 움직이셨다는 것보다도 그분은 사람에게 접촉하실 때 종의 형상까지라도 입고 내려오시는 '호 로고스 투 쎄우'($\dot{o}$ $\lambda \acute{o} \gamma o\varsigma$ $\tau o\hat{v}$ $\theta \varepsilon o\hat{v}$) 즉 말씀이십니다. 제2위 되시는 독생하시는 하나님이십니다. 마침내 기약이 차니까 말씀이 사람이 되사, 하나님이 사람이 되사가 아니라 말씀이 사람이 되사 내려오신 것입니다.

지난번에도 잠깐 보았는데 요한복음 4:46-54을 보면 가버나움에서 왕의 신하가 자기의 앓고 있는 아들을 위해서 먼 길을 떠나 가나에 계시는 예수님을 찾아왔습니다. 높은 산간 지대까지 올라와서 죽어 가는 자기 아들을 구원해 달라고 할 때 예수님은 "가라. 네 아들이 살았다"고 말씀하셨습니다. 처음에는 "너희가 기적과 이사(異事)를 보지 아니하면 믿지 아니하리라" 하셨지만, 그래도 왕의 신하가 다시 "주님, 제 아들이 죽기 전에 속히 내려와 주십시오" 하고 구하니까 "가라. 네 아들이 살았다" 하실 때 그 말을 믿고 갔다는 신기한 기록, 요한복음에나 있음직한 기록이 나옵니다. 예수님 당신의 존재 자체가 하나님이신 까닭에 그를 직접 뵙고 그와 접촉한 사람에게 은혜가 되었다는 얘기입니다. 하나님의 현시에 직접 접촉한 사람에게는 그의 숭엄하신 자태와 그에게서 나오는 거룩한 엄위가 그의 말씀과 함께 듣는 자에게 역사를 했습니다. 그런 까닭에 하나님의 말씀이 진정 하나님의 말씀으로 역사를 하려고 할 때에는 인격자이신 하나님이 거룩하신 신적 권위를 가지고 듣는 자의 마음 가운데 접촉을 해야 하는 것입니다.

오늘날로 보자면 성신님께서 말씀을 가지고 우리 안에서 접촉을 해 주셔야 하는 것입니다. 그냥 성경이라는 책을 내가 다른 책 읽듯이 읽어 가지고 말만 들어오면 저절로 믿음이 생기는 것이 아니라 성신께서 말씀과 함께 내 안에서 사역을 하셔야 하는 것입니다. 이렇게 해야 비로소 성경은 하나님의 말씀으로서의 권위를 그에게서 나타내기 시작하는 것이고 거기서 믿음을 얻는 것입니다. 사라에게도 하나님이 직접 사람의 형태로 현시하셔서 말씀을 전해 주시는 것입니다. 그런 까닭에 네가 웃었다 하신 말씀은 네 자신을 돌아보아라 하시는 의미입니다. 사라가 자기 생각에 젖어서 혹시 '웃기는 했지만 그런 의미로 웃은 것은 아닙니다' 하고 말하려 했는지 모르겠습니다. 결국 문제는 그가 가지고 있는 이신론적인 경향 때문에 웃었다는 사실입니다. 그 말씀이 어떻게 이룰 수 있겠느냐 하고 의심하고 웃은 것입니다.

하나님이 구원하신 크신 목적을 알아야 함

이제 사라에게 중요한 문제는 하나님께서 지금까지 약속하신 내용에 대해서 "여호와께 능치 못한 일이 있겠느냐" 하시고 다시 반복하시길 "기한이 이르면 내가 네게 오리니 사라 네가 아들을 낳을 것이다" 하고 말씀하신 내용입니다. 이것은 아브라함이 받은 17장의 거룩한 계시의 내용 가운데 포함되어 있는 것입니다. 중요히 생각할 것은 사라가 아들을 낳는다는 것이 사라 자신에게 행복을 주려고 하는 것이 전부는 아니라는 사실입니다. 거기서 사라가 행복을 얻는 것은 그의 위치로서 당연하지만 하나님의 크신 목적은 거기에 그냥 젖어 있는 것이 아닙니다. 지금 이 사라의 일은 하나님께서 아브라함을 갈대아 우르에서 뽑아 내서 하나님의 백성의 선진자로 삼으시고 거룩한, 현상적인 하나님의 나라를 이루실 크신 계획을 차츰차츰 이루어 가시는 사실과 직접적으로 관계됩니다. 아브라함과 사라를 이끌고 이 수천 리 바깥 가나안 땅까지 오게 하신 것은 하나님의 크신 구원의 계획을 인류의 전 역사 위에 이루시기 위함입니다.

거룩한 구약의 교회가 신약의 교회로 계승되고, 육신의 이스라엘이 신약에 와서 신령한 이스라엘로 계승될 것입니다. 하나님의 나라를 땅 위에 세우사 저주와 멸망 가운데 빠질 수밖에 없는 인간들로 하여금 복을 받도록 하셨습니다. 이러한 은혜를 땅에 비추면서 하나님 나라의 역사를 진행시키시기 위하여 먼저 그 그릇들을 뽑아내셨습니다. 누군가 하나를 선택하여 그로부터 일을 시작해 가지고 하나님의 백성이 퍼져 나가게 하시는 것입니다. 하나님의 점진적인 계획에 따라 역사상 하나님의 계시는 더욱더욱 증가해 가는 것인데 그것을 아브라함과 사라에게 보이신 것입니다. 그런고로 이것은 사람으로서는 다 측량할 수 없는 하나님의 거룩한 경영과 지혜로 말미암은 계획에서 나온 것입니다. 사라라는 한 여인이 자식이 없어서 애쓰니까 그를 불쌍히 여기셔서 자식이나 하나 준다는 인간 본위적인 사상이나 계획 가운데서 나온 것이 아닙니다. 그렇다면 사라 자신은 그렇게 뽑혔다는 사실을 감사히 여기고 "주의 여종이 여기 있사오니 뜻대로 합소서" 하는 성모 마리아와 같은 말이 나와야 할 것이었습니다. 하지만 인간 본위적인 생각 위에서 자기 행복을 중심으로 공리적으로 판단했던 까닭에 불신이 생겼고 이신론이 생겼던 것입니다.

  오늘날도 누구든지 자기의 어떤 생활에 있어서 하나님이 그 일을 이루시려는 것을 믿으려면 먼저는 하나님이 자기를 구원하신 크신 목적을 알아야 하는 것입니다. 하나님이 자기를 쓰신다는 거룩한 사명감이 있어야 하는 것이고 그래서 하나님이 나를 불러내어 쓰시려고 하는 그 길인즉 하나님께서 인도하실 것을 믿는 것입니다. 무슨 문제가 있을 때 좌절하지 않고 넘어졌을지라도 다시 일어나 붙들고 또 그 일을 이룰 수 없다고 낙망하지 않습니다. 만물보다 크신 하나님이신 까닭에 이런 것을 못 이루시지 않는다고 생각하는 것입니다. 무엇보다 하나님의 크신 계획 안에서 내가 구원을 받았고 그렇게 구원하신 그 사랑으로 나를 택하사 여기 세우신 것임을 믿어야 하는 것입니다. 그렇게 믿을 때 그가 가는 길에서 만나는 문제에 대해서도 하나님께서 해결해 주실 것을 또한 믿고 자기의 선한 싸움을 싸우는 것입니다. 그런데 하나님의 구원의 크신 경영과 목적이라는 것을 모르고 단지 예수 믿고 천당 간다고, 요컨대 공리적인 종교 가운데 앉아서 무슨 일에 임하게 되면 별스런 것이 나올 수가 없습니다. '하나님은 전능하시니까 이루어 주십니다' 하고 야단을 내 보아도 이루어 주시는 일도 별로 없고 또 전능하신 하나님이라는 것을 전적으로 의지함으로써 얻는 마음의 평안도 얻지를 못합니다. 그것은 결국 자기 행복을 위해서 자꾸 무엇인가를 꾸며내는 까닭에 믿지 못하는 것입니다.

예수를 믿고 나온 사람들은 지금까지 하나님께서 자신을 건져내시고 인도해 나오신 길의 여러 가지 경험들에서 하나님의 경영은 무엇이었으며 하나님의 계획은 무엇이었고 또 하나님께서 자기에게 주신 바 거룩한 사명의 내용은 무엇인가를 깨달아 알았어야 합니다. 사라도 갈대아 우르에서부터 여기까지 나오는 동안 하나님이 자신을 불쌍히 여기셨다는 것뿐 아니라 하나님께서 크신 계획을 가지고 지혜롭게 경영해 나오신 길이 무엇이었는지 알아야 하는 것입니다. 밤낮 하나님의 자비만 믿지 말고 하나님의 지혜와 계획 가운데 역사상의 진행이라는 사실 속에서 어떻게 구원의 크신 경영을 해 오셨는지를 알고 믿었어야 하는 것입니다. 하나님의 크신 사실에 대한 신앙이 없을 때에는 어쩔 수 없이 공리적인 위치에서 하나님께서 자기를 수호해 주시고 자기에게 좋은 것을 주신다고나 생각하는 것입니다. 하나님을 잘 믿고 잘만 받들면 좋은 것을 주신다고 생각하는 것은 유치한 생각이요 참으로 성경이 가르친 거룩한 신관에 도저히 접촉하지 못하는 생각입니다. 덮어놓고 멋대로 신이 복을 준다는 식의 생각은 성경에 없습니다. 그러나 옛날부터 많은 사람들은 신을 그런 식으로 생각하였고 좀더 영험 있는 신은 무엇일까 하여 이런 저런 이론들을 붙여서 믿고 내려왔던 것입니다. 하나님을 알되 하나님으로 알아야 합니다. 자기의 행복을 건설하기 위해서 이용할 수 있는 그런 하나님으로 생각지 말라는 것입니다.

갈대아 우르를 떠난 이래로 남편인 아브라함에게 하나님의 계시가 임할 때마다 하나님의 계획은 사라에게 늘 전달된 것입니다. 아브라함에게 소돔·고모라의 멸망을 얘기하려고 하실 때도 다시 당신의 어떤 목적을 부분적으로 얘기해 주셨습니다. "너를 왜 뽑아낸 줄 아느냐?

나는 이 땅을 주어서 네 자손으로 하여금 하늘의 별과 같이 땅의 모래와 같이 중다(衆多)한 수를 이루게 하여 의와 공도(公道)를 행하게 하려고 너를 세웠다"(18:19절). 그들이 가지고 있어야 할 하나님 나라의 거룩한 속성에 대해서도 말씀해 주셨습니다. "여호와의 도를 지켜 의와 공도를 행하게 하려 함이라." 언제든지 하나님께서 말씀을 하실 때에는 개인의 행복에 치중하기보다는 항상 하나님이 무엇을 하시려고 한다는 것을 보여 나가셨습니다. 이것이 중요한 문제입니다. 그런데도 하나님이 무엇을 하신다는 것은 상관할 것이 없고 거기서 주는 복이나 받겠습니다 하면서 자기의 이익을 근본으로 삼아 인식의 범위를 정하려고 하는 태도는 심히 부정당합니다. 하나님의 경고에 대해서 알지 못한다면 결코 좋은 신앙이 아닌 것을 알아야 합니다. 무엇을 알아보려고도 하지 않고 덮어놓고 몇 가지 교조만 가지고 그렇습니다 그렇습니다 한다면 일단 하나님의 크신 계획 안에서 여러 가지 문제가 발생할 때 그것을 해석할 길도 없고 헤쳐나갈 힘도 없는 것입니다. 우리가 하나님을 알되 사귀들이 믿듯이 그렇게 여러 가지 속성만 나열할 수 있는 정도로 알고 있다면 소용이 없습니다. 항상 하나님께서 크신 사랑으로 지금까지 인도하신 길 위에 서서 하나님 나라의 크신 계획과 경영해 나가시는 사실이 나에게 무엇을 의미했는가를 반성하는 것이 좋습니다. 그리하여 우리의 신앙이 생생한 현실에서 능력을 발휘할 수 있을 만큼 되어야 하나님께서 기뻐하시고 또 일을 이루시는 것입니다. 하나님 당신의 거룩한 속성들을 체득한 사람들을 그릇으로 삼아서 이 땅 위에 하나님의 거룩한 능력과 영광을 증시해 가시는 것입니다.

기도

거룩하신 주님, 저희의 신앙이 관념에 그치고 항상 공리적인 종교 안에서 맴돌고 있지는 아니한지, 하나님의 유구하고 거룩하며 초연한 큰 계획이 인류 위에 그리고 저희들 위에서 이루어 나가시는 큰 역사를 반성하고 반추해 가는 일이 있는지를 생각할 때 심히 두렵기만 할 뿐이옵나이다. 하나님께서 저희를 인도하시고 또 붙들어 주시는 이유와 목적을 깨닫고 나가는 하나님의 자식다운 이지적인 생활을 지금 하지 못하고 있사옵나이다. 이렇게 너무나 저급한 종교에 주저앉아서 깨닫지 못하고 그것을 전부로 삼고 나가는 현실을 반성하게 하옵소서. 자기의 행복 추구에 대한 욕망이 너무 많아서 한 번도 자기를 온전히 포기하지 못하고 항상 저를 앞세우면서 하나님을 이용하는 정욕적이고 현세적이고 악마적인 여러 가지 영향 가운데 있는 그릇된 자리를 저희로 하여금 반성하게 하시고 바로 서게 하여 주시옵소서. 저희 개인개인이 참으로 능력 있는 신앙을 갖게 하시고 그런 이들이 합해서 능력 있는 교회를 이룸으로써 이 시대의 역사 위에 거룩한 능력을 증시해 가게 하시옵소서.

　우리 주 예수님 이름으로 기도하옵나이다. 아멘.

소돔 · 고모라 멸망 예고(1)
제25강

창세기 18:16-33

그 사람들이 거기서 일어나서 소돔으로 향하고 아브라함은 그들을 전송하러 함께 나가니라 여호와께서 가라사대 나의 하려는 것을 아브라함에게 숨기겠느냐 아브라함은 강대한 나라가 되고 천하 만민은 그를 인하여 복을 받게 될 것이 아니냐 내가 그로 그 자식과 권속에게 명하여 여호와의 도를 지켜 의와 공도를 행하게 하려고 그를 택하였나니 이는 나 여호와가 아브라함에게 대하여 말한 일을 이루려 함이니라 여호와께서 또 가라사대 소돔과 고모라에 대한 부르짖음이 크고 그 죄악이 심히 중하니 내가 이제 내려가서 그 모든 행한 것이 과연 내게 들린 부르짖음과 같은지 그렇지 않은지 내가 보고 알려 하노라 그 사람들이 거기서 떠나 소돔으로 향하여 가고 아브라함은 여호와 앞에 그대로 섰더니 가까이 나아가 가로되 주께서 의인을 악인과 함께 멸하시려나이까 그 성중에 의인 오십이 있을지라도 주께서 그 곳을 멸하시고 그 오십 의인을 위하여 용서치 아니하시리이까 주께서 이같이 하사 의인을 악인과 함께 죽이심은 불가하오며 의인과 악인을 균등히 하심도 불가하니이다 세상을 심판하시는 이가 공의를 행하실 것이 아니이까 여호와께서 가라사대 내가 만일 소돔 성중에서 의인 오십을 찾으면 그들을 위하여 온 지경을 용서하리라 아브라함이 말씀하여 가로되 티끌과 같은 나라도 감히 주께 고하나이다 오십 의인 중에 오 인이 부족할 것이면 그 오 인 부족함을 인하여 온 성을 멸하시리이까 가라사대 내가 거기서 사십오 인을 찾으면 멸하지 아니하리라 아브라함이 또 고하여 가로되 거기서 사십 인을 찾으시면 어찌 하시려나이까 가라사대 사십 인을 인하여 멸하지 아니하리라 아브라함이 가로되 내 주여 노하지 마옵시고 말씀하게 하옵소서 거기서 삼십 인을 찾으시면 어찌 하시려나이까 가라사대 내가 거기서 삼십 인을 찾으면 멸하지 아니하리라 아브라함이 또 가로되 내가 감히 내 주께 고하나이다 거기서 이십 인을 찾으시면 어찌하시려나이까 가라사대 내가 이십 인을 인하여 멸하지 아니하리라 아브라함이 또 가로되 주는 노하지 마옵소서 내가 이번만 더 말씀하리이다 거기서 십 인을 찾으시면 어찌하시려나이까 가라사대 내가 십 인을 인하여도 멸하지 아니하리라 여호와께서 아브라함과 말씀을 마치시고 즉시 가시니 아브라함도 자기 곳으로 돌아갔더라.

소돔 · 고모라 멸망 예고(1)

제25강

하나님의 현현

　창세기 18:16-21 말씀을 상고하고자 합니다. 여호와께서 소돔을 멸하실 것을 아브라함에게 말씀하신 부분입니다. 숭고한 세 손님이 아브라함에게 대접을 받으시고 일어나서 갈 길을 가시겠다고 떠나시니까 아브라함은 경외와 숭앙의 심정으로 상당한 거리까지 전송을 해드렸습니다. 유대 사람의 전설에 따르면 카파바룩(Capar Barucha)이라는 동리까지 모시고 가서 작별을 했다고 합니다. 바룩이 동리라는 말인데 그 동리의 산 언덕에서 바라보면 저 멀리 사해가 보인다고 합니다. 사해 일대 어디에 소돔 · 고모라가 있을 것을 대개 상상하고 이런 전설을 만들었겠지만 그렇게 중요하지는 않습니다. 아브라함은 예의를 극진히 하고 조금도 무례한 일을 행하지 않도록 주의하기 위해서 비록 수천이나 되는 부족의 수장이요 왕이지만 친히 허리를 굽혀 세 손님을 모시고서 어느 지점까지 가서 작별한 것입니다.

　오늘 읽은 말씀대로 보면 "그 사람들이 거기서 일어나서 소돔으로 향하고 아브라함은 그들을 전송하러 함께 나갔으며", 가는 도중에 여호와께서 하시는 말씀이 "나의 하려는 것을 아브라함에게 숨기겠느냐?"고 하셨습니다. '이제 아브라함에게 다시 어떤 계시를 해야겠다. 지금까지 감춰졌던 어떤 사실 하나를 보여야겠다'고 하신 것입니다. 그렇게 보여야 할 까닭에 대해서는 이렇게 말씀하십니다. "아브라함은 강대한 나라가 되고 천하 만민은 그를 인하여 복을 받게 될 것이 아니냐?" 먼저 아브라함이 어떻게 되어야 할 사람인지를 다시 말씀하셨습니다. 그리고 "아브라함으로 그 자식과 권속에게 명하여 여호와의 도를 지켜서 의와 공도를 행하게 하려고 그를 택하였다"고 하셨습니다. 그 이유는 "나 여호와가 아브라함에게 대하여 말한 일을 이루려 함이니라"고 하셨습니다.

그리고는 "여호와께서 또 가라사대 소돔과 고모라에 대한 부르짖음이 크고 그 죄악이 심히 중하니 내가 이제 내려가서 그 모든 행한 것이 과연 내게 들린 부르짖음과 같은지 그렇지 않은지 내가 보고 알려고 하노라" 하는 말씀을 하셨습니다. 만사를 다 아시는 주께서 그런 사실이 거기에 있는지 없는지, 그곳이 어떠한 상태인지 전연 몰라서 그런 것은 아닙니다. 왜 이런 말씀을 하셨느냐 하면 그런 말씀들이 의미하는 특수한 개념들이 거기에 있기 때문입니다. 요컨대 이제 이 세 손님들을 모시고 나가는 아브라함에게 새로운 한 가지 사실을 계시하셨습니다. 신이 인간의 형태로 현현하신 중요한 이유 혹은 목적의 하나를 여기서 또 보게 됩니다.

아브라함의 대접을 받은 귀한 손님은 사라에게 아들이 있을 것을 말씀하셨고 그 말씀을 들은 사라는 무신(無信)의 웃음을 보였습니다. 결국 사라에게 종교적인 제도나 형태에 의존하여 살면서 개명(改名)하고 따라다니는 식의 신앙 말고 살아 있는 참 신앙을 일으켜 주시려고 쎄오파니(theophany)가 필요했던 것입니다. 이러한 현현이 있었다면 그것이 없던 것과는 달리 구체적인 어떤 효과가 나와야 할 것입니다. 물론 하나님께서 어떤 효과를 일으키시려고 할 때 꼭 당신이 친히 사람의 몸을 입고 나오셔야만 하는 것은 아닙니다. 그러나 경우에 따라서는 하나님의 거룩하신 뜻에 따라 친히 현현하시는 형식을 취하시기도 합니다. 하나님께서 만민을 구원하실 때 꼭 말씀이 육신이 되어서 나오셔야만 할 것은 아니었지만 그러나 하나님의 거룩한 법칙과 당신의 당위 때문에 필연적으로 성육신이라는 것이 필요했습니다. 하나님의 당위라는 것은 하나님의 존재의 본체로부터 흘러나오는 것입니다. 그런 것을 우리가 주의해서 생각해야 할 것입니다. 무소 불능하신 하나님이시므로 어떤 방식이든지 마음대로 한다고 하지만 하나님은 궤도 없이 무질서한 분이 아니므로 존재의 본체에 해당한 거룩한 방법에 따라 필연적으로 비춰 나오게 되는 것입니다. 그런 까닭에 하나님께서 어떻게 행하시려는가를 알려면 하나님이 어떤 분이신지 아는 것이 중요합니다. 하나님이 어떤 분이신가를 잘 모를 때는 멋대로 생각할 수가 있습니다. 하나님의 법칙이 자재한데도 불구하고 무질서하게 아무 것이라도 자기의 욕심 따라서 구하면 들어주신다고 생각하는 데 허다한 기도의 오류가 있는 것입니다. 하나님의 본체의 어떠하심에 따라 계시도 행동의 표현도 나오는 것입니다. 이것이 거룩한 논리에서 나오는 거룩한 법칙인 것입니다.

과연 이 현현이 없어선 안 되는 것인가를 생각할 수도 있겠지만 하나님은 불필요한 것을 하시거나 안 해도 될 것을 하시는 불완전한 분이 아닙니다. 하나님은 선하신 분으로서 선의 극치입니다. 선이란 말뜻이 원래 그냥 좋다든지 인간의 도덕적 품성의 완성이라든지 혹은 공리주의자들이 말하는 최대 다수의 최대 행복을 의미하는 것이 아닙니다. 하나님 한 분 외에 착한 이가 없다 할 때 하나님은 가장 완전하신 분으로서 그 속성을 일컬어 한마디로 하나님의 선이라고 하는 것입니다. 그런 하나님께서 하나의 중요한 계시를 위하여 지금 현현하셨다는 것입니다. 우리가 그 현현의 정확한 이유나 위대한 효과에 대해서 일일이 다 알 수는 없습니다. 하지만 우리의 좁은 소견으로 생각하더라도 아브라함에게 인간의 형태로 현현하신 사실은 종전에 있던 다른 형태의 나타나심이나 계시의 여러 가지 방법에 비할 때 훨씬 더 강한 인상으로 남아 있었을 것입니다. 그런즉 그는 그 사실을 자손에게 계승해서 전달시켰으며 나중에 모세로 하여금 그것을 충분히 추심(推尋)하고 궁구(窮究)해서 위대한 필치로 쓸 수 있게 하였고 마침내 그 중요성이 오늘날 우리에게까지 전달된 것입니다. 여호와의 현현의 사실이 오늘날 우리에게 전달됐다는 것도 실은 그 자체의 효과의 하나인 것입니다. 그런데도 과거에 그런 일이 있었다 하는 정도로 안다면 무슨 특별한 효과를 내지 않는 것입니다. 그것이 오늘날 우리에게 무슨 의미를 가져오는가를 바로 알아야 합니다. 그런 것을 알기 위해서는 우선 당장 이 쎄오파니가 어떤 일을 일으켰는지를 잘 깨달아야 합니다.

사라는 히브리서 11:11-12에 보인 위대한 신앙을 몇 해 후에 가져도 될 것이 아니었고 당시에 가졌어야 할 것이었습니다. 그러나 그때까지도 사라는 자식을 낳으리라는 말에 대해서 자연의 법을 최종의 법으로 생각하는 인식에서 벗어나지 못했습니다. 이런 상태에 있는 그에게 상위의 거룩한 법, 하나님의 법(lex divina)이 있다는 것을 보이신 것입니다. 그것은 영원한 법이요 가변의 법이 아니었습니다. 영원한 법에 의해서 차라리 자연의 법을 변경시킨다는 것입니다. 하나님의 현현에 의한 직접적인 대면의 현실과 그것이 사라에게 감지된 사실이 위대한 작용을 일으킨 것입니다. 여기에 하나님께서 친히 육신으로 나타나실 때 역사하는 또 하나의 중요한 효과가 있습니다.

아브라함을 친구로 높이신 하나님

그런데 이제 사람의 모습으로 현현하신 하나님께서 아브라함에게 무엇을 하나 말씀하시겠다 하셨습니다. "나의 하려는 것을 아브라함에게 숨기겠느냐?" 나는 이제 너 아브라함에게 어떤 특수한 사실을 계시할 터인즉 잘 알아듣고 기억해야 할 것이다 하고 먼저 서언으로 하신 말씀입니다. "내가 이제 하려는 것을 아브라함에게 숨기겠느냐?" 하신 것은 너는 이것을 거룩한 계시로 받아라 하는 뜻으로서 아브라함을 계시를 받을 수 있는 위치에 다시 놓는다는 것이므로 그에게는 대단히 위대한 사실입니다. 야고보서에서 아브라함이 하나님의 벗이라고 칭함을 받았다는 의미 가운데 하나가 바로 이것입니다(2:23).

예수님께서 제자들에게 "이제는 너희를 종이라 하지 않고 친구라 하겠다"(요 15:15) 하셨습니다. "종은 제 주인이 하는 것을 다 알지 못하지만 내가 아버지께 들은 것을 너희에게 다 알게 하여서 이제 너희가 다 알고 있으므로 친구이다." 예수님께서 당신 마음의 기밀을 내보이는 상대는 종이 아니고 친구라는 뜻입니다. 가령 노예 계급에 속한 사람일지라도 그를 친구로 대접할 때에는 자기 마음에 있는 깊은 것도 얘기할 수 있는 것입니다. 단지 대접을 높이 한다는 것이 전부가 아니고 그만큼 신뢰하고 특별히 사랑한다는 것을 표시하는 것입니다. 사람이 때때로 사랑하는 사람에게 자기의 은밀한 심중을 얘기하는 것도 마찬가지인 것입니다. 그러므로 하나님께서는 아브라함을 선택하사 단순히 그를 종으로 부리는 것으로 만족하시지 않고 그를 높여서 당신의 마음을 주는 대상으로 삼으신다는 의미가 내함되어 있습니다.

그러면 왜 그런가 할 때 하나님의 본체가 그렇다는 것입니다. 하나님은 도덕적 속성 즉 사랑과 엄위와 오래 참으심과 자비라는 것을 가지고 계십니다. 이 사실은 필연적으로 사랑의 대상을 요구하는 것입니다. 사랑은 혼자서는 안 됩니다. 사랑은 대상이 있어야 합니다. 그 대상이 알든지 모르든지 그에게 주는 것입니다. 그런데 그 대상이 역력하게 사랑을 받을 만한 위치에 있는 자 같으면 그 사랑은 그만큼 원숙하고 풍요한 것이 됩니다. 아무리 사랑해서 고귀한 것을 그에게 주려고 해도 그가 그것을 알아듣지도 못하고 받을 만한 자격도 없을 때에는 거기에 불만이 쌓이는 것입니다. 사람이 짐승을 사랑하고 꽃을 사랑한다 하지만 다른 사람을 사랑하는 것과 같은 그런 사랑을 줄 수는 없습니다. 왜냐하면 짐승이나 꽃으로는 사랑이 온전해질 길이 없기 때문입니다.

하나님께서 우리를 사랑하시사 구원하셨다는 것도 사실상 최종적으로는 영화의 몸 가운데 두시사 하나님의 사랑을 충분히 받을 수 있고 또 거기에 대해서 반응을 일으킬 수 있는 위치로 올리신다는 점에 있는 것입니다. 이것은 하나님의 거룩한 사랑의 속성이요 사랑의 본체가 필연적으로 요구하는 사실입니다. 그러나 가령 어떠한 피조물이 하나님의 사랑에 대해서 가장 잘 보답한다 하더라도 하나님의 사랑은 그것으로 온전해지지 않습니다. 하나님의 사랑이 참으로 온전해지려면 하나님과 동등한 다른 품위, 다른 인격이 있어야 하는 것입니다. 그런즉 한 분이시지만 적어도 세 위(位)를 요구하는 것입니다. 하나님의 본체가 삼위(三位)라는 것을 요구하는 것입니다. 그것은 하나님 본체의 속성이 요구해서 발생하는 것입니다.

아브라함을 높은 위치로 올려주신 사실은 그로 하여금 하나님의 사랑을 받을 수 있는 자리로 이끌어 주신 것입니다. 그러므로 우리는 하나님께서 우리를 사랑하사 구원하셔서 행복스런 세계로 가게 하신다는 어쭙잖은 생각만 해서는 안 됩니다. 하나님의 사랑을 받을 수 있는 높은 위치를 요구하신다는 사실을 생각해야 할 것입니다. 하나님께서는 우리를 동일한 항렬(行列) 안에 놓으셨습니다. 차원을 달리하는 이종(異種)을 만드시지 않고 동류(同類)와 동속(同屬) 즉 권속(眷屬)을 만들어 주셨습니다. 그래서 하나님은 아버지시요 우리는 아들이라는 자녀의 명분을 주셨습니다. 뿐만 아니라 요한복음 1:13 말씀과 같이 "하나님께로부터 난 자들"인 까닭에 새로운 생명으로 창조되어 하나님의 자녀의 명분에 해당한 자로서 서게 하신 것입니다. 지금 하나님께서 아브라함을 그렇게 대하시는 것입니다. "내가 지금 하려고 하는 것을 아브라함에게 숨기겠느냐?" '아브라함에게 숨길 까닭이 없다. 그를 높은 위치에다 두지 않았는가? 알지 못하는 암매의 세계에 있지 않고 밝은 빛의 세계에 있어서 능히 내가 비추는 빛을 받는 자인즉 이제 그에게 앞으로의 계획 하나를 얘기하겠다' 하시는 것입니다. 그 내용은 소돔을 멸망시키겠다는 것이었습니다.

아브라함에게 하나님의 공의를 가르치심

하나님께서 왜 소돔과 고모라의 운명을 보이시느냐 하면 첫째로, "아브라함이 강대한 나라가 되고 그로 인하여 천하 만민이 복을 받게 될 것이기" 때문이라는 것입니다. 둘째로, "내가 그로 그 자식과 권속에게 명하여 여호와의 도를 지켜 의와 공도를 행하게 하려고 그를 택하였기" 때문이라 했고, 셋째로 "여호와께서 아브라함에게 하신 말씀을 이루시기 위하여" 이 계시를 보이신다는 것입니다. 즉 하나님께서 이미 아브라함을 선택하시사 그에게 경영하시던 사실을 이뤄 나가기 위해서 일을 이렇게 하시는 것입니다. 요컨대 이것은 하나님의 크신 경륜의 프로그램 가운데 한 부분이지 갑자기 무엇이 생각나서 하시는 일이 아닙니다. 모든 것이 먼저 있던 계시와 연관되어 발전해 나아가는 것입니다. 소돔과 고모라의 멸망 사실은 단순한 에피소드가 아닙니다. 아브라함의 생애 가운데 있어도 그만 없어도 그만인 사건이 아닙니다. 아브라함 자신이 받은 계시의 발전과 그 계시로 말미암은 하나님의 거룩한 산업의 발전에 있어서 소돔·고모라의 사건은 있든지 없든지 큰 관계가 없는 것이 결코 아니라는 것입니다. 소돔·고모라의 멸망은 하나님의 에커너미의 전체적인 발전과 진행에 중요한 의미를 가지는 사건입니다.

이제 그 중요한 의미를 생각해 보아야 합니다. 소돔·고모라의 멸망 자체에 관한 내용은 19장에서 충분히 볼 수 있습니다. 우리가 여기서 보아야 할 기본적인 문제는 아브라함의 신관에 대해서 현실적인 보증을 주신 동시에 그것을 심오하게 만들어 주신 사실입니다. 아브라함이 하나님 앞에서 소돔·고모라의 문제를 도고할 때 뭐라고 했느냐 하면, 하나님은 천하를 공의로 심판하실 분이라고 얘기했습니다. "천하를 공의로 심판하실 분이 공의를 행하여야 할 것이 아니옵니까? 의인을 악인과 함께 죽이는 것도 합당치 못하고 의인과 악인을 균등히 대하는 것도 좋지 못합니다." 먼저는 하나님의 심판의 대권에 대해서 확실히 승인했습니다. 아무도 거기에 대해서 항의할 수 없다는 것을 아브라함은 이미 알고 있었습니다. 이제 소돔·고모라를 심판한다고 하시는데 자기가 생각건대 그 성읍들이 아무리 악하다 해도 거기 롯과 그의 가족이 있고 혹은 다른 의인도 있을 듯싶었습니다. 그래서 의인 50인에서부터 45인, 40인, 30인, 20인, 10인까지 여러 차례 간구하여 하나님의 확실한 보장을 받았습니다. 의인과 악인을 함께 멸하시지 않고, 의인과 악인을 균등히 여기지도 아니하시고, 공의를 조금도 굽히는 일이 없으신 하나님의 확실한 계시를 받은 것입니다.

　물론 아브라함의 도고 내용 자체에 대해서 그대로 응낙받은 것은 아닙니다. 아브라함은 속으로 소돔·고모라를 한 번 더 용서하시고 그냥 좀 봐주셨으면 했는지도 모르지만 그것은 용인되지 않았습니다. 여기서 분명히 안 것은 하나님의 의의 속성은 명명백백하고 또 투철해서 조금이라도 굽힘이 없고 흐림이 없다는 것을 더 확인할 수 있었습니다. 이미 그러한 신관을 가지고 있던 아브라함에게 이제 소돔·고모라를 심판하겠다는 것을 보이신 것입니다. 이것은 그의 자식과 권속에게 명하여 여호와의 도를 지켜서 의와 공도를 행하게 하기 위함입니다. 그것은 하나님께서 그들을 선택하신 중요한 목적이었기 때문입니다. 그러므로 아브라함은 여호와께서 자기에게 계시하신 사실과 그의 도고에 대한 하나님의 확실한 보장, 소돔과 고모라의 멸망을 유예하지 않으시고 집행하셨다는 큰 사실 등을 자기 자식과 후손에게 전달하여서 아마 후세의 모세에게까지 전달되었을 것입니다. 이리하여 그 백성들은 하나님께서 어떠한 분이신가를 구체적으로 알게 되었던 것입니다. 가령 '의'라는 속성에 대해서도 막연히 생각하지 않고 어떤 문제 앞에서 어떻게 처리하시는지를 구체적으로 알게 되었습니다.

　하나님께서 공의를 행사하신 땅은 아브라함과 그 자손에게 복지로 허락하신 땅입니다. 하나님께서 아브라함과 그의 자손으로 하여금 물질적으로 유복하게 되도록 은혜로 이끌어 나가신 땅이었습니다. 물론 아브라함에게 하신 큰 약속의 내용에는 물질적으로 위대하게 발전하고 융융하게 되어 큰 부자가 된다는 의미는 없습니다. 그러나 부수적으로 물질적이고 현세적인 것들도 늘 보존하셔서 하나님 나라의 백성에 대한 위대한 약속이 충분히 이뤄 나갈 수 있는 터전을 만들어 주셨습니다. 그들이 가난해서 여호와를 배반하고 딴 짓을 한다거나 또 부유해서 물질에만 눈이 어둡게 되지 않게 하시려고 꼭 필요한 것을 다 주심으로써 건전하게 생활할 수 있도록 만들어 주신 것입니다. 아브라함이 가지고 있는 물질적인 부요의 의미는 그런 데 있습니다. 물질적인 부요 자체가 허락의 내용 가운데 있는 일차적인 요소가 아니라는 것을 주의해야 합니다.

하나님께서 아브라함에게 큰 사실을 계시하시고 그 계시가 자손들에게 전달되도록 하셨습니다. 무엇보다도 하나님은 심판하시는 하나님이십니다. 죄와 죄인들에게 대한 하나님의 심판은 일반 생활 속에서 즉 자연의 법칙 가운데서 집행되는 것이 있고 자연의 법칙을 넘어서 하나님의 법에 의해서 집행되는 것이 있습니다. 법이라는 관점에서 볼 때 항상 이 두 가지 법이 함께 병행을 합니다. 그러나 신법 말하자면 영원한 법(lex aeterna)이 어디에 적용될 것인가는 사람이 알 수 없습니다. 다만 구안지사(具眼之士)는 그것이 역력하게 집행되는 것을 보고 거기에 따라 경계를 받으면서 하나님의 거룩한 규범하에서 사는 것입니다. 이 백성으로 하여금 의와 공도를 행하게 하려고 그렇게 하신다고, 의(קדש : 코데쉬)라는 말이 중요하게 자꾸 나옵니다.

하나님의 의와 사랑에 대한 오해

요즘은 하나님에 대해서 너무도 허술해져서 '하나님은 사랑이시다'를 되뇌면서 하나님을 만홀히 여기고 제멋대로 생각합니다. 하나님께서 인류를 심판하시는 일도 없다고 합니다. 소위 신학자라는 사람들이 '모든 인류는 최종적으로 다 구원받는다'고 하는, 성경에 없는 괴상한 사상을 자꾸 펴고 있습니다. 하나님에 대해서 소홀하게 생각하고 죄에 대해서도 별로 무서워하지 않습니다. 하나님의 사랑만을 강조합니다. 사실 처음 예수 믿으라고 전할 때에도 '하나님은 사랑이시므로 당신을 위하여 희한하고 좋은 길을 예비하셨습니다' 하고 어떤 복음주의자들이 떠드는 식으로 소개하는 것도 옳지 않습니다. 먼저 '당신은 죄인이다. 하나님은 죄에 대해서 조금치도 에누리없이 심판하신다'는 사실을 명백하게 가르쳐 주어야 합니다. 그리고 에누리없이 심판하시는 하나님이 무한하신 사랑으로 준비하신 것이 그리스도이시라고 말해야 합니다. 또 죄 이외의 다른 관문으로 접근하는 것도 불가합니다. '너 살기 괴롭지. 이 고통스런 죄악의 세상에서 살기 괴로우니 예수 그리스도를 믿고 평안을 얻으라' 고 소위 행복론적으로 접근하는 것도 옳지 않습니다. 그것은 복음이 아닙니다. 그런데도 그것을 복음주의라고 떠들고 다닙니다만 복음주의라는 말에 현혹될 것이 조금도 없습니다.

여기 아브라함에게 내리신 계시를 통해 이스라엘 백성의 후대에까지라도 하나님은 공의의 하나님으로서 죄에 대해서 명확하게 심판하시되 때를 따라 현세에도 심판하시고 또 장차 영원한 심판을 반드시 내리신다는 것을 보였습니다. 현세에 하는 심판도 자연법의 적용으로만 되는 것이 전부가 아닙니다. 하나님의 법에 의해서 사람이 보기에 예측할 수 없는 현실로도 심판을 내리십니다. 소돔·고모라의 심판은 보통 일이 아니고 천계적인 것 즉 하늘에서 내려온 무서운 심판이라는 것을 역력히 증명하사 후세에도 이 천계적인 심판이 형태를 달리하여 임할 수도 있다는 것을 알게 해 주셨습니다. 반드시 소돔·고모라가 멸망하듯이 하늘에서 불이 떨어져서 도성이 멸망하지 않더라도 사회적인 착잡함 가운데에서도 발생하고 인간적인 생활 속에서도 발생하는 하나님의 영원한 법에 의한 심판이라는 것을 오늘날도 생각해야 합니다. 적극적인 하나님의 심판이라는 것이 하나님의 자연법 아래에서 내리는 심판과 늘 병재한다는 것을 알아야 합니다. 하나님을 만홀히 여기고 가소롭게 생각하고 두렵지 않게 여기는 청맹과니 같은 사람들이 주의해야 할 것이 바로 이런 것들입니다. 이렇게 하나님의 공의의 심판이라는 것을 먼저 가르쳐 주십니다.

아브라함에게 명확하게 파악하게 하신 이 신관은 자여손(子與孫)에게 전달되어 하나님의 에커너미인 히브리 민족이 반드시 견지했어야 할 신 개념이므로 참으로 중요한 것이었습니다. 이스라엘 백성이 가나안에 들어가서 역사상 경험한 가장 큰 경험의 하나는 거기 있는 사람들을 도륙하고 그 땅을 차지한 사실입니다. 그 땅을 침공하고 도륙할 때 거기에는 악한 사람들도 많이 있었겠지만 일반적인 시각으로 특별히 악하다고 할 수 없는 많은 연약한 사람들, 노인과 어린아이들도 있었을 것입니다. 그러나 하나님께서 이스라엘 백성에게 명령할 때에는 노인이나 어린아이는 남겨 두고 장정들만 치라고 하시지 않았습니다. 전부 도륙하라고 하셨습니다. 물론 그런 유약자(幼弱者)들이라고 해서 죄가 없을 리 없지만 보통 사람의 차원에서 볼 때 왜 특별히 가증한 죄가 없는 노인이나 어린이까지 다 멸했느냐 하는 문제가 많이 제기됩니다. 그러나 당시 이스라엘 사람들로서는 그 문제에 대해서 물어볼 여유가 없었습니다. 일단 전쟁이 나서 이민족으로서 정착한 선주민을 몰아내고 그 땅을 차지하려 할 때였으므로 그런 사소한 개인적인 공의라는 것을 일일이 따질 여유가 없었기 때문입니다. 들어가서 그냥 마구 쳤습니다. 그러나 그들이 하나님의 명령을 온전히 백 퍼센트 순종한 것은 아니었고 오히려 아깝고 좋은 것들은 남겼습니다. 선주민 가운데 같이 거하자고 교섭을 하면 그냥 용인해 주었습니다. 열두 지파가 나누어 가진 자기의 영토 안에서 시행해 나갈 때 각각 자기네 소견에 옳은 대로 다 행했습니다. 이것이 우리가 구약의 역사를 보아 나아갈 때 거기서 보는 중요한 사실들입니다.

그러면 이스라엘 백성들이 왜 그렇게 했습니까? 그들에게는 하나님께서 그 백성을 도륙하라는 거룩한 명령을 왜 내리셨는지에 대한 충분한 이해가 없었고 오히려 오늘날 많은 사람들의 얘기처럼 일말의 감상주의와 인도주의적인 주장이 컸던 모양입니다. 가령 오늘날 인도주의나 인권이라는 견지에서 볼 때 죄 없는 어린아이들이나 부녀자들이나 노인들까지 무참하게 멸한 사실을 놓고 그것이 공의로운 하나님이 하실 일이냐고 묻습니다. 어떤 건장한 장정의 혈연 관계에 속하는 사람들로서 죄 지은 민족의 하나라는 이유로 그렇게 하실 수 있느냐는 것입니다. 과연 그것은 굉장한 침공이었습니다. 그래, 어떻게 남의 땅에 들어가서 찬란하게 건설한 문화와 재산과 그리고 모든 생명을 무참히 파괴하고 불지르고 내쫓은 것을 공의라고 할 수 있느냐고 하는 것입니다. 그러나 모세는 기록하길 그것은 분명히 하나님의 명령을 따라서 했다고 하는 의취를 보였습니다.

소돔 · 고모라의 교훈을 망각한 이스라엘 백성

우리는 여기서 소돔 · 고모라의 멸망의 큰 의미가 무엇인지 생각해 보아야 합니다. 소돔 · 고모라를 멸망시킬 때는 하늘에서 불이 내려왔지만 사실상 하늘에서 불이 내려오게 할 때에 썼던 도구는 사람의 몸을 입고 온 천사들이었습니다. 두 천사가 소돔 · 고모라에 들어가서 능력을 행사함으로써 갑자기 하늘에서 불이 떨어져 도성이 멸망한 것입니다. 다만 롯의 식구들은 구원하려고 끌고 나갔습니다. 천사들도 모르는 사이에 불이 떨어진 것이 아닙니다. 그들의 의사와 집행 시간의 결정 여하에 따라서 불의 떨어짐이 변할 수 있었습니다. 요컨대 천사들은 하나님의 무서운 형벌의 집행인으로 쓰인 것입니다. 천사들이 그렇게 형벌의 집행인으로 쓰였지만 소돔 · 고모라 사람들에게는 천사로 보이지 않았습니다. 그저 아름다운 미소년으로 보았기에 밤에 우 하니 달려들어 겁탈하려고 했던 것입니다. 그와 같이 악한 종자들에 대해서 마침내 두 천사는 무서운 형벌을 내린 것입니다. 그러나 이후에 하나님께서 가나안 족속을 멸하실 때는 소돔 · 고모라를 멸망시킬 때처럼 하늘에서 유황불을 내린 것이 아니었고 사람들을 하나님의 도구로 쓰셔서 심판하셨습니다. 그 처벌의 집행자로 이스라엘 백성을 선택하신 것입니다. 하나님께서는 이스라엘 백성을 집행자로 쓰셔서 가나안을 처벌하신 것입니다.

그 후에 이스라엘 백성들이 가나안에 살면서 어떤 사람이 가령 행음(行淫)을 했다든지 자기의 부모를 욕하고 쳤다든지 하여 모세의 법전에 따라 사형을 당할 수밖에 없게 되었을 때 그 사람을 놓고서 달리 무슨 도구를 쓰지 아니하고 사람들이 빙 둘러서서 한번 안수하고, 우리는 하나님의 거룩한 형벌의 집행인으로서 다만 형을 집행할 뿐이라는 것을 명확히 하고 돌을 들어 처벌했습니다. 돌을 들어 처벌하려 한 얘기는 바리새인들이 어떤 간음한 여인을 끌고 와서 예수님께 처벌을 묻던 요한복음의 사례에서도 볼 수 있습니다(8:1-11). 아무튼 그와 같은 일이 있을 때 돌을 들어서 치는 집행인 자신들도 그러한 처벌의 권외에 영구히 산다는 아무런 보장이 없다는 것을 알았을 것입니다. '나도 잘못을 하면 저렇게 죽는다' 하는 전감(前鑑)이 되고 무서운 경고가 되는 것입니다.

이스라엘이 가나안을 침공해서 칠 때에는 좋아했을는지 몰라도 그들은 거기서 위대한 교훈을 얻었어야 했습니다. 저희도 가나안처럼 부패한 사회 현상을 점점 노출시키고 하나님을 거역하고 나가면 때가 참에 따라 마침내 하나님께서 원하시는 때에 신법에 따라 처벌하신다는 것을 배웠어야 했습니다. 하나님께서 심판을 집행하실 시간이 되면 누구를 들어 집행하실는지 모른다는 생각을 했어야 합니다. 이스라엘 백성은 과연 그런 위대한 교훈을 스스로 체득하지 못하고 역사 위에서 행악과 불의를 거듭하더니 마침내 하나님의 막대기로 맞는 무서운 형벌을 받았습니다. 이때에 쓰신 하나님의 막대기는 북쪽 이스라엘의 경우는 앗시리아 제국이요 남쪽 유다는 바벨론 군대였습니다. 그들이 다시 귀환해서 소위 한 국가의 형태를 취하고 독립 사회, 자치 사회를 건설하고 살면서 다시 암매와 오만과 불의에 빠지더니 최후에는 예수 그리스도를 십자가에 못박는 죄악까지 감행하였던 것입니다. 그렇게 타락했을 때 하나님께서는 그냥 두지 아니하시고 마침내 로마의 군대를 보내셔서 철저히 궤멸시켰습니다. 그때의 사실이 얼마나 무서웠던가를 요세푸스의 기록에서 읽을 수 있습니다. 당시 성내에 있던 유대 사람들은 모두 제 정신이 아니었고 완전히 귀신의 정신이 들어간 여자들은 자기의 자식들을 다 잡아먹었다는 것입니다. 여자 혼자 그렇게 자식을 잡아먹을 때 남편이 들어오니까 눈을 흘기면서 왜 혼자 먹는데 들어와서 빼앗아 먹으려 하느냐고 했다는 것입니다. 사람들이 그렇게 다 환장해 버렸습니다. 짐승만도 못하게 되었던 것입니다.

이것이 형벌입니다. "믿지 아니하는 자는 하나님의 독생자의 이름을 믿지 아니하므로 벌써 심판을 받았느니라. 그 정죄는 이것이니 곧 빛이 세상에 왔으되 사람들이 자기 행위가 악하므로 빛보다 어둠을 더 사랑한 이것이니라"(요 3:18-19). 사람이 암매 가운데 자꾸 빠져들어

가는 것은 벌써 그것이 정죄받았다는, 하나님 앞에 선고를 받았다는 중요한 증거입니다. 어거스틴 선생이 말한 것과 같이 죄인이 스스로 죄를 반성하지 않고 깨닫지 못하고 계속적으로 암매한 행동을 반복하고 자기를 변호하고 나아가는 이것이 벌써 하나님 앞에 정죄받은 중요한 증거라는 것입니다. 무서운 사실입니다. 하나님의 심판은 자재한 것입니다.

공의로 심판하시는 하나님

이와 같이 심판하시는 하나님이신 것을 아브라함에게 가르치는 것입니다. 후세에도 계속적으로 절대 공의의 하나님은 세상을 심판하시되 다른 사람들이 전연 모르게 하시는 것이 아니라 사람들로 하여금 알게 처벌하시는 것이고, 특별히 하나님의 백성으로 하여금 그 의미를 알게 하시고 또 두려우신 하나님의 위풍과 엄위로운 큰 힘에 접촉시키시는 것입니다. "아브라함 너뿐 아니라 네 권속 즉 너의 모든 식구와 종들과 네 후손에게까지 이러한 하나님이시라는 것을 가르쳐라" 하신 것입니다. 아브라함이 가지고 있는 거룩한 신관을 이제 또 자기 자손에게 가르쳐야 그 땅에 경영하려는 하나님의 거룩한 산업이 제대로 정상적으로 전진해 나갈 수 있을 것입니다. 하나님의 공의를 무시하는 산업은 누가 경영하든지 결국 멸망하고 말기 때문입니다. 신법은 말할 것도 없고 하나님이 내신 바 일반 법칙에 의지하지 않고 경영하면 무엇이 되겠습니까? 아무런 법칙도 없는 사회는 결국 스스로 불타오르는 것과 같아서 마침내 파괴와 불행과 환난을 초래하고 마는 것입니다. 이것은 역사가 다 증명한 사실들입니다. 그러니까 차라리 악법일지라도 있는 것이 없는 것보다는 낫다 하는 말을 하는 것입니다. 아주 거칠고 훌륭하지 못한 질서일지라도 있는 것이 전혀 아무것도 없는 무정부 상태, 무질서 상태보다는 낫다는 것입니다.

아브라함과 그의 자손들은 천하 만국에 대하여 복의 기관으로 존재해야 할 것이므로 그들에게는 이런 확호한 신관과 하나님의 공의에 대한 확신이 있어야 합니다. 그들은 하나님께서 심판하시사 정죄하시는 큰 사실을 세계 만방에 비추어야 하는 것입니다. 하나님께서 죄에 대하여 구원하시려는 거룩한 마련을 하셨는데도 즉 독생자를 보내셨는데도 받지 않고 저항하면 그것은 단순히 하나님의 법을 범하는 것에 끝나지 않고 나아가서 적극적으로 대항하는 것이 됩니다. 이런 적극적인 대항이 곧 죄의 성격입니다. 이러한 반역과 반항에 대해서 하나님은 심판을 하십니다. 다시 한 번 주의해서 받아야 할 사실은 요한복음 3:17-18 말씀입니다. "하나님께서 그 아들을 세상에 보내신 것은 세상을 심판하시려 하심이 아니요 저로 인하여 세상이 구원을 받게 하려 하심이라." 그러나 "믿지 아니하는 자는 하나님의 독생자의 이름을 믿지 아니하므로 벌써 심판을 받은 것이니라." 독생자의 이름을 소홀히 여기고 하나님이 주시는 거룩한 은혜를 거부하는 자에게는 벌써 하나님의 선고가 내린 것입니다. 법정에서 죄인에게 형량을 딱 선고하면 그 다음에 남아 있는 것은 형벌 집행을 기다리는 길밖에 없는 것입니다. 최고의 재판장 되시는 하나님께서 이미 그의 형을 선고하셨으면 이제 선고를 받은 죄수는 감옥에서 그 형벌이 집행되기를 기다릴 수밖에 없는 것입니다. 그 이외의 다른 길이 없습니다. 아무리 싫어도 형벌이 집행되는 날은 오고야 마는 것입니다.

그리스도를 믿지 아니하는 사람들에 대해서 하나님께서 이미 선고하셨다는 이 사실은 항상 중요히 알고 있어야 할 내용입니다. 중간의 위치에서 자기 마음대로 하려면 하고 말려면 마는 상태에 있는 것이 아니라 하나님께서 이미 정죄했다는 것입니다. 이 정죄라는 말은 이미 심판을 했다는 뜻입니다. 요즘 말로 할 것 같으면 판결의 선고를 내렸다는 것입니다. 판결의 선고를 받은 사람들은 형이 집행되기 전에 거룩한 은혜로 구원을 받으면 좋고 그렇지 않으면 어느 때이고 하나님께서 형 집행을 하시는데 꼭 죽은 후에만 하는 것이 아닙니다. 영원한 형벌은 아닐지라도 땅에서도 형벌을 내리시는 것입니다. 인간으로 사는 동안에 인간이 받을 수 있는 무서운 고통과 환난을 받는 것입니다.

그 자신도 왜 그런지 이유를 모르는 상태로도 오는 것입니다. 세상 사람들과 비교할 때 특별히 악한 것 없이 괜찮은데 그것이 내리기도 하는 것입니다. 이것이 하나님의 적극적인 심판이라는 사실입니다.

하나님의 자연법에 의한 심판은 분명히 나타납니다. "연락(宴樂)을 좋아하는 자는 가난하게 되고 술과 기름을 좋아하는 자는 부하게 되지 못하느니라"(잠 21:17)고 분명히 가르쳤습니다. 마땅히 힘써 벌어서 자기의 생활을 건설해야 할 때에 하지 않으면 늙어서 힘이 없어서 어떻게 할 수 없을 때에는 주리는 수밖에 없는 것입니다. 이것이 자연의 법칙입니다. 어떤 원인하에서 어떤 무서운 결과를 받게 이미 심어 놓으셨는데 이것도 심판인 것입니다. 이것을 자연의 형벌이라고도 합니다. 이런 자연의 형벌이 있지만, 또한 사람이 스스로 알 수 없는 어떠한 사실 앞에서 갑자기 하나님의 치심을 받아 멸망하기도 하고 인간으로서 다시 어찌할 길이 없는 큰 환난을 만나기도 하는 것입니다. 이것이 개인이나 가족이나 혹은 한 사회에 임하는 것입니다.

이와 같은 하나님의 형벌의 사실을 사람이 해결하거나 해석할 길이 없는 것이 있습니다. 가나안 땅에 갑자기 황충이가 쏟아지듯, 하늘에서 불이 쏟아지듯 이스라엘의 군대가 막 몰려와서 쳤습니다. 하나님의 도우심으로 이스라엘의 군대는 크게 승리하였지만 가나안 선주민의 찬란한 문화는 파괴되었고 그들 스스로 문화인이라고 뽐내며 활동하던 많은 두뇌들과 양식인(良識人)들도 다 같이 멸망하고 말았습니다. 또 비교적 무슨 죄에 적극적으로 가담하지 않았던 어린아이들도 한꺼번에 다 멸망하는 이런 것은 무엇입니까? 사람이 해석할 수 없는 사실인 것입니다. 그러나 분명히 그런 큰 환난이 하나님의 경륜 가운데 친히 임한다는 것을 알고 있어야 하는 것입니다. 이 사실을 소홀히 생각지 말라는 것입니다. 사람이 다 해석할 수 있는 논리 아래 모든 것이 되는 것이 아닙니다. 사람의 논리를 벗어나는 이런 무서운 사실은 우리가 신법을 모르는 이상 논리할 길이 없는 것입니다. 소돔·고모라 땅에 심판이 내렸다는 사실은 죄악을 범할 때에는 비록 하나님께서 그 땅을 저희에게 허락하셨을지라도 우선적인 위대한 신법의 적용을 면치 못할 것이라는 사실을 보여 주신 것입니다. 과연 그래서 나중에 이스라엘을 싹 쓸어버리시되 앗시리아로 잡혀가게 하고 또 바빌로니아로 잡혀가게 하셨습니다.

기도

　거룩하신 아버님, 아버님은 거룩하시며 무한한 사랑이시지만 또한 무한히 엄위로우시사 절대의 공의를 가지시사 심판하시는 분이시옵나이다. 하나님의 공의는 언제든지 손실이 없어야 할 것인즉 공의가 침범을 당할 때에는 오직 하나님의 절대의 공의가 만족을 받으시기 위해서 무서운 심판을 때를 따라 내리시되 이생에서와 또 영원한 세계에서 하신다는 것을 확실히 믿고 아옵나이다. 그 두려우신 하나님 앞에 저희는 심히 두려운 마음으로 엎드려 절하오며 하나님을 확실히 믿고 의지하는 사람답게 경건히 살면서 이 땅에 그런 엄위로우신 하나님을 명확하게 증거해야 할 백성으로 선택받은 것을 믿사오니 혹여라도 하나님에 대해서 만홀히 여기는 생각을 한다거나 대수롭지 않게 여기는 철 모르는 생각을 하지 않게 하옵소서. 그리고 무서운 심판과 파멸을 자취하는 길을 걷지 않게 하시고 진실로 공경할 자를 공경하고 두려워할 자를 두려워하는 분별력 있는 자들로 살아가게 하시옵소서. 하나님의 백성에게 그것을 확실히 가르치시려고 위대한 역사적 사실을 아브라함에게 보여 주셨사온데 이것은 히브리 민족에게만 중요한 경고가 되는 것이 아니라 오늘날의 교회와 저희에게도 항상 중요한 경고로서 명확히 서 있음을 명심케 하옵소서.
　우리 주 예수님 이름으로 기도하옵나이다. 아멘.

소돔·고모라 멸망 예고(2)

제26강

신명기 28:1-14

네가 네 하나님 여호와의 말씀을 삼가 듣고 내가 오늘날 네게 명하는 그 모든 명령을 지켜 행하면 네 하나님 여호와께서 너를 세계 모든 민족 위에 뛰어나게 하실 것이라 네가 네 하나님 여호와의 말씀을 순종하면 이 모든 복이 네게 임하며 네게 미치리니 성읍에서도 복을 받고 들에서도 복을 받을 것이며 네 몸의 소생과 네 토지의 소산과 네 짐승의 새끼와 네 우양의 새끼가 복을 받을 것이며 네 광주리와 떡반죽 그릇이 복을 받을 것이며 네가 들어와도 복을 받고 나가도 복을 받을 것이니라 네 대적들이 일어나 너를 치려하면 여호와께서 그들을 네 앞에서 패하게 하시리니 그들이 한 길로 너를 치러 들어왔으나 네 앞에서 일곱 길로 도망하리라 여호와께서 명하사 네 창고와 네 손으로 하는 모든 일에 복을 내리시고 네 하나님 여호와께서 네게 주시는 땅에서 네게 복을 주실 것이며 네가 네 하나님 여호와의 명령을 지켜 그 길로 행하면 여호와께서 네게 맹세하신 대로 너를 세워 자기의 성민이 되게 하시리니 너를 여호와의 이름으로 일컬음을 세계 만민이 보고 너를 두려워하리라 여호와께서 네게 주리라고 네 열조에게 맹세하신 땅에서 네게 복을 주사 네 몸의 소생과 육축의 새끼와 토지의 소산으로 많게 하시며 여호와께서 너를 위하여 하늘의 아름다운 보고를 열으사 네 땅에 때를 따라 비를 내리시고 네 손으로 하는 모든 일에 복을 주시리니 네가 많은 민족에게 꾸어 줄지라도 너는 꾸지 아니할 것이요 여호와께서 너로 머리가 되고 꼬리가 되지 않게 하시며 위에만 있고 아래에 있지 않게 하시리니 오직 너는 내가 오늘날 네게 명하는 네 하나님 여호와의 명령을 듣고 지켜 행하며 내가 오늘날 너희에게 명하는 그 말씀을 떠나 좌로나 우로나 치우치지 아니하고 다른 신을 따라 섬기지 아니하면 이와 같으리라.

소돔 · 고모라 멸망 예고(2)

제26강

　창세기 18장을 넷으로 나누어서 생각해 왔습니다. 첫째 대지는 아브라함이 세 손님을 대접한 얘기입니다(1-8절). 그가 어느 날 헤브론의 마므레 상수리나무 아래서 유하고 있을 때 숭고하게 보이는 거룩한 손님 세 분을 맞았고 그들을 극진히 대접하였습니다. 그들이 어떤 분인지 모르나 그 위광(威光) 아래 두려워하고 근신하면서 모신 얘기입니다. 둘째 대지는 손님들이 아브라함에게 사라가 아들을 낳으리라고 예고해 주신 이야기입니다(9-15절). "기한이 차면 아들을 낳으리라"고 하신 그 기한은 전에 말씀하신 대로 보면 명년 이때라고 했으니 1년 이내에 아들을 낳게 될 것이라는 말입니다. 여기서 우리는 하나님께서 사람의 형상을 입으시고 나타나신 사실, 소위 신의 인간 형태로의 현현(epiphany)의 큰 목적 하나를 보았습니다. 셋째 대지는 16-21절 말씀인데 여호와께서 아브라함에게 소돔이 멸망해야 한다는 거룩한 뜻을 가르쳐 주신 내용입니다. 여기서도 우리는 하나님이 사람의 형상을 입고 이 땅에 오신 큰 이유를 또 하나 볼 수 있었습니다. 넷째 대지는 아브라함이 여호와 앞에 소돔을 위해서 도고한 내용입니다(22-23절). 여기서도 하나님이 인간 형상으로 나타나신 큰 이유의 하나를 볼 수 있었습니다.

　우리는 첫째 대지와 둘째 대지를 이미 상고했고, 이어 셋째 대지를 생각하면서 넷째 대지도 생각해 나가겠습니다. 셋째 대지는 여호와께서 소돔을 멸하실 것을 아브라함에게 가르쳐 주신 이야기인데 둘로 나누어서 생각할 수 있습니다. 하나님은 때를 따라서 이 땅 위에 적극적인 심판의 형벌을 내리시는 거룩하신 분이시라는 것과 다른 하나는 하나님께서 무엇 때문에 소돔을 멸망시킬 당신의 크신 계획을 아브라함에게 일일이 다 말씀해 주시는가 하는 것입니다.

깊어져 가는 아브라함의 신 인식

하나님께서는 아브라함을 이끌어 내셔서 가나안에서 여러 가지 생활 경험을 하게 하시면서 한 24년 동안 지내게 하셨습니다. 75세에 가나안에 들어와서 지금 99세까지 사는 동안 하나님께서 여러 번 나타나시사 보이시고 계시하심으로써 언약을 확증해 주셨습니다. 여기서 우리가 간과해서는 안 될 중요한 문제는 하나님께서 아브라함을 참으로 믿음의 대선진자로, 선두에 서서 가는 인물로 훈련시키시고 장성시키시고 그릇으로 닦아 세워 놓으신 크신 역사입니다. 이런 큰 역사는 어디에서 나타나느냐 하면 아브라함의 믿음의 지적인 내용, 하나님에 대한 거룩한 인식의 깊이가 더욱 증진되는 데서 나타납니다. 우리는 그것을 언제든지 주의해서 보아야 합니다. 참된 믿음이란 백지 상태(tabula rasa)에서 나오는 것도 아니고 그저 기도만 하면 저절로 생기는 것도 아니며 성경만 자꾸 본다고 스르르 생기는 것도 아닙니다. 이지적으로 의식적으로 조직적으로 성경을 공부해서 거기서 가장 중요하고 고귀한 큰 진리를 찾아내야 하는데 가장 중요하고 고귀한 큰 진리란 한마디로 하나님에 대한 바른 지식입니다. 하나님에 대한 좀더 깊고 바른 지식을 더 얻으면 얻는 데 따라서 그 사람은 더욱 깊은 믿음을 갖게 되는 것이고 따라서 그의 신앙 생활은 점점 고귀하게 되어 가는 것입니다.

예를 하나 들어 보지요. 어떤 사람이 하나님 앞에 자기의 부족을 고하고 채워 주시기를 기도한다고 합시다. 자기에게 무엇이 있었으면 좋겠는데 없으니까 있었으면 좋겠다고 하나님 앞에 구합니다. 그런데 하나님에 대한 지식이 얕으면 그의 기도하는 모든 정력과 의식의 중심이 자기의 결핍과 그것을 채우고 싶은 자신의 욕망에 집중하게 됩니다.

울면서 하나님께 매달리며 간절히 호소하는 것을 보면 과연 장하다고 말하기 쉬운데 흔히 그 기도하는 내용을 보면 그의 신 인식이 옅어서 그런 일이 많습니다. 항상 자기 욕심을 중심으로 하나님까지라도 이용하는 경향을 강하게 보인다 말입니다. 왜 그렇습니까? 그는 하나님이 어떠한 분이신가를 깊이 모르기 때문입니다. 그가 알고 있는 하나님은 행복을 증진시키기 위해서 무엇을 구하면 대답해 주시는 호호야(好好爺) 같은 분 정도로 안다 말씀입니다. 이러한 저급한 신 인식을 가지고 하는 기도란 가증스러울 뿐더러 오히려 큰 죄악이 되기가 쉽습니다. 울고 매달리며 기도하는 것 자체가 중요한 것은 아닙니다. 기도의 내용은 하나님을 어떠한 분으로 알고 어떻게 소중히 모시느냐에 따라서 달라지는 것입니다.

아브라함의 자취를 더듬을 때 그의 신 인식은 차례차례 깊어집니다. 하나님에 대한 그의 깨달음이 차츰차츰 더 쌓여 올라갑니다. 어떤 사람이 하나님에 대한 바른 인식과 깊은 깨달음이 있으면 거기에 의하여 하나님께 무엇을 호소하되 하나님의 본체와 속성에 호소를 해 나가는 것입니다. '하나님은 이러이러한 분이신데 하나님, 그렇게 하시겠습니까?' 자기가 알고 있는 바 하나님이 어떠한 분이시라는 것을 고하여 하나님께로부터 '과연 그렇다' 하는 재가를 받고 '그러한 하나님이시므로 불가부득 이것을 하시지 아니할 수 없습니다' 하는 기도를 해 나가는 것입니다. 그럴 때 확신이 생기는 것입니다. '하나님은 그러하신 분이다. 그런 하나님께서 이것을 아니 하실 수가 없다' 하는 식으로, 이미 자기에게 보여 주신 하나님을 터 삼고 그 위에서 기도하고 교통을 하는 것입니다.

아브라함의 신 인식 즉 하나님에 대한 인식은 세월이 더해 감에 따라서 더욱 깊어졌습니다. 처음에 아브라함은 자기를 불러내신 크신 하나님을 야훼라는 인식 가운데에서 깨달아 알았습니다. 원래 야훼라는 의미에는 앞으로 전진하는 역사 가운데 하나님이 참되이 어떤 분이신가를 맛보아 알 것이다 하는 뜻이 들어 있습니다. 즉 '나는 곧 나로 존재할 터이다' 하는 말입니다. '네가 나를 맛보아 가면 결국 내가 누구인가를 알 것이다. 이 역사에서 당신의 거룩하심과 위대한 속성들과 당신의 계획이 차츰차츰 더욱 발전적으로 계시되어 갈 것이다' 하는 의미가 야훼라는 말 가운데 들어 있습니다. 하나님은 구원의 하나님이시지만 일반적으로 쓰이는 엘로힘이라는 말을 안 쓰고 아주 독특한 야훼라는 말을 쓴 것입니다. 그 야훼 하나님이 이제 구원의 크신 계획을 이 땅 위에서 이루시기 위해 한 백성을 만드시려고 그 백성의 조상으로 아브라함을 불러내신 것입니다.

그러므로 처음에 갈대아 우르에서 아브라함이 가지고 있던 신 인식이란 바빌로니아 사람들이 가지고 있는 엘(אֵל)이나 벨(בֵּל) 정도가 아니었습니다. 엘로힘은 히브리 사람들이 독점적으로 생각하는 바 하나님을 표시하는 말은 아닙니다. 재판장에게도 엘로힘이라는 말을 썼고 이방신에게도 썼습니다. 마치 신(神)이라는 말 혹은 하나님이라는 말이 독일 무이(獨一無二)하게 성경이 가르친 하나님만을 표시하지 않고 한국 사람에게는 민족 전래의 '하나님'을 표시한 것과 비슷합니다. 그것은 절대로 성경이 계시한 그 하나님은 아닙니다. 하나님이라는 말이 원래 있어서 그것을 유용했을 뿐이지 하나님에 대한 개념까지 끌고 온 것은 아닙니다. 그 말만 따다가 성경이 가르치는 참 하나님의 여러 속성들과 또 하나님께서 하시는 일들 즉 하나님의 인격적인 존재 전체에 대한 개념을 부여하면서 배워 나가는 것입니다.

보통 대화 중에 하나님이 누구이신지 모르는 사람한테 '당신, 하나님 믿으시오?' 할 때 그 사람이 '예, 믿소' 한다면 그 사람은 그 사람 나름대로의 하나님을 믿는 것이지, 우리가 말하는 하나님을 믿는 것은 아닙니다. 요새 브레즈네프하고 카터 대통령이 전략무기제한협정(SALT)에 대한 논의를 할 때 브레즈네프가 말하길 '우리가 앞으로 올 비참한 운명을 미리 저지하지 못하면 장차 신이 우리에게 노할 것이다' 라고 했다고, 사람들이 와 일어나서 무신론자가 신이란 말을 썼다는 얘기들을 많이 하는데, 그 사람이 신이란 말을 썼기로 하등 이상

할 것이 없는 것입니다. 무신론자는 그 무신론이 곧 그의 신인 것입니다. 옛날에 마하트마 간디가 그런 말을 쓴 일이 있습니다. 이것이 전혀 새삼스러운 얘기가 아닌데도 신문에서 끄집어내서 떠들지만, 오히려 그 공산당들은 하나도 놀라지 않고 '아, 자연스러운 얘기이다. 그리고 그는 말을 할 때 다채롭게 그런 얘기를 하는 인물이다' 라는 태도를 보였습니다. 결국 하나님을 믿느냐 할 때 사람들이 믿는다 하면 어떤 하나님을 믿느냐고 따지지 아니할 수 없는 것입니다. 요새 예수를 믿는다는 사람에게 '당신, 하나님 믿느냐' 할 때, 믿는다고 하면 '아, 그러면 당신은 나하고 같은 하나님을 믿는군요' 라고 생각하기가 쉽지 않습니다. 지금은 크리스천 가운데도 신 개념이 잡다합니다. 유명짜하다는 신학자들과 교회 지도자들을 만나서 얘기해 보더라도 신 개념이 서로 같지 아니한 것을 느끼는 것입니다. 아무튼 우리는 하나님에 대해서 바르게 알아야 하고, 또 더욱 깊이 알아야 하는 것입니다.

처음에 아브라함은 하나님을 야훼 하나님으로 알고 나왔지만, 그 다음에 14:22을 볼 것 같으면 '엘 엘론', '지극히 높으신 하나님, 천지의 주재'로 알았습니다. 아브라함은 멜기세덱이 쓴 말을 과연 그렇다 생각하고 곧 다른 사람하고 얘기할 때 그대로 썼습니다. 17장에는 나는 전능한 하나님이시다 하는 '엘 샤다이'의 신 개념이 나옵니다. 이렇게 하나님의 개념이 차츰차츰 명확해져 갑니다. 그 후로 더 발전하면 '엘 올람', '영생하시는 하나님'이라는 말이 앞으로 나옵니다. 아브라함은 이와 같이 하나님에 대한 개념이 차츰차츰 그 내용을 더해 갔는데 단순히 어떠한 명사를 썼다는 데 중점이 있는 것이 아닙니다. 어떠한 사유에 도달했다는 것을 표시하는 데는 그런 명사가 중요하지만 그가 파악하고 있는 하나님에 대한 큰 사상이 전체적으로 무엇이었는지가 더 중요한 것입니다. 그것을 우리가 이 18장에서 보는 것입니다.

완전하신 사랑과 엄위로운 의를 겸전하신 하나님

18장의 마지막 대지, 아브라함이 도고하는 장면에서 그가 신에 대한 훨씬 크고 심오한 사상에 도달해 가는 것을 볼 수 있습니다. "의인 50인이 있을지라도 그 성을 멸하시겠습니까?" 하고, 50인, 45인, 40인, 30인, 20인, 10인까지 죽 내려가는 평범한 얘기 속에서 적어도 이와 같은 도고를 아브라함이 어떤 근거에서 했는가를 생각해야 합니다. 하나님 앞에 고한 이 도고의 내용은 그저 녹음기에서 나오듯이 흘러나온 것이 아니라 그의 사색의 과정이요 이성적인 추구의 결과입니다. 하나님은 이러한 분이시니 감히 이 일에 대해선 이렇게 얘기할 수 있겠다 생각하고 그렇게 해 나간 것입니다. 요컨대 그가 도고하는 과정에서 하나님에 대해서 크게 깨닫게 됩니다. 왜냐하면 하나님께서 그의 도고에 대답만 하실 뿐만 아니라 하나님은 어떤 하나님이시다 하는 것을 보여 나가시기 때문입니다.

아브라함은 "천하를 공의로 심판하실 분이 공의를 행할 것이 아닙니까?" 하고 하나님의 의의 속성에 호소를 했지만 그 저변에 깔려 있는 중대한 사상은 하나님의 자비의 터 위에서 구한다는 것입니다. 만일 그런 하나님의 자비가 없었다면 세상에서 구원받을 의인도 없는 것이고 의인 때문에 어떤 도성을 아낄 리는 더더군다나 없는 것입니다. 그런데도 불구하고 그가 의인을 두고 의인 때문에 도성을 멸망시키지 않으셔야 한다는 이론을 하게 되는 것은 하나님 당신이 아브라함의 사색의 과정에 친히 내려오사 대화를 하시면서 그로 하여금 하나님이 어떤 하나님인가를 깊이 인식하게 하셨기 때문입니다. '하나님은 무한하신 자비를 가지신 하나님이시다. 그런 까닭에 의인은 없나니 하나도 없다는 인간계에 오시되 내가 상대적인 의미로 쓰는 의인이라는 말을 그대로 받아서 쓰시면서 역사의 과정에서 이렇게 간섭하시겠다고 말씀하시는구나.' 이것은 하나님의 무한하신 자비요 크신 지혜요 또 우리를 관용하시는 사랑 속에서 하신 얘기라는 것을 절실히 느끼지 아니할 수가 없습니다. 우리 자신도 읽어 가면서 '하나님은 아브라함을 극진히 사랑하신다. 사랑하시기에 이런 대화를 하시고 되지 않은 이론도 받아 가면서 말씀하신다' 는 것을 느끼는 것입니다.

하나님의 절대의 공의만을 가지고 얘기할 때에는 우리가 의인이라는 말을 쓰기가 어렵습니다. 대체 누가 하나님 앞에 의인입니까? "의인은 없나니 하나도 없느니라"(롬 3:10). 하나님 앞에서 멸망을 면할 수 있는 의를 가진 사람이 어디에 있습니까? 하나님의 공정(公正)으로만 말한다면 소돔에 의인이 500명 있다 해도 그 소돔을 다 멸해 버려야 합니다. 그래도 하나님의 공정에 하나도 잘못되는 것이 없습니다. 그러나 하나님의 무한하신 자비와 극진하신 의라는 것은 조화를 이루고 양전(兩全)하여 아브라함에게 어떤 하나님이신 것을 보여 주셨습니다. 여기서 아브라함은 하나님의 본체의 속성이 무한하고 완전하여서 의나 사랑이 어디든 결함이 없다는 것을 느끼지 아니할 수 없었습니다. 하나님의 본체의 속성에 의를 호소해 보았어도 소돔의 멸망이란 이 역사상의 중요한 형벌은 피할 수 없는 사실이라는 것을 여기서 보여 주신 것입니다. 사람으로서는 아무런 핑계도 할 수가 없고 아무런 호소도 할 근거가 없는 것입니다. 만일 '하나님, 그 의를 굽히시사 의인 하나만 있더라도 그 도성을 용서해 주십시오' 했다면, 그것은 아브라함이 하나님의 속성을 무시하고 자기 욕심만 구하는 기도가 되는 것입니다. 이런 것은 죄악입니다.

아브라함으로서는 의인 10인까지 얘기하는 것도 위태로웠습니다. '내가 하나님의 거룩한 본체에 대한 나의 인식을 벗어나서 내 욕심만 얘기하는 것이 되지 않을까?' 결국 하나님은 그것으로 끝내고 말았습니다. '여기까지이다. 그 이상은 나 여호와의 본체의 속성상 다시 더 말할 여지가 없다.' 그러나 아브라함은 50인에서부터 45인, 40인, 30인, 20인, 10인까지 참아 주시는 사실에 대해서 심각하게 느꼈을 것입니다. '아, 하나님은 참으로 지극히 위대하시고 지극히 완전하신 사랑과 엄위로운 의를 겸전하신 속성으로 인간을 다스리시고 역사를 이끄신다. 소돔에 대해서 이렇게 하신다면 만일 나와 내 자손이 이후 세상에서 유사한 죄를 범할 때 우리가 하나님의 무엇에 호소를 해서 용서를 받겠는가? 하나님 전체의 의와 사랑의 속성상 불가부득 내리지 않을 수 없는 형벌을 생각할 때 이 사실은 큰 경고이다. 나와 내 자손도 항상 주의를 해야만 할 것이다. 자손 만대에 대대로 이것을 가르치지 아니 할 수 없다.' 아브라함은 하나님께서 언약의 내용으로 주신 자기의 후손들에게 이 큰 하나님의 속성과 하나님의 본체에 대해서 자기가 이해하고 크게 깨달은 바를 가르쳤을 것입니다. 이것이 중요한 문제인데 아브라함은 자꾸자꾸 깨달아 가면서 그 큰 사실들을 가르친 것입니다. 18장에서 볼 수 있는 하나님의 거룩한 본체에 의한 모든 판단, 요컨대 하나님의 완전하신 본체로서 불가부득이 하지 아니할 수 없는 사실들이 있다는 것을 아브라함은 깨달았습니다.

금방 우리가 본 대로 아브라함은 하나님께 호소하기 시작해서 하나님의 거룩한 의와 사랑에 대한 자기의 명확한 사색, 그로 인한 결론을 얻었습니다. 지금까지 살펴본 중요한 문제가 이것입니다. 그런데 이 기도 자체가 아브라함에게는 하나의 사색 과정이었습니다. 누구든지 참으로 창조적인 은혜 가운데서 도리를 생각하든지 하나님께 기도를 하든지 할 때 무엇이든지 다 글로 써 가지고 그대로만 하고 마는 게 아닙니다. 새로운 거룩한 도리를 깨달으면 거기에 의지해서 다시 구하는 것입니다. 이와 같은 것은 참으로 좋은 기도이고 또 그런 기도가 생생한 능력을 얻는 기도입니다. 그런고로 기도하는 가운데 하나님께서 응낙하시는 거룩한 방법으로 나에게 어떠한 영감이나 거룩한 빛으로 비추어 주시면 거기에 의지해서 또 호소를 할 수가 있습니다. '아하, 하나님은 그러하신 하나님이요 하나님의 뜻은 이러한 데 있구나. 그런 하나님이시니까 이런 것은 이렇게 하신다' 하는 것을 깨닫게 되었을 때는 거기에 의지해서 또한 호소할 수 있는 것입니다. 아브라함이 그러한 기도를 하는 동안 그는 하나님께서 왜 소돔의 멸망을 가르쳐 주셨는가 하는 것을 구체적으로 깨달았을 것입니다. 하나님에 대한 그의 사상이 교정되고 좀더 심오해질 수 있도록 해 주시려는 큰 목적이 있었다는 것을 알았을 것입니다.

소돔의 죄악상

　소돔은 이미 롯이 소돔으로 간 그때에도 문제가 있었습니다. 아브라함이 롯과 갈린 것은 가나안에 처음 들어와서 애굽으로 갔다가 올라온 때입니다. 13장에서 우리는 그 사실을 보았습니다. 그 13:13에 "소돔 사람들은 악하여 여호와 앞에 큰 죄인들이었다"고 했습니다. 그때 이래로 지금까지 24년이 흘렀습니다. 적어도 20여년의 세월이 흘렀는데 그 동안에 소돔의 악은 관영(貫盈)했습니다. 이런 소돔의 먹이 찬 악에 대해서 팔레스타인의 여러 족속들은 대체로 알았을 것입니다. 특별히 소돔에서 멀지 않은 곳에서 살고 있던 아브라함은 소돔의 죄악에 대해서 잘 알고 있었습니다. 나중에 아브라함이 언덕에 올라가서 보니까 소돔이 다 불타서 연기 나는 것이 마치 옹기점에서 나는 연기 같더라고 한 것을 보면 그런 추론을 할 수 있습니다. 유대 사람의 전설에 따르면 아브라함이 손님들을 전송했다고 하는 동리의 산꼭대기에서 보면 사해가 보인다고 합니다. 소돔은 나중에 그 사해 속에 가라앉은 것으로 생각되는데 아무튼 그때는 그 일대가 평지인 소돔·고모라였습니다.

　소돔의 악한 풍문, 누구든지 듣고서 혀를 차고 놀랄 만한 괴악한 행습에 대해서 아브라함도 일찍부터 잘 알고 있었습니다. 롯이 자유롭게 선택해서 갈 때 '너는 그렇게 악하고 더러운 사회에서 어떻게 사느냐?'고 말했음직도 하지만 그런 기록은 없습니다. 소돔이 북방에서 온 대군에게 점령되어 다 잡혀갔을 때 아브라함은 저 북쪽 레센, 그 다음에는 다메섹 옆 호바까지 쫓아가서 동방의 대군을 물리치고 탈취물을 다 탈환한 적이 있습니다. 아브라함은 소돔 사람에게 큰 존경을 받았고 또 두려움의 대상이 되는 인물이 되었기에 조카 롯도 그 덕분에 권세와 세력이 커졌습니다. 그렇게 롯은 소돔에서 남에게 다 높임을 받았기에 나중에 천사들이 멸망시키려고 갔을 때도 지도자의 높은 자리에 앉아 있었습니다. 그가 성문에 떡 앉아 있었는데, 재판관으로 혹은 공회 의원같이 나라의 정치를 돌아보는 사람으로 떡 버티고 앉아 있을 만큼 됐습니다. 롯은 '참 기분 좋다. 비록 도덕적으로는 좀 못해서 걱정스럽지만 이렇게 권세와 영광이 있고 부요가 있는 나라인데 이것들을 버리고 내가 다시 어디로 간단 말이냐? 다시 또 저 땅바닥에서부터 시작을 해야 하겠느냐?' 한 것입니다. 롯은 자기 생활을 고치지 않았습니다. 베드로서에서 의인 롯이라고 이야기하였지만 그런 표현은 비교적인 언사요 상대적인 표현입니다. 소돔 사람과 비교해서 그렇다는 것이고 하나님을 경외하고 나가는 사람인 까닭에 그런 것뿐입니다.

롯은 딸들을 시집 보내는 데도 아마 그의 숙부인 아브라함을 찾아와서 의논한 것 같지 않습니다. 하나님의 백성으로서 계승을 해야겠다는 사상이 없이 소돔 사람들을 약혼자로 삼았습니다. 천사가 가서 소돔을 멸망시키려고 할 때 아브라함을 생각하여 롯을 불쌍히 여기고 건져내시면서 롯에게 '네 친척이나 네가 데리고 나가고 싶은 사람이 누가 있으면 가서 말해서 이 성에서 구원 얻게 하라' 할 때 사위들보고 말하니까 그들이 그것을 웃음거리로 여기고 비소했습니다. 그렇게 하나님의 심판이 목전에 이르는 것도 도무지 알지 못하는, 아주 깜깜 절벽 가운데 사는 청년들을 좋은 남자라고 해서 다 혼인을 했더라 말입니다. 그리고 두 딸의 도덕적인 관념이나 생각도 높지 않고 저급하였습니다. 물론 4,000년이나 된 옛날 일이니까 오늘날의 도덕으로 볼 때 도저히 안 되는 것도 그때는 상관없는 수도 있습니다만, 그것을 감안하고라도 도덕적으로 그들의 정신은 높지 않았다는 것입니다. 왜냐하면 하나님을 두려워하고 하나님께 간절히 구하는 경건한 태도 즉 하나님께 속했다는 징조가 그 딸들에게서는 하나도 보이지 아니했기 때문입니다. 세상으로만 뻗어나갔던 것입니다.

가정의 본질을 파괴하는 소돔의 사회악

아브라함이 그와 같은 소돔의 상태에서 절실하게 느낀 것은 무엇이었습니까? 또한 하나님께서는 왜 소돔·고모라를 멸망시키겠다는 의중을 아브라함에게 보이셨습니까? 소돔이 가지고 있는 큰 죄악은 자기 개인으로 끝나지 아니하고 사회에 흉악한 영향을 미쳐 나가는 사회악이었습니다. 사회를 불순결하고 무질서하게 만들어 놓는 죄악이었던 것입니다. 소돔 사람들이 가지고 있던 방자한 성행위는 중요하고 가장 기본적인 사회인 가정을 파괴하며 자꾸 불순하게 만들었습니다. 가정을 대단치 않은 것으로 생각하게 만들었습니다. 가정은 대단치도 않고 큰 의미도 없으며 단지 인간의 향락을 위해서 있는 것처럼 생각해 가는, 완전히 동물적인 생각 가운데 빠져들어갔던 것입니다. 아마 아브라함은 이 가정의 불순에 대해서 많은 생각을 했을 것입니다. 가정이 하나님 앞에서 무슨 의미를 갖는가? 그리고 가정뿐 아니라 그 가정으로 말미암아 전승하는 가계라는 것이 하나님 앞에 어떤 의미를 갖는가를 더 깊이 느낄 수 있는 기회를 얻었을 것입니다. 이미 과거에 그는 이 문제에 대해서 심각하게 생각할 기회를 몇 번이나 얻었습니다. 자기에게서 난 씨라야만 후사가 되리라 하시는 말씀을 따라서 그때 당시에 도덕적으로 하자가 없는 방식으로써 사라가 권하는 대로 하갈을 통해 이스마엘을 낳은 지 13년 정도나 흘렀습니다. 그는 가정의 감정과 정서의 순결이라는 문제를 생각할 때에 사라와 하갈이 서로 양립할 수 없음을 알았습니다. 그리하여 하갈을 사라에게 다시 종으로 돌려주고 사라만이 이 가정의 여주인이라고 하였습니다. 그러자 사라는 하갈을 혹독하게 부렸고 하갈은 도망했다가 여호와의 사자를 만나 거룩한 계시를 받고 돌아와서 다시 아브라함의 권속답게 복종하고 살아갔습니다. 그렇다고 해서 아브라함이 하갈을 자기의 첩이나 내부의 식구로 생각한 것은 아닙니다. 어디까지나 사라의 종이라고 생각하였습니다. 그러면서 아브라함은 가정이 기본적으로 중요하다는 것을 깊이 느꼈고, 또한 하나님께서 사래에게 사라라는 이름을 주시고 그를 통해서만 언약을 이루신다는 말에 의해서 아브라함은 사라가 언약에서 차지하고 있는 비중이 지극히 크다는 것을 느꼈습니다. '아, 나 혼자만이 언약의 그릇이 아니구나. 사라도 그 그릇이다.' 아브라함은 사라와 자기가 이룬 이 가정이 하나님의 언약의 그릇으로서 참으로 중요한 의미를 갖는다는 것을 이미 깊이 깨달아 알고 있었습니다. 이것을 이미 깨달은 아브라함으로서는 그런 것을 도무지 생각지 않고 무시하고 파괴하고 불순과 혼탁이 도도한 탁류와 같이 흐르고 있는 소돔에 대해서 생각할 때 개인적인 죄악보다 사회적인 흉악한 영향이라는 것이 절실하게 와 닿은 것입니다.

어떤 죄는 사회에 흉악한 영향을 신속하게 미치는 까닭에 하나님께서 신속하게 처벌하시지 아니할 수 없는 것들도 세상에는 있는 것입니다. 사회가 그냥이라도 유지되도록 하기 위해서는 그것을 처벌하시는 것입니다. 사회적인 악은 하나님의 거룩한 백성이 장차 이룩하고 경영해 나아갈 그 땅과 사회에 아주 괴악하고 악독한 물을 자꾸 주입할 수가 있습니다. 하나님은 크신 자비로 아브라함과 그의 후손이 경영할 하나님의 나라를 생각하시사 흉악한 독소를 제거하시는 뜻으로 소돔·고모라를 멸망시키시는 것입니다. 그 흉악한 독소란 무엇입니까? 하나님의 거룩한 언약을 이룰 중요한 단위인 가정과 그 가계를 혼탁시키고 더럽게 만들어서 하나님께서 주시는 거룩한 은혜를 온전히 받지 못하게 하는 것입니다. 이런 사실을 하나님께서는 맹렬하게 경책하시고 또한 동시에 그 장본인들을 멸하시는 것입니다.

아브라함이 그렇게 더욱 절실히 느끼게 된 것은 하나님께서 자기에게 주신 언약이 개인에게 한정된 것이 아니라 "너와 네 후손에게 주리라"고 거듭거듭 얘기하셨기 때문입니다. 자기와 자기 후손에게 이 땅을 주시리라고 거듭거듭 얘기하셨습니다. 처음에 세겜에 왔을 때 여호와께서 "이 땅을 너와 네 후손에게 주리라"(12:7)고 하셨고, 애굽에 갔다 돌아와서 롯과 헤어진 후에도 "너는 일어나서 동서남북을 바라보라. 이 땅을 너와 네 후손에게 주리라"(13:15)고 하셨습니다. 그리고 "네 후손을 땅의 티끌같이 많게 할 것이다. 사람이 티끌을 셀 수 있으면 네 후손도 셀 것이다"라고 하셨습니다. 그렇게 후손에 대한 약속, "너로 심히 번성케 하리라"는 약속이 거듭거듭 나옵니다. 언제든지 '아브라함 너 혼자이다' 하는 것은 없습니다. 하나님의 거룩한 경영이 역사 위에서 이루어진다는 것을 확실히 가르친 것입니다. '네 당대에서 이루고 마는 게 아니라 인류의 역사의 진전과 함께 이루는데, 그렇게 이루어야 할 그릇들은 산발적으로 이 시대에는 이 사람 저 시대에는 저 사람을 뽑는 게 아니라 너로부터 시작해서 발전해 나가게 하되 너와 유기적으로 연결되어 있는 자손들에게 이어질 것이다. 너는 나의 언약을 받고 그 내용을 잘 알고서 전해 주면 당연히 그 자손들이 계승해서 받게 될 것이다.'

여러분이 그리스도의 도리를 받고 하나님 나라의 거룩한 도리를 깊이 깨달으면 그것을 반드시 자손들에게 물려주는 것입니다. 자손들에게 다른 것은 안 물려주어도 그것만은 물려주어야 합니다. 많은 재산을 물려주려 하지 말고 하나님의 거룩하신 경영과 그 나라의 심오한 은혜를 내가 받고 깨달은 대로 그것을 전해서 아이들로 하여금 장차 그 길에 서서 다음의 역사를 이루어 나아가도록 자꾸 격려해 주어야 할 것입니다. 이것이 중요합니다. 그런고로 어렸을 때에는 아이들을 주의 교훈과 교양으로 다스리고, 차츰차츰 장성하는 대로 좋은 지혜도 나누어주고 믿음의 본도 보여주는 것입니다. 그러다가 자기는 늙고 자녀들이 장성해서 자기들 대를 맡았을 때에는 때때로 지혜를 나누는 좋은 충고자로서 같이 일해 나아가는 것입니다. 그렇게 해 나가는 것이지 나는 내 길대로 가고 자녀는 자녀대로 따로 가는 것이 아닙니다. 혹시 이 세상에서 공부해 나가는 전문 분야가 서로 전연 다를지라도 상관없습니다. 아버지는 문인이고 아들은 의사라 할지라도 하나님 나라의 거룩한 도리를 받고 배워서 전달해 나아가는 점에 있어서는 꼭 마찬가지인 것입니다. 자손들에게 내리시는 하나님의 복이 연면히 내려가는 이 사실을 무시하고 양친이 자기 당대의 인간적인 행복만 취하고 당대의 것에만 눈이 벌개서 나갈 때에는 자기만 그러고 마는 것 같아도 자손에게까지 그만큼 죄를 짓는 것입니다.

그리스도교의 큰 사상의 하나는 개인뿐 아니라 그 자손 천 대에 이르기까지 하나님께서 언약의 내용을 계승해 주마 하신 약속의 사실입니다. 특별히 개혁교회에서는 이것을 강조합니다. 그런 까닭에 우리 자식들이 하나님의 언약 안에서 자라야겠다고 어려서 아직 아무것도 모르지만 세례를 받게 하는 것입니다. 그 아기들이 충분한 의식이 있어서 신앙 고백을 하는 것은 아니지만, 부모로서는 '이 자식을 하나님께서 언약 가운데 두신 줄로 믿습니다' 고백하면서 언약 가운데 둔 자식이니까 앞으로 아이를 잘 기르고 하나님 나라를 명확하게 파악해서 받들고 나가도록 만들겠다고 하나님 앞에 약속을 하는 것입니다. 가정은 하나님의 은혜의 경륜을 실현시키는 도구로서 심히 중요하다는 것을 언제나 인식해야 할 것입니다. 이것을 모호하게 생각하는 교파도 있습니다. 그것은 신학상 마음대로 떠드는 것이지만 역사적으로 가장 명료하게 흘러나온 개혁교회의 신앙은 가정의 중요성을 늘 강조합니다. 가톨릭의 신앙도 가정의 중요성을 늘 얘기합니다. 오히려 가정의 신성을 주장하는 것입니다. 그런 까닭에 혼인을 할 때 항상 주의를 하는 것이고 상대의 신앙 고백을 늘 중요히 다루는 것입니다. 덮어놓고 남녀 둘이 맞는다고 혼인을 시켜주는 것이 아닙니다.

　아브라함은 가정의 중요성을 사라의 개명(改名) 이래로 더욱 절실하게 느꼈고 이번 하나님의 현현에서 사라에게 "기한이 차면 아들을 낳을 것이다" 하신 사실에서 다시 확인하였습니다. 아브라함은 사라의 중요성을 그렇게 목첩(目睫)에서 늘 보고 산 것입니다. 그런 그가 가정을 전연 무시해 버리고 서로 향락의 도구로만 삼고 나가는 불의와 무질서와 혼탁이 가득한 소돔과 고모라의 세계에 대해서 하나님이 진노하시는 사실을 보면서 '내 자손도 이후 역사상 그런 죄악을 범할 때에는 하나님의 극진하신 자비로도 그것에 대한 심판을 유예하지 아니하실 것이므로 나도 명심하고 후손들에게도 분명히 가르쳐야만 할 것이다' 하는 큰 교훈을 받은 것입니다.

기도

　거룩하신 아버님, 크신 사랑으로 저희를 불러내시어 주님을 알게 하시고 저희와 저희 자손들에게 같이 복을 주시사 하나님의 백성으로서 큰 언약의 내용을 역사 위에 뚜렷이 전승해 가게 하셨사옵나이다. 이런 큰 사실을 등한히 생각하고 그리스도교의 깊고 오묘한 도리를 무심히 지나쳐 버리는 여러 가지 잘못으로 인해 악한 결과를 사회와 역사 위에 나타내는 일도 많은데 그런 속에서 저희를 건지시사 주님께서 택하시고 세우신 거룩하신 본의를 온전히 이루어 나아가게 하여 주시옵소서. 주님, 저희에게 주님의 나라의 깊은 도리를 가르치시고 은혜로 충만하게 하시옵소서.

우리 주 예수님 이름으로 기도하옵나이다. 아멘.

거룩한 나라를
사모한 아브라함의 생애

제27강

창세기 13:10-18

이에 롯이 눈을 들어 요단들을 바라본즉 소알까지 온 땅에 물이 넉넉하니 여호와께서 소돔과 고모라를 멸하시기 전이었는 고로 여호와의 동산 같고 애굽 땅과 같았더라 그러므로 롯이 요단 온 들을 택하고 동으로 옮기니 그들이 서로 떠난지라 아브람은 가나안 땅에 거하였고 롯은 평지 성읍들에 머무르며 그 장막을 옮겨 소돔까지 이르렀더라 소돔 사람은 악하여 여호와 앞에 큰 죄인이었더라 롯이 아브람을 떠난 후에 여호와께서 아브람에게 이르시되 너는 눈을 들어 너 있는 곳에서 동서남북을 바라보라 보이는 땅을 내가 너와 네 자손에게 주리니 영원히 이르리라 내가 네 자손으로 땅의 티끌 같게 하리니 사람이 땅의 티끌을 능히 셀 수 있을진대 네 자손도 세리라 너는 일어나 그 땅을 종과 횡으로 행하여 보라 내가 그것을 네게 주리라 이에 아브람이 장막을 옮겨 헤브론에 있는 마므레 상수리 수풀에 이르러 거하며 거기서 여호와를 위하여 단을 쌓았더라.

거룩한 나라를 사모한 아브라함의 생애
제 27강

하나님의 백성 아브라함

「하나님의 백성」이라는 큰 제목으로 하나님의 나라가 전개된 사실을 역사적으로 찾아 공부하면서 그때에 나타났던 하나님의 그릇들이 어떤 특색을 가지고 있었던가를 배우는 것이 대단히 좋을 것으로 생각하여 공부를 시작했는데, 오늘은 그 동안 보아온 아브라함 생애의 특징을 간단히 정리하여 생각해 보겠습니다.

아브라함이 갈대아 우르를 떠났다고 하였는데 이 갈대아 우르라는 말도 후세에 그렇게 붙인 것입니다. 아브라함 시대에는 아직 갈대아라는 말을 쓰지 않고 생각건대 '우르'라든지 그렇지 않으면 '수메르의 우르'라 했을 듯한데, 거기서 하나님의 인도하심을 받아 비옥한 초생달형 지역을 따라서 서북쪽으로 향하여 올라왔습니다. 유프라테스와 티그리스 강 사이가 메소포타미아 땅인데 거기서 서북쪽으로 올라오면 하란이라는 곳이 있습니다. 자기 아버지 데라와 전 식구가 이 하란까지 왔고, 아브라함은 데라가 죽은 후에 거기서 남쪽으로 내려갔습니다. 우르는 페르시아 만에서 멀지 않은 곳으로서 유프라테스와 티그리스 강이 페르시아 만으로 흘러 들어가는 지점 아주 가까운 곳에 있습니다. 고대 수메르 사람들의 문명을 가졌던 도시인데 그때는 수메르 문명 시대가 거의 끝나가는 때였습니다. 아브라함이 어느 때 사람인가에 따라서 약간 차이가 생기겠지만 대체로 보아서 수메르 문명 말기에 우르에서 살았을 것으로 봅니다.

그곳에서 수메르 사람들은 오랫동안 문명 세계를 건설하고 살았는데 그들이 오기 전에는 원주민이 거기서 움막 같은 것을 치고 혹은 땅굴을 파고 살았습니다. 그러던 차에 수메르 사람들이 와서 좀더 나은 생활 방식을 가르쳐 주고 좋은 집을 짓고 살게 해 주었습니다. 그 땅의 특산인 진흙을 잘 이용해서 좋은 집들을 짓고 소위 문명을 일으키면서 문화적인 생활을 그 시대에 하게 된 것입니다. 그때의 중심 도시가 우르라는 땅입니다. 그런고로 우르는 오늘날로 말하면 교육과 문화의 도시로서 그 시대 가운데서도 지혜와 정신 문화가 매우 발달한 지역이었습니다. 특별히 수메르 사람들이 그러한 문명을 가지고 있던 사람들이었습니다. 수메르 사람들이 그렇게 남방에 거한 반면 북방에서는 아카드를 중심으로 발전하였고 나중에는 바벨론을 중심으로 통합되었습니다. 어쨌든 우르는 그렇게 도시 문화가 난숙하게 발전했던 곳입니다.

그런데 그 문화의 특색을 보면 고대의 부족들이나 사회 집단이 대개 그랬듯이 자기네 주신(主神) 종교, 주신을 가진 종교가 아주 폭넓게 세력을 펴고 있었습니다. 고대로 올라가서 대개 주신들을 따져 보면 '아슈르'든지 '마르둑'이 있는데 다 사람의 이름과 관련이 있습니다. 말하자면 국가 창건자의 이름을 고쳐 가지고 그것을 주신으로 만든 것입니다. 아슈르나 니므롯이란 사람의 이름으로부터 나왔다는 얘기입니다. 큰 세력을 가지고 지배하는 사람이 자기가 편리하게 지배하기 위해 권력의 정상에 앉아서 자기를 신화(神化)하는 경우가 많았고 사람들은 그를 신화하고 그에게 습복하고 예속되는 일이 흔했습니다. 그러니까 자연히 종교가 그 사회를 강하게 지배하고 큰 영향을 주었던 것입니다. 이러한 시대에 아브라함은 문화적으로 난숙한 도시 우르에서 살았습니다.

우르의 주신은 월신(月神)으로서 달 귀신입니다. 이름은 '씬'이라고 하는데 하나만 있지 않고 그 짝인 '이쉬타르'라는 여신이 있었습니다. 수메르 사람들이 우르라는 도시를 건설할 때 지규렛(ziggurat)을 높이 쌓아올렸습니다. 바벨탑과 같은 탑을 쌓아올렸습니다. 동양에서 보는 그런 탑이 아니고 넓게 쌓아서 사람이 빙빙 돌아가면서 올라갈 수 있도록 망대처럼 쌓아올라가는 것이 지규렛입니다. 우르라는 이름조차도 '지구르'라는 말에서 나와 쓰던 말인데, 그런 높은 대를 쌓아올려서 그 위에 월신의 전당을 만들었던 것입니다. 그러면 그 아래로는 우르라는 도시가 죽 펴져 있는 것입니다. 그렇다면 으레 짐작할 수 있는 대로 거기에는 우상 숭배의 제전과 제의가 성행합니다. 이것은 단순한 짐작이 아니라 고고학의 발굴에 의해서 그런 많은 자취가 확인되었습니다.

아브라함의 지성

아브라함이 그런 우르에서 났는지 아닌지 독단하기는 조금 어렵지만 좌우간 아브라함의 처음 이야기는 우르에서부터 시작합니다. 어쨌든 우르가 그의 고향입니다. 아브라함 자신의 생활과 사상적인 발전을 우리가 좀더 면밀히 조사하면서 추리해 보면 그는 상당한 지식인이었습니다. 고대 사람이니까 아무것도 모르고 그냥 하나님의 소리가 들리면 '예 그렇게 하겠습니다' 한 것처럼 아브라함을 그려서는 안 됩니다. 그는 오늘날의 어떤 지식인 못지 않은 인텔리겐치아였습니다. 아브라함의 역사가 창세기 11장에서 25:12까지 계속되는데, 잘 살펴보면 그에게는 소위 향촌풍(鄕村風)이라 할 만한 것이 별로 없기 때문에 그렇게 추정하는 것입니다. 향촌풍이라 할 때는 꼭 시골에 살아서만 생기는 것이 아니지요? 사람의 생각이 암담하고 답답하고, 남들이 다 먼저 아는 것을 나중에야 깨닫고 굉장한 것을 안 것처럼 생각하는 경향을 일컬어 예술상 향촌풍이라고 하는데 과학이나 지식에 있어서도 그런 향촌풍이라는 것이 있습니다. 요컨대 아브라함의 생애 가운데에서 향촌풍적인 면모보다는 오히려 사상가요 정치가요 군략가로서의 면모가 때때로 잘 드러난다 말입니다.

그런 점으로 미루어 보면 아브라함이 우르에서 살면서라도 번성한 도시의 장점을 잘 이용해서 자신의 인격을 함양하고 바람직한 인물상을 정립했으리라는 것도 추론할 수 있습니다. 이런 점을 바로 생각하는 것이 앞으로 아브라함이라는 인물을 연구해 나가는 데도 참 중요할 것입니다. 아브라함은 그저 호호야(好好爺)에 불과한 인물이 아닙니다. 아브라함도 젊었을 때가 있고 또 나이 먹어 가면서 차츰차츰 늙었지만, 늙음과 동시에 암매한 사람이 된 것이 아니라 오히려 그는 죽음에 이르기까지 '하나님의 친구' 라는 말을 들은 사람입니다. 하나님의 친구라고 할 때는 다만 하나님을 늘 감정적으로 붙들고서 무슨 말을 한다는 의미가 아닙니다. 그는 하나님이 친구라고 부르실 만큼 하나님께서 거룩한 지혜와 영광을 가지고 더불어 이야기할 수 있는 사람이었다는 말입니다. 하나님의 종 노릇밖에 더는 할 수 없는 정도의 사람을 넘어서는, 하나님께서 당신의 큰 경륜을 보여 주시고 깨닫게 하시고 의논도 하시고 또 그에게 어떤 책임을 맡기기도 하실 만한 정도의 인물이었기에 아브라함을 친구라고 한 것입니다.

아브라함은 도시에 살았고 그가 살았던 도시에는 석판도 더러 있었지만 주로 진흙으로 넓게 판을 만들어 여러 가지 부호로 지식을 전달했습니다. 사람이 토판을 통해서든 여타의 다른 어떤 방식을 통해서든 지식을 흡수하면 지식만 흡수하고 끝나는 것이 아닙니다. 그 지식을 자기의 사색의 근거로 삼게 됩니다. 단순히 개념 파악으로 끝나지 않고 개념 작용이 있을 것 같으면 다시 판단의 작용이 있고 그 다음에는 추리의 작용이 있게 됩니다. 아브라함의 경우를 보더라도 오늘날 우리가 말하는 사유의 작용, 사고의 활동이라는 것이 그에게 늘 풍성했던 것을 알 수 있습니다. 그래서 아브라함을 분명히 일컬어 인텔리겐치아라고 하는 것입니다. 아브라함은 그러한 도시의 장점을 취하는 동시에 도시의 단점에 대해서는 비판했을 것입니다. 특별히 그 도시의 단점이란 무엇입니까? 소동하고 요란스럽게 떠들어대는 우상 종교의 제의, 우상 종교의 제전입니다. 사람들은 흔히 제정신을 놓고 현세가 주는 큰 유혹과 도취 속에서 취하여 잘 판단도 못 하면서 덮어놓고 따라다닙니다. 만일 어떤 사람이 참으로 인텔리라면 판단 없이 덮어놓고 감정의 호소에 의지해서 따라다니는 짓을 하지 않는 것입니다. 마음에 솔깃하지 않는 것은 아닐지라도 결국은 자기의 이지(理智)가 그것을 판단하고 그럼으로써 항상 자기가 자기를 통제하면서 가는 것이지 덮어놓고 유혹에 끌려가는 것이 아닙니다. 이러한 아브라함의 인격으로 인해 결국 아브라함과 하나님 사이에 아주 독특한 관계가 성립된 것입니다. 물론 그 인격은 하나님이 주신 것이고 또 하나님이 쓰시려고 그릇을 만들어 주신 것입니다. 아브라함이 잘나서 제 스스로 만든 것이 아닙니다.

문명 비평가 아브라함

어찌 됐든지 아브라함이 아무것도 모르는 데서 하나님의 소리를 들었다든지 하나님의 나타나심을 보았다든지 해서는 안 됩니다. 그렇게 말하면 아브라함이라는 한 인물을 폄하해 버리는 대단히 불공평한 처사가 될 것입니다. 하나님께서 아브라함을 택해서 하신 일을 우리가 그 후 4천 년의 역사 가운데 나타난 결과를 가지고서 생각해 볼 때 하나님께서는 아브라함을 택하셔서 대단히 큰일을 아브라함과 함께 의논하신 것입니다. 아브라함에게 가르쳐 주셔서 깨닫게 하시고 아브라함으로 하여금 책임감을 느끼게도 하시고 또 거기에 적응한 사고 활동과 자기의 생활 활동을 하게 하셨습니다. 하나님의 명령이란 한두 마디로 끝나는 것이 아닙니다. 하나님의 명령을 참으로 잘 이해하려면 결국 하나님의 크신 계획이 무엇인가를 깨달아야 하는데 아브라함은 그것을 깨달은 사람입니다. 왜 그렇습니까? 오늘날 우리도 신령한 뜻으로는 아브라함의 자손인데, 하나님께서 아브라함을 부르셔서 그 후 역사를 만들어 낸 것을 보면 결국 하나님의 의의 왕국도 아브라함에게 최초로 계시하신 큰 사실의 역사적인 발전에서부터 나온 것입니다. 그 역사적인 발전이라는 것은 물론 보이는 형식으로서 한 국가 형태요 민족 형태였습니다. 그런 사실을 생각지 않고 아브라함을 그냥 아무 생각이 없이 가라면 가고 오라면 오는 기계 노릇만 한 사람으로 생각한다면 그것은 대단히 잘못된 생각입니다. 아브라함은 하나님의 크신 경륜을 알고 나서 자기가 거기에 부응하는 사람으로 살아가야겠다고 생각하고 주도적으로 나간 사람입니다. 필요할 때는 희생할 것은 희생하고 나선 사람입니다.

우리가 이미 배웠지만 아브라함은 하나님의 계시를 받았고 그 계시에 대해 방황하지 않았습니다. 이것이 과연 하나님의 계시냐 아니냐 하면서 혼자 토론을 벌이는 일을 별로 하지 않았다는 것입니다. 마음 가운데 있던 어떤 크라이테리어로 인하여 '이것은 요지부동한 하나님의 계시요 하나님의 말씀이요 하나님의 뜻이다' 하고 알았을 것입니다. 하나님께서 아브라함을 쓰셔서 시작하시는 큰일은 하나님의 거룩한 나라를 인류 역사 위에 실현해 나가시는 일인데 이렇게 크나큰 일을 아브라함이 아무것도 모르는 상태에서 하나의 기계로 '예, 예' 하면서 따른 것이라 생각할 수가 없습니다. 적어도 그는 그 일의 성격을 알았던 것입니다. 그런 것은 아무 생각도 없는 사람에게 오는 것이 아닙니다.

그가 생각을 했다면 이런 것을 생각했을 것입니다. 아브라함은 우상을 숭배하는 우르라는 도시에서 살았습니다. 거기서 우상 숭배 제전의 소란스럽고 음란함, 또 오예(汚穢)가 가득한 실상을 보았을 것입니다. 무엇보다 신성한 종교의 이름으로 그런 일이 자행되는 것을 보았습니다. 어떤 식자(識者)가 그 도시에 살면서 그와 같은 현실을 본다면 마땅히 어떤 태도를 취할 것입니다. 그저 멍하니 아무것도 모르고 지낼 수가 없는 것입니다. '어쩔 수 없다' 하고 따라가든지 '아니다' 하고 거기에 대해 반발하고 새로운 세계를 추구하든지 둘 중 하나의 길을 걸어가야 할 것입니다. 물론 결단에 이르기까지는 주춤거리는 시간도 있을 것입니다. 그러나 계속해서 주춤거린다는 것은 결국 양보하고 따라가는 결정에 이르고 마는 것입니다. 어쨌든 아브라함은 우르에 살면서 '이 도시가 가지고 있는 소란과 죄악과 오예, 이 더러운 흑암이 없어져야겠다. 대체 어떻게 하면 그것이 없어지겠는가?' 하고 생각했을 것입니다.

이런 의미에서 보면 아브라함은 한 선지자입니다. 선지자를 현대적인 용어에 좀 가까이 비추어 보면 선지자의 기능 가운데에는 문명 비평의 기능이 있습니다. 자기 시대와 사회상과 사람들이 가지고 있는 문화 활동에 대해서 비판한다는 것입니다. 그것을 이 사회에서는 소위 문명 비평가라고 하지 않아요? 아브라함이 그러한 문화 비평이라는 것을 했다면 거기에 대해서 따라가든지 반대하든지 해야 할 것입니다. 그 많은 사람들이 움직이는 현상을 보고 혼자서는 도저히 그 사회를 정화한다든지 뒤집어놓는다든지 할 힘이 없고, 할 계제도 못 된다면 단순히 인텔리답게만 활동할 것이 아니라 하나님을 섬기는 사람답게 자기의 태도를 취해야 할 것입니다.

하나님을 섬기는 사람의 가장 기본적인 대 사회 태도는 "내가 거룩하니 너희도 거룩하라"는 말씀을 따르는 것입니다. 신성한 위치로 돌아가야지 오예와 흑암을 그냥 따라다녀서는 안 되는 것입니다. 무너지는 집을 외기둥으로 버티지 못한다는 식으로 '소수의 힘을 가지고 내가 어찌하느냐? 할 수가 없다' 하면 결국 따라가는 것입니다. 신성하다는 말뜻이 무엇입니까? 먼저 구별됐다는 의미입니다. 화려한 번성의 도시 우르에서 아브라함은 불가부득 어떤 사회를 동경하게 됐느냐 하면 '이런 오예와 흑암이 없는 신성한 사회가 있었으면 좋겠다. 그리고 그렇게 잘 인도하고 지도하고 나가는 지도자들이 있고 그런 정치 권력의 작용이 있으면 좋겠다'고 생각했을 것입니다. 아브라함이 그의 일생을 통해 지녔던 목표를 갖게 된 계제가 이것일 것입니다.

믿음으로 행동한 아브라함

아브라함이 일생 동안 바라고 나간 두 가지는 신성한 나라와 그 백성입니다. 먼저 신성한 나라가 필요한데, 신성한 나라가 있으려면 어디엔가 그런 국토가 하나 있어야 하고 다음으로는 신성한 국민이 필요합니다. 아브라함이 이지적으로 생각할 때 '우르에 이대로 앉아 있어서는 안 되겠다. 떠나서 다른 데로 갈 수밖에 없다. 어디로 가야 할 것인가?' 하고 생각한 것입니다. 거기를 떠나 다른 데로 간다 할지라도 우르 못지 않게 문명의 오예와 흑암과 불쾌한 것들과 죄악이 그대로 흐른다면 가봐야 소용이 없습니다. 그런 것이 없는 데로 가야겠다고 생각할 수밖에 없습니다. 비교적 사람들이 드물게 사는 데로 갈 수밖에 없지 않은가? 그리하여 그는 땅을 찾아나간 것입니다. 이것이 아브라함의 일생 가운데 행하고 나간 첫번째의 큰 사실입니다. 하나님이 허락하시는 성, 예비하신 성을 찾아서 가는 것입니다. 아브라함의 여행은 이렇게 자신이 가지고 있는 신념과 목표로부터 깊이 뿌리가 내려진 것입니다. 땅이 있은 다음에는 신성한 국민이 필요합니다. 만일 국토가 있고 국민이 있다면 통치자는 자연히 하나님이십니다. 아브라함이 뒤에서 보고 있는 바 이족들의 여러 가지 우상 숭배의 현실과는 완전히 다른 세계가 필요한 것입니다. 우상 숭배에 질려 버린 아브라함으로서는 그렇지 않은 아름다운 세계, 하나님이 친히 다스리시는 세계를 사모했을 것입니다.

  이렇게 해서 아브라함은 아름다운 세계를 찾기 시작하였습니다. 그러니까 하나님께서 아브라함이 생각하는 것들을 하나님의 성신으로 진리 가운데 인도하신 까닭에 그렇게 생각하였던 것입니다. 그것이 그의 신앙의 지적 요소가 되었습니다. 단순한 사상으로만 남아 있지 않고 신앙의 지적 요소가 된 까닭에 믿음을 가지고 행동을 할 수 있었습니다. 그냥 생각만 그렇게 하고 마는 유약한 인텔리겐치아의 모양만 보인 것이 아닙니다. 그러하기에 엄연하게 행동을 하는 아브라함이 나타났습니다. 이미 과거에 우리는 '어떻게 아브라함은 하나님의 거룩한 계시를 틀림이 없이 또 의심이 없이 받을 수 있었느냐' 하는 문제를 다루었습니다. 아브라함은 하나님의 계시에 의해서 난숙한 도시풍의 생활을 다 털어 버리고 베두인의 생활로 들어갔다고 했습니다. 흙의 사람이 되었습니다. 소박하고 단순하게 흙에 묻혀 사는 사람, 도시 문명과 격절한 생활을 했습니다. 옮겨가려면 적어도 그런 유목민의 생활을 하지 않을 수가 없었습니다. 이것은 굉장한 차이입니다. 지금까지

난숙한 도시 문명 속에서 호흡하고 살던 사람이 아주 흙에 묻힌 사람이 된다는 것은 보통 우리 한국에서 시골로 돌아가서 농사만 짓고 사는 것과는 아주 다릅니다. 갈 바도 알지 못하고 방랑해 가는 베두인의 생활을 시작한 것입니다. 그것은 큰 용기가 아니면 어려운 일이었습니다. 우상 숭배의 예전(禮典)에 대해서 싫어하고, 그것에 도취하여 맹종하고 너덜거리며 떠들고 돌아다니는 도시의 꼴이 보기 싫었다 말씀입니다.

하나님의 거룩한 품성을 가진 사람, 단순히 품성만이 아니라 하나님의 말씀과 계시에 의해서 의와 불의, 성결한 것과 추한 것을 구별할 줄 아는 크라이테리어를 마음 가운데 확호히 가지고 있는 사람은 그런 일을 볼 때 무엇이 바르고 무엇이 그릇됐다는 것을 바로 판단하고, 나아가서 그의 의지적인 요소가 같이 움직이는 것입니다. 그것이 움직이지 아니할 것 같으면 참된 신앙이라고 할 수가 없는 것입니다. "믿음으로 아브라함은 갈 바를 알지 못하고 떠나갔다" 했습니다. 그의 의지력이 그만큼 역사해서 갈 바를 알지 못했지만 '가자, 여기서 떨어져 나간다는 것만 해도 의미가 있다' 하고 일단 출발을 한 것입니다. 그래서 아브라함은 거기서부터 하란까지 600마일이라는 참 멀고 먼 길을 떠난 것입니다. 지금이야 비행기 타고 가면 한 시간 남짓 가는 거리겠지만 그때 시대로서는 참 먼 길입니다. 소위 비옥한 반달형 지대를 따라 여행하였던 것입니다. 아브라함이 있던 우르에서 서쪽으로 반듯이 오면 대체로 예루살렘에 닿지만 중간에 불모지인 큰 사막 때문에 그냥 건널 수가 없습니다. 그런 까닭에 북서쪽으로 올라갔습니다. 어디까지 갔느냐 하면 600마일이나 되는 하란에 이른 것입니다. 하란까지 왔지만 하란도 우르 못지 않게 발전한 도시로서 도시적인 병폐와 죄악과 오염과 흑암이 깃들인 곳이고 덮여 있던 곳입니다. 하란도 아브라함이 찾아서 나왔던 땅이 아니었던 것입니다.

자기 아버지 데라는 원래 우상 숭배자라고 했습니다(수 24:2). 우상 숭배의 사회와 그 공기가 데라에게는 탁하지 않았습니다. 하란에 와서는 더 이상 갈 생각이 없었습니다. 그래서 하란에서 아브라함은 아버지하고 다시 나뉘게 되었습니다. 거기서 아버지는 죽었습니다. 자세한 연대상 문제는 전에 이야기한 적이 있으나 지금 그것이 중요한 문제가 아닙니다. 오늘 우리에게 중요한 것은 '아브라함이 어떻게 자기의 인식 가운데 거룩한 나라를 사모했는가?' 하는 문제입니다. 하나님께서 그것을 윤허하시고 가납해 주셔서 아브라함의 그런 생각과 사상적인 발전으로부터 의지적인 신앙 활동이 나오게 된 것입니다. 옛 사회를 격별하고 떠나 나온 것입니다. '네가 만일 그러한 사상의 결과를 얻었다면 당연히 너는 격절해야 할 것이 아니냐?' 그것입니다.

소명에 충실한 아브라함의 생활 태도

그리하여 창세기 12장에 그를 불러내시는 소명의 내용이 있습니다. 그가 지금 원하는 것은 두 가지입니다. 좀더 신성한 세계가 필요한데 첫째는 그런 것이 건설될 영토가 필요하였습니다. 둘째는 당연히 거기에 그런 국민이 있어야 합니다. 그런 백성이 압도적으로 많아야 합니다. 그런고로 그는 도시적인 우상 숭배와 오염 가운데 완전히 예속되지 아니한 땅, 비교적 순박한 사람들이 살고 있는 신개지(新開地)로 갔습니다. 팔레스타인은 신개지입니다. 주인이 있던 것이 아니고 주로 아브라함과 동족인 아모리 사람들이 많이 와서 살던 곳입니다. 결국 아모리 사람들이 사는 그 사회에 와서 살려고 내려오게 되었습니다. 처음에는 이것을 전연 알지 못했습니다. 어떻게 할지도 알지 못했다가 차츰차츰 세월이 지나감에 따라서 하나님의 지시와 가르치심을 받아 알게 된 것입니다. 이것은 두 가지로 생각할 수 있는데 하나는 그에게 정신적인 양식을 주심으로써 당연히 먹고 자라날 수 있던 바 재료였고, 다른 하나는 때를 따라서 필요한 계시를 직접 내리셔서 요동하지 않도록 확호하게 만들어 주신 것입니다.

오늘날도 참으로 하나님을 사랑하며 거룩한 생활을 하고, 이 세상에 대해서 명확한 태도를 취하려는 사람에게는 마찬가지로 그런 하나님의 은혜의 역사가 일어나는 것입니다. 말씀에 의해서 정상적으로 장성해야 하는 것이고, 또 때를 따라서 성신님의 역사로 우리가 확호하게 깨닫고 그 깨달음에 의해서 요지부동하게 나가도록 하시는 것입니다. 그런데 아브라함은 그렇게 나갔습니다. 특별히 하나님께서는 아브라함에게 아브라함 자신이 바라는 국민, 백성에 대해서 "내가 너를 번성하게 해서 네 자손으로 하여금 하나님과 특별한 관계를 가진 거룩한 백성으로 삼을 것이다"고 말씀하셨습니다. 후일에 모세가 시내 산에서 그 나라의 근간이 되는 헌장, 하나님의 법을 받을 때도 그 거룩한 사실을 말씀해 주셨습니다. "너는 내 것이 된다. 우상의 것, 세상 것이 아닌 나 야훼의 것이 될 것이다. 그 다음에 제사장 나라가 될 것이다. 그리고 거룩한 백성이 될 것이다." 거기서 하나님 나라의 백성인 것을 큰 목표와 이상으로 하고 가도록 만들어 준 것입니다.

　결국 이러한 거룩한 나라의 국민, 하나님이 불쌍히 여기시사 속죄로써 씻어 주시고 의로 입혀 주시는 거룩한 나라의 백성은 누가 되느냐 할 때 아브라함의 자손이 그렇게 되는 것입니다. 따라서 아브라함에게는 자식을 기른다는 것이 대단히 중요한 문제였습니다. 그냥 자식이 아니라 하나님께서 거룩한 백성으로 쓰실 그런 자식을 길러야 하는 것입니다. 영토의 문제도 얼마 후에 말씀해 주셨습니다. 그가 하란을 떠나 가나안 땅으로 들어와서 맨 처음에 이른 곳은 세겜입니다. 세겜에서 계시를 받았습니다. "아브람이 세겜 땅 모레 상수리나무에 이르니 그때에 가나안 사람이 그 땅에 거하였더라. 여호와께서 아브람에게 나타나 가라사대 내가 이 땅을 네 자손에게 주리라 하신지라. 그가 자기에게 나타나신 여호와를 위하여 그곳에 단을 쌓으니라"(창 12:6-7). 하나님께서 "이 땅을 너와 네 자손에게 주겠다" 하시므로 그는 자손이 있을 것도 알고 또 그 땅이 자손의 땅이 될 것도 알게 되었습니다. 그렇게 약속을 받은 사람으로서는 이제 이지적으로 활동을 해야 할 것입니다. 될 수 있는 대로 그 땅에서 근거를 만들되 장차 하나님의 거룩한 백성들이 살 나라의 기초를 쌓는 일을 자기가 해야 할 것이란 의식을 분명히 가지고 아브라함은 활동했던 것입니다. 그냥 멍하니 산 것이 아니라 항상 거룩한 땅과 거룩한 백성을 목표로 하고 그 기초를 쌓으려 했습니다. 거룩하신 하나님이 통치하시는 나라가 거기에 선다고 분명히 믿은 것입니다. 이것이 그에게 참으로 필요했던 것입니다.

하나님께서 아브라함에게 땅을 약속하시고 자손을 약속하시는 말씀은 창세기에 몇 번이나 나옵니다. 그에게 분명한 확신을 주시고 또 그로 하여금 다시 경성토록 하시기 위함입니다. 그냥 매너리즘에 빠지면 안 되니까 다시 깨우쳐 주시고 정신을 차리라고 하신 것입니다. '내가 무엇을 해야 할 것이냐? 내가 지금 이렇게 하는 것이 바르냐?' 하는 것들을 살피게 하셨습니다. 우리가 그 후 아브라함의 생애를 돌아볼 때 과연 그는 그것을 의식한 사람답게 생활을 하였습니다. 자기가 거하는 근방 지역의 사람들한테 공연히 흔단(釁端)을 일으켜서 싸움이 될 만한 아무런 빌미도 주지 않았습니다. 겸허하게 모든 이족들과 더불어 화친하고 지냈습니다. 남에게 부담이 되지 않으려고 아주 주의를 하되 나중에 사라가 죽었을 때도 보면 그는 결국 막벨라 굴을 사고 맙니다. 헷 족속 사람들이 거저 가지라고 해도 또 거저 가질 수도 있을 만한 처지였음에도 그것을 거저 갖지 않습니다. 그보다 훨씬 전, 아마 아브라함의 나이가 한 80세 되었을 때에도 그런 일이 있습니다. 바벨론의 네 왕, 아므라벨을 위시한 네 왕이 원정을 와서 소돔·고모라는 물론 롯과 그의 식구들과 재산을 싹 휩쓸어가자 아브라함은 자기 집에서 기른 318명을 끌고 동맹군과 함께 멀리 북쪽 단까지 쫓아가서 야습으로 패주시킨 다음, 빼앗긴 재산과 인명을 전부 다 찾아서 돌아왔습니다. 그렇게 많은 노획품을 탈환해 오니까 소돔·고모라 왕들이 마중 나가서 맞이하였습니다. 그때에도 멜기세덱한테 십분의 일을 주는 신자다운 태도를 분명히 보였고, 그 다음에 소돔·고모라의 임금들에게도 정당한 태도를 취하였습니다. 그들이 재산은 아브라함이 갖고 사람만 돌려달라고 했지만 "무릇 내가 너희에게서 실오라기 하나도 취하려 않는다. 하지만 목숨을 바치면서 수고한 사람들에게는 분깃을 주어야 할 테니 그 분깃을 제하고는 다 내놓겠다"고 아주 똑똑하게 양보를 했습니다. 이것은 훌륭한 정치가로 나타나는 바 아브라함의 위신입니다. 아브라함은 그런 정치가의 풍도(風度)를 지닌 사람으로서 또 아주 기묘한 군사적인 군략가로서도 자신의 특징을 잘 발휘한 인물입니다.

기도

 거룩하신 아버님, 아버님께서 아브라함 같은 그릇을 택하여 쓰신 사실이 아브라함 자신으로는 대단히 영광스런 큰일이었던 만큼 하나님 나라 백성들의 조상이 되어 하나님의 나라가 전개되는 일을 위해서 이지적으로 합리적으로 노력하였고, 또 그 일을 목표로 하고 일생의 길을 걷도록 하나님께서 은혜로 인도하셨나이다. 그가 간 길은 막연한 방랑길이 아니었고 무의미한 고대의 원시 생활이 아니었으며, 오늘날 어떤 인텔리겐치아라도 생각해야 할 바른 인식론과 사색을 토대로 거룩한 사상의 기저 위에서 확신을 가지고 직접 행동을 해 나간 위대한 신자의 자태를 보인 것이옵나이다. 아브라함의 모습을 바로 깨닫고 바로 생각함으로써 저희가 하나님의 말씀의 깊고 오묘함을 더욱 깨달아 알고 먹고 자라나가게 하시며 천편일률적인 생각에서 마땅히 배워야 할 것들을 흘려버리지 않게 하옵소서.
 구주 예수님 이름으로 기도하옵나이다. 아멘.

부록 1

족장들의 계보

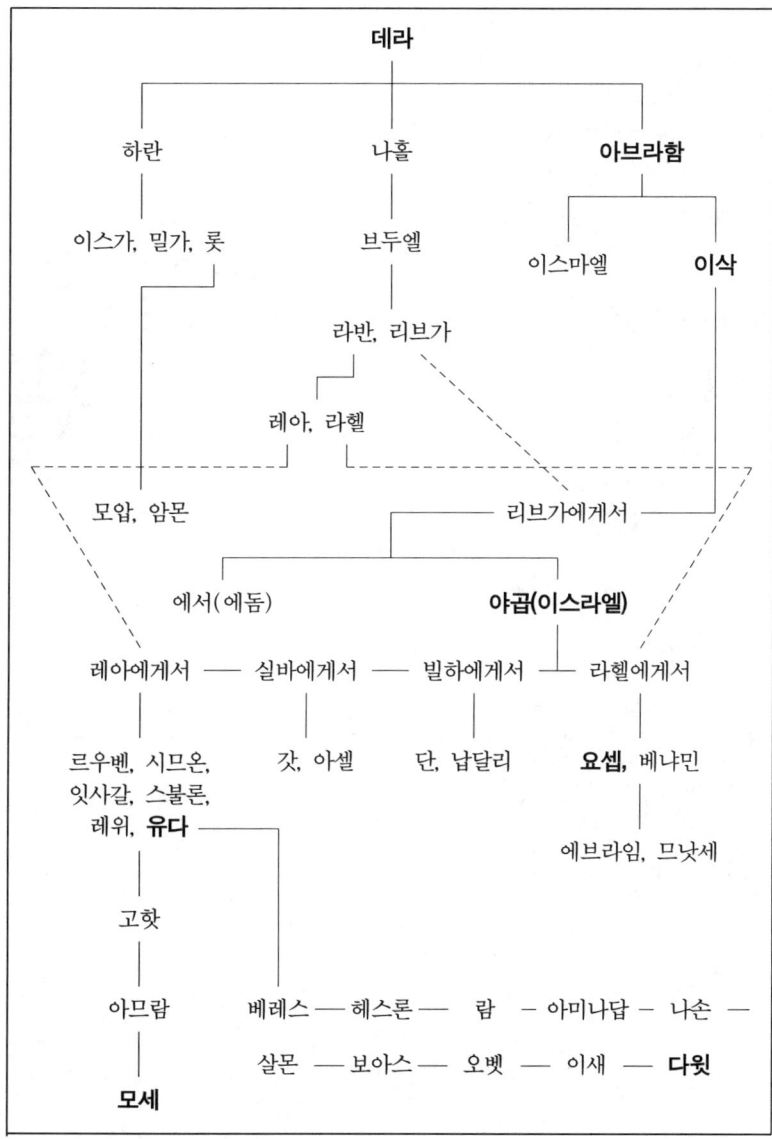

부록 2

아브라함의 방랑길

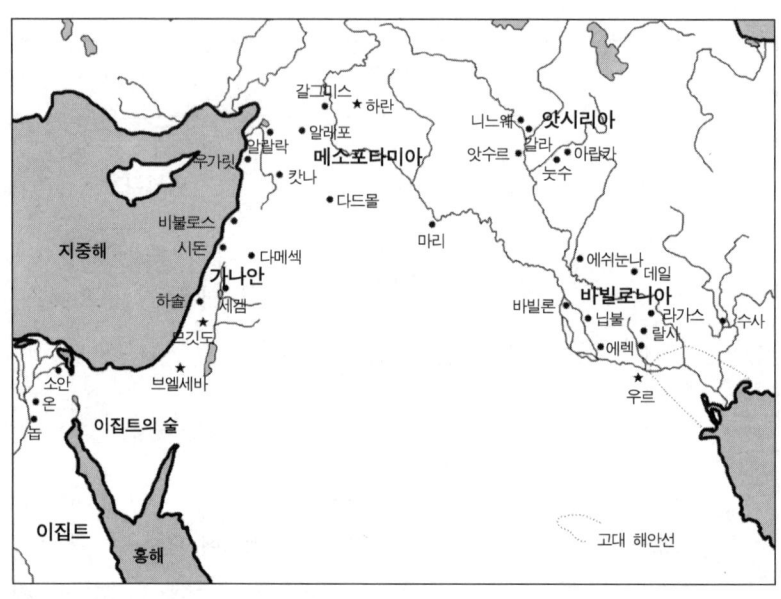

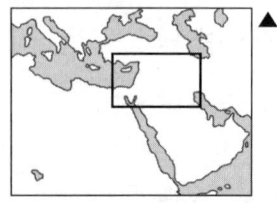

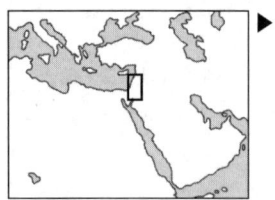

부록 3 # 동방 왕들의 출정

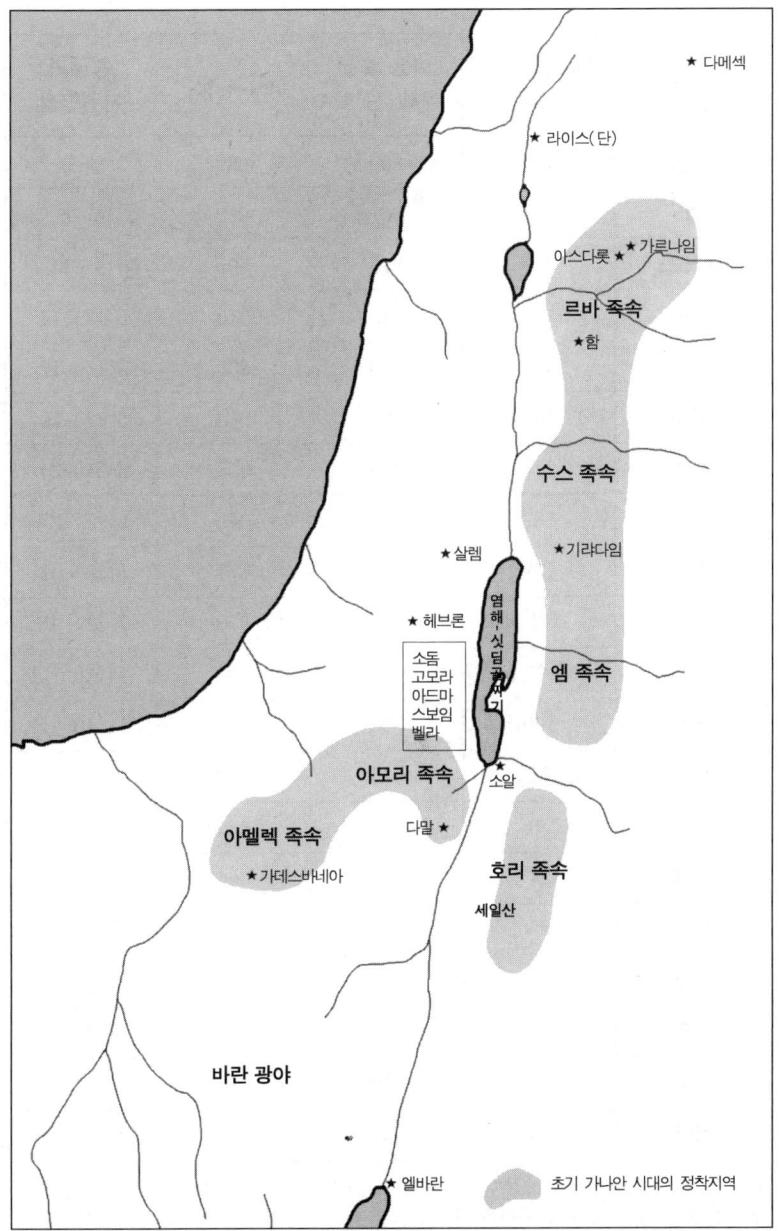

부록 4 아담에서 아브라함까지의 계보

JOHN H. WALTON

이름	아들 출생시의 나이	아들 출생 이후에 산 햇수	전체의 햇수	창세기 관련구절
아담	130	800	930	5:3~5
셋	105	807	912	5:6~8
에노스	90	815	905	5:9~11
게난	70	840	910	5:12~14
마할랄렐	65	830	895	5:15~17
야렛	162	800	962	5:18~20
에녹	65	300	365	5:21~24
므두셀라	187	782	969	5:25~27
라멕	182	595	777	5:28~31
노아	홍수 시작 때에 600세		950	7:11; 9:29
셈	홍수 끝났을 때에 98세		600	11:10~11
셈	100	500	600	11:10~11
아르박샷	35	403	438	11:12~13
셀라	30	403	433	11:14~15
에벨	34	430	464	11:16~17
벨렉	30	209	239	11:18~19
르우	32	207	239	11:20~21
스룩	30	200	230	11:22~23
나홀	29	119	148	11:24~25
데라*	70	135	205	11:26~32

이 계보에 나타난 수명(壽命)들이 일정하게 연속된다는 의미는 아니다.
데라*는 아브라함, 나홀 및 하란의 아버지였다.

성구색인

창세기
1:26-27/345, 347
2:4/20
2:18/89
11:10/43
11:11-13/20
11:21/44
11:26/25, 27, 28
11:27/54
11:32/25, 27
11:31-32/53
12:1/44, 57
12:1-2/29, 422
12:1-3/152, 153, 250, 293, 302
12:2-3/45
12:4/27
12:5/40
12:6-7/565
12:7/422, 548
12:8/211, 443
12:18/446
13:4/211
13:7/121
13:9/142, 158
13:11-13/127
13:13/548
13:14/143
13:14-16/242
13:14-17/163
13:14-18/134
13:15/176, 420, 550
13:15-16/423
14:13/167
14:18/79

14:18-20/445
14:20/209
14:21/222
14:22/212, 490, 496, 543
14:24/172
14:5/169
15:1/214, 234, 237, 239, 265
15:1-5/242, 253
15:1, 5, 7, 12/238
15:2/316, 319
15:2, 4, 7-8/446
15:2, 8/448
15:4/322
15:5/243, 423
15:6/126, 257, 284
15:6-8/271
15:7/29, 55, 254
15:7-8/253, 444
15:9/287
15:12/289
15:12-16/291
16:5/391
16:13/403
17:1/79, 212, 239, 490
17:1-2/447
17:2-7/437
17:8-14/438
17:15/428, 485, 497
17:16, 19, 21/497
17:19/428
17:19-21/440, 486
17:20-21/428
17:21/481, 486, 496,

507
18:3-5/458
18:8/469
18:9-15/476
18:10/424
18:13-15/498
18:16/519
18:16-21/469
18:23, 25/128
18:25/81, 213, 294
19:1/127
19:1-2/126, 463
19:5/463
19:7-8/127
19:14/130
19:26/130
20:7/488
20:12/86
21:13, 18/410
21:33/212
22:2/49
22:9-10/112
24:61/37
34:14/310

출애굽기
3:14/257
3:4/446
6:2-3/446
6:3/444
15:22-25/337
15:26/337
19:5-6/365
20:3/361

레위기
11:44/361
19:18/364
25:10/377
25:44-46/377

민수기
12:6/237
13:32-33/171
14:1/171

신명기
6:5/362

여호수아
19:47/171
24:2, 5/30, 54

사사기
13:22-33/480
18:29/171

사무엘상
15:22-23/338

사무엘하
5:23-24/179

역대하
14:11/179, 200

느헤미야
9:7/29, 55

시편
15:1/468
15:4/470
31:18/468
37:7/423
45:6/468
66:18/68
94:1/200
97:2/468
127:1/240

잠언
21:17/532
22:6/352

전도서
12:1/65

이사야
53:2/464

예레미야
5:25/68

다니엘
4:25/303
4:26-27/303

마태복음
1:1-17/22
2:13-15/122
5:14/363
5:46-47/99
7:21/333
8:29/497

18:20/362
19:4/390
19:19/364
23:23/158
25:14-30/146

마가복음
11:24/448

누가복음
6:46/446
9:28-31/63
10:27/364
15:22/378
17:20-21/362

요한복음
1:13/522
1:14/507
1:18/408, 509
1:29/406
3:17-18/531
3:18-19/529
4:18/406
4:24/362
4:46-54/477, 508
8:1-11/530
15:15/520
16:13/341, 342
18:4-6/202

사도행전
7:2-3/53
7:2-4/27
7:4/28

로마서
2:14-15/144
3:10/543
7:7/145
7:21/143
8:14/341
9:11/244
9:12/244
12:1/220
12:19/200
13:1/188
14:17/360

고린도전서
4:20/361
7:21-23/382
10:1-4/431
12:13/382

고린도후서
6:4/134
6:14-16/132, 344

갈라디아서
3:17/292
3:28/382
3:29/132, 154, 255

에베소서
5:22-33/346
5:23-24/367
5:25/347, 365
5:28, 33/364
5:33/365
6:1-3/366
6:5-8/383

빌립보서
2:6-7/406

골로새서
2:11/430
3:10/141
3:11/382
3:14/364
3:22-24/383
4:1/383

디모데전서
3:15/260
6:1/383

디도서
2:9-10/383

히브리서
7:1-3/189
7:2/193
7:17/190
11:9-10/131, 133, 152
11:10, 16/254
11:11/482, 486, 496
11:11-12/522
11:13-16/131
11:15-16/152
11:16/259

야고보서
2:14-16/497
2:23/229, 520

4:13-16/240

베드로전서
1:16/361, 363
2:18/384
3:3-4/463
3:3-6/110
3:4/469
3:6/79
3:7/113

베드로후서
2:7-8/125

요한일서
1:5/363